선문염송 염송설화 회본 2
禪門拈頌拈頌說話會本

동국대학교 불교기록문화유산아카이브사업단(ABC)
본서는 문화체육관광부 지원으로 동국대학교 불교학술원에서 간행하였습니다.

한글본 한국불교전서 고려 13
선문염송 염송설화 회본 2

2021년 8월 10일 초판 1쇄 인쇄
2021년 8월 20일 초판 1쇄 발행

지은이 혜심 · 각운
옮긴이 김영욱
발행인 박기련
발행처 동국대학교출판부

출판등록 제2020-000110호(2020.7.9)
주소 04626 서울시 중구 퇴계로36길2 신관1층 105호
전화 02-2264-4714
팩스 02-2268-7851
Homepage http://dgpress.dongguk.edu
E-mail abook@jeongjincorp.com

편집디자인 동국대학교출판부
인쇄처 네오프린텍(주)

© 2021, 동국대학교(불교학술원)

ISBN 978-89-7801-004-7 93220

값 32,000원

이 책의 무단 전재나 복제 행위는 저작권법 제98조에 따라 처벌받게 됩니다.

한글본 한국불교전서 고려 13

선문염송 염송설화 회본 2
禪門拈頌拈頌說話會本

혜심慧諶 · 각운覺雲
김영욱 옮김

동국대학교 불교학술원

동국대학교출판부

차례

57칙 금강제일金剛第一 9
58칙 금강경천金剛輕賤 14
59칙 금강여시金剛如是 25
60칙 제불불견諸佛佛見 29
61칙 문수청정文殊淸淨 36

－서천응화현성西天應化賢聖 43
62칙 유마묵연維摩默然 43
63칙 유마육사維摩六師 65
64칙 유마복전維摩福田 68
65칙 문수채약文殊採藥 74
66칙 문수요지文殊了知 90
67칙 견의능엄堅意楞嚴 93
68칙 수보리화須菩提花 95
69칙 수보리연좌須菩提燕坐 100
70칙 사리불몽중舍利弗夢中 108
71칙 사리불월상舍利弗月上 115

선문염송 염송설화 회본 권3 禪門拈頌拈頌說話會本 卷三

72칙 앙굴산난央崛産難 131
73칙 장폐금강障蔽金剛 142
74칙 비목집수毗目執手 148
75칙 천친저개天親這箇 159
76칙 아육발개阿育撥開 163
77칙 월지호도月氏好道 171
78칙 소승항룡小乘降龍 177

차례 • 5

—서천조사西天祖師 183

79칙 가섭답니迦葉踏泥 183

80칙 가섭법법迦葉法法 186

81칙 아난금란阿難金襴 196

82칙 아난작무阿難作舞 223

83칙 아난본래阿難本來 227

84칙 국다심자毱多心自 230

85칙 향중출가香衆出家 233

86칙 미차무심彌遮無心 238

87칙 바수심동婆須心同 242

88칙 협존자이종脇尊者爾從 249

89칙 마명장수馬鳴長壽 252

90칙 용수투침龍樹投針 257

91칙 승가동령僧家銅鈴 261

92칙 가야무인迦耶無人 264

93칙 바수포환婆修泡幻 266

94칙 마나심수摩拏心隨 273

95칙 사자온공師子蘊空 287

96칙 바사묵론婆舍默論 301

97칙 다라전경多羅轉經 306

98칙 달마성제達磨聖諦 327

99칙 달마면벽達磨面壁 357

100칙 달마법인達磨法印 361

101칙 달마득수達磨得髓 394

102칙 달마오본達磨吾本 424

103칙 달마척리達磨隻履 432

104칙 바라제견성婆羅提見性 435

105칙 이조참죄二祖懺罪 439

106칙 삼조지도三祖至道 445

107칙 삼조원동三祖圓同 453

108칙 사조해탈四祖解脫 458

109칙 오조하성五祖何姓 463
간기刊記 468

선문염송 염송설화 회본 권4 禪門拈頌拈頌說話會本 卷四

110칙 육조풍번六祖風幡 474
111칙 육조일물六祖一物 516
112칙 육조황매六祖黃梅 522
113칙 육조날소六祖捏塑 546
114칙 육조심지六祖心地 548
115칙 육조신주六祖新州 552
116칙 숭악조욕崇嶽澡浴 564
117칙 도명의발道明衣鉢 567
118칙 도명본래道明本來 570
119칙 회양설사懷讓說似 574
120칙 회양여경懷讓如鏡 588
121칙 회양마전懷讓磨塼 595
122칙 영가진석永嘉振錫 604
123칙 영가강월永嘉江月 612
124칙 영가영공永嘉靈空 627
125칙 영가묵시永嘉默時 631
126칙 영가심법永嘉心法 639

찾아보기 / 645

일러두기

1 '한글본 한국불교전서'는 문화체육관광부의 지원을 받아 동국대학교 불교학술원에서 수행하고 있는 '불교기록문화유산아카이브(ABC)사업'의 결과물을 출간한 것이다.
2 이 책의 역주는 『한국불교전서』(동국대학교출판부 간행) 제5책 『禪門拈頌拈頌說話會本』을 저본으로 하였다.
3 각기 독립된 책인 『禪門拈頌』과 『拈頌說話』를 하나로 회편한 『한국불교전서』에서 각 칙별로 묶어서 『禪門拈頌』을 싣고 그 칙 말미에 해당 『拈頌說話』를 일괄 붙인 것과는 편제編制를 달리하여 본칙과 개개의 송頌이나 염拈 등에 대한 설화를 해당 부분에 바로 이어 붙여 구성하였다.
4 각 칙의 제목은 본칙의 주요 대상과 『拈頌說話』에 제시된 어구를 기초로 조합하여 역주자가 붙인 것이다.
5 원문이 상당 부분 길 때에는 읽는 이의 편의를 위해 역주자가 단락을 나누기도 하였다.
6 『禪門拈頌』 원문에서 어디까지의 인용인지를 밝히고 있는 '至'는 〈 〉로 묶어 알아보기 쉽도록 하였고, 설화 번역에서 본문의 구절을 생략하여 인용한 부분은 '~'로 표시하거나 이해를 돕기 위해 생략 표시를 하지 않고 전체 문구를 인용하기도 하였다.
7 가능한 한 긴요하게 언급되고 있는 칙에서 주석을 가하고자 하였고 간혹 간명하지만 중복되는 주석은 가독성을 높이기 위한 선택이다. 교학적인 개념은 그 비중을 고려하여 주석의 양과 질을 결정했고, 선禪의 맥락에서 가볍게 원용된 경우는 간명하게 처리했다.
8 인명은 원문 그대로 따르되 법명이 분명한 경우에는 함께 밝혀 적었다. 가령 동일 인물이지만 대혜 종고大慧宗杲와 운문 종고雲門宗杲로, 원오 극근圜悟克勤과 불과 극근佛果克勤 또는 장산 극근蔣山克勤 등으로 되어 있는 경우에 원문을 그대로 따랐다. 이 책이 완간된 후에 인물 정보를 모아 따로 펴낼 수 있기를 기대한다.
9 이 책에 앞서 역주자는 『정선 공안집』(김영욱·조영미·한재상 역주, 대한불교조계종 한국전통사상서 간행위원회, 2010)에서 총 100개 칙의 공안을 역주하였고, 현재 완역을 진행하면서 해당 100개 칙은 그 성과물을 다시 검토하고 주석을 보완하여 실었음을 밝힌다.
10 『한국불교전서』의 교감 내용은 ⑨으로, 역주자의 교감 내용은 ⑩으로 구분하여 밝혔다.
11 『高麗大藏經』은 '高'로, 『韓國佛敎全書』는 '韓'으로, 『大正新修大藏經』은 '大'로, 『新纂大日本續藏經』은 '卍', 『嘉興藏經』은 '嘉', 『永樂藏經』은 '永' 등으로 표시하였다.
12 산스크리트어는 ⑤, 팔리어는 ⑪, 티베트어는 ⑪로 표시하였다.

57칙 금강제일 金剛第一

본칙 『금강경』의 말씀이다. "여래께서 설하신 제일바라밀은 제일바라밀이 아니니, 이것을 제일바라밀이라 한다."

金剛經云, "如來說第一波羅蜜, 卽非第一波¹⁾羅蜜, 是名第一波羅蜜."

1) ㉮ '波'가 갑본에는 '婆'로 되어 있다. 이하 동일.

설화

- 육조六祖는 이렇게 푼다.¹ "부처님은 바라밀을 설하여 모든 학인으로 하여금 지혜로써 어리석은 마음의 생성과 소멸을 제거하도록 하신다. 생성과 소멸이 모두 제거되면 피안에 이른다. 만약 마음에 얻었다는 생각이 남아 있다면 피안에 도달하지 못하며, 마음에 얻을 만한 법이 하나도 없어야 이를 가리켜 '피안에 도달했다(到彼岸)'고 한다. 또한 입으로만 말하고 마음으로 실행하지 않으면 그릇되고, 입으로 말하고 마음으로 실행해야 옳다. 마음에 주체(能)와 대상(所)의 차별이 있으면 그릇되고, 마음에 주체와 대상의 차별이 없어야 옳다."
- 법등法燈은 이렇게 말한다.² "보시는 육바라밀의 시초이므로 '제일(바라밀)'이라 한다. (제일바라밀이) '아니다(卽非)'라고 한 말은 보시해도 보시라는 상相을 벗어났다는 뜻이다. 어떤 사람은 '만약 반야(바라밀)가 없다면 나머지 다섯 바라밀은 맹인과 같으므로 반야를 제일이라 한다.'³라고

---

1 『金剛經解義』권하(卍38, 674a9).
2 전거 미상.
3 『金剛經心印疏』권상(卍40, 402a13), "다섯 바라밀은 맹인과 같고 반야는 길잡이와 같으니, 다섯 바라밀의 경우 반야가 없다면 모두 피안에 이르지 못한다. 이 때문에 반야를 가리켜 제일바라밀이라 한다.(蓋五度如盲, 般若如導, 五度無般若, 皆不到彼岸. 故是則般若, 稱之爲第一波羅蜜也.)"

말하지만 이는 잘못된 주장이다."
● 백장 회해百丈懷海가 말한다.[4] "교설의 말씀은 모두 세 구절이다. 첫째 구절은 선한 마음을 일으키도록 하고, 중간 구절은 선한 마음을 부정하여 무너뜨리고, 마지막 구절은 선한 마음을 드러내어 밝힌다.[5] 만약 한 구절이라도 설한다면 학인들을 쏜살과 같이 지옥에 떨어지게 할 것이며, 세 구절을 한꺼번에 설한다면 그들 스스로 지옥에 떨어질 것이니, 교주인 부처님의 일과는 관계가 없다."
● 선禪의 도리에 따르면, 처음에는 세우고 중간에는 부정하여 무너뜨리고 마지막에는 선한 마음을 드러내어 밝힌다. 곧 왼쪽에도 떨어지지 않고 오른쪽에도 떨어지지 않으며 정면으로 가는 형식이다.[6]

[第一] 六祖解云, "佛說波羅蜜, 令諸學人, 用智慧除却愚心生滅. 生滅滅[1]盡, 卽到彼岸. 若心有所得, 不到彼岸；心無一法可得, 是名到彼岸. 又口說心不行卽非, 口說心行卽是. 心有能所卽非, 心無能所卽是." 法燈云, "施爲六度之首故, 名第一. 卽非者, 施離施相故. 或云, '若無般若, 五度如盲故, 般若爲第一.' 非也." 百丈云, "夫敎語皆是三句.[2] 初令他發善心, 中破善,[3] 後示明[4]善. 若說一句, 敎學人入地獄如箭射；若三句一時說, 渠自入地獄, 非干敎主事." 禪則初立, 中破, 後示明善. 則不落左不落右, 正面而去.

---

[4] 『百丈語錄』古尊宿語錄 1(卍118, 168b3).
[5] 이 뒤에 이상의 삼구 형식에 대한 예로서 제시된 다음의 구절이 생략되어 있다. "보살은 보살이 아니니 이를 가리켜 보살이라 한다. 법은 법이 아니고 법이 아닌 것도 아니다. 모두 이와 같은 형식이다.(菩薩, 卽非菩薩, 是名菩薩；法, 非法, 非非法. 總與麼也.)"
[6] 차별의 편위偏位에서 무차별의 정위正位로 돌아오는 조산 본적曹山本寂의 정중래正中來와 비슷하다. 『曹山語錄』(大47, 531c20), "정위로 돌아온다는 말은 무슨 뜻인가? 구절 하나마다 어떤 말도 없고 존귀조차도 내세우지 않으며 왼쪽이나 오른쪽 그 어떤 차별에도 떨어지지 않으므로 무차별의 정위로 돌아온다(정중래)고 한다.(正位中來者, 句句無語, 不立尊貴, 不落左右, 故云正中來也.)"

1) ㉯『金剛經解義』에는 '滅'이 '除'로 되어 있다. 2) ㉯ '句' 다음에 '相連'을 생략하였다. 3) ㉯ '善' 다음에 '心'이 탈락되었다. 4) ㉯ '示明'이 '始名好'로 되어 있다. 『百丈語錄』古尊宿語錄 1(卍118, 168b3) 참조.

야보 도천冶父道川의 착어와 송

천로川老는 "여전히 조금 모자라다."[7]라고 착어를 단 다음 이렇게 읊었다.

川老著語, "猶較些子." 頌,

한 손으로는 올려 주고 한 손으론 억누르며[8]	一手擡一手搦
왼편에선 피리 불고 오른편에선 박수 친다네	左邊吹右邊拍
줄 없는 거문고[9]로 무생의 곡조[10] 퉁겨 내니	無絃彈出無生樂

---

7 여전히 조금 모자라다(猶較些子) : 어느 정도 허용할 만하지만 약간 모자란다는 말. 조사선에서 앞서 제기한 자타自他의 연구를 부정하고 향상하는 견지를 보이는 전환의 수단으로 활용하거나 별도의 견해로 안목을 넓히고자 쓰며, 특히 원오 극근圜悟克勤이 각종 법어나 평창評唱과 착어著語로 즐겨 쓰면서 깊이를 더했다. 『圜悟語錄』 권7(大47, 742a29), "남강군에 이르러 개당하면서 지부지부의 손에서 소疏를 받아 들고 대중에게 말했다. '보이는가? 뚜렷하게 드러내 보였고 곧바로 눈앞에 실현되어 있다. 겹겹이 무수히 둘러싸여 있으며 어느 곳으로나 두루 통달하였으니, 그 하나하나가 종사의 수단이며 낱낱이 향상하는 종승이다. 하지만 당장에 그것을 알아차리더라도 여전히 조금 모자라다. 진실로 입증하지 못했다면 다시 승정에게 청하여 거듭 그 뜻을 펼쳐 주도록 부탁하겠다.'(到南康軍開堂, 於知府手中, 接得疏, 示衆云, '見麼? 當陽顯示, 直截現成. 百匝千重, 七通八達, 一一宗師巴鼻, 頭頭向上宗乘. 直下承當, 猶較些子. 苟或未證, 却請僧正, 重爲敷宣.')"; 『碧巖錄』 22則 「本則 著語」(大48, 162c8), "낚싯배에 올라탄 사씨네 셋째(玄沙)일세. 이 여우귀신아! 여전히 조금 모자라다. 목숨을 잃은 줄도 모르는구나.(釣魚船上謝三郞. 只這野狐精! 猶較些子. 喪身失命也不知.)"
8 한 손으로는~손으론 억누르며 : 『碧巖錄』 16則 「垂示」(大48, 156a17), "설령 이렇다 하더라도 또한 그것은 교화를 펼치고자 세우는 문에서 한 손으로는 올려 주고 한 손으로는 억누르는 수단에 불과하다고 알아야만 한다. 그럼에도 아직 조금 모자라니 본분사로 보자면 전혀 관련이 없다.(直饒恁麼, 更須知有建化門中, 一手擡一手搦. 猶較些子. 若是本分事上, 且得沒交涉.)"
9 무현금無絃琴은 가락을 연주할 수 있는 줄이 없는 거문고로서 소리나 말로 드러내지 못하는 격외格外의 종지를 비유한다. 도연명陶淵明이 줄과 기러기발이 모두 없는 거문고

| 평범한 음악에 속하지 않는 격조 참신하구나 | 不屬宮商格調新 |
| 지음이 알고 난 뒤엔 이름과 모양만 남노라[11] | 知音知後徒名邈[1) |

1) ㉠ '邈'은 여기서 멀다는 뜻이 아니다. '兒'와 같다. 『祖庭事苑』 권2(卍113, 47b8) 참조.

설화

○ 여전히 조금 모자라다 : 그래도 인정한 것이다.

○ 송 : 왼편에도 떨어지지 않고 오른편에도 떨어지지 않으며 정면으로 가지만, 어디에서 더듬어 찾을 것인가?[12] 아래 열재거사의 송이 제시한

를 앞에 두고 친구와 술을 즐기는 자리에서 "거문고의 정취를 알기만 하면 그만이지 줄에서 소리를 내고자 애써서 무엇 하겠는가!(但識琴中趣, 何勞絃上聲!)"라고 한 말에서 유래한다. 『晉書』 「隱逸傳 陶潛」 참조. 『大慧語錄』 권1(大47, 813c18), "'위산과 앙산이 당시 만났던 곳에서 가래를 꽂아 두고 두 손을 모았던 뜻은 어떤 것입니까?' '두 눈으로 두 눈을 맞이한 것이다.' '줄 없는 거문고(沒絃琴)에서 나는 소리의 뜻을 아는 사람은 드문데, 두 부자 사이에 그것을 통켰으니, 격조가 높았던 것이로군요.' '그대가 생각해 보라. 가래를 꽂아 둔 경계에 있는가, 아니면 두 손을 모았던 곳에 있는가?'(僧問, '潙仰當時相見處, 挿鍬叉手意如何?' 師云, '兩眼對兩眼.' 進云, '沒絃琴上知音少, 父子彈來格調高.' 師云, '爾且道. 在挿鍬處, 在叉手處?')"

10 무생의 곡조 : 무생無生의 음악은 무생곡無生曲과 같은 말. 근본 도리(無生)를 나타내는 음악이라는 뜻.

11 지음이 알고~모양만 남노라 : 줄 없는 거문고의 뜻을 알아주는 벗(知音)이 떠난 이후에는 한갓 이름을 붙여 관념화하거나 겉모습만 본뜨는 사람들로 넘쳐난다는 말. 『碧巖錄』 16則 「頌」(大48, 156c9), "천하의 납승들이 한갓 이름과 모양만 드러내는구나.【그대로 놓아주고 말았다. 조금도 들먹일 필요 없다. 이름과 모양으로 드러낼 사람 있는가? 이름과 모양으로 드러내더라도 촌놈에 불과하다. 무수한 세월에 걸쳐 까맣게 깔겼구나. 도랑과 계곡을 가득 메운 저들 가운데 누구도 이해하지 못한다.】(天下衲僧徒名邈.【放過了也. 不須擧起. 還有名邈得底麼? 若名邈得, 也是草裏漢. 千古萬古黑漫漫. 塡溝塞壑無人會.】)"

12 정면으로 가지만~찾을 것인가 : 좌우로 기웃거릴 필요 없이 정면에 바로 명명백백하게 나타나 있지만 분별로는 모색하지 못하는 경계를 가리킨다. 『曹山語錄』(大47, 532a28), "때로는 정위正位와 편위偏位를 함께 지니는 경우도 있다. 이 안에서는 말이 있다거나 말이 없다는 그 어느 편도 주장하지 않고, 어떤 말이 되었거나 그 안에서 반드시 정면으로 나가야 한다.(或有相兼帶來者, 這裡不說有語無語, 語裡直須正面而去.)"; 『碧巖錄』 94則 「本則 評唱」(大48, 217c9), "마치 영양이 나뭇가지에 뿔을 걸고 소리와 발자국과 숨소리를 모두 없애 버린 경계와 같으니, 그대는 어디서 모색하겠

뜻과 마찬가지이다.

川老:猶較些子, 且許也. 頌, 不落左不落右, 正面而去, 向什麼處摸搽?
悅齋頌義一般.

열재거사의 송 悅齋居士頌

동쪽 산마루 구름 돌아가는 그곳과	東嶺雲歸處
서쪽 강에 달이 지는 그 순간이로다	西江月落時
바로 이곳에 뚜렷이 드러난 종지여	箇中端的旨
어떤 사유분별도 침범할 틈 없구나	不犯一思惟

는가?(如羚羊掛角, 聲響蹤跡, 氣息都絶, 爾向什麼處摸索?)"; 『雪峰義存語錄』(卍119, 955a6), "내가 이런 말 저런 말 늘어놓는다면 그대는 말에서 찾고 구절을 따라다니며 구하겠지만, 내가 영양이 나뭇가지에 뿔을 걸고 숨듯이 아무 자취도 남기지 않는다면 그대는 어디서 모색하겠는가?(我若東道西道, 汝則尋言逐句, 我若羚羊挂角, 儞向什麼處摸索?)"

58칙 금강경천 金剛輕賤

본칙 『금강경』의 말씀이다. "만약 (이 경을 지니고 독송함에도) 남에게 천대를 받는다면, 이 사람은 전생에 지은 죄업으로 악도에 떨어지는 과보를 받아야 할 처지였는데 금생에 남에게 천대를 받았기 때문에 전생의 죄업은 소멸할 것이다."

金剛經云, "若爲人輕賤, 是人先世罪業, 應墮惡道, 以今世人輕賤故, 先世罪業, 卽爲消滅."

설화

- 소명태자昭明太子[1]는 이 단락의 경문을 분과分科하여 (업의 장애를 깨끗하게 없애 주는 부분이라는 뜻에서)「능정업장분能淨業障分」[2]이라 하였다.
- 부대사傅大士의 송[3]

    전생의 몸에 업보의 장애 안고
    현생엔 경전 받아 지니고 있네
    잠깐 동안 남에게 천대받지만
    무거운 업장 가볍게 뒤바뀌리

---

[1] 소명태자昭明太子(501~531): 성은 소蕭, 이름은 통統, 자는 덕시德施. 소명태자는 시호이다. 양 무제梁武帝 소연蕭衍의 장자. 세 살 때 『孝經』과 『論語』를 읽고, 다섯 살 때 오경五經을 다 읽을 정도로 총명하였다고 한다. 『金剛經』을 32분分으로 나누었고, 『文選』을 편찬한 것으로 유명하다.

[2] 「능정업장분能淨業障分」: 소명태자는 구마라집鳩摩羅什이 한역한 『金剛經』을 모두 32분으로 나누었다. 무착無着은 18주위住位, 세친世親은 37단의 斷疑로 각각 나누었다. 우리나라에서는 소명태자의 분과分科를 따르는 전통이 있는데, 조선 전기에 득통 기화得通己和가 지은 『金剛經五家解說誼』도 이 분과를 받아들였다.

[3] 敦煌本『梁朝傳大士頌金剛經』(大85, 6a22), 『金剛經註解』권3(卍38, 919b13) 등 참조.

● 규봉 종밀圭峯宗密은 "죄업을 바꾸어 부처가 된다."라고 그 취지를 가려내었고,[4] 부대사는 "무거운 업장 바꾸어 가벼운 과보로 받는다."라고 가려내었다.[5]

● 육조가 그 뜻을 푼다. "부처님께서 '경전을 지니고 독송하는 사람은 마땅히 모든 사람의 공경과 공양을 받겠지만 여러 생 동안 쌓은 무거운 죄의 업장이 있기 때문에 금생에 심오한 경전을 받아서 지니더라도 항상 남에게 천대를 당하고 공경과 공양은 받지 못한다.'라고 말씀하셨다. 하지만 스스로 이 경전을 지니고 있기 때문에 아상我相과 인상人相 등[6]을 일으키지 않으니, 원수와 친속을 따지지 않고 항상 공경과 용서를 베풀고 마음에는 번뇌와 원한이 없다. 모조리 쓸어버린 듯이 비교하여 헤아리는 분별이 남아 있지 않고 찰나마다 항상 반야바라밀을 실행하므로 겁의 세월 동안 쌓은 무거운 죄가 모두 소멸한다. 다시 이치에 따라 말하면, 전생은 앞 찰나의 망심이고, 후생은 다음 찰나의 깨달은 지혜이다. 다음 찰나의 깨달은 지혜로써 앞 찰나의 망심을 천대하면 망심은 머무를 수 없다. 그러므로 '전생의 죄업은 소멸할 것이다.'

---

4 만송 행수萬松行秀는 다음과 같이 말한다.『從容錄』58則「評唱」(大48, 263c6), "규봉은 이 경문에 대하여 '죄업을 바꾸어 부처가 된다.'라는 제목으로 분과하였다. 이는 보리와 번뇌가 두 가지가 아니고, 생사와 열반이 두 가지가 아니라는 도리이다.(圭峯科此經, 爲轉罪成佛. 此菩提煩惱不二, 生死涅盤不二.)"

5 위의 책(大48, 263c10), "이는 바로 경문에 따라서 뜻을 푼 것이다.(此正是依經解義也.)"라고 평가한다.

6 아상我相과 인상人相 등 :『金剛經』(大8, 749a11)에 나오는 아상我相·인상人相·중생상衆生相·수자상壽者相 등의 사상四相을 가리킨다. 실체가 없는 이 네 가지 상에 대하여 실체가 있다고 집착함으로써 근본적으로 전도顚倒된 견해가 발생한다.『金剛經宗通』권6(卍39, 69a16), "여래가 설하신 유아有我라는 말은 실체로서의 속성이 없다는 도리이니 비아非我라 한다. 본래 아我가 없는데 게다가 어떻게 취할 대상이 있겠는가? 그러므로 아·인·중생·수자 등의 상이 없다. 얻을 수 있는 실체가 없기 때문이다. 만약 여래께서 '내가 제도할 어떤 중생을 취한다.'라고 한다면 이것이야말로 상을 취하는 잘못이다.(如來所說有我者, 無體性義, 卽爲非我. 本自無我, 又安所取? 故無我人衆生壽者等相. 無體可得故. 若如來取有衆生爲我度者, 此卽是取相之過.)"

라고 말씀하신 것이다. 망념이 소멸하여 죄업이 이루어지지 않으니 곧 보리를 얻게 된다."
- 『종경록』의 말이다.[7] "한 생각의 마음이 일어날 때 두 종류의 알아차림(覺)이 있다. 첫째 유심有心의 관점에 따르면, 한 생각이 일어나자마자 다음 생각에 이어지지 않는다고 살피면 허물이 되지 않는다. 선문에서 '생각이 일어나는 것을 두려워하지 말고 오히려 일어났다는 사실을 알아차리는 것(覺)이 늦지 않을까 염려하라.'[8]고 하거나 또 '잠깐 사이라도 생각이 일어나면 병이지만 그 생각이 이어지지 않으면 약이다. 어떤 마음이라도 발생하면 그것이 죄가 발생하는 순간이기 때문이다.'[9]라고 하는 말이 그 뜻이다.[10] 둘째 무심無心의 관점에 따르면, 처음 일어나는 순간에 얻을 만한 본래의 상이 없다고 알면 그다음 생각이 또 소멸하기를 기다릴 필요도 없다. 하나의 생각이 일어나는 바로 그 순간도 결국 얻을 수 없기 때문이다." 곧 (죄업을) 바꾸어서 가볍게 한다는 말도 받아들이지 않는다는 뜻이다. 이 뜻을 끌어들여 공안으로 삼은 것이다.

[輕賤] 昭明太子,[1)] 科此段經, 能淨業障分. 頌云, "前[2)] 身有業[3)] 障, 今日受持經. 暫被人輕賤, 轉重受報[4)] 輕." 圭峯辦[5)] 爲轉罪成佛, 傅大士辨爲轉重

---

[7] 『宗鏡錄』 권38(大48, 638a16).
[8] 규봉 종밀圭峯宗密의 다음 말과 연결된다. 『都序』 권상2(大48, 403a5), "온갖 종류의 상相이 공空이라고 알아차리면 마음에 저절로 망념이 없을 것이다. 생각이 일어나면 바로 알아차려라. 알아차리면 그 생각은 사라질 것이다. 수행의 미묘한 문은 오로지 이 방법에 달려 있다. 그러므로 비록 만행을 갖추어 닦더라도 오직 무념無念을 근본으로 삼는 것이다.(覺諸相空, 心自無念. 念起卽覺. 覺之卽無. 修行妙門, 唯在此也. 故雖備修萬行, 唯以無念爲宗.)"
[9] 『祖堂集』 권6 「洞山章」(高45, 272c15), "'병이란 어떤 것입니까?' '잠깐 사이라도 생각이 일어나면 병이다.' '약이란 어떤 것입니까?' '그 생각이 이어지지 않으면 약이다.'(問, '如何是病?' 師曰, '瞥起是病.' 進曰, '如何是藥?' 師曰, '不續是藥.')" 『書狀』 「答汪內翰狀」(大47, 929a3)에는 이 두 구절이 합쳐진 형태로 인용되어 있다.
[10] 이후의 『宗鏡錄』 구절은 생략하고 638b19의 부분으로 이어진다.

輕受. 六祖解云, "佛言, '持經之人, 合得一切人恭敬供養, 爲多生有重罪障故, 今生雖得受持甚深經典, 常被人輕賤, 不得人恭敬供養.' 自以持經故, 不起我人等相, 不問冤親, 常行恭恕, 心無惱恨. 蕩然無所計較, 念念常行般若波羅蜜故, 歷劫重罪, 悉皆消滅. 又約理而言, 先世, 卽是前念妄心; 後世, 卽是後念覺慧. 以後念覺慧, 輕賤前念妄心, 妄不能住. 故云, '先世罪業, 卽爲消滅.' 妄念旣滅, 罪業不成, 卽得菩提." 宗鏡云, "一念心起, 有二種覺. 一約有心者, 察一念才起, 後念不續, 卽不成過. 所謂禪門中云, '不怕念起, 猶慮覺遲.' 又云, '瞥起是病, 不續是藥, 以生心卽是罪生時故.' 二約無心者, 知初起時, 卽無初相可得, 不須待後念更滅. 以正生一念之時, 畢竟不可得故." 則轉輕不受也. 引以爲話者.

---

1) ㉮ '子'가 병본에는 '于'로 되어 있다.   2) ㉯ '前'은 '先'의 오기인 듯하다.   3) ㉰ '業'은 '報'의 오기인 듯하다.   4) ㉱ '受報'가 '復還'으로 되어 있다. 번역은 이에 따랐다.   5) ㉲ '辦'이 병본에는 '辨'으로 되어 있다. 이하 동일.

- 남에게 천대를 받는다면 : 만송萬松은 "총림의 노새(하열한 인간)가 용과 코끼리(뛰어난 대중)를 걷어차는구나."라고 착어를 달았다.[11]
- 전생에 지은 죄업으로 악도에 떨어지는 과보를 받아야 할 처지였는데 : 만송의 착어는 "내가 가장 먼저 들어가리라."이다.
- 금생에 남에게 천대를 받았기 때문에 : 만송의 착어는 "나는 똥 속의 벌레와 같다."이다.[12]
- 전생의 죄업은 소멸할 것이다 : 만송의 착어는 "어디로 가는가?"이다. 곧 남에게 천대를 받는 한 사람과 죄를 바꾸어 부처가 되는 한 사람을

---

11 『從容錄』58則(大48, 263c2)에는 "나는 똥 속의 벌레가 되겠다.(我作糞中蟲.)"라고 되어 있다. 다음에 나오는 '금생에 남에게 천대를 받았기 때문에'라는 구절에 대한 착어와 뒤바뀌었다.
12 앞의 착어와 뒤바뀐 부분이다. 본래 조주趙州가 '나는 나귀의 똥이다.'라고 하자 제자인 문원文遠이 '저는 그 똥 속에 사는 벌레입니다.'라고 한 문답에 따른다. 본서 439칙 참조.

가리킨다. "스스로 술병 들고"[13]라고 운운한 취지와 같으니, 이 두 사람은 한 사람이 옷을 바꾸어 입고 나타난 것에 불과하다.

爲人輕賤者, 萬松著語云, "叢林驢騾, 踢踏龍象." 先世至惡道云, "某甲最先入." 而今世人輕賤云云, "我似糞中蟲." 先世罪業云云, "甚麽處去也." 則爲人輕賤地一人, 轉罪成佛地一人也. 自携瓶去云云者, 則一人衣變也.

청량 문익淸凉文益의 송[14] 淸凉益頌

보검을 잃지도 않았으며	寶劍不失
빈 배에 새기지도 않았네[15]	虛舟不刻
잃은 적도 새긴 적도 없으니	不失不刻
그 사람 얻었다 여긴다네	彼子爲得
기대려 해도 할 수 없어	倚待不堪
외로이 법도를 따른다네	孤然仍則
허공에 새가 날아간 자취	鳥迹虛空

---

13 온전한 구절은 "스스로 술병 들고 막걸리를 사러 갔다가, 도리어 베적삼을 입고 나타나서 술집 주인 노릇을 하는 격이다.(自携瓶去沽村酒, 却着衫來作主人.)"이다. 본서 17칙 '운문 종고의 시중' 참조.

14 『景德傳燈錄』권29(大51, 454b15)에는 이 송에 대하여 "그 뜻을 풀면 경을 지니고 독송하는 자가 불지佛地를 증득한다는 말이다.(詮云, 持經者, 證佛地也.)"라는 세주가 달려 있다.

15 보검을 잃지도~새기지도 않았네 : 각주구검刻舟求劍의 고사를 활용한 구절. 배에서 칼을 물속에 떨어뜨리자 떨어진 뱃전에 새겨 두고 찾으려는 어리석은 사람의 비유를 들어 변통變通의 이치를 모르고 고루한 생각에서 벗어나지 못하는 경우를 풍자한 고사이다. 『呂氏春秋』「察今」, "초나라의 어떤 사람이 강을 건너다가 칼이 배에서 강물로 떨어지자 마침내 배에다 표시하고 '이곳은 내 칼이 떨어진 부분이다.'라고 생각한 뒤 배가 멈추었을 때 자신이 표시한 곳에서 강물로 뛰어 들어가 찾았다. 배는 이미 흘러갔지만 칼은 흘러가지 않았는데 이처럼 칼을 구하는 방식은 어리석은 짓이 아니겠는가?(楚人有涉江者, 其劍自舟中墜於水, 遽契其舟曰, '是吾劍之所從墜.' 舟止, 從其所契者, 入水求之. 舟已行矣, 而劍不行, 求劍若此, 不亦惑乎?)"

있다 없다 다투면 더욱 어긋나리	有無彌忒
【생각해 보라!】	【思之!】

설화

○ 보검을 잃지도 않았으며 빈 배에 새기지도 않았네 : 과거세에 업을 지은 적도 없었고 금생에 보리를 구하지도 않는다. 그러므로 '잃지도 않고 새기지도 않은 그 경계를 얻었다.'고 여긴다는 말이다.

○ 기대려 해도 할 수 없어 외로이 법도를 따른다네 : 옛사람은 "앞과 뒤의 경계가 끊어지고 중간만 우뚝 드러난다."[16]라고 하였다. 곧 죄와 복이나 손해와 이익이 서로 의지하여 기대는 일이 불가능하다는 뜻이다. 그것은 마치 허공에서 새가 날아간 자취를 찾는 것과 흡사하다.[17]

淸凉 : 寶釼[1]至不刻者, 本不曾作業, 今亦不求菩提. 故云不失不刻爲得矣. 倚待至仍則者, 古云, "前後際斷, 中間孤然." 則罪福損益, 互相倚待, 卽不堪也. 如虛空討鳥迹相似.

1) ㉘ '釼'이 병본에는 '劍'으로 되어 있다.

설두 중현雪竇重顯의 송 雪竇顯頌

밝은 구슬 손에 쥐어져 있으니	明珠在掌

---

16 정확히 일치하는 구절은 없지만, 영가 현각永嘉玄覺의 다음 말로 보인다. 『禪宗永嘉集』 「奢摩他頌」(大48, 389c12), "여기서 말하는 지知란 아는 것을 (대상으로 삼아) 아는 지가 아니라 오로지 아는 그 자체인 지일 뿐이다. 곧 앞에서는 뒤를 이어서 소멸하지 않고 뒤에서는 앞을 끌어들여 일어나지 않으니, 앞과 뒤의 접속이 끊어지고 중간만 우뚝할 뿐이다.(今言知者, 不須知知, 但知而已. 則前不接滅, 後不引起, 前後斷續, 中間自孤.)"

17 죄와 복, 손해와 이익은 그 실체가 있지 않고 그 모두가 본래공本來空이기 때문이다. 『證道歌』(大48, 395c15), "죄와 복도 없고 손해와 이익도 없으니, 적멸한 본성에서 따지며 파 뒤지지 마라.(無罪福無損益, 寂滅性中莫問覓.)"

공 세운 자에게 상으로 주리라	有功者賞
오랑캐도 중국인도 오지 않으니	胡漢不來
기량을 펼칠 일이 전혀 없도다	全無伎倆
이미 기량을 펼칠 일이 없다면	伎倆旣無
마구니조차도 갈 길을 잃는다네	波旬失途
구담이시여, 구담이시여	瞿曇瞿曇
저를 알아보시겠습니까	識我也無
다시 말했다. "감파해 버렸다!"[18]	復云, 勘破了也

설화

○ 밝은 구슬~상으로 주리라 : 어떤 자는 죄를 짓고 어떤 자는 부처가 된다는 뜻이다.[19]

○ 오랑캐도 중국인도~전혀 없도다 : 기량도 없고, 죄와 복도 없으며, 손해와 이익도 없다는 말이다.

○ 이미 기량을~길을 잃는다네 : 마구니가 제멋대로 할 수 없다. 마구니의 견해는 있다거나 없다거나 하는 양변을 벗어나지 못했기 때문에 마구니의 견해라 한다.

○ 구담이시여~감파해 버렸다 : 비록 마구니가 제멋대로 할 수 없더라도 마구니의 경계를 활용해야 하지만 그것이 오히려 더 어렵다는 뜻이다.

---

[18] 『碧巖錄』 97則 「頌 評唱」(大48, 221a14)에서는 다음과 같이 푼다. "'마구니만 그런 것이 아니라, 설령 부처님이 오시더라도 어떻게 나를 알아보겠느냐?'라는 뜻이다. 석가노자도 알 수 없거늘 여러분은 어디서 더듬어 찾을 것인가? 또한 '감파해 버렸다.'라고 말했다. 생각해 보라. 설두가 구담을 감파했다는 말인가? 아니면 구담이 설두를 감파했다는 말인가?(莫道是波旬. 任是佛來, 還識我也無? 釋迦老子, 尙自不見, 諸人向什麽處摸索? 復云, '勘破了也.' 且道, 是雪竇勘破瞿曇? 瞿曇勘破雪竇?)"

[19] 위의 則 「頌 著語」(大48, 220c19), "매우 분명하다. 남의 말에 끌려다니는군. 만약 공이 없다면 어떻게 상을 주랴?(多少分明. 隨他去也. 忽若無功時, 作麽生賞?)"

雪竇：明珠至賞者, 或作罪或作佛也. 胡漢至俩者, 無伎俩無罪福無損益也. 伎俩旣無至途[1])者, 魔不得便, 謂所見不出有無也. 瞿曇至了也者, 雖然魔不得便, 須入魔境界, 又難也.

1) ㉤ '途'가 병본에는 '道'로 되어 있다. 이하 동일.

천동 정각天童正覺의 송 天童覺頌

줄줄이 연이어진 공덕과 허물이요	綴綴功過
어지럽게 뒤얽힌 원인과 결과로다	膠膠因果
거울 밖에 있다 내달린 연야다[20]요	鏡外狂奔演若多
주장자로 때려 부순 파조타[21]로다	杖頭擊着破竈墮
조왕신 부수자 와서 감사 올렸는데	竈墮破來相賀
외려 이전부터 우리 등졌다 따지네	却道從前辜負我

설화

○ 공덕과 허물 : 죄와 복이라 한 말과 같다. 선한 원인에 선한 과보가 따르고, 악한 원인에 악한 과보가 따른다. 악업을 지으면 악도에 떨어지는 것이 악한 원인에 악한 과보가 따르는 이치이다. 경전을 지니고 독송하는 공덕은 죄를 바꾸어 부처를 이루게 하니, 이것이 선한 원인에 선한 과보가 따르는 이치이다.

○ 거울 밖에 있다 내달린 연야다요 : 앞서 말한 공덕과 허물 그리고 원인과 과보는 마치 연야다가 자신의 머리를 잃었다고 착각하여 거울의 그

---

20 연야다演若多 : 『楞嚴經』 권4(大19, 121b8)에 나오는 연야달다演若達多([S] Yajñadatta). 거울에 비친 자신의 얼굴을 보고 머리를 잃어버렸다고 착각한 이야기를 가리킨다. 본래의 성품을 자기 밖에서 구하는 어리석은 자를 비유한다.

21 파조타破竈墮 : 조왕신竈王神을 주장자로 부수어 버린 선사. 본서 153칙 및 1299칙 '무위자의 송' 주석 참조.

림자를 실제로 오인한 것과 같다.
○ 주장자로 때려 부순 파조타로다 : 공덕과 허물 그리고 원인과 과보가 부서지고 바닥에 떨어졌다는 뜻이다. 이와 같이 하여 무생無生의 이치를 깨달았다.[22]
○ 조왕신 부수자 와서 감사 올렸는데 : 푸른 옷 입고 높은 관 쓰고 절을 올린 것이다.[23]
○ 외려 이전부터 우리 등졌다 따지네 : 이것은 그대에게 본래 있던 성품이지 내가 억지로 하는 말은 아니라는 뜻이다.[24] '우리(我)'란 조왕신을 가리킨다.[25]

天童 : 功過, 猶言罪福也. 善因善果, 惡因惡果. 作惡業墮惡途, 是惡因惡果也. 持經功德, 轉罪成佛, 是善因善果也. 鏡外狂奔演若多者, 前之功過因果, 如演若多, 迷[1]頭認影也. 杖頭至墮者, 功過因果, 破也墮也. 然則卽悟無生也. 竈墮破來相賀者, 靑衣峨冠設拜也. 却道至我者, 是汝本有之性, 非吾强言也. 我指竈神.

1) ㉥ '迷'가 병본에는 '述'로 되어 있다.

야보 도천冶父道川의 착어와 송

천로川老가 "하나의 일이 원인이 되지 않으면 하나의 지혜가 길러지지 않는다."라고 착어를 단 다음 읊었다.

---

[22] 파조타가 조왕신에게 무생無生의 도리를 설해 주어 업보를 벗고 천계天界에 태어나도록 했다는 이야기를 가리킨다. 『景德傳燈錄』 권4 「破竈墮傳」(大51, 232c22).
[23] 위의 책(大51, 232c27)에 따르면 조왕신이 무생의 도리를 깨치고는 그러한 형색을 하고 나타나 감사의 뜻을 전했다고 한다.
[24] 위의 책(大51, 233a7)에 학인들이 어째서 자신들에게는 조왕신처럼 곧바로 지시해 주지 않느냐고 따지고 묻자 "본래 있는 성품을 어째서 모르느냐!(本有之性, 爲什麽不會!)"라고 한 말에 따른다.
[25] 앞의 주석에 보이듯이 '우리(我)'는 조왕신이 아니라 학인들을 가리킨다.

川老著語云, "不因一事, 不長一智." 頌,

칭찬도 비방도 미치지 못하리니	讚不及毀不及
하나만 깨달으면 만사 마치리라	若了一萬事畢
허공처럼 모자람도 남음도 없이	無欠無餘若大虛
그대에게 바라밀을 적어 주리라	爲君題作波羅蜜

설화

○ 전생과 후생에 죄를 짓고 죄를 소멸한 저 하나의 일이 원인이 되어 전생과 후생에 죄를 짓고 죄를 소멸하는 잘못에 떨어지지 않는 이 하나의 지혜를 기른다는 뜻이다. 이어지는 송은 이 하나의 지혜에 대하여 읊었다.

川老 : 因彼先世後世, 作罪滅罪地一事, 長此不落, 前世後世, 作罪滅罪地一智也. 下頌云云, 此一智也.

무진거사의 송 無盡居士頌

사계절의 더위와 추위 되풀이하며 오가듯이	四序炎涼去復還
성인과 범부의 갈림 찰나 사이에 달렸을 뿐	聖凡只在刹那間
전생에 죄업 쌓은 사람 금생에 천대받더니	前人罪業今人賤
전생 사람이 쌓은 죄업의 산 무너져 내리네	倒却前人罪業山

운거 도응雲居道膺과 숭수 계조崇壽契稠의 응답[26]

어떤 학인이 운거 도응에게 물었다. "경전의 말씀에 따르면, '이 사람은

---

26 움직이거나 고요하거나, 마음 밖에 미혹되거나 자신의 마음을 지키거나 모두 평등하

전생에 지은 죄업으로 악도에 떨어져야 할 과보를 받아야 할 처지였는데 금생에 남에게 천대를 받아'라고 하였는데, 이 뜻은 어떤 것입니까?" "움직이면 악도에 떨어지고, 고요하면 남에게 천대를 받는다." 그 학인이 다시 숭수 계조에게 묻자 다음과 같이 대답했다. "마음 밖에 법을 두면 반드시 악도에 떨어질 것이며, 자기를 확고하게 지키기만 한다면 남에게 천대를 받는다."

僧問雲居膺, "承敎有言, '是人先世罪業, 應墮惡道, 以今世人輕賤.' 此意云何?" 師云, "動則應墮惡道, 靜卽爲人輕賤." 又問崇壽稠, 答云, "心外有法, 應墮惡道 ; 守住自己, 爲人輕賤."

[설화]

○ 학인의 물음에 운거와 숭수가 응답한 뜻은 똑같다. 글에 드러난 그대로 알 수 있다.

僧問雲居崇壽, 答意一般. 文見可知.

게 부정하여 경문을 배촉背觸의 관문으로 재구성했다. 본칙 공안과 관련해서 보자면, 『金剛經』에 의지해서도 안 되고 이에서 벗어나서도 안 된다는 취지를 살린 것이다.

59칙 금강여시 金剛如是

본칙 『금강경』의 말씀이다. "(보리심을 일으키는 자는) 마땅히 이와 같이 알고 이와 같이 보며 이와 같이 믿고 이해할 일이며 법상法相을 일으켜서는 안 된다."

金剛經云, "應如是知, 如是見, 如是信解, 不生法相."

설화
- 육조가 이 뜻을 푼다.[1] "보리를 성취하겠다는 마음(보리심)을 일으키는 자는 모든 중생이 누구나 불성을 지니고 있음을 알아야 하며, 모든 중생이 번뇌가 없는 갖가지 지혜[2]를 본래 갖추고 있음을 보아야 하고, 모든 중생의 자성은 본래 생성과 소멸이 없음을 믿어야 한다. 비록 모든 지혜의 방편을 시행하여 중생을 받아들여 이익을 주더라도 자기 자신(能)과 중생(所)을 차별하는 마음을 지어내지 않는다. 입으로는 차별상이 없는 법(無相法)을 설하면서 마음에 자기 자신과 중생을 차별하는 마음이 남아 있으면 법상이 아니다. 입으로 차별상이 없는 법을 설하고 마음으로 차별상이 없는 행을 실천하면서 얻었다는 마음이 소멸한다면, 이를 가리켜 법상이라 한다."
- 이 경문을 인용하여 공안으로 삼은 까닭은 중생이 날마다 생활하는 반경에서 몸을 옮기거나 발걸음을 돌릴 여지가 더 이상 없기 때문이니, 법상을 마주할 때마다 법상에 대한 분별을 일으키지 말아야 한다는 뜻이다.

---

1 『金剛經解義』권하(卍38, 689b12).
2 종지種智는 일체종지一切種智의 줄임말로, 갖가지 법을 남김없이 아는 부처님만의 지혜를 말한다. 『大智度論』권27(大25, 259a3), "일체종지란 갖가지 법문을 관조하여 모든 무명을 무너뜨리는 지혜이다.(一切種智者, 觀種種法門, 破諸無明.)" 본서 11칙 주 1 참조.

[如是] 六祖解云, "發菩提心者, 應知一切衆生, 皆有佛性, 應見一切衆生, 無漏種智, 本自具足, 應信一切衆生, 自性, 本無生滅. 雖行一切智慧方便, 接物利生, 不作能所心. 口說無上[1]法, 心有能所, 卽非法相. 口說無上[2]法, 心行無上[3]行, 所得心滅, 是名法相." 引以爲話者, 衆生日用, 更無移身轉步處, 則當法相, 不生法相也.

---
1) ㉠ '上'은 '相'의 오기이다. 2) ㉠ '上'은 '相'의 오기이다. 3) ㉠ '上'은 '相'의 오기이다.

정엄 수수淨嚴守遂**의 송** 淨嚴遂頌

이와 같이 알고 보며 믿고 이해하니	如是知見信解
일체를 갖추고서 매매하는 격이라네[3]	一切現成買賣
바다가 변하여 뽕나무 밭이 될지라도	任從海變桑田
허공 문드러진 일 아직 보지 못했네	未見虛空爛壞

---
3 일체를 갖추고서 매매하는 격이라네 : 현성現成은 상점 등에 갖추고 있는 물건. 일상과 생활 주변의 일체가 본분을 주고받을 수 있는 현성의 물건과 같다는 의미.『拈八方珠玉集』권중(卍119, 271a18), "불해가 말한다. '아버지(南泉)가 몸을 팔고 아들이 값을 치른 일로 제방에 이야깃거리를 주었다. 그러나 갖춰진 물건을 사고판 것을 어쩌랴?'(佛海云, '爺賣身, 子酬價, 與諸方作話欛. 雖然, 爭奈現成買賣何?')";『昭覺丈雪醉語錄』권2(嘉27, 319b7), "법좌에 올라앉아 말했다. '노승은 타고난 성품이 둔하여 할 줄 아는 것이라곤 없다. 활쏘기·말타기·쓰기·셈하기 등 어느 분야도 흐리멍덩하여 하지 못한다. 이제 사방이 터진 대로에 냉포冷鋪 하나를 차렸는데, 남북의 팔리지 않고 묵은 물건과 해외의 진기한 물품은 없다.' 갑자기 주먹을 세우고 말했다. '오로지 이것이 있을 뿐이다. 대중 가운데 흑백을 구별하고 무게를 잴 수 있는 사람이라면 틀림없이 정해진 값으로 돈을 지불하고 갖고 있는 물건을 매매할 것이다.' 잠깐 침묵하다가 무릎을 치고 말했다. '세인들은 귀한 줄은 알지만 값을 매길 줄 모르니, 고저의 가격이 생기기 이전 상태로 두고서 부처와 마구니를 다 팔아 치우리라.'(上堂云, '老僧賦性愚魯, 百無所能. 射御書數, 懵然不識. 今於十字街頭, 開箇冷鋪, 且無南北滯貨, 海外奇珍.' 驀豎拳云, '單單秖有者箇. 衆中有別皂白, 知斤兩底, 不妨定價還錢, 作箇現成買賣.' 良久, 拍膝云, '世人知貴不知價, 留與機前打佛魔.')"

> 설화

○ 이와 같이 알고~매매하는 격이라네 : 마치 바다가 변하여 뽕나무 밭이 되듯이 결국은 허물어지지만, 허공이야 언제 문드러진 적이 있었던가? 허공이 어찌 법상을 일으키는 곳이 아니랴?

淨嚴:如是知見至買賣者,如海變桑田,畢竟敗壞,虛空何曾爛壞?虛空豈不生法相處?

운문 종고雲門宗杲의 거

불자를 꼿꼿이 세우고서 말했다. "이것은 나, 경산의 불자인데, 무엇을 법상이라 부르겠는가? 법상을 얻을 수 없다면, 또한 무엇을 알고 무엇을 보며 무엇을 믿고 무엇을 이해한단 말인가?" 다시 불자를 세우고 말했다. "이것이 바로 법상인데, 무엇을 불자라 부르겠는가? 불자를 얻을 수 없다면, 이와 같이 알고 이와 같이 보며 이와 같이 믿고 이해한들 무슨 잘못이 있겠는가? 바로 이러할 때에 얽매인 몸을 반전시킬 한 구절은 어떻게 말하겠는가? 겹겹이 둘러싸여 있으나 섞여서 뒤얽힘은 없으니, 모두들 고요한 경지를 성취하소서!⁴"

雲門杲擧此話,擧起拂子云,"這箇是徑山拂子,喚甚麼作法相? 法相既不可得,又知箇甚麼,見箇甚麼,信箇甚麼,解箇甚麼?"復擧起云,"這箇是法相,却喚甚麼作拂子? 拂子既不可得,如是知,如是見,如是信解,又有甚

---

4 겹겹이 둘러싸여~경지를 성취하소서 : '薩婆訶(S svāhā)'는 진언眞言의 마지막 구절에 붙이는 말. 사바하沙婆訶·사박하莎縛訶·사하莎訶 등이라고도 음사한다. 성취成就라는 뜻이다. 또는 길상吉祥·원적圓寂·식재息災·증익增益·무주無住 등을 뜻한다. 어떤 일이 이루어지도록 기원하는 말이다. 불자가 곧 법상이고 법상이 곧 불자이기도 하지만, 불자와 법상이 각각의 독자성을 갖는다는 의미이다. 본서 600칙 '설두 법녕의 송' 마지막 구절 주석 참조.

麼過? 正當伊麼時, 轉身一句, 作麼生道? 千重百匝無回互, 大家靜處薩婆訶!"

설화

○ 불자를 세운 것 : 한 자루의 불자이다. 그렇다면 '무엇을 법상이라 부르겠느냐?'라는 뜻이다. 그러므로 '겹겹이 둘러싸여 있으나 섞여서 뒤얽힘은 없으니, 모두들 고요한 경지를 성취하소서!'라고 한다.

雲門 : 擧拂子者, 一條拂子. 然則喚什麼作法相? 則千重百匝無回互, 大家, 靜處薩婆訶!

60칙 제불불견諸佛佛見

본칙 『제불요집경』의 말씀이다. "천왕여래께서는 문수사리가 문득 부처라는 견해와 법이라는 견해를 일으키자 두 개의 철위산[1] 중간에 떨어뜨렸다."

諸佛要集經云, "天王如來, 因文殊師利, 忽起佛見法見, 貶向二鐵圍山."

설화

● 본 경에서 '문수사리가 문득 부처라는 견해와'라 운운한 말에 대하여 황벽 희운黃檗希運은 이렇게 말하였다.[2] "자신 안에 대한 견해나 자신 밖에 대한 견해나 모두 착각이요, 부처님의 도나 마구니의 도나 모두 사악하다. 이런 까닭에 문수가 잠깐 사이에 두 가지 대립된 견해[3]를 일으켰다가 두 개의 철위산 중간에 떨어진 것이다. 문수는 실상의 지혜(實智)이고 보현은 방편의 지혜(權智)이다. 방편과 실상이 서로 대적하여 물리치면(對治) 결국 방편과 실상의 차별이 없고 오로지 하나의 마음일 뿐이다. 하나의 마음은 또한 부처도 아니고 중생도 아니기 때문에 부처라는 견해가 조금이라도 남아 있으면 곧바로 중생이라는 견해를 지어낸다. 있다는 견해(有見)와 없다는 견해(無見) 그리고 상주常住한다는 견해(常見)와 단멸斷滅한다는 견해(斷見) 등이 두 개의 철위산이 되니, 그 모두가 장애를 이루기 때문이다." 곧 부처라는 견해와 법이라는 견해 그리고 중생이라는 견해가 두 개의 철위산이다.[4] 부처에 얽매인 견해

---

1 철위산鐵圍山 : 본서 32칙 본칙 설화 참조.
2 『宛陵錄』(大48, 385a21).
3 두 가지 대립된 견해(二見) : 안과 밖, 부처와 마구니 등을 차별되게 보는 모든 견해.
4 불견佛見과 법견法見을 한 묶음으로 보고 그 반대편에 중생견衆生見을 대칭시켜 이견

와 법에 집착하는 견해를 두 개의 철위산이라고 오인하는 경우도 간혹 있다.
● 이 경문을 인용하여 공안으로 삼은 까닭은 '부처라는 견해와 법이라는 견해 그리고 중생이라는 견해에 무슨 잘못이 있는가?'라고 묻기 위한 것이다.

[佛見] 本經云, 文殊云云, 黃蘗云, "內見外見俱錯, 佛道魔道俱惡. 所以文殊暫起二見, 貶向二鐵圍山. 文殊卽實智, 普賢卽權智. 權實對治, 畢竟[1]亦無權實, 唯是一心. 一[2]心且不佛不衆生故,[3] 才有佛見, 便作衆生見. 若見[4]有見無見, 常見斷見, 便成二鐵圍山, 皆成[5]障故." 則佛見法見衆生見, 是二鐵圍山. 誤認佛見法見, 爲二鐵圍山, 間或有之. 引以爲話者, 佛見法見衆生見, 有什麽過?

1) ㉯ '畢竟'이『宛陵錄』에는 '究竟'으로 되어 있다.　2) ㉯ '一'이『宛陵錄』에는 없다.
3) ㉯ '故' 대신에『宛陵錄』에는 "다른 견해가 없다.(無有異見.)"라고 되어 있다.　4) ㉯ '若見'이『宛陵錄』에는 없다.　5) ㉯ '皆成'이『宛陵錄』에는 '被見'으로 되어 있다.

설두 중현雪竇重顯의 수어[5]

"문수는 부처라는 견해와 법이라는 견해를 일으켜 두 개의 철위산 중간에 떨어졌지만, 납승은 부처라는 견해와 법이라는 견해를 일으키면서도 각자의 자리[6]에 나란히 앉아 있다. 나, 취봉이 부처라는 견해와 법이라

二見이라 한 것이다.
5 수어垂語 : 스승이 학인들에게 가르침을 내리는 것. 시중示衆 · 수시垂示 · 수계垂誡 등과 같은 뜻이다. 또는 스승이 학인에게 법어를 주고 학인의 질문을 이끌어 내는 담화도 수어라 하는데 이 경우는 조화釣話 · 색화索話 등과 같은 뜻이다. 이들 용어가 엄밀하게 구분되는 것은 아니고 모두 유사한 뜻으로 사용된다.『禪林象器箋』권11「垂說類」(禪藏, pp.841~843) 참조.
6 각자의 자리(三條椽下) : 세 개의 서까래 아래. 본서 16칙 '불인 지청의 상당' 주석 참조. 참선하거나 눕는 각자의 자리.

는 견해를 일으키면 누가 간파할 수 있겠는가?" 스스로 대신하여 말했다. "저울과 잣대가 손에 쥐어져 있다."

雪竇顯垂語云, "文殊起佛見法見, 貶向二鐵圍山; 衲僧起佛見法見, 列在五[1]條椽下. 翠峰起佛見法見, 誰敢覷着?" 代云, "秤尺在手."

1) ㉠ '五'는 '三'의 오기이다. 『雪竇語錄』 권4(大47, 693b25).

설화

○ 문수는 부처라는~철위산 중간에 떨어졌지만 : 부처라는 견해와 법이라는 견해에 잘못이 있다는 뜻이다.
○ 납승은 부처라는~나란히 앉아 있다 : 부처라는 견해와 법이라는 견해에는 잘못이 없다는 말이다.
○ 나, 취봉이~간파할 수 있겠는가 : (잘못이 있건 잘못이 없건) 양쪽에 다 상관하지 않겠다는 뜻이다.
○ 저울과 잣대가 손에 쥐어져 있다 : 부처라는 견해와 법이라는 견해도 무방하고, 부처라는 견해와 법이라는 견해가 모두 아니라 해도 무방하다는 말이다.

雪竇 : 文殊起佛見云云者, 佛見法見有過也. 衲僧起云云者, 佛見法見無過也. 翠峯起云云者, 兩頭不干也. 秤尺在手者, 佛見法見亦得, 非佛見法見亦得也.

오운 지봉五雲志逢의 염

"두 개의 철위산은 어느 곳인가? 알겠는가? 지금 누군가 부처라는 견해와 법이라는 견해를 일으킨다면, 내가 그에게 차 두 잔을 끓여 주겠다. 생각해 보라. 그에게 상을 내린 것인가, 벌을 준 것인가? 경전의 뜻과 같은가, 경전의 뜻과 다른가?"[7]

五雲拈, "什麼處是二鐵圍山? 還會麼? 如今若有人起佛見法見, 五雲與烹茶兩甌. 且道. 是賞伊罰伊? 同敎意不同敎意?"

설화

○ 두 개의 철위산은 어느 곳인가 : 본래부터 두 개의 철위산은 없다는 말이다.
○ 내가 그에게 차 두 잔을 끓여 주겠다 : 저들 부처라는 견해와 법이라는 견해 그리고 중생이라는 견해에 대해 상을 준다는 뜻이다.
○ 그에게 상을 내린 것인가, 벌을 준 것인가 : 벌로 주는 뜻도 있다는 말이다.
○ 경전의 뜻과 같은가, 경전의 뜻과 다른가 : 경전의 뜻과 같다면 두 개의 철위산이라는 설정에 잘못이 있는 것이 되지만, 경전의 뜻과 다르다고 한들 두 개의 철위산이라는 설정에 무슨 잘못이 있겠느냐는 뜻이다.

五雲 : 什麼至圍山者, 本無二鐵圍山也. 五雲與烹茶兩甌者, 賞他佛見法

---

[7] 의문의 형식으로 내어놓은 선경禪境이다. 상인지 벌인지, 같은지 다른지, 두 갈래로 설정한 이곳에 이미 공안의 진실은 남김없이 드러나 있다. 대립적 짝이 사라진 평등한 자리에서 상과 벌 따위로 자유롭게 활용하는 선사의 심기心機가 숨김없이 드러나 있기 때문이다. 『方融璽語錄』권2(嘉29, 827a7), "시중법어 때 주장자를 잡고 말했다. '주장자가 오늘 나타나 뛰어오르더니 상과 벌을 분명하게 가르는구나. 잘못이 있거나 잘못이 없거나 모조리 30방을 때리리라. 어째서 이와 같이 하는가? 이 법은 평등하여 고하의 차별이 없기 때문이다.'(示衆拈拄杖云, '拄杖子, 今日出來踍跳, 分明賞罰. 有過無過, 都與三十棒. 因甚如此? 是法平等, 無有高下.')" 상과 벌이 무차별한 그곳에서 상과 벌의 차별을 의도적으로 가를 뿐이므로 '상인가? 벌인가?'라는 의문이 활구活句가 된다. 이 의문에 대한 어떤 확정된 대답도 사구死句로 전락하기에 동일한 형식의 의문이나 그에 준하는 응수라야 수용할 만하다. 결국 부처라는 견해와 법이라는 견해도 활용하는 방식에 따라 상과 벌 같은 활구의 소재가 될 수 있다.

見衆生見也. 是賞伊云云者, 亦有罰意也. 不同敎意者, 同敎意, 二鐵圍山有過, 不同敎意, 二鐵圍山有什麼過?

지해 본일智海本逸의 상당

이 공안을 제기하고 말했다. "범부가 부처라는 견해와 법이라는 견해를 일으키면 인간계와 천상계를 오가며 영원히 윤회의 몸을 받을 것이며, 납승이 부처라는 견해와 법이라는 견해를 일으키면 남방과 북방을 허덕이며 목마른 사슴처럼 뛰어다닐 것이다." 이어서 주장자를 집어 들고 말했다. "주장자가 부처라는 견해와 법이라는 견해를 일으키면, 석가와 달마는 달아날 문이 없고 임제와 덕산도 숨을 곳이 없을 것이다." 잠깐 침묵하다가 말했다. "훔! 훔! 믿지 못하겠는가?" 마침내 승상繩牀을 내리쳤다.

智海逸上堂, 舉此話云, "凡夫, 起佛見法見, 人間天上, 永受輪迴 ; 衲僧, 起佛見法見, 天南天北, 走如渴鹿." 乃拈起拄杖云, "拄杖子, 若起佛見法見, 釋迦達磨, 迴避無門 ; 臨濟德山, 藏竄無地." 良久云, "咈! 咈! 不信道?" 遂擊繩床.

[설화]

○ 범부가 부처라는~윤회의 몸을 받을 것이며 : 인간계와 천상계가 두 개의 철위산이다. 중생이라는 견해를 일으키면 인간계에서 윤회의 몸을 받고, 부처라는 견해와 법이라는 견해를 일으키면 천상계에서 윤회의 몸을 받는다는 뜻이다.
○ 납승이 부처라는~목마른 사슴처럼 뛰어다닐 것이다 : 남방은 부처라는 견해와 법이라는 견해이고, 북방은 부처라는 견해와 법이라는 견해가 없는 경지이다. 부처라는 견해와 법이라는 견해를 갖지 않는 경우와 부처라는 견해와 법이라는 견해를 일으키는 경우를 대립하여 보였다.

○ 주장자가 부처라는 견해와 법이라는 견해를 일으키면 : 주장자는 지각이 없는 물건이다.[8]
○ 석가와 달마는 달아날 문이 없고 : 조사의 뜻이나 교설의 뜻이나 모두 성립되지 않는다는 말이다.
○ 임제와 덕산도 숨을 곳이 없을 것이다 : 덕산의 엄정한 법령(正令 : 棒)도 남방에서나 북방에서나 전혀 견줄 자가 없는데 임제의 남김 없는 작용(大用 : 喝)이라 하여 남방에서든 북방에서든 무슨 잘못이 있겠는가? 하지만 만약 주장자의 온전한 기틀이 남김없이 발휘되는 작용(全機大用)에 근거한다면 어디에서 이 본분의 소식을 얻을 수 있을까? 그렇다면 마조가 내지른 하나의 할[9]과 같다는 말인가? 아니다. 손에 쥔 것[10]으로 동쪽을 가리키거나 서쪽을 가리키는 동작일 뿐이니, (마조와 백장이 서로) 동쪽을 가리키거나 서쪽을 가리키거나 하는 동작과 비교하여 부처라는 견해와 법이라는 견해도 대차가 없거늘 무슨 잘못이 있겠는가? 이미 부처라는 견해와 법이라는 견해를 갖고 있으면서 어떻게 이와 같은 역량이 있는 것일까? 만약 조금이라도 생각하며 머뭇거린다면 아침에 삼천 대, 저녁에 팔백 대[11]를 맞지 않을 수 없을 것이다. 흠! 흠! 믿

---

8 지각知覺이 없는 존재가 지각을 일으켰다는 설정이 석가와 달마나 임제와 덕산 등 누구도 조치할 도리가 없는 하나의 화두로 성립된다.
9 마조가 내지른 하나의 할 : 백장의 귀를 사흘 동안 먹게 했던 마조의 할. 본서 181칙 본칙 참조. 어떤 분별과 작용도 할 수 없도록 만드는 수단을 나타낸다.
10 손에 쥔 것 : 주장자를 가리킨다. 지각이 없는 주장자로 동쪽이든 서쪽이든, 이쪽이든 저쪽이든 마음 가는 대로 가리키듯 부처라는 견해와 법이라는 견해에도 어떤 분별이 끼어들 수 없음을 의미한다. 부처라는 견해와 법이라는 견해가 마치 마조와 백장이 서로 불자를 세웠다가 제자리에 걸어 놓았다가 한 것과 같다는 의미이다. 설화에서 '마조의 할과 같지 않다.'고 한 것은 마조가 백장과의 문답 행위 마지막에 내질렀던 한 번의 할과 같지 않다는 의미이지, 할이 갖고 있는 작용으로서의 수단을 가리킨 것은 아니다.
11 조격삼천모팔백朝擊三千暮八百은 조타삼천모팔백打三千暮八百이라고도 한다. 아침부터 저녁까지 하루 종일 끊임없이 몽둥이로 때린다는 말로, 삼천이나 팔백은 무수한 수를 나타낸다. 이 매는 잘못이 있거나 없거나 부처라는 견해와 법이라는 견해가 있거나 없거나에 관계없이 휘두르는 온전한 기틀의 남김 없는 활용(大機大用) 또는 전

지 못하겠는가?

智海:凡夫至輪廻者, 人間天上, 卽二鐵圍山. 衆生見, 則人間受輪廻;佛見法見, 則天上受輪廻也. 衲僧起佛見云云者, 天南, 則佛見法見;天北, 則無佛見法見處. 無佛見法見, 對佛見法見也. 柱杖子, 若起佛見云云者, 柱杖子, 則無知覺者也. 釋迦達摩, 迴避無門者, 祖意敎意俱不立也. 臨濟德山云云者, 德山正令, 則天南天北所不及也, 臨濟大用, 則天南天北有什麽過? 若據柱杖全機大用, 什麽處得這消息來? 然則與馬祖一喝一般耶? 非也. 則指東畫西手中底, 指東畫西, 佛見法見有什麽過? 旣是佛見法見, 爲什麽有如是氣力? 若也擬議, 未免朝打三千暮打八百. 吽吽, 不信道?

기대용全機大用이다. 『汾陽無德語錄』권중(大47, 615c6), "'주먹을 펴면 손바닥이 되고 손바닥을 쥐면 주먹이 되듯이 쥐거나 폄에 자유로워 남의 힘을 빌릴 필요가 없다. 잘못은 어디에 있는가?' 대신 답했다. '아침에 삼천 대, 저녁에 팔백 대를 맞아야 하리라.' ('如拳作手, 如手作拳, 展縮自由, 不因他力. 過在什麽處?' 代云, '朝打三千暮打八百.')" 본서 1062칙 본칙 설화 참조.

61칙 문수청정 文殊淸淨

본칙 『문수보살소설반야경』의 말씀이다.[1] "청정한 수행자라고 하여 열반에 들어가지도 못하고, 파계한 비구라고 하여 지옥에 떨어지지도 않는다."

文殊菩薩所說般若經云, "淸淨行者, 不入涅槃; 破戒比丘, 不入地獄."

설화

● 『보적경』의 말씀이다.[2] "사리불이여, 중한 계율을 범한 비구일지라도 지옥에 떨어지지 않고, 계율을 청정하게 지키는 자일지라도 열반을 증득하지 못한다. 왜 그런가? 진실하고 청정한 본성에서는 계율을 지키거나 계율을 범하거나 그 본성이 평등하여 차별이 없기 때문이다." 이는 평등하여 차별이 없다는 뜻인가? 청정하게 계율을 지키는 수행자도 한 사람이고, 계율을 무너뜨린 비구도 한 사람이다.

---

1 『文殊師利所說般若經』 권상(大8, 728b22), "중죄를 범한 비구라고 하여 지옥에 떨어지지도 않고 청정한 수행자라고 하여 열반에 들어가지도 못한다는 사실을 안다면 이와 같이 비구는 응공도 아니고 응공이 아닌 것도 아니며, 번뇌를 남김없이 끊은 것도 아니고 번뇌를 남김없이 끊지 못한 것도 아닐 것이다. 어째서인가? 모든 법 가운데 평등에 머물기 때문이다.(若見犯重比丘不墮地獄, 淸淨行者不入涅槃, 如是比丘, 非應供非不應供, 非盡漏非不盡漏. 何以故? 於諸法中, 住平等故.)"; 『大般若經』 권574(大7, 967c4), "중죄를 범한 비구라고 하여 지옥에 떨어지지도 않고 청정하게 계를 수지하는 자라고 하여 하늘에 태어나지도 못한다.……어째서인가? 사리자야, 참된 법계에서 계율을 지키거나 계율을 범하거나 그 본성은 평등하여 차별이 없기 때문이다.(犯重苾芻, 非墮地獄 ; 淨持戒者, 非得生天.……何以故? 舍利子, 眞法界中, 若持若犯, 其性平等, 無差別故.)" 본서 921칙 본칙 참조.
2 이하의 인용문은 『寶積經』이 아니라 『大般若經』 권574(大7, 967c4~17)에서 만수실리曼殊室利 곧 문수사리文殊舍利가 사리자舍利子에게 한 말의 요지를 수록한 것이다.

[淸淨] 寶積經云, "舍利弗云,[1] 犯重苾蒭,[2] 非墮地獄 ; 淨持戒者, 非證涅槃. 何以故? 眞淨性中, 若持若犯, 其性平等, 無差別故." 則平等無差別之義耶? 淸淨行者, 也一人 ; 破戒比丘, 也一人.

1) ㉝ '云'은 잘못 덧붙은 글자이다.　2) ㉠ '蒭'가 병본에는 '芻'로 되어 있다.

해인 초신海印超信의 송 海印信頌

허공이 무너져 내리며	虛空撲落
가뭄에 울린 천둥소리	旱地颷雷
산호에 열매가 맺히고	珊瑚[1]結果[2]
쇠나무에 꽃이 피었다	鐵樹花開
한산과 습득은 껄껄대고 웃었고	寒山拾得呵呵笑
종규[3]는 지난밤 삼대춤[4] 추었네	鍾馗昨夜舞三臺

1) ㉠ '珊瑚'가 병본에는 '瑚珊'으로 되어 있다.　2) ㉠ '果'가 병본에는 '菓'로 되어 있다.

설화

○ '허공이 무너져 내렸는데', 어디에서 더듬어 찾겠는가?[5] '가뭄에 울린 천둥소리', 아무 조짐도 없다가 문득 나타나니 생각으로 알 수 없고 말로 표현할 수 없다.

○ 산호에 열매가 맺히고 쇠나무에 꽃이 피었다 : 인과의 이치로 보면 '선한 원인은 선한 결과를 얻고 악한 원인은 악한 결과를 초래한다.'라고

---

3 종규鍾馗 : 전설상의 인물. 당나라 때 화가인 도자道子 오도현吳道玄이 그의 초상을 그린 이래로 삿된 기운을 몰아내기 위해 그의 형상을 그렸다. 그 형상으로 분장하고 추는 춤을 무판舞判 혹은 무종규舞鍾馗라고 한다.
4 삼대춤 : 본서 2칙 '열재거사의 송' 주석 참조.
5 삼라만상이 존립하는 가장 근본적인 공간 형식인 허공이 산산이 무너져 내리는 소식이다. 그런 다음에는 모든 틀도 그와 함께 무너질 수밖에 없기 때문에 청정과 오염 따위의 자취는 아무리 더듬어도 찾을 수 없는 '평등'이 실현된다.

한다. '산호에 열매가 맺히고'라고 운운한 말은 낱낱의 현상이 모두 무생無生의 이치라는 뜻이다.

○ 한산과 습득은 껄껄대고 웃었고 : 비춤과 작용을 동시에 한다[6]는 뜻이다.

○ 종규 : 당나라의 일사逸史[7]에 이렇게 전한다. "명황明皇(玄宗)이 무사마귀혹【后疒候는 후候라 발음하고, 사마귀혹이라는 뜻이다.】이 났을 때, 낮잠을 자는데 남포藍袍를 입은 귀신이 나타나 '신은 종남산의 진사 종규라 하는데, 세상을 갉아먹는 재앙[8]을 제거합니다.'라고 말했다. 명황은 오도자吳道子에게 그 형상을 그리도록 조칙을 내리고, 두 관서에 하사했다."

○ 지난밤 삼대춤 추었네 : 삼대는 민중들과 더불어 즐기는 춤이니, 반드시 노래하며 박자에 어울리는 손뼉을 쳐야 한다는 뜻이다. 생각해 보

---

[6] 비춤과 작용을 동시에 한다(照用同時) : 임제 의현臨濟義玄의 네 가지 조용(四照用)에 근거한다. 『人天眼目』 권1 「四照用」(大48, 304a11), "임제가 어느 날 대중에게 말했다. '나는 어떤 때는 비춤(照)을 먼저 하고 작용(用)을 나중에 하며, 어떤 때는 작용을 먼저 하고 비춤을 나중에 하며, 어떤 때는 비춤과 작용을 동시에 하며, 어떤 때는 비춤과 작용을 동시에 하지 않는다. 비춤을 먼저 하고 작용을 나중에 하는 것은 사람이 있어서요, 작용을 먼저 하고 비춤을 나중에 하는 것은 법이 있어서이며, 비춤과 작용을 동시에 하는 것은 농부의 소를 몰아가고 배고픈 사람의 밥을 빼앗는 방식이며 뼈를 두드려 골수를 취하고 바늘과 송곳으로 아프게 찌르는 것과 같고, 비춤과 작용을 동시에 하지 않는 것은 물음도 두고 대답도 두며 주인도 세우고 손님도 세우며 물과 진흙을 뒤섞은 듯하며 기틀에 따라 사물을 응대하는 방식이다. 헤아림을 넘어선 사람이라면 미처 들어 보이기도 전에 일어나 곧바로 자리를 떠나겠지만 여전히 조금 부족하다.'(師一日示衆云, '我有時先照後用, 有時先用後照, 有時照用同時, 有時照用不同時. 先照後用有人在, 先用後照有法在, 照用同時, 驅耕夫之牛, 奪饑人之食, 敲骨取髓, 痛下針錐, 照用不同時, 有問有答, 立主立賓, 合水和泥, 應機接物. 若是過量人, 向未擧時, 撩起便行, 猶較些子.')"

[7] 일사逸史 : 잃어버리거나 숨겨지거나 사라진 역사 서적. 또는 정사正史 이외의 역사적 사실.

[8] 세상을 갉아먹는 재앙(天下虛耗之孼) : 허모虛耗는 사람에게 해악을 끼치는 귀신. 고대에 12월 24일이나 섣달그믐 밤에 등불을 밝혀 귀신을 쫓는 풍습이 있었는데 이를 조허모照虛耗라 한다. 『一切經音義』 권75(大54, 792b15), "매허【……두 번째 글자의 음은 허이고 허모귀를 가리킨다. 『이원』에 '허모귀가 이르는 곳은 사람들의 재물을 손실케 하고 창고를 텅 비게 하기 때문에 모귀라고 이름 지은 것이며 형상이 한 가지가 아닌 괴물이다.'라고 하였다.】(魅魅【……下音虛, 虛耗鬼也. 異苑曰, '虛耗鬼, 所至之處, 令人損失財物, 庫藏空竭, 名爲耗鬼, 其形不一怪物也.'】)"

라. 종규의 생각은 어디에 귀착되는가?

海印 : 虛空撲落, 向什麼處摸挱? 旱地颰雷, 無而忽有, 不可思議. 珊瑚至開者, 因果則善因善果, 惡因惡果而云. 珊瑚結果云云, 則一一無生. 寒山至笑者, 照用同時也. 鐘馗者, 唐逸史, "明皇因瘧【瘧音候, 疣癰也.】疾, 晝夢有鬼藍袍曰, '臣終南山進[1]士鐘馗, 除天下虛耗之孼.' 詔吳道子圖之, 賜二府." 昨夜舞三臺者, 三臺則與民同樂, 應須誇徧拍. 且道. 鐘馗落在什麼處?[2]

1) ㉔ '進'이 을본에는 '道'로 되어 있다. 2) ㉔ '處' 다음에 을본·병본에는 '又鐘馗卽販雞長者也懺法中具載'라는 구절이 있다.

보녕 인용保寧仁勇**의 송** 保寧勇頌

지금껏 훌훌 벗어나 아무 속박 없으니	生平疎逸無拘檢[1]
술집이건 다방이건 내키는 대로 노닌다	酒肆茶坊信意遊
한에도 매이지 않고 진에도 멈추지 않고	漢地不收秦不管
다시 나귀 타고 양주를 지나가는구나	又騎驢子過楊州

1) ㉔ '檢'이 갑본에는 '撿'으로 되어 있다.

설화[9]

○ 지금껏 훌훌 벗어나~내키는 대로 노닌다 : 동일한 사람이 열반에 들어가기도 하고 지옥에 떨어지기도 한다는 말이다.[10]

---

9 청정하게 계를 지키며 수행한 사람과 파계한 비구를 동일인으로 보는 안목이 나타나고, 그 한 사람이 열반과 지옥을 자유자재로 출입한다는 관점의 해설이다. 열반과 지옥이란, 중국을 최초로 통일한 진秦나라와 그 진나라를 멸망시키고 다시 통일한 한나라 간의 차이와 유사할 뿐, 서로 다르지 않음을 비유적으로 표현한 것이다.

10 한나라 땅에서도 그를 거두지 못하고 진나라에서도 못 가도록 붙들지 못한다는 말. 어디에도 속박되지 않는다는 제1구~제2구의 취지와 연속되는 말이다. 파계와 지계 양편을 평등하게 보며 그 어디에도 예속되지 않고 자유롭게 출입하는 취지를 읊었다. 본칙

○ 한에 매이지 않고~양주를 지나가는구나 : 열반에도 들어가지 않고 지옥에도 떨어지지 않는다는 뜻이다.[11]

保寧:生平疎逸云云者, 一人或入涅槃, 或入地獄也. 漢地不收云云者, 不入涅槃, 不入地獄也.

운문 종고雲門宗杲**의 송** 雲門杲頌

벽에는 등잔 매달아 놓고서	壁上安燈盞
방 앞엔 술잔 받침대 두었네	堂前置酒臺
속 답답하면 석 잔 기울이니	悶來打三盞
어디에 시름 생길 틈 있으리	何處得愁來

[설화]

○ (보녕 인용이) "지금껏 훌훌 벗어나~내키는 대로 노닌다."라고 읊은 구절과 상응하는 뜻이다.

雲門:生平疎逸云云.

죽암 사규竹庵士珪**의 송** 竹庵珪頌

고니는 희고 까마귀는 본래 검으며	鵠白烏本玄

에 나오는 불입不入의 뜻에 입入의 도리를 붙여 확장하였다.
11 『聯燈會要』 권18 「國淸行機章」(卍136, 730b13), "색 그대로 공이라 관하여 큰 지혜가 이루어졌으므로 생사에 머물지 않고, 공 그대로 색이라 관하여 큰 자비가 이루어졌으므로 열반을 증득하지 않는다. 생사에도 머물지 않고 열반도 증득하지 않으며, 한나라 땅에서도 거두지 못하고 진秦나라에서도 붙들지 못한다. 생각해 보라. 그는 어느 곳에서 심신을 편안히 의지하고 있을까?(觀色卽空, 成大智故, 不住生死; 觀空卽色, 成大悲故, 不證涅槃. 生死不住, 涅槃不證; 漢地不收, 秦地不管. 且道. 在甚麽處, 安身立命?)"

소나무 곧고 가시나무 본디 굽었네[12]　　　　松直棘自曲
계율 잘 지키던 청정한 비구승이여　　　　　　淸淨比丘僧
기어코 지옥에 떨어져야만 하리라　　　　　　却須入地獄

[설화]

○ (보녕 인용이) "한에도 매이지 않고~양주를 지나가는구나."라고 읊은 구절과 상응하는 뜻이다.

竹庵 : 漢地不收云云.

한암 혜승寒嵒慧升의 송 寒嵒升頌

하나를 반으로 쪼개니 산가지가 부족하고　　分開一半筭不足
세 토막을 내고 보니 저울이 또 기우네　　　　取出三分秤又偏
다행히 방옹의 복두 얻었으니[13]　　　　　　幸得龐翁幞頭在
때론 보통년[14] 일도 말하노라　　　　　　　有時說到普通年

---

12 소나무 곧고~본디 굽었네 : 『楞嚴經』 권5(大19, 125b18).
13 방옹의 복두 얻었으니 : 방거사龐居士와 칙천則川 사이의 문답에 복두幞頭(두건)를 두고 주고받은 문답을 말한다. 『龐居士語錄』(卍120, 59b9), "방거사가 칙천 화상을 만났을 때 칙천이 말했다. '석두 스님을 처음 만났을 적에 얻은 도리를 기억하는가?' '그래도 스님이 거듭 제기해 주셔야겠습니다.' '오래 공부하면 만사에 게을러진다는 것을 분명히 알겠네.' '스님의 노쇠함과 저의 노쇠함을 비교할 수 없습니다.' '두 사람이 같은 시기에 살고 있거늘 더하여 얼마나 따지겠는가?' '이 방공은 정신이 또렷하고 건강하니 스님보다 낫습니다.' '그대가 나보다 나은 것이 아니라 다만 나에게는 그대가 쓴 두건이 없을 뿐이다.' 방거사가 두건을 벗고 말했다. '꼭 스님과 닮았습니다.' 이에 칙천은 크게 웃을 뿐 말하지 않았다.(居士, 相看則川和尙次, 川曰, '還記得見石頭時道理否?' 士曰, '猶得阿師重擧在.' 川曰, '情知久參事慢.' 士曰, '阿師老老, 不啻龐公.' 川曰, '二彼同時, 又爭幾許?' 士曰, '龐公鮮健, 且勝阿師.' 川曰, '不是勝我, 秪欠汝箇幞頭.' 士拈下幞頭曰, '恰與師相似.' 川大笑而已.)"
14 보통년普通年 : 달마 대사가 중국에 들어온 해를 말한다. 『景德傳燈錄』 권3 「達磨大師傳」(大51, 219a14)의 기사에 따르면, 보통 8년(527)에 남천축으로부터 바다를 건너 중국

> 설화

○ 하나를 반으로~저울이 또 기우네 : 줄이고 또 줄여도 무게를 헤아리지 못한다. 곧 청정하게 계를 지키는 수행자와 파계한 비구 그리고 열반과 지옥을 어디에서 더듬어 찾을 수 있겠느냐는 뜻이다.
○ 방옹 : 방거사龐居士를 말한다.
○ 복두 : 의복의 장식(服飾)이다. 이는 속제俗諦를 나타낸다.
○ 때론 보통년 일도 말하노라 : 이해에 달마가 양나라로 왔다. 이는 진제眞諦를 나타낸다.
○ 곧 속제도 있고 진제도 있으니, 청정한 수행자와 파계한 비구가 없다고 말할 수도 없다는 뜻이다.

寒巖[1] : 分開至秤又偏者, 減之又減秤量不及. 則淸淨行者, 破戒比丘, 涅槃地獄, 向什麼處摸揉? 龐翁者,[2] 龐居士. 幞頭, 服飾也, 則俗諦也. 有時說到云云者, 此年達摩來梁, 則眞諦也. 則有俗諦, 又有眞諦, 則淸淨行者, 破戒比丘, 不可道無也.

1) ㉠ '巖'이 을본에는 '嚴'으로 되어 있다. 2) ㉠ '者'가 병본에는 없다.

광주廣州에 도착했다고 한다. 세주에는 보통 원년普通元年에 들어왔다는 주장도 함께 싣고 있다.

서천응화현성西天應化賢聖

62칙 유마묵연維摩默然

[본칙] 유마거사의 회상에서 32명의 보살이 각자 둘이 아닌 법문(不二法門)에 대하여 말한 뒤 마지막으로 문수가 말하였다. "내 생각으로는 모든 법에 대해서 말할 것도 없고 설명할 것도 없으며, 남에게 지시할 것도 없고 스스로 알 것도 없으며, 갖가지 질문과 대답을 모두 떠난 그것이 바로 보살이 둘이 아닌 법문에 들어가는 경지입니다." 이번에는 문수가 유마힐에게 물었다. "우리들은 각자 말을 마쳤으니 당신이 말씀할 차례입니다. 보살이 둘이 아닌 법문에 들어가는 경지는 무엇입니까?" 그때 유마힐이 말이 없자 문수가 찬탄하며 말하였다. "말과 문자가 없는 상태에 이르러야 보살이 진실로 둘이 아닌 법문에 들어간 경지로구나."

維摩會上, 三十二菩薩, 各說不二法門, 末後文殊云, "我於一切法, 無言無說, 無示無識, 離諸問答, 是爲菩薩入不二法門." 却問維摩詰, "我等各自說已, 仁者當說. 何等是菩薩入不二法門?" 時維摩詰默然, 文殊歎云, "乃至無有語言文字, 是菩薩眞入不二法門."

[설화]
- 유마힐維摩詰 : 무구칭無垢稱이라 한역하고, 정명淨名이라고도 한역한다.[1]
- 황벽 희운黃蘗希運은 이렇게 말한다.[2] "정淨은 성성性이고, 명名은 상相이

---
1 ⓢ Vimalakīrti의 한역어. 정淨 또는 무구無垢는 ⓢ vimala에 대한 다른 번역이고, 명名 또는 칭稱은 ⓢ kīrti의 다른 번역이다.
2 『傳心法要』(大48, 380a24).

다. 성과 상이 둘이 아니므로 정명이라 한다."
● 광본廣本[3] 『유마경』의 말씀이다. "유마가 비야리성毗耶離城에서 병을 앓고 누워 있을 때의 일이다. 부처님께서 성문聲聞들에게 병문안을 가도록 하시자 성문들이 부처님께 아뢰었다. '도가 높은 저 사람은 저희들이 응대할 수 없어 뜻을 따르지 못하겠습니다.' 부처님께서 문수에게 병문안을 가도록 하시자 문수가 '부처님의 신통력을 입는다면 병문안을 갈 수 있습니다.'라고 말했다. 그리하여 3만 2천 명의 보살을 이끌고 비야리성에 갔다. 유마는 이 사실을 미리 알고 집 안의 가구를 모두 치우고 침상 하나만 남겨 둔 채 그곳에 병을 앓고 누워 있는 척하였다. 그때 사리불이 '방은 좁고 무리는 많은데 어떻게 모두 들어갈 수 있을까?'라고 염려했다. 유마가 상방上方 세계에 계시는 등왕불燈王佛의 처소에서 3만 2천의 사자좌[4]를 보내 주기를 부탁하여 방장方丈[5]에 배치하자 넓지도 않고 협소하지도 않았다.[6] 또 사리불이 '어떻게 이 많은 무리

---

3 광본廣本 : 원본에서 하나도 줄이지 않은 판본을 광본이라 하고, 그 반대의 것을 약본略本이라 한다.
4 사자좌師子座 : ⓢ·ⓟ siṃhāsana. 부처님이 앉으시는 자리. 사자상師子牀·사자좌獅子座·예좌猊座 등이라고도 한다. 부처님은 사람 중에서 백수의 왕인 사자와 같은 지위에 계시므로(人中師子) 부처님의 좌석은 무엇이 되었거나 모두 사자좌라 한다. 뜻이 확장되어 보살이나 조사가 앉는 자리도 사자좌라 한다. 『長阿含經』17 「沙門果經』(大1, 108a5), 『大智度論』 권7(大25, 111a28) 참조.
5 방장方丈 : 사방이 1장丈 길이인 작은 방. 1장은 약 3m에 해당한다. 방장실方丈室 또는 장실丈室이라고도 한다. 유마거사의 방이 이에 따라 조성된 것이어서 사방 1장의 설이 생기게 되었다. 그 뜻이 넓어져서 선종에서는 주지나 종장에 대한 존칭으로 쓰기도 한다. 이 경우는 방장화상方丈和尙이라는 뜻이다. 『維摩經略疏』 권3(大38, 597b19), "유마거사는 신·구·의의 망동을 꺾고 조복시킨 경지를 보여 주어 중생을 거두어 이롭게 할 목적으로 방장에 거처하며 병에 걸리지 않았음에도 병에 걸린 모습을 보였다.(示身口意折伏, 攝受利益衆生, 故居方丈, 無疾現疾.)"
6 유마가 상방上方~협소하지도 않았다 : 등왕불은 동방 수미상須彌相 세계에 계시는 수미등왕불須彌燈王佛을 가리킨다. 이와 관련된 이야기는 『維摩經』 권상(大14, 546b1)에 다음과 같이 전한다. "문수보살이 말했다. '거사여, 동쪽으로 36항하사국을 지나면 수미상이라는 세계가 하나 있는데, 그 세계에 머무시는 부처님의 명호는 수미등왕이라고 합

를 공양할 것인가?'라고 염려하자, 유마가 다시 변화로 나타난(化現) 보살을 향적세계[7]로 보내어 한 발우의 밥을 공양해 주도록 청하였는데, 모자라지도 남지도 않았다. 화엄華嚴에서 이를 가리켜 소부사의小不思議[8]라 한다."

[默然] 維摩詰, 此云無垢稱, 亦云淨名. 黃檗云, "淨者, 性也, 名者, 相也. 性相不二,[1)]故號淨名." 廣本經云, "維摩, 寢疾於毗耶離城. 佛令聲聞等問疾, 聲聞等白佛言, '彼上人者, 難爲酬對, 不堪順旨.' 佛令文殊問疾, 文殊云, '承佛神力, 可以問疾.' 於是, 領三萬二千菩薩, 往毗耶離城. 維摩預知, 除去所有, 唯留一床, 寢疾而臥. 爾時, 舍利佛作念云, '室少[2)]衆多, 如何容衆?' 維摩, 於上方燈王佛所, 請三萬二千師子座, 排置方丈, 不廣不狹. 又

니다. 지금 그 부처님은 신장이 8만 4천 유순이고 그 사자좌는 높이가 8만 4천 유순이며 가장 잘 장엄되어 있습니다.' 그때 장자 유마힐이 신통력을 나타내자 곧바로 그 부처님께서 높고 넓으며 잘 장엄된 3만 2천 개의 사자좌를 보내어 유마거사의 방에 들여보냈다.(文殊師利言, '居士, 東方度三十六恒河沙國, 有世界, 名須彌相, 其佛號, 須彌燈王. 今現在, 彼佛身長八萬四千由旬, 其師子座, 高八萬四千由旬, 嚴飾第一.' 於是, 長者維摩詰, 現神通力, 卽時彼佛, 遣三萬二千師子座, 高廣嚴淨, 來入維摩詰室.)

7 향적세계香積世界 : 향적여래가 머무는 세계. 사바세계 위로 42항하사 불토佛土를 지나 있으며 음식을 비롯하여 모든 것이 향으로 만들어져 있고, 이승二乘이라는 명칭조차도 없다고 한다. 『華嚴經疏』 권3(大35, 519a26), 『維摩經義疏』 권2(大38, 927c2) 참조.

8 소부사의小不思議 : 징관澄觀의 『華嚴經疏鈔』 권14(大36, 108c21)에 대·소의 두 가지 부사의가 제시되지만, 이에 앞서 길장吉藏이 『維摩經』을 해설하면서 사용한 대소부사의와 내외부사의라는 분류가 이 맥락에 더 적합하다. 『淨名玄論』 권3(大38, 869c15), "이제 두 종류의 부사의를 제시하고자 한다. 첫째는 대소부사의요 둘째는 내외부사의이다. 대소부사의란 거대한 사자좌가 작은 방 안으로 들어오니 방 안은 비록 넓지만 밖은 크지 않다는 말이다. 이 때문에 대소부사의라 한다. 둘째로 내외부사의란 오로지 하나의 방을 안에서 관찰하면 넓지만 밖에서 바라보면 크지 않다는 말이다. 방이 크다고 말하고자 해도 밖으로 드러난 형상은 뚜렷하게 작을 뿐이고, 작다고 말하고자 해도 거대한 사자좌를 받아들일 수 있다. 이 때문에 이 방은 생각하여 알 수 없고 말로 표현할 수 없다(不可思議).(今欲示二種不思議. 一, 大小不思議 ; 二, 內外不思議. 大小不思議者, 大座入小室內, 室內雖廣, 而外不大, 故是大小不思議. 二, 內外不思議者, 唯是一室, 內觀則廣, 外看不大, 欲言室大, 外相宛然 ; 欲言室小, 能容大座, 是故, 此室, 不可思議.)

作念云, '如何供養?' 又遣化菩薩, 於香積世界, 請一鉢飯供養, 無欠無餘. 華嚴, 謂之小不思議也."

1) ㉠ '二'가 『傳心法要』에는 '異'로 되어 있다.   2) ㉯ '少'가 병본에는 '小'로 되어 있다.

- 대주 혜해大珠慧海는 다음과 같이 말한다.⁹ "보살들은 의미를 지닌 말(有言)로써 말로 표현할 수 없는 경지(無言)를 드러내었고, 문수는 의미에 얽매이지 않은 말(無言)로써 말로 표현할 수 없는 경지를 드러내었으며, 유마는 의미를 지닌 말도, 의미에 얽매이지 않은 말도 쓰지 않았기에 묵묵히 앞의 보살들이 드러낸 의미를 지닌 말과 의미에 얽매이지 않은 말을 모조리 거두어들였다."
- 청량 징관淸涼澄觀은 다음과 같이 말한다.¹⁰ "보살들은 말로써 법상法相을 가리켰고, 문수는 말이 없는 경지(無言)에 대하여 의미를 지닌 말로 표현했으며, 유마는 말이 없는 경지를 말없이 드러내었다."
- (대주와 청량의) 말은 비록 다르지만 의미는 동일하다.

大珠云, "諸菩薩, 以有言現於無言 ; 文殊, 以無言現於無言 ; 誰¹⁾摩, 不以有言不以無言,²⁾ 收前菩薩言與無言." 淸涼云, "諸菩薩, 以言指於法相 ; 文殊, 有言於無言 ; 維摩, 無言於無言." 言雖異, 義則同.

1) ㉠ '誰'는 '維'의 오기이다.   2) ㉠ '言' 다음에 『景德傳燈錄』 원문에는 '故默然'이 있다.

---

9 『景德傳燈錄』 권28 「大珠慧海和尙語」(大51, 442b1).
10 청량 징관의 저술에서는 일치하는 구절을 찾을 수 없고, 승조僧肇의 『注維摩詰經』 권8(大38, 399c2)에 유사한 구절이 나온다. "위의 보살들은 법상法相에 대하여 말로 정의를 내렸고, 문수는 말이 없는 경지(無言)에 대하여 의미를 지닌 말로 표현했으며, 정명은 말이 없는 경지를 말없이 드러내었다.(上諸菩薩, 措言於法相 ; 文殊, 有言於無言 ; 淨名, 無言於無言.)"

● 진수眞秀 대덕은 『법계도기』에서 다음과 같이 해설한다.[11] "궁극적인 깨달음을 성취한 이 경계(證分)는 언어로 표현할 길이 끊어졌기 때문에 '이름을 넘어섰다.'고 하며, 마음이 작용할 여지도 소멸하였으므로 '형상을 벗어났다.'고 한다. 🈷 만약 그렇다면 이 경계가 정명의 침묵과 어떻게 구별되는가? 🈸 정명의 침묵은, 이름과 형상은 전도된 것이므로 이 이름과 형상을 벗어나야 비로소 침묵이라는 뜻이다. 아홉 번의 법회[12]에서 부처님의 침묵은, 이름과 형상 속의 침묵이므로 (이와) 구별된다. 곧 이름과 형상을 버리지 않은 그대로 이 이름과 형상 속의 침묵이며 전혀 아무것도 없는 허공과 같지 않다. 이것은 보현普賢이 증득한 궁극적인 깨달음의 경지를 근거로 하여 분별한 해설이다. 🈷 언어로 표현할 길이 끊어지고 마음이 작용할 여지가 소멸한 것도 지극히 깊은 경지인데 또다시 어떤 도리를 근거로 하여 십불十佛[13]의 경계라 하는가? 🈸 앞서 제시한 것은 비록 이름과 형상 속의 침묵이지만, 궁극적 깨달음의 결과(果分)를 근거로 하면 최초부터 이름과 형상은 나타나지 않는다." 곧 유마가 묵묵히 있었던 경계는 아홉 번의 법회에서 부처님께서 침묵한 경계에는 미치지 못한다. 하물며 보현이 깨달은 경지야 말할 필요가 있겠는가? 교학에 따르면 바로 이 『화엄경』은 돈교頓敎[14]

---

11 『法界圖記叢髓錄』 권상1(大45, 717c14). 이 문헌은 의상義湘의 『一乘法界圖』를 기초로 놓고서 법융法融·진수眞秀·균여均如 등 고려 초기까지의 화엄가들이 지은 주석서를 편집한 것이다.
12 아홉 번의 법회(九會) : 칠처구회七處九會를 말한다. 부처님이 『華嚴經』을 아홉 차례 설하셨는데 그 장소가 모두 일곱 곳이기 때문이다.
13 십불十佛 : 『華嚴經』에 나오는 열 분의 부처님. '十'은 만수滿數로서 부처님의 무수한 덕을 곳곳에 드러내기 위한 설정이다. 한계가 없이 많다는 뜻을 나타낸다. 『華嚴經探玄記』 권5(大35, 193b20).
14 돈교頓敎 : 화엄종에서 교판한 다섯 가지 교 중 하나. 『華嚴五敎章』 권1(大45, 480b24), "근기가 성숙된 자에게 하나의 법문에 모든 불법을 빠짐없이 갖추어 설하고, 상常과 무상無常 그리고 공空과 불공不空 등을 동시에 모두 설해 주어 더 이상의 점차적 단계가 없으므로 돈교라 한다.(爲根熟者, 於一法門, 具足演說一切佛法, 常與無常, 空與不

를 종지로 삼기 때문에 이와 같다. 그러나 이를 끌어들여 공안으로 삼을 경우는 현격하게 달라져 맥락이 같지 않다.¹⁵

眞秀大德, 法界圖記云, "此證分者, 言語路¹⁾斷, 故絶名也 ; 心行處滅, 故離相也. 問, '若爾, 此處與淨名默, 何別?' 答, '淨名默者, 以名相倒故, 離此名相, 方爲默也. 九會佛默者, 名相中默, 故云別也. 謂不捨名相, 卽此名相中默, 非如虛空都無物也. 此約普賢證分處辨爾.' 問, '言語路斷, 心行處滅, 亦極甚深, 更約何義, 爲十佛境界耶?' 答, '前雖是名相中默, 約果分, 最初不見名相.²⁾'" 則維摩默然, 不及九會佛默. 何況普賢證分乎? 約敎則此經頓敎當宗故, 如是也. 引以爲話, 迥異不同.

1) ㉮ '路'가 병본에는 '道'로 되어 있다. ㉯ '道'로 바로잡아 번역하였다. 2) ㉮ '約果分, 最初不見名相.'이『法界圖記叢髓錄』에는 '若果分則初, 初不見名相處也.'라고 되어 있다.

● 『벽암록』에는 다음과 같이 전한다.¹⁶ "보살들은 말로써 말을 버렸지만 문수는 말이 없는 경지로써 말을 버리고¹⁷ 한꺼번에 모두 쓸어 없애어 무엇도 필요치 않았다. 이것이 둘이 아닌 법문에 들어간 경지이다. 하지만 이들은 신령한 거북이 꼬리를 끌어 자취를 지우려다가 꼬리의 흔적을 남긴 꼴과 같고, 또한 빗자루로 먼지를 쓰는 것과 같아서 먼지는 제거되더라도 비질한 자취는 여전히 남는다는 사실을 전혀 모르고 있다. 마지막에 유마가 묵묵히 있었지만 만일 살아 있는 사람이라면 결코 썩은 물속에 들어가 몸을 담그지는 않을 것이다." 유마가 침묵하면서 남들을 포섭하지 않은 경계를 가리킨다. 32보살과 문수의 설명이

空, 同時俱說, 更無漸次, 故名頓敎.)"
15 이하는 교학의 해설과 차별된 공안으로 수용하는 안목이다.
16 『碧嚴錄』84則「本則 評唱」(大48, 209c8).
17 보살들은 말로써~말을 버리고 : 『華嚴經大疏鈔』권9(大36, 68b24)에 나오는 구절.

이러한 침묵과 대비되어 더욱 빛났다는 뜻이다.

碧巖云, "諸菩薩, 以言遣言 ; 文殊, 以無言遣言, 一時掃蕩摠不要. 是謂[1] 不二法門. 殊不知, 靈龜曳尾, 於途中[2]拂迹成痕, 又如掃箒[3]掃塵相似, 塵雖去矣, 掃[4]迹猶在. 末後維摩默然, 若是活漢, 終不在[5]死水裏浸却也." 則 維摩默不相攝處. 則三十二菩薩, 與文殊所說, 到此更生光彩也.

1) ㉱ '謂'가『碧巖錄』에는 '爲入'으로 되어 있다. 2) ㉱ '於途中' 세 글자가『碧巖錄』 에는 없다. 3) ㉱ '箒'는 '箒'와 통한다. 4) ㉱ '掃'는 '箒'의 오기이다. 5) ㉱ '在'가 『碧巖錄』에는 '去'로 되어 있다.

- 또 고덕이 말했다.[18] "고요해도 어긋나고 비추어도 어긋나므로 정명은 비야리성에서 입을 다물고 침묵했고, 세존은 마가다국에서 문을 걸어 닫고 아무 말씀도 없으셨다."
- 또 천의 의회天衣義懷는 말했다.[19] "유마거사는 침묵하지도 않고 말없이

---

18 영가 현각永嘉玄覺의 말이다.『禪宗永嘉集』(大48, 391b10)의 구절이지만, '세존' 운운한 말은 첨가한 것이다. 이 두 구절이 상용하는 대구이기 때문에 부가한 것으로 보인다. 본서 2칙 '대홍 보은의 송' 제6구 주석 참조.

19 천의 의회의 다음 게송을 말한다.『碧巖錄』65則「本則 評唱」(大48, 195c13), "유마는 침묵하지도 않고 말없이 있지도 않았으며, 자리를 잡고 앉아 여러 헤아림을 허물로 만들어 버렸네. 취모검 칼집 속에서 섬뜩한 빛이 번득이니, 외도와 천마가 모두들 팔짱을 끼고 손 쓰지 못하네.(天衣懷和尙頌云, '維摩不默不良久, 據坐商量成過咎. 吹毛匣裏冷光寒, 外道天魔皆拱手.')"『從容錄』48則「評唱」(大48, 257b25), "천의 의회가 '유마는 침묵하지도 않고 말없이 있지도 않았으며, 자리를 잡고 앉아 모두의 헤아림을 허물로 만들어 버렸네.'라고 한 구절에 대해 요즘 제방에서 이 일을 거론하는 것을 보면 외려들 '양구하고 나서 말했다'라고 한다. 어떤 학인이 스승에게 '어록에 양구良久라는 말이 여러 번 나오는데 양구란 누구입니까?'라고 묻자 '양良(liáng)구久(jiǔ)는 양梁(liáng) 씨네 여덟째의 동생, 즉 아홉째(九[jiǔ])이다.'라고 답하여 전하는 이들이 우스갯소리로서 인정하였다. 천의의 게송 제3구와 제4구는 더구나 대단히 기세가 차니, '취모검 칼집 속에서 섬뜩한 빛이 번득이니, 외도와 천마 모두의 목을 베었다.'라 하였다. 만송이 평한다. '남몰래 귀신같이 칼날 휘두르니 아픈지 가려운지도 몰랐네.'(天依懷頌, '維摩不默不良久, 據坐商量成過咎.' 至今諸方見呈似此事, 猶曰良久云. 有僧問一師, '錄中多云良久者, 良久乃何人也?' 答云, '良久乃梁八之弟也.' 傳者以爲笑. 天依後兩句, 忒曬峭拔,

있지도 않았으며~모두들 두 손 마주 잡고 공손히 예를 표하네." 말을 하면 비방이요, 조용히 있으면 속이는 것이다. 고요한 침묵과 말을 모두 넘어서 향상하는 길이 있으나, 노승은 이 경계에 이르러 말문이 군색해지는구나.[20] 만일 그렇다면 "자리를 잡고 앉아 여러 헤아림을 허물로 만들어 버렸네. 취모검 칼집 속에서 섬뜩한 빛이 번득이니, 외도와 천마가"라고 운운한 천의의 게송의 취지와 같기 때문이다.

又古德云, "非寂非照故, 淨名, 杜口於毗耶 ; 世尊, 掩關於摩竭." 又天衣云, "維摩不默不良久, 至皆拱手." 語是謗寂是誑. 寂語向上有路子,[1] 老僧到這裏口門窄. 則若謂, "據座[2]成窠曰, 吹毛匣裏冷光生, 外道天魔"云云故.

1) ㉠ '子'가 『景德傳燈錄』에는 '在'로 되어 있다.   2) ㉠ '座' 다음에 '商量'이 누락되었다.

- 설두 중현雪竇重顯은 "유마가 무슨 말을 하였던가?"라고 착어를 달았다. 하지만 일방적으로 침묵하는 경계에 이르기만 한다면 이 또한 옳지 못하다. 이 때문에 설두는 다시 "감파해 버렸다."라는 착어를 달았던 것이다.[21]
- 보복 종전保福從展은 "유마의 한결같은 침묵은 교화의 문을 벗어나지 못했다."라고 말하였다.[22]
- 원오 극근圜悟克勤은 "(예로부터 지금에 이르기까지의) 모든 성인들이 설한 법문이 유마가 짧은 순간에 보인 침묵에 한꺼번에 드러났다."[23]라

道'吹毛匣裏冷光生, 外道天魔皆斬首.' 萬松道, '暗度神鋒, 不覺痛痒.')"
20 말을 하면~말문이 군색해지는구나 : 『景德傳燈錄』 권10 「下堂義端傳」(大51, 276c1)의 법문을 인용한 해설.
21 이하 '설두 중현의 염과 송'에 다시 나온다.
22 이하 '보복 종전의 염'에 다시 나온다.
23 이하 '원오 극근의 거'에 다시 나온다.

고 하였다. 곧 32보살의 말을 벗어나서 별도로 하나의 침묵은 없다는 뜻이다. 이렇게 32가지로 말한 그대로 침묵한 것이니, 32가지로 말한 것도 침묵에서 떠나지 않고 말한 것이다.

- 소동파蘇東坡가 찬탄하며 말했다.[24] "내가 32보살을 살펴보니 저마다 생각을 지니고 둘이 아닌 도리를 이야기했지만, 유마힐이 묵묵히 말이 없자 32가지 말이 한꺼번에 쓸모없이 되었다. 내가 이들의 뜻을 살펴보니 그것도 쓸모없는 것은 아니었다. 유마는 본래 어떠한 말에서도 떠나지 않았기 때문이다. 비유하자면 기름이나 밀랍으로 등촉을 만들었더라도 불을 붙이지 않으면 결코 밝아지지 못하는 것처럼 유마가 침묵하는 바로 그 순간이 되자 32보살의 말에 모두 밝게 불이 붙었던 것이다."

- 대혜 종고大慧宗杲가 소동파의 이 찬문을 보고 말했다.[25] "이것은 동파 거사가 설한 선禪으로서 처음부터 끝까지 말에 얽매여 죽지 않았다. 만약 전생부터 꾸준히 익혀 오지 않았더라면 어떻게 이렇게 말할 수 있었겠는가? 불자佛子들이 만약 『유마경』을 읽는다면, 마땅히 이러한 생각을 바른 생각으로 여겨야 한다." 이와 같이 헤아린다면 아름답기는 아름답다. 하지만 어찌 설두가 "금털 사자도 찾을 방도 없네."[26]라고 한 말만이야 하겠는가![27]

雪竇著語云, "維摩道什麽." 然若一向默然處著倒,[1) 又却不是. 故雪竇復

---

24 『東坡全集』 권98, 『大慧語錄』 권18(大47, 888c27)에 수록되어 있다.
25 『大慧語錄』 권18에서 889a5와 889a17의 구절을 결합했다.
26 이하에 나오는 '설두 중현의 송' 마지막 구절.
27 대혜 종고는 소동파가 32보살의 말과 유마의 침묵을 우열이나 승패로 나누지 않고 평등한 관점에서 평가했다고 보고 동파의 안목에 동의를 표했다. 하지만 설화에서는 설두 중현의 구절을 인용하여 뛰어난 선기禪機를 지닌 금털 사자, 즉 문수일지라도 유마의 침묵에 담긴 뜻을 알 도리가 없을 것이라며 다시금 말과 침묵이라는 두 짝의 관문을 세워 공안의 문제 설정을 이어 간다.

云, "勘破了也." 保福云, "維摩一默, 未出化門." 圓悟云, "前聖後聖, 所說法門, 只向維摩片時之間, 一時現顯." 則非離三十二菩薩所說外一默也. 卽此三十二說而默然, 三十二說, 亦未嘗離於默然而說也. 東坡讚云, "我觀三十二菩薩, 各以意而談不二, 維摩詰默無語, 三十二說一時墮. 我觀此義亦不墮. 維摩初不離是說. 比如油蠟作燈燭, 不以火點終不明, 及到維摩默然處, 三十二說皆光焰." 大慧見此讚云, "此是東坡居士說地禪, 從始至終, 不死在語下. 若非前世熏習來, 爭解伊麼道? 佛子若讀維摩經, 當作是觀爲正觀.[2]" 伊麼商量, 美則美矣. 爭如雪竇道, "金毛師子無處討."

1) ㉮ '倒'가 을본·병본에는 '到'로 되어 있다. ㉯ '到'로 바로잡아 번역하였다. 2) ㉮ 이 구절에 나오는 두 개의 '觀'은 『大慧語錄』에 모두 '念'으로 되어 있다.

설두 중현雪竇重顯의 송 雪竇顯頌

돌! 이 유마 노인이시여	咄! 這維摩老
자비 일어 괜히 고뇌하네	悲生空懊惱
비야리성에 몸져눕더니	臥疾毗耶離[1]
온몸이 몹시 야위었구나	全身大枯槁
칠불의 조사[28] 온다고 하자	七佛祖師來
한 방 급히 치워 버렸네	一室且頻掃
둘 아닌 법문 물어보자	請問不二門
그 순간 바로 나자빠졌네	當時便靠倒
나자빠지지 않은 자여[29]	不靠倒

---

28 칠불의 조사 : 문수를 가리킨다. 경전적 근거는 없으며 백장 회해百丈懷海가 가설한 말이다. 『百丈語錄』古尊宿語錄 2(卍118, 172c18), "문수는 과거칠불過去七佛의 조사로서 사바세계의 첫 번째 주수보살主首菩薩이라고도 한다.(文殊是七佛祖師, 亦云, 是娑婆世界第一主首菩薩.)", 『百丈淸規』 권4 「前堂首座」(大48, 1130c24), "마치 문수가 칠불의 스승임에도 석가모니불의 교화를 보좌하여 대중의 상수 역할을 한 경우와 같다.(如文殊爲七佛師, 猶助釋迦揚化, 爲衆上首.)"

금털 사자[30]도 찾을 방도 없네[31]   金毛師子無處討

1) ㉠ '離'가 갑본에는 '裏'로 되어 있다.

> 설화

○ 돌~괜히 고뇌하네 : 유마를 인정하지 않은 것이다.

○ 비야리성에 몸져눕더니 온몸이 몹시 야위었구나 : 침묵하는 자태에 대한 형용이다.

○ 둘 아닌 법문 물어보자 그 순간 바로 나자빠졌네 : 문수의 질문을 받고 나자빠졌다는 뜻이다.

○ 나자빠지지 않은 자여 금털 사자도 찾을 방도 없네 : 이는 저 유마를 인정한 말이다.

雪竇 : 咄這至懊惱者, 不肯也. 臥疾至枯槁者, 默然形容也. 請問至靠倒者,

---

29 그 순간~않은 자여 : '나자빠졌다(靠倒)'는 것은 침묵을, '나자빠지지 않았다(不靠倒)'는 것은 그 침묵에 전적으로 의지해 매몰되어 있지도 않았다는 의미이다. 이하 설화에서나 『碧巖錄』 84則 「頌 評唱」에서의 해설 참조.

30 금털 사자 : 탁월한 선기를 발휘하는 선사를 상징한다. 『臨濟錄』(大47, 495b8), 『雲門廣錄』권상(大47, 552c29) 등 참조. 금털 사자는 문수를 가리킨다. 문수도 유마가 아무런 실마리도 남기지 않은 그 침묵을 알아챌 도리가 없었다는 의미이다.

31 『碧巖錄』 84則 「頌 評唱」(大48, 210b6), "요즘 선수행자들은 '말 없음이 나자빠짐을 나타낸다.'라고 생각하지만, 판단의 확고한 기준이 있다고 여기는 잘못을 범하지 마라! 설두는 만 길의 절벽 위까지 몰아붙여 두고서 도리어 '나자빠지지 않은 자여!'라고 하였다. 한 손으로는 떠받치고 다른 손으로는 억누르는 수법이다. 그에게 이런 종류의 수단이 있었기에 안팎이 투명하게 드러날 수 있었던 것이다. 이 송에 앞서 '유마가 무슨 말을 하였던가?'라고 염을 붙였는데, 금털 사자도 찾을 방도가 없기 때문이다. 비단 당시만 그렇지 않고 지금도 마찬가지이다. 유마의 속을 아는가? 산하와 대지 그리고 초목과 총림 전체가 모조리 금털 사자로 변하여 샅샅이 파 뒤지더라도 찾을 수 없을 것이다.(如今禪和子便道, '無語是靠倒.' 且莫錯認定盤星! 雪竇拶到, 萬仞懸崖上, 却云, '不靠倒!' 一手擡一手搦. 他有這般手脚, 直是用得玲瓏. 此頌前面拈云, '維摩道什麼?' 金毛獅子無處討. 非但當時, 卽今也恁麼. 還見維摩老麼? 盡山河大地, 草木叢林, 皆變作金毛獅子, 也摸索不著.)"

被文殊靠倒也. 不靠倒云云者, 此肯他維摩也.

대홍 보은大洪報恩의 송 大洪恩頌
비야리성에서 앞다투어 내달리더니	毗耶城裏競頭走
넌지시 남극성을 진짜 북두라 하네	謾謂南星眞北斗
조개와 도요새가 서로 물고 버티다	還如蚌鷸兩相持
한순간에 어부 손에 잡힌 꼴이로다[32]	須臾盡落漁人手

천복 본일薦福本逸의 송 薦福逸頌
비야리성 안에 사는 유마힐 거사	毗耶城裏維摩詰
궁극의 경지 깨치기는 했던 것일까[33]	知他畢竟徹不徹
금털의 사자 아직 도착하기 전에	金毛師子未到時
방 하나 치움으로써 먼저 누설했네[34]	一室去除先漏洩
둘 아닌 법문에 대한 질문 돌아오자	及乎廻問不二門
한 덩이 구멍 없는 쇠망치 내밀었지만[35]	推出一團無孔鐵

---

32 조개와 도요새가~잡힌 꼴이로다 : 도요새가 조개의 속살을 쪼아 먹으려다가 조개에 물려 서로 버티다가 어부의 손에 모두 잡혔다는 어부지리漁父之利 고사에서 나온 말이다. 출전은 『戰國策』 「燕策」이다. 쌍방이 양보하지 않고 다투다가 제삼자가 그 이익을 취한다는 풍자이다. 문답의 두 주인공이 품은 의중을 모두 감파한 평석자의 안목을 어부의 역할과 같다고 하여 이 비유를 든다. '옆에서 지켜보던 사람이 비웃는다'는 방관자신傍觀者哂과 같은 맥락에서 쓰이는 상용구이다. 문수와 유마 각자가 겉으로 드러내 보인 '말과 침묵' 중 어느 편도 진실은 아니다. 바로 이것을 대홍 보은이 어부가 되어 모두 낚아챈 격이다.
33 궁극의 경지~했던 것일까 : 직역하면 "그가 궁극의 경지(畢竟)를 속속들이 밝혔는지 밝히지 못했는지 아는가?"라는 정도가 된다. 유마의 침묵을 칭송했던 일반적 견해를 되짚고 있다. 유마의 침묵을 궁극으로 설정하는 일반적 관념에 대한 견제를 통하여 말과 침묵 사이에 어느 편도 긍정하고 어느 편도 부정하는 선기를 드러내고 있다.
34 방 하나~먼저 누설했네 : 병으로 누워 있는 척하였던 의중이 감파당했다는 말.
35 둘 아닌~쇠망치 내밀었지만 : 분별의 수단이 전혀 통하지 않는 침묵을 유마가 불이법문에 대한 대답으로 던진 것을 가리킨다. 무공철無孔鐵은 무공철추無孔鐵鎚의 줄임말.

| 문수에게 한 방의 쐐기 박히자마자 | 剛被文殊下一楔 |
| 한없이 긴 세월토록 분란 일으켰네[36] | 千年萬載成凹凸 |

운거 원우雲居元祐의 송[37] 雲居元頌
문수는 희고 유마는 검게 가려졌지만[38]	文殊白維摩黑
도둑 잡는 건 본래 도둑이어야 한다네	捉賊從來須是賊
불쌍하구나, 팔만사천의 사람들[39]이여	可憐八萬四千人

---

[36] 문수에게 한~분란 일으켰네 : 문수가 쐐기 박듯이 '진실로 둘이 아닌 법문에 들어간 경지'라 한 말이 칭찬도 아니고 비난도 아닌, 다만 유마를 시험하려는 또 하나의 장치라는 뜻이다. 문수의 이 말을 두고 수많은 분별과 논쟁이 일어나게 되었음을 이와 같이 표현한 것이다.

[37] 서당 지장西堂智藏과 백장 회해百丈懷海가 달리 대응한 반응에 대하여 마조 도일馬祖道一이 각각 한편의 머리는 희고 다른 한편의 머리는 검다고 평가한 공안과 흡사하다. 본서 164칙 참조. 희다(白)는 것은 명명에, 검다(黑)는 것은 암흑에 대응한다. 침묵과 말을 분명히 갈라서 보인 문수를 백白에, 말을 떠나지 않은 침묵을 보인 유마거사를 흑黑에 견준 것이다.

[38] 문수는 희고~검게 가려졌지만 : 검거나 희거나 모두 도둑이 스스로를 위장하고 있는 색에 불과하다. 문수와 유마는 서로 상대의 그 숨겨진 본질을 훔쳐 볼 줄 아는 도둑이다. 유마의 침묵도 문수의 말도 검게 숨겨진 그대로가 아니고 또한 환히 드러난 그대로도 아닌 도둑의 위장술일 뿐이라는 점을 간파하지 못한다면 그것이 지니는 보편적 관념에 매몰된다.

[39] 팔만사천의 사람들(八萬四千人) : 모든 사람을 총괄적으로 나타낸다. 팔만사천의 부처님 법문은 각각 팔만사천의 개별적인 특징(根機)을 가진 사람들의 번뇌를 대치對治하고자 전하는 설이라는 뜻에서 유래한 말로서 모든 사람을 총괄적으로 나타낸다. 『請觀音經疏闡義鈔』권1(大39, 980c9), "팔만사천의 번뇌라는 수가 지니는 뜻에 대하여 진제 삼장은 『십사경』에 준하여 다음과 같이 푼다. 탐貪 등의 열 가지 번뇌를 근본으로 삼는다. 곧 탐에서 계취戒取에 이르기까지 하나하나에 아홉의 번뇌가 있고 수면 하나를 더하여 십이 되며, 이 십 번뇌가 십이 있으니 백이 된다. 앞뒤를 골고루 갖춘 등분等分까지 각각 하나의 백이니 삼백이 되고, 본래의 일백을 앞뒤의 이백 속에 배치한다. 또한 각각 열 가지 번뇌(十使)를 방편으로 삼으면 이백은 2천1백이 된다. 다섯 부류의 중생을 기준으로 하면 다탐多貪과 다진多瞋과 다치多癡로 자아에 집착하는 생각이 다섯 품류에 각각 2천1백이 있으니 1만 5백이 되고, 이것을 이미 일어났거나 아직 일어나지 않은 것에 배대하여 2만 1천이 되며, 다시 탐·진·치와 등분에 배대하면 이 네 가지에 각각 2만 1천이 있으니 모두 8만 4천이 된다.(八萬四千塵勞者, 眞諦三藏, 準十使經, 以貪等十爲根本, 謂貪乃至戒取, 一一有九, 隨眠, 一卽成十, 十卽成百, 前後等

지금에 이르도록 찾지를 못하는구나 　　　　　直至如今尋不得

천동 정각天童正覺의 송 天童覺頌
문수는 유마거사에게 병문안을 가서 　　　　曼殊問疾老維摩[1]
둘 아닌 문 열고 누가 작가인지 살폈네[40] 　不二門開看作家
옥돌 겉만 보고서 옥의 진수 누가 알아채리[41] 珉表粹中誰賞鑑
앞뒤로 모두 잃었다고 탄식지 마라[42] 　　　忘前失後莫咨嗟
구차하게 박옥 끌어안고 있구나 　　　　　區區抱璞兮
초나라 궁전에서 발뒤꿈치 잘린 사람[43]이로다[44] 楚庭刖士
찬란하게 빛나는 구슬로 보답했구나 　　　璨璨報珠兮
수나라 성에서 허리 끊긴 뱀이로다[45] 　　隋城斷蛇

分, 各一百成三百, 置本一百, 就前後二百中. 又各以十使爲方便, 二百卽成二千一百. 約五類衆生, 謂多貪多瞋多癡, 著我思覺, 五品各二千一百, 卽成一萬五千, 配已起未起, 成二萬一千, 又配貪瞋癡等分, 此四各有二萬一千, 成八萬四千也.)"

40 문수는 유마거사에게~작가인지 살폈네 : 32보살에게 각각 둘이 아닌 법문에 들어가는 경지를 물은 것.
41 옥돌 겉만~누가 알아채리 : 유마의 침묵이 옥돌 속의 순수한 옥과 같다는 말. 『直註天童頌古』권상 「着語」(卍117, 795b6), "유마의 침묵은 옥돌이 옥을 품고 있는 것과 같다.(維摩默然, 如石含玉.)"
42 앞뒤로 모두~탄식지 마라 : 위의 책, "(문수의) 앞뒤로 이어진 말을 끊자 그 중간이 홀로 빼어났다.(前後斷續, 中處自孤.)"
43 발뒤꿈치 잘린 사람 : 변화卞和를 가리킨다. 형산荊山에서 박옥을 캐어 초나라의 여왕厲王과 무왕武王에게 각각 바쳤다가 두 번 모두 돌을 옥으로 속였다는 오해를 받고 발뒤꿈치를 잘리는 월형刖刑을 당하였고 마지막에 문왕文王에게 인정받았다. 여기서는 유마의 침묵이 전하는 뜻을 알아주는 사람이 문수 이외에는 없다는 것을 비유한다.
44 구차하게 박옥~잘린 사람이로다 : 위의 책, "문수는 '남에게 지시할 것도 없고 스스로 알 것도 없다.'고 말했을 뿐 남김없이 찬탄할 줄은 몰랐으니, 그 또한 변화가 옥을 바치면서 월형을 당할 줄 몰랐던 것과 같다.(文殊只言無示無識, 不知滿口歌揚, 又如卞和獻玉, 不知刖足.)" 문수가 유마의 침묵을 옥처럼 끌어안고 있다가 두 발뒤꿈치를 잘린 변화와 같은 신세가 되었다는 말이다.
45 찬란하게 빛나는~끊긴 뱀이로다 : 본서 553칙 '천동 정각의 소참' 주석 참조. 위의 책, "(문수는) 그저 마음속을 다 토로할 줄만 알았을 뿐 은혜를 원수로 갚을 줄은 몰랐으

| 점검치 말 일이니 흠이 전혀 없다네[46] | 休點破絶疵瑕 |
| 속된 기운 하나도 없으나 아직 모자라다[47] | 俗氣渾無却較些 |

1) ㉠ '維摩'가 『宏智廣錄』 권2(大48, 22c26), 『直註天童覺和尙頌古』 권상(卍117, 795b5)에는 '毘耶'로 되어 있다.

승천회의 송 承天懷頌

걸림 없는 말솜씨 지닌 노숙한 유마	辯才無礙老維摩
인도 전체 삼현[48]들 어쩔 줄 모르네[49]	五竺三賢不奈何
문수를 잠깐 보고는 순순히 입 닫자	一見曼殊甘杜口
지금껏 키워 온 기개 단번에 소멸되네[50]	平生器宇頓銷磨
아하하	阿呵呵
바둑판에서 맞수 만나면 멋대로 할 수 없고	碁逢敵手難饒行[1]
거문고는 지음 만나면 격조 더욱 높아진다네[51]	琴會知音調轉高

니, 마치 뱀이 구슬을 가져다주려 토하다가 도리어 칼에 베일 뻔한 것과 같다.(只知盡情吐出, 不知反恩爲讐, 如蛇吐珠, 反遭劍斬.)"

46 점검치 말~전혀 없다네 : 위의 책, "유마가 곧바로 다 보여 주었는데 쓸데없이 문수가 또 누설하였으니, 마치 전혀 하자가 없는 옥에 도리어 하자를 만든 격이었다.(維摩直示, 文殊漏泄, 如玉無瑕, 反成其瑕.)"

47 속된 기운~아직 모자라다 : 위의 책, "반드시 번뇌의 세계(塵)에 살며 전적으로 속되어야 한다.(須居塵全爲俗.)"

48 삼현三賢 : 수행을 잘하여 번뇌를 제압하고 마음을 조화롭게 만든 세 종류의 수행 계위. 소승에서는 오정심관위五停心觀位・별상염주위別相念住位・총상염주위總相念住位 등을 말하고, 대승에서는 십주위十住位・십행위十行位・십회향위十回向位 등을 가리킨다.

49 걸림 없는~줄 모르네 : 부처님이 성문들에게 유마의 병문안을 가라고 하시자 모두들 자신이 감당할 수 있는 상대가 아니라고 사양했던 이야기를 가리킨다. 『維摩經』 권상(大14, 521c2), "사리불이 부처님께 말씀드렸다. '저는 그에게 병문안을 갈 수 없습니다.'(舍利弗白佛言, '我不堪任詣彼問疾.')"라고 모든 보살이 한결같이 말하고 각자 유마거사와의 지난 인연을 그 이유로 들었던 대목이 그것이다.

50 문수를 잠깐~단번에 소멸되네 : 유마거사가 문수의 질문을 받고 보인 침묵에 문수의 기개가 사라졌다고 읊은 구절이다.

51 바둑판에서 맞수~더욱 높아진다네 : 유마와 문수가 서로 상대의 속뜻을 알아주는 지

1) ㉮ '饒行'은 '藏行' 또는 '藏拙'로도 쓴다.

장령 수탁長靈守卓**의 송** 長靈卓頌

대문 항상 열렸지만 찾는 손님 드무니	洞門常啓客來稀
푸른 풀밭 주변에 고사리 무성하구나[52]	碧草叢邊野蕨肥
우습다, 흐르는 세월에 부질없이 늙고	可笑流年空老大
은혜 알고 갚을 덕 하나도 없어 부끄럽도다[53]	慙無一德報恩知

개암붕의 착어와 송

유마의 침묵을 제기하고 "착각이다!"라고 착어했으며, 문수가 훌륭하다고 내린 찬탄에도 "착각이다!"라고 착어했다. 이 뜻에 따라 다음과 같이 읊었다.

介庵朋, 擧維摩默然, 着語云, "錯!" 文殊讚善, 着語云, "錯!" 因成頌,

이 착각 어찌 진실로 착각이리오	是錯何曾錯
훌륭하다, 참으로 나쁘지 않았네	大哉良不惡
무쇠소가 한밤에 겹겹의 관문을 열자	鐵牛半夜闢重關

음知音으로서 우열을 가릴 수 없는 경계를 보였다는 뜻이다.
52 대문 항상~고사리 무성하구나 : 찾아오는 사람들이 밟는 일이 없어 거칠어진 주변 풍경을 묘사한다. 말과 분별을 조금도 허용하지 않고 본분만 엄히 고수하는 유마의 안목을 나타낸다. '법당 앞의 풀이 한 길 깊이로 자란다.'라는 구절과 같은 뜻이다. 『五祖法演語錄』권1(大47, 649a26), "자신의 경계를 확고하게 지킨다면 '법당 앞에 풀이 한 길 깊이로 자랐다.'고 하는 풍경에 그치겠는가! 곧바로 범부와 성인의 길이 모두 끊어지고 새가 날아도 건너지 못하는 지경이 될 것이니 세상의 뛰어난 납승일지라도 숨을 쉴 여지가 없을 것이다.(若也把定封疆, 說什麼法堂前草深一丈! 直得凡聖路絶, 鳥飛不度, 天下衲僧, 無出氣處.)"
53 우습다, 흐르는~없어 부끄럽도다 : 처음 두 구절과 마찬가지로 오로지 고봉정상高峰頂上에 눌러앉아 어떤 방편도 용납하지 않는 침묵의 경계를 묘사했다.

기린이 놀라 일어나다 두 뿔 꺾였네	驚起麒麟[1]折雙角
착각이요 또 착각이로다	錯錯
부처님의 엄한 법령이며	瞿曇正令
공자의 목탁이로다[54]	夫子木鐸

1) ㉮ '麒麟'이 갑본에는 '猉獜'으로 되어 있다.

설화

○ 착각이다 : 유마의 침묵을 가리킨다.

○ 착각이다 : 문수의 말을 가리킨다.

○ 이 착각~나쁘지 않았네 : 또한 무슨 잘못이 있겠는가? 요즘 세속에서 '일에는 착각인 듯이 보이지만 그렇지 않은 착각(似錯)과 잘못 그 자체인 착각(非錯)이 있다.'라고 하는데, 그중에서 앞의 착각을 말한다.

○ 무쇠소 : 문수의 근본 지혜(大智)를 말한다.

○ 한밤에 겹겹의 관문을 열자 : 문수의 말을 가리킨다.

○ 기린 : 상서로운 조짐이니, 유마거사를 가리킨다.

○ 두 뿔 꺾였네 : 말이 있는 것과 말이 없는 것이 모두 사라진 경지이니, 침묵을 가리킨다.

○ 착각이요 또 착각이로다 : '어찌 진실로 착각이리오.'라고 한 그 착각을 말한다.

○ 부처님의 엄한 법령이며 공자의 목탁이로다 : 유마의 침묵과 문수의 말을 거듭 밝혔으니, 앞의 내용과 같은가, 다른가?

---

54 공자의 목탁이로다 : 『論語』「八佾」에 나오는 말에 따른다. 목탁이란 모든 사람의 본보기가 되는 가르침을 말한다. "천하에 도가 없어진 지 오래되었다. 하늘은 장차 공자를 목탁으로 삼으실 것이다.(天下之無道也久矣, 天將以夫子爲木鐸.)" 주희朱熹의 주석에 "목탁이란 금속제 북인 금구金口와 목제 요령搖鈴인 목설木舌로서, 정교政敎를 발표할 때 울려 대중을 경각시키는 도구이다.(木鐸, 金口木舌, 施政敎時所振, 以警衆者也.)"라고 한다.

个菴: 錯者, 維摩嘿¹⁾也. 錯者, 文殊說也. 是錯何曾錯云云者, 又有什麽過? 今俗謂, '事有似錯非錯.' 曰上錯也. 鐵牛者, 文殊大智也. 半夜鬪重關者, 文殊說也. 麒麟者, 爲祥爲瑞, 居士也. 折雙角者, 有無俱亡也, 是默然. 錯錯者, 是何曾錯之錯也. 瞿曇云云者, 重明維摩默, 文殊說, 與前頭, 是同是別?

1) ㉮ '嘿'이 병본에는 '默'으로 되어 있다.

지비자의 송 知非子頌

말 있음도 말 없음도 모두 묻지 않으니	不問有言無言
세존께서 내게 미혹의 구름 걷어 주시네⁵⁵	世尊開我迷雲
손 들고 흔들어 채찍 그림자를 나타내니	擧手揚鞭影現
뛰어난 말은 천 리를 재빠르게 내달리네⁵⁶	良馬千里駿奔
유마가 깊은 뜻 드러내고 자취 떨어내니	毗耶顯玄拂迹
진실로 둘 아닌 법문에 들어간 것이로다	眞入不二法門

설화

○ 유마의 침묵이 (세존이) 양구했던 뜻과 똑같다는 말이다.

知非: 維摩默, 良久意, 一般也.

보복 종전 保福從展의 염

"문수는 귀를 막고 방울을 훔치다가⁵⁷ 오강烏江에서 기력을 소진한 것

---

55 말 있음도~걷어 주시네 : 본서 16칙 '세존양구世尊良久'의 설에 따른다. 세존께서 말 없이 본질을 보여 주신 것(良久)을 통하여 유마가 침묵한 진실을 드러내었다.
56 손 들고~재빠르게 내달리네 : 뛰어난 말은 주인의 채찍 그림자만 보고도 그것이 가리키는 뜻을 알고 달린다는 뜻. 본서 16칙 본칙 주석 참조. 탁월한 안목을 지닌 자는 유마의 침묵과 세존의 양구가 나타내는 의중을 알아차린다는 말.
57 엄이투령掩耳偸鈴 : 본서 1칙 '장령 수탁의 상당' 주석 참조. 문수가 불이법문에 대하여

과 흡사했고,⁵⁸ 유마의 한결같은 침묵은 교화의 문을 벗어나지 못했다.⁵⁹" 또 말했다. "대단한 유마여! 문수에게 짓눌려 지금껏 일어나지 못하는구나."⁶⁰

保福展拈, "文殊也似掩耳偸鈴, 力盡烏江, 維摩一默, 未出化門." 又云, "大小維摩! 被文殊一坐, 直至如今起不得."

설화

○ 문수는 귀를 막고~교화의 문을 벗어나지 못했다 : 문수나 유마가 하는 그대로 허용하지 않는다는 뜻이다.
○ 대단한 유마여~일어나지 못하는구나 : 이 또한 위의 뜻과 같다.

保福 : 文殊至未出化門者, 皆不放過也. 又云大小維摩被文殊云云者, 亦上意也.

설두 중현雪竇重顯의 염과 송

"유마가 무슨 말을 하였던가?"라 하고, 또 "감파해 버렸다."라고 하였다. 또 어떤 학인이 물었다. "유마가 한결같이 침묵한 뜻은 무엇입니까?"

말하면 남들이 자신의 속을 알지 못하리라 생각했지만 결국은 그 의도가 들통났다는 뜻이다. 문수는 말을 했지만 침묵과 다르지 않다는 취지를 보복이 간파했다는 말이다.
58 오강烏江에서 기력을~것과 흡사했고 : 초패왕楚霸王 항우項羽가 팽성彭城에 도읍지를 정한 지 5년이 되었을 때 한나라가 제후들을 해하垓下 지역에 모아 초나라 군사를 궤멸시키고 오강까지 추격해 오자 항우는 그곳에서 스스로 목을 베고 죽었다는 고사를 비유로 삼았다. 문수는 스스로 자신의 말을 포기할 수밖에 없다는 뜻이다.
59 유마의 한결같은~벗어나지 못했다 : 교화의 문이란 언어의 방편과 같다. 비록 침묵했지만 말과 같은 굴레를 벗어날 수 없다는 뜻이다.
60 만송 행수萬松行秀는 보복의 앞뒤의 말에 대해 각각 다음과 같이 평했다. 『從容錄』 48則「評唱」(大48, 257b19), "사람이 시비에서 벗어나기는 어렵다.(人出是非難.)", "일으키고자 한다면 무슨 어려움이 있겠는가. 곧장 따귀를 때려 주리라.(要起有甚難. 便掌.)"

"한산이 습득을 만난 격이다." "그렇다면 둘이 아닌 법문에 들어간 것이군요." "허!" 다시 다음과 같은 송을 지었다.

雪竇顯拈, "維摩道什麽?" 復云, "勘破了也."
又僧問, "如何是維摩一默?" 師云, "寒山訪¹⁾拾得." 僧云, "伊麽則入不二之門也." 師云, "噓!" 復成頌云,

1) ㉠ '訪'이 대부분의 문헌에는 '逢'으로 되어 있다.

유마 대사는 어디로 떠났을까	維摩大士去何從
천고 동안 기다리게 하곤 찾을 길 없네	千古令人望莫窮
둘이 아닌 법문은 더 이상 묻지 마시라	不二法門休更問
밤 되면 밝은 달 높은 봉우리에 뜨리라	夜來明月上高峯

설화

○ 무슨 말을 하였던가 : 어디에서 더듬어 찾겠느냐는 뜻이다.
○ 감파해 버렸다 : 비록 찾을 방도가 없긴 하지만 또한 감파할 틈이 있다는 말이다.
○ 또 어떤 학인이 물었다~한산이 습득을 만난 격이다 : 침묵할 때도 말하는 것과 같고, 말할 때도 침묵하는 것과 같다[61]는 뜻이다.
○ 허 : 한계가 없는 경계가 되었다는 말이다.

---

61 『證道歌』(大48, 396b14)의 구절이다. 『南明泉和尙頌證道歌事實』 권2(韓6, 123c10), "침묵할 때도 말하는 것과 같고(默時說) : 어두움 속에 밝음이 있다. 어두움과 밝음을 모두 잊으니 마치 숫돌과 같이 평평하다. 둘이 아닌 법문을 마지막으로 연설하니 비야리성 안이 천둥소리와 같은 침묵으로 울렸다. 말할 때도 침묵하는 것과 같다(說時默) : 칭칭 감긴 줄을 끊어 버린다. 혀를 오그라뜨려야 비로소 말을 할 줄 아는 것이다. 부처님께서 49년 동안 설법하셨으나 한 글자도 남기지 않았으니 용궁의 해장海藏을 어떻게 전할 것인가?(默時說 : 暗中明. 明暗忘來若砥平. 不二法門終演處, 毗耶城內似雷聲. 說時默 : 絶黏緣. 縮却舌頭始解宣. 四十九年無一字, 龍宮海藏若爲傳?)"

○ 밤 되면 밝은 달 높은 봉우리에 뜨리라 : '한산이 습득을 만난 격이다.'
라는 뜻이다.

> 雪竇 : 道什麼者, 向什麼處摸搩. 勘破了也者, 雖然如是, 亦有勘破處也.
> 又僧問如何是寒山訪拾得者, 默時說說時默也. 師云噓者, 直得無限也. 頌
> 云夜來明月上高峯者, 寒山訪拾得意也.

낭야 혜각琅琊慧覺의 염

"문수가 그렇게 찬탄한 말은 국자 점을 치고서 들려주는 헛소리와 같으니,[62] 유마의 침묵에 대해서 그대들은 결코 거북 등껍질을 태우거나 기와의 갈라진 형태를 보고 점치듯이[63] 알려고 해서는 안 된다."

> 琅琊覺拈, "文殊, 伊麼讚嘆, 也是杓卜聽虛聲, 維摩默然, 你等諸人, 切不
> 得鑽龜打瓦."

설화

○ 유마의 침묵은 철저했으니 결코 아무렇게나 송곳을 찔러서 파고 들어가듯이 분별해서는 안 된다. 문수의 찬탄은 도리어 국자 점을 치고서 들려주는 헛소리에 불과하다.

---

62 표복청허성杓卜聽虛聲 : 본서 5칙 '숭숭공의 송' 주석 참조. 문수가 찬탄한 말은 유마의 침묵에 대하여 내린 하나의 헛된 분별일 뿐이라는 뜻. 설화의 해설처럼 유마의 침묵은 어떤 말로도 드러낼 수 없는 침묵 그 자체이기 때문이다.
63 찬귀타와鑽龜打瓦 : 타와찬귀打瓦鑽龜로도 쓴다. '찬귀'나 '타와' 모두 고대에 점을 치던 방법이다. 찬귀는 거북의 등껍질을 찌르고 불로 태워 갈라진 무늬를 보고 길흉을 판단하는 점이고, 타와는 기와를 쳐서 갈라진 모양을 보고 길흉을 판단하는 점이다. 점을 치듯이 불확실한 대상에 대해 근거 없이 분별하는 것을 말한다.

琅琊 : 維摩默然徹底, 則切不得亂下針錐. 文殊讚歎, 反是杓卜聽虛聲.

원오 극근圜悟克勤의 거

'문수가 유마에게 「우리들은 각자 말을 마쳤습니다. 당신이 말하는 둘이 아닌 법문은 어떤 것입니까?」라고 물었다.'라는 구절을 제기하고 말했다. "이 결정적인 전기가 되는 한마디 말에 대하여 총림에서 분별하여 내놓은 견해가 적지 않다. 어떤 사람은 '침묵하고 있었다.'라고 하며, 어떤 사람은 '말없이 있었다.'라 하고, 어떤 사람은 '자리를 잡고 앉아 있었다.'라고 하며, 어떤 사람은 '아무 대꾸도 하지 않았다.'라고 하지만, 문제는 이런 견해로는 더듬어 찾을 수 없다는 점이다. 그 침묵의 소리가 천둥처럼 우렁차 세상 전체를 놀라게 하고 온갖 무리를 동요시키는 지경이 되었으니, 예로부터 지금에 이르기까지 전후의 모든 성인들이 설한 모든 법문이 유마가 짧은 순간에 보인 침묵에 한꺼번에 다 드러났다. 생각해 보라! 바로 이럴 때 무슨 수단을 부려야 유마를 볼 수 있을까?"

圜悟勤擧, '文殊問維摩云,「我等各自說已. 云何是仁者所說不二法門?」' 師云, "這一轉語, 叢林話會不少. 有道, '默然.' 有道, '良久.' 有道, '據坐.' 有道, '不對.' 要且摸搜不着. 直得其聲如雷, 普驚群動, 自古及今, 前聖後聖, 所說法門, 只向維摩片時之閒, 一時顯現. 且道! 正當伊麽時, 作箇什麽得見維摩?"

63칙 유마육사維摩六師

본칙 수보리가 걸식하는 모습을 보고 유마가 존자에게 말했다. "외도육사[1]는 당신의 스승입니다. 그들로 인해 출가하였으니 그들 스승이 떨어진 잘못에 당신도 뒤따라 떨어져야 음식을 얻을 수 있을 것입니다."[2]

維摩, 因須菩提乞食, 謂尊者曰, "外道六師, 是汝之師. 因其出家, 彼師所墮, 汝亦隨墮, 乃可取食."

설화

● 이 공안의 대의는 공空에 치우친[3] 수보리의 견해를 부수는 바로 그것이다. 오위가五位家[4]에서 이 공안을 끌어들여 삼타三墮[5] 중 '소리와 색을

---

[1] 외도육사外道六師 : 부처님 재세 시 인도의 정통 사상인 바라문교에 대항하여 태동했던 여섯 가지 종파의 지도자. 일반적으로 95종 또는 96종의 외도가 있었다고 전하는데 여섯 종파가 가장 대표적이다. 불경 안의 분류로서 불법과 다른 견해를 지니고 있기 때문에 외도라 하고, 보통 육사외도六師外道라 부른다. 선악의 업보를 믿지 않았던 부란나가섭富蘭那迦葉, 사명외도邪命外道라고도 불리며 운명이 결정되어 있다고 주장한 말가리구사리자末迦梨拘舍梨子, 형이상학적 문제에 대해서는 판단을 중지하고 회의론을 편 산사야비라지자刪闍耶毘羅胝子, 윤회업보를 부정하고 유물론의 입장을 취했으며 후에 순세외도順世外道라 불리게 되는 아기다시시흠바라阿耆翅舍欽婆羅, 지地·수水·화火·풍風·공空·고락苦樂·영혼靈魂의 7요소가 실재한다고 보고 영혼도 물질적인 것으로 인식하며 도덕부정론을 전개한 가라구타가전연迦羅鳩駄迦旃延, 자이나교를 창시하였으며 이원론을 펼치며 영혼이 비영혼으로부터 분리되는 것을 해탈이라고 한 니건다야제자尼乾陀若提子 등이다.
[2] 『維摩經』권상(大14, 540c3).
[3] 공空에 치우친 : 구체적인 대상 세계인 색色과 단절된 공에 집착하는 공견空見을 말한다. 이는 단멸공斷滅空 또는 이색공離色空으로 규정되며 참된 공(眞空)이 아니다.
[4] 오위가五位家 : 오위설五位說을 제창한 조동종曹洞宗을 가리킨다.
[5] 삼타三墮 : 삼종타三種墮라고도 한다. 세 종류의 떨어지는 작용을 말한다. 현상의 경계와 더불어 어울리는 이류중행異類中行과도 깊이 관련된다. 『曹山語錄』권상(大47, 536c18), "범부의 생각과 성인의 견해가 다르다는 분별은 자물쇠나 빗장과 같이 결국은 속박이니 반드시 뒤섞어 차별이 없이 만들어야 한다. 바른 법령을 취하여 먹는 자는 삼

끊지 않고 곳곳에 떨어지는 것[6]과 관련시켰다.

[六師] 此話大義, 但破須菩提空見也. 五位家, 引入此話, 於三墮中, 不斷聲色隨處墮.

무진거사의 송 無盡居士頌

삿된 견해로 외도의 스승에 귀의하였으니	邪見歸依外道師
스승과 함께 떨어질 일 어찌 의심하리오	與師同墮復何疑
그대의 발우 가득 향기로운 밥 채운 뜻은	憑君滿鉢盛香飯
오시에 해 높이 솟으면 배가 고픈 탓이라	午日亭亭腹正飢

설화

○ 비록 외도에 귀의하여 그 스승과 함께 잘못에 떨어진다 할지라도 반드시 발우 가득 밥을 담아야 굶주려서 괴로워하는 일이 없을 것이라는 뜻이다. 음식이란 선열禪悅과 법희法喜[7]를 말한다.

종타를 갖추어야 한다. 첫째는 털옷을 입고 머리에 뿔을 다는 것이고, 둘째는 소리와 색을 끊지 않는 것이며, 셋째는 받아먹지 않는 것이다.(凡情聖見, 是金鎖玄路, 直須回互. 夫取正命食者, 須具三種墮. 一者, 披毛戴角 ; 二者, 不斷聲色 ; 三者, 不受食.)" 본서 100칙 주 20 참조.

6 번뇌의 경계에서도 물들지 않고 본분을 펼치는 작용을 가리킨다. 여기서의 타墮는 무엇에도 물들지 않고 무애자재함을 뜻한다. 『人天眼目』 권3(大48, 318a1), "'소리와 색을 끊지 않는 것은 어떤 종류의 타인가?' '곳곳의 대상 경계에 떨어지는 타이다.'(問, '不斷聲色, 是什麽墮?' 曰, '是隨墮.')"

7 선열禪悅과 법희法喜 : 선열은 선정禪定에 들어서 누리는 기쁨이고, 법희는 법을 듣거나 체험함으로써 얻는 기쁨이다. 두 가지 모두 수행자의 심신을 길러 주는 수단이기 때문에 비유하여 두 가지 음식(二食)이라 한다. 『起世經』 권7(大1, 345c15), "모든 천계의 대중은 선열과 법희를 음식으로 삼고 삼매를 음식으로 삼는다.(所有諸天, 竝以禪悅法喜爲食, 三摩提爲食.)"; 『法華經』 권4(大9, 27c28), "법명여래法明如來의 국토에 사는 중생들은 항상 두 가지 음식을 누린다. 하나는 법희라는 음식이고, 다른 하나는 선열이라는 음식이다.(其國衆生, 常以二食. 一者, 法喜食 ; 二者, 禪悅食.)"; 『法華義疏』 권9(大34,

無盡：雖然歸依外道, 與師同墮, 直須滿鉢盛飯, 無飢虛之病. 食謂禪悅法喜也.

대주 혜해大珠慧海의 문답

유마 좌주가 이 공안을 제기하고 대주 화상에게 "분명하게 해설해 주십시오."라고 묻자 대주가 말했다. "미혹되어 육근을 따르는 자를 육사라 하고, 마음 밖에서 부처를 구하려는 시도[8]를 외도라 한다."

維摩座主, 擧, 問大珠和尙云, "明爲解說." 珠云, "迷循六根者, 號之爲六師; 心外求佛, 名爲外道."

580a6), "법희와 선열의 음식이란 무엇인가? 정정과 혜慧가 법신을 길러 주므로 음식이라 한다. 또한 밖으로는 부처님으로부터 법을 듣고 얻는 환희를 법희라 하고, 안으로는 말씀 그대로 실천하는 수행을 선열이라 한다. 또한 성인의 설법을 법희라 하고, 성인의 침묵을 선열이라 한다.(法喜禪悅食者, 則定慧能資養法身, 故名食也. 又外從佛聞法歡喜爲法喜, 內如說修行爲禪悅. 又聖說法名法喜, 聖默然名禪悅.)"

8 마음 밖에서~구하려는 시도 : 『大梵天王問佛決疑經』 권하(卍87, 641a1), "마음 밖에서 부처를 구하려 하면 마구니 부처가 눈앞에서 다가오고, 마음 밖에서 지계를 보려 하면 율律 마구니가 눈앞에서 일어나며, 마음 밖에서 중생을 보려 하면 중생 마구니가 일어나고, 마음 밖에서 선정을 닦으려 하면 선정 마구니가 일어난다.(心外求佛, 則魔佛現來; 心外見持戒, 則律魔現起; 心外見衆生, 則衆生魔起; 心外修定, 則禪魔起.)"; 『圓覺經大疏鈔』 권9(卍14, 787a7), "마음 밖에서 부처를 구하고자 상을 취하며 공을 쌓고 애쓰기를 오래도록 하다가 나중에 부처가 자기 마음에 있음을 깨닫고는 이전의 헛된 고생이 더욱 참된 이치와 어긋났음을 뉘우친다.(心外求佛, 取相積功, 勤苦多時, 後悟佛在自心, 悔前妄苦轉乖眞理.)" 선가에서 "문밖으로부터 들어온 것은 가문의 보배가 아니다.(從門入者, 不是家珍.)"라고 전하는 말과 통한다.

64칙 유마복전維摩福田[1]

본칙 유마가 수보리에게 말하였다. "당신에게 보시한 사람을 복전이라 하지 않으며, 당신에게 공양을 올린 사람은 삼악도에 떨어질 것입니다. (당신이나 그들이나) 부처님을 비방하고 법을 훼손한 결과가 되어 대중의 무리에 들어가 수행하지 못하고 끝내 열반을 성취하지 못할 것입니다. 당신이 만약 이와 같이 생각한다면 음식을 받을 자격이 있습니다." 수보리는 이 말을 듣고 막막해져서 대답할 도리를 알지 못했다.

維摩謂須菩提曰, "其施汝者, 不名福田, 供養汝者, 墮三惡道. 謗於佛毀於法, 不入衆數, 終不得滅度. 汝若如是, 乃可取食." 須菩提聞此, 茫然不知答.

설화

● 승조僧肇 법사는 다음과 같이 해설한다.[2] "'보시한 사람을 복전이라 하지 않는다.'라는 말에서 '복전'이란 내가 받고 그가 보시하여 그로 하여금 큰 복전을 얻도록 하기 때문에 복전이라 한다. 대승의 정관正觀[3]에

---

1 바로 직전 63칙에 이어지는 공안으로 『維摩經』 권상(大14, 540c7) 이하의 이야기를 축약한 것이다.
2 『注維摩詰經』 권3(大38, 351c20) 이하에서 승조僧肇의 해설만 뽑은 것이다. 중간에 설화 필자의 평석을 제외하고는 모두 승조의 말이다.
3 대승의 정관正觀 : 필자 미상의 敦煌本 『維摩疏釋前小序抄』(大85, 435b13)에 제시된 다음의 해설에 따랐다. "대관이란 대승의 정관이다. 곧 대상 경계가 사라지고 인식 주관(心)도 고요하여 상相도 없고 명名도 없다고 보는 관법이다. 명이 없으므로 언어로 표현할 길이 끊어지고, 상이 없으므로 마음으로 헤아릴 길이 사라진다. 그러므로 승조 법사는 '입으로 말하고자 하지만 언어가 달아나 버리고, 마음으로 대상을 헤아리려 하지만 분별이 사라진다.'라고 한 것이다.(大觀者, 謂大乘正觀也. 謂境亡心寂, 無相無名, 無名故, 言語道斷;無相故, 心行處滅. 故肇法師云, '口欲言而詞喪, 心欲緣而慮亡.') 곧 대관이란 피차와 능소能所 등의 차별이 온전히 사라진 관법을 말한다.

따라 관찰하면, 그와 내가 서로 다른 두 가지가 아니거늘 누가 복의 밭이고 누가 복의 씨앗이란 말인가? '당신에게 공양을 올린 사람은 삼악도에 떨어질 것입니다.'라고 한 말은 다음과 같은 뜻이다. 오역죄를 저질러 입는 손실과 공양을 올려 얻는 이익에 대하여 대승의 정관에 따라 보면 서로 같아서(正齊) 조금도 차이점이 없다. 오역죄를 지어 삼악도에 떨어지게 된다면 공양을 올려도 또한 떨어지게 된다."

- 대승의 정관에 따라 관찰하면, 인식 주관(能)과 그 대상(所)은 차별된 두 가지가 아니기에 마음을 일으켜 공양을 받는 사람만 삼악도에 떨어지는 것이 아니라 공양을 올리는 사람도 또한 떨어진다는 뜻이다.[4]
- "'부처님을 비방하고 법을 훼손한 결과가 되어'라고 한 말은 다음과 같은 뜻이다. 원망을 품거나 친밀하게 느끼는 마음과 헐뜯거나 칭찬하는 생각의 차별이 있지만, 선한 마음과 악한 마음이 일치하는데 누가 그 두 가지가 다르다고 하겠는가? '대중의 무리에 들어가 수행하지 못하고'[5]라고 한 말은 다음과 같은 뜻이다. 중죄를 범한 자는 성현의 무리에 들어가지 못하지만, 만약 앞서 말한 것과 같이 (선한 마음과 일치하는) 악한 마음을 갖추기만 한다면 비로소 음식을 받을 만한 자격이 있다는 뜻이다. 악을 버리고 선을 취하는 방식은 사람들의 일반적인 성향에 불과하기 때문이다."
- 이 공안은 앞의 공안과 대동소이하다.

[福田] 肇法師云, "其施者, 不名福田者, 我受彼施, 令其獲大福田, 故名福田耳. 由大觀觀之,[1)] 彼我不二, 誰爲田者, 誰爲種者? 供養汝者, 墮三途, 五逆之失, 供養之益, 由大觀正齊, 未嘗有異. 五逆之可墮, 供養之亦可墮

---

4 이 구절은 설화 필자가 승조의 말에 대하여 내린 평석이다.
5 이하에 제시된 승조의 말은 이 구절부터 '음식을 받을 자격이 있습니다.'라는 구절까지에 대한 해설이다.

矣." 由大觀觀之, 能所無二, 非獨生心受供之人墮惡道, 供養之人亦可墮矣. "謗於至法者, 冤親之心, 毁譽之意, 善[2]惡一致. 孰云其異? 不入衆數者, 犯重罪者, 是不入賢聖之數. 若能備爲[3]上惡, 乃可取食. 舍惡取善, 乃人之常情爾."則此話與前話, 大同小異.

---

1) ㈈ '由大觀觀之'가『注維摩詰經』에는 '猶大觀之'로 되어 있다. 2) ㈈ '善'이『注維摩詰經』에는 '美'로 되어 있다. 3) ㈈ '爲'가『注維摩詰經』에는 '如'로 되어 있다.

보녕 인용保寧仁勇의 송 保寧勇頌

끝도 없고 한계도 없으니 짐작하지 말 일이며	無邊無際休斟酌
바닷물이 밀려갔다 밀려와도 본디 평온하다네	潮去潮來本自平
맑건 흐리건 얕건 깊건 또 쓰건 싱겁건 모두	淸濁淺深幷苦淡
한가지 맛으로 대단히 분명하도다	一般滋味逈分明

[설화]

○ 이는 바다를 소재로 삼아 지은 시로서 죄도 복도 없고 손해도 이익도 없다는 취지이다.

保寧:此則海詩, 無罪福無損益也.

대혜 종고大慧宗杲의 송 大慧杲頌

홀로 앉은 경계 누가 알리오	獨坐許誰知
청산이 석양 마주하고 있다네	靑山對落暉
꽃은 반드시 밤사이 필 것이니	花須連夜發
새벽바람 불기를 기다리지 마라[6]	莫待曉風吹

---

6 꽃은 밤새껏~바라지 마라 : 측천무후則天武后의 〈催花〉 혹은 〈臘日宣詔幸上苑〉으로 알려진 제목의 시 가운데 제3구와 제4구. "내일 상림원上林苑에서 즐기리니, 급히 봄

> [설화]

○ 청산이 석양 마주하고 있다네 : 물속에 녹아 있는 짠맛이고, 오색단청에 숨어 있는 아교 성분과 같다.[7]
○ 꽃은 반드시~기다리지 마라 : 완고하게 굳지 않는 미묘한 마음을 말한다.

大慧 : 靑山對落暉者, 水中鹽味, 色裏膠精也. 花須連夜發云云者, 言不頑妙心也.

죽암 사규竹庵士珪**의 송** 竹菴珪頌

숲에 들어가도 풀잎 흔들지 않고	入林不動草
물에 들어가도 물결 일으키지 않네	入水不動波
확탕지옥엔 서늘한 피난처 없으니	鑊湯無冷處
눈 감고서 황하를 향해 내달리리라	合眼跳黃河

> [설화]

○ 딱 알맞게 힘을 쓰는 형상이다.

竹庵 : 正好着力也.

소식을 알리도록 하라. 밤사이 반드시 꽃은 필 것이니, 새벽바람 불기를 기다리지 마라.(明朝遊上苑, 火急報春知. 花須連夜發, 莫待曉風吹.)" 본서 793칙 '천의 의회의 송' 주석 참조.

7 소금기와 아교의 끈끈한 점액이 눈에 보이지 않아도 분명히 들어 있는 것처럼 청산에 드리운 석양과 청산을 분리해 낼 수 없는 것과 같다. 보시하는 자와 보시받는 자 등이 상호 의존하여 차별이 없다는 도리를 상징한다. 본서 47칙 주 11, 732칙 '천복 본일의 송' 설화 참조.

송원 숭악松源崇嶽의 상당

이 공안을 제기하고 말했다. "유마의 심장과 간을 비롯한 오장을 모두 들여다보았는가? 꽃 옮겨 심으니 나비 뒤따르고, 돌을 샀더니 더욱 많은 구름 얻은 격이다.[8]"

松源上堂, 舉此話云, "還見維摩心肝五臟麼? 移花兼蝶至, 買石得雲饒."

[설화]
○ 앞에서 이미 풀이한 내용이다.

松源 : 已前消釋.

대주 혜해大珠慧海의 문답

유마 좌주가 이 공안을 제기하고 대주 화상에게 "분명하게 해설해 주십시오."라고 묻자 대주가 말했다. "어떤 물건을 보시한다고 하여 복전이라 하지 않고, 마음을 일으켜 공양을 받으면 삼악도에 떨어진다. '당신이 만약 부처님을 비방한다면'이라 한 말은 부처님에 집착하여 구하지 말라는 뜻이고, '법을 훼손한다.'는 말은 법에 집착하여 구하지 말라는 뜻이며, '대중의 무리에 들어가 수행하지 못하고'라고 한 말은 승단에 집착하여 구하지 말라는 뜻이다. '끝내 열반을 성취하지 못할 것입니다.'라고 한 말은 지혜의 작용을 눈앞에 실현하라는 뜻이다. '만약 이와 같이 생각한다면'이라 한 말은 (그렇게 하면) 법희와 선열이라는 음식[9]을 받을 수 있다는 뜻이다."

---

8 꽃 옮겨~얻은 격이다 : 보시에 복전이 따르고 공양이 선도善道로 인도하리라는 일반적 관념은 나무에 일시적으로 붙여 놓은 꽃과 같은데, 사람들은 마치 나비가 생명 없는 그 꽃에 몰려드는 것처럼 이 말을 고집하여 무차별의 도리를 모른다는 말이다. 당나라 요합姚合의 〈武功縣中作〉에 따른다. 본서 14칙 '육왕 개심의 염' 주석 참조.
9 법희와 선열이라는 음식 : 본서 63칙 '무진거사의 송' 설화 주석 참조.

維摩座主, 擧, 問大珠和尙云, "明爲解說." 珠云, "有物可施, 不名福田 ; 生心受供, 墮三惡道. 汝若能謗於佛者, 是不著佛求, 毁於法者, 是不著法求, 不入衆數者, 是不着僧求. 終不得滅度者, 智用現前. 若有如是解者, 便得法喜禪悅之食."

[설화]

○ 글에 그대로 드러나 있다.

維摩座主, 文見.

65칙 문수채약 文殊採藥[1]

본칙 문수보살文殊菩薩이 하루는 선재동자善財童子에게 약초를 캐어 오라고 시키면서 "약이 되지 않는 풀을 캐어 오라."고 하자 선재가 "산에는 약이 되지 않는 풀은 없습니다."라고 대답했다. 문수가 "그렇다면 약이 되는 풀을 캐어 오라."고 하자, 선재가 땅에서 아무 풀이나 한 줄기 주워서 문수보살에게 건넸다. 문수가 받아 들고 대중에게 말했다. "이 약은 사람을 죽일 수도 있고 사람을 살릴 수도 있다."

文殊一日, 令善財採藥次云, "不是藥者, 採將來." 善財云, "山中無不是藥者." 文殊云, "是藥者, 採將來." 善財, 於地上, 拾得一莖草, 度與文殊. 文殊接得, 示衆云, "此藥, 亦能殺人, 亦能活人."

설화

● 이 공안의 출처는 미상이다. 선재가 태어나던 날 칠보가 홀연히 방에 가득 찼으므로 '선재'라고 이름을 붙였다. 장경藏經[2]에 "옛날에 어떤 사람이 이름난 명의를 찾아가 여러 해 동안 의술을 배워 원숙해지자 스승을 떠나려 하였다. 그 스승이 '그렇다면 그대는 내게 약이 되지 않는 풀을 찾아와 보라.'고 하고는 더 이상 말하지 않았다. 그가 한 해가 다 지나도록 천지를 돌아다니며 보이는 풀이란 풀은 두루 찾아보았지만 모두 약으로 쓰일 수 있는 것뿐이었다. 시간이 오래 지나도록 일을 마

---

1 세상의 모든 풀이 약으로서의 효험이 있지만, 사람을 살리기도 하고 죽이기도 한다는 점이 이 공안을 궁구하는 주안점이다. '약이 된다'라는 말에 약과 독의 속성을 모두 숨겨 둠으로써 설정된 화두이다.
2 다음 책에는 『無量義經』에 나오는 비유로 실려 있다. 『華嚴經行願品疏鈔』 권3(卍7, 870b18), "無量義經, 說喩云, 如有一人, 詣良醫所, 學醫多年……."

치지 못하자 돌아와 스승에게 그 사실을 아뢰었다. 스승이 말했다. '그대의 의술은 완성되었으나 내가 시험 삼아 점검해 본 것이다. 그대가 진실로 의술에 통달하였다면 약이 되지 않는 것은 없으리라.'"라고 하였다.

[採藥] 此話出處未詳. 善財初生日, 七寶忽然滿室, 故名善財. 藏經云, "昔有一人, 詣良醫所, 學醫多年, 藝成欲去. 其師云, '且汝與我, 覓非藥之草.' 乃得休去. 其人經年, 遍求天下所見之草, 皆堪爲藥. 旣久不遂, 却來白師. 師云, '汝醫述成矣, 相試也. 若實解醫, 無物不藥.'"

- 문수가 '약이 되지 않는 풀을 캐어 오라.'고 한 말은 다만 약효가 있는 풀을 요구했던 것일 뿐인데, '산에는 약이 되지 않는 풀은 없습니다.'라 하였기 때문에 '약이 되는 풀을 캐어 오라.'고 한 것이다. 이는 '명의 기바耆婆[3]가 집어 드는 풀마다 묘약 아닌 것이 없다.'[4]라는 말과 같다.
- '이 약은 사람을 죽일 수도 있고 사람을 살릴 수도 있다.'라고 한 말은 '신령한 칼날을 가진 보검은 항상 눈앞에 드러나 있어 사람을 죽일 수도 있고 사람을 살릴 수도 있다.'[5]라는 뜻이다.

---

[3] 기바耆婆 : ⓢ Jīvaka. ⓟ Jīvaka-komārabhacca. 기바가耆婆伽·기바지婆祇婆 등으로도 음사한다. 부처님의 제자로서 당시의 명의名醫이다. 중국 명의의 대명사인 편작扁鵲과 함께 일컬어져 '기바편작'이라고 하면 세상에서 가장 훌륭한 의사를 뜻한다.

[4] 『金光明經文句』 권3(大39, 59c12), "육근이 접하는 대상은 어느 것이나 불법 아닌 것이 없고, 기바가 집어 드는 풀은 어느 것이나 약초 아닌 것이 없다.(六根所對, 無非佛法, 耆婆攬草, 無非藥者.)"; 『證道歌註』(卍111, 383b10), "반야의 힘이 이미 눈앞에 드러나 있으니 큰 자비심을 가지고 저잣거리로 들어가 중생과 어울려 그들을 교화하고 이로운 가르침을 베푼다. 종횡으로 자유롭게 응하는 작용과 갖가지로 펼치는 행위가 모두 불사佛事이다. 비유하자면 기바가 손 가는 대로 풀을 집어 들어도 그 모두 약초인 것과 같다.(般若之力, 旣得現前, 以大悲心, 入鄽垂手, 接物利生, 縱橫應用, 種種施爲, 皆爲佛事. 譬如耆婆攬草, 信手拈來, 皆爲妙藥.)"

[5] 『大慧語錄』 권8(大47, 844b22), 『碧巖錄』 75則 「垂示」(大48, 202b7) 등에 나오는 구절이

文殊云, 不是藥者, 採將來者, 只要藥得. 山中無不是藥者, 故云, 是藥者, 採將來, 則耆婆攬草, 無非妙藥. 此藥亦能殺人云云者, 靈鋒寶劍, 常露現前, 亦能殺人, 亦能活人也.

대각 회련大覺懷璉의 송 大覺璉頌

영묘[6] 캐려고 천지를 다 돌아다녔건만	欲採靈苗匝地生
길상[7]은 사람 살리는 풀 집어 들었다네	吉祥拈起活人莖
당시에 만약 독 바른 북[8]을 울렸더라면	當時若也翻塗毒
그 자리에서 삼천[9]에 한 소리 퍼졌으리	直下三千震一聲

설화

○ 사람을 죽이는 풀이니 사람을 살리는 풀이니 하고 말해 무엇 하랴? 만

다. '모든 풀이 약이 된다.'라는 말은 허虛한 화두이므로 실實로 허용하여 착각하면 죽음에 이르는 독이 된다. 마치 죽이거나 살리거나 어느 편도 가능한 보검과 같다. '이 약은 사람을 죽일 수도 있고 사람을 살릴 수도 있다.'라고 한 문수의 말에 대하여 허당 지우虛堂智愚가 '한 사람이 허로 전한 말을 모든 사람이 잘못 알고 실이라 전한다.(一人傳虛, 萬人傳實.)'라고 평가한 말도 이 맥락이다.『虛堂語錄』권8(大47, 1041c7).

6 영묘靈苗 : 신선들이 불로장생不老長生을 위해 먹는다는 약초. 독초毒草와 대칭하여 쓰인다.
7 길상吉祥 : 문수(S Mañjuśrī)의 한역어 중 하나인 묘길상妙吉祥을 줄인 말.
8 독 바른 북(塗毒鼓) : 이 북소리를 듣는 사람은 모두 죽는다고 한다. 북소리를 열반의 교법에 비유한 것으로서 이 가르침을 듣는 사람으로 하여금 모든 번뇌와 사악함을 사라지게 해 준다는 뜻이다. 여기서는 '살리는 풀'이라는 말에 현혹된 생각을 물리치는 한마디를 나타낸다.『法華文句記』권4「方便品」(大34, 231b6), "독을 바른 북이란『대반열반경』에서 '비유하자면 어떤 사람이 독을 북에 발라 두고 대중이 모인 가운데 그것을 쳐서 소리를 내면 그 소리를 듣는 자들은 모두 죽는다.'라고 한 말을 가리킨다. '북'은 평등한 법신法身을, '독'은 조건에 제약되지 않는 자비심을, '북을 치는 것'은 중생을 일으켜 세우는 것을, '듣는 자'는 그 소리를 듣는 데 합당한 근기를 가진 중생을, '죽는다'는 것은 무명이 사라지는 것을 가리킨다.(毒鼓者, 大經云, '譬如有人, 以毒塗鼓, 於大衆中, 擊令出聲, 聞者皆死.' 鼓者, 平等法身, 毒者, 無緣慈悲, 打者, 發起衆也, 聞者, 當機衆也, 死者, 無明破也.)"
9 삼천三千 : 삼천세계三千世界. 본서 2칙 '해인 초신의 송' 주석 참조.

일 독 바른 북을 친다면 그 자리에서 목숨을 잃을 것이다.

大覺:說什麼殺人莖活人莖? 若也擊塗毒鼓, 當下喪却.

대홍 보은大洪報恩의 송 大洪恩頌

약이 되는 풀이 있다느니 없다느니 하며 어찌 허둥대는가	或是或非何草草
살릴 수도 있고 죽일 수도 있다고 아무렇게나 말하지 마라	能生能殺謾悠悠
내년에도 다시 새 가지가 돋아나겠지만	來年更有新條在
어지럽게 흔드는 봄바람은 단번에 그치지 않으리라[10]	惱亂春風卒未休

게송을 마치고 불현듯 주장자를 들고 말했다. "어디로 갔느냐?"[11]

師驀拈起拄杖云, "甚麼處去也?"

---

10 내년에도 다시~그치지 않으리라 : 나은羅隱의 시 〈柳〉에 나오는 구절이다. 아무리 참신한 견해를 내놓더라도 봄바람에 새순이 흔들리듯이 또 다른 견해로 비판당하게 된다. 이렇게 어떤 단정적 결말도 허용하지 않는 것이 화두의 묘미이다. 본서 2칙 '법진수일의 거' 주석 참조.

11 '어째서 아무 말도 못 하느냐?'라고 되묻는 말과 같다. 시비是非와 살활殺活 등 어떤 인식의 수단도 들어맞지 않지만, 아무 할 말이 없는 바로 그곳을 떠나서 별도로 해결책을 찾을 곳도 없다는 뜻을 내포하고 있다. 『大慧語錄』 권7(大47, 838a15), "한 소리 크게 내지르며 '조금 전에 그렇게 많이 늘어놓던 말은 어디로 갔느냐?'라 하고, 다시 주장자를 들었다가 한 번 내리치고 말했다. '이득이 있건 이득이 없건 (상인은) 시장을 떠나지 않는다.'(喝一喝云, '適來許多葛藤, 向甚麼處去也?' 又卓一下云, '有利無利, 不離行市.')

설화

○ 대각 회련의 송과 같은 취지이다.

大洪 : 上頌一般也.

천복 본일薦福本逸**의 송** 薦福逸頌

손 가는 대로 집은 풀의 약효가 가장 신령하여	信手拈來草最靈
그 한 줄기가 죽이기도 하고 살리기도 한다네	一枝能殺亦能生
만수실리[12]가 한마디 던진 금구[13]의 그 말씀	曼殊室利開金口
지금에 이르기까지 약의 표본으로 처방된다네	迄至如今藥道行

보녕 인용保寧仁勇**의 송** 保寧勇頌

대지의 중생이 앓는 병 삼대같이 무수하니	大地蒼生病似麻
문수의 신령한 약도 끝없이 펼쳐져 있다네	吉祥靈藥示無涯
예서 죽이는 약 살리는 약 가려내지 못하면	其間殺活難分辨
다시 눈 안에 헛꽃 하나 덧붙이는 격이리라	又是重添眼裏花

동림 상총東林常總**의 송** 東林總頌

약과 독[14]이 서로 다투며 깎아내렸다가 또 치켜세우니	藥忌相治貶更襃
기틀에 당면하여 죽이거나 살리려 취모검[15]을	當機生殺按吹毛

---

12 만수실리曼殊室利 : ⓢ Mañjuśrī의 음사어. 문수사리文殊師利 곧 문수보살이다.
13 금구金口 : 불보살의 말씀. 견고하고 무엇으로도 파괴되지 않는다는 뜻. 본서 5칙 '보녕 인용의 송' 주석 참조.
14 약과 독(藥忌) : '기忌'는 약효를 없애는 음식. 곧 약을 먹을 때 피해야 할 식품이므로 '독'과 같다. '약기' 자체로 '기'를 나타내기도 한다.
15 취모검吹毛劍 : 상황과 근기에 따라 죽이는 용도나 살리는 용도로 쓰는 화두를 취모검

빼었다네

광활한 비로자나 바다[16]의 안개와 파도는   毗盧海闊烟波靜
다 잠잠한데
큰 낚싯대 잡고 거대한 자라[17] 낚을 사람은   誰把長竿釣巨鼇
누구인가

법진 수일法眞守一의 송 法眞一頌

황량하든 말든 가릴 것 없이 산에 들어가   入荒山不擇
손 가는 대로 집는 것마다 약초이리라   信手拈來藥
죽이거나 살리거나 모두 사람에 따르니   殺活總由人
기틀에 임하여 잘못 써먹지 말지어다   臨機莫敎錯

숭승공의 송[18] 崇勝珙頌

문수가 선재 불러 약 되는 풀 캐어 오라 하니   採藥文殊召善財
선재는 즉시 한 줄기 풀을 집어 들었네   善財枝草便拈來
문수가 대중 가르침에 실로 상대 얕잡아 보더니   文殊示衆誠無敵
죽이고 살리는 수단 안배에 어그러짐 많았네   殺活多應謬剸裁

에 비유했다.
16 광활한 비로자나 바다 : 법신法身인 비로자나불毘盧遮那佛의 세계를 드넓은 바다에 비유한 것.
17 거대한 자라(巨鼇) : 거별巨鼈 또는 영별靈鼈과 같은 말. 여기서는 살활의 약초를 제시한 문수보살의 뜻을 가리킨다. 본서 184칙 '곤산 찬원의 송' 주석 참조.
18 표면적으로는 문수가 펼친 방편을 비판적 시각에서 읊은 송. 상대를 얕보다가 선재의 거침없는 응수에 패하여 문수는 이빨 빠진 자호紫胡의 개처럼 날카로운 수단을 잃고 말았다고 하였지만, 그 밋밋한 수단이야말로 가을에는 밝은 달이 비추고 봄이 되면 천지에 꽃이 피듯이 지극히 자연스럽고 적절한 수단이었음을 우회적 표현 속에 담았다. 문수와 선재를 두고 누가 낫고 못했는지 저울질하는 사람을 오대산 노파에 비기며 그런 시시비비는 그만두라고 하였다. 어느 한쪽으로 기울어짐 없이 문수와 선재가 맞대응하였다는 평가이다.

가을 되면 집집마다 밝은 달이 비추고	秋至家家孤月白
봄 되면 어느 곳이나 온갖 꽃이 핀다네[19]	春來處處百花開
자호[20]의 사나운 개도 이빨이 다 빠졌으니	紫胡獰狗已無齒
오대산 노파[21]도 어리석은 자 희롱하길 그만두게	臺嶠老婆休弄獸

오조 사계五祖師戒의 평

선재의 말을 집어내어 말했다. "부끄럽다!"

五祖戒, 出善財語云, "慚愧!"

[설화]

○ 부끄럽다 : 그렇게 남들에게 말해 주면 부끄러운 결과가 적지 않을 것이라는 뜻이다.

五祖 : 慚愧者, 伊麽爲人, 慚愧不少.[1)]

1) ㉯ '少'가 병본에는 '步'로 되어 있다.

---

19 가을 되면~꽃이 핀다네 : 꽃이 좋은 봄과 달이 밝게 느껴지는 가을이 각각 자신의 개성적 풍경을 가지면서 서로를 방해하지 않듯이 문수의 살殺과 활活도 시의적절하게 안배하여 활용되는 수단이며, 살은 살 자체로 온전하고 활은 활 자체로 어떤 흠도 없다는 뜻이다.
20 자호紫胡 : 자호 이종子湖利蹤을 가리킨다. 어디든 사정없이 물어 버리는 개로써 본분의 부정적 수단을 나타낸 것으로 유명하다. 본서 417칙 '대홍 보은의 송 4' 주석 및 499칙 참조.
21 오대산 노파 : 오대산 입구에 어떤 노파가 지키고 서 있다가 사람들이 '오대산으로 가는 길이 어느 쪽입니까?'라고 물으면, '가던 길로 곧바로 가시오.'라고 대답했다. 이 말을 그대로 받아들인 자들이 몇 발자국 가면 노파는 '훌륭한 스님께서 또 이렇게 말을 따라 가시는군요.'라고 희롱했다. 본서 412칙 참조.

수산 성념首山省念의 염

"문수는 흡사 자신의 귀를 막고서 방울을 훔치는 사람 같았다."²²

首山念拈, "文殊大似掩耳偸鈴."

낭야 혜각瑯琊慧覺의 염

"문수의 말은 진실하였다고 할 만하지만, 이마에서는 땀이 배어 나오고 입안은 아교가 붙은 듯했으리라."²³

瑯琊覺拈, "文殊, 可謂誠實之言, 要且額頭汗出, 口裏膠生."

보녕수保寧秀의 염

"나, 서현이 당시에 그 광경을 목격했다면 곧장 풀을 빼앗아 발로 짓밟음으로써 그가 들어 올리지 못하게 하였을 것이다." 후에 어떤 학인이 북선北禪에게 이 공안을 제기하고 물었다. '무엇이 죽이는 것입니까?' '삼평三平이 석공石鞏에게 법을 물으러 갔다.'²⁴ '무엇이 살리는 것입니까?' '대전大顚은 조주潮州에 있었다.'²⁵ 보녕수가 이 문답을 평가했다. "비록 일시

---

22 문수보살은 '죽일 수도 있고 살릴 수도 있다.'라고 한 말에 숨겨 놓은 활구活句를 남들이 알아차리지 못할 것으로 생각했지만 수산은 그것을 간파하고 이렇게 말한 것이다.
23 어떤 말도 할 수 없는 궁색한 지경에 이르렀다는 뜻. 할 말을 다 토해 내었음을 내포하기도 한다. 본서 151칙 '천성 호태의 염' 참조. 『聯燈會要』 권26 「洞山守初章」(卍136, 865a1), "백운 수단白雲守端이 말했다. '대단한 운문이여! 동산에게 질문 하나를 받더니 이마에서는 땀이 배어 나오고 입안은 아교가 붙은 듯하구나.'(白雲端云, '大小雲門! 被洞山一問, 直得額頭汗出, 口裏膠生.')"
24 삼평 의충三平義忠이 출가하기 전 사냥꾼이었던 석공 혜장石鞏慧藏과 문답을 나눈 다음 대전 보통大顚寶通에게 재차 그 일에 대하여 물은 인연에 따른다. 본서 278칙 참조.
25 대전 보통(732~824)은 광동성 조주潮州 영산靈山에 있었는데 원화元和 14년(819)에 「論佛骨表」를 상주上奏하고 조주로 유배되어 온 배불론자排佛論者 한유韓愈와 교류한 일로 잘 알려진 인물이다. 대전 보통과 한유의 일화를 소재로 한 공안은 본서

적인 방편으로서는 틀리지 않지만, 자세히 점검해 보면 이 모든 것이 풀과 나무에 더부살이를 하는 대나무 잎의 허깨비[26]일 뿐이다. 나, 서현이라면 그렇게 하지 않았을 것이다."주장자를 꼿꼿이 세우고 "보았는가? 만약 보았다면 몸을 보전하기 위해 피해를 벗어나 멀리 숨어야 하고, 보지 못했다면 목숨을 보전하기도 어려울 것이다."[27]라고 말한 뒤 주장자로 선상을 쳤다.

保寧秀拈, "捿賢當時若見, 便奪來踏在脚下, 敎伊提不起." 後有僧擧問北禪, '如何是殺?' 禪云, '三平到石鞏.' '如何是活?' 禪云, '大顚在潮州.' 師云, "雖然如是, 一期方便, 卽無不可, 若字細撿點, 摠是依草附木竹葉精靈. 捿賢卽不然." 乃堅起拄杖云, "還見麽? 若也見得, 全身遠害；若也不見, 性命難存." 以拄杖擊禪牀.

설화

○ 곧장 풀을 빼앗아 발로 짓밟음으로써~못하게 하였을 것이다 : 죽이거나 살리거나 하는 조짐이 나타나기 이전의 경계이다.
○ '삼평三平이 석공石鞏에게 법을 물으러 갔다', '대전大顚은 조주潮州에 있었다' : 죽이는 것과 살리는 것에는 각기 다른 유래가 있으니 소홀히 해

353~354칙에 수록되어 있다. 삼평이 사냥꾼 출신인 석공을 찾았을 때 정면에서 쏜 화살을 맞은 격이었지만 죽이는 형식을 통하여 큰 인물로 인정을 받아 결국 살리는 화살을 맛보았으니, 이는 대답 그대로 죽이는 화살인가, 살리는 화살인가? 그 뒤에 조주에 있던 대전을 찾아가 그 법을 이었는데, 대답과 같이 살리는 작용 속에 죽이는 작용이 숨어 있다는 말인가? 살활이 결정되기 이전의 소식을 전하려는 의도인가?

26 풀과 나무에~잎의 허깨비 : 다른 사람의 생각과 말에 의지하여 독립성을 가지지 못하는 견해라는 뜻.
27 꼿꼿이 세운 주장자를 보았거나 그렇지 못했거나 그것으로부터 피해를 입지 않을 수 없다는 뜻이다. 약이 되는 활활의 풀이건 독이 되는 살殺의 풀이건 모두 틀어막는 방법이다.

서는 안 된다.

○ 만약 보았다면~보전하기도 어려울 것이다 : 보았거나 보지 못했거나 이 주장자의 매질[28]을 면할 수 없다는 뜻이다.

保寧:便奪來踏在脚下云云者, 殺活前頭也. 三平到石鞏太[1]顚在潮州者, 殺活各有來由, 不敢輕忽也. 若也見得云云者, 見不見未免此棒也.

1) ㉠ '太'는 '大'의 오기.

위산 모철潙山慕喆의 염

"선재는 약초를 잘 캤고, 문수는 그것을 잘 사용했다. 비단 비야리성에서 질병으로 누워 있는 유마거사[29]뿐만 아니라 설령 온 세상 사람들이 반드시 죽을 수밖에 없는 질병을 안고 있더라도 문수의 처소에 이르면 그 한 사람 한 사람 모두 나아서 돌아가도록 할 것이다. 왜 그런가? 제대로 사용할 줄 아는 데는 서릿발같이 날카로운 칼은 필요 없으며, 수명을 늘리는 데 어찌 반드시 구환단九還丹[30]이 필요하겠는가!"

潙山喆拈, "善財能採, 文殊善用. 非但寢疾毗耶, 直饒盡大地人, 抱必死之疾, 到文殊所, 敎佗箇箇脫體而去. 何故? 解用不須霜刀劒, 延齡何必九還丹!"

---

28 주장자의 매질(棒) : 보았거나 보지 못했거나 모두 잘못이며, 그 잘못에 대하여 벌로서 내리는 매질.

29 비야리성에서 질병으로~있는 유마거사(寢疾毗耶) : '비야'는 비야리毗耶離[S] Vaiśālī]의 약칭으로 유마거사維摩居士가 살던 성의 이름이다. 일부러 병들어 있던 유마거사를 병문안하러 가서 불이법不二法에 대하여 묻자 유마거사가 묵묵히 대답하지 않았는데 이를 문수보살이 찬탄했다. 본서 62칙 참조.

30 구환단九還丹 : 신단神丹·구전금단九轉金丹·대환단大還丹 등이라고도 한다. 도교에서 불로장생不老長生하기 위하여 먹는 단약丹藥을 말한다. 아홉 번 정련해야 만들어지므로 구환 또는 구전九轉이라 한다. 본서 1230칙 '원오 극근의 송' 제5구 참조.

> [설화]

○ '잘 캤다', '잘 사용했다': 사람을 살리는 약초에 철저함을 가리킨다.
○ 비단 비야리성에서~돌아가도록 할 것이다: 이 약이 유마의 병을 잘 치료하리라는 뜻이니, 유마의 침묵은 죽을 수밖에 없는 질병이지만 여기에 이르면 질병에 걸린 모든 몸이 나아서 돌아간다는 뜻이다.
○ 제대로 사용할 줄 아는 데는~구환단九還丹이 필요하겠는가: 문수가 이 약을 사용할 줄 알았기 때문이다.

潙山: 能採善用者, 活人莖到底也. 非但寢疾毘耶云云者, 此藥强療維摩之疾, 默然則必死之疾, 到此一一脫體而去也. 解用不須云云者, 蓋爲文殊解用此藥故也.

개원 자기開元子琦의 상당

대중에게 환약을 청하면서 법좌에 올라앉아 이 공안을 제기하고 말했다. "내가 오늘 대중에게 청한 환약은 사람을 죽이지도 않고 사람을 살리지도 않는다. 다만 중생의 모든 병을 치료하여 병이 나으면 약도 제거할 것이다.[31] 말해 보라! 문수의 약과 얼마나 차이가 있는가? 안목을 갖춘 자는 가려내어 보라."

開元琦, 請大衆丸藥, 上堂, 擧此話云, "開元今日, 請大衆丸藥, 亦不殺人, 亦不活人. 但治衆生一切病, 病旣愈, 藥還袪. 且道! 與文殊相去多小? 具眼者, 辨取."

---

[31] 모든 병을~제거할 것이다: 모든 약은 병을 고치는 수단이기 때문에 병이 나으면 그것도 함께 놓아 버린다는 가장 일반적인 약과 병을 둘러싼 관념이다. 약을 계속 지니고 있으면 그 자체로 또 하나의 병이 된다. 『楞嚴經正脈疏』 권5(卍18, 599a18)에 "공과 색, 두 가지 모두 없다는 말은 (색에 집착하는) 병이 나으면 약(공)도 제거되어 (색과 공이라는) 상이 남김없이 사라지지 않음이 없다는 뜻이다.(空色二無者, 病愈藥除, 相無不盡也.)"

승천회承天懷의 상당

"오늘은 단오절이니 약초를 캐기 적절한 때이다.[32] 문수보살의 말에 선재가 아주 기특하게 응답한 이야기가 기억나는구나. 눈앞에 약초 아닌 것이 없다고 하며 선재는 한 줄기 풀을 집어 들었다. 비록 죽일 수도 있고 살릴 수도 있지만 그 소식을 누가 알 것인가? 그때부터 고금을 모두 넘어섰으니 누가 이것을 보고 의심하지 않을 것인가! 오로지 바른 안목을 갖춘 자라야 비로소 시비를 결정할 수 있을 것이니, 지금 바른 안목을 가진 자 있는가?" 불자를 꼿꼿이 세우고서 말했다. "이에 대하여 한번 말해 보라! 만일 제대로 말한다면 부처에 집착하는 병과 조사에 얽매이는 병이 모두 나을 것이지만, 제대로 말하지 못한다면 대대로 가업을 이은 의사[33]도 손쓰지 못하여 팔짱만 끼고 있을 것이다."

承天懷上堂云, "今朝端午節, 正是採藥時. 記得文殊語, 善財應最奇. 目前無不是, 拈來草一枝. 雖然能殺活, 消息有誰知? 自後超今古, 何人見不疑! 除是具正眼, 方能決是非, 而今還有正眼者麼?" 乃堅拂云, "試向這裏道看! 若道得, 佛病祖病皆愈 ; 若道不得, 世醫拱手."

---

32 이 같은 말에서 연유하여 선가에서는 단오절에 이 공안을 적지 않게 제기한다. 『大慧語錄』 권4(大47, 829a3), 『虛堂錄』 권8(大47, 1041c4), 『雪巖祖欽語錄』 권1(卍122, 499a4), 『虛舟普度語錄』(卍123, 174b5) 등 참조.

33 대대로 가업을 이은 의사(世醫) : 고대에는 신뢰할 만한 의사의 기준이 되었다. 『禮記』 「曲禮」下, "삼대를 이어 온 의사가 아니라면 그 약을 복용하지 않는다.(醫不三世, 不服其藥.)" 선 문헌에서는 병의 뿌리가 너무 깊어 그런 의사도 치유할 수 없다는 맥락에서 쓴다. 『大慧語錄』 권14(大47, 870a16), "부처가 무엇이냐는 물음을 받고 마른 똥막대기라고 한 대답에 무슨 병이 있겠는가? 꿰뚫지 못한 사람이 도리를 지어내어 꿰뚫으려고 덤비자마자 천리만리 거리로 멀어지면서 전혀 관계가 없이 되어 버릴 뿐이다. 분별하는 마음으로 그것에 몰두하여 생각을 쏟아 붓거나, 분별하는 마음으로 그것을 헤아리다가 제기된 그 말에서 알아차리고 전광석화처럼 번득이는 짧은 순간에 이해한다면 이것이야말로 병이라서 대대로 가업을 이은 의사도 손을 쓰지 못하여 팔짱만 끼고 있을 것이다.(如何是佛, 乾屎橛, 有甚麼病? 爾不透了, 纔作道理要透, 便千里萬里, 沒交涉也. 擬心湊泊他, 擬心思量他, 向擧起處領略, 擊石火閃電光處會, 遮箇方始是病, 世醫拱手.)"

> 설화

○ 단지 사람을 살리는 약의 용도만을 밝혔다.

承天 : 但明活人藥之用也.

자수 회심慈受懷深의 상당

이 공안을 제기하고 말했다. "이러한 종류의 도리는 솜씨가 뛰어난 종사라야 알 수 있다. 만일 쇠로 된 눈과 구리로 된 눈동자[34]가 아니라면 왕왕 마주치고도 지나쳐 버릴 것이다. 비록 이러하지만 선재가 그렇게 약초를 캔 것은 단지 하나만 안 것에 불과하며, 문수가 그렇게 약초를 가려낸 것도 단지 둘만 안 것에 불과하다." 마침내 불자를 집어 들고서 말했다. "이 약에 대하여 아는가? 이것을 얻는 자는 영원히 살 것이며, 먹는 자는 죽지 않을 것이다. 신농神農[35]일지라도 그 이름조차 알지 못할 것이며, 기바耆婆일지라도 어디에서도 이것을 찾지 못할 것이다. 이것은 부처에 속박된 병과 조사에 얽매인 병을 제거하고 무명과 번뇌를 쓸어 없앤다. 모든 존재 하나하나가 그것을 덮어 감추지 못하여 그 신령한 빛이 밝게 빛나고 있지만, 누가 그것을 환히 알까?"

慈受深上堂, 擧此話云, "者般道理, 作者方知. 若非鐵眼銅睛, 往往當面蹉過. 雖然如是, 善財伊麽採藥, 只知其一 ; 文殊伊麽辨藥, 只知其二." 遂拈起拂子云, "還識者箇藥麽? 得者長生, 服之不死. 神農不知名, 耆婆無處

---

34 철안동정鐵眼銅睛 : 본질을 간파하는 비범한 식견 또는 그러한 식견을 가진 사람. 『月江正印語錄』권중(卍123, 271b3), "모든 사람이 쇠로 된 눈과 구리로 된 눈동자를 갖추고 있는데 산승이 어찌 함부로 소식을 전하겠는가!(諸人旣具鐵眼銅睛, 山僧安敢妄通消息!)"
35 신농神農 : 처음으로 농사의 기술을 전수한 전설상의 제왕. 신농씨神農氏라고도 한다. 모든 풀을 맛보고 약재藥材를 밝혀내어 병을 치료하도록 지도했다고 한다.

討. 破除佛病祖病, 掃蕩無明煩惱. 物物頭頭不覆藏, 靈光洞耀何人曉?"

설화

○ 이러한 종류의 도리는~단지 둘만 안 것에 불과하다 : 문수가 활용한 경지를 깊이 밝힌 것이다.
○ 불자를 집어 들고서 "이 약에 대하여 아는가?"라고 한 말 : 한 자루의 불자 자체를 가리킨다.
○ 이것을 얻는 자는 영원히 살 것이며~어디에서도 이것을 찾지 못할 것이다 : 한 자루의 불자가 지닌 뜻에 대하여 밝힌 것이다.
○ 이것은 부처에 속박된 병과 조사에 얽매인 병을 제거한다 : 인연과 대상으로 삼을 것이 하나도 없다는 뜻이니, 한 자루의 불자 자체를 가리킨다.
○ 모든 존재 하나하나가 그것을 덮어 감추지 못하여 : 존재 하나하나에 드러나고 사물 하나하나에 나타나 본체를 벗어나지 않는 작용이라는 뜻이다. 그렇다면 무슨 사람을 죽이는 약과 사람을 살리는 약을 굳이 찾을 것인가?

慈受 : 者般道理云云者, 深明文殊用處也. 拈起拂子至藥麼者, 一條拂子也. 得者長生至無處討者, 明一條拂子也. 破除佛病祖病者, 無一物爲緣爲對, 卽一條拂子也. 物物至藏者, 頭頭現物物現, 不離體之用也. 然則討什麼殺人藥活人藥.

백운 지병白雲知昺의 염

"선재는 손이 가는 대로 집었으니 조금도 기력을 소모하지 않았고, 문수는 죽이는 약과 살리는 약을 가려내었으니 특별히 신령한 공용이 있음을 알았음에 틀림없다."

白$^{1)}$雲昺拈, "善財信手拈來, 不費絲毫氣力; 文殊能辨殺活, 須知別有神功."

1) ㉮ '白'이 갑본에는 '百'으로 되어 있다. ㉯ '白'이 맞다.

설화

○ 선재는 손이 가는 대로~소모하지 않았고: 많은 공용을 들이지 않았으니^{36} 이 어찌 사람을 죽이는 칼이 아니겠는가!
○ 문수는 죽이는 약과 살리는 약을~알았음에 틀림없다: 수많은 신령한 공용이 있었으니 이 어찌 사람을 살리는 칼이 아니겠는가!

白雲: 善財信手云云者, 無許多功用, 豈非殺人刀! 文殊能辨云云者, 有許多神功, 豈非活人釖!$^{1)}$

1) ㉮ '釖'이 병본에는 '劒'으로 되어 있다.

공수 종인空叟宗印의 상당

이 공안과 더불어 위산 모철潙山慕喆의 염을 함께 제기하고 말했다. "선재는 대단히 모호하게 행동했고, 문수는 설명을 잘못 붙였으며, 위산은 이 두 가지를 그대로 답습하여 끌어모았다. 세 사람 모두 깨달음이 모자란 것이다." 홀연히 주장자를 잡고 높이 세웠다가 내리치면서 "이에 대하여 깨친 사람이 있는가?"라 말하고, 다시 한번 높이 세웠다가 내리치면서

---

36 억지로 애쓰지 않아도 진실에 그대로 부합하는 무공용無功用의 경지. 교학에서는 십지十地 가운데 제8지 이상의 경계라 한다. 『圜悟語錄』 권3(大47, 727c10), "머무름이 없는 근본에서 모든 법을 세우고, 공용을 들이지 않는 경지를 발휘하여 모든 일을 완수한다. 그렇다면 인연을 따르면서도 변치 않는 경지를 표현하는 한 구절은 어떻게 말해야 할까? 가을바람이 팔극 전체에 몰아치니 나뭇잎 떨어져 모든 산이 앙상하게 드러난다.(從無住本, 立一切法, 用無功用, 成一切事. 且隨緣不變一句, 作麼生道? 秋風吹八極, 木落露千山.)"

말했다. "뜸질하고 상처 난 자리에 다시 뜸쑥을 붙이는구나."

空叟和尙上堂, 擧此話, 連擧潙山喆拈, 師云, "善財大瞞頂, 文殊錯指注, 潙山隨摟揪. 三人惣欠悟." 驀拈拄杖, 卓一下云, "莫有向這裏, 悟得底麽?" 又卓一下云, "灸瘡瘢上著艾炷."

> 설화

○ 선재는 대단히 모호하게 행동했고~깨달음이 모자란 것이다 : 남을 구하기 위해 온몸에 진흙물을 뒤집어쓴 것처럼 보이지만 사실은 그렇지 않다는 뜻이다.
○ 주장자를 잡고 높이 세웠다가 내리쳤다 : 사람을 죽이는 칼을 흉내 낸 것이다.
○ 뜸질하고 상처 난 자리에 다시 뜸쑥을 붙이는구나 : 자신이 이렇게 한 말도 쓸모없이 남아도는 법에 불과한 것이니, 공수의 뜻은 결국 어떤 것인지 묻는 말이다.

空叟 : 善財大瞞[1]頂云云者, 似乎拖泥帶水故. 拈拄杖卓一下者, 似殺人刀也. 灸瘡云云者, 某甲伊麽道, 亦是剩法也, 則空叟意, 落在什麽處.

---
1) ㉡ '瞞'이 병본에는 '瞞'으로 되어 있다. ㉢ '瞞'이 맞다.

66칙 문수요지 文殊了知

본칙 문수가 말하였다. "만일 중생의 번뇌를 바르고 남김없이 안다면 그것이 곧 모든 부처님의 경계일 것입니다."

文殊云, "若正了知衆生煩惱, 卽是諸佛境界."

설화

● 『문수소설불경계경』의 말씀이다.[1] "그때 세존께서 문수에게 물었다. '동자야, 부처님들의 경계는 마땅히 어디에서 구해야 하겠느냐?' 문수가 '부처님들의 경계는 마땅히 모든 중생이 번뇌로 시달리는 경계에서 구해야 합니다. 왜냐하면 만일 중생의 번뇌를 바르고 남김없이 안다면'이라 운운하며 대답했다."

● 중생의 무명주지번뇌[2]가 '곧(卽)' 모든 부처님의 부동지不動地[3]라는 뜻이다. 여기서 '곧'이라는 말은 두 가지 대상이 서로 합치한 상태를 가리키지 않으며, 또한 앞뒤가 서로 반대되는 존재의 일치를 나타내지도 않는다. 현재 있는 그대로가 바로 그것이므로 '곧'이라 한다.[4] 그러나 만

---

1 『文殊師利所說不思議佛境界經』(大12, 108b4).
2 무명주지번뇌無明住地煩惱 : '근본무명'을 가리킨다. '주지'란 근본이라는 뜻이다. 『法華義記』권1(大33, 573b4), "다만 번뇌에는 두 종류가 있을 뿐이다. 첫째는 사주지번뇌요, 둘째 무명주지번뇌이다. 과거세에 수행한 힘(因力)이 사주지번뇌는 끊지만 무명주지번뇌를 끊기까지는 그 힘이 미치지 못하니, 이것은 작용이 열등하다는 뜻이다. 지금은 사주지번뇌를 끊었을 뿐만 아니라 또한 무명주지번뇌도 끊었으니, 이는 작용이 뛰어나다는 뜻이다.(但煩惱有二種. 一, 是四住地煩惱;二, 是無明住地煩惱. 但昔日因力, 止斷四住煩惱, 不及無明住地煩惱, 此是用劣之義也. 今日非唯止斷四住煩惱, 亦斷無明住地煩惱, 此是用勝之義也.)"
3 부동지不動地 : 번뇌에 흔들리지 않는 경지. 보살의 십지十地 중 제8지이기도 하다. 『十住經』권1(大10, 498c2) 참조. 여기서는 그보다 넓은 의미의 규정이다.
4 현사 사비玄沙師備의 다음 문답도 이러한 맥락이다. 『玄沙廣錄』권상(卍126, 362b18),

일 구할 수 있는 부처님들의 경계가 따로 있다고 생각한다면 바르고 남김없이 안다고 하지 않는다.[5]

[了知] 文殊所說佛境界經云, "爾時, 世尊問文殊言, '童子, 諸佛境界, 當於何求?' 文殊云, '諸佛境界, 當於一切衆生煩惱境界中求. 何以故? 若正了知云云.'" 則衆生無明住持[1]煩惱, 卽是諸佛不動地也. 卽者, 非二物相合之稱, 亦非背手相反之卽. 當下卽是, 故名爲卽. 然又若有諸佛境界可求, 非正了知也.

1) ㉠ '持'는 '地'의 오기인 듯하다.

심문 담분 心聞曇賁의 송 心聞賁頌

애절한 까마귀 한 곡절에 깊은 정 실어 부치니	一曲啼烏寄遠情
해당화는 바람에 지고 달빛만 휘영청 밝구나	海棠飄盡月空明
금천[6] 아득히 감돌고 상강[7] 드넓게 트였는데	錦川迢遞湘江闊
슬프다! 그 누구도 이 소리 알아듣지 못하네	惆悵無人會此聲

"'모든 부처님의 경계란 어떤 것입니까?' '지옥과 축생이다.' '어째서 이와 같습니까?' '오로지 이와 같아야만 한다.'(問, '如何是諸佛境界?' 師云, '地獄, 畜生.' 云, '爲什麼如此?' 師云, '只要如此.')

5 부처님의 경지 곧 열반조차 없어야 궁극이라 한다. 중생과 단절되어 별도로 구할 수 있는 그 경계는 본질적으로 있을 수 없기 때문이다. 『蓮宗寶鑑』권2(大47, 310c25), "실상은 차별된 상이 없고(無相), 상이 없으니 어디에도 머무름이 없으며(無住), 머무름이 없는 그대로 부처님의 경계에 들어간다. 이러해야 그 이상이 없는 바르고 진실한 대보리의 도이다. 이러한 지위에 도달한다면 수행도 없고 증득도 없으니, 벗어날 생사도 없고 구할 열반도 없다.(實相乃無相, 無相則無住, 無住則入佛境界. 此乃無上正眞大菩提道. 若到此地, 無修無證, 無生死可脫, 無涅槃可求.)"

6 금천錦川 : 금강錦江의 다른 이름. 민강岷江의 지류 중 하나로 현재의 중국 사천성 성도成都의 평원平原에 해당한다. 비단 빛깔이 제대로 나도록 씻어 주는 강물이라는 뜻이다. 전설에 따르면, 촉인蜀人들이 비단을 짜서 이 강물에 씻으면 빛깔이 선명하지만 다른 강물에 씻으면 비단 빛깔이 어두워졌다고 한다.

7 상강湘江 : 광서성에서 발원하여 호남성으로 흘러드는 호남성 최대의 하류.

> 설화

○ 제1구 : 문수가 전하는 뜻이 깊고 간절함을 나타낸다.
○ 제2구 : 본래 번뇌는 없었고 원래 보리라는 뜻이다.[8]
○ 나머지 두 구절 : 만일 남김없이 알 수 있는 부처님들의 경계가 남아 있다면 어찌 이 소리를 안 것이겠는가! 곧 '어찌 바르고 남김없이 알았다고 하겠는가?'라는 뜻이다.

心聞 : 一句, 文殊爲人深切也. 二句, 本無煩惱, 元是菩提也. 下二句, 若有了知底諸佛境界, 豈是會此聲! 則何正了知?

---

[8] 꽃을 떨어뜨리는 바람으로 번뇌를, 밝게 비추는 달로써 보리를 비유하였다. 이 구절이 『十不二門指要鈔』 권상(大46, 707a24), 『四明尊者敎行錄』 권4(大46, 894b19) 등에는 달마득수達磨得髓(본서 101칙)의 이야기와 관련된 혜가慧可의 말로 인용되고 있지만, 전등사의 설과는 대차가 있다. 같은 책에서 이를 규봉 종밀圭峰宗密의 설이라 하지만 전거를 찾기 어렵다. 바람과 달의 상징을 번뇌와 보리라고 풀이하더라도 그다음에 반드시 이 두 가지를 모두 단 한 장면 속의 요소로 보아야 합당하다. 이 구절뿐만 아니라 중생과 부처의 경계를 둘로 나눌 수 없다는 본칙의 취지로 보면 이 송에서 활용되는 낱낱의 자연물은 모두 부처이자 중생이 함께 공유하며 뒤섞여 구분할 수 없는 경계이기 때문이다. 달리 보면 중생과 부처는 모두 우리의 인식 도구이자 번뇌를 제거하는 수단에 불과하기에 상하의 가치 차별은 있을 수 없으며, 중생이나 부처나 '본래 그 실체가 없다.' 『傳心法要』(大48, 381b5), "탐·진·치가 있기 때문에 계·정·혜를 설정한다. 이처럼 본래 번뇌가 없는데 어디에 보리가 있겠는가? 그러므로 조사는 '부처님께서 설한 모든 법은 모든 마음을 제거할 목적이었다. 나에게 그 어떤 마음도 없는데 그 어떤 법이 되었거나 무슨 소용이랴? 본원의 청정한 부처에다 다시 하나의 그 무엇이라도 붙어서는 안 되리라.'라고 하였다.(爲有貪嗔癡, 卽立戒定慧. 本無煩惱, 焉有菩提? 故祖師云, '佛說一切法, 爲除一切心. 我無一切心, 何用一切法? 本源淸淨佛上, 更不著一物.')"

67칙 견의능엄堅意楞嚴

본칙 견의堅意보살이 선의善意천자에게 묻고 천자가 답한 대화이다.[1] "어떻게 해야 수능엄삼매[2]를 얻는가?" 천자가 대답하였다. "항상 범부의 법을 닦아야 한다. 만약 범부의 법이 (불법과) 하나로 합하지도 않고 서로 흩어지지도 않는다는 도리를 안다면 이를 가리켜 닦고 익힌다(修集)[3]고 한다."

堅意菩薩, 問善[1)]意天子云, "云何[2)]得首楞嚴三昧?[3)]" 天子云, "常[4)]修行凡夫法. 若見凡夫法,[5)] 不合不散, 是名修集.[6)]"

1) ㉠ '善'이 『首楞嚴三昧經』 권상에는 '現'으로 되어 있다. 2) ㉠ '何' 다음에 『首楞嚴三昧經』에는 '欲'이 있다. 3) ㉣ '昧'가 갑본에는 '眛'로 되어 있다. 4) ㉠ '常'이 『首楞嚴三昧經』 권상에는 '當'으로 되어 있다. 5) ㉠ '凡夫法' 다음에 『首楞嚴三昧經』에는 '佛法'이 있다. 6) ㉠ '修集' 다음에 『首楞嚴三昧經』에는 '首楞嚴三昧'가 있다.

설화

● '수능엄'이란 모든 것의 궁극이면서 견고한 상태라는 뜻에서 일체사필경견고一切事畢竟堅固라 한역한다.[4]

---

1 『首楞嚴三昧經』 권상(大15, 636a21)의 내용을 축약했다.
2 수능엄삼매首楞嚴三昧 : Ⓢ śūraṃgama-samādhi. 견고하게 모든 법을 포섭하는 삼매. 십지十地 보살만이 성취할 수 있다. 『大智度論』 권47(大25, 398c27), "수능엄삼매는 건상건상健相이라 한역한다. 모든 삼매의 행상行相에서 그 수효와 깊이를 분별하여 아는 것이 마치 대장이 모든 병력의 수효를 아는 것과 같다.(首楞嚴三昧者, 秦言健相. 分別知諸三昧行相, 多少深淺, 如大將知諸兵力多少.)"
3 닦고 익힌다(修集) : '수집修集'은 '수습修習'과 통한다. 『首楞嚴三昧經』 권상(大15, 636a24), "'어째서 수행이라 하는가?' '범부의 법과 불법이 다르지 않다는 이치에 통달하였을 때 이를 닦고 익힌다고 하니, 진실로 이 법은 합하지도 않고 흩어지지도 않는다.'('云何名修行?' '若能通達, 諸凡夫法, 佛法無二, 是名修集, 而實此法無合無散.')"
4 『大般涅槃經』 권27(大12, 525a9)의 말씀에 따른다. 곧 "'수능'이란 모든 법의 궁극이라는

● 항상 범부의 법을 닦아야 한다~이를 가리켜 닦고 익힌다(修集)고 한다 : 범부의 법은 인연이 합하면 발생하고 인연이 흩어지면 소멸한다. 합하지도 않고 흩어지지도 않게 된 이 경지가 곧 수능엄삼매를 닦고 익힌 것이다.

[楞嚴] 首楞嚴者, 此云一切事畢竟堅固. 常修行凡夫法云云者, 凡夫法, 緣合而生, 緣散而滅. 今旣不合不散, 則卽是修集首楞嚴三昧也.

무진거사의 송 無盡居士頌

고요한 맘으로 수능엄삼매 증득하려 하면	定心欲證首楞嚴
범부의 모든 법 고루 닦고 익혀야 하리라	修集凡夫萬法凡
망나니 백정 술 파는 자[5]도 불도 이루거늘	魁膾屠沽成佛道
구태여 물병과 석장[6] 지니고 암자에 살랴	何須缾錫住菴嵒

뜻에서 일체필경一切畢竟이라 하고, '엄'은 견고(堅)라 한다. 모든 법의 궁극에서 견고한 상태가 되는 것을 '수능엄'이라 한다. 이 때문에 수능엄삼매를 불성이라 한다.(首楞者, 名一切畢竟, 嚴者, 名堅. 一切畢竟而得堅固, 名首楞嚴. 以是故言, 首楞嚴定, 名爲佛性.)"

5 망나니 백정~파는 자(魁膾屠沽) : 이들은 계율상 모두 금하는 직업이다. 천한 일에 종사하거나 출신이 미천한 사람들을 멸시하여 부르는 말이기도 하다. 『律學發軔』권상(卍106, 926b17), "백정·술장사·망나니·옥졸·기녀 등의 악업에 종사하지 마라.(不作屠沽·魁膾·獄卒·妓女等惡業.)"; 『阿彌陀經義疏』(大37, 363c3), "이것(念佛三昧)은 번뇌에 얽매인 어리석은 범부나 백정·술장사처럼 하천한 무리에 이르기까지 한 찰나에 넘어서서 성불하도록 하는 법이기에 모든 세간에서 참으로 믿기 어렵다고 할 만하다.(此乃具縛凡愚, 屠沽下類, 利那超越, 成佛之法, 可謂一切世間, 甚難信也.)"; 『阿彌陀經略解圓中鈔』권2(卍91, 840b17), "불법이라는 바다는 한맛으로 평등하니 진실로 현명한 자와 어리석은 자 그리고 신분이 귀한 자와 하천한 자 사이를 가르는 차별이 없다.(夫佛法大海, 一味平等, 固於賢愚貴賤, 無所分別.)"

6 물병과 석장 : 비구가 항상 몸에 지니고 다녀야 하는 물건(隨物)의 일부이다. 곧 그것으로 출가자의 신분을 나타낸 것이다. 『摩訶僧祇律』권3(大22, 245a5)에는 5조 가사袈裟를 비롯하여 석장·군지軍持(甁) 등 24종류의 물건이 제시되어 있다.

68칙 수보리화 須菩提花

본칙 수보리가 법을 설할 때 제석帝釋이 비처럼 무수한 꽃을 뿌리자 수보리가 물었다. "이 꽃은 하늘에서 얻었습니까, 땅에서 얻었습니까, 아니면 사람에게서 얻었습니까?" 제석은 어느 질문에 대해서도 "아닙니다."라고 대답했다. 수보리가 "그러면 어디에서 얻었습니까?"라고 묻자 제석이 손을 들어 보였다. 수보리가 "그렇습니다, 그렇습니다."라고 수긍했다. 【어떤 본에는 '세존께서 제석에게 물었다.'라고 되어 있다.】

須菩提說法, 帝釋雨花, 須菩提乃問, "此花從天得耶, 從地得耶, 從人得耶?" 帝釋皆云, "弗也." 須菩提云, "從何得耶?" 帝釋擧手, 須菩提云, "如是, 如是."【有本云, '世尊問帝釋.'】

설화

- 『대반야경』 권84 「산화품散花品」[1]에 "그때 천제天帝(제석천)가 비처럼 무수한 꽃을 뿌렸다."라고 운운하였다.
- 하늘과 땅과 사람 등 삼재三才 : 태교台敎에 "사람(인계의 중생)과 하늘(천계의 중생)이 기운을 주고받으며 둘이 서로 만날 수 있다."[2]라고 한다. 이 구절은 이렇게 풀 수 있다. "하늘은 지혜로 조명하는 작용이고, 사람은 자기 자신이라는 뜻인가?[3] (아니다.) 세간의 모든 존재는 하늘과 땅과

---

1 『大般若經』 권84(大5, 471b25)에 천제석(제석천)과 여러 천신들이 부처님의 설법에 감화되어 꽃을 뿌려 공양하는 장면이 나온다.
2 『法華經』 권4(大9, 27c25)의 구절. '태교台敎'라 한 이유는 『法華經』이 천태종天台宗의 근본 경전이기 때문이다.
3 백장 회해百丈懷海가 『法華經』의 해당 구절을 응용한 말에 기초한다. 『百丈語錄』 古尊宿語錄 2(卍118, 178b6), "사람은 자기 자신이고 하늘은 지혜로 조명하는 작용이다. 찬탄이 곧 기쁨이니, 기쁨은 경계에 속하고 경계가 바로 하늘이며 찬탄은 사람의 몫이다.

사람 등 삼재를 벗어나지 않는다는 말이다."
● 제석은 어느 질문에 대해서도 "아닙니다."라고 대답했다 : 『반야경』에 "이 꽃은 하늘의 꽃도 아니고 땅의 꽃도 아니며 바로 생멸이 없는 무생無生의 꽃이다."[4]라고 한 말이 바로 이 뜻이다. 그러나 하늘의 꽃과 땅의 꽃을 떠나서 별도로 무생의 꽃이란 있지 않다. 그러므로 이 꽃의 유래를 묻자 손을 들어 보이며 응답한 것이다.

[此花] 大般若八十四卷, 散花品云, "爾時天帝雨花"云云. 天地人三者, 台敎云, "人天交接, 兩得相見." 注云, "天是智照, 人是自己之義耶? 世間萬法, 不出天地人三才." 皆云不也者, 般若經云, "此花非天花, 亦非地花, 乃是無生花." 卽此義也. 然非離天地花, 別有無生花也. 故問此花來處, 乃擧手答之.

대각 회련大覺懷璉의 송 大覺璉頌

한 송이 꽃 떨어지자마자 만 송이 날린다	一花纔落萬花飛
하늘에서 나지 않거늘 땅에선들 그러하랴	不在天生豈地爲
교시[5]가 손 들어 보인 그 경계를 두고서	誰見憍尸擡手處

사람과 하늘이 기운을 주고받으며 둘이 서로 만날 수 있는 것이다.(人是自己, 天是智照. 讚卽喜, 喜者屬境, 境是天, 讚是人. 人天交接, 兩得相見.)"

4 근거를 알 수 없다. 반야계 경전이나 여타의 경전에서 찾을 수 없다. 『心賦注』 권2(卍 111, 81b9), "하늘에서 네 가지 꽃비가 내렸다. 태교에서는 '보살의 네 지위를 나타낸다. 첫째는 십주위, 둘째는 십행위, 셋째는 십회향위, 넷째는 십지위이다. 꽃은 유연유연柔軟을 뜻하며 행행을 나타내기도 하고, 선근善根을 나타내기도 한다. 보살은 행으로 지위에 들어가므로 하늘에서 꽃비가 내리지만 모두가 마음의 꽃이다.'라고 한다. 『반야경』에는 '이것은 천화天華도 아니고, 의수화意樹華도 아니며, 무생화無生華이다.'라고 한다.(天雨四華者, 台敎云, '表菩薩四位. 一, 十住位 ; 二, 十行位 ; 三, 十迴向位 ; 四, 十地位. 華是柔軟義, 亦表於行, 亦表於善根. 菩薩以行入位, 故天雨華, 然皆是心華.' 般若經云, '此非天華, 亦非意樹華, 乃是無生華.')"

5 교시憍尸 : 교시가憍尸迦([S] Kauśika)의 줄인 음사어로 제석천帝釋天을 가리킨다. 도리

가섭 문하에선 두 눈썹 찌푸림 누가 알랴　　　飲光門下皺雙眉

설화

○ 앞의 두 구절 : 한 송이 한 송이가 모두 무생의 꽃이다.
○ 뒤의 두 구절 : 무생도 조사의 문하에서 말하는 본분사는 아니다.[6]

大覺 : 上二句, 一一無生花也. 下二句, 無生亦不是祖師門下事也.

열재거사의 송 悅齋居士頌

이 꽃은 범천[7]이라도 알 수 없는 경계이니	此花未許梵天知
손 든 모양 손 내렸을 때와 어떻게 다른가	擧手何如下手時
더 나아가 바로 이 관문의 빗장[8]을 푼다면	更透這些關捩子
하늘과 땅 돌리는 일도 모두 그것에 따르리	乾旋地轉總由伊

천忉利天의 주인인 제석천이 인간이었을 때 성씨이다.
6 무생은 교학의 기본 도리이지만 조사 문하에서는 달리 전하는 방도가 있다. 이를 격외格外 또는 교외敎外 등이라 부른다. 『無異元來廣錄』 권20 「淨土偈」(卍125, 263a13), "청정한 마음이 바로 서방정토이지만, 교설 벗어나 달리 가는 길 알아야 하리라. 진실로 조사 문하의 선객禪客이라면, 파안미소로 곧바로 전하고 무생 말하지 않으리라.(淨心卽是西方土, 敎外須知別路行. 若是祖師門下客, 破顏端不論無生.)"; 『南宋元明禪林僧寶傳』 권11 「性原明章」(卍137, 727a8), "입적하기 전에 지은 게송 한 수이다. '조사 문하의 선객으로서, 입 열기만 하면 무생 말하지만, 늙은 나로서는 전혀 이해하지 못하니, 정오에 삼경 알리는 종 치리라.'(歿時有偈曰, '祖師門下客, 開口論無生, 老我百不會, 日午打三更.')"
7 범천梵天 : [S] Brahmā. 모든 존재를 만들어 낸 창조자 또는 그것의 근원. 힌두교의 조물주([S] Prajāpati) 또는 창조신이다. 피조물의 유지를 주관하는 비슈누([S] Viṣṇu)와 파괴를 주관하는 시바([S] Śiva)와 함께 삼대신三大神으로 간주된다.
8 관문의 빗장(關捩子) : 관려자關捩子라고도 쓴다. 관문의 열쇠, 관문의 빗장을 말한다. 하나의 공안에 들어 있는 핵심 또는 그 공안을 해결하는 관건을 비유하는 말이다. 본서 110칙 '고목 법성의 상당' 참조. 제2구에서 이 공안을 소재로 '손을 들어 보인 것과 손을 내린 것을 비교하여 어떤가?'라고 제기한 또 하나의 화두를 가리킨다. 설화의 해설과는 다르다.

[설화]

○ 앞의 두 구절 : 범천[9]이 손을 들어 보인 동작은 이 꽃의 의미를 몰랐던 것이니, 손을 내렸어야만 한다는 말이다.
○ 바로 이 관문의 빗장 : 손을 내렸을 때를 말한다.
○ 하늘과 땅 돌리는 일 : 근본적인 작용(妙用)이다.

悅齋:上二句, 梵天擧手, 是不知此花也, 則直須下手始得也. 這些關棙子者, 謂下手時也. 乾旋地轉者, 謂妙用也.

운문 문언雲門文偃의 염

"제석이 손을 들어 보인 경계는 무엇인가? 사대四大와 오온五蘊으로 구성된 우리의 몸과 석가노자의 몸은 같은가, 다른가?"

雲門偃拈, "帝釋擧手處, 作麼生? 與你四大五蘊, 釋迦老子, 是同是別?"

[설화]

○ 제석이 손을 들어 보인 경계 : 특별한 의미가 있는 듯이 보이지만 그렇지 않다. '어찌 사대와 오온으로 구성된 몸에서 석가노자의 몸을 알아차리지 못하는가?'라는 뜻이다.[10] 벌거벗은 몸뚱이[11] 자체가 천 길로

---

9 범천梵天 : 범천과 제석천을 혼동한 것으로 보인다. 손을 들어 보인 것은 제석천이다. 그러나 다음 69칙에서 설두 중현이나 대혜 종고가 인용한 내용에 제석이 아니라 범천으로 되어 있는 점을 감안하면 이 둘을 혼용하고 있을 가능성도 있다.
10 이렇게 단정한 말이 아니라, '같은가, 다른가?'라고 물음으로써 같다고 해도 틀리고 다르다고 해도 맞지 않는 진퇴양난의 화두를 던지는 데 본래의 취지가 있다. 趙英美, 「公案의 문제설정 방식과 疑團 형성 고찰―'是同是別'을 중심으로」, 『한국선학』 제42호(한국선학회, 2015), pp.153~154; 趙英美, 『禪門拈頌』의 公案 조직 양상과 언어 활용 연구』(성균관대학교 박사논문), pp.215~216.
11 적육단赤肉團 : 임제臨濟의 말이다. 적나라하게 드러난 우리의 몸을 가리킨다. 『臨濟

우뚝 솟아 있는 절벽과 같다¹²는 말이다.

雲門: 帝釋擧手處, 似乎特地. 何不向四大五蘊中, 識取釋迦老子耶? 赤肉團上, 卽是壁立千仞.

錄』(大47, 496c10), "벌거벗은 몸뚱이에 고하의 지위에서 자유로운 참사람(無位眞人) 하나가 항상 그대들의 감각기관을 통하여 들락거린다.(赤肉團上, 有一無位眞人, 常從汝等諸人面門出入.)"

12 천 길로~절벽과 같다 : 벽립천인壁立千仞은 올라갈 도리가 전혀 없는 절벽이라는 뜻으로서 본분을 묘사하는 말 중 하나이다. 본서 1칙 본칙 설화 주석 참조. 설화의 이 말은 주석 10과 마찬가지로 우리의 육신과 본분이 다르지 않다는 해설이지만, 운문이 어떤 분별로도 뚫지 못하도록 설정한 관문의 본질에서 벗어나는 단정이다.

69칙 수보리연좌 須菩提燕坐

[본칙] 수보리가 바위굴에서 고요히 좌선을 하고 있을 때 제석이 비처럼 무수히 꽃을 뿌리며 찬탄하자 수보리 존자가 물었다. "꽃비를 뿌리며 찬탄하는 이는 누구입니까?" "나는 천제天帝입니다. 존자께서 반야를 잘 설하시는 모습을 보았기에 이렇게 찾아와 찬탄하고 있습니다." "나는 반야에 대하여 한 글자도 설한 적이 없습니다." "존자께서 설하지 않았으니 나도 듣지 않았습니다. 설함도 없고 들음도 없는 이것이 바로 참으로 반야를 설하신 것입니다."

須菩提嵒中燕坐, 帝釋雨花讚歎, 須菩提問曰, "雨花讚歎者, 是何人?" 對曰, "我是天帝. 見尊者善說般若, 故來讚歎." 須菩提曰, "我於般若, 未曾說一字." 帝釋云, "尊者無說, 我乃無聞. 無說無聞, 是眞說般若."

[설화]

- 『조정사원』에는 다음과 같이 전한다.[1] "수보리가 고요하게 좌선을 하고 있을 때 제석이 비처럼 무수하게 꽃을 뿌렸다는 구절에 대하여 여러 경전을 두루 살펴보아도 이와 관련된 인연은 없다."
- 이 공안의 대의는 이렇다. 망념이 없는 경지(無念)에서 항상 알아차리고 비추는 작용을 '항상 설한다.'고 하며, 망념을 떠난 경지(離念)에서 알아차리고 비추는 작용을 하나로 꿰는 것을 '자성이 듣는다.'[2]라고 한다.

---

1 『祖庭事苑』 권1(卍113, 24a11)을 참조한 내용.
2 자성이 듣는다(自性聞) : 『頓悟入道要門論』 권상(卍110, 842a6), "'소리가 있을 때에는 그에 따라서 들음도 있지만 소리가 없을 때에야 어찌 들을 수 있겠습니까?' '지금 듣는다고 말한 뜻은 소리가 있거나 없거나 무관하다. 어째서인가? 듣는 성품이 항상 있기 때문이니, 소리가 있을 때도 듣고 소리가 없을 때도 듣는다.' '이와 같이 듣는 자는 누구입니까?' '자성이 듣는다. 또한 아는 자가 듣는다고도 한다.'(問, '有聲時, 從有聞, 無聲

[燕坐] 祖庭云, "須菩提燕坐, 帝釋雨花節, 遍見諸經無此緣." 此話大義, 無念恒覺照, 名爲恒常[1]說 ; 離念通覺照, 名爲自性聞也.

1) ㉯ '常'이 병본에는 '當'으로 되어 있다.

설두 중현雪竇重顯의 시중[3]

이 공안을 제기하고 말했다. "시끄러운 곳을 피하고 고요한 장소를 구하려 해도 세간에 그러한 터는 없다. 그가 바위굴 속에서 고요히 좌선을 하고 있었기에 이 한 무리[4]에게 본의가 더럽혀졌던 것이다. 그는 게다가 범천을 꼼짝 못하도록 붙들지 못하고서 '허공에서 비처럼 무수히 꽃을 뿌리며 찬탄하는 이는 또한 누구입니까?'라고 물었으니, 이미 잘못을 다 드러내 보이고 말았다. '저는 존자께서 반야에 대하여 잘 설하신 것을 존중합니다.'[5]라고 했으니, 더러운 물을 재빠르게 뿌린 격이다. '나는 반야에 대하여 한 글자도 설한 적이 없습니다.'라고 하니, 수풀 속으로 달아나는 꼴이로구나! '존자께서 설하지 않았으니 나도 듣지 않았습니다.'라고 하니, 좋고 나쁨도 구분하지 못했다. 모두가 이런 종류의 대화처럼 한다면 어디에 오늘날만 한 결과가 있겠는가?"[6] 다시 대중에게 "나는 본래 더 이

時, 云何得聞?' 答, '今言聞者, 不論有聲無聲. 何以故? 爲聞性常故, 有聲時卽聞, 無聲時亦聞.' 問, '如是聞者是誰?' 答, '是自性聞, 亦名知者聞.')"

3 본칙의 각 구절에 대하여 착어著語를 다는 형식이다.
4 이 한 무리(這一隊漢) : 범천梵天을 비롯한 여러 천신들(諸天)을 말한다.
5 설두의 인용을 보면 본칙에 빠져 있는 부분이 있다. 대화의 상대도 제석이 아니라 범천이다. 곧『雪竇語錄』권2(大47, 680a7), "존자(수보리)가 물었다. '당신은 무엇을 찬탄합니까?' '저(범천)는 존자께서 반야바라밀다에 대하여 잘 설하신 것을 존중합니다.'(尊者云, '汝云何讚歎?' 天云, '我重尊者善說般若波羅蜜多.')"라는 내용이 중간에 삽입되어 있다.
6 그렇게 잘못된 견해를 지니고 있으면 앞으로도 지금만 못할 것이라는 뜻.『從容錄』53則(大48, 260b22), "황벽이 대중에게 일렀다. '너희들은 모두 술지게미나 먹는 놈들이다.【황벽의 문하겠지.】 이와 같이 수행해서는 앞으로도 지금만 못할 것이다.【현재가 옛날과 같지 못하니, 앞날은 당연히 현재만 같지 못하다.】(黃檗示衆云, '汝等諸人, 盡是噇酒糟漢.【黃蘗門下.】與麼行脚, 何處有今日?【今旣不如昔, 後當不如今.】)"

상 할 일이 없는 사람(無事人)인데, 그대들이 이곳에 와서 무엇을 찾겠단 말인가?"라고 말한 뒤 주장자로 한꺼번에 내쫓았다.

雪竇顯示衆, 擧此話云, "避喧求靜處, 世未有其方. 佗在嵒中宴坐, 也被這一隊漢塗糊. 伊更有者老把不住云, '空中雨花讚歎, 復是何人?' 早見敗闕了也. '我重尊者善說般若.' 惡水驀頭潑. '我於般若, 未曾說一字.' 草裏走! '尊者無說, 我乃無聞.' 識甚好惡? 摠似者般底, 何處有今日?" 復召大衆, "雪竇幸是無事人, 你來者裏, 覓箇什麼?" 以拄杖一時趂下.

> 설화

○ 시끄러운 곳을 피하고~그러한 터는 없다 : 바위굴 속에서 고요하게 빠진 좌선이 도리어 시끄럽게 되어 세간을 떠나지 못한다.
○ 그 이하의 구절들은 모두 (수보리와 범천의) 어떤 언행도 허용하지 않는 관점에서 내린 착어이다.
○ 나는 본래~한꺼번에 내쫓았다 : 명령이 떨어진 이상 반드시 그대로 시행해야만 한다.[7]

雪竇 : 避喧至其方者, 嵒中燕坐, 反[1)]是喧閙, 不離世間也. 下節云云, 皆不放過也. 雪竇幸是至一時趂下者, 旣有號令, 事須施行.

1) ㉑ '反'이 병본에는 '及'으로 되어 있다.

불인 요원佛印了元의 상당

원조圓照 장로가 절에 들어온 기념으로 법좌에 올라앉아 말했다. "궁륭

---
[7] 명령이란 앞서 어떤 언행도 허용하지 않고 모조리 부정하는 본분의 입장을 가리키며, 초지일관하게 대중을 내쫓음으로써 이것을 눈앞에서 시행했다는 말이다.

궁륭穹隆[8]이라 불리는 산에는 첩첩이 푸른빛 쌓여 있고, 나그네는 발걸음 멈추고 높이 솟은 그 위용 바라본다. 제석천이 꽃을 뿌리지 않았더라면, 어찌 공생空生[9]이 선정禪定에서 빠져나올 수 있었겠는가?" 마침내 이 공안을 제기하고 말했다. "이 노장님의 속뜻을 점검해 내더라도 20방 맞을 잘못이 남아 있다. 어떤 이유로 이와 같은가? 비록 도를 깨달아 얻은 명망이 태평한 시절에 우뚝 나타나더라도 쓸데없는 명성이 이 몸을 속박하지 않을 수 없기 때문이다."

佛印元, 因圓照長老入山, 上堂云, "山號穹隆翠萬堆, 遊人行止望崔嵬. 不因天帝將花散, 爭得空生出定來?" 遂擧此話云, "者老漢, 若點檢來, 也有二十棒分. 何故如此? 雖然道價標淸世, 不免閑名累此身."

설화

○ 산 : 원조 장로가 머무는 산을 말한다.
○ 궁륭穹隆이라 불리는 산에는~그 위용 바라본다 : 저 검푸르고 어두운 곳을 밝혔다는 뜻이다.
○ 제석천이 꽃을 뿌리지 않았더라면~선정禪定에서 빠져나올 수 있었겠는가 : 원조 장로가 본래의 자리(本位)[10]를 떠나 이곳으로 나타났다는 말

---

8 궁륭穹隆 : 궁륭穹窿으로도 쓴다. 중앙이 높고 주위가 차차 낮아지는 형상 또는 하늘의 형상을 표현하는 말.
9 공생空生 : 수보리([S]·[P] Subhūti)의 한역어. 선실善實·선업善業 등으로도 한역한다. 『首楞嚴義疏注經』 권1(大39, 828c21), "수보리는 공생이라 한역하고, 선길善吉·선현善現 등이라고도 한다. 태어날 때 집 안의 창고와 그릇이 모두 텅 비었기 때문이다. 점술가가 '이 아이는 반드시 선하고 길하게 되리라.'라고 하였다. 이 선하고 길한 특징이 그릇에 나타났기 때문에 이것을 따서 이름을 붙였다. 대중 가운데 공空의 이치를 가장 잘 깨달았다.(須菩提, 此云空生, 或云善吉善現等. 生時, 家中庫藏器皿皆空故. 相者謂言, '兒必善吉.' 此善吉相, 現於器故, 從是得名. 於大衆中, 解空第一.)"
10 본래의 자리(本位) : 본래 거처하는 산 또는 자신의 본분이라는 이중의 의미.

이다.
○ 이 노장님의 속뜻을~20방 맞을 잘못이 남아 있다 : 공생이 바위굴에서 행했던 좌선에 잘못이 없을 수 없다.
○ 비록 도를 깨달아 얻은 명망이~않을 수 없기 때문이다 : 바위굴에서 고요히 좌선하여 공의 이치를 가장 잘 깨쳤으니 이것이 도를 깨달아 얻은 명망이지만, 이것은 도리어 쓸데없는 명성에 불과하다는 뜻이다.

佛印 : 山則圓照長老所居山也. 山號穹隆至崔嵬者, 明那靑黯黯[1]處也. 不因天帝至出[2]定來者, 言圓照長老離却本位, 出來這邊也. 者老漢至二十棒者, 空生巖中, 不得無過也. 雖然道價云云者, 巖中燕坐, 解空第一, 是道價高[3]高, 反是閑名也.
1) 㘞 '黯'이 을본·병본에는 없다.   2) 㘞 '出' 다음에 을본에는 '出'이 있다.   3) 㘞 '高'가 을본에는 없다.

광령조廣靈祖의 상당

이 공안의 '나는 범천입니다.'라는 구절과 더불어 설두 중현 시중의 '이미 잘못을 다 드러내 보이고 말았다.'라는 구절까지 제기하고 말했다. "일리는 있지만 설두가 이렇게 한 이야기는 마치 번잡한 생각을 모두 틀어막고 감각기관의 작용을 고요하게 그친 것과 같다. 나라면 그렇게 하지 않았을 것이다. 만 길의 흰 구름도 감추지 못하니, 한 덩이 해의 광명이 그것을 뚫고 끝없이 넓은 세계를 골고루 비춘다."[11]【참!】

---

11 만 길의~골고루 비춘다 : 『圜悟語錄』 권2(大47, 721a6), "원오가 학인에게 말했다. '오래된 상점을 새로 열었다.' '아름다운 소리가 귓전에 맴도니 사람들이 모두 귀를 세우고 듣고, 치우침 없는 한 구절이 옛날부터 지금까지 이어지는군요.' '누구나 이 경계 안에 있다.' '만 길의 흰 구름도 감추지 못하니, 한 덩이 해의 광명이 그것을 뚫고 치우침 없이 비추는군요.'(師云, '舊店新開.' 進云, '好音在耳人皆聾, 一句無私亘古今.' 師云, '大家在這裏.' 進云, '萬丈白雲藏不得, 一輪光透照無私.')"

廣靈祖上堂, 擧此話, 〈至〉'我是梵天.' 又擧雪竇云, 〈至〉'敗闕了也.' 師云, "然而雪竇伊麽說話, 大似幷塞煩慮, 靜止浮根. 廣靈卽不然. 萬丈白雲藏不得, 一輪光透照無邊."【參!】

설화

○ 만 길의 흰 구름도 감추지 못하니~골고루 비춘다 : 끝없이 넓은 세계를 비추는 한 덩이 해의 광명을 알아야 한다.

廣靈 : 萬丈白雲藏不得云云者, 更須知有照無邊地一輪光.

조계명曹溪明의 상당

"수보리는 바위굴 속에서 고요히 좌선을 하였지만 아직 기관機關을 끊어 없애지 못했다.[12] 천제석이 허공에서 비처럼 무수히 꽃을 뿌린 그것은 무슨 경계일까? 만일 (수보리가) 말한 것도 없고 드러낸 것도 없다고 한다면 귀를 막고 방울을 훔치는 자기기만에 불과하며, 더구나 (제석천이) 얻은 것도 없고 들은 것도 없다고 한다면 끓는 물을 퍼냈다 다시 부었다가를 반복하며 물을 식히려 하는[13] 어리석음과 같다."

---

12 기관機關을 끊어 없애지 못했다 : 기관은 화두의 요소를 가리킨다. 그것을 끊어 없앴다는 말은 요소가 무엇인지 알고 타파하였다는 의미가 된다. 이 상당에서는 그 기관을 제석천이 꽃비를 뿌려서 나타낸 하나의 경계로 보고 있다. 『圜悟語錄』권20 「法一書記請讚」(大47, 807c21), "환영으로 드러난 성(化城)을 짓밟아 버리고 귀한 자리에도 머물지 않으며, 그 자리에서 제대로 기관을 끊어 없애고, 온갖 망상으로 뒤엉킨 수풀을 뚫고 나와 고개를 끄덕이며 알아차린다.(化城踏破實所非留, 當陽截斷機關, 透出百草顚頭.)"
13 끓는 물을~식히려 하는 : 양탕지비揚湯止沸는 한나라 때 매승枚乘의 「上書諫吳王」에서 연유한 말로, 미봉책을 써서 일시적으로 해결하기보다는 문제를 근본적으로 해결해야 한다는 뜻에서 든 비유이다.

曹溪明上堂云, "須菩提, 嵓間宴坐, 未斷機關. 天帝釋, 空外雨花, 是何境界? 若云無說無示, 掩耳偸鈴 ; 更謂無得無聞, 揚湯止沸."

설화

○ 천제석은 말할 것도 없고, 수보리 또한 하는 그대로 허용하지 않는다는 말이다.

曹溪 : 莫道天帝釋, 須菩提, 亦不放過也.

대혜 종고大慧宗杲의 상당[14]

이 공안에서 '(나는 설한 적이 없거늘) 어떻게 잘 설했다고 합니까?'라는 구절까지 제기하고 할을 한 번 내지르고 말했다. "당시에 만일 (수보리가 그 말 대신) 이 하나의 할을 내질렀더라면 범천의 입을 막을 수 있었을 뿐만 아니라 또한 2천 년 뒤인 오늘 나, 경산의 점검에서도 벗어날 수 있었을 것이다." 또 범천이 '존자께서 설하지 않았으니 나도 듣지 않았습니다. 설함도 없고 들음도 없는 이것이 바로 참으로 반야를 설하신 것입니다.'라고 한 대목을 제기하고 다시 할을 한 번 내지르고 "당시에 만일 (범천이 그 말 대신) 이 하나의 할을 내질렀더라면 수보리의 입을 막았

---

[14] 대혜 종고의 할喝은 수보리와 범천의 말과 분별을 모두 틀어막는 근본적인 화두와 같다. 설화에서 '위음왕불威音王佛 저편에 있는 경지'라 한 말이 그것이다. 어떤 조짐도 일어나기 이전, 반야를 설하는 자와 듣는 자라는 분별이 전혀 없는 경계, 최초의 부처님이 나타나기 이전을 지시하는 할이다. 『五燈全書』권102 「慧林光章」(卍141, 993b5), "법좌에 올라앉아 할을 한 번 내지르고 말했다. '위음왕불 저편이고 또다시 저편이니 지금에 이르도록 조금도 바뀌지 않았다. 얼굴이 분명하니 바로 그이다. 여러분에게 말해 주었으니 자세히 살펴보라. 대답해 보라! 살펴보는 그 사람은 누구인가?' 불자拂子로 허공에 원상(○)을 그리고 던지는 모양을 취하고 말했다. '고황(有巢氏) 이전으로 던져 버렸으니 내일 아침에 다시 헤아리자.'(上堂, 喝一喝曰, '威音那畔更那畔, 直至於今無改變. 面目分明只是渠. 說與諸人仔細看. 且道! 看底是阿誰?' 以拂畫○作拋勢云, '拋向古皇前, 來朝再打算.')"

을 뿐만 아니라 2천 년 뒤인 오늘 나, 경산의 점검에서도 벗어날 수 있었을 것이다. 생각해 보라! 나, 경산에게도 남들의 점검을 받을 여지가 있는가?"라고 한 다음 스스로 응답했다. "어떤 점이 다른 사람의 점검을 받을 부분일까? 쓸데없이 말을 많이 해서는 안 된다."

大慧杲上堂, 擧此話, 〈至〉'云何言善說.' 師喝一喝云, "當時若下得者一喝, 非但塞却梵天口, 亦乃二千年後, 免被徑山撿點." 又擧, '天曰,「尊者無說, 〈至〉眞說般若.」' 師又喝一喝云, "當時若下得者一喝, 非但塞却須菩提口, 亦乃二千年後, 免被徑山撿點. 且道! 徑山還有遭人撿點處也無?" 自云, "有甚麼處, 是遭人撿點處? 不合多口."

설화

○ 한 번 내지른 할 : 다만 위음왕불威音王佛 저편에 있는 경지를 말한다.
○ 경산 또한 남들의 점검을 받을 여지가 있다 : 대혜가 이렇게 한 말 또한 아직 할 일을 모두 마친 무사無事의 경지를 터득한 것이 아니라는 뜻이다.

大慧 : 喝一喝者, 直在威音那畔地也. 徑山亦是遭人檢點者, 伊麼道, 亦未得無事也.

70칙 사리불몽중舍利弗夢中

본칙 사리불이 수보리에게 물었다. "꿈속에서 육바라밀을 설했다면 깨어 있을 때와 같은가, 다른가?" 수보리가 대답했다. "이 이치는 아득히 깊어 나는 설명할 수 없다. 이 회중에 미륵보살이 있으니, 그에게 가서 물어보라." 사리불이 마침내 미륵에게 묻자 미륵이 대답했다. "누가 미륵이라 부르고, 미륵 자신은 누구인가?"

舍利弗, 問須菩提, "夢中說六波羅蜜, 與覺時同別?" 須菩提云, "此義幽深, 吾不能說. 此會有彌勒大士, 汝往彼問." 舍利弗, 遂問彌勒, 彌勒云, "誰爲彌勒, 誰是彌勒者?"

설화

- 『대품반야경』「몽행품夢行品」의 말씀이다.[1] "사리불이 수보리에게 '꿈속에서 육바라밀을 실행하면 아누보리를 성취하는 데 이익이 있겠습니까?'라고 묻자 수보리가 '깨어 있을 때 육바라밀을 실행하여 이익이 있었다면, 꿈속에서도 이익이 있습니다. 왜 그렇겠습니까? 사리불이여, 깨어 있는 상태와 꿈 사이에 어떤 차별도 없기 때문입니다.'라고 대답했다."

- 이와 같이 물은 뜻은 육바라밀에 대하여 물은 것이 아니라 다만 꿈과 깨어 있는 상태가 한가지(夢覺一如)[2]라는 이치를 드러내고자 한 것일 뿐

---

1 『大品般若經』권17「夢行品」(大8, 347a1)의 내용에 기초하나 완전히 일치하지는 않는다. 본 경에서는 꿈에서 삼삼매三三昧에 들면 바라밀에 어떤 이익이 있는지에 대하여 묻는다.
2 꿈과 깨어~상태가 한가지(夢覺一如) : 『宗鏡錄』권64(大48, 776c22), "그러므로 만법은 식일 뿐이고 꿈과 깨어 있을 때가 한가지임을 알아야 한다. 깨어 있을 때 본 장면은 명료한 의식이고, 꿈에서 본 장면은 꿈속의 의식이지만, 분별에 따르는 의식이 이미 동일한데 서로 차별되는 경계라고 하여 무슨 차이가 나겠는가? 어리석음과 깨달음도 이와

이다. '꿈을 꿀 때는 꿈속에서 조작하다가, 깨어 있을 때는 깨어 있는 그 경계도 전혀 없으니, 깨어 있을 때와 꿈을 돌이켜 생각해 보면, 전도된 이견二見³이라는 점에서 다르지 않다.'⁴

● 이 이치는 아득히 깊어~그에게 가서 물어보라 : 식識일 뿐이고 심心일 뿐이라는 몽환삼매夢幻三昧는 미륵이 증득한 법문이기에 미륵이 아니라면 알 수 있는 자가 없다. 그 때문에 미륵에게 미루었던 것인가? 만약 미루었다고 한다면 또한 어쩌겠다는 것이냐?

● 누가 미륵이라 부르고, 미륵 자신은 누구인가 : 부르는 주체(能)와 그 대상(所)이 모두 사라졌다는 뜻이다.

[夢中] 般若夢行品云, "舍利弗, 問須菩提言, '夢中行六波羅蜜, 有益於阿耨菩提不?' 須菩提言, '覺時行六波羅蜜,¹⁾ 旣有益, 夢中亦有益. 何以故? 舍利弗, 覺與夢無差別故.'" 伊麼問義, 非問六波羅蜜, 只要弄現夢覺一如之義也. '夢時夢中造作, 覺時覺境都無. 返思覺時與夢, 顚倒二見不殊.' 此義幽深云云者, 唯識唯心, 夢幻三昧, 是彌勒所證法門, 非彌勒無有能知之者. 故推過彌勒耶? 若道推過, 又爭得? 誰爲彌勒, 誰是彌勒者, 能所俱亡也.

1) ㉝ '蜜'이 병본에는 '密'로 되어 있다. 이하 동일.

같으니 어찌 의심스러운 생각을 품으랴? 이처럼 혼몽한 상태와 깨어 있는 상태의 실상을 통달할 수 있다. (故知萬法唯識, 夢覺一如. 夢中所見, 卽明了意識 ; 夢中所見, 卽夢中意識, 分別之意旣同, 差別之境何異? 迷悟若此, 曷疑慮焉? 昏覺如斯, 可洞達矣.)" ; 『臨濟錄』(大47, 500a19), "삼계는 오직 마음일 뿐이고 만법은 오직 식識일 뿐인 까닭에 꿈이나 허깨비(夢幻) 또는 허공에 번쩍이는 헛꽃과 같거늘 어찌 붙잡으려 애쓰는가?(三界唯心, 萬法唯識, 所以夢幻空花, 何勞把捉?)"

3 이견二見 : 꿈과 생시를 두 가지로 보는 견해.
4 양나라 보지 화상寶誌和尙의 말. 『景德傳燈錄』 권29「誌公和尙大乘讚十首」(大51, 449b13).

설두 중현雪竇重顯의 염

"바로 그때 (미륵의 말을) 그대로 허용하지 않고 뒤따라가서 '미륵이라 이름을 붙인 사람은 누구이고, 미륵 자신은 누구인가?'라고 한번 찔러 보았다면 (미륵은) 봄날 살얼음이 녹고 굽지 않은 기와가 허물어지는 꼴이 되었을 것이다."

雪竇顯拈, "當時, 若不放過, 隨後與一箚, '誰名彌勒, 誰是彌勒者?' 便見氷消瓦解."

설화

○ '미륵이라 이름을 붙인 사람은 누구이고, 미륵 자신은 누구인가?'라는 말 또한 그대로 허용하지 않는다는 뜻이다.

雪竇 : 誰名彌勒, 誰是彌勒, 亦不放過也.

운봉 문열雲峯文悅의 거

이 공안에서 '같은가, 다른가?'라는 구절까지 제기하고 할을 내지른 뒤 말했다. "그때 만약 이러한 할을 내질렀다면 근본에서 세 단계 네 단계 아래로 떨어지는 신세[5]를 벗어났을 것이다." 수보리가 '이 이치는 아득히 깊어 나는 설명할 수 없다.~그에게 가서 물어보라.'라고 한 말을 제기하고, "예상했던 대로 사리불은 마침내 머리를 돌려 미륵에게 물었다."라고 말했으며, 미륵이 '미륵이라 이름을 붙인 사람은 누구이고, 미륵 자신은

---

[5] 근본에서 세~떨어지는 신세(落三落四) : 삼과 사에 특별한 지시 사항이 있는 것은 아니고 근본에서 점점 멀어진다는 뜻을 강조한 것이다. 낙이낙삼落二落三이라고도 한다. 방편의 말에 말을 덧붙여 본질이 모호하게 된다는 말이다. 제일의제第一義諦에서 멀어져 그 이하로 떨어져 버린다는 낙재제이두제삼두落在第二頭第三頭라는 등의 말과도 통한다.

누구인가?'라고 한 말을 제기하고는, "어디로 갔는가?"[6]라고 말했다.

雲峯悅擧此話, 〈至〉是同是別, 師遂喝云, "當時若下得這一喝, 免見落三落四." 須菩提云, '此義幽深, 〈至〉汝往問之.' 師云, "果然, 舍利弗, 遂首[1] 問彌勒." 彌勒云, '誰名彌勒, 誰是彌勒者?' 師云, "什麼處去也?"

1) ㉠ '首' 앞에 『雲峰語錄』에는 '迴'가 있다.

[설화]

○ 할을 내지른 뒤 : 한 번 내지르는 할을 말한다.
○ 예상했던 대로 : 예상했던 대로 근본에서 세 단계 네 단계 아래로 떨어졌다.
○ 어디로 갔는가 : 어디에서 더듬어 찾겠느냐?

雲峯 : 遂喝者, 一喝也. 果然者, 果然落三落四也. 什麼處去也者, 向什麼處摸捸?

원오 극근圜悟克勤의 염 1

"자세히 알겠는가? 한 구절로 기틀에 딱 들어맞으면 모든 마음의 작용이 정지된다.[7] 다시 게송 한 수를 들어 보라. '꿈에서 설한 법은 깨어나도

---

6 달아날 곳이 없고 이 자리를 떠나 별도로 모색할 곳도 없다는 말. 그 의문에서 떠나서는 안 된다는 말이다. 이 공안에 대한 희수 소담希叟紹曇의 송에서 담장을 넘어가는 나비에 그 뜻을 담았다. 『希叟紹曇語錄』 권1(卍122, 175a18), "바람 불기 전엔 꽃에 덮여 잎이 보이지 않더니, 비가 온 다음엔 잎에 가려 꽃 찾기 어렵네. 나풀나풀 담장 넘어가는 나비야! 봄빛이 다름 아닌 이웃집에 있기라도 하단 말이냐?(風前不見花中葉, 雨後難尋葉底花. 蜂蝶紛紛過墻去! 只疑春色在隣家?)"
7 단 한마디 말에 의해 갖가지 지견을 끊고 일체의 마음 작용이 정지된 상태에서 비사량非思量의 경지에 이른 것. 경청鏡清과 풍혈風穴의 문답 가운데 풍혈이 답한 말(一句截流, 萬機寢削.)과 유사하다. 침寢은 식멸息滅의 뜻. 『碧巖錄』 38則「本則 評唱」(大48,

다르지 않으니, 묘한 작용과 신통 그에게서 벗어나지 않네. 누가 그이고 누가 이름 붙였건 모두 미륵이니, 상서로운 빛 일어나는 그곳에 마음 구슬[8] 나타나리라.'"

圜悟勤拈云, "還委悉麼? 一句當機, 萬緣寢削. 更聽一頌, '夢中說法覺無殊, 妙用神通不出渠. 誰是誰名總彌勒, 祥光起處現心珠.'"

【설화】

○ 한 구절로 기틀에 딱 들어맞으면 모든 마음의 작용이 정지된다 : 꿈과 깨어 있을 때가 한가지이고, 주체와 대상이 다르지 않다는 뜻이다.
○ 꿈에서 설한 법은~그에게서 벗어나지 않네 : 신통과 묘한 작용은 본래부터 갖추어져 있다. 그다음에 "상서로운 빛 일어나는 그곳에 마음 구슬 나타나리라."라고 한 말도 이러한 뜻이다.

圓悟 : 一句至寢削者, 夢覺一如, 能所無二意也. 夢中說法, 至不出渠者, 神通妙用本自具足. 下祥光起處云云, 卽此意也.

176a20) 참조.

8 마음 구슬(心珠) : 본래의 심성을 비유한다. 60권본 『華嚴經』 권59(大9, 777b17)에 언급된, 모든 번뇌를 소멸시키는 보리심주菩提心珠가 그 맥락이다. 곧 "비유하자면 수주水珠를 흐린 물에 넣어 두면 물이 맑아지는 현상과 같다. 보리심주 또한 이와 같아서 모든 번뇌의 때와 혼탁을 제거하여 없앤다.(譬如水珠, 置濁水中, 水卽澄淸. 菩提心珠, 亦復如是, 除滅一切煩惱垢濁.)"; 『景德傳燈錄』 권3 「僧那禪師傳」(大51, 221b4), "유와 무와 무의 처소 그 어디에도 떨어지지 않는다면 마음 구슬만이 밝디밝게 빛나 항상 세간을 비추되 티끌 하나 정도의 간격도 없고 한 찰나 사이에도 끊어졌다 이어졌다 하는 상이 없을 것이다.(旣不墮有無處所, 則心珠獨朗, 常照世間, 而無一塵許間隔, 未嘗有一利那頃斷續之相.)"

원오 극근의 염 2

다시 이 공안에서 '같은가, 다른가?'라는 구절을 제기하고는 "목소리 낮추어라, 목소리 낮추어라!"[9]라고 착어했고, 또 '나는 설명할 수 없다.'라는 구절을 제기하고는 "물렁한 진흙 속에 가시가 숨어 있다."[10]라고 착어했으며, '그에게 가서 물어보라.'라고 한 구절을 제기하고는 "다른 사람에게 답변을 미루면 또한 어쩌겠다는 것이냐?"라고 착어했고, '사리불이 마침내 미륵에게 물었다.'라는 구절을 제기하고는 "착각을 가지고 착각을 대응했다."[11]라고 착어했으며, '미륵 자신은 누구인가?'라는 구절을 제기하고는 "낯가죽이 세 치 두께는 되는구나."라고 착어했다.

又擧此話,〈至〉'是同是別', 師云, "低聲, 低聲!" 又〈至〉'吾不能說', 師云, "爛泥裏有刺."〈至〉'汝往彼問', 師云, "推過別人, 又爭得?"〈至〉'舍利弗遂問彌勒', 師云, "將錯就錯."〈至〉'誰是彌勒者', 師云, "面皮厚三寸."

---

9 단정하여 함부로 말해서는 안 된다는 뜻. 『景德傳燈錄』권13 「首山省念傳」(大51, 304b11), "모든 부처님은 하나같이 이 경전으로부터 배출되었다고 하는데, 이 경전은 어떤 것입니까?' '목소리 낮추어라, 목소리 낮추어라!' '어떻게 이 경전을 받아서 지닙니까?' '결코 오염되어서는 안 된다.'(問, '一切諸佛, 皆從此經出, 如何是此經?' 師曰, '低聲, 低聲!' 僧曰, '如何受持?' 師曰, '切不得污染.')"

10 난니리유자爛泥裏有刺 : 말 그대로 받아들이면 역으로 그 말에 의해서 상처를 입는다는 말. 부정으로 말해도 긍정이 숨어 있고, 긍정하는 말 속에 부정을 감추고 있는 방식으로 구사되는 선어禪語가 그와 같다. '나는 설명하지 못하겠다.'라는 말에 대하여 설명하기 어렵다거나 쉽다거나 하는 어떤 틀을 가지고 수용해도 가시에 찔리게 된다. 원오가 즐겨 쓰는 착어 중 하나이다. 『拈八方珠玉集』권하(卍119, 285a14), "불과(원오)의 염이다. '많은 수로 적은 수를 제압하고, 강자의 지위로 약자를 업신기는 수법이다. 이치로서는 이해하기 어렵지 않지만 반드시 물렁한 진흙 속에 숨어 있는 가시를 방비해야 한다.'(佛果拈云, '以多制寡, 以強凌弱. 於理不難, 也須防爛泥有刺始得.')"

11 장착취착將錯就錯 : 사리불은 '설명하지 못하겠다.'라고 한 수보리의 말이 하나의 전략적 착각임을 간파하고도 그 속을 감추고 미륵에게 물었다. 이 두 번째 질문이 또 하나의 고의적인 사리불의 착각이므로 '착각에 착각을 덧붙이고, 하나의 착각을 듣고 또 다른 착각으로 대응했다.'라고 한다.

> 설화

○ 목소리 낮추어라, 목소리 낮추어라 : 벽에 붙어 엿듣는 쥐의 귀가 있는 격이니,[12] 옆에서 지켜보던 자가 추하다고 생각하지 않을 수 없다.[13]
○ 물렁한 진흙 속에 가시가 숨어 있다 : 틀림없이 남들을 의심하도록 만든다는 말이다.
○ 다른 사람에게 답변을 미루면 또한 어쩌겠다는 것이냐 : 이렇게 (답변할) 주체를 없앤 경계가 바로 제대로 답변한 말이었다는 뜻이다.
○ 착각을 가지고 착각을 대응했다 : 먼저 수보리에게 던진 질문이 착각이고, 뒤에 미륵에게 던진 질문이 또 하나의 착각이다.
○ 낯가죽이 세 치 두께는 되는구나 : 주체도 없고 대상도 없는 도리가 그 자리에서 이미 드러났기 때문이다.

又擧, 低聲低聲者, 壁上有鼠耳, 未免傍觀者醜. 爛泥裏有刺者, 不妨敎人疑着也. 推過別人又爭得者, 伊麽無能處, 正是道得也. 將錯就錯者, 前問須菩提是錯, 後問彌勒又錯也. 面皮厚三寸者, 無能無所, 立處已露故也.

---

12 벽이 가로막아 남들이 못 듣는 것 같지만 말이 나온 이상 비밀은 새어 나간다는 뜻이다. 또는 어떤 말이건 듣고서 오해하는 사람이 있기 때문에 함부로 말할 수 없다는 뜻이기도 하다. 『景德傳燈錄』권20 「金峯從志傳」(大51, 364b8), "'달마 대사가 서쪽에서 온 뜻은 어떤 것입니까?' '벽 구석에 엿듣는 쥐의 귀가 있다.'(問, '如何是西來意?' 師曰, '壁邊有鼠耳.')"
13 무슨 말을 하건 허물이 남아 있거나 완전하지 못하여 비판의 여지를 남긴다는 뜻이다.

71칙 사리불월상 舍利弗月上

본칙 사리불이 어느 날 성으로 들어가다가 월상녀月上女가 성에서 나오는 모습을 보고 말했다. "어디에 갑니까?" "사리불처럼 이렇게 갑니다." "나는 막 성으로 들어가고 있고 당신은 막 성에서 나오고 있는데, 어찌하여 사리불처럼 이렇게 간다고 말합니까?" "모든 불제자는 장차 어디에 머무릅니까?" "모든 불제자는 대열반에 머무르게 됩니다." "모든 불제자가 열반에 머무르는 바로 그 까닭에 저도 사리불처럼 이렇게 가는 것입니다."

舍利弗, 一日入城, 見月上女出城, 舍利弗云, "什麼處去?" 女云, "如舍利弗伊麼去." 弗云, "我方入城, 汝方出城, 何言如舍利弗伊麼去?" 女云, "諸佛弟子, 當住何處?" 弗云, "諸佛弟子, 當住大涅槃." 女云, "諸佛弟子, 旣住涅槃, 所以我如舍利弗伊麼去."

설화

● 『월상녀경』의 말씀이다.[1] '월상녀는 태어나면서부터 홀연히 여덟 살과 같은 몸을 지니게 되었다. 허공을 디디고 거닐며 가볍게 이리저리 오가다가 잠깐 사이에 비야리성을 나와 석가모니불의 처소로 떠나고자 했다. 이에 8만 4천의 대중이 그 뒤를 따라 차례대로 줄지어 걸었다. 그때 사리불은 500비구와 함께 새벽에 걸식하기 위해 비야리성을 향해 떠나려던 참이었다. 때마침 저들 성문聲聞의 무리들이 월상녀를 만나 문답을 나누었다.'

● 이 공안의 대의는 다음과 같다. 월상녀는 대보살로서 대열반에 머물고

---

[1] 『月上女經』 권상(大14, 616b5·619a12·619a28)의 내용을 소재로 재구성하였다.

있었기 때문에 나가거나 들어오거나 가거나 오는 등 모든 움직임에 대한 분별이 사라진 경지였지만,[2] 사리불은 성문이어서 나가거나 들어오거나 저것이나 이것에 대한 분별을 아직 버리지 못했기 때문이라는 뜻일까? 이 점을 끌어와 공안으로 삼은 까닭은 월상녀와 사리불 각자가 견해를 가지고 있었기 때문이니,[3] 월상녀는 나가거나 들어옴에 대한 분별이 없었다는 것이고 사리불은 나가거나 들어옴에 대한 분별을 뚜렷이 구분하였다는 것이다.[4]

- 그 몸에 입고 있던 아름다운 보배 장식의 의상에서 나오는 미묘한 광명이 달빛보다 밝았기 때문에 '월상'이라는 이름을 붙였다.[5] 유마거사와 같은 역할의 여자이다.
- 사리불은 추자鶖子라고 한역한다. 그 어머니의 눈이 새[6]의 눈과 같았기 때문에 그에 따라 이름을 지은 것이다.[7]

[月上] 月上女經云, '月上女初生, 忽然身如八歲. 足步虛空, 經行往來, 須

---

2 이하 '장산 법천의 송' 설화에도 나온다. 월상녀가 나가거나 들어옴에 대한 분별을 잊은 점(月上女出入斯忘地)은 긍정하면서도 그것이 궁극의 경지는 아니라고 본다(未爲究竟).
3 이하 '지해 지칭의 상당'과 설화에 단적으로 나온다. 이처럼 사리불과 월상녀를 우열의 관계로 보지 않는 관점은 설화 곳곳에 드러나 있다. '사리불만 돌아갈 길을 잃은 것이 아니고 월상녀도 한 조각의 말뚝만 얻었을 뿐이다', '사리불과 월상녀에게는 각자 속박에서 벗어날 길이 있었다', '뛰어나다면 둘 모두 뛰어나고 열등하다면 둘 모두 열등하다'라는 설화의 평석들이 그러하다.
4 이하 '청량화의 염' 설화에서 다시 언급된다. 그곳에서는 굳이 월상녀와 사리불을 지칭하며 갈라 보지 않고 나감(出)과 들어옴(入)의 차이성이 있음에도 두 경우 모두 '간다(去)'는 점에서는 동일함에 초점을 맞추고 있다.
5 『月上女經』 권상(大14, 616b1). 이 해설에 따르면, 월상月上의 '上'은 달 이상으로 밝다는 뜻이 된다.
6 새(鳥) : 사리불舍利弗([S] Śāriputra)의 사리는 [S] śāri의 음사어이고 한역하면 '조鳥'가 된다. 이는 사리불 어머니의 이름이기도 하다. '불弗'은 [S] putra의 음사인 불다弗多 중 '다多'가 탈락된 형태로서 한역하면 아들을 뜻하는 '자子'이다. 곧 말 그대로 사리의 아들이라는 의미이다.
7 『一切經音義』 권26(大54, 478b23), 『飜譯名義集』 권1(大54, 1063b2) 등 참조.

輿卽出毘耶離城, 欲向釋迦佛所. 與八萬四千人俱, 隨後次第而行. 爾時, 舍利弗, 與五百比丘, 於晨朝爲乞食故, 向毘耶離城. 時彼聲聞徒衆, 逢見月上女問答也.' 此話大義, 月上女, 是大菩薩, 住於大涅槃故, 出入去來斯亡 ; 舍利弗, 是聲聞人, 出入彼此未忘故耶? 引以爲話者, 各有主張處, 月上女出入斯亡, 舍利弗出入完然也. 其身所着, 妙寶衣裳, 出妙光明, 勝於月照, 故名月上也. 維麼[1)]女子也. 舍利弗, 此云鶖子. 以母眼如鳥眼故, 因以名之.

1) ㉠ '麼'가 을본 · 병본에는 '摩'로 되어 있다. ㉡ '摩'로 바로잡아 번역하였다.

장산 법천蔣山法泉의 송 蔣山泉頌

엷은 연기 싸였다 짙은 안개 뒤덮였다 하니	淡籠煙深鎖霧
사리불이 어떻게 이 길 알 수 있겠는가	鶖子寧知此條路
설령 열반의 문에 당장 들어가려 해도	直饒撞入涅槃門
그를 따라 이렇게 가지 않을 수 없으리	未免隨他伊麼去
월상녀여, 더욱 애처롭다	月上女更堪悲
검푸른 눈썹먹으로 속눈썹 그리기 즐기네	愛將靑黛畫蛾眉

설화

○ 엷은 연기 싸였다 짙은 안개 뒤덮였다 하니 : 최상의 대열반이 원만하게 밝아 항상 고요히 비추니, 비추면서도 항상 고요하고 고요하면서도 항상 비춘다. 이것을 '엷은 연기 싸였다 짙은 안개 뒤덮였다 한다.'라고 형상화한 것이다.

○ 사리불이 어떻게 이 길 알 수 있겠는가 : 그가 알 수 없는 경계이다.

○ 설령 열반의 문에~이렇게 가지 않을 수 없으리 : 열반의 문은 월상녀가 나가거나 들어오는 움직임에 대한 분별을 잊어버린 경지이니, 설령 이렇게 깨달았다 하더라도 아직 궁극의 경지라 할 수 없다는 뜻이다.

'그'란 월상녀이니, 사리불이 그를 따라가지 않을 수 없다는 말이다.[8]
○ 월상녀여~속눈썹 그리기 즐기네 : 월상녀가 그렇게 한 말이 도리어 다시 문양과 색채[9]를 만들어 내고 말았다는 뜻이다. 그러므로 사리불만 돌아갈 길을 잃은 것이 아니고 월상녀도 한 조각의 말뚝만 얻었을 뿐 말뚝 전체의 나머지 조각은 여전히 모른다는 뜻이다.

蔣山 : 淡籠烟深銷霧者, 無上大涅槃, 圓明常寂照, 照而常寂, 寂而常照. 是霧淡籠烟深鎖[1)]也. 鷟子寧知此條路者, 不知處也. 直饒撞入至伊麽去者, 涅槃門, 則月上女出入斯忘地, 直饒伊麽悟去, 未爲究竟也. 他則月上女, 鷟子未免隨他也. 月上女更堪悲云云者, 月上女伊麽道, 反是新成文彩也. 然則非但舍利弗迷[2)]失四[3)]向, 月上女只得一橛, 亦未知有也.

1) ㉠ '霧淡籠烟深鎖'는 '淡籠烟深鎖霧'의 오기인 듯하다. 2) ㉯ '迷'가 병본에는 없다. 3) ㉯ '四'가 병본에는 '回'로 되어 있다. ㉠ '回'가 적절하다.

원오 극근圜悟克勤의 송 圓悟勤頌

본래의 청정한 본체가 근원까지 꿰뚫고	本來淨[1)]體徹根源
같은 길로 나고 드니 이 문일 뿐이라네	出入同途秖此門
이미 여래의 대해탈에 머물고 있으니	已住如來大解脫
손바닥의 지극한 보배 하늘땅 비추네	掌中至寶耀乾坤

---

8 본칙에서 월상녀가 '사리불처럼 이렇게 간다.(如舍利弗伊麽去.)'라고 하였는데, 장산 법천은 이와 반대로 '사리불이 월상녀를 따라 이렇게 가지 않을 수 없다.'라고 하였다. 이 공안을 지탱하는 두 기둥은 바로 들고 남(入·出)이다. 이로부터 그 차이에 대한 분별을 잊었는가 잊지 못했는가(忘·未忘), 한 사람은 대보살이고 한 사람은 성문이라는 점, 지혜와 어리석음, 부인과 장부 등의 차별을 계속해서 나누어 제기하면서도 나가거나 들어오거나 '간다(去)'는 점에서, 그리고 모든 불제자는 대열반에 '머무른다(住)'는 점에서 차별이 없음을 보인다. 그렇기 때문에 성에서 나오던 월상녀가 성에 들어가던 사리불에게 '사리불처럼 이렇게 간다.'고 한 말도 맞고, '사리불도 월상녀를 따라 이렇게 가지 않을 수 없다.'는 말도 성립한다.
9 문양과 색채(文彩) : 자취, 흔적의 뜻. 집착의 단서를 만들고 말았다는 말이다.

1) ㉢ '淨'이 『頌古聯珠通集』 권3(卍115, 30a11), 『禪林類聚』 권9(卍117, 115a10) 등에는 '正'으로 되어 있다.

심문 담분心聞曇賁의 송 心聞賁頌
날리는 꽃잎 마음에 남았으나 봄빛은 스러지고[10]	飛紅着意減春光
꽃놀이하던 시절 돌아보니 아득한 지난날이라	花事迴頭在杳茫
우습다, 굽어 도는 난간 언저리에서 춤추는 나비여	可笑曲欄邊舞蝶
여태 바람 따라 움직이는 꼴 종잡을 수 없네	尙隨風轉似顚狂

【설화】

○ 앞의 두 구절 : 월상녀의 대열반은 더듬어 찾을 수 없다는 말이다.
○ 뒤의 두 구절 : 사리불이 밖에서 구하며 찾았던 것을 묘사한다.

心聞 : 上二句, 月上女大涅槃, 摸揉不着也. 下二句, 舍利弗向外求覓也.

위산 모철潙山慕喆의 염
"한 사람은 성으로 들어가고 한 사람은 성에서 나오거늘 어찌 '사리불처럼 이렇게 간다.'고 말하는가? 누군가 사리불과 월상녀 두 사람이 가는 곳을 안다면, 그는 하루 모든 시각의 어떤 행위 반경에서나 부처님의 대열반에 머물지 않을 때가 없으리라. 하지만 아직 모른다면 업식業識이 아득하게 퍼져 의지할 수 있는 근본이 없을 것이다."

---

10 두보杜甫의 〈曲江二首〉 중 첫째 수에 "한 잎 꽃 날려도 봄빛 스러져 가건만, 바람에 수없이 흩날리니 참으로 시름겹구나.(一片花飛減卻春, 風飄萬點正愁人.)"라는 구절이 있다. '감춘광減春光'은 봄 풍경이 점차 다한다는 뜻이다. 송나라 때 진관秦觀의 〈千秋歲〉에 "봄날이 가는구나, 붉은 꽃잎들 수없이 날리니 바다처럼 깊은 시름.(春去也, 飛紅萬點愁如海.)"이라는 구절도 있다.

潙山喆拈, "一人入城, 一人出城, 何言如舍利弗伊麼去? 若人知得, 舍利弗月上女, 二人去處, 十二時中, 動轉施爲, 無非住諸佛大涅槃. 若也未知, 業識茫茫, 無本可據."

설화

○ 사리불과 월상녀에게는 각자 속박에서 벗어날 길이 있었다.

潙山 : 則舍利弗月上女, 各有出身之路.

청량화清凉和의 염

이 공안의 핵심을 집어내어 "한 사람은 나오고 한 사람은 들어가거늘 어떻게 함께 간다(同去)고 하는가? 알겠는가?"라고 한 뒤 주장자를 잡아 세우고서 말했다. "사리불과 월상녀가 모두 산승의 주장자 끝에 붙어 있다. 만일 안다면 가는 길에 어긋남이 없겠지만, 그렇지 못하다면 나가거나 들어오거나 그대로 맡겨 두리라."

清凉和拈, "一出一入, 何云同去? 會麼?" 拈起拄杖云, "舍利弗月上女, 盡在山僧拄杖頭上. 若也會得, 去路無差 ; 其或未然, 一任出入."

설화

○ 한 사람은 나오고 한 사람은 들어가거늘 : 들어갈 때는 나가거나 들어가는 움직임이 바로 사라지고, 나갈 때는 나가거나 들어가는 움직임이 뚜렷이 드러난다.[11] 또한 자세히 설명해야 할 여지도 없으니, 이는 최

---

11 함께 사라지고, 뚜렷이 드러나는 두 측면은 동일한 진실의 다른 특징이다. 사리불과 월상녀를 둘이면서 둘이 아닌 도리로 보는 관점의 해설이다. 『心賦注』 권2(卍111, 83a11), "만약 서로 빼앗아 양자가 사라지면 마음과 경계가 함께 소멸하고, 서로 도와

상의 관려자關捩子를 집어내었기 때문이다.¹²

淸凉:一出一入者, 入則出入斯亡, 出則出入完然也. 又無消釋分, 此則拈起上頭關捩子也.

지해 지청智海智淸의 상당

법좌에 올라앉아 "도는 홀로 움직이지 못하니 넓히고자 하면 사람에게 달려 있고, 법은 함부로 시행되지 않으니 전하고자 하면 적합한 근기를 따른다. 코끼리의 빠른 걸음은 진실로 여우와 오소리가 쫓아오지 못하고, 사자의 내달리는 걸음을 낙타와 나귀가 어떻게 따라오겠는가?"라고 말한 뒤, 이 공안을 제기하고 말했다. "여러분, 선기旋機¹³를 손에 쥐고 천지의 운행을 관찰하면 음양의 움직임이 온전히 드러나고, 궁극의 도리(會要)에 근거하여 장래의 일을 예측하면 우주 전체의 실정이 남김없이 제기된다.¹⁴ 그런 까닭에 사리불은 본래 큰 지혜를 성취하였지만 도리어 어리석은 무리가 되었고, 월상녀는 비록 부인에 불과하지만 완연히 장부의 기개를 지니고 있었던 것이다.¹⁵ 말해 보라! 승부는 궁극적으로 누구의 능력

아울러 서면 마음과 경계가 뚜렷이 드러난다. 또한 둘이면서 둘이 아니기도 하니 마음과 경계가 한 덩어리로 합하고, 둘이 아니면서 둘이기도 하니 마음과 경계가 분명히 갈라진다.(若互奪兩亡, 心境俱泯 ; 若相資竝立, 心境宛然. 又二而不二, 心境冥一 ; 不二而二, 心境歷然.)

12 관려자는 관문에 걸린 빗장이다. 곧 닫힌 문을 여는 요소, 곧 문제를 해결하는 핵심이 어디인지 다 드러났기 때문에 그 이상으로 붙이는 설명은 불필요한 잉여물에 불과하다는 취지이다.
13 선기旋機 : 선기旋璣·선기璿璣·선기琁璣 등과 같은 말. 옛날에 천문의 운행을 관측하던 기구. 진실을 포착하는 근본적인 수단을 비유한다.
14 선기旋機를 손에~남김없이 제기된다 : 왕필王弼의 『周易略例』「明象」에 나오는 다음 구절에 따라 변용한 말이다. "處璿璣以觀大運, 則天地之動未足怪也 ; 據會要以觀方來, 則六合輻輳未足多也."
15 사리불은 본래~있었던 것이다 : 사리불과 월상녀를 이처럼 대칭시켜 우열이 가려지는 듯이 제시한 틀이 지해 지청의 관문이다. 이 말에 따라 양분한다면 그가 설정한 함정

에 달렸을까? 여러분이 자유롭게 점검해 보기 바란다." 선상을 치고서 법좌에서 내려왔다.

> 智海淸上堂云, "道不孤運, 弘之在人 ; 法不虛行, 授之由器. 良以象王步驟, 固非狐狢能堪 ; 師子奔馳, 豈是駝驢可及?" 遂擧此話云, "諸仁者, 握旋機而觀大運, 則二儀之動全彰 ; 據會要以視方來, 則六合之情備擧. 所以, 舍利弗, 從來大智, 翻成迷昧之流 ; 月上女, 雖是婦人, 宛有丈夫之志. 且道! 勝負畢竟在誰分上? 一任諸人檢點." 擊禪牀, 下座.

설화

○ 코끼리의 빠른 걸음은 사리불을 가리키고, 사자의 내달리는 걸음은 월상녀를 가리키니, 각자의 견해를 가지고 있었다는 뜻이다.
○ 선기旋機를 손에 쥐고~음양의 움직임이 온전히 드러나고 : 월상녀가 자리 잡은 근거.
○ 궁극의 도리(會要)에 근거하여~우주 전체의 실정이 남김없이 제기된다 : 사리불이 자리 잡은 근거.
○ 사리불은 본래 큰 지혜를 성취하였지만~장부의 기개를 지니고 있었던 것이다 : 둘 사이에 우열이 없다.
○ 말해 보라~점검해 보기 바란다 : 뛰어나다면 둘 모두 뛰어나고, 열등하다면 둘 모두 열등하다.[16]

에 빠지게 된다. 바로 뒤에 '승부'를 의문으로 제기한 것은 설상가상의 형국으로 유도하는 방식이다.
16 하나의 공안에 대칭으로 드러난 두 인물이나 두 가지 상황 사이의 평등을 나타낸다. 어느 한편이 낫고 다른 편이 못하다는 설정으로 시작하지만 근본적으로 평등하여 둘 모두 낫거나 둘 모두 못하다고 유도하여 갖가지 종류의 차등에 입각한 분별의 길이 차단된다. 화두의 핵심을 꿰는 주요한 안목이다. 본서 810칙 '운문 종고의 상당'에도 보이며, 설화에서 해설의 관점으로 자주 활용하는 문구이다.

智海：象王步驟者, 指舍利弗也 ; 師子奔馳者, 指月上女, 各有主張處也. 握璇¹⁾機至全彰²⁾者, 言月上女立處也. 據會要至備擧者, 言舍利弗立處也. 舍利弗從來大智至丈夫之志者, 是無優劣也. 且道勝負畢竟云云者, 勝則摠勝, 劣則摠劣也.

1) ㉮ '璇'이 위의 상당에는 '旋'으로 되어 있다.   2) ㉮ '彰'이 병본에는 '暢'으로 되어 있다.

원오 극근圜悟克勤의 염

"머물러도 머무른 흔적이 없고, 가도 지나간 자취가 없으며, 보아도 눈길을 준 대상이 없고, 써먹어도 써먹은 결과가 없다. 저마다 가장 가까운 주변이 허공처럼 드넓게 트여 열 개의 태양이 동시에 비추며 닿는 곳마다 그 빛이 번득이는 것과 같다. 진실로 이렇게 안다면 월상녀와 생멸이 없는 이치(無生)를 동등하게 증득하여 더 이상 그 이하의 단계로 떨어지지 않고(不退轉),[17] 오가는 어느 곳에서나 대해탈의 경지에서 삼세 모든 부처님의 콧구멍을 한꺼번에 꿰지 못할 일이 없으리니, '사리불과 같이 이렇게 간다.'라고 말할 여지가 어디에 있겠는가?"

圜悟勤拈, "住無所住, 行無所行 ; 見無所見, 用無所用. 各人脚跟下, 廓同大虛, 如十日竝照, 觸處光輝. 苟知伊麽, 卽與月上女, 同證無生, 得不退轉, 隨去來處, 無不皆在大解脫中, 三世諸佛鼻孔, 一時穿却, 說什麽如舍利弗伊麽去?"

17 생멸이 없는~떨어지지 않고(不退轉) : 성취한 일정한 지위에서 그 하위 단계로 떨어지지 않는다는 뜻. 『法華經』 권4(大9, 35a7), "갠지스강의 모래알처럼 무수한 중생이 최상의 도를 깨달으려는 마음을 일으켜 무생의 법인法忍을 성취하고 불퇴전의 경지에 이르렀다.(恒河沙衆生, 發無上道心, 得無生忍, 至不退轉.)"

> 설화

○ 가고 머물고 앉고 눕는 등 모든 사람의 몸가짐은 월상녀의 그것과 터럭 만큼의 차이도 없다.
○ 삼세 모든 부처님의 콧구멍을~말할 여지가 어디에 있겠는가 : 뼛속까지 남김없이 밝혀 더 이상 할 일이 남아 있지 않다.

圜悟 : 諸人行住坐臥與月上女, 絲毫無差也. 三世[1]諸佛鼻孔云云者, 徹骨徹髓, 更無後事也.

---
1) ㉝ '世' 다음에 병본에는 '伊'가 있다.

선문염송집 권제2

禪門拈頌集 卷第二

선문염송설화 권제2

禪門拈頌說話 卷第[1]二[2]

---
1) ㉝ '第'가 병본에는 '之'로 되어 있다. 2) ㉝ 이 이하에 을본에는 '황필만양주黃必蔓兩主'가 있고, [병본]에는 '왕대비전하 신묘생 홍씨, 옥체강녕 성수무궁 갑술생 익풍부원군 남양 홍씨, 갑술생 부부인 죽산 안씨, 갑오생 이조판서 남양 홍씨, 신묘생 정경부인 광산 김씨, 정사생 이조참판 겸제학 남양 홍씨 순영, 상궁 경인생 칠원 윤씨 진여화, 상궁 정묘생 칠원 윤씨 대심화, 상궁 신묘생 손씨 염불월, 상궁 병술생 이씨 담월, 상궁 정유생 홍씨 대덕월, 상궁 임인생 문씨 대법화, 상궁 계미생 박씨 법성화, 상궁 정해생 윤씨 법상화, 상궁 경인생 노씨 향림월, 상궁 병오생 정씨 백련화, 상궁 경인생 공씨 광명화, 상궁 무술생 안씨 보덕행, 상궁 신사생 이씨, 상궁 임인생 신씨, 상궁 계미생 안씨 보심화, 건명 신해생 장씨, 건명 갑진생 천일성, 건명 임오생 장씨, 건명 신해생 장씨, 청신녀 기유생 김씨 대지월, 청신녀 기유생 박씨 대혜월, 청신녀 계미생 강씨 신광화, 청신녀 신묘생 노씨 대인혜, 청신녀 정해생 황씨 덕혜월(王大妃殿下, 辛卯生洪氏, 玉體康寧, 聖壽無窮, 甲戌生益豊府院君南陽洪氏, 甲戌生府夫人竹山安氏, 甲午生吏曹判書南陽洪氏, 辛卯生貞敬夫人光山金氏, 丁巳生吏曹叅判兼提學南陽洪氏淳永, 尙宮庚寅生漆原尹氏眞如華, 尙宮丁卯生漆原尹氏大

心華, 尙宮辛卯生孫氏念佛月, 尙宮丙戌生李氏潭月, 尙宮丁酉生洪氏大德月, 尙宮壬寅生文氏大法華, 尙宮癸未生朴氏法性華, 尙宮丁亥生尹氏法相華, 尙宮庚寅生盧氏香林月, 尙宮丙午生鄭氏白蓮華, 尙宮庚寅生孔氏光明華, 尙宮戊戌生安氏寶德行, 尙宮辛巳生李氏, 尙宮壬寅生申氏, 尙宮癸未生安氏寶心華, 乾命辛亥生張氏, 乾命甲辰生千一成, 乾命壬午生張氏, 乾命辛亥生張氏, 淸信女己酉生金氏大智月, 淸信女己酉生朴氏大慧月, 淸信女癸未生姜氏神光華, 淸信女辛卯生盧氏大仁慧, 淸信女丁亥生黃氏德慧月)'이 실려 있다.

이화립 서

李華立 書

선문염송 염송설화 회본 권3
| 禪門拈頌拈頌說話會本 卷三 |

선문염송 혜심 집
禪門拈頌 慧諶 集

염송설화 각운 찬
拈頌說話 覺雲 撰

선문염송집 권제3
禪門拈頌集 卷第三

서천응화현성 서천조사부
西天應化賢聖 西天祖師附

서천응화현성
西天應化賢聖

초조 마하가섭初祖摩訶迦葉, 2조 아난존자二祖阿難尊者, 4조 우바국다四祖優婆毱多, 5조 제다가五祖提多迦, 6조 미차가六祖彌遮迦, 7조 바수밀七祖婆須密, 10조 협존자十祖脇尊者, 12조 마명 대사十二祖馬鳴大士, 14조 용수 대사十四祖龍樹大士, 17조 승가난제十七祖僧伽難提, 18조 가야사다十八祖伽耶舍多, 21조 바수반두二十一祖婆修盤頭, 22조 마나라二十二祖摩拏羅, 24조 사자존자二十四祖師子尊者, 25조 바사사다二十五祖婆舍斯多, 27조 반야다라二十七祖般若多羅, 28조 보리달마二十八祖菩提達磨

중화 제1세 달마 대사 사법
中華 第一世 達磨大師 嗣法

바라제 존자波羅提尊者, 2조 혜가 대사二[1]祖慧可大師

1) ㉘ '二'가 갑본에는 '一'로 되어 있다.

달마 제2세 혜가 대사 사법
達磨 第二世 慧可大師 嗣法

3조 승찬 대사三祖僧璨大師

달마 제3세 승찬 대사 사법

達磨 第三世 僧璨大師 嗣法

4조 도신 대사四祖道信大師

달마 제4세 도신 대사 사법

達磨 第四世 道信大師 嗣法

5조 홍인 대사五祖弘忍大師

선문염송설화 권제3

禪門拈頌¹⁾說話 卷第²⁾三

1) ㉯ '頌' 다음에 병본에는 '集'이 있다. 2) ㉯ '第'가 병본에는 '之'로 되어 있다.

72칙 앙굴산난殃崛産難

본칙 앙굴마라 존자가 발우를 들고 어떤 장자의 집 앞에 이르렀는데, 그 집 부인이 때마침 난산을 겪고 있었다. 장자가 말했다. "구담의 제자여! 당신은 지극한 성자이시니 어떤 법으로 난산에서 건져 주시겠습니까?" 존자가 대답하였다. "저는 불도에 입문한 지 얼마 되지 않아서 이 법을 아직 모릅니다. 돌아가서 세존께 여쭌 다음 다시 와서 알려 드리겠습니다." 돌아와 자세한 사연을 부처님께 아뢰자 부처님께서 말씀하셨다. "너는 빨리 가서 '나는 성현들의 법을 좇은 이래로 살생을 저지른 적이 없습니다.'라고 알려 주어라." 존자는 곧바로 부처님의 말씀을 받들고 장자에게 가서 일러 주었고 그 부인은 듣자마자 난산에서 벗어났다.

殃崛摩羅尊者, 持鉢至一長者門, 其家婦人, 正値産難. 長者曰, "瞿曇弟子! 汝爲至聖, 當有何法, 能救産難?" 尊者曰, "我乍入道, 未知此法. 待我迴問世尊, 却來相報." 及返, 具事白佛, 佛言, "汝速去報云, '我自從賢聖法來, 未曾殺生.'" 尊者, 便奉佛語, 往告長者, 其婦得聞, 卽免産難.

설화

- 『현우경』의 글이다.[1]
- 앙굴마라는 '지만살자指鬘殺者'라 한역한다.[2] 이 이야기에 대한 「감응편

---

[1] 『賢愚經』에서 본칙의 이야기는 찾지 못하였다. 이 이야기는 『鴦掘摩經』(大2, 509c19)에 보인다.
[2] 앙굴마라央掘摩羅는 ⓢ Aṅgulimālya의 음사어이다. ⓢ aṅguli는 손가락을 나타내는 지지, ⓢ mālya는 꽃으로 만들어 머리에 쓰는 장신구인 화만花鬘이다. 곧 '지만살자'란 '손가락으로 화만을 만들기 위하여 사람을 죽이는 자'라는 뜻이다. 앙굴마라는 별명이며, 본래 이름은 아흔적기阿彗賊奇(ⓢ Ahiṃsaka)이고 한역어는 '무뇌無惱'이다. 『賢愚經』 권11 「無惱指鬘品」(大4, 424a6), "칼을 받자 밖으로 달려 나가서는 사람을 만나기만 하면 죽이고

感應篇」에 "그가 살생을 저지르지 않았다고 한 소리를 듣고 난산에서 벗어난 까닭은 계율을 지킨 공덕(戒德)이 뛰어났기 때문이다. 하물며 스스로 계율을 지키는 사람이야 말할 것이 있겠는가!"라고 하였는데, 존자가 계율을 지킨 공덕이 뛰어났기 때문에 난산에서 벗어날 수 있었던 것일까?

[殃崛] 賢于[1]經文. 殃崛摩羅, 此云, 指鬘殺者. 此話感應篇云, "聞他不殺生, 得免産難者, 戒德殊勝. 何況自持戒者!" 則尊者戒德殊勝故, 得免産難耶?

1) ㉠ '于'가 병본에는 '愚'로 되어 있다. 이하 동일. ㉡ '愚'가 맞다.

- 때마침 난산을 겪고 있었다 : 법신法身은 육신의 껍데기 속에 가려져 있고, 진실한 지혜는 대상에 대한 분별 속에 숨어 있다.
- 난산에서 벗어났다 : 법신과 진실한 지혜가 어찌 대상에 대한 분별이나 육신의 껍데기에 덮인 적이 있었던가?
- 부인이 때마침 난산을 겪고 있었다 : 화두를 참구하는 도리(參話門)에서 보면, 마치 쥐가 쇠뿔로 만든 쥐틀에 빠진 꼴[3]과 흡사하다. 왼쪽으로

손가락을 취해 화만을 만들었다. 사람들이 이런 행태를 보고는 앙구마라라고 불렀으니 한역어는 지만이다.(受刀走外, 得人便殺, 取指爲鬘, 人見便號鶩仇魔羅, 晉言指鬘.)"

3 노서입우각老鼠入牛角 : 분별의 방법으로는 벗어날 도리가 전혀 없는 궁지에 몰린 상태. 그 쥐가 더는 앞으로도 나가지 못하고 뒤로 돌아설 수도 없으며, 상하 어느 곳으로도 돌파할 수 없는 지경에 처해 있듯이 여기서 범부와 성인, 유와 무 등 어떤 관념도 화두를 타파하기 위한 도구로는 무용지물로 전락한다. 이처럼 일정한 화두에 대하여 모색할 길이 사라진 그때가 동시에 화두가 타파되기 가장 적절한 경계이기도 하다. 『大慧語錄』권21「示鄂守熊祠部」(大47, 898b29), "범부니 성인이니, 있다거니 없다거니 하며 이리저리 헤아리며 궁구하다가 더 이상 헤아리며 궁구할 도리가 없는 경계에 도달하여 마치 쥐가 쇠뿔로 만든 쥐틀에 빠진 것과 같아 갑자기 남의 말이나 생각을 훔쳐서 의지하려는 마음이 끊어지면, 이것이 바로 그 당사자가 안정된 마음으로 집에 돌아가 편안하게 쉬는 경계이다.(是凡是聖, 是有是無, 推窮來推窮去, 到無可推窮處, 如老鼠入牛角, 驀

와도 옳지 않고 오른쪽으로 와도 옳지 않은 것이 마치 가슴속에 쌓여 있는 하나의 불덩어리가 수없이 오르락내리락하는 불안한 순간과 같다.[4] 곧 딱 들어맞게 마음을 쓰는 것이다.[5]

- 성현들의 법을 좇은 이래로~난산에서 벗어났다 : 종사宗師가 건네는 한 마디 말씀이나 반 구절이 떨어지기가 무섭게 자리를 떨치고 일어나 벗어났다는 뜻이다. 하지만 이러한 해설은 억지로 헤아려 판단하는 말일 뿐 종사들이 염拈이나 송頌에서 높이 제기한 속뜻은 아니다. '때마침 난산을 겪고 있었던 때'는 전생에 쌓은 업으로 그렇게 된 것이니, 원수와 벗이 만난 순간[6]이다.

正值産難者, 法身, 隱於形殼之內 ; 眞智, 匿於緣慮之中也. 得免産難者, 法身眞智, 何曾被緣慮形殼蓋却? 又婦人正值産難者, 參話門中, 如老鼠入牛角相似. 左來也不是, 右來也不是, 如一團火, 蘊在胸中, 七上八下的

地偸心絶, 則便是當人四楞塌地, 歸家穩坐處.)"

4 위의 쥐틀 비유와 마찬가지로 이것도 대혜 종고大慧宗杲의 말들을 혼합한 것이다. 『大慧語錄』 권21 「示呂機宜」(大47, 902a3), "다만 가거나 머물거나 앉았거나 누워 있는 어느 순간에도 항상 '개도 불성이 있는가? 없다.'라고 한 화두를 놓치지 않고 들다가 화두를 드는 공부가 성숙하게 되어 말하거나 생각하여도 미치지 못하여 마음속에서 수없이 오르락내리락하며 불안한 것이 마치 쇠막대기를 씹고서 어떤 맛도 느끼지 못하는 것과 같이 되더라도 결코 의지를 꺾어서는 안 됩니다. 이와 같이 되는 때가 바로 화두가 타파되기 직전의 소식이기 때문입니다.(但行住坐臥, 時時提撕, '狗子還有佛性也無? 無.' 提撕得熟, 口議心思不及, 方寸裏七上八下, 如咬生鐵橛, 沒滋味時, 切莫退志. 得如此時, 却是箇好底消息.)"; '왼쪽으로 와도 옳지 않고~'라고 한 말도 이러저러한 방식으로 분별하는 모양을 나타내는데, 대혜 종고가 『書狀』 「答張舍人狀」(大47, 941b12)에서 무자無字 화두를 참구하는 방식 속에서 쓴 말이며, 혜심慧諶도 이 영향을 받아 다음과 같이 인용하여 말한다. 『眞覺國師語錄』 「示奇侍郎」(韓6, 38b11), "단지 '개에게 불성이 없다.'는 화두를 살피시기 바랍니다. 왼쪽에서 와도 옳지 않으며 오른쪽에서 와도 옳지 않으니, 결코 갖가지 분별로 파고들며(穿鑿) 교묘한 견해를 일으키려 해서는 안 됩니다.(請只看狗子無佛性語. 左來也不是, 右來也不是, 切忌種種穿鑿巧見.)"
5 화두 공부를 잘하고 있는 상태라는 뜻.
6 원수와 벗이 만난 순간 : 전생에 쌓은 업과 현재 잉태한 생명을 원수와 벗에 비유한 것.

時節也. 則恰恰用心也. 自從賢聖至往告下卽免産難者, 宗師一言半句下, 奮地打發也. 此則臆斷之說, 非宗師拈頌發揚之意也. 正値産難時, 宿業使然, 寃親相遇地時節.

● 나는 성현들의 법을 좇은 이래로 살생을 저지른 적이 없습니다 : 살생으로 따지면 앙굴마라와 비교할 만한 사람은 없지만, 이렇게 한 말은 종일토록 살생을 저질러도 살생을 저지른 적이 없다는 뜻이다. 이와 마찬가지로 종일토록 난산을 겪더라도 난산에 부딪힌 적이 없다는 말이 된다. 마치 담당 문준湛堂文準이 "앙굴마라가 '저는 불도에 입문한 지 얼마 되지 않아서 이 법을 아직 모릅니다.……'~아기가 벌써 태어났다면 어찌하였겠는가?"[7]라고 한 말과 같으니, 이 말을 한 번 듣고서 바로 난산에서 벗어난 것이다. 그러나 한결같이 온갖 시끄러운 쟁론에서 벗어나 고요함이 눈앞에 실현된 경계에만 눈동자를 붙이고 있으면, 대혜 종고가 "다른 것 못 비추고 옷깃만 비추네."라고 비판한 말뜻에서 벗어나지 못할 것이니, 반드시 금강과 같이 단단한 울타리[8]를 훌쩍 뛰쳐나가야만 한다.

我自賢聖云云者, 殺生莫若殃崛摩羅, 伊麽道得, 則終日殺生, 未曾殺生也. 然則終日産難, 未曾値産難也. 如湛堂云, "殃崛云, '我乍入道'"云云故, 一聞此語, 則免産難. 然一向離諸喧諍, 寂滅現前處, 着得眼睛, 未免被大慧, '不照其餘照斜領'之意, 須是跳出金剛圈始得.

---

7 이하 '운문 종고의 보설'에 나온다.
8 금강권金剛圈 : 시끄러운 곳에서 벗어나지 않거나 벗어나거나 모두 잘못인 진퇴양난의 상황이 그 울타리이다. 난산에서 벗어나도 안 되고 벗어나지 않아도 안 되는 것을 이 공안의 관건으로 보았다. '운문 종고의 보설' 참조.

● 『현우경』의 말씀이다.[9] '바사닉왕의 재상 집안에 단정할 뿐만 아니라 천명과 대적할 수 있을 정도로 힘이 센 아들이 태어났으니, 그 이름은 무뇌無惱였다. 그는 바라문 문하에서 공부하였는데, 바라문이 그의 부탁을 받아 가르친 지 석 달이 되었을 때 (바라문의) 부인만 집에 있었다. 정조를 지키지 않던 그 부인은 마음속으로 무뇌와 함께 부정한 짓을 저지르고자 하였다. 무뇌가 굳건한 의지로 그녀의 생각을 따르지 않자 그 부인은 모욕을 느끼고 도리어 거짓말로 그에게 비방을 가하였다. 바라문이 돌아오자 그 부인은 눈물을 흘리며 흐느껴 울면서,「당신이 떠난 뒤에 무뇌가 매번 저를 범할 기회를 엿보았는데 제가 따르지 않자 저의 옷을 잡아당기며 몸을 더럽혔습니다.」라고 일러바쳤다. 바라문이「재상의 아들이라 어떻게 다스릴 방도가 없으니 색다른 수단을 마련해야겠군..」이라 생각하고 무뇌에게 말했다.「그대가 만약 7일 안에 천 사람의 손을 잘라 아홉 손가락은 버리고 하나만 취하여 모두 천 개의 손가락을 모아 화만花鬘을 만든다면, 범천梵天이 하늘에서 내려올 것이며, 목숨을 마칠 때 그가 맞이하여 범천에 태어날 것이다.」마침내 무뇌가 주문을 외워 칼이 땅에서 꼿꼿하게 서자 악한 마음이 일어나 사람을 만나기만 하면 죽였는데, 7일이 되던 날 999개의 손가락을 얻었다. 오로지 손가락 하나가 모자랐지만 찾을 길이 없었다. 마침 그의 어머니가 음식을 들고 와 주려는데 문득 어머니를 죽이려는 생각이 일어났다. 그때 세존께서 멀리서 이 광경을 보시고 비구의 형상으로 모습을 바꾸어 그의 곁을 지나갔다. 무뇌가 드디어 자신의 어머니에 대한 생각을 거두고 그 비구를 죽이고자 다급하게 뒤를 쫓았으나 따라가지 못하자「멈추시오, 멈추시오!」라고 크게 소리를 질렀다. 세존께서 「나는 계속해서 머물러 있는데 그대가 머물러 있지 않을 뿐이다.」라고

---

9 『賢愚經』 권11(大4, 423b7~424b1)의 내용이다.

하셨다. 무뇌가 다시 말했다. 「어째서 당신은 머물러 있고 나는 머물러 있지 못하다고 하는가?」 세존께서 「나는 모든 감각기관이 고요하게 안정되어 자유롭게 통제되지만 그대는 악한 스승의 지시를 따라 마음을 바꾸었기 때문에 안정되게 머물러 있지 못하는 것이다.」라고 하셨다. 무뇌가 이 말을 듣고서는 마음이 열리고 생각이 일깨워져 부처님께 의지하여 출가하였다.'[10] 결국 부처님께서 그에게 발우를 들고 장자의 집 앞에 가도록 하셨던 것이다.

賢愚經云, '波斯匿王, 輔相家生一男, 端正有力可敵千人, 字曰無惱. 從學於婆羅門, 婆羅門受請三月, 唯婦在室. 其婦不貞, 意欲無惱, 作不淨行. 無惱志固不從, 其婦慚愧, 反誣加謗. 婆羅門適歸, 其婦涕泣告訴曰, 「汝自去後, 無惱每見侵犯, 我適不從, 拽我衣裳, 壞我身首.」 婆羅門曰, 「輔相之子, 難以治之, 當設異謀.」 乃謂無惱曰, 「汝若七日之中, 斬千人之手, 去九取一, 凡得千指, 以爲鬘飾時, 梵天便自下來, 命終迎生梵天.」 遂作呪語, 竪刀在地, 惡心卽生, 得人便殺, 於七日中, 得九百九十九指. 唯少一指, 求覓不得. 時母持食與之, 輒欲殺母. 爾時, 世尊遙見, 作比丘相, 行於彼邊. 無惱遂捨其母, 欲殺比丘, 急趁不及, 乃高聲叫云, 「住! 住!」 世尊曰, 「我常自住, 汝自不住.」 無惱復曰, 「云何汝住, 我不住也?」 佛言, 「我諸根寂定, 而得自在, 汝從惡師, 變易汝心, 不得定住.」 無惱聞是語已, 心開意悟, 投佛出家.' 各[1]令持鉢至長者門云云.

---
1) ㉮ '各'이 을본·병본에는 '㕁'으로 되어 있다. ㉡ '却'으로 바로잡아 번역하였다. 문맥상 '却'은 '竟'의 뜻이다.

---
10 여기까지가 『賢愚經』의 경문이다.

대혜 종고大慧宗杲**의 송**[11] 大慧杲頌

화음산 앞 백 척의 깊은 우물에[12]　　　　華陰山前百尺井
뼛속까지 시린 차가운 샘 흐르네　　　　　中有寒泉徹骨冷
어느 집 여자 찾아와 비추어 볼까　　　　　誰家女子來照影
다른 것 못 비추고 옷깃만 비추네　　　　　不照其餘照斜領

설화

○ 뼛속까지 시리다 : 성현들의 법을 좇은 이래로 여태껏 생명을 죽인 적 없고 온갖 떠들썩함과 다툼을 떠나 적멸寂滅이 눈앞에 펼쳐졌으니, 속속들이 드러나 그 외 특별난 일이라곤 전혀 없었다.

○ 어느 집 여자 찾아와~옷깃만 비추네 : 곧바로 출산의 어려움을 벗어난 것을 용인한 듯하나, 사실은 하나만 알고 둘은 알지 못하였다는 뜻이다.

大慧 : 徹骨冷者, 自從賢聖[1]法來, 未曾殺生, 離諸喧諍, 寂滅現前, 徹底更無餘事也. 誰家女子云云者, 卽免産難處, 似乎認著, 只知其一, 不知其二也.

1) ㉭ '賢聖'이 병본에는 '聖賢'으로 되어 있다.

죽암 사규竹庵士珪**의 송** 竹菴珪頌
달 속의 항아[13]는 눈썹 그리지 않고　　　　月裏姮娥不畫眉

---

11 지은이는 알려져 있지 않은 수나라 때 악부시 〈捉搦歌〉 4수 중 세 번째 수와 유사하다. 『樂府詩集』 권25, "華陰山頭百丈井, 下有流水徹骨冷. 可憐女子能照影, 不見其餘見斜領." 사령斜領은 옷깃 형태의 하나로서 옷깃이 좌우 대칭을 이루지 않고 한쪽이 비스듬한 유형이다.

12 화음산 앞~깊은 우물에 : 화음산은 오악五嶽 중 하나이며 섬서성 화음시華陰市 남쪽에 위치해 있다. 화산華山 또는 태화산太華山이라고도 하며, 옛날에는 서악西嶽이라 불렀다. 사방에 명승지가 많기로 유명하다. 태화산 봉우리에 옥정玉井이라는 연못이 있는데 고대 전설에 따르면 이곳에서 핀 연꽃을 옥정련玉井蓮이라 하고 지조가 굳고 정결한 여인을 이에 비유한다.

구름과 안개 엮어 비단옷 지을 뿐이네	只將雲霧作羅衣
꿈속에서 난새[14] 쫓은 줄 전혀 모르고	不知夢逐靑鸞去
오히려 꽃가지로 얼굴 가리고 돌아오네	猶把花枝蓋面歸

열재거사의 송 悅齋居士頌

서쪽 교외에 낀 짙은 구름 비 내리지 못하고[15]	密雲西郊不雨
사방의 산 빛만 먹물 쏟은 듯 시커멓구나[16]	四山色如墨聚
천둥 번개도 치지 않았는데 승천하던 용이여	雷電不擊游龍
한 방에 분별의 틀에 갇힌 쥐 때려죽이네	大棒打殺老鼠

운문 종고雲門宗杲의 보설

이 공안을 제기하고 말했다. "이곳[17]에서 방을 휘두르거나 할을 내지르거나 선상禪牀을 뒤집어엎고, 경전의 교설을 인용하여 이理와 사事를 설명한들, 부싯돌에서 불꽃이 튀고 번갯불이 번득이는 듯이 재빠른 동작으로 한밤에 시키면 오골계를 붙들 수 있겠는가?[18] 일전에 내가 담당 문준 화

---

13 항아姮娥 : 월궁月宮에 산다는 전설상의 선녀. 활쏘기의 달인 예羿의 처이며, 예가 구한 불사약不死藥을 훔쳐 먹고 신선이 되어 달로 달아나 달의 요정(月精)이 되었다고 한다. 『淮南子』「覽冥訓」, "예가 서왕모西王母에게 불사약을 청하였는데, 항아가 훔쳐서 달로 달아났다.(羿請不死之藥於西王母, 姮娥竊以奔月.)"
14 난새(靑鸞) : 봉황을 가리키는 적봉赤鳳과 상대어. 전설상의 새로 붉은색이 많은 새는 봉황, 청색이 많은 새는 난새이다. 신선들이 타고 다니는 새로 알려져 있다.
15 서쪽 교외에~내리지 못하고 : 『周易』「小畜」, "짙게 구름 드리웠으나 비 내리지 않으니 우리 서교에서 왔기 때문이다.(密雲不雨, 自我西郊.)" 공영달孔穎達의 소疏에 "모여든 짙은 구름 우리 서교에 있기 때문이니 우리와의 거리 이미 멀어 적셔 주지 못한다.(所聚密雲, 由在我之西郊, 去我旣遠, 潤澤不能行也.)"라고 하였다. 밀운불우密雲不雨는 은택이 멀리 또는 아래에까지 고루 미치지 못하거나 조짐만 있을 뿐 일이 아직 이루어지지 않은 상황을 비유한다.
16 사방의 산~듯 시커멓구나 : 뚜렷하게 포착할 분별의 실마리를 주지 않는 본칙의 핵심을 묘사했다.
17 이러지도 저러지도 못하는 이 갑갑한 경계. 제대로 맞이한 궁지窮地를 말한다.

상께 가르침을 청하며 이 공안을 제기하자마자 담당 화상이 말씀하셨다. '그대가 나의 가려운 부위를 긁어 주는구나. 이 공안은 황금과 똥을 뒤바꾸는 법이어서 모르면 황금과 같고 알아차리면 똥과 같다.'[19] '어찌 (더 자세히 설명할) 방편이 없겠습니까?' '내 말에 방편이 있었으나 다만 그대가 여전히 모르고 있을 뿐이다.' '화상의 자비로운 가르침을 바랍니다.' '앙굴마라가 「저는 불도에 입문한 지 얼마 되지 않아서 이 법을 아직 모릅니다. 세존께 여쭐 때까지 기다리십시오.」라고 했지만, 그가 부처님의 법좌 아래 도달하기도 전에 그 집에서 아기가 태어났다면 어찌하였겠는가? 앙굴마라가 「나는 성현들의 법을 좇은 이래로 살생을 한 적이 없습니다.」라

---

18 한밤에 시커먼~수 있겠는가 : 깜깜한 한밤중이나 시커먼 오골계나 모두 검어서 분간해 내기 힘들다는 비유를 들어 앞의 본칙 설화에서 '종일토록 살생을 저질러도 살생을 저지른 적이 없다는 뜻과 마찬가지로 종일토록 난산을 겪더라도 난산에 부딪힌 적이 없다.'라고 한 뜻을 제대로 짚어 내기 어려움을 말한 것이다.

19 금시법金屎法 : 황금인 줄 알았는데 똥이 되고 똥인 줄 알았는데 황금이 되듯이 귀중한 것과 쓸모없는 것의 차별이 완전히 사라진 절대 평등의 경지를 나타낸다. 깨닫기 전에는 경전·어록 등의 말씀을 황금과 같이 귀중하다 여기지만 깨닫고 나면 똑같은 금색의 똥과 같이 쓸모없다. 혹은 참선參禪을 뜻하는 말로도 쓰인다. 『佛眼語錄』古尊宿語錄 32(卍118 576a10), "산승이 예전에 분명한 깨달음을 얻지 못했을 때에 전혀 어찌할 도리가 없어 선사先師께 배움을 청했다. 여쭙자마자 선사는 다만 '나는 이해하지도 못했고 알지도 못하니, 내가 그대만 못하다.'라고 하였다. 다시 '선은 궁극적으로 참구하기 쉽습니까, 참구하기 어렵습니까?'라고 묻자 다만 내게 '너는 애써 할 일이 없는 경계에서 어려운지 쉬운지 물어서 무엇 하려 하는가? 참선을 금시법이라 하니, 알아차리지 못하면 흡사 금처럼 귀중하고 알아차리면 흡사 똥처럼 불필요하다.'라고 하였다. 나는 이 말을 수긍하지 않았는데 이제 사량하고 보니 말은 비록 거칠지만 그 사이에 담긴 뜻이 낮지 않았다. 이야말로 깨달은 이는 일언반구를 내뱉더라도 결코 허탄하지 않다는 진실을 남김없이 드러내는 말이다.(山僧向前未明得時, 總不柰何了, 便請益先師. 纔問著時, 先師祇道, '我不會, 我不知, 我不如你.' 又問, '禪畢竟是易參難參?' 祇向我道, '你無事, 問難問易作麼? 參禪喚作金屎法, 未會一似金, 會了一似屎.' 山僧甚不肯此語, 如今思量了, 語雖麤, 其間旨趣不淺. 此盡是了達之士, 發一言半句, 皆不虛也.)"; 『從容錄』10則「評唱」(大48, 233c23), "참선을 일러 금시법이라고 한다. 알아차리지 못하면 황금과 같고 감파하면 똥과 같다. 그런 까닭에 '남들 앞에서 아무리 말해 봐야 1전의 가치도 없다.'라고 한다. 다만 득·실과 승·부에 얽매인 분별을 떠나면 자연히 노파를 속일 수 있고, 조주도 깔볼 수 있게 된다.(參禪, 謂之金屎法. 不會如金, 勘破如屎. 所以道, '說向人前不直錢.' 汝但離却得失勝負情量, 自然平欺婆子, 下視趙州.)"

고 (부처님으로부터) 전해 들은 이 말을 지니고 그 집에 이르기도 전에 아기가 벌써 태어났다면 어찌하였겠는가?' 내가 그 말을 들었을 때는 이해하지 못하다가 나중에 호구사虎丘寺에서 『화엄경』을 보다가 '보살은 제7지에서 무생법인無生法忍을 증득한다.'[20]라는 부분에 이르러 다음과 같은 구절을 읽었다. '불자佛子야, 보살이 이 법인을 성취하는 바로 그 순간 보살의 제8 부동지不動地에 들 것이니 이를 심행보살深行菩薩이라 한다. (세간의 그 누구도) 이 경지를 알 수 없고 어떤 차별도 없어서 모든 상相과 상想 그리고 모든 집착을 벗어났기에 헤아릴 수도 없으며 끝도 없이 많은 모든 성문과 벽지불 중 그 누구도 미칠 수 있는 경지가 아니며, 시끄러운 쟁론에서 모두 벗어나 고요한 경계가 눈앞에 실현된 것이다.【중략】이 보살은 보살심·불심·보리심·열반심도 일으키지 않거늘 하물며 다시 세간의 마음을 일으키겠는가!'[21]" 대혜가 말했다. "이 대목에 이르러 포대를 잃어버리자[22] 담당이 나에게 말해 주었던 방편이 홀연히 눈앞에 되살아나 비로소 참된 선지식이 나를 속이지 않았고 진실로 그것이 금강과 같이 견고한 울타리[23]였다는 사실을 알게 되었다."

---

20 80권본 『華嚴經』 권38 「十地品」(大10, 199a1~10)의 경문.
21 80권본 『華嚴經』 권38 「十地品」(大10, 199a11~28). 금강장보살金剛藏菩薩이 해탈월보살解脫月菩薩에게 한 말이다.
22 타실포대打失布袋 : 포대에 넣었던 모든 짐을 잃어버리는 것처럼 지금껏 지니고 있었던 망상분별의 짐을 내려놓았다는 비유이다. 대혜는 다른 곳에서도 이 비유를 즐겨 쓴다. 『大慧語錄』 권18(大47, 889c14), 『書狀』 「答陳少卿狀」(大47, 923c19) 등 참조.
23 금강권金剛圈 : 드러난 그대로의 관념이 아니고 어떤 언어 형식에도 담을 수 없는 화두의 관문이었다는 뜻이다. 대혜가 뿌리를 두고 있는 간화선의 관점에서 보면 경전과 어록의 모든 말은 이렇게 금강의 울타리와 같이 뚫고 나가지 못하도록 설정된 화두이다. 대혜의 다음 말에도 이 뜻이 보인다. 『大慧語錄』 권16(大47, 880b23), "선禪과 도道를 이해하고, 마음과 성품을 알며, 기특한 현상과 깊고 미묘한 도리를 이해하더라도 마치 몽둥이를 휘둘러 달을 따려는 것과 같은 짓이니 부질없이 마음만 수고롭게 할 뿐이기에 여래께서 이들을 가련하게 여겨야 할 자들이라 말씀하셨다. 옛사람들이 한 마디 말이나 반 구절만 하여도 그 속에 하나의 금강과 같이 단단한 울타리나 가시투성이 밤송이와 같은 화두를 설정해 두고 삼키거나 뚫고 나가도록 했던 것이다.(理會禪, 理

雲門杲普說, 擧此話云, "遮裏, 使棒使喝, 掀倒禪牀, 引經敎說理事, 擊石火閃電光, 夜半捉烏雞得麼? 因請益湛堂和尙, 才擧起此話, 湛堂曰, '你爬着我痒處. 遮話是金屎法, 不會如金, 會得如屎.' 曰, '豈無方便?' 湛堂曰, '我有方便, 只是你劃地不會.' 曰, '望和尙慈悲.' 湛堂曰, '殃崛云,「我乍入道, 未知此法. 待問世尊.」未到佛座[1]下, 他家生下兒子時, 如何?「我自從賢聖法來, 未曾殺生.」殃崛持此語未至他家, 已生下兒子時, 如何?' 老漢當時理會不得, 後因在虎丘, 看華嚴經, 至菩薩第七地, 證無生法忍云, '佛子, 菩薩成就此忍, 卽時得入菩薩第八不動地, 爲深行菩薩. 難可知, 無差別, 離一切相・一切想・一切執着, 無量無邊, 一切聲聞・辟支佛, 所不能及, 離諸諠諍, 寂滅現前. 乃至菩薩摩訶薩, 菩薩心・佛心・菩提心・涅槃心, 尙不現起, 況復起於世閒之心!'" 師云, "到遮裏, 打失布袋, 湛堂爲我說底方便, 忽然現前, 方知眞善知識, 不欺我, 眞个是金剛圈."

1) ㉠ '座'가 갑본에는 '痤'로 되어 있다.

설화

○ 본칙 설화에서 이미 언급한 내용이다.

雲門普說, 話中已見.[1]

1) ㉠ '見'이 병본에는 '出'로 되어 있다.

會道 ; 理會心, 理會性 ; 理會奇特, 理會玄妙, 大似掉棒打月, 枉費心神, 如來說, 爲可憐愍者. 古人凡有一言半句, 設一箇金剛圈, 栗棘蓬, 敎伊呑, 敎伊透.)"

73칙 장폐금강障蔽金剛

본칙 장폐마왕障蔽魔王이 권속들을 거느리고 천 년 동안 금강제金剛齊 보살의 행방을 쫓았으나 사는 곳을 찾지 못했다. 뜻밖에 어느 날 보살을 만났을 때 물었다. "당신은 어느 곳에 의지하여 머무셨습니까? 나는 천 년 동안 당신이 사는 곳을 찾아 헤맸으나 찾지 못했습니다." 보살이 말했다. "나는 머무름이 있다는 생각에도 의지하지 않고 머물고, 머무름이 없다는 생각에도 의지하지 않고 머무니, 이와 같이 머물 뿐입니다."[1]

障蔽魔王, 領諸眷屬, 一千年, 隨金剛齊菩薩, 覓起處不得. 忽因一日得見, 乃問云, "汝當依何住? 我一千年, 覓汝起處不得." 菩薩云, "我不依有住而住, 不依無住而住, 如是而住."

설화

● 『자재왕보살소문경』의 말씀이다.[2] "그때 장폐라는 마구니가 금강제보살을 보니 그는 계율을 지키면서 닦고 익히고 바른 생각(正念)을 따르며 전도되는 일이 없었다. 마침내 8만 4천의 마구니 무리를 거느리고 갑옷과 무기로 무장하고 스스로 몸을 숨기고서 이 비구의 마음이 어디쯤에 머물러 있는지 살펴보았다. 천 년 동안 쫓았지만 찾지 못하다가 한

---

1 뜻밖에 어느~머물 뿐입니다 : 이 부분에 해당하는 경문은 다음과 같이 다르다. 『自在王菩薩經』 권상(大13, 925b24), "마구니가 물었다. '비구여, 내가 천 년 동안 당신의 마음이 향하는 곳을 살폈으나 어디 있는지 알 수 없었습니다.' 비구가 말했다. '그대가 항하의 모래알 수와 같은 겁이 지나도록 찾아도 찾을 수 없을 것이다. 왜 그러한가? 이 마음은 안에도 있지 않고 밖에도 있지 않으며 중간에도 있지 않기 때문이니, 그대가 어찌 허깨비 같은 마음이 향해 가는 곳을 알 수 있겠는가?'(魔言, '比丘, 我於千歲, 求汝心行, 不能知處.' 比丘言, '汝若以恒河沙劫求之, 亦不能得. 何以故? 是心不在內不在外不在中, 汝寧能得幻化人心所行處不?')"
2 『自在王菩薩經』 권상(大13, 925b6).

찰나 사이에 찾고서는 '당신은 어느 곳에 의지하여 머물렀습니까?'라고 물었던 것이다."

● 나는 머무름이 있다는 생각에도~이와 같이 머물 뿐입니다 : 외도의 견해는 있다는 생각과 없다는 생각을 벗어나지 못하기 때문이다.[3] 마치 "본분의 바른 맥락에 발을 딛고 서면, 어떤 천신도 꽃을 바칠 길이 없고 마구니와 외도가 밖에서 몰래 엿볼 문도 없을 것이다."[4]라고 한 말과 같다. 비록 부처의 경계에 들어가기는 쉽지만 마구니의 경계에 들어가기는 어렵다.[5] 법안 문익法眼文益의 염도 대체로 이러한 뜻이다.

[金剛] 自在王菩薩所問經云, "爾時魔子, 名曰障蔽,[1] 見金剛齊菩薩, 持戒修集,[2] 正念無倒. 遂領[3]八萬四千諸魔, 串甲持兵, 自隱其形, 觀是比丘心在何許. 千載隨逐不見, 一念之間得見, 乃問云, '汝當依何'云云." 我不依有住云云者, 外道所見, 不出有無故. 如云, "若踏正脉, 諸天奉[4]花無路, 魔

---

3 있다는 견해와 없다는 견해(有無見)를 대립하는 짝으로 소유하는 방식이 가장 기초적인 전도顚倒이다. 『注維摩詰經』 권6(大338, 86b22), "구마라집鳩摩羅什이 말했다. '있다는 견해와 없다는 견해는 법의 특징(法相)과 어긋나기에 전도라 한다. 미리 있다거나 없다는 견해를 품은 다음에 좋다거나 싫다거나 분별할 뿐이다. 그러므로 있다는 견해와 없다는 견해는 미혹의 근본이고 망상의 시초이다. 이런 이유로 이들 견해에는 오직 전도라는 이름이 붙여진다.'(什曰, '有無見, 反於法相, 名爲顚倒. 先見有無, 然後分別好惡. 然則, 有無見, 是惑累之本, 妄想之初. 故偏受倒名也.')"; 『大智度論』 권15(大25, 171c9), "만약 유무견有無見에 떨어지지 않는다면 중도의 실상을 증득할 것이다.(若不墮此有無見, 得中道實相.)"
4 원오 극근圜悟克勤의 말이다. 유에도 무에도 머물지 않기 때문에 추적할 어떤 실마리도 남기지 않으므로 그 경지를 감탄하여 꽃을 바치려 해도 찾을 수 없고, 미혹시키기 위하여 기회를 엿보려 해도 자취조차도 없다는 뜻이다. 『圜悟心要』 권4「張持滿朝奉」(卍120, 786a8), 『碧巖錄』 97則「頌 評唱」(大48, 221a4) 참조. 꽃을 바칠 길 없다는 이야기의 본래 근원은 우두牛頭에서 비롯한다. 본서 223칙 본칙 및 237칙 본칙 설화 주석 참조.
5 『雪關語錄』 권9(嘉27, 506b28)에 고덕古德의 말로 인용하고 있지만 고덕이 누구인지 알 수 없다. 다만 여기서 쉽다(易)·어렵다(難)가 관문 설정의 요소라는 점은 분명하다. 따라서 '마구니의 경계로 들어가기는 쉽다.'라는 방식으로 그 위치를 바꾸어도 관문으로서는 마찬가지이다. 이 어록과 설화의 구절은 우연한 일치로 보인다.

外潛覷無門." 雖然入佛境界易, 入魔境界難. 法眼拈, 蓋此義也.

1) ㉠ '障蔽'가 『自在王菩薩經』 권상(大13, 925b7)에는 '障礙'로 되어 있다. 2) ㉠ '集'은 『自在王菩薩經』 권상(大13, 925b7)에 '習'으로 되어 있고, '習' 다음에 '聖法'이 있다. 3) ㉱ '領'이 을본·병본에는 '令'으로 되어 있다. 4) ㉠ '奉'이 『圜悟心要』에는 '捧'으로 되어 있다.

열재거사의 송 悅齋居士頌

신령한 뗏목⁶ 오갈 때 무엇에 의지하던가	靈槎來去有何憑
부질없이 강가에서 굳이 나루터 묻는구나	空向江邊苦問津
만일 견우와 직녀 만나는 장면 보았더라도	若遇牛郎逢織女
머나먼 고향 생각에 시름 더욱 깊어졌으리	家鄕萬里轉愁人

설화

○ 앞의 두 구절은 장폐마왕이 천 년 동안 뒤를 쫓으며 찾았던 소식을 나타낸다.

○ 만일 견우와 직녀~시름 더욱 깊어졌으리 : 비록 오늘 금강제를 만나서 있다는 생각과 없다는 생각 그 어디에도 떨어지지 않고 깨닫더라도 여전히 고향에 이른 경지는 아니라는 뜻이다.

悅齋：上二句, 障蔽魔王, 一千年, 隨逐地時降節也. 若遇牛郎云云者, 雖然今日見得金剛齊, 不落有無而悟, 猶未到家鄕也.

---

6 신령한 뗏목(靈槎) : 타고서 바다와 은하수를 오간다는 전설상의 뗏목. 영사靈査와 같은 말이다. 장화張華의 『博物志』에 근거한다. 『博物志』 권10, "근세에 바닷가에 어떤 사람이 살았는데 해마다 8월이면 일정한 기한을 넘기지 않고 오가는 뗏목이 있었다. 그 사람은 남다른 뜻을 품고 뗏목에 높은 누각을 세운 다음 많은 식량을 싣고 뗏목을 타고 떠났다.(近世有人居海渚者, 年年八月有浮槎去來, 不失期. 人有奇志, 立飛閣於查上, 多齎糧, 乘槎而去.)" 이렇게 뗏목을 타고 10여 일을 가서 어느 성에 이르러 보니 성안에는 베 짜는 여인들이 있고 하늘을 보니 소를 몰고 가는 남자가 있었다고 한다. 제3구에서 견우와 직녀를 언급한 것은 이 이야기에 따른 것이다.

법안 문익法眼文益의 염

"장폐마왕이 금강제를 찾지 못했던 까닭은 그대로 접어 두자. 그렇다면 금강제는 장폐마왕의 행방을 알았던가?"[7]

法眼拈, "障蔽魔王, 不見金剛齊, 卽且從. 秖如金剛齊, 還見障蔽魔王麽?"

운문 종고雲門宗杲의 염

"사는 곳을 찾을 수도 없으면서 천 년 동안 뒤를 쫓아다닌 까닭은 도대체 어째서인가? 금강제는 '나는 머무름이 있다는 생각에도 의지하지 않고 머물고, 머무름이 없다는 생각에도 의지하지 않고 머무니, 이와 같이 머물 뿐입니다.'라고 하였다. 서로 심하게 속았다. 법안은 '장폐마왕이 금강제를 찾지 못했던 까닭은 그대로 접어 두자. 그렇다면 금강제는 장폐마왕의 행방을 알았던가?'라고 하였다. 이러한 평가도 또한 구멍의 크기를 살핀 뒤 그에 알맞은 쐐기를 박는 격이다.[8] 지금 여기에 나, 묘희가 사는 곳을 아는 사람 있는가?" 이어서 "돌!"[9] 하고 소리를 지른 다음 말했다. "잠꼬대는 해서 무엇 하겠느냐!"[10]

---

[7] 알아차리기로 따지자면 어느 편이 상대편보다 쉽다거나 어렵다고 할 수 없다는 말. 난難과 이易의 대칭하는 틀로 본칙에서 확고하게 굳어진 표면적인 관계를 뒤바꾸어 관문으로 조정하려는 시도이다. 주 5 참조. '운문 종고의 염'에 이어진다.

[8] 구멍의 크기를~박는 격이다 : 토끼를 보고 매를 풀어놓는다(見兎放鷹)거나 병에 따라 약을 처방한다(應病與藥)라는 말과 통한다. 때와 기회를 잘 포착하여 상황에 적합하게 대응함을 뜻하는 말들이다. 대혜는 이 말로써 법안의 평가가 특별히 뛰어난 안목에서 나왔다기보다 그렇게 평가할 수밖에 없었다는 의미를 담았다. 그럴 수밖에 없었던 근거는 '서로 심하게 속았다.'는 말 속에 드러나 있다. 금강제를 천 년 동안 찾아도 찾지 못했다는 장폐마왕의 말도, 머무름이 있다거나 없다거나 하는 생각에 의지하지 않고 머무르기 때문이라는 금강제보살의 말도 모두 진실이 아닌 속임수였다는 것이 대혜의 평가이다.

[9] 돌咄 : 이때의 '돌'은 앞의 말을 뒤집어엎는 반전의 효용을 지닌다.

[10] 자신의 말을 잠꼬대라고 마무리한 것이다. 언어가 닿을 수 없고 분별의 수단이 모두 박탈된 화두에 대해서는 어떤 평가를 내리더라도 잠꼬대와 같이 허망한 소리에 불과

雲門杲拈, "旣覓起處不得, 一千年, 隨從底是甚麽? 金剛齊云, '我不依有
住而住, 不依無住而住, 如是而住.' 互相熱謾. 法眼道, '障蔽魔王, 不見金
剛齊, 卽且從. 只如金剛齊, 還見障蔽魔王麽?' 恁麽批判, 也是看孔著楔.
卽今莫有知得妙喜起處底麽?" 隨後咄云, "寐語作麽!"

> [설화]

○ 사는 곳을 찾을 수도 없으면서 천 년 동안 뒤를 쫓아다닌 까닭은 도대체 어째서인가 : 뒤를 쫓으며 찾았지만 집에 있었던 것과 같다는 말이다.
○ 나는 머무름이 있다는 생각에도~서로 심하게 속였다 : 비록 있다는 생각과 없다는 생각에서 모두 벗어났더라도 심하게 속지 않을 수 없었다. 곧 법안이 "장폐마왕이 금강제를 찾지 못했던 까닭은 접어 두자. 그렇다면 금강제는 장폐마왕의 행방을 알았던가?"라고 한 말은 진실로 옳다는 뜻이다.
○ 구멍의 크기를 살핀 뒤~나, 묘희가 사는 곳을 아는 사람 있는가 : 대혜 자신이 사는 그곳에 지금 나타나 있지만 사는 곳을 찾을 수 없으리라는 뜻이다.
○ '돌!' 하고 소리를 지른 다음~무엇 하겠느냐 : 대혜 자신의 이 말 또한 잠꼬대이니 어디에서 더듬으며 찾겠느냐는 뜻이다.[11]

하다는 뜻이다. 대혜는 다른 곳에서도 이 맥락에서 말을 했다. 『大慧語錄』 권4(大47, 829a16), "한 소리 크게 내지르고 '잠꼬대는 해서 무엇 하겠는가!'라고 말한 다음, 마침내 불자를 세웠다가 다시 손가락을 퉁기면서 말했다. '나, 경산은 지금 불자를 들고 손가락을 퉁겼다. 만일 여기서 (분별로 헤아릴) 자취를 찾으려 한다면 쏜살과 같이 지옥에 떨어질 것이다.'(師喝一喝示, '寐語作麽!' 遂擧起拂子, 復彈指云, '徑山卽今, 擧拂彈指. 若向這裏覓眹跡, 入地獄如箭射.')"

11 본칙과 대혜의 염을 아울러 제기한 초석 범기楚石梵琦는 다음과 같이 평가했다. 『楚石梵琦語錄』 권11(卍124, 178b18), "금강제는 '나는 머무름이 있다는 생각에도 의지하지 않고 머물고, 머무름이 없다는 생각에도 의지하지 않고 머무니, 이와 같이 머물 뿐입니다.'라고 말하여 일시에 장폐마왕에게 속을 간파당하고 말았다. 그렇기는 해도 금강제의 견지를 떠받쳐야만 한다.(金剛齊道, '我不依有住而住, 不依無住而住, 如是而住.'

雲門: 旣覓起處, 至是甚麼者, 猶有隨從地在家也. 不依有住, 至互相熱謾者, 雖然有無俱離, 未免熱謾. 則法眼道, '障蔽魔王'云云, 果然是. 看孔著楔, 至處底麼者, 妙喜則當起處, 覓起處不得. 咄云云者, 此亦寐語也, 則向什麼處摸揉?

一時被障蔽魔王捉敗了也. 雖然, 也須扶金剛齊始得.)"

74칙 비목집수毗目執手[1]

[본칙] 비목선인이 선재동자의 손을 잡자 선재는 그 즉시 자신의 몸이 시방十方 불국토에 티끌과 같이 무수한 부처님이 계시는 모든 세계로 갔다가 불가설불가설不可說不可說[2]의 티끌처럼 무수한 겁劫이 경과하는 광경을 스스로 보았고, 선인이 손을 놓는 순간 자신의 몸이 본래 있던 장소로 되돌아오는 광경을 목격하였다.

毗目仙人, 執善財手, 善財, 卽時自見其身, 往十方佛刹微塵數諸佛所, 乃至經不可說不可說微塵數劫. 仙人放手, 卽見自身, 還在本處.

---

1 선재동자善財童子가 친견한 53선지식 중 여덟 번째인 비목선인毗目仙人과의 인연을 소재로 한 공안이다. 80권본 『華嚴經』 권64(大10, 345c20)의 내용이 기초가 된다. 비목선인이 선재의 손을 잡았을 때(執手)와 손을 놓았을 때(放手), 이 두 가지 상황을 문제로 제기함으로써 성립된 공안이다. 손을 잡고서 무수한 부처님이 계시는 시방 불국토로 가서 무수한 겁이 경과하는 광경을 본 경계와, 손을 놓은 후에 본래 있던 곳으로 돌아온 경계를 차별적이거나 점차적 상승 국면으로 이해하도록 유도하고 있는 점이 이 공안의 핵심이다. 이 공안에 어떻게 접근할 것이냐의 단서를 설화에서 제공해 주고 있다. 전자는 '검소한 상태로부터 사치스러운 상태로 들어간 것과 같으며, 황금으로 바다를 장식한다는 말과 상응한다.'고 하였고, 후자는 '사치한 상태로부터 검소한 상태로 나온 것과 같으며, 산은 산이라는 말과 상응한다.'고 하였다. 비목선인의 손을 잡고 무수한 부처님을 만나 본 것은 누구나 체험하고 싶은 경계로서 값비싸고 풍요로운 세계이다. 하지만 이 세계를 황금으로 바다를 장식하고 백은白銀으로 벽을 쌓아 지은 집처럼 고귀한 안식처로 생각하고 안주하려는 순간 이 모두는 더러운 분변糞便으로 변하고 만다. 그렇다고 해서 다시 가향家鄕으로 돌아온 세계가 본분사를 깨닫고 궁극의 본래 성품을 깨달은 경지라 생각해도 착각이다. 차별적으로 인식되는 이 두 세계에 대한 대립과 긴장을 어떻게 처리할 것인가에 이 공안의 묘미가 있을 뿐이다.

2 불가설불가설不可說不可說 : 고대 인도의 10대수大數 또는 60수數 중 하나. [S] anabhilāpya. 10대수는 아승기阿僧祇·무량無量·무변無邊·무등無等·불가수不可數·불가칭不可稱·불가사不可思·불가량不可量·불가설不可說·불가설불가설 등이다. 이 10대수는 아승기부터 점차로 제곱하여 불가설불가설에 이르는 형식이다. 80권본 『華嚴經』 권45 「阿僧祇品」(大10, 238b3), "불가량전의 제곱이 1불가설이고, 불가설의 제곱은 1불가설전不可說轉이며, 불가설전의 제곱은 1불가설불가설이다.(不可量轉不可量轉, 爲一不可說, 不可說不可說, 爲一不可說轉, 不可說轉不可說轉, 爲一不可說不可說.)"

설화[3]

- 비목의 온전한 음사어는 비목구사毘目瞿沙(⑤ Bhīṣmottara-nirghoṣa)이며, 한역하면 출성가외出聲可畏이다. 곧 '말하는 소리가 온갖 삿된 무리들을 두렵게 한다.'라는 뜻이다. 비목은 화엄의 제8주인 동진주童眞住[4]의 선지식이다.

- 장자론長者論[5]에서 다음과 같이 말한다. "'손을 잡자~무수한 겁劫이 경과하는 광경을 스스로 보았다.'라는 말은 처음으로 십주十住의 초지初地[6]에 들어가 바른 지혜가 더욱 밝게 드러나 부처님과 동등한 견해가 되었다는 뜻이다.[7] 한 찰나 중에 삼매의 힘으로 모든 무량한 겁의 변화가 한꺼번에 일제히 나타나게 된 것이다. '본래 있던 장소로 되돌아왔다.'라는 말은 처음으로 십주의 초지에 이르러 일분一分[8]이 더욱 밝게 드러나고, 성자(비목선인)가 이끌어 가지加持[9]해 주는 힘에 의지함으로써

---

3 이 설화는 각 구절을 이통현李通玄의 설에 따라 해석하고, 동일한 구절에 대하여 다시 선어록 등을 전거로 삼아 거듭 해설하는 형식을 취한다.
4 동진주童眞住 : 화엄의 십주十住 중 제8주. 보리심菩提心에서 퇴행하지 않고 무공용無功用의 지혜를 자유롭게 발휘하는 것을 특징으로 한다. 『華嚴經合論纂要』 권중 「十住品第十五」(卍88, 745b8), "여덟 번째, 공용이 없는 지혜로써 청결하고 오염이 없는 경계를 나타내니 이를 동진주라 한다.(八, 以無功智, 現淸潔無染, 名童眞住.)" 『伽山佛教大辭林』 '童眞住' 항목 참조.
5 장자론長者論 : 이통현의 『略釋新華嚴經論』과 『新華嚴經論』을 말한다.
6 초지(地位) : 『略釋新華嚴經論』에는 지위智位로 되어 있으나 초위初位 또는 초지初地와 같다. 『華嚴經疏鈔』 권68(大36, 546c10) 참조.
7 "동등한 견해가 되었다는 뜻이다."라는 이 구절 이하에 장자론 원문의 몇 구절은 생략되었다.
8 일분一分 : 인분因分으로 수행 과정을 말하며, 수행 결과인 과분果分과 대칭한다. 『佛華嚴經搜玄分齊通智方軌』 권3 「十地品」(大35, 53b26), "또한 『십지경론十地經論』에서 '일분만 설한다.'라고 한 말은 인분을 가리킨다. 지위에는 두 부분이 있다. 하나는 인분이고 또 하나는 과분이다. 인분은 세간의 방편으로 행하고 닦는 수행 곧 행과 지혜를 더하는 영역이며, 과분은 생멸을 벗어나고 차별상을 떠나 성취하는 진실한 증득 곧 바른 증득의 영역이다.(又論云, '但說一分'者, 謂因分也. 地有二分, 一因二果. 因謂世間方便行修, 卽加行智分齊也 ; 果謂出生離相眞證, 卽正證分齊.)"
9 가지加持 : 불보살의 불가사의한 힘으로 중생을 보호하는 것. 섭지攝持·가호加護·소지

모든 부처님의 경계를 보게 되며, 불지佛地에 이르러 공을 마치면 시방 전체가 항상 눈앞에 나타나 애써 가지받을 일이 없게 된다는 뜻이다."[10] 또한 이렇게 말한다. "지혜의 힘으로 가지받아 법을 깨닫고, 일단 법을 얻은 다음에는 자신의 지혜력이 항상 그렇게 머문다. 비록 성자(비목선인)에게 돌아와 그의 가지를 버리더라도 한눈에 그와 다른 경지가 아니라는 것을 아는 것이다. 마치 어떤 사람이 강을 건넌 다음에는 배를 짊어지고 갈 필요가 없는 것과 같다."[11] 곧 비목선인의 가지를 받아 모든 부처님의 경계를 보고 나서 그 가지를 버리더라도 자신의 지혜력이 항상 그렇게 머문다는 뜻이다.

[執手] 毘目, 具云, 毘目瞿沙, 此云, 出聲可畏, 謂所出之音, 衆邪驚怖也. 華嚴第八, 童眞住善知識. 長者論云, "執手至劫者, 以初入地位, 正智增明, 與佛同見. 於一念中, 以三昧力, 一切無量劫, 一時并現也. 還復如舊者, 初至地位, 一分增明, 以假聖所接引加待, 見諸佛境界, 至佛功終, 十方常在目前, 無勞所加持也." 又云, "智力加持入法, 旣得法已, 自力常然. 雖復聖者, 捨其加持, 一見見無異. 如人[1]濟渡於河,[2] 不可負舟而去." 則被仙加持, 見諸佛境界, 捨其加持, 自力常然也.

1) ㉠ '人'이 『新華嚴經論』에는 '舟'로 되어 있다. 2) ㉠ '河'가 『新華嚴經論』에는 '岸'으로 되어 있다.

● 자신의 몸이~무수한 겁劫이 경과하는 광경을 스스로 보았다 : '검소한 상태로부터 사치스러운 상태로 들어간 것[12]과 같다. 황금으로 바닥을

所持·호념護念 등의 뜻이다.
10 『略釋新華嚴經論』 권2상(大36, 1029c9) 이하의 내용에 따른다. 앞부분은 요약하여 처리하였지만 몇 글자의 출입을 제외하고는 대부분 일치한다.
11 『新華嚴經論』 권35(大36, 963c22).
12 검소한 상태로부터~들어간 것 : 검소와 사치는 진각 혜심眞覺慧諶에게만 보이는 독특

장식하고[13]'라고 운운한 말에 상응한다.
- 자신의 몸이 본래 있던 장소로 되돌아오는 광경을 목격하였다 : '사치스러운 상태로부터 검소한 상태로 나온 것과 같다. 산은 산이고'[14]라 운운한 말과 같다.

又自見其身至劫者, 從儉入奢, 黃金爲地云云. 卽見自身云云者, 從奢出儉, 山是山云云.

- 차수叉手는 서로 잡는 것을 뜻하니 손을 잡은 경계[15]에 대해 옛사람은 이렇게 말했다. "잠시 망념을 거두어들이는 순간, 이곳이 바로 미륵이 계신 곳이니 선재동자가 없는 문이 없다. 또한 망념을 거두어들이면

한 개념이며, 여타의 경론이나 선 문헌에는 보이지 않는다. 이것을 각운이 빌려 쓴 것인데, 본서 32칙 본칙 설화에 나오는 다음 내용을 생략한 것이다. "여인이 선정에 들어 있을 때는 검소한 상태로부터 사치스러운 상태로 들어간 것과 같다. 이것은 황금을 땅에 깔고 백은을 벽에 장식한 격이니, 곧 누각이 겹겹이 중첩된 화장세계의 자라장紫羅帳 속에 진주를 뿌리는 경계이다. 여인이 선정에서 나왔을 때는 사치스러운 상태로부터 검소한 상태로 들어간 것과 같다. 이것은 산은 산이고 물은 물이며, 주장자는 원래 나무로 만들어진 것이고, 백반은 원래 쌀알로 지어진 경계를 말한다.(女子入定時, 從儉入奢, 黃金爲地, 白銀爲壁, 則樓閣重重華藏界, 紫羅帳裏, 撒眞珠也. 女子出定時, 從奢入儉, 山是山, 水是水, 拄杖元是木頭造, 白飯元是米粒做.)" 검소와 사치를 다음과 같이 활용하는 예는 보인다. 『密菴語錄』(大47, 973b11), "운문 대사는 놓아줄 경우 지나치게 사치스러웠고 거두어들일 경우 너무나 검소하였지만, 마지막에는 애타는 심정으로 어째서 그에게 본분의 식량을 주면서 자신의 온몸을 더럽히는 지경이 되도록 하지 않았을까? 그럼에도 동산이 그렇게 깨달았다고 하였으나 국자 점을 치고서 들려주는 헛소리에 불과했다.(雲門大師, 放去太奢, 收來太儉, 末後憋憋, 何不與他本分草料, 致令和泥合水? 洞山與麽悟去, 也是杓卜聽虛聲.)"
13 황금으로 바닥을 장식하고 : 『雪竇語錄』권2(大47, 679b10), "황금을 땅에 깔고 백은을 벽에 장식한 격이니, 석가노자가 이곳에서 대소변을 보아서는 안 된다.(黃金爲地, 白銀爲壁, 釋迦老子, 不合向者裏屙.)" 본서 757칙 본칙 설화 주석 참조.
14 주 12 참조.
15 손을 잡은 경계 : 망념을 거두는 것과 비목선인이 선재의 손을 잡은 것을 상응시키기 위한 말이다.

누각의 문은 손가락 퉁기는 짧은 순간에 열린다."[16]
● 손을 놓는 순간 자신의 몸이 본래 있던 장소로 되돌아왔다 : 잠깐 사이에 생각이 일어나면 이전 그대로 산하와 토목과 돌덩이(瓦石)가 가로막을 것이고, 다시 머뭇거리며 분별하면 등왕燈王[17]의 사자좌가 유마의 방에 들어가지 못할 것이다.[18]

---

16 정확히 일치하는 구절은 없지만, 앞뒤의 단락이 선 문헌에 적지 않게 발견된다.『天聖廣燈錄』권27「寶覺澄諟章」(卍135, 874a17),『佛心才和尚語』續古尊宿語要 4(卍119, 2b2) 참조. 용문 불안龍門佛眼의 법어에도 유사한 구절이 있다.『龍門佛眼語錄』古尊宿語錄 29(卍118, 538a15), "잠시 망념을 거두어들이면, 이곳이 바로 미륵이 계신 곳이니 문마다 선재동자가 있다. 반대로 조금이라도 마음이 남아 있으면, 토석과 산하와 돌덩이와 가시나무가 나타날 것이다.(暫時歛念, 是處是慈氏, 門門有善財. 介爾有心, 土石山河瓦礫荊棘.)"『華嚴妄盡還源觀疏鈔補解』(卍103, 184a17), "잠깐 사이에 망념을 거두어들이자【선정에 든 것을 나타낸다.】누각의 문이 열리고 나를 들어가도록 하였다.【처음으로 미륵이 다른 곳에서 누각으로 온 것을 보았기 때문에 나를 들어가게 한 것이다.】미륵이 손가락을 퉁기자 문이 곧 열렸고,【모든 법으로 하여금 말을 잊고 뜻을 알게 하였기에 불법의 문이 열린 것이다.】선재가 들어가고 나서 다시 이전처럼 문이 닫힌 것이다.【망념 그대로 진실하여 굳이 들어갈 곳이 전혀 없기 때문에 다시 닫혔다고 한 것이다.】각각에 수많은 누각이 나타나고,【『화엄경』에 '그 가운데 헤아릴 수 없이 많은 온갖 미묘한 누각이 나타난 모습을 보기도 하였다.'라고 하였다.】각각에는 선재동자가 있는데,【『화엄경』에 '스스로 그 몸이 모든 누각 그 어디에나 있음을 보았다.'라고 하였다.】미륵 앞에 있었다.【『화엄경』에 '미륵이 초발보리심을 일으킨 때를 보기도 하였고, 최초로 자심삼매를 증득한 장면을 보기도 하였다.'라고도 하였다.】(暫時斂念,【標定也.】開樓閣門, 令我得入.【初見彌勒從別處來, 向樓閣所故, 令我得入.】彌勒彈指, 其門卽開,【令其諸法, 亡言會旨, 則佛法門開.】善財入已還閉如故.【卽妄而眞, 更無入處, 故云還閉.】各現百千樓閣,【經云, '或見其中有無量百千諸妙樓閣.】各有善財童子,【經云, '自見其身徧一切樓閣中.'】在彌勒前,【經云, '或見彌勒初發菩提心時, 或見最初證得慈心三昧.'】)";『寶覺祖心語錄』「感舊」(卍120, 238b7), "누각 문 앞에서 망념 거두어들이자마자, 손가락 퉁길 필요 없이 진작부터 문 열려 있었네. 선재가 떠난 뒤로 아무 소식 없더니, 문밖에는 예전 그대로 파릇한 봄풀만 돋았구나.(樓閣門前纔斂念, 不須彈指早開扃. 善財一去無消息, 門外依前春草青.)"
17 등왕燈王 : 수미등왕불須彌燈王佛의 약칭.
18 등왕燈王의 사자좌가~못할 것이다 :『維摩經』권상「不思議品」(大14, 527a20)에 따르면, 수미등왕불의 신장은 8만 4천 유연由延이고, 이 부처님이 앉는 사자좌獅子座의 높이는 8만 4천 유연인데, 유마거사가 신족통神足通을 보이자 이 부처님이 즉시 3만 2천 개의 사자좌를 유마거사의 방으로 들여보냈다고 한다. '유연'은 Ⓢ yojana의 음사어로 유순由旬이라고도 하며, 걸어서 하루 걸리는 거리를 말한다.『楞嚴經宗通』권10(卍25, 392a11), "유마대사가 신통력을 드러내자 수미등왕불이 높고 드넓으며 잘 장엄된 3만

又手以攀攬爲意, 則執手處. 古人云, "暫時歛[1]念, 是處是慈氏, 無門無善財. 又歛念, 則樓閣之門, 彈指卽開也." 放手處, 卽見自身, 還在本處者, 瞥爾情生, 依舊山河土木瓦礙. 又議[2]心, 則燈王之座, 不入維摩之室.

1) ㉠ '歛'은 '斂'과 통용자이다. 이하 동일. 2) ㉠ '議'는 '擬'의 오기인 듯하다.

- '자신의 몸이 시방十方 불국토에 티끌과 같이 무수한 부처님이 계시는 모든 세계로 가는 것을 보았다.'라고 한 말은 장소에 걸림이 없다(處無礙)는 뜻이고, '불가설불가설不可說不可說의 티끌처럼 무수한 겁劫이 경과하다.'라고 한 말은 시간에 걸림이 없다(時無礙)는 뜻이다. 마치 '끝이 없는 불국토의 경계에서는'[19]이라 운운한 말과 같다.
- '자신의 몸이 본래 있던 장소로 되돌아오는 광경을 목격하였다.'라고 한 말에 대하여 불안 청원佛眼淸遠은 이렇게 말한다.[20] "사생四生과 육도六道[21]가 모두 마음 그대로의 자성이고, 삼도三途와 팔난八難[22] 그 어디

2천 사자좌를 보내어 유마힐의 방으로 들어갔다. 여러 보살과 대제자와 석범과 사천왕 등은 예전에 보지 못했던 광경으로서 그 방은 드넓어 3만 2천 사자좌를 모두 포용하고도 걸리는 장애가 없었다. 보각 선사가 말하였다. '높고 드넓은 사자좌를 유마의 협소한 방에 들였네. 그 사이에 우두커니 생각에 잠겼다면 곧 장애가 되었으리니 이야말로 진실한 신통력을 보였기에 불가사의하다고 하는 것이다.'(若維摩大士所現神力, 卽時須彌燈王佛, 遣三萬二千師子座, 高廣嚴淨, 來入維摩詰室. 諸菩薩大弟子釋梵四天王等. 昔所未見, 其室廣博, 悉包容三萬二千師子座, 無所妨礙. 寶覺禪師曰, '以師子座之高廣, 毗耶室之狹小. 佇思其間, 卽成妨礙, 此眞神通力, 故不可思議.)" 본서 62칙 본칙 설화 주석 참조.

19 『新華嚴經論』권1(大36, 721a20)에 나오는 다음 단락을 줄인 말이다. "끝이 없는 불국토의 경계에서는 자·타 간에 조금도 간격이 없고, 십세十世의 고·금은 처음부터 끝까지 현재의 한 찰나를 벗어나지 않는다.(無邊刹境, 自他不隔於毫端 ; 十世古今, 始終不離於當念.)"
20 이하 '불안 청원의 상당'에 나온다.
21 사생四生과 육도六道 : 중생이 태어나는 네 가지 양식과 윤회하는 여섯 가지 세계를 말한다. 사생은 태생胎生·난생卵生·습생濕生·화생化生 등이고, 육도는 지옥地獄·아귀餓鬼·축생畜生·아수라阿修羅·인人·천天 등이다. 인과 축생은 사생의 양식을 모두 가지고 있고, 아귀는 태생·화생, 지옥·천, 그리고 중유中有는 오로지 화생만 있다. 『俱舍論』권8(大29, 43c21) 참조.

에나 두루 색신을 나타내며, 화장해華藏海[23]에 살면서 부사의한 경지에 머문다. 이와 같은 취지는 우리들의 본분 그 자체일 뿐이니, 그 사실을 믿을 수 있겠는가?" 본래 있는 곳을 떠나서 별도로 화장세계가 있는 것은 아니며, 화장세계를 떠나서 별도로 본래 있는 곳도 없다. 곧 평상의 경계와 부사의한 세계(화장세계)[24]는 하나의 길로 함께 간다.[25]

又自見其身至佛所者, 處無礙 ; 乃至經不可說至劫者, 時無礙. 如無邊刹境云云. 卽見自身, 還在本處者, 佛眼遠云, "四生六道, 卽心自性 ; 三途八難, 普現色身 ; 居華藏海之中, 住不思議之內. 如斯之旨, 乃吾輩之常分耳, 還信得及麼?" 非離本處, 別有華藏世界 ; 非離華藏世界, 別有本處. 所謂平常不思議, 一途而行.

● 고인의 게송 세 수[26]가 다음과 같이 전한다.

---

22 삼도三途와 팔난八難 : 삼도는 육도 윤회 중 악업惡業을 저지른 결과로 태어나는 지옥·아귀·축생 등 세 가지 세계로 삼악도三惡途라고도 한다. 팔난은 지옥·아귀·축생·울단월鬱單越·장수천長壽天·농맹음아聾盲瘖瘂·세지변총世智辯聰·불전불후佛前佛後 등이다. 『增壹阿含經』 권36「八難品」(大2, 747a6) 등에 서술되어 있다.
23 화장해華藏海 : 『華嚴經』에 제시된 연화장세계蓮華藏世界를 말한다. 비로자나불毘盧遮那佛이 과거세에 발원하여 보살행을 닦음으로써 성취한 청정하고 장엄한 세계이며, 십불十佛이 교화하는 경계이다. 본서 32칙 본칙 설화 주석 참조.
24 부사의한 세계(화장세계) : 연화장세계의 부사의不思議에 대하여 징관澄觀은 다음과 같이 말한다. 『華嚴經疏』 권11(大35, 575b14), "정토淨土와 예토穢土 등 모든 국토는 어느 것이나 여래께서 성취한 신통과 지혜의 힘으로 이룬 것이다. 중생을 제도하기 위하여 두 가지 국토를 취한 다음 두루 응하고자 부처님께서 응하여 통솔하는 세계는 모두 불토佛土라 하기 때문이다. 연화장해는 부처님께서 청정하게 꾸민 세계로 그 안에는 정토와 예토가 모두 들어가 있다. 그러나 부처님의 경지에서 말하기 때문에 청정하지 않은 국토가 없다고 한다. 이미 예토 그대로 정토이므로 그 세계는 부사의한 것이다.(一切淨穢等土, 皆是如來通慧力成, 爲物而取, 擬將普應, 佛應統之, 皆稱佛土故. 蓮華藏海, 佛所嚴淨, 而內含淨穢. 然就佛言之故, 無國而不淨也. 旣卽穢而淨, 故不思議.)"
25 이 말은 뒤의 '황룡 사심의 염' 설화에도 나온다. 설화에만 보이는 문구이다.
26 고인의 게송 세 수 : 순서대로 진각 혜심眞覺慧諶, 홍영 소무洪英邵武의 게송이며, 나

비목선인이 손을 잡았던 그 순간
시방 전체가 그 뒤를 따랐다네
돌아와 누우니 불어오는 솔바람
한없이 맑은 기운 스스로 알 뿐

시방 전체가 털끝 하나에 일제히 나타나니[27]
화장세계 두른 겹겹의 제망[28] 싸늘히 밝다
선재동자 이별하고 떠난 뒤 어디로 갔을까
맑은 밤바람은 푸른 대나무[29]를 흔드네

화장장엄세계 안에는
한 티끌에 얼마나 많은 것들 겹쳐 들어 있나
홀연히 밀치고 나아가 눈 치켜뜨고 살펴보니
이전 그대로 성긴 주렴이 새벽바람에 흔들리네

古人有三頌云, "毘目仙人執手時, 十方無處不追隨. 歸來一枕松風在, 無

머지 하나는 작자 미상이다. 각각은 『眞覺國師語錄』「補遺」(韓6, 48c20), 『圓頓成佛論』(韓4, 728a9)에 보인다.

27 시방 전체가~일제히 나타나니 : 60권본 『華嚴經』 권26(大9, 587a2)의 다음 구절과 통한다. "저 하나하나의 털끝에 불가설不可說의 모든 불국토를 안치한다.(於彼一一毛端處, 置不可說諸佛刹.)"

28 제망帝網 : 제석천帝釋天의 주망珠網 곧 인다라망因陀羅網(⑤ indra-jāla)을 말한다. 화엄의 법계연기法界緣起를 나타내는 대표적인 비유이다. 존재 하나하나가 다른 모든 존재를 자기 안에 거두어 들이고(攝) 그 하나의 존재는 다른 모든 존재 속에 들어가 있는(入) 관계로서, 겹겹이 무한하게 중첩된 그 연기적 관계를 비유한다. 그물코마다 달려 있는 보배 구슬이 서로 다른 구슬을 투영하여 하나의 구슬에 모든 구슬이 비추어지는 현상을 비유로 삼은 것이다. 본서 1077칙 '천동 정각의 송' 제2구 주석 참조.

29 푸른 대나무(琅玕) : 주옥같이 아름다운 돌을 가리키는데, 대나무의 푸른빛 또는 대나무 자체를 가리키는 말로도 쓰인다. 구슬과 같은 열매를 맺는다는 전설상의 신선 나무(仙樹)의 과실을 가리키기도 한다.

限淸凉只自知.", "十方齊現一毛端, 華藏重重帝網寒. 珎重善財何處去? 淸宵風撼碧琅玕.", "華藏莊嚴世界中, 一塵中有幾重重? 忽然排出擡眸看, 依舊疏簾動曉風."

황룡 사심黃龍死心의 염

"손을 놓은 것에 대해서는 그대에게 묻지 않겠다. 손을 잡은 경계는 어떻게 말할 것인가?"

黃龍心拈, "放手卽不問爾, 執手處作麽生道?"

[설화]

○ 손을 놓은 것에 대해서는~어떻게 말할 것인가 : 손을 놓은 경계를 떠나서 손잡은 경계를 물은 것이 아니다. 만약 손잡은 경계를 이해한다면 손 놓은 경계 또한 이해할 것이다. 그래서 '평상의 경계와 부사의한 세계는 하나의 길로 함께 간다.'라고 말한다. 아래 제시되는 불안 청원의 상당법문도 이 뜻이다.

黃龍 : 放手卽不問云云者, 非離放手處, 問執手處. 若會得執手處, 則放手處亦如是. 所謂平常不思議, 一途而行也. 下佛眼遠上堂, 卽此意.

불안 청원佛眼淸遠의 상당

하안거를 마치는 날 법좌에 올라앉아 말했다. "비목선인이 선재동자의 손을 잡자마자 작은 티끌과 같이 무수한 과거의 부처님들이 나타났고, 손을 놓자 완연히 이전 그대로의 상태로 돌아왔다. 나, 용문은 모든 대중들을 이끌며 이곳에서 도량 밖으로 나가지 않고[30] 안거를 시작하였는데, 이렇게 안거를 마치는 날이 되고 보니 완연히 이전 그대로이구나. 선재동자는 이전 그대로 돌아온 곳에서 무수한 부처님을 하나로 거두어 돌아간 흔적을 남겼으나, 대중들이 맞이한 이전 그대로의 경계에는 석 달 90일 동안의 일을 모두 거두어 자취가 남아 있지 않도록 하라. 알겠는가? 하나의 털끝에 모든 세계를 감추고³¹ 개자씨 하나에 수미산을 거두며, 보거나 듣는 대상을 떠나지 않고 십지十地³²에 훌쩍 뛰어오른다. 사생과 육도가 모두 마음 그대로의 자성이고, 삼도와 팔난 그 어디에나 두루 색신色身을 나타내며, 화장해에 살면서 부사의한 경지에 머문다. 이와 같은 취지는 우리들의 본분 그 자체일 뿐이니, 그 사실을 믿을 수 있겠는가?"

佛眼遠, 解夏上堂云, "毗目仙人, 執善財手, 頓見過去微諸佛, 及其放手, 宛然依舊. 龍門長老, 領諸大衆, 爰於此地, 結足安居, 及其解夏, 宛然依舊. 善財依舊處, 微塵諸佛, 含攝有歸 ; 大衆依舊處, 三月九旬, 歛收無迹. 還會麽? 毛端藏刹海, 芥子納須彌, 不離見聞緣, 超然登十地. 四生六道, 卽心自性 ; 三途八難, 普現色身, 居華藏海之中, 住不思議之內. 如斯之旨, 乃吾輩之常分耳, 還信得及麽?"

각범 혜홍覺範慧洪의 평

"주세영朱世英이 이 공안을 제기하고 일찍이 나에게 '이 한 토막의 이치는 어떻게 밝힙니까?'라고 묻기에 나는 '이 모두가 상징입니다.'라고 대

---

30 결족結足은 금족禁足과 같은 말로, 안거 3개월 90일 동안 외출을 금하는 규정이다.
31 하나의 털끝에~세계를 감추고 : 『華嚴法界觀門頌』 권하(大45, 705b28), "하나의 털끝에 모든 세계를 감추고, 모든 세계는 하나의 털끝으로 들어가노라 : 정보正報가 의보依報를 포용하고 의보가 정보로 들어간다. 이는 앞 구절에서 좁은 것이 넓은 것을 가로막지 않음과 다음 구절에서 넓은 것이 좁은 것을 가로막지 않는 도리를 읊은 송이다.(毛端容刹海, 刹海入毛端 : 正容依依入正. 此頌上狹不礙廣, 下廣不礙狹.)"
32 십지十地 : 불지佛地와 같은 말. 십지 중 마지막 지위로서 궁극적 경지이다. 일체종지一切種智 등 부처님이 깨달은 법을 빠짐없이 갖춘 지위를 가리킨다.

답했다. 선재의 손을 잡은 것은 법을 관찰하는 삼매로 들어간 순간이니, '자·타 간에 조금도 간격이 없고, 처음부터 끝까지 현재의 한 찰나를 벗어나지 않는다.'[33]라는 진실을 본 것이다. 손을 놓은 것은 삼매에서 나온 순간을 말한다. 영명 연수永明延壽는 이렇게 말했다. '그러므로 알라! 본래의 자리에서 움직이지 않고 멀거나 가까운 국토가 뚜렷이 드러나며, 한 찰나도 떠나지 않고 느린 시간이나 빠른 시간이 진실 그대로 나타난다.'[34] 부처님께서는 대체로 연꽃을 비유로 삼으셨으나 세상에는 그 뜻을 아는 자가 없고, 나만 유독 그것을 안다. 연꽃이 막 피려고 할 때 그 안에는 이미 씨가 있고, 씨 안에도 이미 연근이 있다. 그러므로 원인 중에 이미 결과가 있고 결과 중에 원인이 있으니 삼세가 동일한 시간 속에 있는 것이다. 그 씨는 골고루 퍼져 있으면서 또한 한곳에 모여 있으니, 서로 이어져 끊어지지 않고 시방 그 어느 곳과도 떨어져 있지 않다."

覺範曰, "朱世英, 擧此話, 嘗問予, '此一段義, 何以明之?' 予云, '皆象也.' 方執其手, 卽入觀法之時, 見自他不隔於毫端, 始終不移於當念, 及其放手, 卽是出定之時. 永明曰, '是知! 不動本位, 遠近之刹歷然; 一念靡移, 延促之時宛爾.' 世尊, 蓋以蓮爲譬, 而世莫有知者, 予特知之. 夫蓮方華時, 中已有子, 子中已有藼. 因中有果, 果中有因, 三世一時也. 其子分布, 又會屬焉, 相續不斷, 十方不隔也."

---

33 이통현의 말. 주 19 참조.
34 선재동자와 비목선인의 인연에 관한 영명 연수의 평가이다. 『宗鏡錄』 권16(大48, 500c22) 참조.

75칙 천친저개 天親這箇

본칙 천친[1]보살이 미륵내궁彌勒內宮에서 내려오자 무착[2]보살이 물었다. "경전에 '인간 세상의 400년이 도솔천에서는 하루 밤낮의 시간이며, 미륵은 한순간에 500억 천자天子들에게 무생법인無生法忍을 증득하도록 해 준다.'[3]라고 하니, 이는 무슨 법을 설한 것인가?" 천친이 말했다. "오로지 들리는 그대로의 '이(者箇)[4] 법'을 설한 것이오. 다만 범천梵天의 목소리가 맑고 우아하여 사람들이 즐겁게 듣도록 할 뿐입니다."

天親菩薩, 從彌勒內宮下, 無着菩薩問, "經云, '人間四百年, 彼天爲一晝夜, 彌勒, 於一時中, 成就五百億天子, 證無生法忍.' 未審說什麼法?" 天親云, "只說者箇法. 只是梵音淸雅, 令人樂聞."

설화
- 『서역기』에 이렇게 전한다.[5] "무착보살과 동생인 천친 그리고 제자인 사자각師子覺[6] 등 몇몇 현철賢哲들은 매번 '갖가지 수행의 조목(行業)을

---

1 천친天親 : 세친世親이라고도 한다. 바수반두婆藪槃豆([S] Vasubandhu). 유식학파의 창시자 중 한 사람이며 4세기경에 활동했다. 『俱舍論』30권, 『攝大乘論釋』15권, 『十地經論』12권 등을 저술했다.
2 무착無着(310~390 또는 395~470) : 아승가阿僧伽([S] Asaṅga)라 음사하고, 무장애無障礙라고도 한역한다. 천친의 형으로서 형제가 함께 유식의 이론을 완성했다.
3 앞의 구절은 『較量壽命經』(大17, 602c14), 뒤의 구절은 『彌勒上生經』(大14, 420a4) 등의 구절을 따온 것이지만 완전히 일치하지는 않는다.
4 이(者箇) : '저개這箇'·'저개遮箇'·'저개者個' 등으로도 쓴다. 이 공안에서 참구해야 할 핵심이다. '이것'을 진실한 것으로 오인해서도 안 되고 '이것'을 거짓으로 여기고 벗어나서도 안 되는 점이 '이것'을 화두로 전환시킨다.
5 『大唐西域記』 권5(大51, 896c2).
6 사자각師子覺 : 각사자覺師子라고도 한다. [S] Buddhasiṃha. 음사어는 불타승하佛陀僧訶이다. 무착의 제자로서 4~5세기경에 활동했다.

닦는 이유는 미륵보살을 친견하고자 함이다. 만약 우리 중 누군가 먼저 죽어서 본래 품었던 마음을 이루게 된다면 마땅히 서로에게 알려주어야 하리라.'라고 운운하였다."
● 본칙의 문구는 『미륵하생경』에 나온다.[7]

[這箇] 西域記云, "無着菩薩, 與弟天親, 弟子師子覺, 二三賢哲, 每謂曰, '凡修行業, 願覲慈氏. 若先捨壽, 得遂宿心, 當相報語.'云云." 文出下生經.

무위자의 송 無爲子頌

미륵여래께서	彌勒如來
이 법 설하니	說者个法
누각에 겹겹이 빗장으로 걸린 관문 열렸거늘	樓閣重重關鑰開
팔만사천 중생 공연히 눈 깜박이며 헤아리네	八萬四千眼空眨

【설화】

○ 팔만사천의 진실한 법장法藏[8]은 이 법을 벗어나지 않는다.

無爲 : 八萬四千眞法藏, 不離這箇法.

천복회薦福懷의 염

"미륵이 애초에 잘못 말했고, 천친도 이미 잘못 전했다. 산승이 이제

---

[7] 전거가 확실치 않다. 이 경에는 본칙과 유사한 구절이 나오지 않는다.
[8] 법장法藏 : ⓢ dharma-kośa. 경전의 법 곧 교법敎法을 '법法'이라 하고, 이를 모두 간직하고 있다(含藏)고 하여 '장藏'이라 한다. 모든 경전을 모아 놓은 대장경을 가리킨다. 『법화경法華經』 권4 「견보탑품見寶塔品」(大9, 34b2), "만일 팔만사천의 법장과 십이부경을 지니고 남들에게 설해 준다면 그것을 듣는 모든 사람들이 육신통을 얻도록 할 것이다.(若持八萬四千法藏, 十二部經, 爲人演說, 令諸聽者, 得六神通.)"

새로운 착각을 가지고 저들의 착각을 대응하여 그대들에게 상세히 설명해 주겠다." 잠시 침묵하다가 말했다. "자세히 들어라, 자세히 들어라! 이어지는 말은 길게 늘어질 것이니 내일 전해 주겠다."[9]

薦福懷抾, "彌勒已是錯說, 天親已是錯傳. 山僧今日, 將錯就錯, 與你諸人注破." 良久云, "諦聽, 諦聽! 向下文長, 付在來日."

설화

○ 미륵이 애초에 잘못 말했고, 천친도 이미 잘못 전했다 : 만약 이것(這箇)을 진실한 것으로 오인한다면[10] 어찌 또 하나의 착각이 아니겠는가!
○ 잠시 침묵한 것 : 하나의 착각을 가지고 또 다른 착각을 대응하는 순간이다.
○ 자세히 들어라, 자세히 들어라 : 이 착각이 어째서 착각이겠는가! 대단히 좋구나, 진실로 나쁘지 않다.[11]

薦福 : 彌勒已是錯說, 天親已是錯傳者, 若也認得這箇, 豈不是錯! 良久處, 將錯就錯地時節. 諦聽諦聽者, 是錯, 何曾錯! 大哉, 良不惡.

불안 청원佛眼淸遠의 거

"생각해 보라! 이것은 무슨 법인가? 반드시 가려내야만 하며, 이것을

---

9 본서 55칙 '낭야 혜각의 상당' 주석 참조.
10 이러한 맥락에서 '인認'은 착각을 진실로 오인誤認한다는 뜻이다.
11 새롭게 대응함에도 또 하나의 착각을 덧붙이는 결과가 되는 까닭은 무엇일까? 아무리 탁월한 견해일지라도 오로지 그것을 찬양하는 마음으로 머물면 올가미로 전락하기 때문에 새롭게 윤색하여 착각으로 바꾸지 않을 수 없다. 이것이 뛰어난 선사들이 앞의 말을 착각으로 만들고 자신의 말도 착각으로 뒤바꿀 또 하나의 착각을 기다리는 이유이다. 모든 언어의 가능한 굴레를 털어 버리려는 선사들의 수법에 여과되면 앞의 말은 뒤로 가서 착각이 된다.

진실한 것으로 오인해서는 안 된다. 대부분 사람들이 '이것'이라는 한 구절에 꼼짝없이 속는다. 그런 까닭에 '(말세의 중생은) 병을 법이라고 말하므로 그들을 가리켜 불쌍한 자들이라 한다.'[12]라고 하는 것이다."

佛眼遠擧此話云, "且道! 這箇是什麼法? 須是揀得出始得, 不要認着這箇. 多是被這箇一句子瞞住了也. 所以, '說病爲法, 是故名爲可恰愍者.'"

설화

○ 반드시 가려내야만 하며 : 모든 사람들이 오인하지 않도록 한 것이다. 만약 (이것을) 진실한 것으로 오인한다면 꼼짝없이 속지 않을 수 없으니, 어찌 병을 약으로 여기는 착각이 아니겠느냐는 뜻이다.

佛眼 : 須是揀得出者, 令諸人不認着也. 若也認着, 不免被瞞住了也, 豈非以病爲藥也.

---

12 『圓覺經』(大17, 920a2).

76칙 아육발개 阿育撥開

[본칙] 아육왕[1]이 빈두로[2] 존자에게 물었다. "듣자 하니 존자께서는 지금껏 부처님을 친견해 오셨다고 하는데, 사실입니까?" 존자가 손으로 눈썹을 쓸어 올린[3] 다음 잠깐 침묵하다가 말했다. "알겠습니까?" "모르겠습니다." "(왕께서도) 부처님을 친견해 왔던 것입니다."【다른 본[4]에는 (존자의 말이) 다음과 같이 되어 있다. "아누달지용왕[5]이 언젠가 부처님께 공양을 올리겠다고 청한 적이 있었는데, 나는 그때 또한 용왕이 그렇게 하리라고 예측했습니다."】

阿育王, 問賓頭盧尊者, "承聞, 尊者親見佛來, 是不?" 尊者, 以手撥開眉毛, 良久云, "會麼?" 王云, "不會." 尊者云, "親見佛來."【一本云, "阿耨達池龍王, 曾請佛齋, 吾是時, 亦預其數."】

[설화]

● 『잡아함경』에 전한다.[6] "무우왕無憂王이 여러 성중聖衆을 모아 놓고 부

---

1 아육왕阿育王 : ⑤ Aśoka. ⑫ Asoka. 아수가阿輸迦라고도 음사하고, 한역어는 무우왕無憂王이다. 중인도 마가다국摩揭陀國 공작왕조孔雀王朝의 제3세 왕이다. 기원전 3세기경에 인도를 통일하고 불교를 외호했던 가장 강력한 통치자였다.
2 빈두로賓頭盧 : ⑤·⑫ Piṇḍola. 사자후師子吼가 가장 뛰어났던 부처님 제자. 열반에 들지 않고 세상에 영원히 머물면서 정법을 지키는 16아라한 중 하나.
3 발개미모撥開眉毛 : 눈썹은 콧구멍(鼻孔)과 마찬가지로 자신의 본분이나 본래면목을 상징한다. 이런 측면에서 더 나아가 수행이 무르익은 경지나 각자覺者의 모습을 비유적으로 나타내기도 한다. 여기에서는 그런 상징을 가져와 '부처님을 친견했는가, 친견하지 못했는가?'를 화두로 전환하는 수단으로 이용하였다.
4 다른 본 : 『五燈會元』권2 「賓頭盧尊者」(卍138, 77a15), 『頌古聯珠通集』권3(卍115, 31a10), 『聯燈會要』권1(卍136, 447b4) 등 참조.
5 아누달지용왕阿耨達池龍王 : ⑤ Anavatapta. ⑫ Anotatta. 전설상 설산과 향취산香醉山 사이에 있으면서 4대강의 발원지가 되는 연못으로 여겨지는 아누달지(無熱惱池)에 사는 용왕. 다른 모든 용왕에게 있는 세 가지 근심이 없다고 한다.
6 『雜阿含經』권23(大2, 169c4)에 "손으로 눈썹을 올렸다.(以手擧眉毛.)"라는 말은 있지만,

처님에 대하여 묻자 빈두로 나한이 손으로 눈썹을 쓸어 올리며 왕에게 말했다. '부처님의 몸은 금산金山[7]처럼 높디높아서 이름을 붙이지 못합니다.'"
- 『서역기』에 "아육은 근심이 없다는 뜻의 무우無憂라 한역한다."[8]라고 한다.
- 눈썹을 쓸어 올렸다 : 부처님을 친견했을 때의 표정을 나타내는가? (아니다.) 백추白槌[9]를 잡거나 불자拂子를 꼿꼿이 세우는 것과 같은 종류의 동작이다.
- 부처님을 친견해 왔던 것입니다 : 자취를 찾지 못하도록 덮어 버린 말이다.[10]

[撥開] 雜阿含經云, "無憂王, 集諸聖衆, 問, '佛如何?' 賓頭盧羅漢, 以手撥開眉毛, 王[1)]曰, '佛如金山之嵬嵬, 難爲名也.'" 西域記云, "阿育, 此云無憂." 撥開眉毛者, 見佛之作耶? 拈槌竪拂一般也. 親見佛來者, 迷蹤蓋覆也.

1) 옘 '王' 자 앞에 '語'가 탈락되었다. 주 6 참조.

설화의 내용은 없다. 다만, 『祖庭事苑』 권8 「賓頭盧見佛」(卍113, 231a17), 『釋氏六帖』 권20 「眉長覆面」(大補13, 426a6)에 "잡아함경』에 전하는 말이다. 무우왕이 성중을 모아 놓고 '부처님은 어떠신지요?'라고 묻자 빈두로 나한이 손으로 눈썹을 쓸어 올리며 왕에게 말했다. '부처님은 금산과 같이 높디높고 당당하시어 어떤 이름도 붙일 수 없습니다.' (雜阿含云, '無憂王, 集諸聖衆, 問, 「佛如何?」賓頭羅漢, 以手擧眉, 語王曰, 「佛如金山, 巍巍堂堂, 難可名也.」')"라고 보인다.

7 금산金山 : 『雜阿含經』 권23(大2, 161b16)에 "몸의 빛깔이 금산과 같다.(身色如金山.)"라고 한 말과 같은 책(大2, 169c6)에 "부처님의 몸은 황금색이다.(身作黃金色.)"라고 한 말 등으로 볼 때 부처님의 몸을 비유적으로 나타낸다.
8 『大唐西域記』 권8(大51, 911a19), "아수가【무우라 한역한다. '아육'이라 한 이전 한역은 잘못된 것이다.】(阿輸迦【唐言無憂. 舊曰阿育, 訛也.】)"
9 백추白槌 : 본서 6칙 본칙 주석 참조.
10 미종개부迷蹤蓋覆 : 아육왕도 언제나 부처님을 친견해 온 것이나 마찬가지라는 뜻으로 보이지만, 사실은 그러한 말의 자취를 일단 따라오도록 해 놓고 결국은 없애 버리는 수법이라는 뜻이다. 본서 11칙 본칙 설화 주석 참조.

장산 법천蔣山法泉**의 송** 蔣山泉頌

하나의 티끌이 눈을 가리자	一翳在眼
헛꽃 어지럽게 떨어지누나	空花亂墜
좁은 길에서 마주치고 보니	狹路相逢
상대를 회피할 수 없었다네	難爲迴避
대왕은 노승의 생김새를 아는가	大王還識老僧無
눈처럼 흰 눈썹 길게 늘어졌다네	似雪眉毛長窣地

설화

○ 하나의 티끌이~어지럽게 떨어지누나 : 눈썹을 쓸어 올린 동작이 바로 하나의 티끌이 눈을 가린 것과 같다.
○ 좁은 길에서~회피할 수 없었다네 : 어쩔 수 없이 눈썹을 쓸어 올렸다는 뜻이다.
○ 대왕은 노승의 생김새를~길게 늘어졌다네 : 눈은 가로로 붙어 있고 코는 세로로 나 있다.[11] 특별히 남다른 점이 없다는 말이다.

蔣山 : 一翳在眼[1]至墜者, 撥開眉毛, 是一翳在眼也. 狹路至過避者, 不得已而, 撥開眉毛也. 大王還識云云者, 眼橫鼻直. 別無奇特地.

1) ㉮ '眼'이 을본·병본에는 없다.

법진 수일法眞守一**의 송** 法眞一頌

아육이 존자께 부처님 친견했느냐 묻자	阿育問師親見佛
존자는 두 손으로 눈썹 쓸어 올렸다네	師將雙手撥開眉

---

11 안횡비직眼橫鼻直 : 부처님이 되었건 존자가 되었건 평범한 생김새로 돌려놓아 고하의 차별을 차단함으로써 분별의 실마리를 박탈했다. 본서 2칙 '대홍 보은의 송' 설화, 1000칙 본칙 설화 주석 참조.

어찌 반드시 영산에서만 찾을 것인가	何須直向靈山覓
눈앞에서 만난 사람 도대체 누구인가[12]	覿面相逢更是誰

보녕 인용保寧仁勇의 송 保寧勇頌

우리의 부처님께서 빈두로를 친히 만나시니	我佛親見賓頭盧
눈썹 길고 머리칼 짧고 두 눈 부리부리하다	眉長髮短雙目矑
아육왕은 여전히 의심하며 믿지 못하는구나[13]	阿育王猶疑狐
옴마니 달리실리 소로[14]	唵嚇呢噠哩哆哩嚧嚧

숭승공의 송 崇勝珙頌

부처님 친견해 왔다는 말뜻 아는 이 드무니	親見佛來人罕知
기이하다, 두 손으로 눈썹 쓸어 올리는구나	奇哉雙手撥開眉
봄 내내 붉은 비단 같은 꽃이 길 가득하더니	三春紅錦花滿蹊
구월 되자 황금 같은 국화 울타리 둘러싸네	九月黃金菊堆籬
울타리 둘러싼 국화여	菊堆籬
우습다, 돌아보고 비추라, 이 하고 소리친 소양[15]	堪笑昭陽顧鑑咦

---

12 어찌 반드시~도대체 누구인가 : 영산회상의 부처님을 굳이 만날 일이 아니고, 눈앞의 존자가 바로 부처라는 말이다. 하지만 여기에 주어진 이러한 말의 자취를 그대로 따라가면 함정이 된다.

13 아육왕은 여전히~믿지 못하는구나 : 자취를 덮어 없애는 방식으로 주 10의 내용과 통한다. 곧 위의 제1구~제2구의 말을 믿도록 유도한 의도가 들어 있지만, 다음 구절에서 본래의 뜻이 드러난다.

14 옴마니 달리실리 소로唵嚇呢噠哩哆哩嚧嚧 : 일도진언一道眞言으로서 어떤 말도 통하지 않는 화두의 본질과 같은 소리이다. 본서 16칙 '밀암 함걸의 거' 설화, 250칙 '운문 문언의 거 1' 마지막 구절 및 그 설화 참조. 빈두로가 바로 부처님과 다르지 않다고 앞에서 말했지만 그 자체가 이러한 일도진언으로서 어떤 의미로도 포착되지 않는 말이다. 주 11, 12와 통한다.

15 소양昭陽은 운문 문언雲門文偃이다. 운문은 학인들이 질문을 하면 그를 돌아보고서 (顧) '비추어 보라(鑑)'고 하거나 '이咦'라고 소리쳤다고 한다. 이것을 운문삼자雲門三字의 선禪이라 한다. 『人天眼目』 권2(大48, 312b15), "운문은 스님들을 만날 때마다 뚫어

| 걸어서 하늘 끝과 바다 끝에 다 이르렀거늘 | 行盡天涯與海涯 |
| 한 치도 걸음 옮긴 적 없다고 누가 말하는가 | 誰言寸步不曾移 |

열재거사의 송 悅齋居士頌
아누지용왕 부처님께 공양 올리려고 청했지만	阿耨池龍請佛齋
진실한 법으로 여래께 공양 올릴 방도 몰랐네	不知眞法供如來
간절하게 전한 뜻 다름 아닌 눈썹에 있었으니	慇懃只在眉毛上
크나큰 보시의 문이 팔자로 활짝 열렸도다	大施門庭八字開

오조 사계 五祖師戒 의 평
빈두로 존자가 왕에게 한 말을 끌어내어 평가했다. "부끄럽구나!"

五祖戒, 出王語云, "慚愧!"

[설화]

○ 빈두로 존자가~부끄럽구나 : 눈썹을 쓸어 올리고 침묵하고 있었던 순간에 (존자의) 부끄러움이 적지 않았으니, 이렇게 말했다면 (왕이 존자에게) 꼼짝없이 속지는 않았을 것이라는 뜻이다.

五祖 : 出云云者, 撥開眉毛, 良久處, 慚愧不少, 伊麽道, 則不被瞞住了也.

져라 돌아보고(顧)는 '비추어 보라(鑑)!'고 말하고, 혹은 '이咦!' 하고 소리쳤는데, 기록하는 자가 (동작과 말을 하나로 섞어서) '고감이顧鑑咦'라 적었다. 후에 덕산 원명 연밀緣密 선사가 '고' 자를 제거하고 '감이'라고만 하였는데 옛 총림에서는 (고顧 자를 뽑아냈다고 하여) 그것을 추고抽顧라 한다.(師每見僧, 以目顧之, 卽曰, '鑑!' 或曰, '咦!' 而錄者曰, '顧鑑咦.' 後來, 德山圓明密禪師, 刪去顧字, 但曰, '鑑咦.' 故叢林目之曰謂抽顧.)"

취암 가진翠嵒可眞**의 염**

"생각해 보라! 어디에서 친견하였는가? 설령 눈 내리는 하늘 아스라하고 호수의 빛깔은 화창하더라도 꿈 이야기는 하지 마라![16]"

翠嵒眞拈, "且道! 什麼處見? 直饒雪天縹渺, 湖光澹蕩, 且莫說夢!"

〔설화〕

○ 눈 내리는 하늘 아스라하고 호수의 빛깔은 화창하더라도 : 침묵했던 지점에서 다시금 한 걸음 크게 내딛고서 했던 말을 가리킨다.
○ 꿈 이야기는 하지 마라 : 비록 이렇다고 해도 이 또한 꿈 이야기를 하는 것에 지나지 않는다. 그렇다면 어디에서 친견할 것인가? 만일 다시 더 고상하게 한 수를 놓더라도 이 또한 꿈 이야기에 불과하다.

翠嚴 : 雪天至澹蕩者, 於良久處, 更闊一步道得也. 且莫說夢者, 雖然伊麼, 亦是說夢. 然則向什麼處見? 若是更高一着, 亦是說夢.

승천기承天琦**의 상당**

이 공안을 제기하고 말했다. "대중이여, 생각해 보라! 존자는 어느 곳

---

16 꿈 이야기는 하지 마라 : 본분사에서 보면 어떻게 말하더라도 언어에 담은 내용은 꿈 이야기처럼 허탄한 소리가 되고 만다는 뜻. 실체가 없다는 점에서는 그것이 바로 모든 현상의 진실한 모습을 대변한다고도 할 수 있다. 취암 가진은 '꿈 이야기는 하지 말라'는 비판적인 목소리에 포폄褒貶의 뜻을 다 담은 것이다. 『雪竇語錄』 권4(大47, 693a15), "언젠가 '삼세의 모든 부처님들이 꿈 이야기를 했고, 6대의 조사들도 꿈 이야기를 했으며, 나, 취봉도 지금 꿈 이야기를 한다. 꿈에서 본 장면이 있는가?'라고 말한 뒤 대신 스스로 대답했다. '선상을 뒤집어엎어라!' 어떤 때는 '선상을 뒤집어엎는 행위는 본분인데 허물은 어디에 있는가?'라고 묻고 대신 스스로 대답했다. '어지럽게 흔드는 봄바람은 단번에 그치지 않으리라.'(有時云, '三世諸佛說夢, 六代祖師說夢, 翠峯今日說夢. 還有夢見底麼?' 代云, '掀倒禪床!' 或云, '掀倒禪床, 蓋是本分, 過在什麼處?' 代云, '惱亂春風卒未休.')"

에서 부처님을 친견하였는가? 눈썹을 쓸어 올린 그 모습에서 친견하였을까? 승당僧堂 앞에서 친견하였을까? 불전佛殿 안에서 친견하였을까? 삼문三門[17] 입구에서 친견하였을까? 하루 12시 가운데 사위의四威儀 안에서 친견하였을까? 만약 (그중 어디에서라도) 친견하였다면 누구라도 '존자는 부처님을 친견하여 왔다.'라고 말하도록 허용하겠지만, 만약 친견하지 못했다면 결코 '부처님을 친견해 왔다.'라고 말해서는 안 된다."

承天琦上堂, 擧此話云, "大衆, 且道! 尊者向什麽處見佛? 莫是撥開眉毛處見麽? 莫是僧堂前見麽? 莫是佛殿裏見麽? 莫是三門頭見麽? 莫是十二時中, 四威儀內見麽? 若也見得, 許汝道, '尊者親見佛來.'; 若見不得, 切不得道, '親見佛來.'"

설화

○ 눈썹을 쓸어 올린 그 모습에서 친견하였을까 : 눈썹을 쓸어 올린 모습을 말한다.
○ 승당 앞과 불전 안과 삼문의 입구 등은 모든 장소를 가리키고, 12시는 모든 시각을 말하며, 사위의四威儀는 모든 행위 방식을 가리킨다. 그렇다면 비단 눈썹을 쓸어 올린 모습을 본 것일 뿐만 아니라 눈썹을 쓸어 올린 모습에서 부처님을 친견하는 것도 벌써 이와 같다는 뜻이다.

承天:撥開眉毛處見麽者, 撥開眉毛處也. 僧堂前·佛殿裏·三門頭, 一切處也. 十二時, 一切時也. 四威儀, 一切施爲也. 然則非但撥眉處見也, 撥眉處見佛, 早已如是.

---

17 삼문三門 : 절의 가장 앞에 세운 문. 산문山門이라고도 한다. 공空·무상無相·무원無願의 삼해탈문三解脫門에 빗대어 해탈에 이르기 위해 들어서는 문이라는 뜻을 상징한다.

자항 요박慈航了朴의 상당

이 공안을 제기하고 말했다. "빈두로가 옳기는 옳았으니 팔자로 활짝 열어 놓고 두 손으로 고스란히 전해 준 격이었다. 문제는 품평과 감별을 받아 본 일이 드물어 그 진실이 거의 가려질 뻔하다가 예전 그대로 수저도 들어 올리지 못했다[18]는 점이다. 산승에게 당시에 눈썹을 쓸어 올리고서 '알겠습니까?'라고 물어 왔다면 그에게 '존자께서 잊어버린 것으로 오해했습니다.'라고 말해 주리라."

慈航朴上堂, 舉此話云, "賓頭盧, 是則是, 八字打開, 兩手分付. 要且, 罕逢藻鑑, 泊乎蓋覆將來, 依舊匙挑不上. 若是山僧, 當時見策起眉毛云, '會麽?' 卽向佗道, '將謂尊者忘却.'"

설화

○ 팔자로 활짝 열어 놓고~전해 준 격이었다 : 눈썹을 쓸어 올린 행위가 눈썹을 쓸어 올린 동작에 그친 것만이 아니지만, 대왕이 이해하지 못한 것을 어쩌겠는가? 이것을 가리켜 품평과 감별을 받아 본 일이 드물고 또한 수저도 들어 올리지 못했다고 한다.
○ 존자께서 잊어버린 것으로 오해했습니다 : 존자의 생각을 속속들이 이해했다는 뜻이다.

慈航 : 八字至分付者, 撥開眉毛, 非但撥開眉毛也, 爭奈大王不會? 是罕逢藻鑑, 又匙挑不上也. 將謂尊云云者, 徹底會得尊者意也.

---

18 시도불상匙挑不上 : 가장 기본적인 일도 못했다는 뜻. 『密菴語錄』(大47, 968c10), "만약 불법이라 헤아린다면 도리어 수저도 들어 올리지 못하는 꼴이며, 불법이라고 헤아리지 않는다면 평지에서 침몰하는 사람이 무수히 많을 것이고, 두 가지 모두 아니라면 이 또한 실컷 먹고 배 속을 다치는 어리석음이리라.(若作佛法商量, 故是匙挑不上 ; 不作佛法商量, 平地陷人無數 ; 總不與麽, 也是食飽傷心.)"

77칙 월지호도月氏好道

본칙 월지국[1]의 왕이 계빈국[2]의 기야다[3]라는 존자가 명성이 높다는 소문을 듣고, 신하들과 함께 그 나라에 찾아가 예를 갖추고 친견한 뒤 법을 물으려 하였다. 왕이 도착하여 경의를 표하고 나서 존자에게 법을 설해 달라고 청하자 존자가 말했다. "대왕께서는 오실 때 좋은 길로 오셨으니 이제 가실 때도 오실 때와 같을 것입니다."

月氏國王, 聞罽賓國, 有一尊者, 名祇夜多, 有大名稱, 卽與群臣, 往造彼國, 禮見問法. 王旣至, 修敬已畢, 乃請尊者, 當爲開演, 尊者曰, "大王來時好道, 今去亦如來時."

설화
- 『잡보장경』의 말씀이다.[4] "전단닐탁栴檀昵托이라는 대단히 총명한 월지국의 왕이 계빈국의 기야다라는 아라한의 명성이 높다는 소문을 듣고서 여러 신하들과 함께 찾아갔다." 【중략】 "기야다는 '오실 때 좋은 길로 오셨으니 이제 가실 때도 오실 때와 같을 것입니다.'라고 말했다. 왕은 이 가르침을 듣고 나서 본국으로 돌아가고 있었는데 도중에 신하들이 원망하며 말하였다. '우리는 멀리서부터 대왕을 따라와 그 나라에 갔

---

1 월지국月氏國: 돈황敦煌과 기련산祁連山 사이에서 유목 생활을 하던 선조들이 흉노匈奴의 공격을 받고 근거지를 지금의 신강성 서부의 이리하伊犁河 유역과 이서迤西 일대로 옮겼다. 이렇게 서쪽으로 옮겨 간 월지들을 대월지大月氏라 하고, 서쪽으로 가지 않고 기련산에 들어가 강족羌族과 섞여 살았던 소수의 집단을 소월지小月氏라 한다.
2 계빈국罽賓國: ⑤ Kāśmīra, ⑫ Kasmīra. 북인도 간다라(⑤ Gandhara) 지방의 동북쪽 산속에 위치한 나라. 계빈나罽賓那·겁빈劫賓·가습미라迦濕彌羅 등으로도 음사한다.
3 기야다祇夜多: ⑤ Jeyata. 불멸 후 700년경 계빈국에서 활약한 아라한.
4 『雜寶藏經』 권8(大4, 484a12).

지만 결국 아무 말도 듣지 못하고 부질없이 고국으로 돌아가고 있습니다.' 왕이 신하들에게 말했다. '경들께서는 아무 말도 듣지 못했다고 나를 책망하시지만 존자는 저에게 「오실 때 좋은 길로 오셨으니 이제 가실 때도 오실 때와 같을 것입니다.」라고 말해 주었습니다. 경들이 이 뜻을 이해하지 못하고 있습니다. 나는 과거세에 계를 지키고 보시를 행하며 닦았던 공덕 때문에 현세에 왕족이 되어 이 자리를 누리고 있습니다. 다시 선행을 하게 되면 미래세에 반드시 복을 거듭하여 받게 될 것이기 때문에 나에게 「오실 때 좋은 길로 오셨으니 이제 가실 때도 오실 때와 같을 것입니다.」라고 훈계했던 것입니다.' 여러 신하들이 이 말을 듣고 나서 머리 숙여 절을 올리고 사죄했다."

[好道] 雜寶藏經云, "月氏國王, 名栴檀昵托,[1) 甚大聰明, 聞罽賓國, 有一阿羅漢, 名祇夜多, 有大名稱, 卽與羣臣"云云, 至"'來時好道, 今去亦如來時.' 王聞此敎已, 卽還本國, 至中路, 羣臣怨言, '我等遠從大王, 而至彼國, 竟無所聞, 空然還國.' 王報臣言, '卿等責我無所聞也, 尊者爲我言,「來時好道, 今去亦然.」卿等不解此義. 我往昔持戒布施, 修造功德, 故今値王種, 以享斯位. 復於作善, 當來之世, 必重受福, 故誡我言,「來時好道, 今去亦如來時.」' 羣臣聞此語已, 稽首禮謝."

1) ㉮ '栴檀昵托'이 『雜寶藏經』 권7(大4, 484a12)에는 '栴檀罽尼吒'으로 되어 있다.

● 바로 이러한 뜻일까? 옛사람이 말했다. "가던 날은 봄바람에 날려 무수한 계곡의 바위에 내렸던 눈이 모두 쓸려 가더니, 돌아올 때는 방초가 파릇이 나고 꽃 재촉하는 두견의 지저귐 애절하구나. 기이하여라, 곳곳이 총지문總持門[5]이로다![6] 우습다, 요즘 사람들은 그 말을 속속들이

---

5 총지문總持門 : 총지란 ⓢ dhār의 한역어로 음사어는 다라니陀羅尼이다. 헤아릴 수 없

이해하지 못하는구나!"⁷ 그것은 '불법과 세속의 법이 한 덩어리가 되었다.'⁸라는 뜻이다. 가령 "비원령飛猿嶺⁹은 험하니 길을 잘 살펴 가야 한다."¹⁰라는 말과 같다.

이 많은 불법을 총괄적으로 포섭하여 지니고 잊지 않는 지혜를 가리킨다.
6 이상은 보각 조심寶覺祖心이 군군에 들어갔다가 절에 돌아와서 행한 상당법문(入郡迴上堂)에 나오는 구절이다. 『寶覺祖心語錄』(卍120, 219b1). '오실 때 좋은 길로 오셨으니 이제 가실 때도 오실 때와 같을 것'이라는 말에 호응하는 문구이다. 떠날 때는 눈이 녹아내리는 봄 초입이었고 돌아올 때는 꽃이 피어나는 아름다운 계절이라는 것이다. 어김없는 자연의 섭리 속에서 만물은 각자의 자리에서 본분을 드러내고 있는 소식을 전한다. 백거이白居易의 시 〈山石榴寄元九〉에 "산석류, 산철쭉이라고도 하고, 두견화라고도 하지. 두견새 울 때 꽃 흐드러지게 핀다네.(山石榴, 一名山躑躅, 一名杜鵑花. 杜鵑啼時花撲撲.)"라는 구절이 있다.
7 『眞覺國師語錄』「補遺」(韓6, 49a3)에는 이 전체를 무의자無衣子 혜심慧諶의 시로 수록하고 있다.
8 『應菴曇華語錄』권7(卍120, 865b9), "또한 마치 허공이 일체에 두루 퍼져 있고 모든 국토에 평등하게 따라서 들어가 있는 양상처럼 티끌 하나하나와 국토 하나하나가 온통 하나의 완벽한 해탈로 들어가는 문이다. 불법과 세간의 법이 한 덩어리가 되니 종전에 제기하기 이전의 생각과 참선할 때의 몸과 마음은 똑같아서 뱃속에 더 이상 숱한 악지악해惡知惡解는 없다. 그런 까닭에 '깨닫고 나더라도 깨닫지 못했던 시절과 같다.'라고 했던 것이다. 이러한 경계에 이르러야 비로소 의혹이 남아 있지 않은 지위라 한다.(又如虛空, 普遍一切, 於諸國土, 平等隨入. 塵塵刹刹, 全是箇大解脫門. 佛法世法, 打成一片, 便是從前未學意, 參禪時, 身心一般. 肚裏更無許多惡知惡解. 所謂悟了還同未悟時是也. 到此境界, 方謂之不疑之地.)" 이 밖에 이 구절과 연결하여 『松源崇嶽語錄』권2(卍121, 617b18)에서는 "눈앞에 실현된 그대로 마음껏 활용하고, 언행 하나마다 속박에서 벗어나는 길이 있다.(現成受用, 著著有出身之路.)"라고 하는 등 같은 뜻으로 쓴다.
9 비원령飛猿嶺 : 『讀史方輿紀要』권86에 따르면, 비원교悲猿嶠 또는 비연령飛鳶嶺이라고도 하며 강서성 여천현黎川縣 동쪽으로 60리 지점에 있다고 한다. 옛날에는 고개 정상에 비원관飛猿館이 설치되어 있어서 그곳에 오르면 초석硝石을 바라볼 수 있었다고 한다.
10 동산 양개洞山良价가 북원통北院通에게 전해 준 말에 따른다. 『景德傳燈錄』권17「北院通傳」(大51, 339b9), "북원통이 동산 문하에서 대중을 따라 정진하면서 법을 물었으나 종지를 깨닫지 못하자 마침내 동산에게 하직 인사를 올리고 산마루를 넘어가려 하였다. 동산이 '잘 가거라! 비원령은 험하니 잘 살펴야 한다.'라고 말하자 북원통은 머뭇거릴 뿐 아무 말이 없었다. 동산이 '통 사리!' 하고 부르자 '예!' 하고 응답했고, 동산이 '왜 산마루를 넘어가지 않느냐?'라 하는 말을 듣는 순간 북원통은 단번에 종지를 깨치고 다시는 산마루를 넘지 않았다.(師在洞山隨衆, 參請未契旨, 遂辭洞山, 擬入嶺去. 洞山曰, '善爲! 飛猿嶺峻好看.' 師沈吟良久, 洞山曰, '通闍梨!' 師應諾. 洞山曰, '何不入嶺

卽此義耶? 古人云, "去日[1]春風吹,[2] 掃盡千巖[3]雪, 來[4]時芳草綠,[5] 杜鵑啼
更切. 奇哉, 處處摠持門!" 堪笑, 時人會不徹! 則佛法世法, 打成一片也.
如云, "飛猿嶺峻, 善爲道路."

1) ㉠ '日'이『寶覺祖心語錄』에는 '時'로 되어 있다.　2) ㉠ '吹'가『寶覺祖心語錄』에
는 '高'로 되어 있다.　3) ㉠ '巖'이『寶覺祖心語錄』에는 '山'으로 되어 있다.　4) ㉠
'來'가『寶覺祖心語錄』에는 '廻'로 되어 있다.　5) ㉠ '綠'이『寶覺祖心語錄』에는 '深'
으로 되어 있다.

장산 극근蔣山克勤의 송 蔣山勤頌

지극히 간단하고 대단히 쉬우며	至簡至易
가장 존귀하고 무엇보다 귀하다	最尊最貴
모든 성인의 정수리까지 갔다가 돌아와 보니	往還千聖頂顙頭
세간도 출세간도 생각과 말로 담지 못한다네	出世出間不思議
손가락 한 번 퉁기는 순간 팔만법문 이루고[11]	彈指圓成八萬門
한 번에 뛰어 여래의 지위로 곧바로 드누나[12]	一超直入如來地

【설화】

○ 지극히 간단하고~생각과 말로 담지 못한다네 : 진실한 길을 따르는 걸
음은 바람이 스치고 지날 때 풀잎이 눕는 것과 같다.

―――――

去?' 師因此惺悟, 更不入嶺.)" 본서 920칙 참조.
11 손가락 한~팔만법문 이루고 : 법안 문익法眼文益 등이 제기한 말.『景德傳燈錄』권24
「法眼文益傳」(大51, 398c22), "손가락 한 번 퉁기는 팔만의 법문을 이루고, 찰나
간에 삼아승기겁의 업보를 소멸해 버린다.(彈指圓成八萬門, 刹那滅却三祇劫.)"
12 한 번에~곧바로 드누나 :『傳心法要』(大48, 383b29), "세력이 다하면 날아가던 화살
도 땅에 떨어지니, 생각한 대로 내생을 불러들이지 못하리라. 어찌 무위실상의 문에서
한 번에 뛰어 여래의 지위로 곧바로 들어가는 것만 하겠는가! 우리는 이와 같은 사람
이 아니므로 반드시 옛사람이 방편으로 세운 교화문에서 지해知解를 널리 배워야 한
다.(勢力盡箭還墜, 招得來生不如意. 爭似無爲實相門, 一超直入如來地! 爲爾不是與麽
人, 須要向古人建化門, 廣學知解.)"

○ 손가락 한 번 퉁기는 순간~여래의 지위로 곧바로 드누나 : 팔만의 법문이 본래부터 빠짐없이 갖추어져 있다.[13]

蔣山云云, 不思議者, 眞道而行, 風行草偃. 彈指云云者, 八萬法門, 本自具足.

장산 극근의 염

"불법 그대로 세간의 법이요, 세간의 법 그대로 불법이다. 진실한 길을 따르는 걸음은 바람이 스치고 지날 때 풀잎이 눕는 것과 같다.[14]"

又拈, "佛法卽是世法, 世法卽是佛法. 以眞道而行, 風行草偃."

[설화]

○ 불법 그대로 세간의 법이요, 세간의 법 그대로 불법이다 : 불법과 세간의 법이 한 덩어리라는 말로서 이 또한 새롭게 이룬 것이다. 모든 사람의 본분에서 보면 '진실을 벗어나서 서 있을 곳은 없으며 서 있는 곳마다 그대로 진실하다.'[15] 그래서 "진실한 길을 따르는 걸음은 바람이 스

---

[13] 『銷釋金剛經科儀會要註解』 권4(卍92, 325b3), "손가락 한 번 퉁기는 순간에 팔만법문 원만하게 성취하고, 찰나에 삼아승기겁의 업을 소멸한다 : 이 두 구절로 대승 원돈圓頓의 경계를 드러낸다. 처음 마음을 일으킨 그때 곧바로 정각을 성취하고, 한 생각 하는 순간에 불도를 단번에 이루며, 삼아승기겁에 걸쳐 수행하지 않고 그 자리에서 팔만법문의 불사를 원만하게 완수하니 '무위실상의 문에서 한 번에 뛰어 여래의 지위로 곧바로 드는 경계와 비교하여 어떤가?'라고 할 만하다.(彈指圓成八萬門, 刹那滅却三祇劫 : 此二句, 以顯大乘圓頓境界. 初發心時, 便成正覺, 於一念之間, 頓成佛道, 不經三阿僧祇劫而修, 當下圓成八萬法門佛事, 可謂, '爭似無爲實相門, 一超直入如來地矣?')"
[14] 풍행초언風行草偃 : 본래 공자의 말로서 임금이 덕德으로 백성의 마음을 움직여 따르도록 하는 감화력을 비유하는 말이다. 『論語』 「顏淵」, "군자의 덕은 바람과 같고 소인의 덕은 풀잎과 같으니, 풀잎 위로 바람이 스치면 풀잎은 반드시 눕는다.(君子之德風, 小人之德草, 草上之風, 必偃.)"
[15] 『肇論』 「不眞空論」(大45, 153a4)의 구절. 대혜가 자주 인용한다. 『大慧語錄』 권27(大47, 911a29)에 "도는 없는 곳이 없어 부딪치는 곳마다 모두 진실이니, '진실을 벗어나서 서

치고 지날 때 풀잎이 눕는 것과 같다."라고 하지 않았던가!

又拈, 佛法卽是世法云云, 佛法世法, 打成一片, 此亦新成. 諸人分上, 非離眞而立處, 立處卽眞. 則其不曰, "眞道而行, 風行草偃."

있을 곳은 없으며 서 있는 곳마다 그대로 진실하다.' 교학에서도 '세간살이의 활동이 모두 바른 이치에 따르니 실상과 어긋나지 않는다.'라고 하는 것이다.(道無不在, 觸處皆眞, 非離眞而立處, 立處卽眞. 敎中所謂治生産業, 皆順正理, 與實相不相違背.)" 끝 구절은 『法華玄義』 권1상(大33, 683a6) 등의 인용이다.

78칙 소승항룡小乘降龍

본칙 소승의 비사론毗沙論에 전한다.[1] "어떤 취락聚落에 독룡 한 마리가 살고 있었다. 그때 500명의 존자가 그곳으로 가서 독룡을 항복시키려 했으나 뜻을 이루지 못했다. 그 뒤 어떤 존자가 손가락을 한 번 퉁기자 그 독룡은 곧바로 항복했다."

小乘, 毗沙論云, "有一聚落, 毒龍所居. 時有五百尊者, 往彼降佗[1]不得. 後有尊者, 彈指一下, 其龍卽降."

1) ㉠ '佗'는 '他'의 오기인 듯하다. 『聯燈會要』에는 '之'로 되어 있다.

설화

- 취락聚落 : 오온五蘊이 모인 취락(육신)이다.
- 독룡 : 탐貪·진嗔·치癡 등 삼독三毒이라는 마음의 독룡毒龍을 말한다.
- 500명의 존자 : 항복시킬 만한 독룡이 있다고 생각했기 때문에 그 독룡을 항복시키지 못했다.
- 그 뒤 어떤 존자 : 항복시킬 만한 독룡은 없다고 생각했기 때문에 자연스럽게 항복시켰다.
- 『곡향초谷響抄』에 이렇게 푼다. "취락의 '락'은 거주하는 터(居處)라는 뜻의 거居이다. 민民이 모여서 거주하는 터이므로 취락이라 한다."

[降龍] 聚落, 五蘊聚落也. 毒龍者, 貪嗔[1]癡三毒龍也. 五百尊者, 有龍可降故, 降他不得. 後有一尊者, 無龍可降故, 自然降得也. 谷響抄云, "落, 居

---

1 『聯燈會要』 권1(卍136, 449a1) 등에 나타난 이후 공안으로 제기되었을 뿐 아비달마 계통의 비사론에서는 발견할 수 없다.

也. 民之聚居, 故云聚落."

1) ㉮ '噴'이 을본에는 '噴'으로 되어 있다. ㉯ '噴' 또는 '瞋'으로 쓰는 것이 맞다.

낭야 혜각琅琊慧覺의 염

"교학의 설에 근거하면 본래 내용에 따라 단락을 나누는 과판科判이 있지만 나의 이곳에서는 그렇게 하지 않는다. 바로 이렇게 손가락을 퉁기는 행위조차도 필요가 없기 때문이다. 비록 그렇기는 하지만, 모자라는 물고기가 낙수濼水에 머물고 아둔한 새가 갈대밭에 보금자리를 틀듯이² 하지 마라."

> 琅琊覺拈, "若據敎乘, 自有科判, 琅琊這裏卽不然. 只這彈指, 也不消得. 然雖如是, 且莫困魚止濼, 病鳥捿蘆."

설화

○ 바로 이렇게 손가락을 퉁기는 행위조차도 필요가 없기 때문이다 : 더욱 멀리 한 걸음 옮긴 격이다.
○ 모자라는 물고기가~보금자리를 틀듯이 하지 마라 : 이렇게 자신이 한 말을 듣고서 오로지 '억지로 하지도 않고(無爲) 아무 할 일도 없는 경지(無事)'라고 이해한다면 이 또한 바르게 안다고 할 수 없기 때문이다.

---

2 모자라는 물고기가~보금자리를 틀듯이 : 작은 영역에 안주하며 만족하는 탓에 더 큰 세계가 있다는 사실을 모르는 어리석은 자를 비유한다. 교학의 틀뿐만 아니라 낭야의 말 자체도 보금자리 삼아 머물면 안 된다는 뜻이다. 『寶藏論』(大45, 144a3), "모자라는 물고기는 작은 물에 머물고, 어리석은 새는 갈대밭에 서식한다. 그 두 놈은 광대한 바다가 있음을 모르고, 넓은 수풀이 있음을 모르고 있는 것이다. 사람이 보잘것없는 도를 따라가는 것도 그 뜻은 이와 마찬가지이다.(困魚止濼, 病鳥棲蘆. 其二者, 不識於大海, 不識於叢林. 人趣乎小道, 其義亦然.)" 병조病鳥는 둔조鈍鳥와 뜻이 통하는 말이다.

낭야 : 只這至消得者, 更闊一着也. 困魚至濼云云者, 聞伊麼道, 只作無爲無事會, 亦未可知故.

진정 극문眞淨克文의 상당

이 공안을 제기하고 말했다. "여러 선덕禪德들이여! 이 이야기에 따르면 우열의 차이가 있을까?[3] 만약 없다고 한다면, 500의 무리가 신통한 힘을 다 부렸으나 모두 할 수 없었고 존자 한 명은 손가락을 한 번 퉁기고서 독룡을 곧바로 항복시켜 여기서 벌써 우열이 갈라졌는데 어떻게 없다고 밝힐 수 있겠는가? 이 문제를 밝힌다면 모든 격식의 속박을 넘어선 도인이 되어 모든 행동거지를 오안五眼[4]으로도 볼 수 없고 십력十力[5]으로도 알 수 없을 것이니, 인계와 천계의 중생들에게 공양을 받을 만하고 하루에 만 냥의 황금을 쓸 자격이 있을 것이다. 반면에 이 문제를 밝히지 못했다면, 절에서 오늘 음식물을 만들어 나한께 공양을 올릴 것이니 대중을 따라가 길게 이어진 평상에 자리를 깔고 발우 꾸러미를 펼치고서 밥이나 먹어라." 법좌에서 내려왔다.

眞淨文上堂, 擧此話云, "諸禪德! 據此, 還有優劣也無? 若言無, 五百衆盡

---

3 우열의 차이가 있을까 : 독룡을 항복시키지 못한 존자들과 항복시킨 존자 사이에 우열이 갈라져 버린 듯한 이야기를 두고 갈라진다거나 갈라지지 않는다는 두 갈래 길을 모두 차단하는 안목이 조사선의 관점이다. 진정 극문은 우열이 없다는 생각만 문제로 제기하여 손가락을 퉁겨 항복시킨 존자가 더 낫다는 편에 서 있는 것처럼 보이지만 우열이 있다는 생각을 허용한 것은 아니다. 그렇게 본다면 진정 극문이 설정한 함정에 빠지게 된다.
4 오안五眼 : 부처님의 다섯 가지 눈. 육안肉眼 · 천안天眼 · 혜안慧眼 · 법안法眼 · 불안佛眼 등을 가리킨다.
5 십력十力 : 부처님이 성취한 열 가지 탁월한 능력. 처비처지력處非處智力 · 업이숙지력業異熟智力 · 정려해탈등지등지지력靜慮解脫等持等至智力 · 근승열지력根勝劣智力 · 종종승해지력種種勝解智力 · 종종계지력種種界智力 · 변취행지력遍趣行智力 · 숙주수념지력宿住隨念智力 · 사생지력死生智力 · 누진지력漏盡智力 등이다.

其神力, 皆曰不能 ; 此尊者, 一彈指, 而毒龍便伏, 旣有優劣, 如何可明? 於此明得, 作箇出格道人, 動靜去來, 五眼不能覰, 十力不能知, 堪受人天供養, 日消萬兩黃金 ; 於此未明, 山門今日, 作齋供養羅漢, 且隨隊, 長連牀上, 開單展鉢." 下座.

[설화]

○ 손가락 한 번 퉁긴 경계를 깊이 밝혔다.[6]

眞淨 : 深明彈指一下處.

운문 종고雲門宗杲의 상당

이 공안을 제기하고 말했다. "500존자의 신통력이 이방異方의 존자와 마찬가지였거늘 어째서 독룡을 항복시키지 못했을까? 이방 존자의 신통력이 500존자와 마찬가지였거늘 어째서 항복시킬 수 있었는가?"[7] 불자를 들고서는 "알겠는가? 원앙 문양의 자수는 내놓고 마음대로 보도록 하더라도, 황금 자수바늘은 누구에게도 건네주지 마라.[8]"라고 한 뒤 선상을

---

6 그 한 명의 존자가 500존자보다 우월하다는 뜻을 밝혔기 때문에 '깊다'고 한 것이 아니라 그를 통하여 우열을 넘어선 평등한 지반에서 화두의 핵심을 드러내었다는 말이다. 굳이 이들을 우열의 관점에서 본다면, 한편이 우월하다면 다른 편도 우월하고 한편이 열등하다면 다른 편도 열등할 수밖에 없다. 『虛堂錄』 권9(大47, 1054c9), "서운書雲(冬至)의 야참 법문 때 어떤 학인이 물었다. '북선은 노지백우를 삶았고, 동산은 태 수좌가 과자를 먹지 못하도록 탁자를 물렸습니다. 이 뜻은 어떤 것입니까?' '가난해지려고 서로 다투고 부자가 되려고 다투지 않는다.' '두 선사 사이에 우열의 차이가 있습니까?' '우월하다면 둘 다 우월하고, 열등하다면 둘 다 열등하다.'(書雲夜參, 僧問, '北禪, 烹露地白牛 ; 洞山, 掇退泰首座果卓, 此意如何?' 師云, '鬪貧不鬪富.' 僧云, '還有優劣也無?' 師云, '優則同優, 劣則同劣.')"

7 500존자와 이방의 존자는 평등하여 우열이 없음에도 어째서 서로 다른 결과를 가져왔는지 관문으로 제시한 점은 앞의 진정 극문의 의도와 근본적으로 같다. 마찬가지로 독룡은 그 존자의 신통력이 뛰어나서 항복한 것도 아니고 500존자의 신통력이 하열하여 항복하지 않은 것도 아니다.

쳤다.

雲門杲上堂, 擧此話云, "五百尊者神通, 旣與異方尊者一般, 爲什麽降龍不得? 異方尊者神通, 旣[1]與五百尊者一般, 爲什麽卻降得?" 乃擧拂子云, "還會麽? 鴛鴦繡出[2]從君看, 莫把金針度與人." 擊禪牀.

1) 웹 '旣'가 갑본에는 '卽'으로 되어 있다.   2) 역 '出'은 '了'와 통한다.

설화

○ 원앙 문양의 자수는~누구에게도 건네주지 마라 : 존자가 손가락을 한 번 퉁긴 동작은 한계가 없는 경지가 되었다는 뜻이다.[9] 아래 묘지 종곽의 상당 또한 이 대혜의 의중과 같다.

雲門 : 鴛鴦云云者, 尊者彈指一下處, 直得無限. 妙智, 亦此雲門意也.

묘지 종곽妙智從廓의 상당

이 공안을 제기하고 말했다. "생각해 보라! 그 한 명의 존자에게 어떤 뛰어난 점이 있었을까? 짙푸른 수많은 가지에 한 송이 붉은 꽃 피니, 마음 흔드는 봄빛은 많을 필요가 없노라.[10]"

---

8 원앙 문양의~건네주지 마라 : 본서 45칙 '회당 조심의 거' 주석 참조.
9 독룡을 항복시켰다거나 항복시키지 못했다거나, 우월하다거나 열등하다거나 하는 등으로 대립시킨 양변은 모두 '한계'가 된다. 이런 문양 저런 문양을 짜 내지만 그 어디에도 속하지 않는 자수바늘처럼 한계가 없는 경지가 된 것이다. 이 공안상의 여러 차별된 양상은 자수의 문양에 해당하지만, 자수바늘은 그 다양한 문양을 평등한 심정으로 꾸밀 뿐이다. 주 7의 해설과 같다.
10 짙푸른 수많은~필요가 없노라 : 마치 홍일점과 같이 뛰어난 점을 가진 한 사람만으로 충분하다는 듯이 말했지만, 사실은 효와 誚訛로 던진 것이다. 위에 제시된 상당들의 취지와 다르지 않다. 홍일점은 손가락 한 번 퉁긴 그 동작에 대응한다. 붉은 그 한 송이는 다만 그것일 뿐 우열의 범주에 속하지 않는다. "濃綠萬枝紅一點, 動人春色不須多."라는 이 시구는 왕안석王安石이 지었다고 널리 알려져 있지만 작자에 대해서는 이

妙智廓上堂, 擧此話云, "且道! 這一尊者, 有甚長處? 靑綠萬枝紅一點, 動人春色不須多."

론異論이 있다. 특히 진정민陳正敏은 이는 당나라 때의 시이며, 단지 왕안석의 부채에 이 구절이 적혀 있었던 것일 뿐이라고 주장하였다. 반면 조선 중기의 학자 이수광李晬光은 이렇게 보았다. 『芝峯類說』권12 文章部五「宋詩」, "『후청록』에 '왕개보(왕안석)가 소싯적에 지은 〈석류화〉라는 시에 「짙푸른 수많은 가지에 한 송이 붉은 꽃 피니, 마음 흔드는 봄빛은 많을 필요가 없노라.」라는 구절이 있다.'고 하였다. 엽몽득은 '이는 당나라 때 사람의 시이지 형공(왕안석)이 지은 것이 아니다. 그 전편을 알 수 없음이 안타까울 따름이다.'라고 하였다. 내가 이 시의 작법을 보건대 형공의 수단과 비슷하다. 『요산당외기』에서도 형공이 지었다고 보았다. 몽득이 당시唐詩라고 여긴 것은 무엇에 근거한 것인지 알지 못하겠다.(侯鯖錄曰, '王介甫小時作石榴花詩曰,「濃綠萬枝紅一點, 動人春色不須多.」按葉夢得曰, '此乃唐人詩, 非荊公所作. 惜不見其全篇耳.' 余謂此句法, 似是荊公手段. 堯山堂外紀, 亦以爲荊公所作. 而夢得以爲唐詩, 未知何所據耶.)"; 『如淨語錄』권상(大48, 126c8), "법좌에 올라앉아 말했다. '오늘 5월 아침 한창 화창하기 그지없는데, 석류에 시구를 붙이면 선정에 들 듯하구나. 어떻게 제기해 보겠는가?' 불자를 들고서 말했다. '짙푸른 수많은 가지에 한 송이 붉은 꽃 피니, 마음 흔드는 봄빛은 많을 필요가 없노라.'(上堂, '今朝五月正淸和, 榴花詩句入禪那. 且作麽生擧?' 擧拂子云, '看濃綠萬枝紅一點, 動人春色不須多.')"

서천조사 西天祖師[1]

79칙 가섭답니 迦葉踏泥

본칙 가섭이 어느 날 진흙을 밟으며 반죽하고 있을 때 어떤 한 사미沙彌가 보고서 물었다. "존자께서 어찌하여 그 일을 손수 하십니까?" 가섭이 말했다. "내가 몸소 하지 않는다면 누가 나 대신 해 주겠는가?"

迦葉, 一日踏泥次, 有一沙彌見, 乃問, "尊者, 何[1]得自爲?" 迦葉云, "我若不爲, 誰爲我爲?"

---
1) ㉓ '何'가 갑본에는 없다.

설화
- 『십송률』에서 요점이 되는 구절만 뽑아내면 다음과 같다.[2] "병사왕瓶沙王[3]이 손수 진흙을 밟으며 반죽하여 집을 수리하는 대가섭大迦葉을 보고서 '존자께서 어찌하여 손수 그 일을 하십니까?'라고 물었다."
- 어느 날 진흙을 밟으며 반죽하고 있을 때 : 온전히 몸을 들여놓고 행하는 소식이다.
- 존자께서 어찌하여 그 일을 손수 하십니까 : 나이도 지긋하고 고상한 분께서 부지런히 애를 쓰신다는 뜻이다.

---

1 이하의 칙부터는 가섭 이하 인도 조사들의 인연을 수록했기 때문에 '서천조사西天祖師'라는 소제목을 붙였다.
2 『十誦律』 권34(大23, 250c17).
3 병사왕瓶沙王 : ⑤·ⓟ Bimbisāra의 음사어. 빈바사라왕頻婆娑羅王·미미사라왕尾弭娑囉王 등이라고도 음사한다. 부처님께서 세상에 계실 때 마가다摩竭陀(⑤ Magadha)국의 왕. 최초로 불교 교단을 지원한 외호자外護者였다. 아들 아사세阿闍世에게 왕위를 찬탈당하고 옥사했다.

● 내가 몸소 하지 않는다면 누가 나 대신 해 주겠는가 : 오줌과 똥은 반드시 노승이 스스로 치워야 한다는 뜻이다. 그러면 구체적인 인연과 어울리는 그 자리에 계속 눌러앉을 수 있다.

[踏泥] 要攬[1]引十誦律云, "甁沙王, 見大迦葉, 自踏泥修屋曰, '尊者何得自爲?'" 一日踏泥者, 全涉運爲地時節. 尊者何得自爲者, 老老大大區區生. 我若不爲云云者, 大小便利, 須是老僧自去始得. 則涉緣處長坐着.

1) ㉯ '攬'이 병본에는 '覽'으로 되어 있다.

법안 문익法眼文益의 염

"내가 당시에 그 장면을 보았다면, 그 사미를 끌고 가서 진흙을 밟게 했을 것이다."

法眼拈, "我當時若見, 拽來踏泥."

[설화]

○ 오늘 진흙을 밟아 반죽하는 것은 사미가 할 일이고, 노승의 직분에서는 이러한 일은 없다. 진흙을 밟아 반죽하는 일의 분배에 대하여 속속들이 밝혔다.[4]

---

4 이 공안에 대하여 가섭이 부처님의 후사를 맡았다는 측면에 주목하여 읊은 송도 있다. 『慶忠鐵壁機語錄』권11(嘉29, 616b4), "석가의 무거운 짐 누구 어깨에 맡겼을까? 가섭이 다 받아들이기란 참으로 어려웠구나. 진흙 속에 가시가 숨어 있을 뿐만 아니라, 거기 덧붙여 떠맡아 할 일이 더욱 번잡하게 많았다네.(釋迦重擔安誰肩? 迦葉承當也大難, 不獨泥中藏有刺, 兼之住持事愈繁.)" 그 밖에 다음과 같은 평도 보인다. 『宗門拈古彙集』권4(卍115, 566b8), "보녕 인용保寧仁勇은 '비록 그렇더라도 옆에서 지켜보는 자가 비웃으리라.'라고 하였고, 서산음西山音은 '대단한 존자시구나! 자기 몸을 더럽혀 가며 가르치는 일을 참으로 잘하시네.'라고 하였다.(保寧勇云, '雖然如是, 旁觀者哂.' 西山音云, '大小尊者! 極善和泥合水.')"

法眼：今日踏泥, 是沙彌邊事, 老僧分上, 無伊麽事也. 踏泥處徹底.

오조 사계五祖師戒의 평
"가섭과 사미 각각이 도리를 말했다고 할 만하다."

五祖戒云, "迦葉與沙彌, 說得道理好."

> [설화]

○ 가섭과 사미에게 저마다 다른 도리가 있다.

五祖：迦葉沙彌, 各有道理.

동산 양개洞山良价의 평
"차를 달라고 하여 마셔야 하지 않았을까?"

洞山价云, "莫要茶喫麽?"

> [설화]

○ 아직 도리를 또렷또렷하게 알지 못했군.[5]

洞山：道理未惺惺.

---

[5] 사미가 분명한 도리를 포착하지 못하였기에 차를 마시며 가섭의 속뜻을 더 청해야 한다는 풀이.

80칙 가섭법법迦葉法法

본칙 가섭의 게송.[1]

迦葉偈云,

법 하나하나마다 본래의 그 법이니	法法本來法
법 따로 없고 법 아닌 것도 없다네	無法無非法
어찌 오직 하나뿐인 바로 그 법에	何於一法中
법과 법 아닌 것이 따로 있겠는가	有法有不法

설화

- 법 하나하나마다 : 모든 법을 가리킨다.
- 본래의 그 법이니 : 모든 법이 그대로 본래의 그 법이다.
- 법 따로 없고 법 아닌 것도 없다네 : 옳은 법과 그릇된 법의 차별이 없다는 뜻이다.
- 어찌 오직 하나뿐인 바로 그 법에, 법과 법 아닌 것이 따로 있겠는가 : 본래의 그 법과 다른 두 번째의 법은 결코 없으니, 하나의 법에 어떻게 옳은 법과 그릇된 법이 있겠는가? 그러므로 "어찌 오직 하나뿐인 바로 그 법에, 법과 법 아닌 것이 따로 있겠는가?"라고 한 것이다.

[法法] 法法者, 指萬法也. 本來法者, 萬法卽是本來法也. 無法無非法者, 無是法非法也. 何於一法云云者, 與本來法, 更無第二, 於一法中, 何嘗有

---

[1] 선종의 전등설傳燈說에서 서천 28조祖 중 제1조인 가섭이 제2조 아난阿難에게 법을 전하면서 준 전법게傳法偈.『景德傳燈錄』권1「摩訶迦葉傳」(大51, 206b3).

是法非法? 故云, "何於一法中, 有法有不法?"

- 녹원심鹿苑尋[2]이 각 구절에 주석을 붙였다.[3] "법 하나하나마다 본래의 그 법이니,【닦지 않고도 얻으니, 찰나마다 법에 어긋남이 전혀 없다.】법 따로 없고 법 아닌 것도 없다네.【유일한 진실의 본체에는 옳은 것도 없고 그릇된 것도 없으며, 법이 아닌 것도 없다.】어찌 오직 하나뿐인 그 법에,【하나로 뻗어 있는 길이 열반으로 통하는 문이다.[4]】법과 법 아닌 것이 따로 있겠는가?【하나의 길로만 통하는 문에 어찌 있다느니 없다느니 구분하겠는가! 작용할 뿐 고정된 실체가 없으니, 실체가 없어 장애도 없다.】"

鹿苑尋註云, "法法本來法,【不修而得, 念念無爲.[1]】[2) 無法無非法.【一眞之體, 無是無非, 非法亦無.】何於一法中,【一路涅槃門.】有法云云.【一路之門, 豈分有無! 用自無體, 無體無妨.】"

1) 㘞 '爲'가 『禪門諸祖師偈頌』에는 '違'로 되어 있다. 㘞 '違'로 번역한다. 2) 㘞 『禪門諸祖師偈頌』의 형식에 따라 본서에서는 【 】표로 묶어 구분하였다. 이하 동일.

운문 문언雲門文偃**의 거**

'법 하나하나마다 본래의 그 법이다.'라는 구절을 제기하고 말했다. "가거나 머물거나 앉았거나 누웠거나 본래의 법이 아니요, 무엇이 되었거나 본래의 법이 아니다. 이를테면 산과 강과 대지, 그리고 우리들이 날마다

---

2 녹원심鹿苑尋 : 앙산 혜적仰山慧寂의 4세로 자복 여보資福如寶의 제자인 담주 녹원潭州鹿苑을 가리킨다. 생몰 연대와 자세한 행적은 알 수 없다. 『景德傳燈錄』권13(大51, 302a21)에 문답이 수록되어 있다. 『禪門諸祖師偈頌』「目錄」(卍116, 908a4)에 "佛祖傳法偈【潭州尋和尙】"라고 되어 있다.
3 『禪門諸祖師偈頌』권상의 상(卍116, 910b6). 여기서 주석이란 각 구절에 대한 착어著語를 말한다.
4 본서 918칙 본칙 참조.

옷 입고 밥 먹는 일상의 행위에 무슨 잘못이 있겠는가?"⁵

雲門偃擧'法法本來法'云, "行住坐臥, 不是本來法, 一切處, 不是本來法. 只如山河大地, 與你日夕著衣喫飯, 有什麼過?"

설화

○ 가거나 머물거나 앉았거나 누웠거나 : 정보正報⁶에 따르는 말이다.
○ 무엇이 되었거나 : 의보依報⁷에 따르는 말이다. 아래에서 '산과 강과 대지'라고 운운한 말이 바로 이 뜻이다.
○ 가거나 머물거나 앉거나 눕는 몸의 양태와 그 밖의 모든 것이 무엇이 되었건 본래의 법인데, 산과 강과 대지 그리고 우리들이 날마다 옷 입고 밥 먹는 일상의 행위에 무슨 잘못이 있겠는가?⁸ 어떤 사람은 "여러분이 옷을 입거나 밥을 먹는 것은 곧 산과 강과 대지가 밥을 먹는 것이다."라고 하지만, 타당하지 않다.

---

5 『雲門廣錄』에는 이후에 다음과 같이 한 말이 더 실려 있다. 『雲門廣錄』권중(大47, 555b8), "다시 말했다. '법마다 본래의 법이요 별도의 법이란 없다.' 주장자를 집어 들고 말했다. '본래 별도의 법이 없는 것도 아니다.'(又云, '法本法無法.' 師拈起拄杖云, '不是本無法.')" 운문은 산하대지로 대표되는 갖가지 경물과 일상의 일체 행위라는 차별적 양상을 들어 '본래법本來法'이라는 무차별적 관념을 뒤집어엎음으로써 그에 안착하려는 집착의 실마리를 제거하였다.
6 정보正報 : 오음五陰으로 구성된 중생의 신체. 신체는 과거의 업을 원인으로 하여 현재의 몸이라는 제각각 서로 다른 몸을 그 과보(報)로 바르게(正) 감수하므로 정보라 한다. 반면에 모든 중생의 신체가 공유하며 사는 세계를 의보라 한다. 아래 주석 참조.
7 의보依報 : 정보인 신체가 의탁하고 있는 외부의 조건. 세계와 국토 또는 가옥이나 의식 등을 가리킨다. 『瓔珞本業經』권상(大24, 1016a1), "범부중생이 오음의 몸에 머무는 것은 정보의 국토이고, 산림과 대지를 공유하는 것은 의보의 국토라 한다.(若凡夫衆生, 住五陰中, 爲正報之土, 山林大地共有, 名依報之土.)"
8 모든 것은 '본래의 법이 아니다.'라고 한 운문의 말과 반대로 모든 것은 '본래의 법이다.'라고 전제하고 동일한 결론을 내렸다. 결국 운문의 그 말은 실實이 아닌 허虛의 화두라는 해설이며, '본래의 법이다.'라는 말도 마찬가지로 귀착될 수밖에 없다.

雲門 : 行住坐臥者, 約正報. 一切處者, 約依報. 下云山河大地云云, 即此
義也. 行住坐臥, 一切處, 皆是本來法, 山河大地, 及你日夕着衣喫飯有什
麼過? 或云, "你諸人, 着衣喫飯, 即是山河大地喫飯"者, 非也.

지해 지청智海智淸의 거

"여러 선덕들이여! 설령雪嶺이 말한 남산 살무사[9]는 빙빙 돌아 날며 신
라를 너울너울 지나고, 운문雲門이 말한 동해의 잉어[10]는 걷거니 달리거니
하다 웃으며 단특산檀特山[11]으로 돌아가니, 곧바로 도리천 주인[12]의 궁전
이 흔들리고 견뢰지신堅牢地神[13]의 몸과 마음도 두려움에 떠는 지경이 되
었다." 불자를 꼿꼿이 세우고 말했다. "그대들이 말해 보라! 바로 이것(這
箇)[14]을 알아차렸는가? 이것으로 옛 부처의 삼천세계를 뒤흔들어 열고 온
갖 중생의 진심 하나를 가리켜 낸다."

---

9 설령雪嶺이 말한 남산 살무사 : 설령雪嶺 곧 설봉 의존雪峰義存이 제기한 남산별비사南
山鼈鼻蛇를 말한다. 설령이란 눈 내린 산이라는 뜻으로 설봉雪峰과 통하며 남산도 설봉
산의 다른 이름이다. 별비사는 코가 자라처럼 생긴 독사인 살무사를 말한다. 본서 789
칙 본칙 및 499칙 본칙 설화 주석 참조.
10 운문雲門이 말한 동해의 잉어 : 운문 문언雲門文偃이 제기한 동해이어東海鯉魚를 말
한다. 본서 918칙 참조.
11 단특산檀特山 : ⓢ Daṇḍaka-parata, ⓟ Daṇḍaka-pabbata. 탄다낙가彈多落迦라고도 음
사하고 음陰이라 한역한다. 단덕산檀德山이라고도 한다. 북인도의 팔로데리(Palodheri)
지방에 있는 산이다. 옛날에는 건다라국健䭾羅國에 속하였다. 『太子須太拏經』(大3,
418c16~424a24), 『六度集經』 권2(大3, 7c28~11a27)에 석가모니불께서 전생에 수다나須
太拏(ⓢ Sudāna) 태자였을 때 12년 동안 출가하여 고행을 했던 산이라는 기록이 있다.
12 도리천 주인 : 욕계欲界 육천六天 중 하나인 도리천의 주인은 제석천帝釋天이다.
13 견뢰지신堅牢地神 : ⓢ dṛḍhā-pṛthivī-devatā, pṛthivī. 색계色界 십이천十二天 중 하나.
대지를 주관하는 신이다. 음사어는 비리지비比里底毘 · 필리체미畢哩體微 등이고, 견고
지신堅固地神 · 견뢰신堅牢神 · 지신地神 · 지신천地神天 등이라고도 한역한다. 부처님
의 성도成道를 최초로 증명한 신이다. 질병을 치료하고 적을 굴복시키며 불법을 수호
한다.
14 이것(這箇) : 눈앞에 꼿꼿이 세운 불자. 이것으로 위의 살무사와 잉어로 제기된 화두의
핵심을 보이고 있다.

智海淸擧此話云, "諸禪德, 雪嶺南山鼈鼻, 翱翔舞過新羅; 雲門東海鯉魚, 步驟笑歸檀特, 直得忉利天主宮殿震搖, 堅牢地神身心惶怖." 乃堅起拂子召云, "你道! 這箇還覺知麽? 拂開古佛三千界, 指出群生一片心."

> [설화]

○ 설령雪嶺의 살무사 : 가까이 다가서면 목숨을 잃는다.

○ 운문雲門의 잉어 : 활발한 작용이 있으니 물동이를 기울이듯이 비를 쏟아 붓는다.

○ 신라는 동해東海에 있고, 단특산은 서천축에 있다.

○ 신라를 너울너울 지나고~단특산檀特山으로 돌아가니 : 차별과 무차별을 서로 바꾼다.

○ 도리천 주인의 궁전 : 수미산須彌山 꼭대기의 차별상도 없고 이름도 없는 곳을 말한다.

○ 견뢰지신堅牢地神의 몸과 마음 : 염부제[15]의 지하에서 무명으로부터 일으킨 업[16]이다.

○ 흔들리고 두려움에 떤다 : 차별과 무차별 그 어느 것도 보존하지 않는다.

○ 옛 부처의 삼천세계를~진심 하나를 가리켜 낸다 : 삼구를 분별할 수 있다면 한 촉의 화살이 허공 멀리 날아갈 것이다.[17]

---

15 염부제閻浮提 : 본서 23칙 '천의 의회의 상당' 주석 참조.
16 무명으로부터 일으킨 업 : 『宗鏡錄』 권74(大48, 830a16), "'무명으로부터 업을 일으킨다고 하는데, 몇 가지 무명이 있는가?' '네 가지가 있다. 첫째는 수면, 둘째는 전무명, 셋째는 상응, 넷째는 불공이다.'(問, '無明發業, 有幾種無明?' 答, '有四種. 一隨眠, 二纏無明, 三相應, 四不共.')"
17 본서 16칙 '천동 정각의 상당' 설화 주석 참조. 삼구가 반드시 세 가지라는 뜻은 아니지만 여기서는 설봉의 살무사, 운문의 동해 잉어, 지해 청징이 내세운 '이것'을 가리키며, 한 촉의 화살은 본칙에 제시된 '본래법' 또는 지해가 지시한 '온갖 중생의 진심 하나'로 볼 수 있다.

智海：雪嶺鼈鼻者, 近前喪身失命. 雲門鯉魚者, 有活用雨似盆傾也. 新羅在東海, 檀特在西竺. 舞過至檀特者, 差別無¹⁾別互換也. 忉利至殿者, 須彌頂上相盡名亡處. 堅牢地神身心者,²⁾ 閻浮地下無明發業也. 震搖惶怖者, 差別無差別不存也. 拂開古佛云云者, 三句可辨, 一鏃遼空.

1) ㉑ '無' 다음에 을본·병본에는 '差'가 있다. ㉒ '差'가 있는 것이 맞다. 2) ㉑ '者'가 병본에는 '有'로 되어 있다.

경산 종고徑山宗杲의 시중

이 공안을 제기한 뒤 주장자를 집어 들고 "이것은 주장자인데, 어떤 것이 본래의 법인가?"라고 한 다음 다시 말했다. "이것은 본래의 법인데, 어떤 것이 주장자인가? 지금 판단해 낼 사람 있는가? 만약 제대로 판단해 낸다면 저절로 속박에서 벗어나는[18] 길이 생길 뿐만 아니라 또한 남들의 말에 속지도 않을 것이다. 만약 판단해 내지 못한다면 나, 운문이 여러 소리를 하게 될 것이다. 한마디라도 한다면 진실을 잃어버릴 것이요, 아무 말도 하지 않는다면 진실을 해칠 것이다. 이와 같고, 이와 같다![19]" 마침내 주장자를 들었다가 한 번 내리치고서 "한 방에 두 놈을 맞히었다!"라고 한 뒤, 다시 들고서 말했다. "자세히 살펴보라! 한산寒山과 습득拾得이 땅바닥을 쓸다가 빗자루를 거꾸로 돌려서 기둥(露柱)에 쳐서 한 번 털어내고 도솔천[20]에 뛰어 올라가 비비상천非非想天[21] 사람의 코를 뭉그러뜨리

---

18 속박에서 벗어나는(出身) : 직역하면 '몸에서 벗어남'이다. 몸은 생사生死가 일어나는 근거지일 뿐만 아니라 다섯 가지 물질 요소인 오온五蘊이 일시적으로 화합하였다가 결국은 흩어지는 허망한 존재이다. 속박은 이러한 몸에 대한 무지와 집착을 가장 근본으로 삼으므로 이렇게 번역한다. '속박된 몸에서 벗어나다.'라고 해도 무방하다.

19 이와 같고, 이와 같다(如是如是) : 입을 열고 말하지도 입을 닫고 분별하지도 못하게 해 놓고, 지금 그 자리에 드러나 있는 '이와 같은' 상황 전체를 어떤 단정도 하지 않은 채 보여 준 말. 주장자는 주장자일 뿐이고 본래법은 본래법일 뿐이며, 또한 주장자가 본래법이기도 하고 본래법이 주장자이기도 하다는 역설을 이 말에 담아 제법의 이치를 표현하였다.

20 도솔천兜率天 : 욕계 육천 중 네 번째 하늘.

자 비로자나여래가 고통을 참다가 숨기지 못하고 나, 운문의 주장자 속으로 달려 들어와 몸을 숨기는구나. 운문의 한 무리 대중은 껄껄대고 크게 웃으며 '아무리 헤아려도 전혀 알 수 없구나.'라고 말한다. 바로 이러한 때에 노주露柱가 등롱燈籠에게 눈썹을 그려 주니 더하여 광채가 대단히 많이 늘어났다." 잠시 침묵하다가 말했다. "기개가 조금이라도 남아 있을 때 기개를 덧붙이고, 풍류가 없는 곳에서 더욱 풍류를 일으켜라.[22]"

徑山杲示衆, 擧此話, 拈起拄杖云, "這箇是拄杖子, 那箇是本來法?" 又云, "這箇是本來法, 那箇是拄杖子? 只今莫有斷得出底麼? 若斷得出, 非唯自有出身之路, 亦乃不受人謾. 若斷不出, 雲門饒舌去也. 開口卽失, 閉口卽喪. 如是, 如是!" 遂卓一下云, "一椎兩當!" 復擧起云, "看看! 寒山拾得掃地, 倒轉苕箒柄, 把露柱一撼, 踜跳上兜率陀天, 觸破非非想天人鼻孔, 毗盧遮那如來, 忍痛不禁, 走入雲門拄杖子裏藏身. 雲門一衆, 呵呵大笑云, '料掉沒交涉.' 正當伊麼時, 露柱與燈籠畫眉, 又增得多少光彩." 良久云, "有意氣時添意氣, 不風流處也風流."

[설화]

○ 주장자를 집어 들고~어떤 것이 주장자인가 : 차별과 무차별 이외에 결코 두 번째의 것은 없다.[23]

---

21 비비상천非非想天 : 비상비비상천非想非非想天이라고도 한다. 삼계 이십팔천 중 최상의 천이므로 유정천有頂天이라 한다. 욕계나 색계의 추상麤想에서 일어나는 번뇌가 '없으므로' 비유상 또는 비상이라 하며, 동시에 세상細想의 번뇌는 '남아 있으므로' 비무상 또는 비비상이라 한다. 무소유의 상도 벗어나므로 극적정極寂靜이라고도 한다.
22 풍류가 없는~풍류를 일으켜라 : 노주나 등롱과 같이 늘 정해진 격격대로만 존재하여 풍류가 전혀 없는 무정無情에게 풍류를 불어넣는다는 뜻.
23 주장자와 본래법 사이의 관계가 차별인지 무차별인지 던진 대혜의 말. 이 밖에 다른 분별이 끼어들 여지가 없다는 뜻이다.

○ 남들의 말에 속지도 않을 것이다 : 남의 말에 속지 않는 길이 있다는 의미이다.
○ 한마디라도 한다면 진실을 잃어버릴 것이요~이와 같고, 이와 같다 : 말이 있거나 말이 없거나 목숨을 잃지 않을 수 없다.
○ 주장자를 들었다가 한 번 내리치고서 "한 방에 두 놈을 맞히었다!"라고 한 말 : 말이 있거나 말이 없거나 단칼에 두 토막을 낸다는 뜻이다.
○ 한산寒山과 습득拾得이 땅바닥을 쓸다가 : 한산과 습득의 행위가 어찌 말이 있기도 하고 말이 없기도 한 경계가 아니었겠느냐는 뜻이다. 땅바닥을 쓰는 빗자루질은 현실의 행위에 몸소 발을 들여놓는 것이다.[24]
○ 빗자루를 거꾸로 돌려서 기둥(露柱)에 쳐서 한 번 털어 내다 : 노주는 지각이 없으니 한산과 습득이 싫어하는 점이다.
○ 도솔천에 뛰어오르다 : 종문宗門의 향상向上을 나타낸다.
○ 비비상천非非想天 사람의 코 : 향상하는 사람이 근본으로 삼는 핵심[25]을 가리킨다.
○ 비로자나여래 : 어떤 조작도 없는 깨달음(果)의 본체를 가리키니, 앞에 나온 도솔천과 마찬가지이다.
○ 고통을 참다가 숨기지 못하고 : 코를 뭉그러뜨렸기 때문이다.
○ 나, 운문의 주장자 속으로 달려 들어와 몸을 숨기는구나 : 주장자는 이전에 들어 보인 것이다. 주장자를 들고서는 동쪽을 가리켰다 서쪽을 가리켰다 하며 불필요하게 아무 말이나 하였으니, 몸을 숨기려 해도

---

24 선사들은 빗자루질 따위의 일상적인 일도 본분사의 발현으로 본다. 『圜悟語錄』 권12(大47, 770b17), "배 공(裵休)이 승직에게 물었다. '이곳에 선수행하는 스님이 있습니까?' '근처에 어떤 스님이 자신을 돌보지 않고 땅바닥을 쓸며 몸에는 누더기 납의(百衲)를 걸치고 있는데 아마도 그가 선승인 듯싶습니다.' 만나게 해 달라고 청하고 보니 그가 바로 황벽 단제 운 선사였다.(裵公云, '此間有禪僧麼?' 僧職云, '近有一僧, 捨身掃地, 身披百衲, 恐是禪僧.' 及乎請得來, 乃是黃檗斷際運禪師也.)"

25 코(鼻孔)는 얼굴의 중앙에 붙어 있는 기관으로 본래면목의 핵심을 상징한다.

피할 곳은 없다.
○ 운문의 한 무리 대중은 껄껄대고 크게 웃으며 : 비로자나여래가 몸을 숨길 곳이 없는 모습을 보고 웃었다. 여기에도 '관조와 작용이 한순간에 이루어진다.'[26]라는 뜻이 들어 있다.
○ 노주露柱가 등롱燈籠에게 눈썹을 그려 주니 : 노주는 지각이 없고 등롱은 광채가 있다. (지각이 없는 존재가 광채를 띤 등롱에) 눈썹을 그리면 광채가 더욱 늘어난다. 그러므로 '기개가 조금이라도 남아 있을 때 기개를 덧붙여, 풍류가 없는 곳에서 더욱 풍류를 일으켜라.'라고 한 것이다.

徑山 : 拈拄杖至是柱杖者, 差別無差別, 更無第二也. 不受人謾者, 有無人謾也. 開口卽失云云者, 有語無語, 未免喪身失命也. 卓一下云一椎兩當者, 有語無語, 一刀兩斷也. 寒山至掃地者, 寒山拾得, 豈非有語無語! 掃地則涉運爲也. 倒轉筇箒[1)]云云者, 露柱無知覺也, 則寒山拾得所惡也. 踍跳上兜率天者, 宗門向上也. 非非想天人鼻孔者, 向上人所宗也. 毘盧遮那

---

26 조용동시照用同時는 임제종臨濟宗의 사조용四照用 중 하나이다. 『五家宗旨纂要』 권상 「濟宗四照用」(卍114, 516a5), "어떤 때는 관조와 작용을 동시에 한다 : 눈으로는 빈틈없이 보고 손으로도 잘 가려내며 기세당당하니 도적과 간신이 어떻게 대적하겠는가? 삼산 등래三山燈來가 말했다. '가령 어떤 학인이 찾아오면 종사는 방을 휘두르거나 할을 내질러 이 하나의 방과 하나의 할에서 그가 어떻게 이해하고 어떻게 반응하여 말을 하는지 살피는 것과 같다. 이것이 작용 그대로 관조이고 관조가 바로 작용인 예이다. 또 어떤 경우에는 종사가 할을 한 번 내지르면 학인도 할로 대응하는데, 종사가 때리면서「절을 올리지 않고 또 언제 하려고 그러느냐!」라고 소리친다. 이와 같은 유가 관조와 작용을 동시에 하는 것이다.' 관조와 작용을 동시에 한다는 말은 무슨 뜻인가? 삼산 등래가 말한다. '두 가지도 없고 차별도 없다.' 게송으로 읊는다. '관조와 작용 동시에 이루어지니, 아프게 내리꽂는 송곳과 같다. 혼이 놀라고 간이 상하여, 피가 수미산을 물들이는구나.'(有時照用同時 : 眼親手辨雄雄勢, 盜賊奸臣怎敢當? 三山來云, '如遇僧來, 師家或棒或喝, 卽此一棒一喝中, 且看他如何承當, 如何下語. 此則卽用爲照, 照卽是用. 又或師一喝, 僧亦喝, 師打云,「不禮拜, 更待何時!」如此之類, 是照用同時.' 如何是照用同時? 三山來云, '無二無別.' 頌曰, '照用同時, 痛下針錐. 魂驚膽喪, 血染須彌.')

如來者, 無作果體, 卽前兜率天一般也. 忍痛不禁者, 觸破²⁾鼻孔故也. 走入至藏身者, 柱杖子, 前擧起底, 擧起則指東畫西, 是藏身難避處也. 雲門一衆至笑者, 笑他藏身無地. 亦有其意, 照用同時也. 露柱至眉者, 露柱則無知覺, 燈籠則有光彩, 畫眉則增得光彩也. 故云, '有意氣云云.'

1) ㉈ '萭'가 위의 시중에는 '帚'로 되어 있다. 2) ㉈ '破'가 을본·병본에는 '碎'로 되어 있다.

81칙 아난금란阿難金襴

[본칙] 아난이 가섭에게 물었다. "세존께서 금란金襴[1]을 전한 이외에 무슨 법을 별도로 전하셨습니까?" 가섭이 "아난아!" 하고 부르자 아난이 "예!" 하고 응답했다. 가섭이 말했다. "문 앞의 찰간刹竿[2]을 쓰러뜨려라!"[3]

阿難問迦葉, "世尊傳金襴外, 別傳何法?" 迦葉召阿難, 阿難應喏. 迦葉云, "倒卻門前刹竿著!"

[설화]

● 금란 : 조계曹溪 혜능慧能에게까지 부촉付囑하여 내려왔다는 조계 부촉설(曹溪囑說)[4]에 따르면 다음과 같다. '전수된 가사에는 세 가지가 있

---

1 금란金襴 : 불법을 전수하는 징표가 되는 가사. 금란의金襴衣·금란가사金襴袈裟·금루가사金縷袈裟·금루승가려金縷僧伽黎·금색첩의金色氎衣 등이라고도 한다. 『賢愚經』 권12(大4, 434a6) 등에 전하는 이야기이다. 부처님의 양모인 대애도大愛道[S] Mahāprajāpati)가 손수 금색첩의를 지어 부처님께 공양하고자 하였으나, 부처님께서는 받지 않고 여러 스님들에게 보시하도록 하였다. 그러나 스님들이 모두 사양하고 다른 스님에게 주기를 거듭하다가 결국에는 미륵보살彌勒菩薩에게까지 전해져 미륵이 이 옷을 입게 되었다고 한다. 본서 4칙 본칙 주석 참조.
2 찰간刹竿 : 절 앞에 깃발을 세우는 기둥. 불법이 있는 곳이라는 표시이다.
3 '찰간을 쓰러뜨려라.'라고 한 말은 금란 이외에 전한 심오한 불법이 있을 것이라는 아난의 기대를 무너뜨리는 형식이다. 그러나 '쓰러뜨려라'라는 말에는 쓰러뜨리지 말라는 의도도 숨어 있다. 반은 열어 놓고 반은 닫아 놓은 선어禪語인 것이다. 『雪竇語錄』 권2(大47, 679c17), "가장 큰 것은 밖이 없고, 가장 작은 것은 안이 없다. 반은 닫혀 있고 반은 열려 있는 채 하나로 뭉쳐지고 한 덩어리가 되었다. 달마 대사도 여기서 막혀 버렸고, 납자들도 대부분 여기서 동떨어지고 말았다. 천고 만고의 세월 동안 변치 않고 넘쳐흐를지라도 빽빽이 들어찬 무수한 사람들 중 어느 누구도 알아차리지 못한다.(大無外, 小無內, 半合半開, 成團成塊, 老胡既隔絶, 衲子多違背, 從他千古萬古長漫漫, 塡溝塞壑沒人會.)" 주 22의 내용도 같은 맥락이다.

다. 첫째, 금란보의金襴寶衣이다. 부처님들이 대대로 전수해 온 가사이며 가섭이 이것을 지니고 계족산에 들어가서 미륵보살의 하생을 기다렸다. 둘째, 금란보의金襴補衣이다. 조사들이 대대로 전수해 온 가사이며 남천축 득승왕得勝王[5]의 궁전에 보관되어 있던 것이다. 셋째, 굴순보의屈眗補衣[6]이다. 달마 대사가 전수하여 조계 혜능에게까지 전해진 것이다.' 이러한 사연에 따라 대대로 부처님들이 이어 왔고, 대대로 조사들이 전수해 왔다는 말이 생겼다. 『전등록』에 따르면,[7] 제24조 사자존자師子尊者가 25조 파사사다波舍斯多에게 "나의 스승께서 고난을 당할 날이 멀지 않았다고 은밀하게 예언하셨다."라 하고, 전법게를 설하여 법을 전한 뒤 승가리의僧伽梨衣를 파사사다에게 은밀하게 부촉하였다고 한다. 사자존자 이전의 시기에는 가사를 전수한 자취가 남아 있지 않다. 파사사다가 26조 불여밀다不如蜜多에게 "이 가사는 고난을 막기 위하여 임시로 조사祖師임을 증명하는 수단일 뿐이다. 그대 스스로에게 고난의 소지가 없다면 어찌 이 가사에 의지하겠는가? 시방에 교화가 미친다면

---

4 가섭迦葉으로부터 혜능까지 33조로 이어졌다는 설. 서천 28조설도 동일한 맥락이다. 본서 80칙 주 1 참조. 가사와 발우(衣鉢)를 징표로 부촉하였다고 하니 이 설에 따르면 그 가사가 금란인 셈이다. 燉煌本 『泉州千佛新著諸祖師頌』(大85, 1320c15), "조사의 등불을 대대로 부촉한 이래 가섭에서 시작하여 조계에 이르기까지 모두 33대 조사가 징표로 전한 가사(信衣)가 후대에도 여러 사람에게 전해졌다.(自祖燈相囑, 始迦葉終曹溪, 凡三十三祖, 信衣後追數人.)" 사실과 관계없이 조계 이후 회양懷讓에서 마조馬祖 등에게까지 전해져 그 계송이 남아 있다는 주장이다.
5 득승왕得勝王 : 제26조 불여밀다不如密多의 부친. 『景德傳燈錄』 권2(大51, 215c15), "제26조 불여밀다는 남인도 득승왕의 태자이다.(第二十六祖, 不如密多者, 南印度得勝王之太子也.)"
6 굴순보의屈眗補衣 : '보補'는 '포布'의 오기인 듯하다. 『祖庭事苑』 권3 「屈眗」(卍113, 72b14)에 따르면, '굴순屈眗'은 범어이고 '眗'의 음은 '舜'이라 되어 있다. 목면의 꽃술(花心)로 직조하였기에 대세포大細布라고 한역한다. 달마 대사가 전한 가사로 육조 혜능에게까지 전해졌으며 그 색은 청흑색이고 안쪽은 푸른 비단이다. 『壇經』(大48, 362b13), 『景德傳燈錄』 권5 「慧能大師傳」(大51, 236c12), 『禪林象器箋』 권26 「傳衣」(禪藏, 1300) 등 참조.
7 『景德傳燈錄』 권2(大51, 215a1).

사람들이 저절로 그대를 믿고 따라올 것이다."[8]라고 한 말까지 본다면 조사들이 대대로 전수했다는 조계 부촉설은 근거가 없다. 옛사람[9]이 '조계 부촉설은 받아들여 언급할 만하지 못하다.'라고 하였으니 이 말은 또한 이 공안에도 들어맞는다. 조사들이 대대로 전수하고 부처님들이 대대로 전수하였다는 주장은 도리와 상관이 없으니 어찌 헤아릴 필요가 있겠는가? 하지만 굳이 따지자면 가섭이 금란을 지니고 계족산에 들어갔다는 말은 결국 부처님들이 대대로 전수한 것이요 조사들이 대대로 전수한 것을 뜻한다.

[金襴] 金襴者, 曹溪觸[1])說云, '傳衣有三. 一, 金襴寶衣, 佛佛授受, 迦葉持入雞足山, 以待慈氏下生. 二, 金襴補衣, 祖祖相傳, 留置於南天竺, 得勝王宮. 三, 屈眴補[2])衣, 達摩來傳, 止于曹溪.' 因此, 有佛佛相承, 祖祖相傳之論. 據傳燈錄, 第二十四祖, 師子尊者, 謂二十五祖, 波舍斯多曰, "吾師密有懸記, 罹難非久." 說偈付法已, 以僧伽梨衣, 密付斯多而已. 師子之前, 無傳衣之迹. 至斯多, 謂二十六祖, 不如蜜多曰, "此衣爲難故, 假以證明. 汝身無難, 何假其衣? 化被十方, 人自信向." 則觸說祖祖相傳爲妄矣. 古人云, 曹溪觸說, 未容無說者, 以此又當於此話. 祖祖相傳, 佛佛相傳之論, 非關於道理, 何用商量? 然強而論之, 迦葉持入雞足山地, 亦是佛佛相傳, 祖祖相傳也.

1) ㉠ '觸'은 '囑'의 오자이다.   2) ㉠ '補'는 '布'의 오기인 듯하다.

● 아난이 그렇게 던진 질문 : 『전등록』에 다음과 같이 전한다.[10] "세존께

---

8 위의 책(大51, 215c10).
9 누구의 말인지 알 근거가 전혀 없다.
10 『景德傳燈錄』 권1 「釋迦牟尼佛傳」(大51, 205b27).

서 가섭에게 '내가 법을 꿰뚫어 보는 청정한 눈(淸淨法眼)[11]과 열반을 성취한 미묘한 마음(涅槃妙心)과 차별된 상이 없는 실상(實相無相)과 미묘한 정법(微妙正法)을 그대에게 전하려 하니 그대는 마땅히 그것을 잘 보호하여 지니고 있어야 한다.'라고 이르셨다. 아울러 아난에게는 '법을 전하고 교화하는 가섭의 일을 도와 단절되지 않도록 하라.'라고 명하고, 게송으로 그 뜻을 읊으셨다. '법마다 본래의 법이요 별도의 법 없으니, 별도의 법 없는 그 법 또한 법이로다. 별도의 법 없는 그 법 전하는 이 순간, 하나하나의 법이 어찌 진실한 법이었던가?' 이 게송을 읊고 나서 다시 가섭에게 '내가 금루승가리의(금란가사)를 그대에게 전하고자 하니, 나의 자리를 대신할 자[12]에게 대대로 전수하고 미륵불이 세상에 나타날 때까지 잘 보존하여 없어지지 않도록 하라.'라고 이르셨다." 당시에 가섭과 아난이 함께 부처님의 부촉을 받았기 때문에 '금란을 전수받고 아난 자신에게 보였던 이것 외에 별도로 무슨 법을 전했는가?'라고 물음을 던진 까닭은 '법을 전하고 교화하는 가섭의 일을 도와 단절되지 않도록 하라.'라고 하신 부촉을 잊지 않았기 때문이다.

阿難伊麽問者, 傳燈云, "世尊告迦葉, '吾以淸淨法眼, 涅槃妙心, 實相無相, 微妙正法, 將付於汝, 汝當護持.' 幷勅阿難, '副貳傳化, 無令斷絶.' 而

---

11 청정법안淸淨法眼은 1004년(경덕 1)에 성립된 『景德傳燈錄』 이후에는 '정법안장正法眼藏'이라는 말로 바뀌었다.
12 나의 자리를 대신할 자(補處) : 본래 일생보처一生補處라 한다. 한 번만 더 태어나면 성불하여 부처님의 빈자리를 보충하여 계승하는 지위라는 뜻이다. 그러한 자를 보처보살補處菩薩·일생보처보살一生補處菩薩이라 하는데 석가모니불을 이어서 중생을 구제하리라고 예정된 미륵을 가리키는 것이 일반적이다. 그러나 특별히 미륵만 지칭하지 않고 보살 수행 52계위 중 제51인 등각위等覺位의 보살은 한 번만 태어나면 성불하기 때문에 모두 보처보살이라 한다. 『阿彌陀經疏』(大37, 325a23), "일생보처란 십지보살이 다시 도솔천에서 한 번 태어나 도솔천에서 내려와 이전 부처님의 빈자리를 보충하여 성불한다는 뜻이다.(一生補處者, 謂十地菩薩, 更於兜率天, 一度受生, 從兜率下, 卽補前佛處, 而成佛故.)"

說偈言, '法本法無法, 無法法亦法. 今付無法時, 法法何曾法?' 說此偈已, 復告迦葉, '吾將金縷僧伽梨衣, 傳付於汝, 轉授補處, 至慈氏佛出世, 勿令朽壞.'" 當時, 同受佛付囑故, '傳金襴, 我所現見, 此外別傳箇什麽法?' 蓋不忘副貳傳化之囑也.

● "아난아!" 하고 부르자 아난이 "예!" 하고 응답했다 : 이전의 성인들이 법을 드러내는 방편은 비록 다양했지만 부르고 응답한(喚應) 그것이 가장 법에 잘 들어맞았다. 불렀던 심경이 분명했고 응답한 마음도 진실했다.

召阿難阿難應諾者, 先聖示法, 方便雖多, 喚應最親切. 則喚處分明, 應處眞也.

● 문 앞의 찰간刹竿을 쓰러뜨려라 : 예부터 이렇게 전한다.[13] "찰리의 온전한 음사어는 랄슬치剌瑟致이고 한역하면 간竿이다. 이 불법에서 부지런히 수행하여 결정적인 하나의 법을 얻은 자는 문밖에 찰간을 세움으로써 사방 먼 곳까지 '여기에 욕심을 없애고 만족할 줄 아는 자가 살고 있다.'는 사실을 알린다."[14] 곧 법의 깃발(法幢)을 꽂고 종지宗旨를 세우는 것이니, 이는 법을 전하는 사람을 나타내는 상징물이다. 여기서 '쓰

---

13 『長阿含經』 권12(大1, 79a11), 『翻譯名義集』 권7(大54, 1167a25) 등의 내용에 근거한다.
14 『釋氏要覽』 권상(大54, 262c28), "범찰梵刹 : '범'이란 청정이라는 뜻이다. 『일체경음의』에 '범은 랄슬치剌瑟致라 음사하고 간竿이라 한역하며, 줄여서 찰이라 하는데 곧 절을 표시하는 깃발을 다는 기둥(幡柱)이다.'라고 하였다. 『장아함경』에 '만약 사문이 이 절에서 열심히 수행하여 근본적인 법을 터득했다면 깃발을 세워 사방 먼 곳까지 「욕심을 없애고 만족할 줄 아는 사람이 이곳에 살고 있다.」는 사실을 알려야 한다.'라고 하였다.(梵刹 : 梵者, 清淨之義. 經音云, '梵云, 剌瑟致, 此云, 竿. 今略名刹, 即幡柱也.' 長阿含經云, '若沙門於此寺中勤苦, 得一法者, 便當豎幡告四遠, 「今有少欲知足人居此.」')"

러뜨려라.'라고 한 말은 법을 전할 일도 없고 받을 일도 없다는 뜻이다. 옛사람은 "선禪의 등불은 가섭의 마음에서 켜졌고,[15] 교敎의 바다는 아난의 입에서 쏟아져 나왔다."[16]라고 하였다. 또한 '아난은 전적으로 불법을 많이 들어 아는 것만 추구하여 도력道力이 완전하지 못했기 때문에'[17] 금란가사를 전한 것 이외에 별도로 어떤 법을 전했는지 물은 것이다. 그렇게 바라는 마음이 마치 우뚝 선 찰간처럼 분명했기 때문에 아난에게 '찰간을 쓰러뜨려라.'라고 했던 것이다. 또한 평상시에 주고받는 문답 형식의 평석도 남아 있지만 그 모두가 가섭과 아난의 본의에 맞지 않다.

倒却門前刹竿着者, 古云, "刹, 具云刹[1]瑟致, 此云竿. 於此法中勤苦, 得一法者, 樹之於門外, 以告四遠, 今少欲知足者居之." 則建法幢立宗旨, 是傳法人邊事也. 今云倒却著, 則無傳無得也. 古云, "禪燈, 點迦葉之心;敎海, 瀉阿難之口." 又, '阿難全求多聞, 未全道力'故, 問傳金襴外, 別傳何法. 希求之心, 如立刹竿故, 令[2]阿難倒却着. 又, 有平常答話,[3] 皆非迦葉阿難之意.

1) ㉠ '刹'은 '刺'의 오자이다. 주 14 참조. 2) ㉮ '令'이 병본에는 '今'으로 되어 있다.
3) ㉮ '話'가 을본·병본에는 '活'로 되어 있다.

● 『전등록』에는 이렇게 전한다.[18] "(외도를 믿었던) 덕승왕德勝王이 즉위하자 조사(파사사다)에게 고난이 닥쳤다.[19] 왕이 마침내 파사사다에게 물

---

15 부처님이 가섭에게 세 차례에 걸쳐서 마음을 전했다는 삼처전심三處傳心 곧 분반좌分半座·염화미소拈花微笑·곽시쌍부槨示雙趺 등을 가리킨다. 본서 4칙 본칙 주석 참조.
16 『禪門寶藏錄』「序」(卍113, 985a2)에 나오는 천책天頙의 말이다.
17 『楞嚴經』권1(大19, 106c16)의 다음 내용에 근거한다. "아난이 부처님을 친견하고 이마를 땅에 대고 절을 올리며 시원을 알 수 없는 때부터(無始來) 불법을 많이 듣는 편으로만 치우쳐 도력이 완전하지 못한 것을 슬프게 울면서 한탄하였다.(阿難見佛, 頂禮悲泣, 恨無始來一向多聞, 未全道力.)"
18 『景德傳燈錄』권2「婆舍斯多傳」(大51, 215b17).

었다. '스님이 전수받은 가르침은 무엇을 근본으로 합니까?' '제가 받은 가르침은 부처님을 근본으로 합니다(佛宗).' '부처님은 이미 1,200년 전에 입멸하셨는데 스님은 누구에게서 받았습니까?' '음광 대사(가섭)께서 부처님의 인가를 직접 받은 뒤로 대대로 이어져 내려와 24조 사자존자에게까지 이르렀는데, 저는 그분으로부터 받은 것입니다.' '내가 듣자 하니 사자존자는 형벌을 받고 사형되는 처지를 벗어나지 못했다고 하는데, 어떻게 후인에게 법을 전할 수 있었단 말이오?' '우리 스승께서 고난이 일어나기 이전에 저에게 직접 전하며 가사와 전법게傳法偈[20]를 주심으로써 스승과 제자의 전승 관계를 나타내었습니다.' '그 가사는 어디에 있습니까?' 조사가 곧바로 바랑에서 가사를 꺼내어 왕에게 보여 주었다. 왕이 명령하여 가사를 불사르자 오색의 상서로운 기운이 천지를 덮었고 땔감이 다 탔으나 가사는 이전 그대로였다. 왕이 후회하며 예를 갖추고 말했다. '사자존자의 진실한 제자가 분명하시군요.'[21] 불여밀다가 조사에게 '법의法衣를 마땅히 전해 주셔야 할 것입니다.'라고 아뢰자 조사는 '이 가사는 고난을 막기 위한 것일 뿐이다.'라 하고 전하지 않았다."

---

19 이 글 다음에 "태자인 불여밀다가 이 일을 간언하였다가 감옥에 갇혔다.(太子不如密多, 以進諫被囚.)"라는 구절이 누락되었다.
20 전법게傳法偈 : 대대로 법을 전수하고 인가하면서 앞선 조사가 가사와 발우를 징표로 주었는데, 그것이 투쟁의 실마리가 된다는 이유에 따라 전법게로 대체하였다. 敦煌本『壇經』에 초조 달마부터 육조 혜능까지의 전법게가 처음으로 나타나지만, 그것을 분명하게 명시하는 구절은 5조 홍인이 육조 혜능에게 가사와 발우를 전한 뒤 당부하는 말을 덧붙인 宗寶本『壇經』에 보인다. 宗寶本『壇經』(大48, 349b2), "가사는 투쟁의 실마리가 되니 그대에게서 그치고 전하지 마라. 만일 이 가사를 전하게 되면 목숨이 위태로울 것이다.(衣爲爭端, 止汝勿傳. 若傳此衣, 命如懸絲.)"
21 『景德傳燈錄』에는 이렇게 증명하고 난 뒤에 불여밀다가 사면되었다고 전한다. 이 가사가 '고난을 막기 위하여 임시로 조사祖師임을 증명하는 수단'이라는 말은 바로 이것을 가리킨다.

又傳云, "德[1]勝王卽位, 致難于祖, 王遽問斯多曰, '師所傳者, 當是何宗?' 祖云, '我所得者, 當是佛宗.' 王曰, '佛已滅千二百載, 師從誰得耶?' 祖曰, '飮光大士, 親受佛印, 轉展相承, 至二十四祖師子尊者, 我從彼得.' 王曰, '予聞師子尊者, 不免於刑戮, 何能傳法後人?' 祖曰, '我師難未起時, 密付於我, 傳衣法偈, 以現師承.' 王曰, '其衣何在?' 祖卽囊中出衣示王. 王命令焚燒, 五色瑞氣蓋天地, 薪盡如舊. 王卽追悔致禮云, '師子眞嗣, 明矣.' 不如蜜多啓祖曰, '法衣宜可傳受.' 祖曰, '此衣爲難.' 不傳."

1) ㉠ '德'이 『景德傳燈錄』권2 「婆舍斯多傳」(大51, 215b17)에는 '得'으로 되어 있다.

대각 회련大覺懷璉의 송 大覺璉頌

금란 이외에 또 무엇을 전했느냐고 묻자	金襴之外更何傳
이름 부르곤 문 앞의 찰간 쓰러뜨리라 하네	召向門前倒刹竿[1]
밤 되자 눈보라 맹렬하게 몰아치는데	入夜雪風吹大緊
하늘 가득한 별빛 달빛 속에 싸늘하네[22]	滿天星彩月中寒

1) ㉮ '竿'이 갑본에는 '字'로 되어 있다. 이하 동일. ㉠ '竿'이 옳다.

설화

○ 밤 되자 눈보라 맹렬하게 몰아치는데 : 추위가 맹위를 떨치는 풍경이다.
○ 하늘 가득한 별빛 달빛 속에 싸늘하네 : 문채文彩가 없지 않다는 말이다.

　大覺：入夜云云者, 寒威威地. 滿天云云者, 文彩不無.

22 하늘 가득한~속에 싸늘하네 : 달빛이 밝으면 별빛은 죽는다. 하지만 자세히 보면 그 속에서 반짝이는 별빛을 볼 수 있다. '찰간을 쓰러뜨려라.'라고 한 말이 달빛이라면 그 속에 숨은 뜻이 별빛이다. 주 3의 취지와 같다.

대홍 보은大洪報恩**의 송** 大洪恩頌

달살아갈[23]께서 2천 년 전에　　　　　　　　怛薩阿竭二千年
몸소 주시고 직접 받았던 법[24] 모두 헛된　　密付親承盡浪傳
전수였다네
　바로 지금에 이르러선 누구나 알 수 있게　　直至而今成露布
되었으니[25]
　찰간은 예전 그대로 문 앞에 서 있구나　　　剎竿依舊倚門前

【설화】

○ 달살아갈은 자금광紫金光이라 한역한다. 숨었던 문채가 (이 자금광에 의하여) 나타난다.[26]

大洪: 怛薩阿竭, 此云紫金光. 匿文見.

---

23 달살아갈怛薩阿竭: ⓢ tathāgata의 음사어. 다타아가도多他阿伽度라고도 음사한다. 부처님의 열 가지 칭호(十號) 중 하나로 여래如來라 한역한다.
24 몸소 주시고~받았던 법(密付親承): 제자에게 부처님께서 한 치의 빈틈도 없이(密) 직접 주시고 제자도 어떤 매개도 없이 직접(親) 이어받았다는 말. 주고받는 당사자들 이외에는 아무도 알 수 없다는 점에서 은밀하다(密)는 뜻도 된다.
25 누구나 알~있게 되었으니(露布): 노포露布는 입구를 밀봉하지 않은 문서로, 누구나 볼 수 있는 공개된 문서라는 말이다. 또는 그만큼 식상한 말이 되어 버렸다는 뜻이기도 하다. 본서 1168칙 '단하 지순의 송' 제1구, 492칙 '원오 극근의 염' 참조.
26 부처님 몸 안에서 일어나는 자금광에 의해 문채가 새겨진 것과 같은 갖가지 상호를 드러내는 양상을 가리킨다. 『禪祕要法經』 권중(大15, 256b4), "그때 부처님 몸을 살펴서 보니 맑은 유리처럼 미묘하였고 그 안에는 금강이 들어 있었는데 금강 안에 있는 자금광이 서로 빛을 발하여 갖가지 상호를 이루었다. 삼십이상과 팔십종호가 그것이었으니 마치 각인된 문채처럼 불을 보듯 분명하게 나타났다.(爾時, 尋見佛身, 微妙如淨琉璃, 內有金剛, 於金剛內, 有紫金光, 共相映發, 成衆相好. 三十二相, 八十種好, 猶如印文, 炳然明顯.)"

운거 요원雲居了元의 송 雲居元頌

우리 가문에 대대로 전수된 계봉[27]의 괴납[28]	雞峰壞衲吾家物
한 줄기 맑은 바람[29]이 바르게 지켜 왔지만	一片淸風善護持
찰간을 쓰러뜨리라는 뜻은 아무도 모르니	倒郤刹竿人不會
세상 사람들 멋대로 파고들도록 놓아두리[30]	從敎天下亂針錐

설화

○ 제1구 : 다름 아닌 우리의 정법안장正法眼藏이기에 가섭은 금란을 얻은 것이다. 괴납壞衲은 금란을 가리키며 가섭이 입고 있었던 분소의糞掃衣[31]는 아니다.

○ 제2구 : 만약 조사의 맑은 가풍이라면 반드시 바르게 보호하고 지켜야 한다.

○ 제3구 : 그러나 사람들은 찰간을 쓰러뜨린 뜻은 알지 못했다.

○ 제4구 : 세상 사람들이 멋대로 파고들도록 놓아둔다는 뜻이다.

---

27 계봉雞峰 : 계족산鷄足山(S Kukkuṭapāda-giri, P Kukkuṭapada-giri) 또는 가섭을 가리킨다. 이 산에 있는 세 개의 봉우리가 마치 닭의 발톱이 세 갈래로 나뉜 것과 같으므로 계족산이라 한다. 가섭이 부처님으로부터 금란을 받은 뒤 계족산에서 입적할 때 그 가사를 미륵불에게 전하기로 하였기 때문에 그 자체로 가섭을 가리키는 말로도 쓰인다.

28 괴납壞衲 : 괴색납의壞色衲衣의 줄임말. '괴색'은 청·황·적·백·흑의 다섯 가지 정색正色을 피하고 목란木蘭으로 만든 부정색不正色, 납의는 여러 가지 헝겊 조각을 이어서 만든 가사를 말한다. 이 가사는 금란가사라는 말 이외에 분소의糞掃衣 또는 괴납이라고도 전한다.

29 한 줄기 맑은 바람(一片淸風) : 오로지 하나만 지키듯이 진실하고 변함없는(一片) 청정한 승가의 가풍을 나타낸다.

30 찰간을 쓰러뜨리라는~파고들도록 놓아두리 : 금란가사가 전수되는 전통은 지켜 왔지만, 찰간을 쓰러뜨리라는 뜻에 대해 사람들이 송곳처럼 날카로운 말로 파고들도록 허용한다는 말. 여기서 침추針錐는 천착穿鑿과 통하는 의미이다.

31 분소의糞掃衣 : 버려진 헌 옷 조각이나 묘지 등에서 죽은 사람을 싸서 버린 천 조각을 기워서 만든 옷. 가사의 시초가 되는 옷이다.

雲居:初句,唯吾正法眼藏,迦葉得金襴.壞衲指金襴,非迦葉所着糞掃衣也.二句,若是祖師淸風,直須善護持也.三句,而人不會倒却刹竿之義.四句,從敎天下人難[1]下針錐也.

1) ㉮ '難'이 을본·병본에는 '亂'으로 되어 있다. ㉯ '亂'으로 바로잡아 번역하였다.

천복 본일薦福本逸의 송 薦福逸頌

꽃잎 잇달아 향기 뿜을 날 참으로 있으련만	花葉聯芳信有期
가섭은 소리 높여 굳이 향기 나누어 퍼뜨렸네	飮光元[1]召劃分[2]披
이제 지난날 사연일랑 묻지 말 일이니	而今莫問當時事
길 가는 나그네의 입이 비석과 같노라[32]	路上行人口是碑
어렵고 또 어렵구나	難難
남쪽과 북쪽에서 무리 지은 선수행자들	天南天北叢禪侶
문 앞 찰간 쓰러뜨리란 말 다투어 분별한다네	競辨門前倒刹竿

1) ㉯ '元'은 '抗'의 오기이다.『頌古聯珠通集』권6(卍115, 61a6),『宗鑑法林』권5(卍116, 83b3) 참조. 2) ㉯ '分'은 '芬'과 통한다.

정혜 초신定慧超信의 송 定慧信頌

금란을 내려 준 뒤 또 그 무엇을 전했단 말인가	金襴付後傳何物
가섭이 호명한 순간 이미 기밀은 누설되었다네	迦葉呼名已泄機
말 떨어지자마자 알았더라도 둔한 사람이거늘	言下便明猶鈍漢
찰간을 쓰러뜨린들 다시 무슨 소용이 있겠는가	刹竿倒郤復奚爲

---

32 길 가는~비석과 같노라 : 누군가의 공덕을 기리고 칭송하기 위하여 새겨 놓은 비석과 같이 사람들이 입으로 전하는 칭송을 비유한다.『聯燈會要』권13「浮山法遠章」(卍136, 640a6), "그대에게 돌에 새길 필요 없다고 권하노니, 길 가는 나그네의 입이 바로 비석이라네.(勸君不用鐫頑石, 路上行人口是碑.)"

천동 정각天童正覺**의 송 1** 天童覺頌

한 수로 바둑 한 국면을 뒤집을 수 있으니	一著能迴一局碁
신선의 묘수는 아주 사소한 부분에 있노라	仙郞妙處只些兒
밝은 눈 번쩍 뜨고 삶과 죽음 가를 뿐이니	點開活眼分生殺
궁지에서 허둥대는 사마의[33] 되진 않으리라	不作窮忙死馬醫

설화

○ 아난의 이름을 부른 것을 소재로 읊은 게송이다.
○ 첫 구절의 '한 수'라는 말은 한 국면의 바둑에서 승부를 결정하는 한 수이다. 이것은 대혜大慧가 도솔천兜率天을 떠나기도 전의 인연에 대하여 '말후구의 한 수'라고 했을 때의 한 수와 같다.[34]
○ 바둑 한 국면을 뒤집을 수 있으니 : 신선의 묘수이다.[35]
○ 세 번째 구절의 '삶과 죽음 가를 뿐이니'라고 한 말 : 죽이거나 살리는 차이가 있다는 뜻이 아니다. 아난에게 밝은 눈을 번쩍 열어 주었기 때문에 삶과 죽음을 갈랐다고 한 것이니, 사마의와 같은 꼴은 아니다.

天童初頌, 頌召阿難也. 初二¹⁾句一着, 則乃一局碁之一着. 大慧謂未離兜率因緣, 末后句之一着之一着也. 能回一局碁者, 仙人之妙手也. 三句分生

---

33 사마의死馬醫 : 죽은 말을 살리려고 헛된 시도를 하는 의사. 가망이 없는 병을 치료하기 위해 노력하는 자와 같이 어쩔 수 없는 지경에 이른 상태를 구제하려는 무익한 시도를 나타낸다. 『景德傳燈錄』 권19 「雲門文偃傳」(大51, 356c29), "삼승십이분교(모든 교설)는 이러저러한 방식으로 거침없이 말하고 천하의 노화상은 이리저리 종횡으로 자유롭게 말을 하였으니, 나에게 바늘 끝과 칼끝을 뽑아내는 도리를 말해 보라. 그렇게 말하더라도 죽은 말을 치료하려는 헛된 짓일 뿐이다.(三乘十二分敎, 橫說竪說, 天下老和尙, 縱橫十字說, 與我捻針鋒許說底道理來看. 恁麽道, 死馬醫.)"
34 본서 2칙 '대혜 종고의 평' 참조.
35 신선은 출중한 기량을 가진 바둑의 고수. 묘수란 난국을 타개하는 한 수를 가리킨다. 가섭이 아난의 질문을 받고 몰린 궁지를 해결한 솜씨를 비유적으로 나타낸다.

殺, 非謂有殺有活也. 點開阿難活眼故, 分生殺也, 則非死馬醫也.

1) ㉠ '二'는 잘못 들어간 듯하다.

천동 정각의 송 2 又頌

문 앞의 찰간 쓰러뜨리라 하면서	倒郤門前利竿著
한 번에 밀어냈거늘 무엇을 감추었던가	一杷¹⁾推出誰藏縮
공부하고 다듬어 덕 있는 사람아	工夫磨琢老成人
둥글둥글하여 모난 구석이 없구나	圓陀陀地無稜角

1) ㉠ '杷'는 '把'가 옳다. 『宏智廣錄』 권4(大48, 56a26) 참조.

〔설화〕

○ 문 앞의 찰간~무엇을 감추었던가 : 결코 다른 일을 도모하지 않았고, 이 일을 속속들이 다 전했다는 뜻이다. '공부하고 다듬어 덕 있는 사람아! 둥글둥글하여 모난 구석이 없구나.'라고 하지 않았던가?

二頌, 倒却門前至藏縮者, 更無餘事, 徹底爲人也. 其不曰, 工失磨琢云云乎?

천동 정각의 송 3 又頌

의중을 감추고³⁶ 문 앞 찰간 쓰러뜨리라 하니	影略門前倒利竿

36 영략影略은 '가리고 생략하다'라는 뜻. '영影'은 어두운 그림자라는 뜻에 따라 숨기다(隱) 또는 가리다(遮蔽) 등의 개념이 있다. 이 말이 생략한다는 의미의 '약略'과 합해져 이것저것 가리고 생략하여 드러내기 때문에 의중을 파악하기 어렵다는 뜻을 갖는다. 문 앞의 찰간을 쓰러뜨리라고 한 말에 무엇인가 가리고 생략된 속뜻이 있기 때문이다. 이 말 그대로도(卽) 아니고 이것을 벗어나도(離) 안 된다는 조사선의 논리가 적용된다. 주 3에서 밝힌 것과 마찬가지로 선어禪語는 그대로 수긍해서도 안 되고 전적으로 부정해서도 안 되며 다른 어느 편에도 안착하지 못하도록 설정된다. 드러냈지만 가려진 부분이 있고, 가려져 안 보이는 부분이 있지만 엄연히 드러나 있다. 『從容錄』 80則(大48,

이 안의 소식 전해 주기 어렵도다	箇中消息授傳難
영롱한 시자[37]가 그 뜻을 알았으니	玲瓏侍者能相委
쟁반이 밝은 구슬 굴리고 구슬이 쟁반에서 구르네	盤走明珠珠走盤

설화

○ 의중을 감추고 문 앞 찰간 쓰러뜨리라 하니 : '의중을 감추고(影略)'라는 말은 그림자만 남겨 두고 본래의 형체는 생략한다는 뜻이다. 곧 '찰간을 쓰러뜨려라.'라는 말에 '찰간을 쓰러뜨리지 말라.'라는 의도가 들어 있다는 것이다. 이것을 가리켜 '전해 주기 어렵다.'라고 했다.

○ 영롱한 시자가~구슬이 쟁반에서 구르네 : 이 의도를 잘 이해했으니, 쟁반이 밝은 구슬을 굴리고 구슬은 쟁반에서 구른다고 할 만하다는 뜻이다.

三頌, 影略門前刹竿者, 影略者, 留影略形也. 謂倒刹竿處, 有不倒刹竿之意. 此謂授傳難也. 玲瓏侍者云云者, 善解此意, 則可謂盤走明珠珠走盤.

동림 상총東林常總의 송 東林摠頌

금란을 전한 이외에는 또한 흐릿하니[38]	金襴傳外更顢頇
천기 누설코자 찰간 쓰러뜨리라 하네	漏泄天機倒刹竿
중국과 인도에서 아무도 못 떠받쳐서[39]	東震西乾扶不住

278b25), "용아 거둔龍牙居遁이 말했다. '때리려면 마음대로 때리십시오. 문제는 달마 대사가 서쪽에서 온 궁극적인 뜻은 없다는 점입니다.'【반은 수긍하고 반은 수긍하지 않았다.】(牙云, '打卽任打. 要且, 無祖師西來意.'【半肯半不肯.】)"

37 영롱한 시자 : '영롱玲瓏'이란 구슬처럼 맑은 목소리. 곧 그러한 목소리로 '예!' 하고 응답한 아난을 가리킨다.
38 금란을 전한~또한 흐릿하니 : 법의 징표가 되는 금란가사의 전수 말고는 다른 무엇을 주었는지 잘 알 수 없다는 말.
39 중국과 인도에서~못 떠받쳐서 : 가섭의 말을 지지하고 이해하는 사람이 없다는 뜻.

지금까지 후손에게 그 재앙 미친다네[40]　　　　至今殃禍及兒孫

보녕 인용保寧仁勇**의 송** 保寧勇頌
코끼리 지나간 자리엔 여우 발자취 끊어지고[41]　象王行處絶狐蹤
당당한 위세의 새끼 코끼리 이 가풍 계승했네　　象子雄雄繼此風
2천 년 뒤의 오늘날은 말할 여지도 없으니　　　休說二千年後事
무수한 겁이 지난들 어찌 다할 날이 있으랴　　　縱經塵劫又何窮

곤산 찬원崑山贊元**의 송** 崑山元頌
부처님이 금란을 전하신 것 말고　　　佛付金襴外
별도로 어떤 법을 전해 주셨던가　　　別將何法傳
가섭이 숨겨 둔 생각 말하지 마라　　　休言迦葉意
진작에 아난에게 전부 베풀었도다　　　曾爲阿難宣
손가락 집착하면 달 잊을 것이요[42]　執指應忘月
지류를 따르면 또 근원 잃으리라　　　隨流復失源
천하의 모든 길 이미 다 돌았는데　　　旣遊天下路

---

40 지금까지 후손에게~재앙 미친다네 : 이렇게 확연한 해법이 보이지 않고 흐리멍덩하게 주어졌기 때문에 그 언행이 후손들에게 재앙이 된다는 의미. 하지만 이처럼 재앙으로 남지 않고 요모조모 다 일러 주고 해결해 주는 노파심은 조사의 진면목이 아닐 뿐만 아니라 공안과 화두의 진실을 결정적으로 그르칠 수밖에 없다. 본서 1칙 '장령 수탁의 상당', 2칙 '보녕 인용의 상당', 5칙 '무위자의 송', 146칙 '지해 지청의 상당', 181칙 '동림 상총의 거', 635칙 '개암붕의 송', 686칙 '목암 법충의 염' 주석 등 참조.
41 코끼리 지나간~발자취 끊어지고 : 자잘한 분별은 들어설 자리가 없다는 말. 『景德傳燈錄』 권16「樂普元安傳」(大51, 331b20), "'조사의 뜻과 경전의 뜻은 하나입니까, 둘입니까?' '사자가 사는 굴에 다른 짐승은 없고, 코끼리가 지나간 자리에 여우의 발자취는 끊어진다.'(問, '祖意與教意, 是一是二?' 師曰, '師子窟中無異獸, 象王行處絶狐蹤.')"
42 손가락 집착하면~잊을 것이요 : 찰간을 쓰러뜨리라는 말을 곧이곧대로 받아들여서는 (卽) 안 되고, 그 말에서 벗어나도(離) 안 된다는 뜻. '달'은 양단이 모두 막힌 이 궁지에서 드러난다.

| 어떤 걸음 가장 먼저 내디뎠던가 | 那步最爲先 |

승천회의 송 承天懷頌

경희⁴³가 많이 들은 제자라 누가 말하는가	孰云慶喜多聞士
가업을 전했음에도 알지 못할 뿐이로구나	家業相傳自不知
금란 이외에 무엇을 전했느냐고 물어보자	郤問金襴外何物
찰간 쓰러뜨리란 말에 비로소 의심 풀렸네[44]	刹竿倒着始無疑

삽계 일익雪溪日益의 송 雪溪盆頌

유리 궁전에서 금란가사를 전해 받으니	琉璃殿上付金襴
꽃무늬에 향기 이어져 둘의 우열 가르기 어렵네[45]	棣萼聯芳得二難
문밖의 찰간 마음 내키는 대로 쓰러뜨렸다면	門外刹竿從放倒
남북에서 바람과 깃발 두고 따질 일 없었으리[46]	免敎南北問風幡

자수 회심慈受懷深의 송 慈受頌

| 두타에 뛰어난 가섭과 가장 많이 아는 아난이[47] | 頭陀飮光多聞慶喜 |

---

43 경희慶喜 : 아난(Ⓢ·ⓅĀnanda)의 한역어. 부처님의 성도일에 태어나 경사스럽고 기쁘다는 뜻에서 '경희'라 한다.

44 찰간 쓰러뜨리란~의심 풀렸네 : 그 말에 결정적 소식이 들어 있었다는 말. 주 42 참조. 찰간을 쓰러뜨리라는 말을 듣고 전한 법이 무엇인지에 대한 의심이 풀렸다는 뜻일까? 아니면 쓰러뜨리라는 말을 듣고 쓰러뜨리거나 말거나 자유롭게 운신할 수 있는 여지를 알아차렸던 것일까?

45 꽃무늬에 향기~가르기 어렵네 : 이난二難은 가섭과 아난 두 형제가 모두 뛰어나 누가 나은지 가르기 어렵다는 뜻. 둘 중 하나는 금란에 새겨진 꽃무늬, 다른 하나는 그 향기에 비유했다. 난형난제難兄難弟와 같다. 체악棣萼 자체가 형제를 비유하며 연방聯芳은 여러 형제들이 함께 과거에 급제하거나 그에 필적하는 공명功名을 성취한 것을 뜻한다.

46 남북에서 바람과~일 없었으리 : 바람이 움직이는지 깃발이 움직이는지를 제기한 육조 혜능의 화두. 본서 110칙 참조. 마지막 두 구절은 쓸모없는 시비의 쟁론을 없앤다는 뜻을 보여 준다.

47 두타에 뛰어난~아는 아난이 : 부처님 십대제자 중 각각 두타제일頭陀第一과 다문제일

합장하고 손 모으니 형제 사이의 우열 없다네[48]　　合掌擎[1]拳難兄難弟
하루아침에 좁은 길에서 두 사람 마주쳐서는　　一朝狹路兩相逢
두 눈 부릅뜨고 찾아보아도 달아날 곳 없구나[49]　　裂轉雙睛無處避
곧바로 문 앞으로 달려가 찰간을 쓰러뜨렸으니　　便向門前倒刹竿
대장부에겐 본디 하늘 찌를 듯한 기개 있다네[50]　　丈夫自有衝天志

1) ㉰ '擎'이 갑본에는 '擧'로 되어 있다.

숭승공의 송 崇勝珙頌

문 앞의 찰간도 쓰러뜨리라 하는데　　倒却門前刹竿
가섭에게 금란 전한 이 누구이던가　　誰傳迦葉金襴
별도로 그 무엇 전했느냐 묻는다면　　若問別傳何物
선재에게 또 손가락 퉁기는 격이라[51]　　善財更把指彈

多聞第一로 알려져 있는 가섭과 아난을 묘사한 말.
48 합장하고 손~우열 없다네 : 보통 가섭은 가지런히 두 손을 모으고(擎拳) 아난은 합장하는 것으로 구별한다. 두 가지 모두 공손한 예절을 취하는 모습이며 차별과 우열이 없다. 『保寧仁勇語錄』 續古尊宿語要 3(卍118, 957a10), "가섭은 두 손을 모으고 아난은 합장을 하였으나, 누지여래는 어떤 기량도 부리지 않는다.(迦葉擎拳, 阿難合掌, 樓至如來, 全無伎倆.)"; 『嘉泰普燈錄』 권25 「佛鑑慧懃章」(卍137, 353b5), "눈썹을 치켜세우거나 눈을 감박이거나, 합장을 하거나 두 손을 모으거나, 하나의 방이나 하나의 할이나, 그 모두가 내 마음의 온전한 본체이다.(揚眉眴目, 合掌擎拳, 一棒一喝, 皆是我心全體.)"
49 하루아침에 좁은~곳 없구나 : 협로상봉狹路相逢이라는 말은 고악부古樂府 〈相逢行〉이라는 시에 "좁은 길 사이에서 마주치니, 길이 비좁아 수레 지날 틈도 없네.(相逢狹路間, 道隘不容車.)"라는 구절에서 유래한다. 서로 물러날 도리가 없거나 상대의 입장을 허용할 수 없는 상태를 가리킨다. 가섭과 아난이 서로 본분의 기량을 최대한 발휘할 수밖에 없었다는 의미가 된다.
50 대장부에겐 본디~기개 있다네 : 쓰러뜨리지 않았다고 하여 그렇게 자유로운 기개가 없지도 않다. 그 말의 '궁지'를 안 이상 쓰러뜨리거나 쓰러뜨리지 않거나 모두 장애가 되지 않는다.
51 선재에게 또~퉁기는 격이라 : 선재동자가 미륵의 누각에 이르러 문안에 들어가고자 했을 때 미륵보살이 손가락을 한 번 퉁기자 곧바로 문이 열렸다는 이야기를 가리킨다. 80권본 『華嚴經』 권79 「入法界品」(大10, 435a1) 참조. 이미 문이 열렸는데 또다시 손가

비록 소나무와 잣나무 산 가득하나	雖然松檜滿山
추위 이겨 낸 절개 아는 이 몇일까[52]	幾人能見歲寒

백운 지병白雲知昺**의 송** 白雲昺頌

금란 말고 또 무엇을 전했던 것일까	金襴之外更何傳
등에 뿔 난 진흙 소 통렬히 채찍 맞고[53]	背角泥牛痛下鞭
울부짖는 소리에 마구니 겁에 질려서	哮吼一聲魔膽裂
몸 돌려 푸른 못 안개 밟고 달아나네	翻身踏破碧潭煙

심문 담분心聞曇賁**의 송** 心聞賁頌

분별 남김없이 사라진 뒤 금란 받고서는	意根滅盡領金襴
법 창고 부근에서 찰간 쓰러뜨리라 하네	法藏傍邊倒刹竿
가섭이 궁극의 진실을 알았다고 여긴다면	若謂頭陀知落處
스스로도 눈으로 보는 것에 속임 당하리[54]	自家猶被眼睛瞞

락을 퉁겨 줄 필요가 없듯이 쓸데없는 일이라는 뜻이다.
52 비록 소나무와~이 몇일까 : 항상 푸른 소나무와 잣나무가 눈에 가득 들어오지만 냉혹한 추위에도 시들지 않는 감추어진 절개를 아는 사람은 드물다는 말. 가섭과 아난이 본분을 고수하며 주고받은 문답의 숨은 뜻을 알아야 한다는 비유이다. 세한歲寒이라는 말은 『論語』「子罕」에 "추워진 다음이라야 소나무와 잣나무가 시들지 않음을 알 수 있다.(歲寒然後, 知松柏之後彫也.)"라는 구절에서 유래하여 고난 속에서도 절개를 지킨다는 뜻을 나타낸다.
53 등에 뿔~채찍 맞고 : 풍혈 연소風穴延沼의 말. 『景德傳燈錄』 권13 「風穴延沼傳」(大51, 302c16), "학인이 물었다. '부처란 무엇입니까?' '바람결에 흐느끼는 목마에게는 멍에를 씌우지 않고, 등에 뿔 난 진흙 소에게는 통렬히 채찍을 때린다.'(問, '如何是佛?' 師曰, '嘶風木馬緣無絆, 背角泥牛痛下鞭.')" 멍에를 씌우지 않거나 채찍질을 하거나 자유롭게 하지도 못하고 아프게 하지도 못한다는 점에서 모두 어떤 영향도 주지 못하는 무작위로 귀착한다. 금란 이외에 무엇을 전하지 않았거나 전했거나 평등하다.
54 가섭이 궁극의~속임 당하리 : 가섭의 '쓰러뜨리라'는 말을 그대로 받아들여 실행에 옮기거나 그 말에 궁극의 진실이 들어 있다고 생각한다면 속을 것이라는 뜻.

한암 혜승寒嵓慧升**의 송** 寒嵓升頌

여든 먹은 노파가 두 아이를 낳은 뒤에	八十婆生兩箇兒
책 만 권을 하나도 남김없이 다 읽었네	讀書萬卷一無遺
게다가 페르시아어로 이야기하는가 하면	又還彈得波斯舌
남의 집 글자 없는 비석[55]까지 읽는다[56]	同誦他家沒字碑

[설화]

○ 여든 먹은 노파가 두 아이를 낳은 뒤에 : 세존께서 가섭과 아난을 낳았다는 말이다.
○ 책 만 권을 하나도 남김없이 다 읽었네 : 선이라는 등불(禪燈)과 교라는 바다(敎海)에서 뿌리까지 궁구하고 바닥까지 다하지 않음이 없다는 뜻이다.
○ 게다가 페르시아어로~글자 없는 비석까지 읽는다 : 오늘 부르고 응답하며 서로 만났던 소식을 가리킨다.

寒巖 : 八十婆生兩箇兒者, 世尊生得迦葉阿難也. 讀書萬卷一無遺者, 禪燈敎海, 無不窮根盡底也. 又還云云者, 今日喚應相見.

---

[55] 글자 없는 비석(沒字碑) : 글자 없는 비석은 문자로 물들기 이전의 소식을 나타낸다. 『雪峰語錄』(卍119, 987a11), "글자 없는 비석 : 큰 비석이 묵은 바위 곁에 비스듬히 누웠는데, 미묘한 도道에는 원래 새길 만한 글자가 없다네. 벗겨져 나간 옛 문양에 이끼 자국만 남았는데, 알 듯 말 듯 새로 생긴 글자는 달팽이가 기어간 흔적이어라. 자연스럽게 되어 귀부龜趺로 받칠 필요가 없고, 세월이 오래 흐르자 고운 형체가 견고해졌다. 새로운 시를 지어 지난 일을 기록하고 싶으나, 안타깝게도 서까래 크기의 붓이 없노라.(無字碑 : 穹碑斜臥古巖邊, 玅道元無字可鐫. 剝落舊紋惟蘚跡, 模糊新篆是蝸涎. 天成不用龜趺載, 歲久還同玉體堅. 欲把新詩題往事, 惜無鋒筆大如椽.)"
[56] 게다가 페르시아어로~비석까지 읽는다 : 알아들을 수 없는 페르시아어와 읽을 단서가 전혀 없는 글자 없는 비석과 같은 수단으로 가섭과 아난은 서로의 속뜻을 주고받았다는 말.

개암붕의 송 介庵朋頌

금으로는 금 바꿀 필요 없고	金不博[1]金
물로는 물을 씻지 못하노라[57]	水不洗水
찰간을 쓰러뜨리라 하였지만	倒却刹竿
신령한 거북이 꼬리 끄는 꼴[58]	靈龜曳尾

1) ㉠ '博'은 '博'의 속자로 통용된다.

설화

○ 아래 황룡 혜남의 상당[59]을 보라.

---

[57] 금으로는 금~씻지 못하노라 : 있는 그대로 완전무결하기에 어떤 수단도 부릴 이유가 없다는 말. 따라서 다음 두 구절에서 찰간을 쓰러뜨리는 파격을 행하더라도 쓸데없는 짓에 불과하다고 하였다. 『直註天童和尙頌古』 권하(卍117, 796b7)에는 위와 똑같은 구절에 "각각이 본체이거늘 무엇을 씻고 무엇을 바꾼단 말인가.(各當本體, 何洗何賻.)"라는 착어가 달려 있다. 또, 두 구절과 같은 맥락에서 "부처로 부처를 구하지 못하며 법으로 법을 설하지 못한다.(佛不求佛, 法不說法.)", "눈이 스스로를 보지 못하고 귀가 스스로를 듣지 못한다.(眼不自見, 耳不自聞.)" 등과 함께 쓰이기도 한다. 『從容錄』 51則 (大48, 259b20), 『虛堂集』 41則(卍124, 559a3) 등 참조.

[58] 찰간을 쓰러뜨리라~끄는 꼴 : 거북이 진흙에 꼬리를 끌어서 자취를 지워 없애려다 도리어 꼬리의 자취가 생기는 것과 같다는 말을 함축했다. 본서 5칙 본칙 설화 주석 참조. 찰간을 쓰러뜨려 전수받은 방편설을 모두 지워 없애려 하지만 그 자체가 또 하나의 방편으로 남게 된다는 뜻이다. 원래 이것은 『莊子』의 다음 일화를 변용한 비유이다. 『莊子』 「秋水」, "장자는 낚싯대를 잡고 돌아보지도 않은 채 '내가 듣기로 초나라에 3천 년 전에 죽은 신령한 거북이 있는데, 왕이 비단으로 싸서 상자에 넣어 묘당에 간직해 두었다고 합니다. 이 거북 자신이라면, 죽어서 뼈만 남아 귀하게 되기를 바라겠습니까? 아니면 차라리 살아서 진흙에 꼬리를 끌며 기어 다니기를 바라겠습니까?'라고 물었다. 두 대부가 대답했다. '진흙에 꼬리를 끌며 기어 다니기를 바랄 것입니다.' 장자가 말했다. '돌아들 가시오! 나도 진흙에 꼬리를 끌며 기어 다니는 거북처럼 살겠소.'(莊子, 持竿不顧, 曰, '吾聞楚有神龜, 死已三千歲矣. 王巾笥而藏之廟堂之上. 此龜者, 寧其死爲留骨而貴乎? 寧其生而曳尾於塗中乎?' 二大夫曰 '寧生而曳尾塗中.' 莊子曰, '往矣! 吾將曳尾於塗中.')" 장자는 현실적 영달을 위해서 높은 지위를 누리는 대가로 본성을 소멸시키느니 차라리 빈천하게 살더라도 자유롭게 천성을 보존하는 편이 낫다는 뜻을 전한다.

[59] 상당이 아니라 해당 상당의 설화에 보인다.

个菴:見下黃龍上堂.

무진거사의 송 無盡居士頌

아난이여, 문 앞의 찰간 쓰러뜨려라 慶喜門前倒刹竿
금란 전수 외에 무엇을 전했겠는가 金襴傳外有何傳
스승 없이 깨달은 천연외도[60]여 天然外道無師證
위음왕불 이전의 소식은 어찌하랴 爭奈威音佛已前

열재거사의 송 悅齋居士頌

앞 화살은 그래도 가벼웠지만 뒤의 화살은 깊이 박혔으니[61] 前箭猶輕後箭深
본분사를 아는 사람이 아니면 전혀 감당할 수 없도다 除非知有揔難任
전단나무 조각 하나마다 앞뒤 구별 없이 향기 퍼지듯이 栴檀片片無前後
서로 말 주고받으며 어떤 마음을 분명히 밝힌 것인가[62] 句句單明幾箇心

---

[60] 천연외도天然外道 : 모든 것은 스스로의 힘으로 존재하고 인연에 따라 발생하지 않는다고 주장하는 외도. 『大般涅槃經義記』권10(大37, 894a22), 『說無垢稱經疏』권3(大38, 1046c25) 등에서 제시된 자연외도自然外道와 같다. 스승의 증명과 인가 없이 스스로 깨달았다고 내세우는 주장이 천연외도의 무인설無因說과 유사하다. 宗寶本『壇經』(大48, 357c5)에 현책玄策의 말로 전하는 다음의 말에서 무진거사 게송의 발상을 찾을 수 있다. "위음왕불(최초의 부처님) 이전의 시기라면 괜찮지만, 위음왕불이 세상에 출현하신 이후에 스승도 없이 스스로 깨달았다면 모두 천연외도이다.(威音王已前卽得, 威音王已後, 無師自悟, 盡是天然外道.)"

[61] 앞 화살은~깊이 박혔으니 : 앞 화살은 "아난아!" 하고 부른 말, 뒤의 화살은 "문 앞의 찰간을 쓰러뜨려라!"라고 전한 말이다.

[62] 서로 말~밝힌 것인가 : 각기 다른 말과 행위를 주고받은 듯하지만 의기가 투합하여 오로지 하나의 마음을 밝힐 뿐이라는 뜻. 가섭과 아난의 간명한 대화도 그와 같다. 이하

분양 선소汾陽善昭의 염
"묻지 않았다면 어떻게 알았겠는가?"

汾陽昭拈, "不問, 那知?"

[설화]

○ 설령 본래 가지고 있다(本有)고 하더라도 반드시 새롭게 물들이는 힘(新薰)을 빌려야 한다.

汾陽 : 雖本有, 必借新熏.

오조 사계五祖師戒의 평
"드러났구나!"

五祖戒云, "露!"

[설화]

○ 드러났구나 : 별도로 전한 일이 드러났다는 말인가? 아니면 (가섭이나 아난의) 입각점이 드러났다는 말인가?

五祖 : 露者, 別傳底事現露耶? 立處現露耶?

취암 수지翠嵓守芝의 평
"천 년 전에는 그림자 없는 나무였고, 지금은 밑창 빠진 신발이로구나."[63]

'장로 종색의 거'에 이러한 취지가 드러나 있다.

翠嵓芝云, "千年無影樹, 今時沒底靴."

설화

○ 그때마다의 차별된 시절(今時)과 무차별의 본분本分이 모두 갖추어져 있다. '문 앞의 찰간을 쓰러뜨려라.'라고 한 말에도 금시今時의 뜻이 있으니, 한 번에 내놓고 아무것도 감추지 않았다.

翠巖云云, 今時本分具足. 倒却門前刹竿着處, 亦有今時意, 一把推出無藏縮.

황룡 혜남黃龍慧南의 상당

"금란가사는 이미 전수되었지만 아난은 여전히 확신이 들지 않는 마음을 품고 있었고, 찰간을 쓰러뜨리기 전까지 가섭은 눈썹을 찌푸릴 수밖에 없었다. 여러 상좌들이여, 말해 보라! 어떤 찰간을 쓰러뜨려야 할까? 초심자로서 늦게 공부한 자들이 헤아리기 어려움은 예삿일이고, 총림에서 오랫동안 수행한 자들도 열이면 열 모두 세밀하게 알지 못한다. 성인이 계셨던 시기와 멀어지고 나니 사람들이 매우 게을러지는군."

黃龍南上堂云, "金襴已傳, 阿難尙懷猶豫;刹竿未倒, 迦葉未免攢眉. 諸上座, 且道! 倒那箇刹竿? 初機晩學罔測, 蓋是尋常;久在叢林, 十箇有五雙莽鹵. 去聖時遙, 人多懈怠."

---

63 가섭의 말은 이 구절과 같이 어떤 개념으로도 분별할 수 없는 화두이다. 『汾陽語錄』(大47, 596a27), "'조사의 심인心印은 유·무 그 어느 편에도 떨어지지 않는다고 하는데, 스님께서는 선사先師(曹山)의 문하에서 무엇을 얻었습니까?' '천 년 전에는 그림자 없는 나무였고, 지금은 밑창 빠진 신발이니라.'(問, '祖師心印, 不落有無, 未審, 師於先師處, 得箇什麼?' 師云, '千年無影樹, 今時勿底靴.')"

> 설화

○ 금란가사는 이미 전수되었지만~마음을 품고 있었고 : 전적으로 많이 들어 알기만을 구한 탓에 도력이 완전하지 못하다.[64]
○ 찰간을 쓰러뜨리기 전까지 가섭은 눈썹을 찌푸릴 수밖에 없었다 : 찰간을 반드시 쓰러뜨려야 한다는 뜻이다. 이렇게 말하지 않았다면 아난이 수긍하지 않았을 것이다.
○ 말해 보라! 어떤 찰간을 쓰러뜨려야 할까 : 본래 쓰러뜨릴 찰간이 없다는 말이다. 만약 쓰러뜨릴 찰간이 있다고 생각한다면 신령한 거북이 꼬리를 끌어서 자취를 지워 없애려다 도리어 꼬리의 흔적을 남기는 것과 같게 되리라. 왜 그런가? 금으로는 금을 바꿀 필요가 없고 물로는 물을 씻지 못하기 때문이다. 요즘 학인들이 헤아린 끝에 '가섭의 문 앞에 있는 찰간을 쓰러뜨려야 한다.'라고 하거나 '아난의 문 앞에 있는 찰간을 쓰러뜨려야 한다.'라는 등의 견해들을 내니 아마도 황룡의 이 말을 잘못 안 탓일 것이다.

黃龍 : 金襴已傳阿難云云者, 全求多聞, 未全道力也. 利竿未倒迦葉未免攢眉者, 須是倒却利竿. 若不如是, 爭免得他不肯. 且道! 倒那箇利竿者, 本無倒却地利竿. 若有倒却地利竿, 如靈龜曳尾. 何者? 金不博金, 水不洗水. 令[1]學者商量云, '倒却迦葉門前利竿.' '倒却阿難門前利竿.' 疑錯認黃龍此話耳.

1) ㉮ '令'이 을본·병본에는 '今'으로 되어 있다. ㉯ '今'으로 바로잡아 번역하였다.

장로 종색長蘆宗賾**의 거**
"여러분, 저 형과 아우를 살펴보라! 마음의 눈으로 서로 맞이하고 말씀

---
64 주 17 참조.

이 어김없이 들어맞는구나. 그 때문에 불법의 진실이 전해져 오늘에까지 이르게 된 것이다. 만일 어떤 사람이 '찰간을 쓰러뜨려라.'라고 한 말에 빠져 헤아린다면 가섭의 의중을 꿈에선들 알 수 있겠는가? 이와 같은 것이 아니라면 또한 어떻게 생각해야 할까?" 주변을 돌아보며 말했다. "집안의 추한 모습을 밖으로 드러내서는 안 된다."[65]

長蘆賾擧話云, "諸仁者, 看他兄弟! 心眼相見, 言氣相投. 所以佛法流芳, 直到今日. 如今有底, 向倒刹竿處商量, 還曾夢見迦葉麽? 旣不如是, 又作麽生?" 乃顧左右云, "家醜不得外揚."

불안 청원佛眼淸遠의 상당

이 공안을 제기하고 말했다. "대중들이여, 만약 이 공안이 없었다면 생사生死의 불길이 거세게 타올랐을 것이다. 백운 사옹(五祖法演)이 말했다. '금란 이외에 거듭 무엇을 전했으랴마는, 어찌 까닭 없이 형은 부르고 아우 답했으랴! 문 앞의 찰간을 쓰러뜨려야 할지니, 예전처럼 남의 담벼락에 기대지 않게 되리라.' 대중이여, 알겠는가? 담벼락에 기대어라, 담벼락에 기대어라! 적멸의 광명 안에서 흰 연꽃을 마주하게 되리라.[66]"

---

65 추한 모습이란 허물이 있는 측면이 아니라 누구에게도 알려서는 안 되는 집안의 비밀을 말한다. 그것을 언어에 담아 드러내고자 하면 결과가 추하게 된다는 역설적인 표현이다. 그러나 가섭과 아난 두 형제가 애써 숨기려 했으나 집안의 추한 꼴이 밖으로 드러날 수밖에 없었다는 뜻이기도 하다. 무문 혜개無門慧開가 이 맥락을 짚어 냈다. 『無門關』 22則 「頌」(大48, 295c21), "형(가섭)이 부르고 아우(아난)가 응답하며 집안의 비밀을 드러내니, 이 세상에 있지 않은 각별한 봄 풍경 같도다.(兄呼弟應揚家醜, 不屬陰陽別是春.)"; 『眞覺國師語錄』 「示智珠上人」(韓6, 38b1), "거꾸로 매달린 낭떠러지에서 잡은 손을 놓고 스스로 알아차리면 그만이지 집안의 추한 꼴을 어찌 밖으로 드러낼 것인가?(懸崖撒手自承當, 家醜那堪向外揚?)"
66 담벼락에 기대어라~마주하게 되리라 : 결국 찰간을 쓰러뜨리거나 쓰러뜨리지 않거나, 남의 담벼락에 기대거나 기대지 않거나 평등하다.

佛眼遠上堂, 擧此話云, "大衆, 若無者箇公案, 生死熾然. 白雲師翁道, '金襴
之外復何傳? 弟應兄呼豈偶然! 倒却門前刹竿着, 免教依舊倚牆邊.' 大衆,
會得麼? 倚牆邊, 倚牆邊! 寂滅光中禮白蓮."

> [설화]

○ 만약 이 공안이 없었다면 생사生死의 불길이 거세게 타올랐을 것이다 :
만약 가섭과 아난이 한쪽 편에서 전하고 다른 편에서 받았다고 생각한
다면 생사윤회의 흐름을 벗어날 수 없었을 것이니, 장차 남의 집 문에
의지하고 남의 집 담벼락에 기대는 신세를 어떻게 벗어나겠는가?[67] 비
록 그렇기는 하지만, 만약 생사의 불길이 거세게 타오르는 경계에서
담벼락에 기대어 예리한 눈을 붙이고 살핀다면,[68] 틀림없이 적멸의 광
명[69] 안에서 흰 연꽃[70]을 마주하게 될 것이다.

---

67 장차 남의~어떻게 벗어나겠는가 : 남의 집 문이나 담벼락은 자신의 안목 없이 무비판
적으로 의지하는 남의 말이나 생각을 나타낸다. 이로써 화두의 겉모양에 미혹되어 제
멋대로 궁구하며 분별한 끝에 스스로 그 말에 속박되는 잘못을 지적한다. 『續傳燈錄』
권21 「上方日益傳」(大51, 607a10), "남들이 세운 문에 의지하고 담벼락에 기대어 부처
님의 가르침과 조사의 종지를 찾는 사람들은 뜰 앞에서 잣나무를 가리키면 곧 (조주의
문답을 연상하며) '조사서래의'라 생각한다.(倚門傍牆, 有覓佛覓祖底漢, 庭前指柏, 便
喚作祖意西來.)"
68 담벼락에 기대어~붙이고 살핀다면 : 여기서 '담벼락에 기댄다.'는 말은 앞에서 나온 맥
락과는 달리 누군가가 제기한 공안을 받아들여 철저하게 궁구한다는 의미로 쓰였다.
69 적멸의 광명(寂滅光) : 해탈 또는 열반을 나타낸다. 『大般涅槃經後分』 권상(大12,
904c17), "무명이 해탈하므로 십이인연의 마지막인 노사老死에 이르기까지 낱낱의 과
정에서 모두 해탈을 얻는다. 이런 인연으로 나는 이제 항상 적멸한 광명에 안주하니
이것을 대열반이라 한다.(無明解脫故, 乃至老死, 皆得解脫. 以是因緣, 我今安住常寂滅
光, 名大涅槃.)"
70 흰 연꽃(白蓮) : 해탈 또는 해탈을 성취한 자를 상징한다. 『大般泥洹經』 권3(大12,
873b2), "마치 청정하고 아무런 때가 없는 흰 연꽃과 같다. 여래의 해탈 또한 이와 같
아서 애욕과 갖가지 번뇌의 더러움을 영원히 떠났다. 이런 까닭에 여래를 번뇌의 때가
없다는 뜻에서 무구無垢라 한다.(猶白蓮華, 淸淨無垢. 如來解脫, 亦復如是, 永離愛欲,
諸塵垢穢, 是故如來名曰無垢.)"

佛眼:若無這箇公案, 生滅[1]熾然者, 若謂迦葉阿難有傳有受, 未免被生死流, 將去如何免得, 傍他門戶, 倚他墻邊? 雖然如是, 若向生死[2]熾然, 倚墻邊, 着得箇眼, 不妨向寂滅光中禮白蓮.

---

1) ㉾ '滅'은 '死'의 오기이다. 2) ㉾ '死'가 병본에는 '滅'로 되어 있다.

82칙 아난작무 阿難作舞[1]

본칙 아난이 어느 날 부처님께 아뢰었다. "오늘 성城 밖으로 나오면서 기특한 일을 하나 보았습니다." "어떤 기특한 일을 보았느냐?" "성에 들어갈 때는 한 무리의 놀이패가 춤추는 광경을 보았는데, 다시 성 밖으로 나와서는 그 모든 장면에서 무상無常을 보았습니다." "나도 어제 성에 들어가서 기특한 일을 하나 보았다." "어떤 기특한 일을 보셨습니까?" "내가 성에 들어갈 때 한 무리의 놀이패가 춤추는 광경을 보았는데, 성 밖으로 나왔을 때도 놀이패가 춤추는 광경을 보았다."

阿難, 一日白佛言, "今日出城, 見一奇特事." 佛云, "見何奇特事?" 阿難云, "入城時, 見一攢樂人作舞, 出城, 摠見無常." 佛云, "我昨日入城, 亦見一奇特事." 阿難云, "未審見何奇特事?" 佛云, "我入城時, 見一攢樂人作舞, 出城時, 亦見樂人作舞."

설화

● 『보요경』[2]에 "아난이 성에 들어갈 때는 한 무리의 놀이패가 춤추는 광

---

[1] 아난은 춤추는 광경에서 무상無常의 이치를 보았고, 세존은 춤추는 장면에서 춤추는 바로 그것을 보았다. 이 두 가지 견해를 대칭시켜 참구의 소재로 제기한 공안이다.
[2] 『普耀經』에는 없는 이야기이다. 다른 경전에서도 발견할 수 없고, 조사선에서 창안한 공안인 듯하다. 다만 『出曜經』에 이와 비슷한 이야기가 실려 있는데 위의 내용과는 많이 다르다. 입성入城 때와 출성出城 때를 두 기둥으로 삼은 이야기 구조는 비슷하다. 아난이 걸식하러 성에 들어갈 때는 여러 남자들이 노래하고 춤추며 오욕五欲을 즐기는 것을 보았는데 성에서 나왔을 때는 그중 한 남자가 죽어 여러 사람이 슬피 우는 것을 보고 놀라움을 금치 못하며 '변괴무상變怪無常이 어찌 이리 빨리 이르는가.' 하고 부처님께 여쭙자 부처님은 자신도 예전에 성에 들어갈 때 아난과 똑같은 장면을 보았는데 성에서 나왔을 때는 오전에 본 것처럼 즐거워하지 않는 모습을 보았다면서 그 일이 더 놀라운 (奇特) 일이라며 죽음과 즐거움 등의 무상함을 게로 읊은 내용이다. 『出曜經』 권1 「無常品」(大4, 613a2) 참조.

경을 보았는데, 다시 성 밖으로 나와서는 그 모든 장면에서 무상無常을 보았습니다."라고 한 말은 변함없는 모습(常) 그대로 무상(常卽無常)이라는 뜻이다.
- 부처님이 하신 말씀 : 무상 그대로 변함없는 모습(無常卽常)이라는 뜻이다.
- 찬攢 : 『문선주文選注』³에 "('모으다'라는 뜻의) 취聚"라고 풀었다. 일찬一攢은 '한 떼'나 '한 무리'라는 말과 같다.
- 무의자無衣子의 송⁴

  아난은 갈 때 본 춤 올 때는 보지 못했고
  세존은 갈 때 본 춤 돌아올 때도 보았네
  총림에서 충분히 참구한 선객들에게 묻노니
  기특하다고 한 바로 그것, 어떤 춤이었던가

- 기특 : 기奇는 '오로지 하나'라는 뜻의 척隻, 특特이란 '독특·특별'이라는 뜻의 독獨이다.

[作舞] 普耀經云, "阿難入城時, 見一攢樂人作舞, 出城時, 摠見無常"者, 常卽無常. 佛言云云者, 無常卽常. 攢者, 文選注云, "聚也." 一攢, 猶言一羣一隊也. 無衣子¹⁾頌云, "阿難見舞未見舞, 世尊見舞還見舞. 且問叢林飽參客, 只這奇特是何舞?" 奇特者, 奇, 隻 ; 特, 獨也.

1) ㉾ '子'가 병본에는 없다.

---

3 『문선주文選注』: 당나라 때 학자인 이선李善이 658년에 편찬한 책. 60권. 소명태자昭明太子 소통蕭統이 진秦·한 이후 제나라와 양나라에 이르기까지 대표적인 시문을 선별하여 편찬한 『文選』 30권에 대한 주석서이다.
4 『眞覺國師語錄』 「補遺」(韓6, 49a8).

대각 회련大覺懷璉의 송 大覺璉頌

성 들어갈 때 봤던 춤 나올 땐 무상했다 하니 　　入城見舞出無常
오히려 영산[5]께서 보인 취지가 더욱 나았도다 　　却是靈山旨趣長
설령[6] 아난이 춤의 뜻 알았다고 하더라도 　　若使阿難知舞意
'아이고!' 한탄하고 세 번 곡하는 편이 실로 　　蒼天三哭甚無妨
나았으리

설화

○ 성 들어갈 때 봤던 춤 나올 땐 무상했다 하니 : 아난의 생각을 나타낸다.
○ 오히려 영산께서 보인 취지가 더욱 나았도다 : 세존께서 '성 밖으로 나왔을 때도 춤추는 장면을 보았다.'라고 하신 말씀과 어찌 비교할 수 있겠는가!
○ 설령 춤추는 뜻을 (무상이라고) 알았더라도 '아이고!' 하며 곡소리를 내었으면 문제가 없었을 것이다. '아이고!' 하는 곡소리는 바로 무상을 나타낸다. 세 번 곡하는 까닭은 무상을 뜻하지만, 곡하며 내는 소리, 푸른 하늘(蒼天)[7]이라는 말 자체는 변함없는 것(常)이다. 곡소리에 또 하나의 곡소리를 덧붙였으니[8] 어디에 속하는가?

大覺 : 入城見舞出無常者, 阿難意也. 却是靈山旨趣長者, 爭似世尊道, '出

---

5 영산靈山 : 영취산靈鷲山. 여기서는 세존을 가리킨다.
6 설령(若使) : 가사假使 또는 가여假如와 같이 양보절을 만든다.
7 창천은 본래 하늘을 가리키는 말이지만, 선 문헌에서는 이것을 '하늘이시여!', '아이고!' 정도로 하늘에 대고 하소연하는 감탄사로 쓴다. 원대元代 이후에 '천나天那' 또는 '천가天呵'라고 쓰이는 말과 같다. 여기서는 곡소리로서는 무상이고 그 곡소리의 글자 자체는 상常을 나타낸다고 하여 상과 무상이 하나로 어울려 있는 것으로 보았다.
8 곡소리에 또~곡소리를 덧붙였으니 : '창천이라는 곡소리에 원한의 괴로운 심정까지 더한다.(蒼天中更添怨苦.)'라는 말과도 통한다.

城時亦見作舞.' 若知得作舞意, 不妨哭蒼天. 哭蒼天則無常也. 所以三哭者, 無常也, 蒼天, 常也. 蒼天更有一蒼天, 屬阿那頭.

83칙 아난본래 阿難本來

본칙 아난의 게송.

阿難偈云,

처음에 전해 줄 때는 법이 있었지만	本來付有法
전하고 나서는 법이 없다고 말하네	付了言無法
제각기 스스로 깨달아야 할 것이니	各各須自悟
깨닫고 나면 법이 없을 일도 없노라	悟了無無法

설화

- 처음에 전해 줄 때는 법이 있었지만 : 선대로부터 친밀하게 전한 법이 있다.
- 전하고 나서는 법이 없다고 말하네 : 친밀하게 전하고 나면 얻은 법도 없다.
- 제각기 스스로 깨달아야 할 것이니 : 반드시 스스로 수긍하고 스스로 깨달아야 한다.
- 깨닫고 나면 법이 없을 일도 없노라 : 법이 없다(無法)는 것도 법이 있다(有法)는 것을 짝으로 하니, 법이 없다는 것 자체도 없어야 타당하다.

[本來] 本來付有法者, 從上來有密付地法. 付了云云者, 既密付了, 無所得地法. 各各云云者, 直須自肯自悟. 悟了云云者, 無法亦對有法, 無法亦無始得.

- 처음에 전해 줄 때는 법이 있었지만 : 얻은 것은 스승에게서 전해 받은

것이다.[1]
- 전하고 나서는 법이 없다고 말하네 : 남에게서 얻을 수 없다.
- 제각기 스스로 깨달아야 할 것이니 : 배고프면 밥을 먹고 목마르면 물을 마시며, 가거나 머물거나 앉거나 눕는다.[2]
- 깨닫고 나면 법이 없을 일도 없노라 : 무엇을 가리켜 산, 강, 대지라 부르는가?

本來付有法,[1) 注云, "得地因師." 付了云云者, 注云, "不從他得." 各各云云者, 注云, "飢湌渴飮, 行住坐臥." 悟了云云者, 注云, "喚什麽作山河大地?"
1) ㉑ '法' 다음에 을본·병본에는 '者'가 있다.

황룡 혜남黃龍慧南의 거

"후대의 자손들이 변변치 못하여 조상이 물려준 농토를 갈지도 않고 씨도 심지 않아 한순간에 황폐하게 버려둔 대로 밖으로 마구 돌아다닌다. 설령 아주 사소하게 이해한 분별이 있더라도 그 모두가 이름뿐인 재산[3]에 불과하여 실속이 없다. 그런 까닭에 '나그네로 떠도느니 집으로 돌아가는 것만 못하고, 아무리 허虛의 방편이 많아도 약간의 실實만 못하다.'[4]라고 하는 것이다."

黃龍南擧此話云, "後來子孫不肖, 祖父田園, 不耕不種, 一時荒廢, 向外馳

---

1 이 구절을 포함하여 이하의 세 구절에 대한 설명은 본 게송 각 구절에 대한 『禪門諸祖師偈頌』 권상의 상(卍116, 910b10) 「著語」이다.
2 일상의 있는 그대로의 모습을 빌려 시종일관 간단없이 자기 수행을 해야 함을 뜻하였다.
3 부재浮財는 본래 돈이나 식량이나 의복과 같이 바꾸어 이익을 낼 수 있는 동산動産을 뜻하는 말인데, 여기서는 조상이 물려준 '농토'와 대비하여 이름뿐인 재산, 외관상의 재산이라는 뜻으로 번역하였다.
4 두 문구가 같이 쓰인 예는 『黃龍慧南語錄』에만 보인다.

求. 縱有些小知解, 盡是浮財不實. 所以作客不如歸家, 多虛不如少實."

> [설화]

○ 깨닫고 나면 법이 없을 일도 없으니, 더 이상 두 번째 것은 없다. 만약 다시 한 발 크게 내딛고 또다시 높이 한 수 놓더라도 이 또한 밖에서 구하는 일이며 이름뿐인 재물과 같으니, 반드시 아난의 뜻을 알아야만 한다. 아난의 뜻은 무엇일까? 아무리 허虛의 방편이 많아도 약간의 실實만 못하다.

黃龍 : 悟了無無法, 更無第二. 若更廣一步, 更高一着, 亦是向外之求, 亦是浮財, 直須是知得阿難意始得. 阿難意作麽生? 多虛不如少實.

84칙 국다심자掬多心自

[본칙] 우바국다 존자의 게송.[1]

優波毱多尊者偈云,

마음 그대로 본래의 마음이니	心自本來心
본래의 마음에는 법이 있지 않네	本心非有法
법도 있고 본래의 마음도 있다 하면	有法有本心
마음도 아니고 본래의 법도 아닌 것	非心非本法

[설화]
- 마음 그대로 본래의 마음이니 : 중생의 마음 그대로가 본래의 마음이라는 뜻이다.
- 본래의 마음에는 법이 있지 않네 : (중생의) 마음이 곧 본래의 마음인 이상 그 외에 증득할 법은 없다는 뜻이다.
- 법도 있고 본래의 마음도 있다 하면 : 본래의 법도 있고 본래의 마음도 있다고 말하는 경우이다.
- 마음도 아니고 본래의 법도 아닌 것 : (위와 같이 말한다면) 본래의 마음도 아니고 본래의 법도 아니다. 그러한즉 본래의 법도 없고 본래의 마음도 없는 것이야말로 바로 본래의 법이요 본래의 마음이라는 뜻이다.
- 우바국다 : 근호近護라고 한역한다.[2]

---

1 서천 28조 제4조인 우바국다가 제5조 제다가提多迦에게 법을 전하며 준 게송. 『景德傳燈錄』 권1 「優波毱多傳」에는 본서 85칙의 내용에 이어 이 게송이 실려 있다.
2 [S] Upagupta를 음사해서 '우바국다優波毱多' 혹은 '우바굴다優波掘多'라고 하며, 한역어로는 근호 이외에 '대호大護'·'급다笈多' 등이 있다. 『大唐西域記』 권4(大51, 890b20),

[心自] 心自本來心者, 衆生心卽是本來心. 本心云云, 心旣本心, 則更無所證之法. 有法云云, 若言有本法, 有本心也. 非心云云, 非本心非本法也. 然則, 無本法無本心, 乃是本法本心也. 優波毱多, 此云, 近護.

- 마음 그대로 본래의 마음이니 : 육취六趣로 떠돌며 윤회한다고 하여 줄지도 않고 사성四聖의 지위에 머문다고 하여 늘지도 않는다.[3]
- 본래의 마음에는 법이 있지 않네 : 외부에 실재하는 대상이란 전혀 없으니 만물은 오로지 마음일 뿐이다.
- 법도 있고 본래의 마음도 있다 하면 : 임시로 붙인 이름을 어그러뜨리지 않으면서 실상을 말하였다.
- 마음도 아니고 본래의 법도 아닌 것 : 범부니 성인이니 하고 차별하는 마음이 굽지 않은 기왓장이 부서지고 봄날 살얼음 녹듯 사라졌다.

心自本來心者, 注云, "處六趣而不減, 居四聖而不增." 本心云云, 注云, "了無外境, 萬物唯心." 有法云云, 注云, "不壞假名, 而談實相." 非心云云, 注云, "凡聖瓦解氷消."[1]

1) ㉠ '凡聖瓦解氷消'가 『禪門諸祖師偈頌』에는 '凡聖氷消瓦解'로 되어 있다.

황룡 사심黃龍死心의 거

앞의 두 구절을 제기하고 말했다. "황룡이 어찌 양민을 억눌러서 천민으로 만들고자 하겠는가?"[4] 뒤의 두 구절을 제기하고 말했다. "티끌처럼

『翻譯名義集』 권1(大54, 1065b5) 등 참조.
3 이 구절을 포함하여 이하의 세 구절에 대한 설명은 본 게송 각 구절에 대한 『禪門諸祖師偈頌』 권상의 상(卍116, 910b15) 「著語」이다.
4 우바국다의 이 두 구절을 부정하여 대중들을 오해에 빠뜨리지는 않겠다는 말이다. 설화의 평석처럼 표면적으로는 황룡도 중생심을 본래심이라 여긴다고 한 말이다. 하지만 제기한 두 구절을 곧이곧대로 받아들여 본래심이니 본래법이니 하는 말에 예속된다면 그

수많은 부처가 굽지 않은 기왓장이 부서지고 봄날 살얼음 녹듯 사라졌으니, 그대들은 어디에서 조사를 만나고자 하는가? 각자 방으로 돌아가라."

黃龍心, 擧前句云, "黃龍, 又爭敢壓良爲賤?" 擧後句云, "微塵諸佛, 瓦解氷消, 諸人擬向甚處見祖師? 各請歸堂."

[설화]

○ 황룡이 어찌 양민을 억눌러서 천민으로 만들고자 하겠는가 : 중생의 마음이 곧 본래의 마음이라고 여긴다는 뜻이다.
○ 티끌처럼 수많은 부처가~살얼음 녹듯 사라졌으니 : 본래의 마음이나 본래의 법이나 모두 필요 없기 때문이라는 뜻이다.
○ 그대들은 어디에서 조사를 만나고자 하는가 : 어디에서도 그를 모색할 수 없다는 뜻이다.
○ 각자 방으로 돌아가라 : 스스로 모색해 보라는 뜻이다.

黃龍 : 前句至爲賤者, 衆生心是本來心也. 微塵至氷消[1]者, 不要本心本法故也. 諸人至祖師者, 無處摸搽也. 各請歸堂者, 自摸搽看.

---
1) ㉤ '消'가 병본에는 '銷'로 되어 있다.

것이야말로 양민을 천민으로 만드는 결과를 초래하는 것이라는 이중적인 의미를 담고 있다.

85칙 향중출가 香衆出家

[본칙] 출가하기 전 장자長者일 때의 제다가提多迦 이름은 향중香衆이다. 이전에 출가하려고 할 때에 우바국다 존자가 물었다. "그대 몸이 출가하는가, 마음이 출가하는가?"[1] 향중이 답했다. "저 자신이 출가하는 것이지, 몸이나 마음의 이익을 구해서가 아닙니다." "몸이나 마음 때문이 아니라면 다른 무엇 때문에 출가하는 것인가?" "출가하는 까닭은 나(我)와 내 것(我所)이라고 할 만한 것이 없기 때문입니다. 그런즉 마음이란 생멸하는 것이 아니며, 마음이 생멸하지 않는다는 이 도리가 바로 불변의 도리이기 때문에 모든 부처님 또한 불변합니다. 마음에는 형상이 없고[2] 그 신체도 그러합니다." "그대는 앞으로 크게 깨달아 마음이 절로 밝아져 헤아릴 수 없이 많은 중생을 불법에 딱 들어맞게 제도하리라."

提多迦, 嘗爲長者, 名曰香衆. 初求出家, 毱多尊者, 乃問, "汝爲身出家, 爲

---

1 신출가身出家는 외형적 조건상 충족된 출가를, 심출가心出家는 그 뜻과 각오 등의 면에서 진정으로 출가한 것(眞出家)을 가리킨다. 『四十二章經』(大17, 722a24), "부처님의 말씀이다. '부모를 떠나 출가하여 도를 궁구하는 자를 사문이라 한다.'(佛言, '辭親出家 爲道, 名曰沙門.')"라는 구절에 대한 주석은 다음과 같다. 『四十二章經疏鈔』 권2(卍59, 130b17), "출가에는 두 가지가 있다. 하나는 신출가로서 부모를 떠나는 출가이다. 다른 하나는 심출가로서 업에 얽매인 식의 해탈(識解)이 그것이다. 또 다른 네 가지 뜻이 있다. 첫째, 세속의 집을 떠난 것, 즉 부모를 떠난 것을 말한다. 둘째, 오온의 집을 떠난 것이니 마음을 꿰뚫어 아는 것이다. 셋째, 번뇌의 집을 떠난 것이니 근본에 통달한 것이다. 넷째, 생사의 집을 떠난 것이니 무위의 법 그 자체이다.(出家有二, 一身出家, 辭親是也. 二心出家, 識解是也. 復有四義, 一出世俗家, 亦辭親也. 二出五蘊家, 識心也. 三出煩惱家, 達本也. 四出生死家, 無爲也.)"
2 마음에는 형상이 없고 : 『宗鏡錄』 권80(大48, 857a16), "'형상이 있는 법은 모두 변화를 따르는데 마음에 형상이 없다면 어떻게 변화하여 나타나는가?' '마음 자체가 본래 변화이고 그 도리는 생각이나 말의 대상이 아니다. 마음을 따라 마음이 나타남은 변화에서 변화가 일어나는 현상과 같다.'(問, '凡有相法, 皆從變化, 心無形相, 云何化現?' 答, '心本是化, 理不思議, 從心現心, 如化起化.')"

心出家?" 香衆曰, "我自出家, 非爲身心而求利益." 毬多曰, "不爲身心, 復
誰出家?" 香衆曰, "夫出家者, 無我我故,[1] 卽心不生滅, 心不生滅, 卽是常
道故, 諸佛亦常. 心無形相, 其體亦尔." 毬多曰, "汝當大悟, 心自明朗,[2] 於
佛法中, 度恒沙衆."

1) ㉠ '無我我故' 다음에 『宗鏡錄』권97(大48, 938a9), 『景德傳燈錄』권1(大51, 207c2), 『五燈會元』권1(卍138, 10b12), 『五燈嚴統』권1(卍139, 89b12), 『五燈全書』권1(卍140, 160b15), 『祖堂集』권1(高45, 239a) 등에는 '無我我故' 또는 '無我之故'라는 어구가 한 번 더 들어가 있으나, 『宗鑑法林』권5(卍116, 84b2), 『天聖廣燈錄』권2(卍135, 614a12), 『聯燈會要』권1(卍136, 450a4) 등에는 위와 같이 실려 있다. 여기에서는 이하의 본칙 설화에 준하여 번역하였다. 2) ㉯ '朗'이 갑본에는 '郞'으로 되어 있다.

설화

- 제다가提多迦 : 통진량通眞量이라고 한역한다.[3]
- 몸이 출가하는가, 마음이 출가하는가 : 한한거사閑閑居士[4]가 "몸은 출가했으나 마음은 아직 출가하지 않은 이가 있으니 공문空門[5]의 범부이다.

---

3 Ⓢ Dhītika를 음사하여 제지가提知迦·제다가提地迦·지저가地底迦 등이라고도 하고 한역어로는 통진량 외에 유괴有愧가 있다. 『傳法正宗記』권2(大51, 722b5), "그때의 이름을 바꾸어 제다가라 지어 주었으니 이는 범어이고, 통진량이라 한역한다. 그 꿈의 의미를 취해 지은 것이다.(因易今之名, 梵語提多迦, 此曰, 通眞量. 蓋取其夢之義也.)"; 『五燈會元』권1「提多迦章」(卍138, 11a5), "(제다가가) 태어나기 전에 부친이 꿈을 꾸었는데, 해가 집에서 솟아오르며 천지를 환히 비추고 앞의 큰 산은 온갖 보배로 장엄되어 있으며 산꼭대기에서는 샘이 솟아 사방으로 흘러넘치는 꿈이었다. 훗날 우바다 존자를 만나게 되었는데 그 꿈을 이렇게 풀이해 주었다. '보배 산은 나 자신이요, 샘이 솟는 것은 법이 다함이 없음을 말한다. 해가 집에서 솟아오른 것은 네가 지금 도에 들어서는 모습을 나타낸다. 천지를 환히 비춘 것은 너의 지혜가 뛰어나게 되리라는 암시이다.'(初生之時, 父夢金日自屋而出, 照耀天地, 前有大山, 諸寶嚴飾, 山頂泉涌, 滂沱四流. 後遇毬多尊者, 爲解之曰, '寶山者, 吾身也. 泉涌者, 法無盡也. 日從屋出者, 汝今入道之相也. 照耀天地者, 汝智慧超越也.')"
4 한한거사閑閑居士 : 금나라 때 관리이자 문학가인 조병문趙秉文(1159~1232)을 가리킨다. 자는 주신周臣이고 한한거사는 만년에 지은 자호自號이다. 자주磁州 부양滏陽 출신이다. 시서화詩書畵에 모두 능하였으며, 어려서부터 만년에 이르기까지 하루도 책을 읽지 않은 날이 없다고 한다. 저서에 『資暇錄』·『滏水集』등이 있다.
5 공문空門 : 불문佛門 또는 불교. 공空을 최고의 진리로 삼아 깨달음으로 이끄는 가르침

마음은 출가했으나 몸은 아직 출가하지 않은 이가 있으니 재가의 보살이다. 몸과 마음 모두 출가한 이가 있고, 몸과 마음 모두 출가하지 않은 이가 있다."라고 한 말에 근거하여 물은 것인가? (이 물음에 대해) 아래에서 "저 자신이 출가하는 것이지, 몸이나 마음의 이익을 구해서가 아닙니다."라고 하였으니, 이러한 의미는 아니다. '몸이 출가한다(爲身出家)'는 것은 계율을 지켜서 천상에 태어나는 과보를 얻는다는 뜻이다. '마음이 출가한다(爲心出家)'는 것은 마음을 소멸하고 지혜를 고요하게 하여 이승二乘의 적멸을 지향한다는 뜻이다.

- 저 자신이 출가하는 것이지~구해서가 아닙니다 : 곧바로 대승의 길로 들어선 것이니 인천人天의 이승을 위해서도 아니고 이익을 구해서도 아니라는 뜻이다.
- 몸이나 마음 때문이 아니라면~출가하는 것인가 : 상대가 어떻게 나오는지 시종일관 시험하는 질문이다.
- 나(我)와 내 것(我所)이라고 할 만한 것이 없기 때문입니다 : 아我와 아소我所를 대칭시킨 것이다.
- 그 신체도 그러합니다 : 체용體用의 체體가 아니라 신체의 체를 뜻한다. 몸과 마음이 하나이기 때문에 "마음에는 형상이 없고 그 신체도 그러합니다."라고 한 것이다.
- 그대는 앞으로~불법에 딱 들어맞게 제도하리라 : 그의 출가를 기꺼이

이라 하여 불교를 공문이라 하며, 출가자를 공문자空門子라고도 한다. 『釋氏要覽』권상 (大54, 261c10), "공문자 : 『대지도론』에 '열반에 세 문이 있다. 첫째는 공문, 둘째는 무상문, 셋째는 무작문이다. 무엇을 공문이라 하는가? 모든 법은 아아와 아소我所가 없고, 모든 법은 인연에서 발생하기에 짓는 자도 받는 자도 없다고 관한다면 이를 공이라 한다.'라고 하였다. 출가한 사람은 이 문을 따라 열반의 집으로 들어가므로 공문자라 한다.(空門子 : 智度論云, '涅槃有三門. 一, 空門 ; 二, 無相門 ; 三, 無作門. 何者空門? 謂觀諸法, 無我我所, 諸法從因緣生. 無作者受者, 是名空.' 今出家人, 由此門入涅槃宅, 故號空門子.)"

허락한다는 뜻이다.
● 속세의 범부란 몸과 마음 모두 출가하지 않은 사람을 가리키고, 공문의 보살이란 몸과 마음 모두 출가한 사람을 가리킨다.⁶

[出家] 提多迦, 此云, 通眞量. 爲身出家, 爲心出家者, 閑閑居士云, "有身出家而心未出家者, 空門凡夫¹⁾; 有心出家而身未出家者, 在家菩薩; 有身心俱出家者; 有身心俱不出家者", 則以此爲問耶? 下云, "我自出家 非爲身心而求利益." 則非此義也. 爲身出家者, 持戒奉律, 得天上果報; 爲心出家者, 灰心²⁾滅智, 就二乘寂滅也. 我自出家云云者, 直趣大乘, 非爲人天二乘, 亦不求利益. 不爲身心云云者, 看他始終也. 無我我故者, 我與我所對也. 其體亦爾者, 非體用之體, 身體之體也. 身心一如也, 故云, "心無形相, 其體亦爾." 汝當大悟云云者, 滿口許他也. 俗中凡夫, 身心俱不出家者; 空門菩薩, 身心俱出家者.³⁾

1) 㘴 '夫'가 병본에는 '失'로 되어 있다. 2) 㘴 '心'이 병본에는 '身'으로 되어 있다.
3) 㘴 '者' 다음에 을본·병본에는 '如文'이 있다.

파초 계철芭蕉繼徹의 염
"비유하자면 거문고와 공후가 제아무리 아름다운 음을 내는 악기라 하더라도 뛰어난 연주 솜씨가 없다면 끝내 그 음을 낼 수 없는 것과 같다."⁷

---

6 한한거사가 '공문空門의 범부'라 한 말뜻의 이해를 돕기 위한 설화이다.
7 『首楞嚴經』권4(大19, 121a28)에 나오는 다음의 말이다. "비유하자면 거문고와 공후와 비파가 제아무리 아름다운 음을 내는 악기라 하더라도 뛰어난 연주 솜씨가 없다면 음을 낼 수 없는 것과 같다. 그대와 중생도 이와 같다. 보배로운 깨달음과 참된 마음은 각각 원만하지만 나는 손가락을 대기만 해도 해인海印이 광명을 발하고, 너희들은 잠시만 마음을 일으켜도 번뇌가 먼저 일어나니, 더없이 높은 깨달음의 도를 부지런히 구하지 않고 소승을 애념하여 작은 것을 얻고도 만족하기 때문이다.(譬如琴瑟箜篌琵琶, 雖有妙音, 若無妙指, 終不能發. 汝與衆生, 亦復如是. 寶覺眞心, 各各圓滿, 如我按指海印發光, 汝暫擧心塵勞先起, 由不勤求無上覺道, 愛念小乘得少爲足.)"; 『首楞嚴義疏注經』권4(大39, 880b28), "거문고 등은 중생을, 아름다운 음은 본래 구유하고 있는 참된 성품을, 뛰어난

巴蕉拈, "譬如琴瑟箜篌, 雖有妙音, 若無妙指, 終不能發."

설화

○ 파초가 말한 그대로이다.

芭蕉云云.¹⁾
―――――――
1) ㉮ '芭蕉云云'이 을본·병본에는 없다.

연주 솜씨란 참된 지혜를 가리킨다. 음을 낸다는 말은 작용을 일으킨다는 뜻이다.(琴等衆生也. 妙音藏性也. 妙指實智也. 發起用也.)"

86칙 미차무심彌遮無心

본칙 미차가 존자의 게송.[1]

彌遮迦尊者偈曰,

마음이 없어 그 무엇도 얻을 수 없으니	無心無可得
얻었다고 하면 법이라 할 수 없으리라	說得不名法
만약 마음이 마음 아님을 깨닫는다면	若了心非心
비로소 마음과 마음의 대상을 알리라	始解心心法

설화

- 미차가 : 수음獸音이라 한역한다.
- 마음이 없어 그 무엇도 얻을 수 없으니 : 증득 주체로서의 마음이 없으므로 증득 대상으로서의 법도 없다.
- 얻었다고 하면 법이라 할 수 없으리라 : 얻은 결과가 있다고 말한다면 그것은 진실로 얻은 법이 아니라는 뜻이다.[2]
- 만약 마음이 마음 아님을 깨닫는다면 : 마음이 곧 마음이 아니라는 말

---

1 서천 28조 제6조인 미차가가 제7조 바수밀婆須密에게 준 전법게.
2 무소득無所得의 관점에 따르고 있지만, 무소득도 유소득과 상호 대치對治되어 모두 얻을 수 있는 실체가 없는 한에서만 성립한다. 『大般若經』권363(大6, 873c13), "이법二法과 불이법不二法은 모두 얻을 수 있는 실체가 없다. 그러므로 얻은 결과로서의 일체지지는 유소득이 아니기 때문에 얻고, 무소득도 아니기 때문에 얻는다. 유소득의 법이나 무소득의 법이나 모두 실체를 얻을 수 없기 때문이다. 만약 이와 같이 안다면 비로소 일체지지를 증득할 수 있다.(二不二法, 俱不可得. 是故, 所得一切智, 非有所得故得, 亦非無所得故得. 有所得法, 無所得法, 不可得故. 若如是知, 乃能證得一切智智.)"; 『大智度論』권18(大25, 197b8), "세간의 마음에 따르기 때문에 얻은 결과가 있다고 하지만, 부처님의 마음에는 얻은 결과가 전혀 없다.(隨世間心故, 說有所得, 諸佛心中, 則無所得.)"

이다.[3]

● 비로소 마음과 마음의 대상을 알리라 : 증득 주체로서의 마음과 증득 대상으로서의 마음을 가리킨다.

[無心] 彌遮迦, 此云獸音. 無心無可得者, 無能證之心故, 亦無所證之法. 說得不名法者, 若說有所得, 則非所得法也. 若了心非心者, 心則非心也. 始解心心法者, 能證之心, 所證之心也.

● 마음이 없어 그 무엇도 얻을 수 없으니 : 마음이 없는 마음으로 무엇을 얻을 수 있겠는가![4]
● 얻었다고 하면 법이라 할 수 없으리라 : 종일토록 말해도 말한 자취가 남지 않는다.
● 만약 마음이 마음 아님을 깨닫는다면 : 소리와 색 등 그 자체가 순수하고 진실하다.
● 비로소 마음과 마음의 대상을 알리라 : 낱낱이 그대로 일체라 부른다.[5]

又第一句注, "無心之心, 有何所得!" 第二句注, "終[1)]說而無說." 第三句注, "聲色純眞"也. 第四句注, "喚一切作一切"也.

---

[3] 마음이 마음에 한정되지 않고 마음 아닌 영역으로 개방되어야 마음의 참된 이치가 드러난다. 『華嚴經行願品疏』 권4(卍7, 573a12), "마음 그대로 부처이니 마음은 곧 마음이 아니고(마음에 한정되지 않고), 부처 그대로 마음이니 부처도 부처가 아니다. 마음도 아니고 부처도 아니어서 (마음과 부처 등) 일체의 한정에서 멀리 벗어나므로 상념할 대상이 없어야 비로소 진실한 상념이라 한다.(心卽是佛, 心則非心 ; 佛卽是心, 佛亦非佛. 非心非佛, 遠離一切, 故無所念, 方爲眞念.)"
[4] 이 구절을 포함하여 이하의 세 구절에 대한 설명은 본 게송 각 구절에 대한 『禪門諸祖師偈頌』 권상의 상(卍116, 911a4) 「著語」이다.
[5] 여기에서의 일체는 능연과 소연, 곧 마음(心)과 마음의 대상(心法)을 합쳐 부른 것이다. 곧 심을 심심이라 알고, 낱낱의 차별 그대로인 심법으로 분명히 분별하여 알 수 있게 되는 경계를 말한 것이다.

1) ㉠ '終' 다음에 '日'이 탈락되었다.

회당 조심晦堂祖心의 거

앞의 두 구절을 제기하고 말했다. "조사의 문호는 이미 활짝 열려 있었다. 원앙 문양의 자수를 놓았으니, 누구라도 마음껏 살펴보라. 대답해 보라! 금침金針으로 꿰맨 흔적은 어디에 있는가?"[6] 다시 뒤의 두 구절을 제기하고 말했다. "알았느냐? 남산에서 희미한 천둥소리가 한 번 울려 퍼지자마자 바로 곤충들을 잠에서 불러일으키는구나."[7]

晦堂心, 擧前句云, "祖師門戶, 已是擘開. 繡出鴛鴦, 任爾諸人覰看. 且道! 金針落在甚麽處?" 復擧後句云, "會麽? 南山輕薄一聲雷, 從頭喚起昆蟲蟄."

설화

○ 조사의 문호는~어디에 있는가 : 공적인 일로는 바늘 들어갈 틈 하나도 허용하지 않는다.[8]

○ 남산에서 희미한 천둥소리가~잠에서 불러일으키는구나 : 사사롭게는

---

[6] 『黃龍慧南語錄』(大47, 637a22)에 나오는 "원앙 문양의 자수를 내놓으니 그대들 마음대로 보아도 되지만, 수를 놓을 때 사용한 금침金針은 누구에게도 건네주지 마라.(鴛鴦繡出從君看, 莫把金針度與人.)"라는 말을 활용한 구절이다. 금침은 '마음'이나 '마음 아님' 등 온갖 언어로 드러내는 핵심적인 수단을 뜻한다.
[7] 곤충은 개구리와 같이 겨울잠을 자는 작은 동물을 말한다. 천둥소리는 가르침을 전하는 수단과 방편을 뜻한다. 본서 633칙 '정자본의 송' 주석 참조.
[8] 어떠한 방편도 용납하지 않고 철저하게 부정하는 파주把住의 방법이다. 언어로 드러내기 이전의 경계로서 금침은 원앙 모양 등과 같이 더듬고 들어갈 어떤 실마리도 주어지지 않아 접근할 방도가 없다는 말이다. 『石雨法檀』 권12(嘉27, 121b25), "출입의 요충지를 확고히 틀어막으니(把住) 공적인 일로는 바늘 들어갈 틈 하나도 허용하지 않는 격이지만, 간략하게 하나로 뻗은 길을 터 주면 산의 귀신들(분별의 기량)이 숲으로 몰려들 것이다.(把住要津, 官不容針, 略通一線, 山鬼入林.)" 본서 2칙 '원통 원기의 상당' 주석 참조.

수레와 말도 통과시킨다.⁹

晦堂:祖師門戶云云者, 官不容針. 南山輕薄云¹⁾者, 私通車馬.

1) ㉘ '云' 다음에 병본에는 '云'이 있다.

---

9 허용하고 긍정하는 방행放行의 방법이다. 곧 잠을 깨우는 수단으로서는 마음이나 마음 아닌 그 무엇이거나 그때마다 무수한 길을 터 줄 수 있다는 뜻이다.

87칙 바수심동 婆須心同

[본칙] 바수밀 존자의 게송.[1]

婆須密尊者偈云,

마음이 허공 세계와 같으니	心同虛空界
허공과 같은 법을 드러내네	示等虛空法
허공과 같은 법 증득하고 보면	證得虛空時
옳은 법도 그른 법도 없으리	無是無非法

[설화]

● 바수밀 : 천우天友라고 한역한다.[2]

● 마음이 허공 세계와 같으니, 허공과 같은 법을 드러내네 : 그곳(허공)은 티 없이 맑고 깨끗한 거처이니, 티 없이 맑고 깨끗한 몸과 마음으로 그곳과 하나가 되어야 한다.

● 허공과 같은 법 증득하고 보면, 옳은 법도 그른 법도 없으리 : 옳은 법도 없고 그른 법도 없다는 말이다.

● 옛사람이 게송으로 읊었다.[3] "여기저기 떠돌며 찾아다니다 이 종문宗門

---

1 서천 28조 제7조인 바수밀이 제8조 불타난제佛陀難提에게 준 전법게.
2 ⓈVasumitra. 세우世友라고 한역하기도 한다. 『翻譯名義集』권1(大54, 1062b24), "화수밀다 또는 바수밀다라고 한다. 『대당서역기』에 '벌소수밀조다라고 음사하며 한역어는 세우이다. 구역에서 화수밀다라고 음사한 것은 잘못된 것이다.'라고 하였다. 관 법사는 '천우라고도 한역하는데, 세간의 인천人天에게 적절한 방편으로 교화한다는 뜻이다.'라고 하였다.(和須蜜多, 亦云婆須蜜多. 西域記云, '伐蘇須蜜咀多, 唐言世友. 舊曰, 和須蜜多, 訛也.' 觀法師云, '亦翻天友, 隨世人天方便化故.')"; 『華嚴經探玄記』권19(大35, 470c17), "천우라고도 하는데, 뛰어난 방편으로 온갖 세간의 무리를 이끈다는 뜻이다.(亦名天友, 以巧能引攝諸世間故.)"

에 들어와, 오랜 세월 동안 대허공을 갈고 닦았네. 이리저리 힘을 다했으나 부질없이 예전 그대로이니, 이제야 만사가 본래 같았음을 알겠노라."

[心同] 婆須密, 此云天友. 心同虛空界至法者, 他是白淨無垢居處, 須以白淨無垢身心合他始得. 證得云云者, 無是法, 無非法也. 古人頌云, "雲水參尋訪此宗, 十年磨刮大虛空. 區區力盡空[1]依舊, 方知萬事[2]本來同."

1) ㉠ '空'이 『佛眼語錄』에는 '還'으로 되어 있다.   2) ㉠ '事'가 『佛眼語錄』에는 '法'으로 되어 있다.

- 마음이 허공 세계와 같으니 : 허공이 곧 마음이다.[4]
- 허공과 같은 법을 드러내네 : 법이 곧 허공이다.
- 허공과 같은 법 증득하고 보면 : 허공에서 다니고 머물며 앉고 누우며, 허공에서 움직이니 그 모두가 허공이다.
- 옳은 법도 그른 법도 없으리 : 영명한 지각은 어떤 얽매임도 없이 자유로우니,[5] 모든 대상에 대해서 어떠한 장애도 없다.
- 『대승기신론』에 "생각의 상相을 여의면 허공 세계와 같아져 그 어디에

---

3 불안 청원佛眼淸遠의 게송이다. 『佛眼語錄』 「寒食禮先師眞五首」 古尊宿語錄 30(卍118, 549a9).
4 이 구절을 포함하여 이하의 세 구절에 대한 설명은 본 게송 각 구절에 대한 『禪門諸祖師偈頌』 권상의 상(卍116, 911a7) 「著語」이다.
5 영명한 지각은~없이 자유로우니(靈覺獨存) : 『肇論』(大45, 158a17), "경에서 '먼지와 앙금을 제거하여 순금을 제련하듯이 모든 번뇌의 속박이 다 사라지면 영명한 지각은 어떤 얽매임도 없이 자유롭다.'라고 하였다.(經曰, 陶冶塵滓, 如鍊眞金, 萬累都盡, 而靈覺獨存.)" 인용문과 정확히 일치하는 경은 보이지 않지만 다음과 맥락이 가장 일치한다. 『涅槃經』 권10 「如來性品」(大12, 423a6), "성문·연각이나 보살도 그와 같으니 모두들 동일한 불성을 성취한다. 왜 그런가? 번뇌를 제거하기 때문이다. 마치 저들 금덩이에서 모든 앙금과 더러운 먼지를 제거하는 작업과 같다. 이러한 뜻 때문에 모든 중생의 동일한 불성에는 차별이 없는 것이다.(聲聞緣覺, 菩薩亦爾, 皆得成就同一佛性. 何以故? 除煩惱故, 如彼金鑛, 除諸滓穢. 以是義故, 一切衆生同一佛性, 無有差別.)"

도 두루 있지 않은 곳이 없게 되니, 이 법계의 일상一相이 바로 여래의 평등한 법신이다."[6]라고 하였다.

又第一句注, "虛空卽是心." 第二句注, "法卽是虛空." 第三句注, "虛空中行住坐臥,[1] 虛空中運爲, 皆是虛空"也. 第四句注, "靈覺[2]獨存, 對[3]無礙"也. 起信云, "離念相者, 等虛空界, 卽是如來平等法身."

---
1) ㉰ "行住坐臥"가 『禪門諸祖師偈頌』에는 '行坐'로 되어 있다. 2) ㉰ '覺'이 『禪門諸祖師偈頌』에는 '智'로 되어 있다. 3) ㉰ '對' 다음에 『禪門諸祖師偈頌』에는 '機'가 있다. 이에 따라 번역하였다.

황룡 조심黃龍祖心의 거[7]

"겨우 이 정도에서 그치는구나. 노를 멈추고 닻줄을 묶고서 만灣에다가 배를 대려는[8] 꼴이다. 만약 납승 문하의 종지와 비교하자면, 하늘과 땅 사이처럼 멀다. 말해 보라! 납승의 문하에는 어떤 장점이 있는가? 주장자를 어깨에 가로 걸친 채 아무에게도 눈길을 주지 않으면서 곧장 천길만길의 아득한 봉우리로 들어간다.[9]"

---
6 『大乘起信論』(大32, 576b12), "離念相者, 等虛空界, 無所不遍, 法界一相, 卽是如來平等法身." 생략된 두 구절을 보충하여 번역하였다.
7 바수밀 존자의 게송을 소재로 황룡 자신의 안목을 드러낸 법문이다. 곧 바수밀 존자의 경계는 쉬고 멈추는 등의 자취가 남아 있는 선법으로 평가하고, 황룡 자신은 첩첩산중 속으로 들어가 어떠한 자취도 남기지 않는다고 대칭시키고 있다.
8 노를 멈추고~배를 대려는 : '마음' 따위의 굳어진 관념에 뿌리를 두고 있어 활발한 선기가 부족하다는 비유. 『圜悟語錄』 권19(大47, 803c2), "닻줄을 묶고서 배를 띄우려 하고 기러기발을 아교풀로 고정해 놓고서 줄을 고르려는 것과 같다. 먼 곳에 있는 물로는 가까운 곳의 불을 끄지 못하듯이 짧은 두레박줄로 어찌 깊은 우물물을 길을 것인가!(把纜放船, 膠柱調絃. 水不救近火, 短綆那汲深泉!)"
9 주장자를 어깨에~봉우리로 들어간다 : 주어진 어떤 격식에서도 자유로운 풍모로 아무도 접근할 수 없는 경계를 곧바로 드러내는 수법을 가리킨다. 이 말의 연원은 다음과 같다. 『頌古聯珠通集』 권16(卍115, 467b16), "천태산 연화봉 상암주祥菴主【봉선심奉先深의 제자】가 입적하는 날 주장자를 꽂꽂이 세우고 대중에게 말했다. '고인들은 여기에 왜 머물고자 하지 않았는가?' 대중들이 말이 없자 선사가 말했다. '그들이 도로에서 힘을

黃龍心擧此話云, "便伊麼休去. 停橈把纜, 且向灣裏泊船. 若據衲僧門下, 天地懸隔. 且道! 衲僧門下, 有甚長處? 㮕栗横擔不顧人, 直入千峰萬峰去."

설화

○ 노를 멈추고~하늘과 땅 사이처럼 멀다 : 그대로 인정하면 옳지 않다.[10]
○ 주장자를 어깨에~봉우리로 들어간다 : 어디에서 모색하겠느냐?[11]

黃龍 : 停橈云云者, 認着則不是. 㮕栗[1)]云云者, 向什麼處模[2)]搽?
1) ㉘ '栗'이 병본에는 '栗'로 되어 있다. 2) ㉘ '模'는 '摸'의 오기이다.

장령 수탁長靈守卓의 상당[12]

"'마음이 허공 세계와 같다.'고 했지만, 여기에는 흥정할 점이 있다(같지 않다는 말). '허공과 같은 법을 드러낸다.'고 했지만, 곳곳이 모두 주밀하다(허공처럼 텅 비어 있지 않다는 말). '허공과 같은 법 증득하고 보면'이라고 했지만, 모두 거두어들이고(全收)[13] 나면 도대체 무엇이란 말인가. '옳은 법도

받지 못했기 때문이다.' 다시 말했다. '결국 어떻게 해야 하겠는가?' 주장자를 어깨에 가로 걸치고 말했다. '주장자를 어깨에 가로 걸친 채 누구에게도 눈길을 주지 않으면서 곧장 천길만길의 아득한 봉우리로 들어가겠노라.' 말을 마치고 돌아갔다.〈본칙〉……'머물든 머물지 않든 태양은 가장 높은 곳에 뜨리니, 연화 암주의 말을 누가 인정하리오? 주장자를 가로 걸친 채 아무도 돌아보지 않는다 하지만 그 무수한 봉우리들은 도대체 어디인가?'(취암 가진翠巖可眞의 송)'【天台蓮華峯祥菴主,【嗣奉先深】示寂日拈拄杖, 示衆曰, '古人到這裏, 爲甚麼不肯住?' 衆無對, 師乃曰, '爲它途路不得力.' 復曰, '畢竟如何?' 以杖横肩曰, '㮕栗横擔不顧人, 直入千峯萬峯去.' 言畢而逝.……住不住今日卓午, 蓮華菴主誰相許? 㮕栗横擔不顧人, 千峯萬峯是何處?【翠巖眞】)" 본서 1285칙 참조. 자유무애한 경지를 표현하기도 하지만 입적과 관련된 때에는 '죽음'을 암시하는 말로도 쓰인다.
10 황룡 조심이 바수밀 존자의 게송을 선지禪旨가 부족하다고 보고 비판적으로 평가하였다는 해설.
11 주 9에서 인용한 '취암 가진의 송'과 그 취지가 같은 해설이다.
12 바수밀 존자의 게송 각 구절에 착어를 붙이는 형식의 상당법문이다.
13 전수全收는 하나의 이치에 모든 법을 거두어들이는 방법으로, 여기서는 일체를 허공

그른 법도 없다.'고 했지만, 하나는 어긋나고 하나는 맞다. 여러분, 귀착되는 뜻을 알겠는가?" 잠시 침묵하다가 말했다. "서릿발과 눈발의 고초를 겪어 보지 않고서 어찌 세한심을 구별하겠는가!"[14]

> 長靈卓上堂云, "心同虛空界, 箇中有買賣. 示等虛空法, 處處皆周匝. 證得虛空時, 全收復是誰. 無是無非法, 一離還一合. 汝等諸人, 還知落處麼?" 良久云, "不因霜雪苦, 那辨歲寒心!"

설화

○ 네 구절의 말은 저 존자의 뜻을 뒤집어 표현하였지만, 실제는 저 존자에 대한 찬탄이다.
○ 서릿발과 눈발의 고초를~어찌 세한심을 구별하겠는가 : 반드시 그렇게 해 보아야만 존자의 뜻을 알 수 있다는 말이다.

> 長靈 : 四句語, 翻他尊者意, 其實讚他. 不因霜雪苦云云者, 須是伊麽, 知得尊者意也.

육왕 개심育王介諶의 평[15]

"'마음이 허공 세계와 같다.'고 했으니, 안도 없고 또한 밖도 없다는 말

에 수렴한다는 뜻이다. 다음 구절에서 '도대체 무엇이란 말인가?'라는 반문은 모든 차별이 허공이라는 일상一相의 무차별에 용융되면 상호 간에 특징이 사라진다는 취지이다. 『都序』권상1(大48, 405c10), "전수란 오염된 법과 청정한 법을 비롯한 모든 법이 마음 아님이 없다는 뜻이다.(全收者, 染淨諸法, 無不是心.)"

14 『論語』「子罕」에 나오는 "날씨가 추워진 후에야 소나무와 잣나무가 가장 늦게 시든다는 것을 알 수 있다.(歲寒然後, 知松柏之後彫也.)"라는 공자의 말을 응용한 구절이다. 바수밀 존자의 송을 뒤집어 표현해 봄으로써 그 뜻을 더 잘 알 수 있다는 의미이다.
15 앞에 나오는 '장령 수탁의 상당'과 같은 형식의 법문이다.

이다. '허공과 같은 법을 드러낸다.'고 했으니, 닿는 곳마다 두루 퍼져 있다는 말이다. '허공과 같은 법을 증득하고 보면'이라고 했으니, 인仁을 베풀어야 할 상황이 되어서는 스승에게도 양보하지 않는 법[16]이라는 말이다. '옳은 법도 그른 법도 없다.'고 했으니, 온갖 물줄기가 오직 바다로만 흘러 들어간다[17]는 말과 같다. 만약 그렇다면 산에 피는 꽃은 재배하는 힘을 들이지 않고도 본래 봄바람이 그것을 보살펴 준다는 의미이리라."

育王諶云, "心同虛空界, 無內亦無外. 示等虛空法, 觸處皆周匝. 證得虛空時, 當仁不讓師. 無是無非法, 百川唯海納. 若然者, 山花不費[1)]栽培力, 自有春風管帶伊."

1) ㉠ '費'가 『白雲守端廣錄』 권1(卍120, 415a2)에는 '廢'로 되어 있고, 『爲霖道霈還山錄』 권1(卍125, 926a6)에는 '用'으로 되어 있는데, 모두 같은 뜻이다.

> [설화]

○ 네 구절의 착어는 또한 장령 수탁의 뜻과 비교해 작은 차이는 있지만 대체적인 뜻은 같다.
○ 산에 피는 꽃은~그것을 보살펴 준다 : 재배하는 힘을 들이지 않더라도 또한 봄바람의 힘이 없지 않다는 말이다. 이는 또한 본래의 신묘한 작용을 형용한 말이다.

---

16 인仁을 베풀어야~않는 법(當仁不讓師) : 『論語』 「衛靈公」에 나오는 말(當仁不讓於師)이다.
17 온갖 물줄기가~흘러 들어간다 : 바다는 시비是非 등 모든 갈등과 차별이 귀착하는 평등한 일상一相을 비유한다. 『思益經』 권4(大15, 58b12), "또한 바다에는 서로 다른 차이가 없으니, 온갖 물줄기가 흘러들어도 모두 한맛이라네. 이들 모든 보살도 이와 같아서, 듣고 받아들이는 법이 동일한 상이라네.(又如大海無別異, 百川流入皆一味. 此諸菩薩亦如是, 所聽受法同一相.)"; 『長阿含經』 「僧肇序」(大1, 1a17), "도를 따르지 않는 존재는 없고 법은 없는 곳이 없다. 비유컨대 저 거대한 바다는 온갖 물줄기가 귀착하는 곳이기 때문에 법의 귀착처라는 이름을 붙이는 예와 같다.(道無不由, 法無不在. 譬彼巨海, 百川所歸, 故以法歸爲名.)"

育王：四句着語, 亦長靈意, 有小異處, 意則同. 山花不費云云者, 雖不費栽培力, 亦不無春風力. 此亦形容本具地妙用.

88칙 협존자이종脇尊者爾從

본칙 협존자脇尊者[1]가 동자의 모습을 하고 찾아온 부나야사富那夜奢[2]에게 물었다. "너는 어디에서 오느냐?" "저의 마음은 어디로도 가지 않습니다." "너는 어느 곳에 머무느냐?" "저의 마음은 어디에도 머물지 않습니다." "너는 정해진 것이 없느냐?" "모든 부처님도 그렇습니다." "너는 어떤 부처도 아니지 않느냐?" "모든 부처님 또한 어떤 부처도 아닙니다."

脇尊者, 因富那夜奢作童子時來, 乃問, "爾從何來?" 曰, "我心非住." 祖云, "爾住何所?" 曰, "我心非止." 祖云, "爾不定耶?" 曰, "諸佛亦然." 祖云, "爾非諸佛?" 曰, "諸佛亦非."

설화

- 복타밀다伏馱密多[3] 존자를 만나서 그 곁에서 시중드는 일을 하면서 잠을 잔 적이 없어서 옆구리(脇)가 잠자리에 닿지 않았기 때문에 그에 따라 '협존자'라는 호칭이 붙었다.[4] 범어로는 다율습복多栗濕福이고, 한역하면 난생難生[5]이다.
- 존자의 질문 : 돌연 계급을 나누어[6] 그가 어떻게 대응하는지 살피려는

---

1 협존자脇尊者 : 전등사傳燈史에서 서천 28조 중 제10조.
2 부나야사富那夜奢 : ⑤ Puṇyayaśas. 협존자의 뒤를 이은 제11조.
3 복타밀다伏馱密多 : ⑤ Buddhamitra. 협존자에게 법을 전한 제9조.
4 『景德傳燈錄』 권1「脇尊者傳」(大51, 209a18).
5 난생難生 : 위의 책, 권1「伏馱密傳」(大51, 209a4)에 따르면, 어머니 배 안에서 60년 동안 있었기 때문에 '난생'이라 한다고 전한다. '낳기 어렵다' 또는 '힘들게 낳았다'라는 뜻이 된다.
6 계급을 나누어 : 유·무와 시·비 등의 차별을 나눈다는 말. 협존자가 시험하기 위해 '온다', '머문다' 등으로 갈라놓은 말을 가리킨다. 부나야사가 마명馬鳴에게 준 전법게에 계급을 나누지 않는 뜻이 보인다. 『景德傳燈錄』권1「富那夜奢傳」(大51, 209b26), "미혹과 깨달음은 숨거나 드러나는 관계와 같으니, 밝음과 어두움처럼 서로 떨어지지 않노라."

의도이다.
- 동자의 대답 : 가고 오는 차별도 없고 머무를 그 어떤 곳도 없다는 뜻이다.
- 부나야사 : 한역어는 명칭집산名稱執散이다.[7]

[爾從] 値伏馱密[1]多尊者, 執侍左右, 未嘗睡眠, 脇不至席故, 遂號脇尊者. 脇尊者, 梵語多栗濕福, 此云難生. 尊者問, 乍分階級, 看他如何支對也. 童子答, 無去無來, 亦無所住. 富那夜奢, 此云名稱執散.

1) ㉠ '密'을 '蜜'로 표기한 문헌도 있다.

취암 수지翠嵓守芝의 염

"조사와 동자가 묻고 대답했지만 모두 이해할 단서가 부족하다. 이제 어떻게 이해해야 할까?"

묘희(大慧宗杲)는 "설령 지금 이해했다고 하더라도 삼생육십겁[8] 동안 더 참구해야 할 것이다."[9]라고 평가하였다.

이제 숨고 드러나는 법을 전할 것이니, 이들은 하나도 아니고 서로 다른 두 가지도 아니라네.(迷悟如隱顯, 明暗不相離, 今付隱顯法, 非一亦非二.)"

7 부나야사를 부나사富那奢라고도 하는데『翻梵語』권6(大54, 1023b20)에서는 이를 만락滿樂이라 한역하였다.『佛祖錄讚頌』(韓12, 319c18), "한역어는 명칭이다. 화씨국 사람이며 성은 구담이다. 주나라 안왕 19년 무술년(기원전 383)에 입적하였다.(此云名稱. 華氏國人, 姓瞿曇. 周安王十九年戊戌寂.)" 집산執散이라 한 예는 찾기 어렵다.

8 삼생육십겁三生六十劫 : 소승의 성문이 수행하여 깨달음을 얻기까지 걸리는 시간. 빠른 자는 세 번 태어나는 3생, 느린 자는 60겁이라는 설이다.『法華義疏』권8(大34, 568c25), "첫째, 근기에 영리하거나 둔한 차이가 있다. 둘째는 수행 기간에 짧거나 긴 차이가 있다. 성문은 가장 빠르면 3세가 걸리고, 가장 느리면 60겁이 걸린다. 연각은 가장 빠르면 4세가 걸리고 가장 느리면 100겁이 걸린다.(一者, 根有利鈍異. 二者, 修因短長異. 聲聞, 極疾三世, 極遲六十劫;緣覺, 極疾四世, 極遲百劫.)"

9『正法眼藏』권2상(卍118, 82a14)에 '취암 수지의 염'에 대한 평을 붙였다.

翠嵓芝拈, "祖師與童子, 一問一答, 摠欠會在. 如今作麼生會?" 妙喜云, '直饒如今會得, 更參三生六十劫.'"

> 설화

○ 조사와 동자가 묻고 대답했지만 모두 이해할 단서가 부족하다 : 조사는 '이것과 저것' 그리고 '가는 것과 오는 것'을 구분했지만, 동자는 '이것과 저것' 그리고 '가는 것과 오는 것'을 구분하지 않았다. 이것이 둘 모두 이해할 단서가 부족한 점이다.
○ 이제 어떻게 이해해야 할까 : 이들의 문답을 벗어나서 이해하라는 뜻일까?[10]
○ 설령 지금 이해했다고 하더라도~참구해야 할 것이다 : 취암이 양변 어디에도 떨어지지 않는 입장에서 문제를 이끌어 가는 듯이 보였지만 그렇지 않다는 뜻이다. 그러므로 '삼생육십겁'이라 하여 부정한 것이다. 그렇다면 이렇게 말한 묘희의 의중은 무엇일까?

翠巖 : 祖師云云至會在者, 祖師則分彼此住來, 童子則不分彼此往來, 是摠欠會處. 如今作麼生會者, 離此而會耶? 如今會得云云者, 翠巖似向兩頭不落處作主宰, 故云, '三生六十劫.' 然則妙喜意作麼生?

---

10 이들의 문답 그대로(卽) 이해해도 안 되지만, 그것을 완전히 벗어나서(離) 이해해도 안 된다는 뜻이 숨어 있다.

89칙 마명장수馬鳴長壽

본칙 마명 조사는 어느 날 어떤 외도가 논쟁을 벌이자고 제의하자 국왕과 대신 그리고 사부대중에 이르기까지 모두 논쟁을 벌이는 장소에 불러 모았다. 마명이 외도에게 물었다. "당신의 교의教義는 어떤 것을 근본으로 삼습니까?" "어떤 언설이 되었건 나는 모두 무너뜨릴 수 있습니다." 마명이 국왕을 가리키며 "지금 이 나라는 평안하고 대왕께서도 장수를 누리고 있습니다. 이 말을 무너뜨려 보시기 바랍니다."라고 하자 외도는 패배를 시인했다.

> 馬鳴祖師, 一日, 有一外道索論議, 集國王大臣, 幷及四衆, 俱會論場. 馬鳴云, "汝義以何爲宗?" 外道云, "凡有言說, 我皆能破." 馬鳴乃指國王云, "當今國土康寧, 大王長壽, 請汝破之." 外道屈伏.

설화

● 마명 : 공승功勝이라고도 한역한다.[1] 『전등록』에 이렇게 전한다.[2] "이 보살은 과거세에 비사리국[3]의 왕이었다. 그 나라에 말처럼 생긴 벌거벗은 한 사람이 살았는데 왕이 신통력을 부려 자신의 몸을 나누어 누에로 만들자 그 사람은 마침내 이 누에로부터 옷을 얻었다. 왕이 그다음

---

1 ⓢ Aśvaghoṣa의 한역어. 마명馬鳴도 그 한역어 중 하나이다. 갖가지 공덕이 뛰어나 공승이라 불리게 되었다고 한다.
2 『景德傳燈錄』 권1 「富那夜奢傳」(大51, 209b19).
3 비사리국毘舍利國 : ⓢ Vaiśālī. ⓟ Vesālī. 고대 중인도의 국가 이름. 부처님 당시 16대국 중 하나였다. 비야리毘耶離·비사리鞞舍離·비사리毘舍利·유야維耶·유야리維耶離·베사리吠舍釐 등이라고도 하고, 광엄廣嚴이라 한역한다. 불멸 후 100년경에 제2차 결집을 한 장소이며, 유마거사維摩居士가 살았던 곳이기도 하다. 『維摩經疏』 권1(卍29, 196a17), 『大唐西域記』 권7(大51, 908a26).

생에 다시 중인도에 태어났을 때 말처럼 생긴 벌거벗었던 그 사람이 사모의 정에 사무쳐 구슬프게 울었다. 이로 인하여 그를 마명이라 불렀다."

● 어떤 언설이 되었건 나는 모두 무너뜨릴 수 있습니다 : 그가 단견斷見에 집착하는 외도임을 나타낸다.

● 마명이~무너뜨려 보시기 바랍니다 : 무너뜨릴 수 없는 언구이다. 곧 어디에도 치우침이 없는 자연 그대로의 지혜[4]로써 마구니와 외도를 밀어붙여 굴복시킨 말솜씨이다.

● 또한 어떤 학인이 천태 덕소 국사에게 "천하가 태평한데, 왕이 할 일이란 무엇일까요?"라고 묻자 "해도 밝고 달도 훤하다."라고 대답했고, "어떻게 알아차려야 합니까?"라는 물음에 "학인 그대는 누구인가?"라고 되묻고는 이어서 말했다. "천하가 태평하고 대왕이 장수하며 백성들이 풍요롭고 편안하면 어떤 어려움도 없다. 이것은 부처님의 말씀으로 옛날에도 바꾸지 못했고 지금도 변화시킬 수 없으니 이 한마디로 고금의 진실을 확정할 수 있다."[5]

[長壽] 馬鳴, 此云功勝. 傳燈云, "大士昔爲毘舍利國王, 其國有一類人, 如馬裸露, 王運神力, 分身爲蠶, 彼乃得衣. 王後復生中印土, 馬人感戀悲鳴,

---

4 어디에도 치우침이~그대로의 지혜(無私自然之智) : 일반적으로는 '스승의 가르침에 의지하지 않고(無師) 자신이 본래 스스로 가지고 있는 지혜'라는 말이 맞지만, 설화의 저자는 의도적으로 '師'를 '私'로 바꾸어 몇 차례 반복하여 쓰고 있다. 본서 21칙 본칙 설화, 96칙 본칙 설화 등. 80권본『華嚴經』권52(大10, 278a5), "보살은 이와 같은 공덕을 성취할 때 공력을 거의 들이지 않고 무사자연지를 얻는다.(菩薩摩訶薩, 成就如是功德, 少作功力, 得無師自然智.)";『華嚴經疏鈔』권16(大36, 120c1), "다른 사람의 가르침에 따라 깨닫지 않는 까닭은 무사자연의 지혜이기 때문이다.(不由他悟者, 無師自然智故.)"
5 『景德傳燈錄』권25「天台德韶傳」(大51, 409a7). 이어서 천태 덕소는 "무슨 말을 꺼내어도 소리에 제한되지 않고 색이 차별화되기 이전에 만물 어디에도 속하지 않아야 '천하가 태평하고 대왕이 장수한다.'라는 도리를 이해할 수 있다.(言發非聲, 色前不物, 始會天下太平, 大王長壽.)"라고 하였다.

因號爲馬鳴." 凡有至破者, 斷見外道也. 馬鳴乃指至破云云者, 破不得地言句. 則無私自然之智, 挓伏魔外之辯也. 又僧問昭¹⁾國師, "天下太平, 如何是王?" 師云, "日曉月明." 僧云, "如何領解?" 師云, "阿誰是學人?" 乃云, "天下太平, 大王長壽, 人民富壽, 無諸患難. 此是佛語, 古不易, 今不遷, 一言可以定古定今."

1) ㉮ '昭'가 을본·병본에는 '韶'로 되어 있다. ㉯ '韶'가 맞다.

● 또한 별전종別傳宗⁶에서 하는 말이라면, 이 화두와 아울러 유마거사가 침묵한 이야기를 제기하고 다음과 같이 말할 것이다. "두 가지가 이치는 같으나 구체적인 사실은 다르니, 말은 드러난 말 그대로가 아니다. '대왕이 장수하고 있다.'라고 한 말은 침묵인가, 침묵 그대로가 아닌가? 유마의 침묵에는 말이 들어 있으며 말이 전혀 없다고 할 수 없다. 부처라는 견해와 법이라는 견해에 집착해서는 안 되니 그 어느 편에 머물러도 안 된다. 이 안에서는 삼세의 부처님들과 역대의 조사들도 숨을 죽이고 목소리를 삼키지만 아울러 태평곡을 부르기도 한다." 이상이 조사의 문하에서 평상적으로 대답하는 말이다.

又別傳宗語, 擧此話, 幷擧維摩默然話云, "理同事異, 語不是語. 大王長壽, 是默不是默? 維摩默, 是有語, 不得無語. 不得佛見法見, 湊泊不得. 到這裏, 三世諸佛, 歷代祖師, 飮氣吞聲. 則兼亦唱出太平曲子." 此是祖師門下, 平常答話.

---

6 별전종別傳宗 : 교외별전敎外別傳을 종지로 삼는 선종. 곧 교설에 얽매이지 않고 교외별전을 체득한 조사로서의 안목을 가지고 말한다면 다음과 같이 이 공안을 풀 것이라는 뜻이다.

법진 수일法眞守一의 송 法眞一頌

육사외도[7]가 정법 배반하여 논쟁 일으켰다가	六師叛[1]正起于[2]戈
'할 수 없는 걸 난들 어찌하리오'라고 했다네	自謂無能奈我何
모든 외도의 혓바닥을 다 얼어붙게 만들려면	九十六宗令結舌
한 곡조의 태평가조차 부를 필요가 없으리라	不消一曲大平歌

1) ㉠ '叛'이 『頌古聯珠通集』 권40(卍115, 508b16), 『宗鑑法林』 권5(卍116, 86a4)에는 '不'로 되어 있다.   2) ㉴ '于'가 갑본에는 '干'으로 되어 있다. ㉠ '干'으로 바로잡아 번역하였다.

[설화]

○ 모든 외도의 혓바닥을~태평가조차 부를 필요가 없으리라 : 마명이 외도에게 말할 당시에 본래 태평했기 때문에 지금 태평가 한 곡조조차도 필요가 없다는 뜻이지, 불법의 정통을 이은 자의 법이어서 한 곡조의 태평가도 부를 필요가 없다는 뜻이 아니다.[8]

法眞云云, 太平歌者, 馬鳴道處, 本平[1]故, 不消今時太平一曲也. 非是嗣子

---

7 육사외도六師外道 : 부처님 재세 시 대표적인 여섯 외도. 이들 여섯 외도에 속해 있던 각각 15제자가 또 분파를 이루어 본래의 6사와 합하여 96종의 외도라는 설도 있다. 제3구에 나오는 '모든 외도'가 96종의 외도이다. 『華嚴經疏』 권28(大35, 712c29) 참조. 여기서는 외도를 대표하는 말로 육사라 한 것이다. 본서 63칙 본칙 주석 참조.

8 태평은 애써 이 일 저 일 힘들게 벌이지 않아도 되는 무사無事를 수반한다. 『碧巖錄』 9則 「本則 評唱」(大48, 149b18), "열흘에 한 번 알맞은 바람이 불고 닷새에 한 번 단비가 내린다. 그런 평안한 나라에서 각자 할 일 즐기면서, 배 두드리고 노래한다. 이것을 태평시절이라 하고 무사라고도 한다. 이는 타고난 맹인이 할 일이 없어 무사라 하는 말이 아니다. 반드시 빗장을 풀고 관문을 뚫고 나가 가시나무 숲을 벗어난 다음 발가벗은 맨몸에 깨끗이 씻은 벌거숭이가 되어야 하지만 이전 그대로 평범하게 사는 사람일 것이다. 그로 말미암아 일이 있어도 되고 일이 없어도 되며 종횡 어디로나 자유롭게 오갈 뿐 결코 일 없음에 집착하거나 어떤 일을 확정하여 하지도 않는다.(十日一風, 五日一雨, 安邦樂業, 鼓腹謳歌, 謂之太平時節, 謂之無事. 不是拍盲, 便道無事, 須是透過關捩子, 出得荊棘林, 淨裸裸赤灑灑, 依前似平常人. 由爾有事也得, 無事也得, 七縱八橫, 終不執無定有.)"

之法, 不消一曲太平歌也.

1) ㉘ '平' 앞에 병본에는 '太'가 있다. ㉙ '太平'으로 바로잡아 번역하였다.

90칙 용수투침龍樹投針

본칙 용수[1]보살은 가나제바迦那提婆[2]가 찾아온 모습을 보고 먼저 시자를 시켜 발우 가득 담은 물을 그의 면전에 놓아두게 하였다. 가나제바가 바늘 하나를 던져 넣자 용수는 크게 기뻐하였다.

龍樹大士, 見迦那提婆來, 先令侍者, 將一鉢水置面前. 迦那提婆, 乃以一針投之, 樹大喜.

설화

- 『조정사원』[3]에서 용수 조사 자신이 단 주석에 "물이 맑은 것은 나의 덕德에 대한 비유이고, 그가 바늘을 던져 넣은 것은 그 밑바닥까지 파고들고자 하는 뜻이다. 만약 이러한 사람과 함께라면 깊은 이치를 따지고 도를 말할 만하다."라고 한 그 뜻이다.
- 옛사람[4]은 "풋나무를 던져 넣으면 그 밑바닥까지 도달하기 어려울 것이요, 바늘을 던져 넣으면 그 밑바닥까지 도달하기 쉬울 것이다."라고 말하였다.
- 각범覺範은 "돌 표범은 먹이에 흠뻑 취했고, 나무 말은 들녘에서 운다. 나의 이 삼매는 분별의식(情識)으로는 알 수 없다네. 인연에 적절히 응하여 나타날 뿐, 사유분별에 떨어지지 않노라. 이렇게 발우의 물에 답하여 바늘을 던졌다네. 마치 중니仲尼가 빠졌던 소韶[5]와 같고, 자기自期

---

1 용수龍樹 : ⑤ Nāgārjuna. 용맹龍猛이라고도 한다. 전등사傳燈史에서 서천 28조 중 제14조.
2 가나제바迦那提婆 : ⑤ Kāṇadeva. 남인도 바라문 출신. 용수의 뒤를 이은 제15조이다.
3 『祖庭事苑』 권4(卍113, 122b9).
4 누구인지 알 수 없다. 본서 304칙 본칙 설화에도 나오는데 이곳에서는 각범覺範 (1071~1128)의 말이라며 인용하고 있다.

가 알아들었던 거문고 연주[6]와 같이 분명하게 눈앞에 나타난 그것을 마음으로 전했던 것이다."[7]
● 가나제바 : 후천厚天이라 한역한다.

[投針] 祖庭云, 祖師自注云, "水之澄淸, 比[1]方我德 ; 彼來投針, 欲[2]窮其底. 若斯人者, 可以論玄論道." 則此義也. 古人云, "以柴投之, 則難窮其底, 以針投之, 則易窮其底." 覺範云, "石彪內[3]醉, 木馬野[4]嘶. 我此三昧, 非情識知. 應緣而現, 不落思惟. 是故[5]鉢水, 以針投之. 如仲尼韶, 如子期琴, 粲爾現前, 傳之以心." 迦那提婆, 此云厚天.

1) ㊈ '比'가 『祖庭事苑』에는 '以'로 되어 있다. 2) ㊈ '欲'이 『祖庭事苑』에는 '以'로 되어 있다. 3) ㊈ '內'가 『林間後集』에는 '肉'으로 되어 있다. 표범의 먹이로 보아 '肉'이 맞다. 4) ㊈ '野'가 『林間後集』에는 '夜'로 되어 있다. 두 가지 모두 통한다. 5) ㊈ '故'가 『林間後集』에는 '答'으로, 『從容錄』에는 '故'로 되어 있다.

낭야 혜각琅琊慧覺의 송 琅琊覺頌

용수는 발우에 담긴 물이요	龍猛盂中水
제바는 솜털에 올려진 바늘	提婆毳上針
사람마다 득실 두고 다투며	人人爭得失
누구나 멀다 가깝다 말하네	箇箇話疎親
운중의 기러기 보지 못하고[8]	不覩雲中鴈

---

5 소韶 : 순임금 때의 음악. 공자는 제나라에서 이 '소'를 듣고서 석 달 동안 고기 맛을 몰랐다고 전한다. 『論語』「述而」, "子在齊聞韶, 三月不知肉味."
6 자기自期가 알아들었던 거문고 연주 : 거문고의 대가 백아伯牙가 퉁기는 소리에 담긴 뜻을 가장 잘 알아들었던 종자기鍾子期를 가리킨다. 본서 28칙 '지비자의 송' 주석 참조.
7 『林間後集』「第十五祖眞贊幷序」(卍148, 652a17), 『從容錄』52則「評唱」(大48, 260a3).
8 운중의 기러기 보지 못하고 : 운중雲中은 전국시대 조나라 땅이었으나, 진秦나라 때 군郡을 설치했다. 이 지역의 안문산雁門山에 3대 관문 중 하나인 안문관雁門關이 있다. 넓게는 변방의 관문을 가리키기도 한다. 의미상 "운중의 기러기들이 남쪽으로 날아가는 광경을 직접 보지 못하고"라고 번역된다. 북쪽 변방의 운중에 살던 기러기가 추위를 피

변방의 극심한 추위 알리오[9]	焉知沙塞深
농부가 주춧돌 한 조각 옮기다	農人移片礎
주춧돌 아래 숨은 황금 얻네[10]	礎下獲黃金

설화

○ 용수는~멀다 가깝다 말하네 : 분별로 이해하려 든다면 아직 득실이라는 차별을 버리지 못한 것이고, 친소를 헤아린다면 공안에 대한 적절한 이해라 볼 수 없다.
○ 운중의 기러기~극심한 추위 알리오 : 몸소 증득한 자라야 비로소 알 수 있다. 운중雲中이란 '구름 사이'라는 뜻이 아니라 지역(縣) 이름이다.
○ 농부가~황금 얻네 : 무심하게 얻는 것을 묘사했다.

瑯琊 : 龍猛至親者, 若也知解, 未忘得失, 商量親疎, 話會不覩. 雲中鴈云云者, 證者方知. 雲中, 非雲間, 縣名也. 農人移片云云者, 無心而得也.

해 남쪽으로 날아가는 모습을 직접 보지 못하고서는 그곳 변방의 추위를 알 수 없다는 말이다. 현상의 조짐을 직접 눈으로 본다는 말로 가나제바가 발우의 물을 보고 용수의 속뜻을 직관한 것을 가리킨다.
9 변방의 극심한 추위 알리오 : '변방'이란 사새沙塞 곧 사막지대의 황량한 변방. 이 구절의 '深'은 '寒'으로 되어 있는 문헌도 있다. '深'이라 표현해도 '寒'의 뜻을 살려 추위의 강도 또는 극심한 추위 등을 나타낸다. 『續傳燈錄』 권20 「廣鑑行瑛傳」(大51, 598b2), "학인이 '운중의 기러기들이 남쪽으로 날아가는 광경도 보지 못하고서 어떻게 사막지대의 변방에 추위가 왔는지 알겠습니까?'라고 하자 광감 행영廣鑑行瑛이 말했다. '천 개의 눈을 지닌 관세음보살도 볼 수 없는데, 무언동자無言童子는 남몰래 탄식한다.'(僧云, '不覩雲中雁, 爭知沙塞寒?' 師曰, '千眼大悲觀不得, 無言童子暗嗟噓.')"
10 농부가 주춧돌~황금 얻네 : 본래 황금을 찾고자 주춧돌을 옮기지 않았지만 그러한 소득이 생겼다는 말. 설화의 해설과 같이 무심無心하게 어떤 분별도 없이 곧바로 알아차렸던 조사의 안목을 비유한다.

심문 담분心聞曇賁**의 송** 心聞賁頌

물시계는 장락[11]과 미앙[12]에 고요를 알리고	漏傳長樂未央靜
달은 감천[13]과 태액[14]에 가을빛을 쏟아 낸다	月瀉甘泉大[1)]液秋
깊은 밤 노랫소리 따라 보련을 돌려 가니	夜半樂聲迴步輦
여러 궁[15]에서는 수심 불러일으키는구나[16]	喚迴三十六宮愁

1) ㉠ '大'는 '太'라야 맞다.

[설화]

○ 용수와 제바는 대단히 깊게 서로를 만나 보았으니 다른 사람들은 알 수 없는 경계이다.

心聞 : 龍樹提婆, 深深相見, 餘人所未知也.

---

11 장락長樂 : 궁전 이름. 진시황秦始皇 대에 지었던 흥락궁興樂宮을 한 고제漢高帝 때 고쳐서 건축했다. 옛터가 섬서성 서안시西安市 서북쪽에 남아 있다. 장락궁은 미앙궁의 동쪽에 있다.
12 미앙未央 : 궁전 이름. 장락궁과 마찬가지로 옛터만 남아 있다. 한 고제 7년에 지었고 당나라 말기에 훼손되었다.
13 감천甘泉 : 궁전 이름. 섬서성 순화淳化 서북쪽 감천산에 있다. 본래 진시황 때 지었던 궁전이었으나 한 무제漢武帝가 증축했다.
14 태액太液 : 연못 이름. 태액지太液池라고 한다, 섬서성 장안현長安縣 서쪽에 있다. 한 무제 때인 기원전 110년에 조성했다.
15 여러 궁(三十六宮) : 무수히 많은 궁전. 36이란 수는 지극히 많은 수를 나타낸다.
16 깊은 밤~수심 불러일으키는구나 : 어느 한 노랫소리 또는 연주 소리에 이끌려 보련을 돌려 가니, 오직 그 선택된 주인공만 알 뿐이고 다른 후궁들은 시름에 겨워 아무리 헤아려도 그 깊은 내막은 알지 못한다는 말.

91칙 승가동령僧家銅鈴

[본칙] 승가난제僧伽難提[1]가 바람결에 구리 요령이 울리는 소리를 듣고 동자[2]에게 물었다. "요령이 울리느냐? 바람이 울리느냐?" "바람도 요령도 울리지 않고, 저의 마음이 울릴 뿐입니다." "바람과 요령이 울리는 것이 아니라면, 마음은 또한 무엇이란 말이냐?" "모두 고요하기 때문이지만, 삼매는 아닙니다." "훌륭하다, 훌륭해! 나의 도를 이을 자가 네가 아니라면 누구이겠느냐?"

僧伽難提, 因風吹銅鈴鳴, 乃問, "鈴鳴耶? 風鳴耶?" 童子曰, "非風鈴鳴, 我心鳴耳." 祖曰, "非風鈴鳴, 心復誰乎?" 童子云, "俱寂靜故, 非三昧也." 祖云, "善哉, 善哉! 繼吾道者, 非子而誰?"

[설화]

- 요령이 울리느냐? 바람이 울리느냐 : '바람이 움직이는가, 깃발이 움직이는가?'[3]라고 던진 질문과 같다.
- 바람도 요령도 울리지 않고, 저의 마음이 울릴 뿐입니다 : 나라는 개별적 마음이 헛되게 울리는가? 보편적인 하나의 마음이 울리는가?
- 마음은 또한 무엇이란 말이냐 : 반복하여 쥐어틀듯이 던진 질문이다.
- 모두 고요하다 : 바람과 요령과 마음이 모두 고요하지만 삼매로 성취되는 경계는 아니다.
- 승가난제 : 중희衆喜라 한역한다.[4]

---

1 승가난제僧伽難提 : [S] Saṃghanandi. 전등사傳燈史에서 서천 28조 중 제17조.
2 동자 : 제18조 가야사다迦耶舍多를 가리킨다.
3 본서 110칙 본칙 참조.
4 [S] Saṃgha(僧伽)와 [S] nandi(喜)를 한역한 말. 『翻梵語』권3(大54, 1003a3) 참조.

● 옛사람이 말했다. "바람이 움직이니 마음이 나무를 흔들고, 구름이 이니 본성이 먼지를 일으킨다."[5]

[銅鈴] 鈴鳴耶風鳴耶者, 如風動幡動也. 非風鈴云云者, 我心妄鳴耶? 一心鳴耶? 心復誰乎者, 轉展拶着也. 俱寂靜者, 風鈴心俱寂靜, 非三昧成就也. 僧伽難提, 此云衆喜. 古人云, "風動心搖樹, 雲生性起塵."

열재거사의 송 悅齋居士頌
바람도 아니고 요령도 아니니	非風非鈴
물은 초록이요 산은 푸르구나	水綠山靑
바람도 아니고 깃발도 아니니	非風非幡
초록빛 물이요 푸른색 산이다	綠水靑山
【이 송은 '바람과 깃발'의 화두를 더불어 제기한 것이다.】	【此錄, 箅擧風幡話.】

[설화]
○ 바람과 깃발의 화두를 벗어나지 않는다는 뜻이다.

悅齋, 非風非鈴云云者, 非離風幡也.

파초芭蕉**의 염**
"존자는 자식을 불쌍히 여기다가 자신이 추해지는 것은 모르는 꼴과 아주 흡사했다."[6]

---

5 당말唐末 오대五代 때 스님으로 수산주修山主라고도 불리는 용제 소수龍濟紹修의 게송 중 앞의 두 구절. 이어지는 구절은 "금일사를 밝힌다면, 본래인에 어두워지리라.(若明今日事, 昧却本來人.)"이다. 『五燈會元』 권8 「龍濟紹修章」(卍138, 308a5) 참조. 본서 110칙 본칙 설화 참조.
6 아직 모자라는 자식을 잘 가르쳐 주려다가 자신도 똑같이 모자라는 신세가 된다는 뜻.

芭蕉拈, "尊者, 大似憐兒不覺醜."

> [설화]

○ 자식을 불쌍히 여기다가~흡사했다 : 존자에게 납승의 기개가 있었다고 여겼는데 지금의 문답을 두고 보자니 너무나 멀리 돌아서 갔다.[7]

芭蕉 : 大似至醜者, 將謂尊者, 有衲僧氣息, 及到今日, 大周遮生.

본분을 고수하여 높은 수준에 머물지 않고 학인의 조건에 적절한 방편을 써서 전해 주는 방식을 비유한다. 본서 883칙 '장산 극근의 염' 주석 참조.
7 너무나 멀리 돌아서 갔다(大周遮生) : 대大는 태太와 같고, 생生은 어조사. 주차周遮는 우회해서 멀리 돌아간다는 말 또는 가로막는다는 뜻이다. 너무 친절하고 자세히 말해 주었다는 의미로 쓰인다. 반대로 지나치게 높은 경지에서 말하는 것은 태고준생太孤俊生이라 한다. 『圜悟語錄』권18(大47, 797c16), "도오가 운암에게 '육신의 껍데기를 벗어나면 어디에서 만납니까?'라고 묻자 운암이 '나지도 않고 소멸하지도 않는 곳에서 만나겠지.'라고 한 대답을 제기하고 원오는 '너무 멀리 돌아갔다!'라 평가했고, 도오가 '어째서 나지도 않고 소멸하지도 않는 곳이 아닌 곳에서 만난다고 말하지 않습니까?'라고 한 말에 대하여 원오는 '지나치게 높고 험하다!'라고 평가했다.(擧, 道吾問雲巖, '脫却殼漏子, 向什麼處相見去?' 巖云, '向不生不滅處相見.' 師拈云, '太周遮生!' 道吾云, '何不道非不生不滅處相見?' 師拈云, '太孤峻生!')"

92칙 가야무인迦耶無人

[본칙] 가야사다迦耶舍多[1]가 (무리를 이끌고) 월지국[2]에 이르러 구마라다鳩摩羅多[3]를 만났다. 구마라다가 "어떤 무리들입니까?"라고 묻자 조사가 "부처님 제자들입니다."라고 대답했다. 구마라다는 부처님이라는 호칭을 듣고는 두려운 마음이 생겨 곧바로 문을 닫아 버렸다. 조사가 잠깐 침묵하고 있다가 문을 두드리자 그가 말했다. "이 집에는 아무도 없습니다." 조사가 "없다고 대답하는 사람은 누구입니까?"라고 하자 그가 이 말을 남다르다고 여기고 황급히 문을 열고 맞이하였다.【분주 선소汾州善昭가 대신 말했다. "하마터면 잊어버릴 뻔했군요."】

迦耶舍多, 至月氏國, 見鳩摩羅多. 問, "是何徒衆?" 祖云, "是佛弟子." 彼聞佛號, 心神悚然, 卽時閉戶. 祖良久, 扣其門, 彼曰, "此舍無人." 祖曰, "答無者誰?" 彼聞語異, 遽開門迎接.【汾州昭代云, "洎合忘却."】

[설화]
- 없다고 대답하는 사람은 누구입니까 : 한 번의 기침 소리에도 헤아릴 수 없는 겁의 세월을 살아온 주인이 있다. 마치 '원래 마음은 있는 법인데 어째서 마음이 없다고 하는가?'[4]라는 말과 같다.

---

1 가야사다迦耶舍多 : ⑤ Gayāsadā. 전등사傳燈史에서 서천 28조 중 제18조.
2 월지국月氏國 : 본서 77칙 본칙 주석 참조.
3 구마라다鳩摩羅多 : ⑤ Kumāralāt. 제19조.
4 석두 희천石頭希遷의 말. 『景德傳燈錄』 권14「大顚傳」(大51, 312c28), "대전大顚이 석두에게 물었다. '앞의 말이 옳지 않다면 이것을 제외하고 어떤 것이 마음입니까?' '눈썹을 움직이고 눈동자를 굴리는 동작을 제외하고 마음을 가져와 보라!' '가져올 마음이 없습니다.' '원래 마음이 있는 법인데 어째서 마음이 없다고 하느냐? 마음이 없다는 것은 모두 비방과 동일하다.' 대전이 이 말을 듣자마자 크게 깨달았다.(師却問曰, '前者旣不是, 除此外何者是心?' 石頭曰, '除却揚眉動目將心來!' 師曰, '無心可將來.' 石頭曰, '元來有心,

- 가야사다 : 중명칭衆名稱이라 한역한다.[5]
- 구마라다 : 미명동자美名童子라 한역한다.[6]
- 두려운 마음 : 겁이 났다는 말이다.

[無人] 答無者誰者, 一聲咳無量劫來主人在. 如云, '元來有心, 何言無心' 也. 伽耶舍多, 此云衆名稱. 鳩摩羅多, 此云美名童子. 悚者, 謂恐惶也.

운거 요원雲居了元**의 송** 雲居元頌

이 집에 아무도 없다면서 응답하는 자는 누구인가	此舍無人應者誰
문 열고 마주 보니 의심할 일 전혀 없구나	開門相見絶狐疑
어찌 다시 이전의 꿈 물어볼 수 있으리오	那堪更問從前夢
다시 영산의 일곱 번째 몽둥이에 떨어지리[7]	又落靈山第七槌

설화

○ 문 열고 마주 보니 의심할 일 전혀 없구나 : 이 말에서 깨달은 구석이 있다는 뜻이다.

雲居 : 開門相見絶狐疑者, 於此有箇悟處云云.

何言無心? 無心盡同謗.' 師言下大悟.)"
5 여러 가지 명성으로 알려졌다는 뜻. 『翻梵語』권2(大54, 1000c17)에는 중명문衆名聞이라 했는데, 뜻은 마찬가지이다.
6 지혜와 뛰어난 말솜씨로 '아름다운 명성을 날린 동자'라는 뜻. 『付法藏因緣傳』권6(大50, 320c16), "이에 그의 명성이 사방으로 멀리 퍼졌고, 이로 인하여 미명동자라 불렀다.(於是, 名聞馳布四遠, 因卽號爲美名童子.)"
7 무엇을 가리키는지 전거가 불확실하다.

93칙 바수포환 婆修泡幻

[본칙] 바수반두[1] 존자의 게송.[2]

婆修盤頭尊者偈云,

물거품과 헛것 모두 걸림 없으니	泡幻同無碍
그 이치 어째서 깨닫지 못하는가	如何不了悟
모든 법 그 안에 있다고 통달하면	達法在其中
지금도 아니고 옛날도 아니로다[3]	非今亦非古

[설화]

- 바수반두 : 변행遍行이라 한역한다.[4]
- 물거품과 헛것 : 오온五蘊·십이처十二處·십팔계十八界·이십오유二十五有·유정有情의 기세간器世間을 비유한다.
- 물거품과 헛것 모두 걸림 없으니 : 물거품이나 헛것과 같은 만물의 걸림 없는 이치와 동일하다는 뜻이다.
- 그 안에 : 그 안에 항상 있지만, 식識이 모두 사라져야 공功이 이루어져 그 안에 도달한다는 말인가? (아니다.) 물거품과 헛것 자체가 걸림이 없는 경지와 동일하다는 바로 그 이치가 '그 안'이라는 뜻이다.

---

1 바수반두婆修盤頭 : 전등사傳燈史에서 서천 28조 중 제21조.
2 제22조 마나라摩拏羅에게 임종 직전에 법을 전하고 남긴 게송.
3 지금도 아니고 옛날도 아니로다 : 지금이나 옛날 그 어느 때로 특별히 제한되지 않지만 그 어느 때이기도 하다. 곧 지금도 옛날도 모두 벗어나 있지만, 지금에도 적용되고 옛날에도 적용되는 보편적 도리이다. '서광 종본의 거' 등에 드러나 있다.
4 두루 작용한다는 뜻. 『佛祖歷代通載』권4(大49, 508a27), 『景德傳燈錄』권2(大51, 213a19).

● 지금도 아니고 옛날도 아니로다 : 옛날부터 지금까지 한결같이 이어져 끊어짐도 없고 사라짐도 없다.

[泡幻] 婆修盤頭, 此云遍行. 泡幻者, 五蘊·十二處·十八界·二十五有·有情, 器世間也. 泡幻同無礙者, 泡幻之法, 同於無礙之理. 其中者, 其中常在, 識盡功成, 以至其中耶? 泡幻同無礙處, 是其中也. 非今云云, 亘古亘今, 無斷無滅.

● 물거품과 헛것 모두 걸림 없으니 : 만약 모든 법이 헛것과 같다고 깨닫는다면 어떤 법에 장애를 받을 것인가?[5]
● 그 이치 어째서 깨닫지 못하는가 : 옷 입고 밥 먹고, 가고 머물고 앉고 눕는다.
● 모든 법 그 안에 있다고 통달하면 : 유위有爲의 법은 어떤 것도 이것을 넘어서지 못한다.
● 지금도 아니고 옛날도 아니로다 : 지금과 옛날, 유와 무, 생성과 소멸, 범부와 성인 등의 차별이 무슨 장애가 되겠는가?

第一句注, "若了一切如幻, 有何[1]所礙?" 第二句注, "着衣喫飯, 行住坐臥." 第三句注, "有爲之法, 莫越於此." 第四句注, "今古·有無·生滅·凡聖, 有何妨礙?"

---
1) ㉠ '何' 다음에 '法' 자가 탈락되었다.

---
5 이 구절을 포함하여 이하의 세 구절에 대한 설명은 본 게송 각 구절에 대한 『禪門諸祖師偈頌』 권상의 상(卍116, 912a14)「着語」이다.

운봉 문열雲峯文悅의 거

이 공안을 제기하고 홀연히 주장자를 잡고서 말했다. "삼세의 모든 부처님과 육대의 조사와 천하의 뛰어난 납승의 코가 모두 여기에 있다." 다시 향 받침대를 한 번 치고서 말했다. "남섬부주와 북울단월[6]이다."

雲峯悅擧此話, 驀拈拄杖云, "三世諸佛, 六代祖師, 天下衲僧, 鼻孔, 摠在這裏." 又打香臺一下云, "南贍部洲, 北鬱單越."

[설화]

○ 삼세의 모든 부처님과~모두 여기에 있다 : 한 자루의 주장자는 지금도 아니고 옛날도 아니다.
○ 남섬부주와 북울단월이다 : 산과 강 그리고 대지 전체가 무성하게 펼쳐진 바로 이 모습이 주장자의 면목이다.

雲峯 : 三世諸佛至摠在這裏者, 一條拄杖, 非今非古也. 南贍部洲云云者, 山河大地, 崢嶸嶸嶸, 此是拄杖頭上面目.

서광 종본瑞光宗本[7]의 거 1[8]

"지금도 옛날도 모두 아니라면 '그 안(헛것)'이라는 말은 무슨 뜻인가? 알

---

6 남섬부주와 북울단월 : 사대주四大洲 중 남북의 두 주. 사대주는 남섬부주南贍部洲·동승신주東勝神洲·서우화주西牛貨洲·북울단월北鬱單越이다.
7 서광 종본瑞光宗本 : '서광'은 서광사瑞光寺에 주석했던 혜림 종본 원조慧林宗本圓照(1020~1099)의 사호寺號.
8 서광 종본의 두 가지 법문과 뒤의 '백운 지병의 상당'은 모두 설두 중현雪竇重顯(980~1052)의 상당과 흡사하다. 『雪竇語錄』권2(大47, 684c13), "법좌에 올라앉아 '갖가지 헛것에서 나온 변화(幻化)는 모두 여래의 원만한 깨달음에서 나왔다.'라고 한 뒤, (이 『원각경』의 말씀에 대하여) 설두가 평한다. '멈추어라, 멈추어! 삼세의 모든 부처님도 헛것이고, 육대의 조사들도 헛것이며, 천하의 노화상들도 헛것이다.' 다시 주장자를 잡고 '주장자

겠는가? 삼세의 모든 부처님이 그 안에서 나오고, 육대의 조사들도 그 안에서 나오며, 천하의 노화상들도 그 안에서 나오고, 대장경의 모든 교설도 그 안에서 나온다. 만약 그 안의 소식에 통달한다면 통하지 못할 법이 없으니, 하나하나의 말마다 진실이 드러나고, 낱낱의 구절마다 종지로 돌아갈 것이다. 돌!"

瑞光本擧此話云, "旣非今古, 作麽生是其中? 還會麽? 三世諸佛, 出在其中；六代祖師, 出在其中；天下老和尚, 出在其中；一大藏敎, 出在其中. 若達其中, 無法不通, 可謂言言見諦, 句句朝宗. 咄!"

설화

○ '그 안'을 벗어나는 특별한 법은 없다.
○ 하나하나의 말마다~돌아갈 것이다 : 말마다 구절마다 그 하나하나가 '그 안'이라는 뜻이다.

瑞光 : 其中外無別法也. 言言見云云者, 言言句句, 一一是其中.

서광 종본의 거 2

다시 이 공안을 제기하고 "지금도 옛날도 모두 아니라면 이것은 무엇인가? 알겠는가?"라고 한 뒤 주장자를 한 번 내려치고서 말했다. "헛것에서 나왔다!"

는 헛것이다. 어떤 것이 원만한 깨달음인가?'라고 한 다음 잠깐 침묵하다가 주장자로 선상을 한 번 치고서 말했다. '헛것에서 나왔다!' 대중이 머뭇거리자 설두가 '이 한 떼거리의 칠통들아! 구멍이라곤 전혀 없구나.'라고 말한 뒤 주장자를 휘둘러 한꺼번에 내쫓았다.(上堂云, '種種幻化, 皆生如來圓覺.' 師云, '住, 住! 三世諸佛是幻, 六代祖師是幻, 天下老和尚是幻.' 復拈起拄杖云, '拄杖子是幻, 那箇是圓覺?' 良久, 以拄杖擊繩床一下云, '幻出!' 大衆擬議. 師云, '者一隊漆桶! 總無孔竅.' 以拄杖一時趁下.")

又擧此話云, "旣非今古, 是什麽? 還會麽?" 以拄杖卓一下云, "幻出也!"

설화

○ 주장자를 한 번 내려치고서~헛것에서 나왔다 : 산과 강 그리고 대지 전체가 무성하게 펼쳐졌다. 앞의 법문은 '그 안'에 대한 언급이고, 이 법문은 헛것에서 나왔다는 뜻에 대한 언급이다.

又擧, 拄杖至出者, 山河大地, 崢崢嶸嶸也. 前則言其中, 此則言幻出之義.

불안 청원佛眼淸遠의 상당

앞의 두 구절을 제기하고 "눈 안의 눈동자가 그대를 애타게 부르는구나!"[9]라 말하고, 뒤의 두 구절을 들고는 "판에 떨어진 여섯 개 주사위[10]가 모두 붉은 점이로구나!"[11]라고 하였다. "대중들이여, 요즘 사람들은 어째서 앉은자리에서 양주楊州를 보려 하는가?[12] 발우에 손잡이를 붙여[13] 새롭

---

9 눈에 맺힌 영상이 모조리 그것이라는 사실을 몰라서 안타깝다는 비유이다. 『景德傳燈錄』 권12 「淸化全付傳」(大51, 297b18), "'길에서 도에 통달한 사람을 만나면 말로도 침묵으로도 대하지 말라고 합니다. 그렇다면 무엇을 가지고 대합니까?' '눈 안의 눈동자가 그대를 애타게 부르는구나!'(問, '路逢達道人, 不將語默對. 未審將什麽對?' 師曰, '眼裏瞳人吹叫子.')" 동인瞳人은 눈동자를 가리킨다. 눈동자에 다른 사물이나 사람을 보는 상이 맺히기 때문에 동인이라 한다.
10 주사위(骰子) : 놀이를 하는 도구의 일종. 점을 칠 때도 사용한다. 보통 짐승의 뼈로 만들며 작은 정육면체의 여섯 면에 1에서 6까지의 점을 새기고 1점과 4점은 붉은색을 칠하고 나머지 점은 모두 흑색을 칠한다. 던져서 떨어진 주사위의 숫자와 색을 보고 승부를 결정하기 때문에 투자投子 또는 색자色子라고도 한다. 삼국시대에 조식曹植이 만들었다는 설도 있다. 붉은색과 가장 큰 수인 6이 나오면 이기므로 이 놀이를 할 때 호요할육呼幺喝六 또는 호홍규육呼紅叫六이라 외치며 승리를 기원한다. 주사위의 1을 요幺라 부른다.
11 보통 주사위 세 개씩을 가지고 하므로 여섯 개가 모두 붉은색이 나왔다는 것은 이긴 자도 진 자도 없다는 뜻으로 무차별하게 '그 안'에 있음을 나타낸다.
12 어째서 앉은자리에서~보려 하는가 : 부귀·장수 등의 소원을 모두 얻는다는 『太平廣記』 등에 나오는 이야기에서 나온 말. 그중 '양주'는 귀한 신분에 오르려는 소망의 비유

게 바꾼 본보기라 착각하고, 소 위에서 소를 타겠다고 하는 꼴이 몹시도 우습구나.[14]"

佛眼遠上堂, 擧前二句云, "眼裏瞳人吹叫子!" 擧後二句云, "六隻骰子滿盤紅!" "大衆, 時人爲什麽坐地看楊州? 鉢盂着柄新翻樣, 牛上騎牛笑殺人."

[설화]

○ 뜻이 분명하지 않다.

佛眼 : 意未詳.

백운 지병白雲知昺의 상당

이 공안을 제기하고 말했다. "여러분, 사대와 오온은 물거품과 헛것이요, 보고 듣고 느끼고 아는 것도 물거품과 헛것이며, 십이처·십팔계·이십오유 그리고 산과 강과 대지와 유정의 기세간 전체가 물거품과 헛것 아닌 것이 없다. 그렇다면 걸림이 없는 것은 무엇인가? 만약 이것을 안다면 종일토록 바삐 움직여도 방해가 될 그 어떤 일도 없다는 사실을 알게 될 것이다. 만약 그렇지 못하다면, 계곡 주변의 길은 쉽게 찾겠지만 동굴 속

로 쓰인다. 『太平廣記』. "네 사람이 모여 각자 자신의 뜻을 말했다. 한 사람은 허리에 엽전 10만 꿰미를 두르기를 소원했으니 재물이 많기를 탐한 것이고, 한 사람은 학을 타고 하늘로 올라가기를 소원했으니 오래 살기를 탐한 것이며, 한 사람은 양주의 사신에게 배알하고 벼슬 받기를 소원했으니 지위가 높기를 탐한 것이다. 나머지 한 사람은 허리에 엽전 10만 꿰미를 두르고 학을 타고 양주로 올라가기를 소원했으니 다른 세 사람의 소원을 다 가진 것이다.(四人同會, 各言其志. 一人, 願腰纏十萬貫, 貪富也 ; 一人, 願騎鶴上天, 貪壽也 ; 一人, 願拜楊州使, 貪貴也 ; 一人, 願腰纏十萬貫, 騎鶴上楊州, 蓋兼三人之願也.)"

13 발우에 손잡이를 붙여 : 쓸모없이 덧붙이는 행위를 비유한다.
14 소 위에서~몹시도 우습구나 : 주어진 그대로 또는 자신의 자리 그대로 조금도 덧붙일 필요 없이 '그 안'이라는 뜻.

의 별천지[15]는 찾기 어려울 것이다."

白雲昺上堂, 擧此話云, "諸仁者, 四大五蘊是泡幻, 見聞覺知是泡幻, 十二處·十八界·二十五有·山河大地·有情, 器世間, 無不是泡幻. 那箇是無碍? 若也見得, 方知道, 終日忙忙, 那事無妨. 苟或未然, 易尋溪上路, 難覓洞中天."

설화

○ 서광의 뜻과 같다.

百雲 : 瑞光意.

---

15 동굴 속의 별천지(洞中天) : 동천洞天과 같은 말. 속세를 벗어난 별천지別天地. 도교에서 말하는 신선의 거처를 가리킨다. 뛰어난 경지를 나타내는 말로도 쓰인다. '동굴'이라는 말은 신선들이 깊은 산속의 동굴에 산다는 전설에서 나왔다. 신선을 동선洞仙이라 하는 까닭도 여기에 있다.

94칙 마나심수 摩拏心隨

본칙 마나라 존자의 게송.[1]

摩拏羅尊者偈云,

마음은 무수한 경계 따라 움직이나	心隨萬境轉
움직이는 곳마다 진실로 그윽하도다	轉處實能幽
흐름대로 따르며 본성을 알아차리면	隨流認得性
기쁨도 없고 근심도 없으리라	無喜亦無憂

설화

- 마음은 무수한 경계 따라 움직이나 : 옛사람[2]의 송에 "진여의 청정한 법계여! 한 번에 없애고 무엇도 남겨 둔 적 없구나. 오염되거나 청정하거나 모든 인연 따르니, 마침내 열 가지 법계[3]로 나뉘는구나."라고 하였다.

- 움직이는 곳마다 진실로 그윽하구나 : 그 이상이 없는 마음은 무엇이건 부리는 데 능하여 색에도 응하고 소리에도 응하여 가는 곳마다 비춘다. 가는 곳마다 비추지만 일정한 한곳에 얽매이지 않으니 부리는 곳이 높거나 낮거나 모두 묘하게 될 수 있다는 말인가? 이 도리는 타당하지 않다.

---

1 서천 28조 중 제22조인 마나라가 제23조 학륵나鶴勒那에게 전한 전법게.
2 『宗鏡錄』 권4(大48, 435c11), 『大慧語錄』 권9(大47, 847c9) 등에도 인용되지만 누구의 송인지 알 수 없다.
3 열 가지 법계(十法界) : 지옥地獄·아귀餓鬼·축생畜生·아수라阿修羅·인간人間·천상天上·성문聲聞·연각緣覺·보살菩薩·불佛 등을 가리킨다.

- ●『전등록』에 이렇게 전한다.[4] "학륵나가 마나라 존자에게 물었다. '저에게 어떤 인연이 있기에 학鶴의 무리를 감동시킵니까?' 존자가 말했다. '그대가 제4겁劫에 비구였을 적에 용궁의 모임에 갈 참이었는데, 그대의 제자들이 모두 따라가려 했다. 하지만 500대중 가운데 그 뛰어난 공양[5]을 받을 만한 자격이 있는 사람이 하나도 없다는 것을 관찰하여 알고는 그들을 모임에 이끌고 가지 않으려 했다. 그때에 제자들이 말했다.「스님께서 일찍이 음식에 평등한 사람은 법에서도 평등하다[6]고 하셨는데, 지금은 그렇지 않으시니 무슨 성인다운 면모가 있겠습니까?」이 말을 듣고 그대는 그들을 모임에 이끌고 갔다. 그대는 하나의 몸을 버리고 다른 몸을 받으며 여러 나라를 옮겨 다니며 교화하였지만, 그 500제자들은 복이 미미하고 엷었기 때문에 날개 달린 족속으로 태어났다. 그리고 금생에 그대가 베푼 과거세의 은혜에 감동하여 학의 무리로 변하여 따라다니고 있는 것이다.' 학륵나가 이 이야기를 듣고 물었다. '어떤 방편으로 저들을 해탈시킬 수 있습니까?' '나에게 그 이상이 없는 존귀한 법이 있으니, 그대는 이것을 받아서 따르다가 미래세의 중생을 교화하라.' 그다음 게송을 설해 주었다. 학의 무리들이 게송을 듣고는 울면서 날아가 버렸다."
- ● 곧 학륵나와 더불어 학의 무리들에게도 설해 주었던 것이다. '마음'이

---

4 『景德傳燈錄』권2(大51, 214a14).
5 뛰어난 공양(妙供) : 부처님 십호十號 중 응공應供을 풀이한 말. 『三彌勒經疏』(大38, 312b9), "응공은 부처님의 두 번째 명호이다. 번뇌라는 적을 영원히 죽였다는 뜻이고, 더 이상 차별된 생사윤회의 몸을 받지(分段生死) 않는다는 뜻이며, 마땅히 세간의 뛰어난 공양을 받을 만하다는 뜻이다.(應供者, 第二號, 謂已永害煩惱賊故, 不復受分段生故, 應受世間妙供故.)"
6 음식에 평등한~법에서도 평등하다 : 『維摩經』권상(大14, 522b2)에 나오는 말. "음식에 평등한 사람은 모든 법에서도 평등하고, 모든 법에서 평등한 사람은 갖가지 보시를 얻는 것에도 평등합니다. 이와 같이 걸식을 하면 그 음식을 드셔도 됩니다.(於食等者, 諸法得等 ; 諸法等者, 得衆施等, 如是行乞, 爲可取彼.)"

란 헛된 마음이니 500제자가 학의 무리가 되어 항상 따라다녔던 소식을 가리키며, 이것이 바로 '마음은 무수한 경계 따라 움직인다.'라고 한 제1구의 맥락이다.

● 움직이는 곳마다 진실로 그윽하도다 : '분명하게 드러난 온갖 현상에 지극히 분명하게 조사의 뜻이 나타나 있다.'[7]라는 뜻이다. 다른 곳에서는 '아득히 깊고 넓게 감싸는 작용을 그윽하다(幽)고 한다.'라고 한다.

● 흐름대로 따르며 본성을 알아차리면 : 변화의 흐름에 따를 때마다 묘한 도리에 들어맞는다는 뜻이다.

● 기쁨도 없고 근심도 없으리라 : 과거세에는 어리석은 상태로 흐름대로 따랐기 때문에 근심스러웠지만, 금생에는 본성을 알아차려 깨달았기 때문에 기쁘다는 뜻인가? 아니다. '음식에 평등한 사람은 법에서도 평등하다고 하였으나 지금은 그렇지 않으시니 무슨 성인다운 면모가 있겠습니까?'라고 이렇게 한 말에 담긴 소식이 근심(憂)이다. '그들을 모임에 이끌고 갔던 인연으로 금생에 이르러 그대의 그 은혜에 감동한 것이다.'라고 말한 그것이 기쁨(喜)이다. 날개 달린 족속으로 태어난 현생의 이 시절을 맞아서는 기쁘기도 하고 화가 나기도 하여 이해할 수 없었다. 이상과 같은 사정이 곧 흐름대로 따르며 묘한 도리를 터득한 것이라 할 만하다.

[心隨] 心髓萬境轉者, 古人頌云, "眞如淨法[1]界! 一泯未嘗存. 能隨染淨緣, 遂分[2]十法界也." 轉處云云者, 無上心能連用, 應色應聲隨方照. 隨方照兮不在方, 運用高低摠能妙耶? 此義不然. 傳燈云, "鶴勒那, 問摩拏羅尊者, '我有何因緣, 而感鶴衆?' 尊者曰, '汝第四劫中, 嘗爲比丘, 當赴會龍宮, 汝諸弟子, 咸欲隨從汝. 觀五百衆中, 無一人堪任妙供, 不領赴會. 時

---

7 방거사龐居士의 문답에 나오는 구절로 해설했다. 본서 48칙 '원오 극근의 송' 주석 참조.

諸弟子曰,「師嘗說法, 於食等者, 於法亦等, 今旣不然, 何聖之有?」汝卽領赴會. 自汝捨生趣生, 轉化諸國 ; 其五百弟子, 以福微福薄, 生於羽族. 今感汝之惠故, 化爲鶴衆相隨.' 鶴勒那聞語曰, '以何方便, 令彼解脫?' 尊者曰, '我有無上法尊, 汝當聽受, 化未來際.' 而說偈言云云. 鶴衆聞偈, 悲[3]鳴而去." 則兼爲鶴衆說也. 心卽妄心也, 則五百弟子, 化爲鶴衆, 常隨地時節, 是心隨萬境轉也. 轉處云云, 明明百草頭, 明明祖師意. 他處云, '冲深包慱曰幽.' 隨流云云者, 隨流得妙也. 無喜云云者, 昔時, 迷而隨流故憂 ; 今日, 認性而悟故喜耶? 非也. '於食等者, 於法亦等, 今旣不然, 何聖之有?' 伊麽時節, 是憂也 ; '卽領赴會, 以至今生, 感汝之惠.' 是喜也. 當其生於羽族地時節, 瞥喜瞥嗔, 無理會也. 則可謂隨流得妙也.

1) ㉧『大慧語錄』권9(大47, 847c9),『楚石梵琦語錄』권20(卍124, 291a8) 등에는 '淨法'이 '淨境'으로 되어 있다. 2) ㉧ 관련 문헌에 '分'은 모두 '成'으로 되어 있다. 3) ㉧ '悲'는 '飛'의 오기이다.

- 마음은 무수한 경계 따라 움직이나 : 긴 것을 만나면 길어지고 짧은 것을 만나면 짧아진다.[8]
- 움직이는 곳마다 진실로 그윽하도다 : 이 화로 속으로 들어오면 그윽해지지 않을 것이 없다.
- 흐름대로 따르며 본성을 알아차리면 : 소리도 넘어서고 색도 넘어서거늘 소리와 색을 어떻게 버린단 말인가?
- 기쁨도 없고 근심도 없으리라 : 무명無明의 전도顚倒 그대로 본래 청정하다.
- 옛사람은 "봉우리에 기대어 머물면 도리어 미혹되고, 흐름대로 따라야 비로소 미묘한 도리를 터득할 수 있다."[9]라고 하였다.

8 이 구절을 포함하여 이하의 세 구절에 대한 설명은 본 게송 각 구절에 대한『禪門諸祖師偈頌』권상의 상(卍116, 912a17)「着語」이다.
9 대랑大浪의 다음 말과 흡사하다.『景德傳燈錄』권23「大浪傳」(大51, 396a18), "어떤 학

- 마나라 : 대신력大神力이라 한역한다.[10]
- 학륵나 : 사선思善이라 한역한다.

> 第一句注, "遇長卽長, 遇短卽短." 第二句注, "入此爐中無不幽也." 第三句注, "超聲越色, 聲色何遺?[1)]" 第四句注, "無明顚倒, 本來淸淨." 古云, "倚峯却成迷, 隨流方得妙." 摩拏羅, 此云大神力. 鶴勒那, 此云思善.
> 1) ㉠ '遺'는 '遣'의 오기이다.

지비자의 송 知非子頌

조계 스스로 '전혀 기량이 없다'고 하였고	曹溪自云全無伎倆
'노승의 뜻 온갖 현상에서 알라' 하였으며	薦取老僧百草頭上
'내게 물결 흐름 쫓는 한 구절 있다' 하네	我有一句隨波逐浪
근심도 기쁨도 없이 천진한 그대로 맡기자	無憂無喜任天眞
번뇌 끊지 않고도 깨달음이 저절로 자라네	不斷煩惱菩提長

(설화)

○ 기량이 없다 : "와륜臥輪에게는 기량이 있기에, 온갖 생각 다 끊을 수 있네. 경계 대해도 마음 일지 않으니, 깨달음이 나날이 자라노라."라는 와륜의 게송에 대하여 "혜능에게는 기량이 없기에, 온갖 생각을 끊지 못했네. 경계 대하면 마음 자주 일어나니, 깨달음인들 어찌 자라랴?"[11] 라고 (혜능이) 읊은 게송의 구절이다.

인이 물었다. '하신河神에게도 소리를 내지르는 기백이 있으면서 어째서 물에 밀려나셨습니까?' '물의 흐름대로 따라야 비로소 미묘한 도리를 터득할 수 있고, 언덕에 기대어 머물면 도리어 미혹된다.'(僧問, '旣是喝河神, 爲什麽却被水推却?' 師曰, '隨流始得妙, 倚岸却成迷.')"

10 큰 신통력을 가지고 있기 때문에 붙여진 이름이다. 『傳法正宗記』 권4(大51, 732b21).
11 宗寶本 『壇經』(大48, 358a27). 이 두 게송은 최고본最古本인 敦煌本에는 없다.

○ 노승의 뜻 온갖 현상에서 알라 : 협산 선회夾山善會의 말이다.[12]
○ 내게 물결 흐름 쫓는 한 구절 있다 : 운문삼구 중 한 구절이다.[13]
○ 근심도 기쁨도 없이 : 이 또한 '경계 대하면 마음 자주 일어나니, 깨달음인들 어찌 자라랴?'라는 뜻을 나타낸다.

知非:無伎倆者,"臥輪有伎倆,能斷百思想.對境心不起,菩提日日長.""慧能無伎倆,不斷百思想.對境心數起,菩提作麽長?"也.百草頭上薦取老僧者,夾山語.我有一句隨波逐浪者,雲門三句之一句也.無憂無喜者,此亦'對境心數起,菩提作麽長?'之義.

운문 문언雲門文偃의 문답

운문에게 어떤 학인이 물었다. "움직이는 곳마다 진실로 그윽하다는 말은 무슨 뜻입니까?" "말을 더듬는구나. 나라도 삼천 리 뒤로 달아날 것이다." 다시 물었다. "흐름대로 따르며 본성을 알아차린다는 말은 무슨 뜻입니까?" "만두와 떡이다. 마하반야바라밀!" 또 언젠가는 이렇게 대답했다. "동당東堂에는 달빛이 밝고 서당西堂은 어둡다."

雲門偃, 因僧問, "如何是轉處實能幽?" 師云, "吃了舌頭. 老僧倒走三千里." 又問, "如何是隨流認得性?" 師云, "饅頭餶子. 摩訶般若波羅蜜!" 又有時答云, "東堂月朗, 西堂暗."

---

12 『雲門廣錄』권상(大47, 547a22) 참조.
13 운문 문언雲門文偃(864~949)이 제시한 삼구. 『人天眼目』 권2 「三句」(大48, 312a7), "운문이 대중에게 '하늘과 땅이 어김없이 들어맞고(函蓋乾坤), 한눈에 핵심을 헤아리며(目機銖兩), 모든 인연에 빠지지 않는다(不涉萬緣). 이 경지를 어떻게 깨달을 수 있을까?'라고 물었는데, 대중이 아무 대꾸도 없었다. 운문이 스스로 대신하여 말했다. '한 발의 화살로 세 겹의 관문을 뚫는다.'(師示衆云, '函蓋乾坤, 目機銖兩, 不涉萬緣. 作麽生承當?' 衆無對. 自代云, '一鏃破三關.')"

> [설화]

○ 말을 더듬는구나 : 말로 표현할 수 없다는 뜻이다.

○ 나라도 삼천 리 뒤로 달아날 것이다 : 물러서는 까닭이 있다는 말이며, 또한 삼천 리 안에서 몸을 보전한다는 뜻이다.

○ 만두와 떡이다 : 어떤 맛도 없고 색채도 없다는 말이다.[14]

○ 마하반야바라밀 : 한마디의 진언[15]이다.

○ 동당東堂에는 달빛이 밝고 서당西堂은 어둡다 : 앞의 두 물음에 대하여 한꺼번에 내린 대답이다.

雲門 : 吃了舌頭者, 道不得意也. 老僧倒走三千里者, 退身有分也, 又三千里內全身也. 則饅頭餬子者, 無滋味沒文彩意. 摩訶至蜜者, 一道眞言. 東堂至暗者, 前二問一時答也.

상방 제악上方齊岳**의 상당**

이 공안을 제기한 뒤 주장자를 집어 들고 말했다. "주장자가 경계라면 무엇이 본성인가? 경계를 알았다면 본성은 어디에 있는가? 본성을 알았다면 경계는 어디에 있는가?" 잠깐 침묵하다가 주장자를 집어 들고 말했다. "자세히 살펴보라! 주장자가 삼십삼천[16]에 훌쩍 뛰어올라 범천왕梵天王과 제석천帝釋天[17]이 설하는 반야바라밀을 듣고, 다시 남섬부주와 북울

---

14 매일 먹는 만두나 떡과 같이 특별한 맛도 없고 모양이나 색채도 없는 구절이라는 뜻. 운문의 '호떡'이라는 화두도 같은 맥락이다. 『雲門廣錄』권상(大47, 548b5), "어떤 학인이 운문에게 '부처와 조사를 넘어서는 경지란 어떤 것입니까?'라고 묻자 운문이 '호떡!'이라 답하였다. (僧問雲門, '如何是超佛越祖之談?' 門云, '餬餅!')"
15 본서 250칙 '운문 문언의 거 1' 설화 주석 참조. '마하반야바라밀'이라는 말에 주술적 힘이 들어 있는 것처럼 보이지만, 앞의 '만두'와 마찬가지로 아무 맛도 의미도 없는 화두이다.
16 삼십삼천三十三天 : 도리천忉利天. ⓢ Trāyastriṃśa의 한역어.
17 범천왕梵天王과 제석천帝釋天, 둘 모두 도리천에 산다.

단월로 가서 여러 선문의 노화상들이 궁극적인 구절(末後句)을 알지 못한 다고 소리쳐 꾸짖고는 여러분도 깨치지 못했다는 사실을 알고 다시 나의 손안에 들어와 동쪽을 가리켰다 서쪽을 구분했다 하며, '이 한 떼거리의 밥자루들아!' 하고 소리친다. 만약 뚫린 구멍[18]을 지니고 있다면 언젠가 코가 하늘까지 닿겠지만, 만일 그것이 없다면 아침에 삼천 대 맞고 저녁에 팔백 대를 맞아야 할 것이다.[19]" 주장자를 휘둘러 한꺼번에 대중을 쫓아냈다.

> 上方岳上堂, 擧此話, 拈起拄杖云, "拄杖子是境, 那个是性? 識得境, 何處有性? 識得性, 何處有境?" 師良久, 拈起拄杖云, "看看! 拄杖子踍跳上三十三天, 聽梵王帝釋說般若波羅蜜, 却往南贍部洲, 北鬱單越, 叱喝諸方老和尙, 不會末後句, 見諸仁者不薦後, 却向上方手內, 指東劃西道, '這一隊飯俗子!' 若有孔竅, 向後鼻孔遼天 ; 若無孔竅, 朝打三千, 暮打八百." 師以拄杖一時趂散.

[설화]

○ 주장자가 경계라면~본성은 어디에 있는가 : 경계와 본성이 있을 뿐 그 것에 덧붙여 제2의 것은 없다.
○ 주장자가 삼십삼천에 훌쩍 뛰어올라 : 종문의 향상을 나타낸다.

---

18 공규孔竅는 본분의 핵심 또는 본분 자체를 뜻한다. 또는 대상을 바르게 받아들여 인식하도록 뚫린 눈과 코 등의 기관을 나타낸다. 이러한 뜻에 따라 급소急所·요소要所 등을 가리키는 말로 쓰인다.『雲門廣錄』권상, 古尊宿語錄 15(卍118, 337a10), "납승에게 가장 요긴한 본분은 어떤 것입니까?' '한 번은 그대로 넘어간다.' '스님께서 말씀해 주시기 바랍니다.' '알아듣지도 못하는 소에게 거문고를 퉁겨 주는 격이다.'(問, '如何是衲僧孔竅?' 師云, '放過一著.' 進云, '請師道.' 師云, '對牛彈琴.')"
19 만약 뚫린~할 것이다 : 뚫린 콧구멍을 가졌다면 스스로 서는 힘이 있겠지만, 그렇지 못하다면 남의 손에 단련을 받는 신세를 면하지 못할 것이라는 뜻.

○ 범천왕은 진제眞諦의 주인, 제석천은 속제俗諦의 주인이요, 그들이 설하는 반야바라밀은 한마디의 진언이다.
○ 남섬부주와 북울단월 : 사주四洲[20]의 남쪽과 북쪽에 있다.
○ 여러 선문의 노화상들이 궁극적인 구절(末後句)을 알지 못한다고 소리쳐 꾸짖고는 : 이렇게 결정적인 시기에 이르러서 말후구를 원만하게 이룬다는 뜻이다.
○ 다시 나의 손안에 들어와 동쪽을 가리켰다 서쪽을 구분했다 하며 : 남과 북이 똑같다.
○ 만약 뚫린 구멍을 지니고 있다면 언젠가 코가 하늘까지 닿겠지만 : 향상하는 하나의 통로를 나타낸다. 이미 동쪽을 가리키고 서쪽을 구분해 놓고서 어째서 이렇게 말하는가?
○ 아침에 삼천 대 맞고 저녁에 팔백 대를 맞아야 할 것이다 : 이것은 무슨 소식인가?
○ 주장자를 휘둘러 한꺼번에 대중을 쫓아냈다 : 이는 또 무슨 뜻인가?

上方 : 柱杖子是境云云, 何處有性者, 境與性, 更無第二. 拄杖子跋跳上三十三天者, 宗門向上也. 梵王則眞諦之主也, 帝釋則俗諦之主也, 般若至蜜, 一道眞言. 南贍部洲云云者, 四洲之南北也. 叱喝云不會末後句者, 到伊麼時節, 圓成末後句也. 却向上方手內指東畫西者, 南北一般也. 若有孔竅云云者, 向上一竅也. 旣指東畫西, 爲什麼伊麼道? 朝打三千暮打八百者, 是什麼消息? 以拄杖一時趂散者, 又作麼生?

---

[20] 사주四洲 : 사대주四大洲라고도 한다. 수미산須彌山 사방에 있는 네 개의 큰 섬. 동쪽에는 승신주勝身洲(毘提訶洲), 서쪽에는 우화주牛貨洲(瞿陀尼洲)가 있다.

지해 본일智海本逸**의 상당**

이 공안을 제기하고 말했다. "마을에 들어가 습속을 따른다고 하니 군자라면 어디로도 들어갈 수 있어야 한다는 말은 한구석에 버려두자.[21] 운문이 '외물을 쫓다가 생각도 옮겨 다니는구나.'[22]라고 말했는데, 이는 어떤 사람의 경계인가?" 잠깐 침묵하다가 주장자를 집어 들고 말했다. "조사(운문)께서 오셨다! 남쪽에서는 비싸게 팔고 북쪽에서는 싸게 파시는구나. 엽전 한 푼에 두 개를 팔기도 하고 두 푼에 세 개를 팔기도 한다. 말 많은 스님은 도저히 깨물어 부수지 못하지만, 산승이 이제 한번 깨물어 부수어 볼 것이다." 마침내 주장자를 던지고 말했다. "시자야! 주장자를 주워다가 운문 선사에게 전해 드리고, 짚신을 신고 행각을 떠나도록 하여라.[23] 나는 대중을 이끌고 방에 돌아가 차나 마시겠다."

---

21 이하에서도 운문의 말을 소재로 하여 이 공안을 제기하고 있다. 『雲門廣錄』권중(大47, 566c9), "언젠가 '마을에 들어가 습속을 따르는 구절은 어떤 것인가?'라고 묻고 스스로 대신 대답했다. '군자라면 어디로도 들어갈 수 있어야 한다.'(或云, '作麽生是入鄕隨俗底句?' 代云, '君子可入.')" '군자가팔君子可八'로 실려 있는 문헌도 있어 이로 보아야 한다는 견해도 있다. '팔八'은 '인의예지효제충신仁義禮智孝悌忠信' 여덟 가지를 가리키며 군자는 이를 잘한다는 뜻이라는 주장이 있는가 하면, '팔八'에는 분변分辨, 지효知曉의 뜻이 있으므로 '군자가변君子可辨', '군자가지君子可知'의 뜻으로 보아야 한다는 주장도 있다. 또 완벽하게 10을 다 채우려 하기보다 군자는 8할割로 만족한다는 뜻으로서 '배를 8할 정도만 채우면 의사도 필요 없다.'는 일본 속담과 통한다고 보는 주장도 있다. 주벽향周碧香은 그의 책에서 앞 구절의 '입향수속入鄕隨俗'과 관련하여 보건대 진입進入한다는 '입入'이 맞다고 하였다. 周碧香, 『雲門廣錄詞彙探析』(臺北市: 五南圖書, 2017).

22 『雲門廣錄』권중(大47, 563c16), "운문이 대중에게 '여기에 하나의 보배가 있는데, 사대四大의 몸(形山)에 간직되어 있다. 그것이 등롱을 잡고 불전 안으로 들어가고, 삼문을 가지고 등롱 위로 올라간다. 어떻게 생각하는가?'라고 묻고는 스스로 대신 대답했다. '외물을 쫓다가 생각도 옮겨 다니는구나.'(示衆云, '中有一寶, 祕在形山. 拈燈籠向佛殿裏, 將三門來燈籠上. 作麽生?' 代云, '逐物意移.')"

23 운문의 말을 끌어와서 활용했다. 『雲門廣錄』권중(大47, 561c6), "운문이 몸이 좋지 않았을 때 '짚신을 신고 행각하러 떠나라.'라고 하였는데 아무도 대꾸하지 않자 운문이 말했다. '그대들이 나에게 물어보면 내가 대답해 주겠다.' 어떤 학인이 '화상께서는 어디로 가시렵니까?'라고 묻자 '사유四維와 상하로 돌아다니며 근기에 따라 교화를 펼치

智海逸上堂, 擧此話云, "入鄕隨俗, 君子可入, 致在一邊. 雲門道, '逐物意移.' 是何人境界?" 良久, 拈起拄杖云, "祖師來也! 南頭賣貴, 北頭賣賤. 一文兩箇, 兩文三箇. 多口阿師, 無敢敲破, 山僧今日, 試敲破看." 遂擲下拄杖云, "侍者! 扶起拄杖, 付與雲門禪師, 打草鞋行脚去. 山僧領衆歸堂喫茶."

> [설화]

○ 마을에 들어가 습속을 따라 사는 경지 : 존자(尊者)가 살아가는 경지를 말한다.
○ 운문이 '외물을 쫓다가 생각도 옮겨 다니는구나.'라고 한 말 : 진심을 지켜야 뜻이 온전히 실현된다는 말이다.
○ 주장자를 집어 들고 말했다. '조사(운문)께서 오셨다!~두 푼에 세 개를 팔기도 한다.' : 가는 곳마다 풍류를 싸게 팔아먹는 경지를 나타낸다.[24]
○ 말 많은 스님은~깨물어서 부수어 볼 것이다 : 운문이라는 말 많은 스님이 이 경계에 이르러서는 입을 열지 못한다는 뜻이다.
○ 주장자를 던지고 : 동쪽을 가리키고 서쪽을 구분하는 수단이다.
○ 시자야! 주장자를 주워다가~행각을 떠나도록 하여라 : 운문은 반드시 이 주장자를 몸에 지니고 다시 30년[25] 동안 참구해야 한다는 뜻이다.
○ 나는 대중을 이끌고 방에 돌아가 차나 마시겠다 : 결국은 반드시 이렇게 해야 한다는 말이다.

리라.'라고 하였다. 처음의 말에 대하여 스스로 대답했다. '화상께서는 생강차를 드셔야 합니다.'(師因不安云, '打草鞋行脚去.' 無對, 師云, '汝問我, 與汝道.' 僧便問, '和尙什麼處去?' 師云, '四維上下, 對機設敎去.' 代前語云, '和尙宜喫薑附湯.')

24 마주치는 사람들에게 높고 귀한 경지를 알아듣기 쉽게 풀어 준다는 말.
25 공부하여 깨닫기까지의 시간. 본서 204칙 '개원 자기의 상당' 주석 참조.

智海:入鄕隨俗云云者, 尊者行李處. 雲門道逐物意移者, 守眞志滿也. 拈拄杖云, 祖師來至三箇者, 隨方賤賣風流處也. 多口云云破者, 雲門多口阿師, 到這理, 開口不得也. 擲下拄杖者, 指東畫西地. 侍者扶起至行脚者, 雲門須是持此拄杖, 更參三十年始得. 山僧領衆至茶者, 畢竟須是伊麽始得.

보녕 인용保寧仁勇**의 거**

이 공안을 제기하고 선상을 손바닥으로 한 번 치고서 말했다. "나는 한 마리 물소가 되리라.[26] 함께 따라갈 사람 있는가? 만약 나를 따라온다면 그대들 자신의 본래면목[27]은 어디에 두고 따라오겠단 말이냐? 만약 따라오지 못한다면 내가 스스로 일어났다가 스스로 넘어지는 꼴이 되리라." 이어서 말했다. "기개가 조금이라도 남아 있을 때에 기개를 덧붙이고, 풍류가 없는 곳에서 더욱 풍류를 일으키도록 하라."

保寧勇擧此話, 拍禪床一下云, "保寧作一頭水牯牛去也. 還有相隨者麽? 若相隨得, 鼻孔在什麽處? 若相隨不得, 保寧自起自倒去也." 乃云, "有意氣時添意氣, 不風流處也風流."

설화

○ 선상을 손바닥으로 한 번 치고서 : 한 마리의 물소가 되는 본보기를 나타낸다.
○ 나는 한 마리 물소가 되리라 : 조사와 함께 죽고 함께 산다.
○ 함께 따라갈 사람 있는가~본래면목은 어디에 두고 따라오겠단 말이냐 : 만약 물소가 된다면 본래면목을 잃어버릴 것이다. 그렇다면 본래면목

---

[26] 나는 한~물소가 되리라 : 마음이 온갖 경계를 따라 움직인다는 구절에 상응한다. 물소가 되어 밭을 갈면서 중생의 세계에 어울려 산다는 이류중행異類中行을 말한다.
[27] 비공鼻孔은 코로 숨을 쉬어야 살듯이 본분의 생명 또는 핵심을 상징한다.

이 무슨 필요가 있겠느냐?
○ 만약 따라오지 못한다면~더욱 풍류를 일으키도록 하라 : 남에게 전하려면 속속들이 다 전해야만 한다.

保寧 : 拍禪床一下者, 作一頭水牯牛去地樣子. 保寧作一頭水牯牛去者, 與祖師同死同生也. 還有相隨者麽至麽處者, 若作水牯牛去, 則鼻孔失却. 然則要他鼻孔作麽? 若相隨不得, 至有意氣云云者, 爲人須爲徹也.

진정 극문眞淨克文의 상당

이 공안을 제기하고 말했다. "훌륭한 선수행자들이여! 이렇다 해도 되고, 이렇지 않다고 해도 되며, 이렇기도 하고 이렇지 않기도 하다고 해도 된다. '여래가 설하신 하나로 화합된 상(一合相)이란 하나로 화합된 상이 아니다.'[28]라고 말한 수보리는 30방을 맞을 만하다."

眞淨文上堂, 擧此話云, "好諸禪德! 伊麽也得, 不伊麽也得, 伊麽不伊麽摠得. '如來說, 一合相, 卽非一合相.' 須菩提, 好與三十棒."

설화

○ 이렇다 해도 되고~해도 된다 : 어느 것이나 어찌 존자의 뜻이 아니겠는가?
○ 여래가 설하신~상이 아니다 : 모두 융합하여 이러니저러니 한 뜻은 이렇다고 해도 안 되고, 이렇지 않다고 해도 안 된다는 말이다.
○ 30방을 맞을 만하다 : (30방 맞기에) 딱 들어맞는다는 뜻이다.

---

28 『金剛經』(大8, 752b12). 본서 37칙 본칙 설화 주석 참조.

眞淨:伊麽也得,不伊麽也得云云者,豈非尊者意也. 如來說云云者,消釋云云意,則伊麽也不得,不伊麽也不得云云. 好與三十棒者,得得之意.

95칙 사자온공 師子蘊空

[본칙] 사자존자[1]에게 계빈국[2]의 왕이 칼을 쥐고서 물었다. "스님께서는 오온五蘊이 공인 이치를 터득하셨습니까?" "이미 터득했습니다." "오온이 공인 이치를 터득하셨다면 생사의 굴레도 벗어나셨겠군요?" "이미 벗어났습니다." "스님의 머리를 가져도 되겠습니까?" "몸 자체가 나의 소유가 아니거늘 하물며 머리야 어떻겠습니까?" 왕이 바로 베니 흰 우유와 같은 피가 한 길 이상 높이 솟아올랐고 왕의 팔은 저절로 떨어져 나갔다.

師子尊者, 因罽賓國王仗劍, 問曰, "師得蘊空否?" 對曰, "已得." 王曰, "旣得蘊空, 離生死不?" 對曰, "已離." 王曰, "就師乞頭得不?" 對曰, "身非我有, 豈況頭耶?" 王便斬之, 白乳高丈餘, 王臂自落.

[설화]

- 이 공안의 대의는 오온이 원래 실체로 있는 존재가 아니며, 사대四大는 본디 공이어서 머리에 서슬 번득이는 칼날이 들어와도 마치 봄바람을 베듯이 허망하다는 뜻이다.[3] 염拈과 송頌을 지은 여러 작가[4]들의 뜻은

---

1 사자존자師子尊者 : 서천 28조 중 제24조. 사자비구라고도 한다. 중인도 바라문 계급 출신. 주로 계빈국에서 활동하였다. 『景德傳燈錄』 권2(大47, 215a7)에 따르면, 계빈국왕이 외도가 일으킨 모반에 대한 책임을 사자비구에게 물어 목을 친 것으로 나온다.
2 계빈국罽賓國 : ⓈKaśmīra. 간다라 지방의 북동쪽에 있던 나라. 또는 카슈미르 지역 일반을 가리키기도 한다.
3 승조僧肇(384~414)가 진왕秦王 곧 후진 고조 문황제文皇帝 요흥姚興에게 사형을 당하기 직전 사대로 이루어진 육신의 무상한 이치를 읊은 송에 나오는 구절. 다만 이 송 자체는 역사적 사실과 부합하지 않는 선 문헌상의 창안이다. 『景德傳燈錄』 권27(大51, 435a29), "승조 법사가 진왕에게 정치적 핍박을 당하여 사형에 처해지려 할 때 다음과 같은 게송을 읊었다. '사대에는 원래 주인 없고, 오음은 본래 공이라네. 서슬 번득이는 칼날에 머리 잘리려 하지만, 봄바람 베듯이 허망할 뿐이로다.'(僧肇法師, 遭秦主難臨就刑, 說偈曰, '四大元無主, 五陰本來空. 將頭臨白刃, 猶似斬春風.')"

오온이 공이라는 이치 또한 세우지 않는 것이다. 그러므로 설두 중현의 염에 "작가다운 군왕이 천연히 있었구나."라고 한 것이다.

[蘊空] 此話大義, 五蘊元非有, 四大本來空, 將頭臨白刃, 一似斬春風. 諸拈頌家之義, 蘊空處, 亦不立也. 故雪竇顯拈云, "作家君王云云."

불안 청원佛眼清遠**의 송** 佛眼遠頌

양자강 나루터 버드나무에 푸른 봄 깃드니 楊子江頭楊柳春
버들꽃은 나루 떠나는 이 시름 깊게만 하네[5] 楊花愁殺渡頭[1)]人
한 소절 피리 소리에 이정[6]도 저물어 가니 一聲殘[2)]笛離亭晚
그대는 소상강 나는 진 땅으로 떠나야 하리[7] 君向瀟湘我向秦

1) ㉠ '頭'가 『續傳燈錄』 권29(大51, 670b8) 등에는 '江'으로 되어 있다. 2) ㉠ '殘'이 『續傳燈錄』, 권29(大51, 670b7), 『頌古聯珠通集』 권6(卍115, 63b13) 등에는 '羌' 또는 '羗'으로 되어 있다. 강적羌笛은 고대 중국 관악기 중 하나로 길이는 2척 4촌 정도이고 구멍은 세 개 혹은 네 개가 나 있다. 강족이 쓰던 악기에서 기원하므로 강적이라고 한다.

【설화】

○ 오온이 공이라는 이치를 읊었다.[8]

---

4 작가作家 : 본서 165칙 '법진 수일의 염' 주석 참조.
5 양자강 나루터~깊게만 하네 : 화창한 봄날과 버드나무, 그리고 제3구에 이어지는 피리 소리 등은 이별의 정서를 극대화하는 소재들로 한시에 자주 등장한다. 당나라 왕지환王之渙의 〈涼州詞〉의 한 구절에 "피리 소리, 어찌 구태여 슬픈 이별곡이라야 하는가! 봄바람은 옥문관을 넘어가지 못하는구나.(羌笛何須怨楊柳! 春風不度玉門關.)"라고 하였다.
6 이정離亭 : 성에서 멀리 떨어진 곳에 있는 정자로 송별하는 장소로 쓰인다.
7 한 소절~떠나야 하리 : 당나라 정곡鄭谷의 시 〈淮上與友人別〉을 인용한 구절이다. "바람결의 몇 소절 피리 소리에 이정도 저물어 가니, 그대는 소상강 나는 진秦 땅으로 떠나야 하리.(數聲風笛離亭晚, 君向瀟湘我向秦.)" 소상강은 호남성 동정호의 남쪽에 있는 소수瀟水와 상강湘江을 일컫는 말이다. 이 일대는 절경으로 이름난 곳으로서 척박한 진 땅과는 대조를 이룬다.

佛眼：五蘊空處.

운문 종고雲門宗杲의 송 雲門杲頌

살인은 반드시 살인해 본 놈이라야 하니	殺人須是殺人漢
당장 한칼 휘둘러 두 동강 내어야 하리	當下一刀成兩段
머리와 팔 잘라 칼날이 무디게 될지라도	頭臂雖虧劍刃鋒
어찌 진나라 탁력찬[9]만큼 쓸모없겠는가	何似秦時轆轢鑽

죽암 사규竹庵士珪의 송 竹庵珪頌

뱃사공은 양주에서 내렸거늘	船子下揚州
부평은 물결 따라 쭉 흐른다	浮萍逐水流
외마디 들려오는 〈하만자〉[10]여	一聲河滿子
길이길이 슬픈 마음 일으키네	千古動悲愁

---

8 이별의 정감에 기대어 모든 관계의 흩어짐 그리고 오온의 무상을 읊었다.
9 탁력찬轆轢鑽 : 탁삭찬鐸鑠鑽으로도 쓴다. 진秦나라 때 만리장성 축조에 쓰이던 거대한 기구. 몸집만 크고 쓸모없는 물건을 나타내는 말로 쓰인다. 탁삭찬보다는 낫겠지만 그 또한 무상·공을 본질로 하는 만법에 가하는 부질없고 작위적인 칼부림이라는 뜻으로 연결된다.『五祖法演語錄』古尊宿語錄 20(卍118, 416a10), "어젯밤이 한 해가 저무는 제야의 밤이었고, 오늘 아침은 한 해가 시작되는 새해 아침이다. 모두가 별일이 없는 평범한 날인데, 세상 사람들은 다르다는 견해를 일으킨다. 근원을 따라갈 줄 모르고, 단지 지엽적인 것을 찾는 데만 골몰하기 때문이다. 새로운 날이나 묵은 날이나 다만 지금 일 뿐이니, 자세하고 분명하게 살펴보라. 만일 다시 헤아린다면, 진나라 탁삭찬과 같이 쓸모없는 물건이 되리라.(昨宵年暮夜, 今朝是歲旦. 都大尋常日, 世人生異見. 不解逐根元, 只管尋枝蔓. 新舊只如今, 子細分明看. 若也更商量, 秦時鐸鑠鑽.)"
10 〈하만자河滿子〉: 당나라 때 무곡舞曲.〈하만자何滿子〉라고도 한다. 당나라 현종 개원開元 연간(713~741)에 하만자라는 유명한 연주자가 죄를 짓고 이 노래로 애절하게 용서를 구했지만 죽음을 면치 못했다고 한다. 여기서는 이 또한 무상無常을 대표하는 죽음을 전하는 노래로 활용했다.

육왕 개심育王介諶의 송 育王諶頌

오온이 모두 공이라 하니	五蘊俱空
한 번의 칼부림 더 날쌔네	一劍尤快
분별하며 머뭇머뭇거리면	擬議躊躇
힘없이 녹고 허물어지리	氷消瓦解
백천 가지 무수한 삼매는	百千三昧
원융하고 장애가 없으며	圓融無礙
신통하여 자유자재하구나	神通自在
사자존자시여	師子尊者
종잡을 수 없군, 종잡을 수 없어	無端無端
계빈국왕이여	罽賓國王
참을 수 없구나, 참을 수가 없어	叵耐叵耐

마침내 한 소리 내지르고 말했다. "30년 뒤[11]에 누군가 이 뜻을 제기하리라."

遂喝一喝云, "三十年後, 有人擧在."

> 설화

○ 오온이 모두 공이라 하니 한 번의 칼부림 더 날쌔네 : 오온이 공이기는 하지만 또한 반드시 베어 버려야 한다.
○ 분별하며 머뭇머뭇거리면 힘없이 녹고 허물어지리 : 한 번의 칼부림이 더욱 날쌔다는 뜻이다.

---

11 30년 뒤 : '수행을 마친 다음' 또는 '깨달은 뒤'라는 뜻. 또는 한 세대가 지난 뒤. 지금 당장은 어렵다는 뜻이 내포되어 있다. 본서 204칙 '개원 자기의 상당' 주석 참조.

○ 백천 가지 무수한 삼매는~신통하여 자유자재하구나 : 대왕이 베어 버린 한 번의 칼부림을 가리킨다.
○ 사자존자시여, 종잡을 수 없군, 종잡을 수 없어 : 존자가 터득한 '오온이 공'이라는 이치는 한없이 깊고 넓다[12]는 말이다.
○ 계빈국왕이여, 참을 수 없구나, 참을 수가 없어 : 존자의 언행을 보자면 대왕이 참을 수 없다는 말이다.
○ 한 소리 내지르고~이 뜻을 제기하리라 : 반드시 30년 뒤에 제기하여야 존자와 대왕의 뜻을 이해할 수 있다.[13]

育王 : 五蘊至尤快者, 雖是蘊空, 亦須斬却也. 擬議至解者, 一釖[1]尤快之義. 百千至自在者, 大王斬却地一劍也. 師子至無端者, 尊者蘊空, 直得無限. 罽賓至叵耐者, 以尊者邊[2]看, 則大王叵耐也. 喝一喝云云者, 須是向三十年後擧着, 始解尊者大王義.

1) ㉠ '釖'은 '劍'의 오기이다. 이하 동일.　2) ㉠ '邉'은 '邊'과 같은 글자이다. 이하 동일.

자항 요박 慈航了朴의 송[14] 慈航朴頌

황금 향로 향 다 타고 물시계 소리 남았는데	金爐香盡漏聲殘
싸늘히 솔솔 부는 봄바람 이따금 오싹하구나	翦翦輕風陣陣寒
봄 풍경에 마음 어지러워 잠 이룰 수 없는데	春色惱人眠不得
달은 꽃 그림자 옮겨 난간에 올려다 놓았네	月移花影上欄干

---

12 직득무한直得無限 : 그렇게 말하고 그 상황을 받아들인 근원이 무엇인지 종잡을 실마리조차 없다는 맥락의 해설이다. 본서 2칙 '보림본의 상당' 설화 주석 참조.
13 존자와 대왕을 평등하게 보고 우열에 좌우되는 속박에서 벗어난 관점.
14 왕안석王安石의 〈夜直〉이라는 시를 고스란히 빌린 송이다. 자항 요박은 이 시에서 '무상하게 흐르는 시간'의 이미지를 집중적으로 읽은 듯하다.

> 설화

○ 틀림없이 본래의 뜻에 다가서 있다.

慈航 : 必是傍邉.

심문 담분 心聞曇賁의 송 心聞賁頌

깨달은 뒤 응답해야 말이 원만할 텐데	了後酬償話始圓
본래 공이라는 말이 악한 인연 되었네	本來空是惡因緣
이제 목 베어 아무 소식도 없으니	而今斬斷無消息
원수가 눈앞에서 떠나게 되었도다	且得怨家離眼前

> 설화

○ 심문의 송의 취지는 (사자존자가) 뜻을 잘못 내어놓았다는 점에서 불안 청원의 송과 같다.

心聞地[1]誤出義, 則佛眼頌一般.

1) ㉠ '地'는 '~한 것' 또는 '~의 것' 등을 생략형으로 나타내며 '底'와 같은 용법이다.

한암 혜승 寒嵓慧升의 송 寒嵓升頌

고해는 아득히 넓고 얼마나 깊던가	苦海茫茫幾許深
앞뒤로 파도 절로 일었다 가라앉네	前波後浪自浮沈
한마디에 삼생의 업 모두 참회하니	一言懺盡三生業
다만 '나무관세음' 하고 읊을 뿐이라	但念南無觀世音

개암붕의 송 介庵朋頌

거론하지도 않았는데 먼저 알고	未擧便先知

그대 동쪽 가고 나는 서쪽 가네	君東我亦西
붉은 노을은 푸른 하늘 꿰뚫고	紅霞穿碧落
밝은 해는 수미산을 감도는구나	白日繞須彌

현사 사비玄沙師備**의 염**

"자잘한 사자존자여! 머리의 주인이 되지 못하였구나!" 현각이 말했다. "현사의 이러한 말은 사람의 주인이 되려는 뜻인가, 사람의 주인이 되려 하지 않는 뜻인가? 만약 사람의 주인이 되고자 한다면 오온은 공이 아니어야 하고, 만약 사람의 주인이 되려 하지 않는다면 현사가 이렇게 말한 뜻이 어디에 있는 것인가? 한번 판단해 보라!"

> 玄沙拈云,"大小師子尊者! 不能與頭作主!" 玄覺云,"玄沙伊麼道, 要人作主? 不要人作主? 若也要人作主, 蘊卽不空, 若不要人作主, 玄沙伊麼道, 意在什麼處? 試斷看!"

[설화]

○ 자잘한 사자존자여! 머리의 주인이 되지 못하였구나 : 다만 오온이 공이라는 이치만 알 뿐 오온이 공이 아닌 이치는 모른다는 말이다.[15]

---

15 공空과 불공不空 어느 편으로도 기울어지지 않는 중도中道의 관점이다. '불공을 모른다'는 말은 주로 대승의 관점에서 이승二乘의 설을 비판할 때 쓴다. 『中觀論疏』「序」 (大42, 3b10), "이승은 공을 볼 뿐 불공을 보지 못하니 이를 치우치고 좁은 앎이라고 한다.(二乘, 但見於空, 不見不空, 名爲小智.)"; 『大般若經』권596(大7, 1082c28), "오온에는 공도 없고 불공도 없으며, 유상도 없고 무상도 없다.(五蘊, 無空無不空; 無有相無無相.)"; 같은 책, 권585(大7, 1025a24), "또한 보살들은 진실 그대로 모든 색온이 공이라 하거나 불공이라 하거나 어느 편도 잡을 실체가 없음을 분명하게 알고, 그 나머지 수·상·행·식의 온도 공이라 하거나 불공이라 하거나 어느 편도 잡을 실체가 없음을 진실 그대로 분명하게 안다. 이와 같이 알면 오온의 진실을 전하는 뛰어난 방편이라 한다.(又諸菩薩, 如實了知, 所有色蘊, 若空若不空, 皆不可得. 如實了知, 所有受想行識蘊, 若空若不空, 皆不可得. 如是名爲於蘊善巧.)"

○ 현각의 말 : 비록 오온이 공인 이치에서 주인이 되더라도 무엇을 가리
켜 '오온이 공'이라고 하는가? 오온 그 자체이면서 공이라는 뜻이다.

玄沙:大小至作主者, 只知蘊空, 不知蘊不空也. 玄覺云云者, 雖然蘊空作
主, 喚什麼作蘊空? 當五蘊而空也.

현각玄覺의 징
"말해 보라! 벤 것인가, 베지 않은 것인가?"

玄覺徵云, "且道! 斬着? 斬不着?"

설화
○ 대왕이 베어 버린 행위는 오온이 공이라는 이치를 인정하지 않은 것이
다. 그럼에도 불구하고 벤 것인가, 베지 못한 것인가?

玄覺 : 大王斬却, 是不肎[1]蘊空也. 斬得着耶, 斬不得着耶?

1) ㉠ '肎'은 '肯'의 오기이다. 이하 동일.

분주 선소汾州善昭의 별어
"스님께서 인색하지 않았다는 점을 알겠습니다."[16]

汾州昭別云, "知師不悋!"

---

16 목을 베도록 내주었기 때문에 인색하지 않다고 한 말.

설화

○ 스님께서 인색하지 않았다는 점을 알겠습니다 : 오온이 공이라는 이치를 뒤바꾸어 한 말이다.

汾州 : 知師不悋者, 蘊空辜倒也.

설두 중현雪竇重顯의 염
"작가다운 군왕이 천연히 있었구나!"

雪竇顯拈, "作家君王, 天然有在!"

설화

○ 이렇게 말한 이유는 머리를 베어 버렸기 때문이다.

雪竇云云者, 斬得故.

취암 수지翠嵓守芝의 염
"당시 조사께서 목을 내밀고 왕이 칼을 빼어 들었던 바로 그 순간에 누군가 간하여 말렸다면 지금 이 공안에 대해 아무도 판단하지 못할 것이다. 이제 납승들은 어떻게 판단하겠는가?"

翠嵓芝拈, "當時祖引頸, 王擧劒, 恁麽時有人諫得住, 至今無人斷得此公案. 如今衲僧作麽生斷?"

설화

○ 당시 조사께서 목을 내밀고~누군가 간하여 말렸다면 : 목을 벨 필요가

없었다는 말이다.
○ 지금 이 공안에 대해~어떻게 판단하겠는가 : 어떻게 판단하겠는가? 만약 베지 못했다면 이 칼이 무딘 것이고, 만약 베었다면 사자존자에게 어떤 잘못이 있는가?

翠巖 : 當時引頸云云至諫得住者, 不用斬得也. 至今無人斷得云云者, 作麼生斷? 若也斬不得, 此劍不快 ; 若也斬得, 師子有甚過?

파초 계철芭蕉繼徹의 평
"보석을 팔다가 눈먼 페르시아 사람[17]을 만났다."

芭蕉云, "賣寶遇着瞎波斯."

---

[17] 할파사瞎波斯의 '파사'는 페르시아를 음사한 말. 보석을 감별해야 할 페르시아 상인이 오히려 눈이 멀어 보물의 가치를 제대로 판별하지 못한다는 말이다. 눈만 멀었을 뿐 아니라 입에도 얼음을 가득 물고 있어 어떤 말로도 표현하지 못하는 다음의 지경과도 같다. 『五燈全書』 권102 「泰州藏經卍庵純章」(卍141, 1001b5), "법좌에 올라앉자 어떤 학인이 물었다. '대장경의 교설은 글자의 음을 풀이한 것에 불과하다고 하는데, 어떤 글자의 음을 풀이한 것입니까?' '하늘은 막힘없이 트였고 땅도 드넓게 퍼졌다.' '오조가 「발라냥鉢囉孃」이라 한 바로 그 말은 어떤 뜻입니까?' '길에서 눈먼 페르시아 사람을 만났는데, 입에 얼음 덩어리를 가득 물고 있더군.' 이에 그 학인이 절을 올리자 스님이 말했다. '유감스럽다.' '무엇이 유감스럽습니까?' '얼굴을 마주 보면서도 알아보지 못하니, 누구인들 당황하는 빛을 드러내지 않을 수 있겠느냐?' 그 학인이 아무 대답도 하지 못하자 스님이 바로 때렸다.(上堂, 僧問, '一大藏教, 是箇切脚, 未審切箇什麼字?' 師曰, '天皇皇, 地皇皇.' 曰, '只如五祖道鉢囉孃, 意作麼生?' 師曰, '路逢瞎波斯, 滿口嚼氷霜.' 僧禮拜, 師曰, '悔.' 曰, '悔箇什麼?' 師曰, '對面不相識, 誰不著慚惶?' 僧無對, 師便打.)" 파사에 대해서는 다음의 구절에서 그 뜻을 살필 수 있다. 『空谷集』 45則 「評唱」(卍117, 582a2), "남해의 페르시아 상인은 물건의 가치를 잘 아니, 시금석에 올려놓고 순도를 헤아릴 필요가 없다.(南海波斯知價例, 不須更上試金石.)"

[설화]

○ 눈먼 페르시아 사람 : 파사波斯는 보석 감별사이다.
○ 대왕이 '오온이 공이다.'라는 존자의 견해가 보석인 줄 몰라보았기 때문에 눈이 먼 것과 같다는 말이다.

芭蕉: 瞎波斯者, 波斯, 別寶. 大王, 不知尊者蘊空處是寶, 是瞎也.

낭야 혜각琅瑘慧覺의 염

"계빈국의 왕은 한 자루의 좋은 칼과 같았지만 그 칼에 눈[18]이 없는 것이야 어쩌겠는가? 존자는 한 마리 뛰어난 사자와 같았지만 먹이를 잡기 위해 몸을 돌려 재빠르게 덤벼드는 방법[19]은 몰랐다."

瑘瑘拈, "罽賓, 好一口劒, 爭奈劒上無眼? 尊者, 好箇師子, 且不解返擲."

[설화]

○ 계빈국의 왕은~어쩌겠는가 : '존자에게 무슨 잘못이 있는가?'라는 말이다.
○ 존자는 한 마리 뛰어난 사자와~방법은 몰랐다 : 다만 오온이 공이라는 이치만 옳다고 여겼다.

瑘瑘: 罽賓至無眼者, 尊者有什麽過. 尊者好箇師子云云者, 只是蘊空是.

---

18 눈 : 선악과 시비를 판단하는 눈. 사활死活을 결정하는 안목을 가리킨다.
19 몸을 돌려~덤벼드는 방법(返擲) : 『碧巖錄』72則 「頌 評唱」(大48, 200c6), "사자가 먹이를 잡으려 할 때는 이빨을 감추고 발톱을 숨긴 채 바닥에 웅크리고 있다가 몸을 돌려 재빠르게 덤벼든다.(獅子捉物, 藏牙伏爪, 踞地返擲.)"

취암 사종翠嵓嗣宗**의 염**

"간하면 해골이 들판에 널릴 것이고, 간하지 않으면 땅속에 산 채로 매장되리라. 알고자 하는가? 들어 보여도 돌아보지 않으면 깨달을 기회를 잃으리라.[20]"

翠嵓宗拈, "諫則髑髏遍野, 不諫則陸地生埋. 要會麽? 擧不顧, 卽差互."

[설화]

○ 간하면 해골이 들판에 널릴 것이고 : 간하여 말렸다면 죄는 오온이 공이라는 견해에 있다는 말이다.[21]
○ 간하지 않으면 땅속에 산 채로 매장되리라 : 멈추라고 간하지 않아 베어 버렸으니, 땅속에 산 채로 매장되었다는 말이다.
○ 들어 보여도 돌아보지 않으면 깨달을 기회를 잃으리라 : 운문이 불자를 집어 들고 "들어 보이는 순간 돌아보지 않으면 깨달을 기회를 잃고~"라고 한 말을 인용한 것이다. 들어 보인다(擧)는 말은 불자를 집어 든 것이고 돌아보지 않는다(不顧)는 것은 수긍하지 않는다는 말이다. 곧 지나쳐서 기회를 잃는다는 말이다. 이 맥락에서 베어 버린 행위는 돌아보지 않아 기회를 잃는 것에 해당한다. 그러므로 오온이 공이라는 견해에 철저한 것이다.

---

20 들어 보여도~기회를 잃으리라 : 운문 문언雲門文偃의 말. 『雲門廣錄』 권상(大47, 53c14), "들어 보이는 순간 돌아보지 않으면 깨달을 기회를 잃고, (들어 준 그것을) 생각하여 알아맞히려 한다면 어느 세월에 깨닫겠는가!(擧不顧卽差互, 擬思量何劫悟!)" 본서 1052칙 참조.
21 오온이 공이라면 육신도 공이며 그 이유로 하여 말릴 이유가 없다. 따라서 베지 말라고 간하여 말린다면 오온이 공이라고 주장하는 견해와 어긋나는 죄를 저지르게 된다는 뜻이다.

翠嚴: 諫則至野者, 諫得住, 罪在蘊空處. 不諫至埋者, 不諫住而斬却, 則生埋没於陸地也. 舉不顧卽差互者, 雲門拈起拂子云, "擧不顧云云." 擧則拈起拂子處, 不顧則不肯也. 卽差過而互回也. 此中斬却, 是不顧而差互也. 然則蘊空處徹底也.

운문 종고雲門宗杲의 상당

이 공안과 더불어 황룡 오신黃龍悟新이 '설두에게 「작가다운 군왕이라면 무엇 때문에 팔이 떨어졌겠는가?」라고 반드시 물었어야 했다.'라고 한 말을 연이어 제기하고 말했다. "맹팔랑한孟八郎漢[22]이 또 이렇게 지나가는구나!"[23]

雲門杲上堂, 擧此話, 連擧黃龍新云, '要問雪竇, 「旣是作家君王, 因甚臂落?」' 師云, "孟八郎漢, 又伊麽去也!"

> 설화

○ 설두에게 「작가다운 군왕이라면 무엇 때문에 팔이 떨어졌는가?」라고 반드시 물었어야 했다 : 벤 행위를 긍정하지 않는다는 말이니, 오온이 공이라는 관점에서 말한 것이다.
○ 맹팔랑한孟八郎漢이 또 이렇게 지나가구나 : 황룡이 '오온이 공'이라는

---

22 맹팔랑한孟八郎漢 : 도리를 따르지 않는 어리석고 난폭한 사람. '맹'은 맹랑孟浪, '팔랑'은 여덟 번째 아들이라는 뜻이다. 역설적으로 이것저것 분별하지 않고 오로지 본분의 도리에만 뿌리를 내리고 있는 진실한 수행자를 가리키기도 한다.
23 남전 보원南泉普願의 말.『景德傳燈錄』「南泉普願傳」(大51, 257b29), "어느 날 남전이 대중에게 말했다. '여여如如하다고 말하는 순간 벌써 근본에서 변한 것이다. 이제 스님들은 이류異類 속으로 들어가 살아야 한다.' 귀종이 말했다. '비록 축생의 삶을 살더라도 축생의 과보는 받아서는 안 됩니다.' '맹팔랑이 또 이렇게 지나가는구나.'(一日, 師示衆云, '道箇如如, 早是變也. 今時師僧, 須向異類中行.' 歸宗云, '雖行畜生行, 不得畜生報.' 師云, '孟八郎, 又恁麽去也.')"

관점에 서 있는 듯하기 때문에 이렇게 말한 것이다.

○ 맹팔랑한 : 당시 총림에서 황룡을 가리켜 '신맹팔랑新孟八郎'[24]이라 하였다. 여기서 쓴 뜻은 상세하지 않다.[25]

雲門 : 要問雪竇旣是作家云云者, 不肯斬却也, 則立在蘊空處道得. 孟八郞漢又伊麽去者, 似乎黃龍立在蘊空處, 故伊麽道也. 孟八郎漢, 當時叢林, 謂黃龍云, 新孟八郎. 其意未詳.

---

[24] 여기서 맹팔랑은 어리석은 사람이 아니라 기개가 뛰어난 선사를 나타낸다. 황룡 오신黃龍悟新의 '신新' 자를 따서 '신맹팔'이라 했다. 『羅湖野錄』 권하(卍142, 988a16), "사심(황룡 오신)은 평소에 부처를 욕하고 조사를 매도하며 그 기세로 모든 선문을 덮었다. 이 때문에 총림에서는 그를 가리켜 신맹팔이라 한다.(死心平生, 訶佛罵祖, 氣蓋諸方. 故叢林目爲新孟八.)"

[25] 맹팔랑이라는 말이 황룡의 별명을 직접 가리킨 말인지, 황룡의 말을 평가하기 위한 일반적인 개념으로 쓴 것인지 불확실하다는 해설이다.

96칙 바사묵론婆舍默論

본칙 바사사다婆舍斯多[1]가 외도인 무아존無我尊[2]과 논쟁을 벌였다. 외도가 말했다. "스님께서는 언설의 힘에 의지하지 말고 침묵으로 논의해 보시기 바랍니다." "언설의 힘에 의지하지 않는다면 누가 논쟁의 승부를 알 수 있겠소?" "다만 자신이 옳다고 여기는 이치만 취할 뿐입니다." "당신은 무엇을 이치로 삼습니까?" "무심無心을 이치로 삼습니다." "당신이 무심 그 자체라면 어떻게 이치를 얻는단 말입니까?" "내가 말하는 무심은 이름에 부합할 뿐 이치에 속하지는 않습니다." "당신이 주장하는 무심은 이름에 부합할 뿐 이치에 속하지는 않지만, 내가 주장하는 비심非心은 이치에 부합할 뿐 이름에 속하지는 않습니다." "이치에 부합하고 이름에 속하지 않는다면 누가 그 이치를 분별할 수 있겠습니까?" "당신은 이름만 있고 이치에 속하지 않는다고 했는데, 이 이름은 어떤 이름입니까?" "이치에 속하지 않는다고 분별하기 위한 수단이기에 이 이름은 모든 이름에서 벗어나 있습니다." "이름이 이미 이름이 아니라고 한 이상 이치 역시 이치가 아닐 것인데, 그것을 분별하는 사람은 누구이며, 어떤 것을 분별한단 말입니까?" 이와 같이 오고 간 문답이 59차례가 되자 외도는 입을 다물고 존자의 말에 굴복했다.

---

1 바사사다婆舍斯多(?~325) : 서천 28조 중 제25조. 계빈국罽賓國 출신. 바라문 계급 혈통으로 그 모친이 신검神劍을 얻는 태몽을 꾸고 잉태하였다. 태어나면서 손에 구슬을 움켜쥐고 손바닥을 펴지 않았다고 한다. 어느 날 사자존자師子尊者가 과거세의 인연을 일깨워 준 것이 계기가 되어 그의 제자가 되었다. 사자존자는 심인心印을 전수하면서 '사다'라는 법명에 전생의 '바사'라는 이름과 합하여 바사사다라고 불렀다.『景德傳燈錄』권2(大51, 215a25),『天聖廣燈錄』권5(卍135, 630b3).

2 무아존無我尊 : 무아無我·공무空無를 주장하며 세상의 모든 존재가 허무하여 단멸하고 만다는 단견斷見에 빠진 외도. 인연으로 화합하여 생겨난 모든 법이 가유假有라는 이치와 상반되는 논리를 폈다.

婆舍斯多, 因與外道無我尊論議, 外道曰, "請師默論, 不假言說." 祖曰, "不假言說, 孰知勝負?" 尊曰, "但取其義." 祖曰, "汝以何爲義?" 曰, "無心爲義." 祖曰, "汝旣無心, 安得義乎?" 云, "我說無心, 當名非義." 祖曰, "汝說無心, 當名非義 ; 我說非心, 當義非名." 云, "當義非名, 誰能辨義?" 祖曰, "汝名非義, 此名何名?" 云, "爲辨非義, 是名無名." 祖曰, "名旣非名, 義亦非義, 辨者是誰? 當辨何物?" 如是往返, 五十九翻. 外道杜口信伏.

설화

- 어디에도 치우치지 않은 자연 그대로의 지혜[3]로 마구니와 외도의 논변을 몰아붙여 꺾었다는 이야기이다.
- 바사 : 난생難生이라 한역한다.

[默論] 無私自然之智, 拶伏魔外之辯也. 波舍, 此云難生.

파초 혜청芭蕉慧淸**의 염**

"비유하자면 코끼리와 말이 사납게 달려들어 다스리기 어려울 경우 갖가지 가혹한 매를 가하여 골수에까지 사무치게 한 다음이라야 비로소 순하게 길들여지는 것과 같다."[4]

芭蕉拈, "譬如象馬, 儱戾難調, 加諸楚毒, 至于徹骨, 方乃調伏."

---

3 무사자연지지無私自然之智 : 본서 89칙 본칙 설화 주석 참조.

4 『維摩經』 권하 「香積佛品」(大14, 553a13)에 나오는 비유이다. 구마라집鳩摩羅什은 이 대목의 주석에서 말을 다섯 종류로 나누고 그중 가장 뛰어난 말은 채찍의 그림자를 보는 즉시 길들여진다고 하며, 가장 하열한 다섯 번째 말은 골수에 사무치도록 채찍을 맞아야 길들여진다고 해설했다. 『注維摩詰經』 권8(大38, 401c25). 『別譯雜阿含經』 권8(大2, 429b20)에도 비슷한 비유가 전한다. "그 네 번째 유형의 말은 채찍이 살과 뼈에 사무친 다음에야 놀라서 길들이는 자의 뜻에 맞게 움직인다.(其第四者, 鞭徹肉骨, 然後乃驚, 稱御者意.)"

> 설화

○ 존자가 기력을 남김없이 썼다는 말이다.

芭蕉：言尊者費盡氣力.

명안 경연明安警延의 염

"조개와 도요새가 서로 버티고 있다가 함께 어부의 손에 잡혀 죽는 꼴이다."[5] 이어서 말했다. "어찌 애써 말할 필요가 있었는가!"

明安拈, "蚌鷸相持, 死在漁人之手." 乃云, "何用勞言!"

> 설화

○ 존자와 외도는 조개와 도요새와 같이 다투는 사이였거늘 어부가 어찌 스스로 말했겠는가?[6]
○ 어찌 애써 말할 필요가 있었는가 : 존자는 기력을 남김없이 썼지만, 세존께서 "(일체를 받아들이지 않는다는 그대의) 그 논리는 받아들이는가?"[7]라고 되물으신 말씀만은 못하다. (세존의 말씀은) 한마디로 할 말을 모두 해 버렸다는 뜻이다.

明安：尊者與外道, 蚌鷸, 漁人豈自謂耶? 乃云何用勞言者, 尊者費盡氣力

---

[5] 외도와 바사사다 중 어느 편에도 기울지 않는다는 견해이다. 본서 62칙 '대홍 보은의 송' 주석 참조.
[6] 양편 사이의 논쟁에 끼어들어 굳이 승패를 결정할 이유가 없었다는 뜻.
[7] 세존이 어떤 견해도 받아들이지 않았던 장조 범지長爪梵志에게 되물었던 말. 본서 21칙 본칙, "'그대의 논리는 무엇을 근본으로 삼느냐?' '제 논리는 일체를 받아들이지 않는 것(一切不受)을 근본으로 합니다.' '그 논리는 받아들이는가?' 여기서 범지가 옷소매를 털고 떠났다.(世尊曰, '汝義以何爲宗?' 梵志曰, '我義以一切不受爲宗.' 世尊曰, '是見受不?' 梵志拂袖而去.)"

也, 不如世尊道, "是見受不?" 一言道盡之義.

운문 종고雲門宗杲의 염

"바사사다가 어찌 그토록 애절하게 많은 말[8]을 할 필요가 있었을까? 당시에 외도가 '스님께서는 언설의 힘에 의지하지 말고 침묵으로 논의해 보시기 바랍니다.'라고 한 말을 내가 들었다면 '논의에 패했다.'라고 말했을 것이다. 지금 나, 묘희와 함께 침묵으로 논의해 볼 사람 있는가? 만약 납승 하나가 나와서 '논의에 패했다.'라고 말한다면 나는 그가 귀신의 굴에서 살림살이하는 것으로 알 것이다."

雲門杲拈, "婆舍斯多, 何用忉忉? 當時若見他道, '請師默論, 不假言說.' 便云, '義墮也.' 卽今莫有要與妙喜默論者麽? 或有箇衲僧, 出來道, '義墮也.' 我也知你, 在鬼窟裏作活計."

[설화]

○ 어찌 그토록 애절하게 많은 말을 할 필요가 있었을까 : 이 또한 '어찌 애써 말할 필요가 있었는가!'[9]라고 한 뜻과 같다.
○ 당시에 외도가~'논의에 패했다.'라고 말했을 것이다 : 마치 '하늘까지 뻗친 장검'[10]이라 운운한 말과 같다.

---

[8] 애절하게 많은 말(忉忉) : 도도叨叨·도달忉怛·도도달달忉忉怛怛 등과 같은 말. 쓸데없이 말이 많은 것 또는 근심하는 마음으로 많은 말을 해 주는 것이다.
[9] 바로 위의 '명안 경현의 염'에 나온 말.
[10] 의천장검倚天長劍 : 아무도 대적할 생각을 하지 못할 정도로 당당한 기상이라는 뜻. 『圜悟語錄』 권1(大47, 715c2), "설령 석가나 미륵일지라도 감히 마주 볼 수 없을 것이다. 하늘까지 뻗친 장검의 늠름하고 신묘한 위세이고, 하늘에 걸린 밝은 해의 맑고 쨍쨍하게 비추는 광채와 같으니, 미묘한 작용 아닌 만물이 없고, 참된 교승敎乘이 아닌 법이 없다.(直饒釋迦彌勒, 不敢當頭著眼. 倚天長劍, 凜凜神威 ; 杲日當空, 澄澄光彩, 無物不爲妙用, 無法不是眞乘.)"

○ 나는 그가 귀신의 굴에서 살림살이하는 것으로 알 것이다 : 만약 외도가 패했다는 생각에 기울어진다면 이 병통에서 벗어나지 못할 것이다.

雲門 : 何用忉忉者, 此亦何用勞言云云. 當時若見至義墮者, 如倚天長鈘[1]云云也. 我也知你云云者, 若也向外道墮處着倒, 未免此病也.

---
1) ㉠ '鈘'은 '劒'의 오기이다.

97칙 다라전경 多羅轉經[1]

본칙 반야다라 존자가 동인도의 국왕[2]이 베푼 공양(齋)에 참석하였을 때의 일이다. 왕이 물었다. "다른 사람들은 모두 경전을 독송하였는데 유독 스님만은 어째서 독송하지 않는 것입니까?" "저는 숨을 내쉴 때 갖가지 대상 어느 것에도 물들지 않고 숨을 들이쉴 때도 음계陰界 중 어디에도 머물지 않습니다. 항상 이와 같은 경전 백천만억 권을 독송하고 있습니다."

般若多羅尊者, 因東印土國王齋. 王乃問, "諸人盡轉經, 唯師爲甚不轉?" 尊者云, "貧道, 出息不涉衆緣, 入息不居陰界. 常轉如是經百千萬億卷."

설화

● 만송 행수萬松行秀가 말하였다.[3] "제27조 반야다라는 아이 때에는 영락동자纓絡童子라 불렸다. 26조인 불여밀다不如密多를 따라 동인도의 견고왕堅固王과 함께 수레를 타게 된 다음과 같은 인연이 전한다. 밀다가 물었다. '너는 전생의 일을 기억하느냐?' '저는 스님과 함께 있었던 지난 겁의 일을 기억하고 있습니다. 스님은 마하반야를 설하시고 저는 대단히 심오한 수다라를 잘 수지하여 서로 번갈아 가며 바르게 교화하였습니다. 이 때문에 이곳에서 스님을 기다리고 있었던 것입니다.' 26조 밀

---

1 경전을 독송하는 일(轉經)을 두고 서천 제27조 반야다라般若多羅(菩提達磨의 스승)와 인도 왕이 나눈 문답을 소재로 한 공안. 경전의 진실한 뜻은 단지 독송하는 데 있는 것이 아니라 스스로 체득하고 구현하는 데 있음을 보여 주고 있다.
2 동인도(東印土)의 국왕 : 동인도의 작은 나라 국왕. 곧 제26조인 불여밀다不如密多와 제27조인 반야다라에게 공양했던 견고왕堅固王을 가리킨다. 동인도東印度 국왕 또는 동인도 견고왕이라고도 한다.
3 이하는 『從容錄』 3則 「評唱」(大48, 229a19~27)에 실려 있는 내용으로 글자상에 출입은 있다.

다가 왕에게 말했다. '이 사람은 자잘한 성인이 아니라 대세지大勢至보
살의 응신應身입니다.' 왕이 마침내 수레에 함께 태워 궁으로 가서 공
양을 올렸다. 가사를 입고 삭발하여 출가 의식을 치를 때에, 26조 밀다
는 이전에 마하반야를 설하고 수다라를 수지한 인연을 따라 그에게 반
야다라라는 이름을 지어 주었다. (밀다가 말했다.) '인도에서는 반야다
라를 세지勢至보살의 응신이라 하고 중국에서는 달마를 관음觀音보살의
응신이라 하는데, 오직 아미타불만이 지금까지 딱 들어맞는 응신이 없
다.' 잠깐 침묵하다가 말하였다. '풍간이 요설을 떨었도다!'[4]" 이상은 모
두 만송이 한 말이다.

[轉經] 萬松云, "第二十七祖般若多羅, 初名瓔絡童子. 隨二十六祖不如密
多, 與東印土堅固王同輦. 密多問曰, '汝能憶往事不?' 多羅答曰, '我念往
劫, 與師同居. 師演摩訶般若, 我持甚深修多羅, 以相代正化, 故候師於此.'
祖謂王曰, '此非小聖, 乃大勢至應身.' 王遂同輦, 至宮供養. 至披削, 祖取
般若修多羅事, 命名般若多羅. '西國以般若多羅爲勢至, 梁朝以達摩爲觀

---

4 풍간요설豊干饒舌 : 태주台州의 태수 여구閭丘와 풍간 그리고 한산寒山과 습득拾得이
주고받은 문답에서 비롯한 말. 풍간이 자신의 본신本身이 아미타여래라는 것을 숨기
고 한산과 습득의 본신이 문수와 보현이라는 것만 밝힌 인연에서 나온 말이다. '풍간요
설'이란 풍간 자신이 아미타불의 응신 또는 화신이라는 뜻이다. 『景德傳燈綠』 권27(大
51, 433c6) 등에 이와 관련된 일화가 전한다. 『禪苑蒙求』 권하 「豊干饒舌」(卍148, 263a4),
"여구가 풍간에게 주지가 되어 줄 것을 간청하였으나 풍간이 따르지 않았다. 여구가 말
했다. '그렇다면 그곳에 예를 갖춰 찾아뵐 스님으로 어떤 분이 있습니까?' '그곳에는 한
산과 습득이 있는데 문수와 보현의 화신이니 그들에게 예배하시오.' 여구가 천태산 홍성
사에 가서 한산과 습득에게 예배하니 한산과 습득이 말했다. '무슨 까닭에 우리에게 예
배하는 것입니까?' '풍간 화상께서 한산과 습득은 문수와 보현의 화신이니 가서 예배하
라 하셨기에 이렇게 찾아와 예배를 드리는 것입니다.' 한산과 습득이 웃으며 말했다. '풍
간이 요설을 떨었구나, 풍간이 요설을 떨었어! 그대는 어찌하여 풍간에게 예배하지 않
은 것인가? 어찌하여 아미타여래를 알아보지 못했단 말인가!'(閭丘, 懇請豊干欲住持, 干
不從. 丘云, '若然, 彼處可拜誰師乎?' 干曰, '彼有寒拾者則文殊普賢化身也, 可拜彼.' 丘行
天台興聖寺, 拜寒拾. 寒拾曰, '因何拜我?' 丘云, '豊干和尙曰, 寒拾者文殊普賢化身也, 行
可拜彼, 故來拜.' 寒拾笑曰, '豊干饒舌, 豊干饒舌! 汝何不拜豊干? 豈不知阿彌陀如來!')"

音, 唯阿彌陁佛, 至今無下落處.' 良久云, '豊干饒舌.'" 此皆萬松之語.

● 인도(印土)의 온전한 음사어는 '인지가印持加'이고, 이곳 말로 번역하면 '월방月邦'이라 한다. 여기에는 또 세 가지 뜻이 있다. 첫째, 북쪽은 넓고 남쪽은 좁으며 지형이 달처럼 생겼다는 뜻이다. 인도는 동서남북과 중앙의 다섯 곳 지세가 모두 다르다. 둘째, 부처라는 지혜의 해는 이미 졌으나 여러 성인의 교법이 달처럼 (어두운 밤의 사방 어느 곳이나) 비춘다는 뜻에서 부처님이 열반에 드신 뒤를 월방이라 하였다는 것이다. 그렇다면 부처님 생존 시에는 무엇이라 했단 말인가? 셋째, 큰 나라가 여러 작은 나라들 속에 형성되어 있는데 그것은 마치 뭇 별들 중심에 자리 잡은 달과 같다는 뜻이다. 다섯 개의 인도(五印土)마다에 각각 통치가 미치는 작은 나라들이 부속되어 있는 것이 마치 뭇 별들이 달을 둘러싸고 있는 형상과 같다는 말이니, 이 뜻이 가장 비슷하다.

印土, 具云印持加, 此云月邦. 又有三義, 一曰, 北廣南狹, 地形如月. 印土有五, 東西南北中央之形勢, 非一般也. 一曰, 佛日旣沒, 諸聖敎法如月, 佛入滅後, 名月邦. 佛住世時, 名什麼? 一曰, 大國形於小國之內, 如星中月. 五印土, 各有所管小國附庸, 如衆星環繞, 則此說近似.

● 반야다라 존자가 묵묵히 있으면서 독송하지 않은 일 : 만송이 말했다. "나라에서 베푼 자리[5]에 모인 수많은 스님[6]들이 창호지를 뚫어 창을 빠

---

[5] 국연國筵은 나라에서 베풀어 일정한 기간 경전을 읽을 수 있는 조건을 마련해 주는 모임을 말한다.
[6] 해중海衆은 출가한 대중들을 말한다. 흐르는 온갖 물줄기(衆流)가 바다로 들어가면 모두 한맛이 되는 것처럼 불문에 출가하면 이전의 속세에서의 신분과는 무관하게 모두 평등함을 강조한 말이다. 대해중大海衆·청정대해중淸淨大海衆이라고도 한다. 『除蓋障菩薩所問經』권10(大14, 729a24), "비유컨대 바다는 온갖 물줄기를 그 속에 받아들이면 모두 함께

져나가려는 파리처럼[7] 어리석기에 존자가 노파심이 간절하여 슬쩍 발(簾)을 당겨 올려 새끼 제비를 둥지로 돌아가게 해 주고 창호지에 구멍을 내어 어리석은 파리를 내보내 준 것이다.[8] 다시 말해서, 나라가 태

짠맛이라는 한맛이 되는 예와 같다. 보살도 이와 같아서 모든 선한 법을 모으면 모두 함께 일체지의 맛이라는 한맛이 된다.(譬如大海, 衆流入中, 皆同一味, 所謂鹹味. 菩薩亦復如是, 積集一切善法, 皆同一味, 所謂一切智味.)"라는 등의 경문에 따른다.

7 창호지를 뚫어~빠져나가려는 파리처럼 : 경전의 지묵紙墨 곧 문자에 매달려 이해하려 애쓰지만 그럴수록 더욱 그 내밀한 의미를 모른다는 비유.『永覺廣錄』권21(卍125, 640b17), "간경 : 바로 이 한 권의 경전은 본래 읽어서 알 길이 주어져 있지 않음에도 밤낮으로 창호지를 뚫어 창을 빠져나가려 시도하니 가까이 다가설수록 도리어 멀어진다. 기필코 이 한 권을 읽고자 하는가? 뒤통수에 눈 하나가 뜨이면 대지를 덮은 가을 구름이 걷히리라.(看經 : 祇這一卷經, 從來不許轉, 晝夜鑽紙窓, 太近翻成遠. 畢竟要轉這一卷麼? 腦後一眼開, 大地秋雲捲.)"

8 나라에서 베푼~준 것이다 :『從容錄』본칙 이하에 실려 있는 '천동 정각의 송' 가운데 "한산이 왔던 길을 까맣게 잊어버리니, 습득이 그의 손을 맞잡고 돌아가도다.(寒山忘却來時路, 拾得相將携手歸.)"라는 마지막 두 구절에 대한 해설로 실려 있는 글이며, 이어서 이는 한산의 시와 부절을 합한 듯이 딱 들어맞는다고 하였다.『從容錄』3則「評唱」(大48, 229c11), "마지막 두 구절에서 여전히 부리지 못한 재주가 남아 있어 '한산이 이전에 밟아 왔던 길을 잊어버리자, 습득이 그의 손을 잡고 함께 되돌아가도다.'라고 읊었다.……한산의 시를 인용하면 마치 부절이 어김없이 들어맞는 듯하다. 그 시에 '몸 편히 묵을 곳 찾으려 하는가? 한산이 길이길이 보증해 주리라. 미풍이 고요한 소나무에 부는 그때, 다가서 들으면 소리 더욱 맘에 들리라. 그 소나무 아래 머리 희끗한 노인, 시끄럽게 소리 내어 황로 읽는구나. 오랜 세월 동안 돌아가지 않더니, 밟아 왔던 길마저도 잊어버렸도다.'라고 하였다.(末後兩句, 更有餘才道. '寒山忘却來時路, 拾得相將携手歸.'……用寒山詩, 若合符節. 詩云, '欲得安身處? 寒山可長保. 微風吹幽松, 近聽聲愈好. 下有斑白人, 嘮嘮讀黃老. 十年歸不得, 忘却來時道.'" '슬쩍 발(簾)을 당겨 올려~어리석은 파리를 내보내 주었다.'라는 것은 소동파蘇東坡의 〈次韻定慧欽長老見寄八首〉 시 구절을 인용한 것이다. 그 시의 서序에 "蘇州定慧長老守欽, 使其徒卓契順來惠州, 問予安否, 且寄『擬寒山十頌』, 語有璨, 忍之通, 而詩無島, 可之寒, 吾甚嘉之, 爲和八首."라 하였고 시는 다음과 같다. "초나라 깨뜨림도 달팽이 뿔 한쪽에서의 다툼으로 보고, 등문공 칭송하는 소리도 남가일몽처럼 듣노라. 주렴 올리고 새끼 제비 날아가길 기다리며, 창의 종이 구멍 뚫어 어리석은 파리 내보내라. 쥐를 위해 항상 밥을 남겨 두고, 나비 가여워 등불도 켜지 않네. 기구하여라, 참으로 가소롭구나. 나야말로 소승의 중이로구나.(左角看破楚, 南柯聞長滕. 鉤簾待乳燕, 穴紙出癡蠅. 爲鼠常留飯, 憐蛾不點燈. 崎嶇眞可笑, 我是小乘僧.)" 이상은 경전에 새겨진 글을 뚫어져라 읽어 대기만 하고 속박을 벗어나는 통로를 알아차리지 못하는 어리석음을 비유적으로 비판한 말이다. 백운 수단白雲守端의 다음 게송에도 그 뜻이 나타난다.『白雲廣錄』권3(卍120, 432a4), "창을 뚫

평성대이면 천자의 명령을 전할 필요가 없고 시절이 화평하면 태평가를 부르지 않는 법이다.[9]"

● 숨을 내쉴 때와 숨을 들이쉴 때 : 때에 따라 딱 들어맞게 들숨과 날숨을 쉰다는 말이다.

● 갖가지 대상(衆緣) : 차별된 갖가지 대상들을 가리킨다.

● 음계陰界 : 만송이 "오음五陰·십이처十二處·십팔계十八界를 삼과법문三科法門이라 하는데 존자가 간략하게 처음과 끝의 글자를 들어 그 사이의 요소들을 모두 아우른 것"[10]이라고 말하였듯이 오음의 '음陰'과 십팔계의 '계界'를 가리킨다. 즉 '갖가지 대상'이라는 말에 들어 있는 것과 같은 차별을 뜻한다. '갖가지 대상'이나 '음계'나 단지 좌우 한 극단을 거론한 것일 뿐이다.

● 물들지도 않고 머물지도 않는다(不涉不居) : 머물거나 물들거나 하는 이치가 서로 상대를 수반한다는 뜻이다. 즉 비추면서 항상 고요하고 고요하면서 항상 비추는 도리[11]를 뜻한다.

● 도가에서는 "날숨과 들숨이란 기氣의 변화(氣候)를 가리키니 마음에서

고 나가려는 파리 : 빛을 찾고자 창호지를 뚫지만, 뚫을 수 없는 곳에서 얼마나 힘을 들이는가? 우연히 들어왔던 길을 마주치고서야, 조금 전에는 보이는 것에 속았음을 안다네.(蠅子透窓 : 爲愛尋光紙上鑽, 不能透處幾多難? 忽然撞著來時路, 始覺從前被眼瞞.)

9 나라가 태평성대이면~않는 법이다 : 제대로 법이 시행되면 그러한 일도 하지 않는다는 뜻. 이하 '백천만억 권'과 만송의 말을 언급하고 있는 본칙 설화 참조.

10 『從容錄』에는 본칙 이하에 실려 있는 '천동 정각의 송' 가운데 처음 두 구절인 "무소가 달놀이하니 물에 비친 뿔 영롱하고, 목마 봄놀이함에 고삐 매지 않은 준마인 듯.(雲犀玩月璨含輝, 木馬游春駿不羈.)"에 대한 해설로 실려 있는 글이다. 『從容錄』 3則 「頌 評唱」(大48, 229b10), "破題兩句, 頌不居陰界, 不涉衆緣已了, 且藏敎法數, 五陰十二處十八界, 喚作三科, 尊者略擧首尾, 攝其中間."

11 『禪宗永嘉集科註說誼』(韓7, 194b11), "비추지만 항상 고요하므로 속俗을 말해도 말한 그대로 진眞과 하나가 되고, 고요하지만 항상 비추므로 진을 말해도 말한 그대로 속과 하나가 된 것이며, 고요하지도 비추지도 않으므로 유마거사가 비야리성에서 입을 다물고 침묵한 것이다.(照而常寂故, 說俗而卽眞, 寂而常照故, 說眞而卽俗, 非寂非照故, 杜口於毗耶.)"

움직이는 것은 생각(念)이라 하고 몸에서 움직이는 것은 숨(息)이라 한다. 그러므로 도를 얻은 사람은 배꼽으로 숨을 쉬고 발꿈치로 숨을 쉰다."¹²라고 한다.『유마경』의 주석에 "마음은 안에서 재빨리 움직이고 숨은 밖으로 들고 나는데, 마음의 생각이 고요해진다면 숨에도 들고 남이 사라진다."¹³라고 하였다. 그런즉 숨을 내쉬고 들이쉰다는 말은 생각이 일어나거나 사라지는 현상을 가리킨다.

尊者嘿然, 不轉經者, 萬松云, "國筵海棠, 鑽紙穿窓, 尊者老婆心切, 略與鉤簾, 歸乳燕穴, 紙出癡蠅, 則道泰不傳天子令, 時淸休唱太平歌也." 出息入息者, 時中呼吸息也. 衆緣者, 差別衆緣也. 陰界者, 萬松云, "五陰·十二處·十八界, 喚作三科法門, 尊者略擧首尾, 攝其中間." 則五陰之陰, 十八界之界也. 則衆緣一般地差別也. 則衆緣陰界, 但言左右爾. 言不涉不居, 則而居而涉之義相隨也. 則照而常寂, 寂而常照也. 又道家云, "夫息乃氣候, 動於心爲念, 運於身爲息. 故得道者, 息之以臍, 息之以踵." 又維摩經注云, "心馳動於內, 息出入於外, 心想旣寂, 息無出入." 則出入息者, 念起念滅也.

● '갖가지 대상(衆緣)'은 차별을 나타내고, '음계'는 오음(오온)이라는 경계 가운데 식음識陰의 경계를 말한다. 이를테면 "설령 보고 듣고 느끼고 아는(見聞覺知) 모든 작용을 소멸시켜 안으로 고요함을 지키고 있더라도 여전히 식식을 오염시키는, 법이라는 티끌(法塵)일 뿐이니 의식의 그림자를 분별하는 것이다."¹⁴라는 말과 같다. 고요하면서 차별이 없다는

---

12 정확한 전거는 찾지 못하였다. 다만 마지막 구절은『莊子』「大宗師」에 "진인의 숨은 발꿈치까지 미치고, 보통 사람의 숨은 목구멍에 그칠 뿐이다.(眞人之息以踵, 衆人之息以喉.)"라는 구절과 통한다.
13 『注維摩詰經』권6(大38, 384a16).
14 『楞嚴經』권1(大19, 109a9).

뜻이다. 그러므로 숨을 내쉴 때는 의당 어떤 대상에든 물들어야 하는
데 물들지 않는다 하고, 숨을 들이쉴 때는 의당 음계에 머물러야 하는
데 머물지 않는다고 하였다. 예컨대 청량이 "범부는 숨을 내쉬면서 그
대로 육진六塵의 대상으로 내달리고, 성문은 숨을 들이쉬면서 그대로
오온과 십팔계를 지킨다."[15]라고 한 말과 같다. 보살은 숨을 들이쉬는
순간에도 마음을 한곳에 집중한다는 생각이 없고 숨을 내쉬는 순간에
는 골고루 미치는 봄바람과 같다. 이미 이변二邊을 여의었으므로 항상
근본경전(本經)을 독송한다고 한 것이다.

衆緣者, 差別也, 陰界者, 五陰區宇中識陰區宇. 如云, "縱滅一切見聞覺知,
內守幽閑, 猶爲法塵, 分別影事." 則幽閑而無差別也. 然則出息宜涉衆緣
而云不涉, 入息宜居陰界而云不居. 如淸凉云, "凡夫, 出息卽走六塵 ; 聲
聞, 入息卽守蘊界." 菩薩入息卽無繫念, 出息卽如春風. 旣離二邊, 是故常
轉本經也.

● 항상 독송한다(常轉) : 매 순간 그 어느 때에도 근본경전에서 떠나 있지
않다는 뜻이다. 옛사람이 "반야경을 배우는 보살은 마치 구슬을 놀리
는 것과 같아야 한다. 손에도 닿지 않고 땅에도 닿지 않으며 허공에도
닿지 않아야 비로소 구슬을 놀릴 줄 아는 것이다."[16]라고 하였으니, "물

---

15 전거 미상.
16 『宗鏡錄』 권38(大48, 645a6), "예컨대 구슬을 놀리는 것과 같아서 그 구슬이 공중에도
머물지 않고 땅에도 떨어지지 않으며 손안에도 있지 않다. 세 곳 어디에도 있지 않으
면서 또한 어느 한 곳에도 머물지 않는다. 공중에 머물지 않는다는 것은 공관空觀에
머물지 않는다는 것을, 땅에도 떨어지지 않는다는 것은 가관假觀에도 머물지 않는다
는 것을, 손안에도 있지 않다는 것은 중관中觀에도 머물지 않는다는 것을 비유한다.
공중·땅·손안의 세 곳 어디에도 머물지 않고 또한 공관·가관·중관 세 가지 중 어느
하나도 이루지 않는다면 하나도 아니고 셋도 아니지만 셋이면서 하나이기도 한 것이
니 이것이 묘하다는 뜻이다.(又如弄珠鈴之者, 其珠不住空中, 不落地上, 不在手裏. 旣

들지도 않고 깨끗하지도 않아서 텅 비고 깊고 미묘한 도이며 집착이 없는 진실한 종지(無着眞宗)인 것이다. 선대의 여러 성인들로부터 이 하나의 지위를 가장 미묘하고 깊다고 가려내었다."[17]라고 하였다.

常轉者, 念念不離本經故. 古人云, "學般若菩薩, 如弄玲珠者, 不着於手, 不着於地, 不着於空, 始解弄得." 則"非染非淨, 虛玄妙道, 無着眞宗. 從上諸聖, 推此一位, 最玄最妙也."

● 항상 이와 같은(如是) 경전을 독송한다 : 상황에 적합하지 않음이 없기 때문에 '여如'라 하고 이치가 이와 같지 않음이 없기 때문에 '시是'라 한다. 또한 더 이상 위가 없는 이 마음은 이심전심以心傳心을 근본으로 하여 마음에서 마음으로 이어 가므로 글자의 뜻을 들어서 '이와 같은(如是)'이라 한 것일 뿐이다.

常轉如是經者, 事無不是曰如, 理無不如曰是. 又惟此無上心, 宗以心傳心, 心心相續故, 擧義而言如是而已.

● 경經 : 어느 한 대장경이 중생들에게 더할 나위 없이 널리 이익을 주는 데에까지 이른다는 뜻에서 든 말이다. 또한 "반야바라밀이여! 이 경은

不在三處, 亦不住一處. 不住空中, 卽喩不住空觀 ; 不落地上, 卽喩不住假觀 ; 不在手裏, 卽喩不住中觀. 旣不住三亦不成一, 則非一非三而三而一, 斯爲妙矣.)" ; 『洞山語錄』(大47, 517b13).

17 『曹山語錄』 권상(大47, 536c26), "겸대兼帶란 여러 가지 인연에 명합冥合하여 응하고 유위有爲에 떨어지지 않는 것이니, 오염도 아니고 청정도 아니며 정正도 아니고 편偏도 아니다. 그런 까닭에 텅 비고 깊고 미묘한 도이며, 집착이 없는 진실한 종지라 한다. 선대의 여러 성덕들로부터 이 하나의 지위를 가장 미묘하고 깊다고 가려내었으니 자세히 살펴서 분별해야 한다.(兼帶者, 冥應衆緣, 不墮諸有, 非染非淨, 非正非偏. 故曰, 虛玄大道, 無著眞宗. 從上先德, 推此一位, 最妙最玄, 當詳審辯明.)"

색과 소리가 아니네."라 한 말은 "눈앞에 드러나 있는 한 생각을 가리키니, 반야라는 미묘한 마음이 그것이다."[18]

經者, 有一大經卷, 至普饒益衆生也. 又, "般若波羅蜜! 此經非色聲"云云. 則直"指現前一念, 般若妙心也."

● 백천만억 권 : 사람들이 보통 가지고 있는 생각을 기준으로 삼아 대단히 많다고 여기는 수를 든 것이니 항상 독송하고 있다면 어찌 백천만억 권일 뿐이겠는가! 그러므로 녹문 자각鹿門自覺이 "온 하늘과 땅이 눈(眼)이요 세상천지가 온통 경전이다."[19]라고 하였으니, 이러한 눈으로 '이와 같은 경전'을 항상 독송하기를 천만억 겁토록 잠시의 그침도 끊어짐도 없이 한다는 뜻을 표현한 것이다.

百千萬億卷者, 就其人情, 擧其多數而已, 旣是常轉, 奚啻百千萬億! 故鹿門云, "盡乾坤是眼, 遍大地是經." 以這箇眼, 讀如是經, 千萬億劫, 常無間斷也.

● 만송이 말하였다. "후당의 장종莊宗 황제가 화엄 휴정華嚴休靜 선사에게

---

18 "반야바라밀이여!"라는 구절부터 여기까지는 본칙 말미에 실려 있는 '숭녕기의 평'에 나온다.
19 『從容錄』에는 본칙 이하에 실려 있는 '천동 정각의 송' 가운데 다섯 번째 구절인 "명백한 맘으로 광겁 세월 뛰어넘고(明白心超曠劫)"에 대한 여러 선사들의 평 중에 나온다. 『從容錄』 3則 「頌 評唱」(大48, 229b29), "녹문은 '세상천지가 학인의 경전 한 권이고, 온 하늘과 땅이 학인의 한 눈이다. 이 하나의 눈으로 이와 같은 경을 읽으면서 천만억 겁 동안 항상 간단이 없다.'라고 말하였고, 만송은 '경을 보고 읽는 일이 쉽지 않다.'라고 평가하였다.(鹿門道, '遍大地是學人一卷經, 盡乾坤是學人一隻眼. 以這箇眼, 讀如是經, 千萬億劫常無間斷.' 萬松道, '看讀不易.')" 『五燈嚴統』 권14 「鹿門覺章」(卍139, 626a10), 『五燈全書』 권30(卍140, 723b15) 참조.

궐내에서 베푸는 묘재妙齋에서 대장경을 독송해 줄 것을 청하였다. 대사와 대덕들이 모두 독송하였는데 오직 선사와 그 일단의 대중들만이 묵묵히 있었다. 황제가 물었다. '어찌하여 경을 읽지 않는 것이오?' '나라가 태평성대이면 천자의 명령을 전할 필요가 없고 시절이 화평하면 태평가를 부르지 않기 마련입니다.' '스님 한 분만 경을 읽지 않는다면 그것은 이해할 수 있겠으나 스님의 대중들 또한 어찌하여 경을 읽지 않는 것이오?' '사자의 굴에는 다른 짐승이 살지 못하고 코끼리가 다니는 길에는 여우가 다니지 못하는 법입니다.' '그렇다면 다른 대사와 대덕들은 어찌하여 모두들 경을 읽은 것인가?' '해파리는 원래 눈이 없으니 먹이를 구하려면 새우에게 의지할 수밖에 없습니다.' 황제가 대단히 기뻐하였다. 반야다라는 원래 번뇌의 습기習氣를 제거하지 못하여 저 화엄 휴정과의 승부에 진 결과 그가 도리어 납승으로서 갖추고 있어야 할 본분의 수단(衲僧巴鼻)을 지니게 되었다. 나, 만송은 이 대목에 이르러 자신도 모르는 결에 웃음을 터뜨리고 말았다. 말해 보라, 무엇 때문에 웃었겠는가? 운거산雲居山의 나한이 옷깃을 풀어 헤치고, 공현鞏縣의 다병茶瓶이 병의 부리를 맞댄 경우와 같기 때문이다.[20]" 만송이 이렇게 말한 뜻은 무엇인가? 존자가 '항상 이와 같은 경전을 독송한다.'라고 한 말 때문에 습기를 제거하지 못했다고 한 것인가? 법진 수일法眞守一의 송에서 "음계에 머물지 않고~"라 했는데, 존자가 독송을 하면서 언어에 얽매인 적이 있었던가? 양쪽 어느 편에도 서지 않고 중도에도 머무르지 않았으니, "나라가 태평성대이면 천자의 명령을 전할 필요가

---

20 운거산雲居山의 나한이~같기 때문이다 : 오백 나한이 안치되어 있는 운거산은 길에서 수백 미터나 높은 곳에 있어 그곳을 왕래하는 사람들을 까마득한 곳에서 내려다보는 형상이다. 이로부터 스스로 뽐내고 자랑하는 것을 뜻하게 되었다. 공현鞏縣은 하남성 영양현滎陽縣 서쪽, 낙수洛水의 동안東岸에 위치한 곳으로서 이 지방에서 차를 담는 다병이 많이 생산되었는데 다병에 주둥이가 많이 달린 것이 특징이다. 여기서 유추하여 쓸데없이 많은 말을 하는 것, 수다 등을 뜻하는 말로 쓰이게 되었다.

없고 시절이 화평하면 태평가를 부르지 않기 마련입니다."라고 한 휴정 선사의 말과 어떤 점이 다른가? 그러므로 만송의 이 말은 (말뿐만 아니라) 말 없음조차도 허용하지 않았다.

萬松云, "後唐莊宗皇帝, 請華嚴休靜禪師, 入內妙齋, 請轉大藏. 大師大德 盡轉經, 唯師一衆默然. 帝問師, '何不看經?' 師曰, '道泰不傳'云云. 帝曰, '唯師一人不看卽得, 徒衆亦何不看?' 師曰, '師子窟中'云云. 帝曰, '大師大德爲什麼摠看?' 師曰, '水母元無眼, 求食借賴蝦'云云. 帝大悅. 般若多羅, 元來習氣未除, 輸他華嚴, 却有衲僧巴鼻. 萬松, 到這裏, 不覺失笑. 且道, 笑箇什麼? 雲居羅漢披衿處, 鞏縣茶瓶接觜時." 萬松伊麼道, 意旨如何? 莫是以尊者常轉如是經之語, 爲習氣未除耶? 法眞一頌云, '不居陰界'云云, 則尊者轉經, 何曾落言詮? 兩邊俱莫立, 中道不須安, 與休靜禪師, '道泰不傳'云云, 何以異哉? 然則萬松此語, 未容無說.

천동 정각天童正覺의 송 天童覺頌

무소가 달놀이하니 물에 비친 뿔 영롱하고	雲犀玩月璨含輝
목마 봄놀이함에 고삐 매지 않은 준마인 듯[21]	木馬游春駿不羈
눈썹 아래 한 쌍의 푸른 눈 충만한데	眉底一雙寒碧眼
경을 읽어 어떻게 소가죽 꿰뚫으리오	看經那到透牛皮

---

21 무소가 달놀이하니~준마인 듯 : 운서雲犀는 영서靈犀라고도 하며 무소를 가리킨다. 깨달음의 경지에서 노니는 사람을 표현한다. '무소가 달을 희롱하며 노니 물에 비친 그 뿔이 영롱하다.'라는 말은 도를 터득한 사람의 경계를 표현한다. 이것으로 한 점의 먹구름도 없이 영묘한 광채만 남은 이상적 선경禪境을 비유한다. 목마는 무심無心·무념無念을 비유하며, '목마가 봄을 즐기며 노닌다.'라는 말은 무심한 경지에서 나오는 걸림 없는 작용(妙用)을 비유한다. 『從容錄』 3則 「頌 評唱」(大48, 229b19), "'목마 봄놀이함에 고삐 매지 않은 준마인 듯'이라 한 이 구절은 숨을 쉬는 순간마다 온갖 인연과 섞이지 않음을 읊었으니, '잘 가는 사람은 아무 자취도 남기지 않는다.'(老子)라고 할 만하다.(木馬游春駿不羈, 此頌出息不涉衆緣, 可謂善行無轍跡也.)"

명백한 맘[22]으로 광겁 세월 뛰어넘고	明白心超曠劫
영웅의 힘으로 겹겹의 포위망 뚫었네	英雄力破重圍
묘하고 원만하며 요긴한 언구로 신령한 기틀 움직였네	妙圓樞口轉靈機
한산이 왔던 길을 까맣게 잊어버리니	寒山忘却來時路
습득이 그의 손을 맞잡고 돌아가도다	拾得相將携手歸

[설화]

○ 무소가 달놀이하니 물에 비친 뿔 영롱하고 : 무차별의 정위正位 그대로 차별의 편위偏位라는 뜻이다.

○ 목마 봄놀이함에 고삐 매지 않은 준마인 듯 : 편위 그대로 정위라는 뜻이다.

○ 눈썹 아래~어떻게 소가죽 꿰뚫으리오 : 편위에도 정위에도 떨어지지 않았다는 뜻이다.

○ 한 쌍의 푸른 눈 충만한데 : 차별의 세계인 금시今時와 평등의 경지인 본분本分 이전에 갖추고 있는 진리를 꿰뚫어 보는 탁월한 눈(一隻眼)을 가리킨다.

○ 경을 읽어 어떻게 소가죽 꿰뚫으리오 : 약산이 "소가죽도 꿰뚫어 보아야 한다."[23]라고 한 말을 인용한 것이다. (뚫어져라 경전만 읽어) 견해

---

22 명백한 맘(明白心) : 이견二見의 대립이 사라진 밝고 밝은 깨달음의 경지. 명백하게 본심을 회복한 마음을 뜻한다.
23 『景德傳燈錄』「藥山惟儼傳」(大51, 312b5), "약산이 경전을 보고 있노라니 학인이 물었다. '스님께서는 평상시에 학인들이 경전 읽는 것을 허락하지 않으시더니 무슨 까닭에 당신께서는 경을 읽고 계신 것입니까?' '나는 그저 눈을 가리려고 하는 의도일 뿐이다.' '제가 스님을 본받아도 괜찮겠습니까?' '네가 그러고자 한다면 반드시 소가죽을 꿰뚫어야 하리라.'【장경은 '눈에 무슨 잘못이 있단 말인가!'라 하였고, 현각은 '말해 보라! 장경은 약산의 뜻을 이해했는가, 이해하지 못했는가?'라고 하였다.】(師看經, 有僧問, '和尙尋常不許人看經, 爲什麼却自看?' 師曰, '我只圖遮眼.' 曰, '某甲學和尙還得也無?' 師曰, '若

가 한쪽으로 치우친다면 소가죽이나 뚫었다는 질책을 면치 못할 것이다.[24]
○ 명백한 맘으로~포위망 뚫었네 : 공겁을 완전히 넘어서고 금시에도 떨어지지 않았다는 뜻이다.
○ 묘하고 원만하며 요긴한 언구로 신령한 기틀 움직였네 : 이 안에서는 원만하게 굴러가지 않을 수 없으니 반드시 원만하게 굴러가야 하고 또한 모름지기 정면으로 나아가야 한다.
○ 한산이 왔던 길을~손을 맞잡고 돌아가도다 : 깨달음의 경지에서 중생 교화의 작용을 일으키고, 중생 교화의 작용을 거두어 다시 깨달음의 경지로 돌아간다는 뜻이다.

天童云云, 至含輝者, 正卽偏 ; 木馬云云, 不羈者, 偏卽正 ; 眉底至牛皮者, 不落偏正也. 一雙寒碧眼者, 前今時本分, 是一雙眼也. 看經那到透牛皮者, 用藥山牛皮也須看透. 見解偏枯, 則未免透牛皮之責. 明白至破重圍者, 全超空劫, 不落今時也. 妙圓至機者, 這裏不得不圓轉, 事須圓轉, 直須正面而去. 寒山忘却云云者, 從證起化, 收化歸證.

是汝牛皮也須看透.'【長慶云, '眼有何過!' 玄覺云, '且道! 長慶, 會藥山意, 不會藥山意?'】)" 본서 337칙 참조.
24 『從容錄』3則「評唱」(大48, 229b24), "'경을 읽어 어떻게 소가죽 꿰뚫으리오.'라는 구절에 대해 장경은 '눈에 무슨 잘못이 있단 말인가.'라 하였고, 『능엄경』에서는 '너(아난)는 지금 이 법회에 모인 대중들을 자세히 살펴보아라. 눈으로 두루 살펴보지만 그 눈이 두루 보는 것이란 다만 거울에 비친 상에는 별다른 분별이 없는 것과 같을 뿐이다.'라고 하였는데, 여기서 흔히 잘못 지나쳐 버리고 만다. 약산은 '그 소가죽도 꿰뚫어야 한다.'라고 하였는데, 나, 만송은 말한다. '도리어 금강안을 갖추었도다.'(看經那到透牛皮 : 長慶云, '眼有何過.' 楞嚴經云, '汝今諦觀此會聖衆, 用目循歷, 其目周視, 但如鏡中無別分析.' 這裏蹉過. 藥山道, '底牛皮也須穿透.' 萬松道, '却具金剛眼.')"

법진 수일法眞守一의 송 法眞一頌

음계에 머물지 않고 어떤 것도 대상으로 잡지 않는데	不居陰界不攀緣
어찌 중간이나 양변 그 어느 편에 사로잡혀 있겠는가	豈在中間及二邊
항상 이 경전 천억 권을 독송하였으나	常轉是經千億卷
한 글자에서도 언어에 속박된 적 없네	曾無一字落言詮

열재거사의 송 悅齋居士頌

늘 이와 같은 경전 독송한다고 하니	常轉如是經
바로 이 법 설할 뿐이라는 뜻이라네	只說者箇法
백로주[25]에서 지내다가	落向白鷺洲
황우협[26]에 머무노라	住在黃牛峽

[설화]

○ 늘 이와 같은 경전~뜻이라네 : 경전의 말을 예로 드는 것은 부분적인 깨달음일 뿐이다.

○ 백로주에서 지내다가, 황우협에 머무노라 : '이와 같은 경전' 중에 나오는 문채[27]를 나타낸다.

悅齋：常轉至這箇法者, 例語分證. 落向至峽者, 如是經中文彩也.

---

25 백로주白鷺洲 : 강소성 강녕현江寧縣 서남쪽 대강大江 가운데 있는 모래섬. 이백李白, 〈등금릉봉황대登金陵鳳凰臺〉, "삼산은 푸른 하늘 저 멀리 반쯤 떨어져 있고, 두 강물은 백로주에서 나뉘었네.(三山半落青天外, 二水中分白鷺洲.)"
26 황우협黃牛峽 : 장강長江 북쪽 언덕에 있는 수로水路. 장강의 수로 중 가장 험난한 곳으로 알려져 있다.
27 일정한 격을 벗어난 문채라는 뜻이다.

분주 선소汾州善昭의 염

"도리어 존자가 마음을 쓰도록 번거롭게 만들었다."

汾州昭拈, "却勞尊者心力."

설화

○ 도리어 존자가 마음을 쓰도록 번거롭게 만들었다 : '음계에 머물지 않는다.'고 한 말이 도리어 기력을 모두 소모해 버린 꼴이라는 말이다.

汾州 : 却勞云云者, 不居陰界云云, 反是費盡氣力也.

지해 본일智海本逸의 상당

이 공안을 제기하고 말했다. "존자의 이 말은 문밖의 길과 마당 사이의 거리가 너무 먼 것과 같아서 보통 사람들의 생각에는 가까이 와닿지 않는다.[28] 대단히 애는 썼으나 결과적으로 쌓인 공덕이 없다고 말한다면 또한 어떻게 하겠는가? 나의 견해로는 그렇게 보지 않으니, 숨을 내쉴 때는 어떤 대상이라도 따를 뿐이며 숨을 들이쉬면서는 음계에 머물리라. 백천만 수많은 사람들에게 받들어 권하노니 매년 함께 경전을 처음부터 끝까지 한 번 독송하시오. 나의 이 말에서 뜻을 알아차리면 두 손으로 (공손하게) 법을 전할 것이며, 존자가 한 말에서 뜻을 알아차리면 한 손으로 법을 전할 것이다.[29] 모든 선덕들은 이 두 가지 견해의 차이를 분별해 보라."

---

[28] 문밖의 길과~와닿지 않는다 : 『莊子』「逍遙遊」의 "大有逕庭, 不近人情."이라는 구절에 따른다. '逕'은 문밖의 길, '庭'은 집 안의 뜰이다.
[29] 나의 이~전할 것이다 : '두 손으로 전한다.'는 말은 스승보다 기량과 안목이 뛰어나 전수받을 만한 그릇이 된다는 뜻이며, '한 손으로 전한다.'는 말은 스승과 엇비슷하다는 말이다. 두 손으로 공손히 바칠 정도로 받는 사람의 덕이 더 높다는 표시이며, 한 손으로 전할 때는 서로 대등한 관계를 나타낸다. 『佛果擊節錄』22則(卍117, 468b14)에 '한

智海逸上堂, 擧此話云, "此語, 大甚迂廷, 不近人情. 忽若道勞而無功, 又作麽生? 者裏卽不然, 出息但隨衆緣, 入息而居陰界. 奉勸百千萬人, 每年共轉一遍. 於此見得, 兩手分付, 於彼見得, 一手分付. 諸禪德, 試請辨看."

설화

○ 반야다라 존자가 독송하지 않은 점을 비판한 말이니, 갖가지 대상을 따르고 음계에 머문다고 해서 무슨 잘못이냐는 뜻이다. 그러므로 지금 백천만 수많은 사람들이 한 번 경전을 함께 독송한다면 두 손으로 법을 전하리라고 한 것이다.

智海 : 嫌他尊者不轉經, 隨衆緣陰界, 有什麽過. 然則卽今百千萬人, 共轉一遍, 乃是兩手分付.

장로 종색長蘆宗賾의 상당

이 공안을 제기하고 "말해 보라! '이와 같은 경전(如是經)'이라 한 말은 무엇을 가리킬까?"라고 한 다음 잠깐 침묵하다가 말했다. "여기 있는 사람들의 콧구멍인데, 몇 사람이나 이 소식을 알까?"

長蘆賾上堂, 擧此話云, "且道! 如何是如是經?" 良久云, "時人鼻孔頭, 幾箇知消息."

손으로 전한다.(一手分付)'라는 구절에 '스승의 덕을 반으로 줄인다.(減師半德)'라는 착어를 달았고, '두 손으로 전한다.(兩手分付)'라는 구절에는 '전수받을 만한 자격이 있다.(方堪傳受)'라는 착어를 달았다. 이들 착어는 "견해가 스승과 비슷하면 스승의 덕을 반감하고, 견해가 스승을 넘어서야 비로소 법을 전수받을 만하다.(見與師齊, 減師半德 ; 見過於師, 方堪傳授.)"라는 구절을 활용한 것이다. 이것이 『百丈語錄』古尊宿語錄 1(卍118, 162b7)에는 백장百丈이 황벽黃檗에게 한 말로 되어 있고, 『臨濟錄』(大47, 506a5)에는 위산潙山이 앙산仰山에게 한 말로 되어 있다.

> 설화

○ 이와 같은 경전은 (콧구멍과 같이) 사람마다 모두 가지고 있지만, 단지 세상 사람들이 모르고 있을 뿐이라는 말이다.

長蘆:若如是經, 人人盡有, 只爲時人不知.

불인 지청佛印智淸의 상당

이 공안을 제기하고 말했다. "여러분, 말해 보라! 경전의 제목은 무엇을 말해 주고 있는가? 만일 경전의 제목이 가리키는 뜻을 알아차린다면 왕성王城(俗諦)이 은하수를 갈라놓을 것이며, 범우梵宇(眞諦)는 하늘 높이 치솟을 것이다. 구절과 게송의 문채는 종횡으로 걸림 없고 깊고 깊은 근본적 도리는 잘 드러나 있으니, 시종돈점始終頓漸[30]이 그 안에 모두 거두어지고 장藏·통通·별別·원圓의 교리 또한 이것을 벗어나서 별다른 법이란 없다. 이와 같이 안다면 용궁 가득한 법장法藏(龍宮海藏)[31]이 헤아릴 수 없이 많은 세계를 두루 아우르고, 금색 두루마리와 옥함(金軸琅函)에 담긴 경전이 별다른 곳에 있지 않을 것이다."

佛印淸上堂, 擧此話云, "諸人, 且道! 經題道箇什麽? 若也識得經題去, 則王城切漢, 梵宇排空. 句偈文彩縱橫, 理趣甚深顯現, 所以始終頓漸, 箇中盡已全收, 藏通別圓, 此外更無餘法. 如是見得, 龍宮海藏周沙界, 金軸琅函不在他."

---

30 시종돈점始終頓漸 : 교설을 포괄한다. 곧 시교始敎·종교終敎와 돈교頓敎·점교漸敎 등을 말한다.
31 용궁 가득한 법장法藏(龍宮海藏) : 바다의 용궁에 있는 보배 창고. 여기서는 바다와 같이 드넓고 깊게 모든 진리와 방편이 수록되어 있는 대장경을 비유한다.

> 설화

○ 왕성王城과 범우梵宇 : 진제와 속제를 상징한다. 이 이제二諦에 의거하여 시종돈점이라 한 것이다. 장·통·별·원에는 갖추지 않은 교설이 없다. 그러므로 티끌 하나마다 모두 나타나고, 국토마다 종횡으로 걸림 없으며, 모든 사람이 갖추어 낱낱이 원만하게 이루고 있는 것이다.

> 佛印 : 王城梵宇者, 眞諦俗諦也. 依此二諦, 則始終頓漸. 藏通別圓, 無不具足. 然則塵塵現現, 刹刹縱橫, 人人具足, 箇箇圓成.

법초法超의 평

"지해 본일은 반야다라가 '숨을 들이쉴 때 음계에 머물지 않고 숨을 내쉴 때도 갖가지 대상 어느 것에도 물들지 않는다.'라고 한 말이 문밖의 길과 마당 사이의 거리가 너무 먼 것과 같아서 보통 사람의 생각에는 가까이 와닿지 않는다고 여겨 '한 손으로 법을 전수하는 것과 같다.'라고 하였다. 옛날의 대사는 달마가 '막힘없이 트여 성스러움조차 없다.(廓然無聖)'라고 한 말을 현중현玄中玄[32]이라는 도리 속에 끌어들였다. 이 두 분의 노숙老宿은 마치 진흙에서 흙덩이를 씻듯이 쓸데없이 때를 씻어 내어 티를 구하고[33] 북을 두드리며 도망간 자식을 찾는 것[34]과 같았으니, 꿈에서라도

---

32 현중현玄中玄 : 임제 의현臨濟義玄이 제시한 삼현三玄 중 하나. 본체 중의 깊은 도리(體中玄), 구절 중의 깊은 도리(句中玄), 깊은 도리 중의 가장 깊은 도리(玄中玄) 등 세 가지이다.

33 진흙에서 흙덩이를~티를 구하고 : 일부러 혹은 과도하게 다른 사람의 과오를 들추어내는 것. 세구구반洗垢求瘢·취모색자吹毛索疵·취모세구吹毛洗垢 등과 같은 말이다. 『後漢書』「趙壹傳」, "좋아하는 이에게는 피부를 뚫어서라도 털을 내보여 자랑하게 하고, 미워하는 이에게는 때를 씻어 내면서까지 흉터를 찾아낸다.(所好則鑽皮出其毛羽, 所惡則洗垢求其瘢痕.)"; 『韓非子』「大體」, "터럭조차 불어 가면서까지 작은 흠을 찾지 않고, 때를 씻어 내면서까지 알기 어려운 일을 샅샅이 드러내 알리지 않는다.(不吹毛而求小疵, 不洗垢而察難知.)"; 『廣弘明集』 권13(大52, 184b10), "대심大心이란 칭호는 하열한 사람에게 붙이지 않는다. 그대가 때를 씻어 내 티를 구해 보지만 남위南威(춘추

조사의 뜻을 만나 볼 수 없으리라."

法超云, "本逸, 以般若多羅, 入息不居陰界, 出息不涉萬緣之語, 大甚逕延, 不近人情, 爲一手分付. 古師, 以達磨廓然無聖之語, 引玄中玄之內. 二老宿, 如土塊上, 洗垢求瑕, 擊鼓求亡子, 未夢見祖師之意."

[설화]

○ 지해 본일은 '반야다라 존자가 문밖의 길과 마당 사이의 거리가 너무 먼 것과 같아서 보통 사람의 생각과는 동떨어지게 되었다.'라고 생각했는데 이것은 (지해 본일이) 존자의 뜻을 제대로 알지 못했기 때문이다. 옛날의 대사도 그와 같았으니, 이것이 어찌 진흙에서 흙덩이를 씻듯이 쓸데없이 때를 씻어 내어 티를 구하고, 북을 두드리며 도망간 자식을 찾는 격이 아니겠는가!

法超語 : 智海, 謂尊者大甚逕庭, 不近人情, 是不知尊者意. 古師亦然, 豈

시대 진晉나라의 미인)의 고움을 훼손하지 못하고, 가슴 부여잡고 찡그리는 모습을 흉내낼지라도 서시西施(춘추시대 월나라의 미인)의 아리따움과 다투지 못한다.(大心之稱, 非爲下劣. 子雖洗垢求疵, 無損南威之麗, 捧心斅疾, 未變西施之姸.)"

34 북을 두드리며~찾는 것 : 『莊子』「天道」에 나오는 다음 고사에 따른다. "노담이 말했다. '아, 위태롭구나! 거듭해서 다시 겸애를 말하는 것은 너무나도 동떨어진 말이 아닌가! 사심을 없애려는 마음이 바로 사심인 것을.……선생도 본래 갖추어진 덕에 따라 행동하고 도를 따라 나아간다면 그것으로 충분할진대, 또 무엇 때문에 애써 인의를 내걸고 마치 북을 두드리며 잃어버린 자식을 찾듯 하는 것이오! 아, 선생은 사람의 참다운 본성을 어지럽히고 있습니다.'(老聃曰, '意, 幾乎! 復言夫兼愛, 不亦迂乎! 無私焉, 乃私也.……夫子亦放德而行, 循道而趨, 已至矣, 又何偈偈乎揭仁義, 若擊鼓而求亡子焉! 意, 夫子亂人之性也.')" 진고응陳鼓應은 "망자는 길을 잃어버린 사람이다.(亡子, 失迷的人.)", 성현영成玄英은 "큰북을 치면서 도망한 자식을 찾는다. 이 때문에 북소리가 크면 클수록 도망한 자식은 더욱 멀리 도망간다. 인의를 드러낼수록 도와의 거리는 더욱 멀어지니, 그렇게 해서는 얻을 도리가 없게 되는 것이다.(打擊大鼓而求覓亡子. 是以鼓聲愈大而亡子愈遠. 仁義彌彰而去道彌遠, 故無由得之.)"라고 주석하였다.

不是土塊洗垢求瑕, 擊鼓求亡子!

숭녕기崇寧琪**의 평**

"『심경』의 법을 주석하여³⁵ '마음이라는 경(心經)³⁶은 눈앞에 드러나 있는 한 생각을 가리키니, 반야라는 미묘한 마음이 그것이다.'³⁷라고 하였다. 어찌 600권본 『반야경』으로도 모두 해설할 수 없을 뿐이겠는가! 설령 대장경 전체라 할지라도 또한 그것을 남김없이 해설하는 데는 미치지 못한다. 그러므로 동인도의 27조인 반야다라는 '숨을 들이쉴 때도 음계 중 어디에도 머물지 않고~경전 백천만억 권을 독송하고 있습니다.'라고 한 것이다. 말해 보라! 칠종입제七種立題³⁸는 어떤 종류에 속하는가?" 게송으로 그 뜻을 읊는다.

반야바라밀이여
이 경은 색과 소리가 아니네
한역에서도 말을 잘못 옮겼고
범어도 억지로 이름 붙인 것
발 걷어 올리자 가을 달 밝고

---

35 심경주법心經注法을 특정한 책이라 단정할 정확한 전거는 찾을 수 없다.
36 마음이라는 경(心經) : 『般若波羅蜜多心經』이라는 책의 줄임말일 뿐만 아니라 마음(心) 자체를 하나의 경으로 본 것이다.
37 인용 전거는 불분명하다. 지욱智旭의 『般若波羅蜜多心經釋要』(卍41, 940a3) 첫 구절에 "이(般若)는 우리들 눈앞에 드러난 한 생각을 곧바로 가리킨 것이니, 조금이라도 마음이 있기만 하면 그것은 세 종류 반야 중 하나이다.(此直指吾人現前一念, 介爾之心, 卽是三般若也.)"라고 전제하고 이후 이 의미를 풀이하였는데, 본서의 대목과 유사하다.
38 칠종입제七種立題 : 천태종에서 모든 경전의 제목을 인人·법法·비譬 세 가지에 근거하여 세우는 방식. ①단인입제單人立題(『彌陀經』 등), ②단법입제單法立題(『涅槃經』 등), ③단비입제單譬立題(『梵網經』 등), ④인법입제人法立題(『文殊問般若經』 등), ⑤법비입제法譬立題(『妙法蓮華經』 등), ⑥인비입제人譬立題(『如來師子吼經』 등), ⑦구족입제具足立題(『大方廣佛華嚴經』 등).

창문 열자 새벽 공기 맑구나
만일 이와 같이 알아차린다면
제목[39]의 뜻 매우 분명해지리

崇寧琪, "心經注法曰, '心經者, 卽指現前一念, 般若妙心也.' 豈止六百卷, 不可詮注! 假使一大藏敎, 亦詮注不及. 故東印土二十七祖云, '入息不居陰界, 至萬億卷.' 且道! 七種立題, 今屬何種?" 頌曰, "般若波羅蜜! 此經非色聲. 唐言謾翻譯, 梵語强安名. 卷箔秋光冷, 開窓曙氣淸. 若能如是會, 題目甚分明."

설화
○ 가을 달과 새벽 공기라 한 말에 뜻이 없지 않다.

崇靈 : 秋光曙氣意不無.

---

39 '심경心經'이라는 경의 제목.

98칙 달마성제 達磨聖諦

본칙 달마 대사에게 양 무제[1]가 물었다. "성스러운 진리의 근본적인 이치는 무엇입니까?" "막힘없이 트여 성스러움조차도 없습니다." "짐과 마주하고 있는 자는 누구입니까?" "모르겠습니다." 무제가 말뜻을 알아차리지 못하자 달마는 마침내 강을 건너 위나라로 갔다.【분주 선소汾州善昭가 무제를 대신하여 말했다. "제자의 지혜가 얕습니다."】 무제가 이 문답을 들려주고 지공誌公[2]에게 묻자 지공이 말했다. "폐하, 이 사람의 뜻을 아셨습니까?" "모르겠습니다." "이 사람은 관음 대사[3]로서 (폐하께) 부처님의 심인心印[4]을 전했던 것입니다." 무제가 후회하며 사자를 보내어 돌아오라는 조칙을 내리려 하자 지공이 말했다. "폐하의 조칙은 말할 것도 없고, 나라 사람들이 모두 가서 청해도 그는 돌아오지 않을 것입니다."

---

1 양 무제梁武帝(464~549) : 남조 양나라를 건국한 초대 황제로 502년부터 죽을 때까지 황제의 자리에서 통치했다. 불교와 도교에 많은 관심을 가지고 있었을 뿐만 아니라 유학의 주요 전적에 대한 저술을 남기기도 하였다. 504년에 「捨道歸佛文」을 짓고 도교에서 불교로 귀의하였다고 한다.
2 지공誌公(418~514) : 남조 때 무제의 존경을 받았던 스님. 보지寶志(保志·保誌) 또는 보공寶公이라고도 한다. 무제는 지공을 신선 중의 신선으로 여기고 존숭했으며 궁성 출입을 자유롭게 허가하였다.
3 관음 대사觀音大士 : 관세음보살觀世音菩薩. '대사'란 ⑤ mahāsattva, ⓣ sems-dpaḥ-chen-po의 한역어 중 하나. 음사어는 마하살타摩訶薩埵이며, 마하살摩訶薩이라고도 한다. 경전에서는 일반적으로 둘을 합하여 보살마하살菩薩摩訶薩이라 하고, 음사어와 한역어를 합하여 보살대사菩薩大士라고도 한다. 본서 52칙 본칙 주석.
4 불심인佛心印은 심인心印·불인佛印·불조심인佛祖心印·조사심인祖師心印·법인法印 등이라고도 한다. 깨달은 마음을 근거로 삼아 확고하게 도장을 찍듯이 인가하는 것. '인'은 인가印可·인증印證을 뜻한다. 스승이 자신의 깨달은 마음을 표준으로 하여 제자의 깨달은 마음을 인가하는 것을 이심인심以心印心이라 하며, 이심전심以心傳心과 같은 뜻이다. 선종에서는 이것을 심인의 전수라 하며, 그 모범적 사례는 부처님의 염화拈華에 가섭이 미소微笑 지어 답했다는 일화이다. 이것이 문자와 교설에 의존하지 않고 마음으로 마음을 인가하여 전수한다는 이야기로 전해진다.

達磨大師, 因梁武帝問, "如何是聖諦第一義?" 曰, "廓然無聖." 帝云, "對朕者誰?" 祖曰, "不識." 帝不契, 祖遂渡江至魏.【汾州昭, 代云, "弟子智淺."】武帝, 擧問誌公, 誌公云, "陛下, 還識此人不?" 帝云, "不識." 誌公云, "此是觀音大士, 傳佛心印." 帝悔, 當遣使詔之, 誌公云, "莫道陛下詔, 闔國人去, 他亦不迴."

설화

● 본편[5]에 따르면 다음과 같다. "달마 대사는 바다를 타고 3년이 지나 남해에 도달했다. 광주廣州[6]의 자사刺史 소앙蕭昻이 주례主禮를 갖추고 맞이한 뒤 표表를 올려 무제에게 그 소식을 알렸다. 무제는 상주上奏한 글을 살펴본 다음 사자를 파견하여 조칙을 가지고 가서 영접하도록 하였다. 대통 원년(527) 9월 21일, 마침내 달마는 금릉金陵[7]에 이르렀다. 무제가 물었다. '짐은 즉위한 이래로 절을 짓고 경전을 베껴 쓰고 출가를 장려하는 등 헤아릴 수 없이 많은 불사를 했는데, 어떤 공덕이 있겠습니까?' '전혀 공덕이 없습니다.' '어째서 공덕이 없습니까?' '이러한 것은 죽은 다음 인간계와 천계에 태어나는 유루有漏[8]의 원인에 불과하니, 마치 그림자가 형체를 따라 다르게 나타나는 것과 같아서 비록 있더라도 진실하지 않습니다.' '참된 공덕이란 어떤 것입니까?' '바른 지혜는 미묘하고 원만하여 그 본체가 텅 비고 고요할 뿐입니다. 이와 같은 공덕은

---

5 『景德傳燈錄』 권3 「菩提達磨傳」(大51, 219a13).
6 광주廣州 : 중국 광동성의 성도省都. 주강珠江 삼각주 북쪽 끝 서강西江·북강北江·동강東江 등이 합류하는 지점에 위치한 화남華南 제일의 항구이자 무역 도시.
7 금릉金陵 : 양나라의 수도.
8 유루有漏 : 번뇌와 같은 말. 인계人界와 천계天界는 여섯 가지 윤회(六道輪廻)의 형식 중 선한 업을 쌓아서 얻는 것이기는 하지만, 여전히 윤회의 굴레에 속박된 고통의 세계에 불과하므로 유루라 한다. 무제의 선행善行도 이 범주에 들어가기 때문에 근본적 괴로움을 수반하는 '유루의 원인'이라 한 것이다.

세속적 힘으로는 구할 수 없습니다.' '성스러운 진리의 근본적인 이치는 무엇입니까?' '막힘없이 트여 성스러움조차도 없습니다.'라고 운운하였다." 이것[9]은 두 번째 물음이었던 것이다.

[聖諦] 本篇云, "達摩師泛重溟, 凡三周寒署, 達于南海. 廣州刺史蕭昂, 具主禮迎之, 表聞武帝. 帝覽奏, 遣使賫詔迎請. 大通元年, 九月二十一日, 初至金陵. 帝問, '朕, 卽位以來, 造寺寫經度僧, 不可勝記, 有何功德?' 曰, '竝無功德.' 曰, '何以無功德?' 曰, '此是人天有漏之因, 如影隨形, 雖有非實.' '如何是眞功德?'[1) 曰, '正智妙圓, 體自空寂. 如是功德, 不以世求.' 又問, '如何是聖諦第一義?' 曰, '廓然無聖.' 云云." 此是第二問也.

1) ㉠ '如何是眞功德' 앞에 '曰'이 탈락되었다.

● 성스러운 진리의 근본적인 이치(聖諦第一義) : 성스럽다(聖)는 말은 바르다(正)는 뜻이고, 진리(諦)는 진실(實)을 나타낸다. 곧 바르고 진실한 근본적인 이치를 말한다. 또한 성인이 진실로 증득證得한 이치를 '성스러운 진리의 근본적인 이치'라 한다. 또한 성인이 증득한 진리이므로 성제聖諦라 하고, 가장 존귀하고 더 이상의 것이 없으므로(無上) 제일第一이라 한다.

聖諦第一義者, 聖者正也, 諦者實也, 則正實第一義. 又聖人之所諦證之義曰, 聖諦第一義. 又聖人所證之諦, 故曰, 聖諦. 最尊無上, 故曰, 第一.

● 무제가 이렇게 물은 까닭은 무엇인가? 요진姚秦 시대에 여러 종파의 사

---

[9] 본칙에서 양 무제가 달마 대사에게 '성스러운 진리의 근본적인 이치는 무엇이냐?'라고 한 물음은 '어떤 공덕이 있느냐?'라고 한 물음에 이어 두 번째로 한 물음이라는 말이다.

람들이 제일의제第一義諦의 의미를 밝히면서 "막힘없이 트여 텅 비고 고요하니 성인조차도 없다."라고 하자 당시 요진의 황제가 이 말을 가지고 승조僧肇 법사에게 물었다. "이 말은 문밖 길과 마당 사이의 거리가 너무 먼 것과 같아서 보통 사람의 생각에는 가까이 와닿지 않는다.[10] 만약 성인조차 없다면 그렇게 없다고 아는 자는 누구인가?" 법사가 황제의 질문[11]을 받들어 답변했다. "진실로 현명한 질문 그대로 옳은 말씀입니다.[12] 만약 성인이 없다면 누가 도道와 노닐 수 있겠습니까?"[13] 따라서 '없다고 아는 자는 누구인가?'라고 물은 말은 요진 시대에 거론되었던 문답에 근거하여 (무제가) 당시의 논의에서 (달마에) 대적하기 위하여 변론한 말이 아닐까?

● 『벽암록』에는 이렇게 전한다.[14] "무제가 가사를 입고 스스로 『방광반야경放光般若經』을 강설하던 중에 하늘에서 꽃이 흩날리고 땅은 황금으로 변화하는 감응을 얻고서 도교를 가려내고 불교를 받들었다.[15] 천하에 조칙을 내려 절을 세우고 출가를 장려하고 경전의 말씀에 따라 수행하도록 하니 당시 사람들이 그를 불심천자佛心天子라 불렀다. 또한 무제는 누약법사婁約法師[16]와 부대사傅大士[17] 그리고 소명태자昭明太子[18] 등

---

10 본서 97칙 '지해 본일의 상당' 주석 참조.
11 조詔가 여기서는 질문을 뜻하지만 본래는 황제의 명령을 나타내는 말이다. 황제의 질문에는 대답하지 않을 수 없는 명령과 같은 속성이 있으므로 '조'라 한 것으로 보인다.
12 『注肇論疏』권4(卍96, 309a1), "논주(승조)가 찬탄한 말이다. 왕이 내린 명령의 말을 조라 하는데, 그 말의 뜻이 명백했기 때문이다.(論主歎也. 王言曰詔, 詔旨明白故.)"; 『肇論略註』권5(卍96, 623b10), "진실로 현명한 질문 그대로 옳은 말씀입니다, 옳은 말씀입니다.【이 말은 논주가 요진 황제가 펼친 담론이 타당함을 인가한 까닭에 두 번이나 이렇게 찬탄한 것이다.】(實如明詔, 實如明詔.【此論主印可, 秦王有理之談當理, 故再稱之.】)"
13 여러 종파의~수 있겠습니까 : 이 내용은 『肇論』「涅槃無名論」(大45, 157b14)에 나온다.
14 『碧巖錄』1則「本則 評唱」(大48, 140b6).
15 도교를 가려내고 불교를 받들었다(辨道奉佛) : 보통은 '도교를 버리고 불교를 받든다'는 뜻의 사도봉불捨道奉佛이라 한다. 『歷代編年釋氏通鑑』권5(卍131, 834a10)에 따르면, 양 무제는 천감 3년(504) 4월 8일 도속 2만여 명을 이끌고 중운전重雲殿에서 사도봉불의 원문願文을 지었다고 한다.

과 함께 진속이제眞俗二諦에 대하여 토론하면서, '진제眞諦로써 있지 않음(非有)을 밝히고 속제俗諦로써 없지 않음(非無)을 밝히니,[19] 진제와 속제가 둘이 아닌 경계가 제일의제이다.'라고 말하였다. 이것이 바로 교가敎家가 주장하는 미묘하고 깊은 궁극적 경지이니, 무제는 이렇게 '더 이상 나아갈 수 없는 궁극의 진리(極則處)'를 집어내어 달마에게 '성스러운 진리의 근본적인 이치는 무엇입니까?'라고 질문한 것이다." 곧 당시로서는 극치의 논의였기 때문에 이렇게 물었던 것이다. '막힘없이 트여 성스러움조차도 없다.'라는 달마의 말은 요진 시대에 논의되었던 일반적인 뜻과는 현격하게 차별되어 동일하지 않다.

- 부산 법원浮山法遠[20]이 말했다. '제일의제에 대하여 여러 교가에서는 일승一乘이라 하기도 하고 삼승三乘이라 주장하기도 했다. 그러나 달마가 「막힘없이 트여 성스러움조차도 없습니다.」라고 한 말이나 「모르겠습니다.」라고 한 말에 근거한다면, 무엇 때문에 삼승이다 일승이다 상관하면서 마음의 근원을 곧바로 가리킨다거나, 본래 그 무엇도 없다거나, 범부와 성인이 다르지 않다거나, 옛날과 오늘에 이르기까지 단절도 없고 소멸도 없다거나 하고 말하겠는가!'[21]

- 또 『벽암록』[22]에서 "세상의 선수행자들 그 누구도 이 말의 굴레에서 훌

---

16 누약법사婁約法師 : 『續高僧傳』 권6(大50, 468b21), "석 혜약의 자는 덕소이고 성은 누이다. 동양 오장 출신이다.(釋慧約, 字德素, 姓婁. 東陽烏場人也.)"
17 부대사傅大士(497~569) : 남조 양나라 때 선사. 이름은 흡翕, 자는 현풍玄風, 호는 선혜善慧. 지공誌公(寶誌)과 함께 양대梁代의 이대사二大士라 불린다. 『心王銘』・『還源詩』 등의 저술과 어록인 『善慧大士錄』 4권을 남겼다.
18 소명태자昭明太子 : 양 무제 소연蕭衍의 아들이며 자는 덕시德施, 이름은 통統이다. 『文選』 30권을 편찬한 것으로 알려진 인물이다.
19 출전은 『肇論』 「不眞空論』(大4, 152b17)이다.
20 부산 법원浮山法遠(991~1067) : 송나라 때 임제종 선사. 하남성 정주鄭州 출신으로 삼교 지숭三交智嵩 문하에서 출가했다가 하남성 광교원廣敎院의 섭현 귀성葉縣歸省의 법을 계승했다.
21 전거 미상.

쩍 벗어나지 못하자 달마가 단번에 칼을 휘둘러 두 토막을 내 주었던 것인데, 지금도 많은 사람들이 잘못 이해하고 있다."²³라고 했다. 그러므로 달마의 말을 착각해서는 안 될 것이다.

武帝伊麼問何也? 姚秦之時, 諸家通第一義諦云, "廓然空寂, 無有聖人." 時, 秦皇持此語, 問肇法師, "此語大甚徑庭, 不近人情. 若無聖人, 知無者誰?" 法師奉詔云, "實如明詔聖諦.¹⁾ 若無聖人, 誰與道遊?" 知無者誰, 則姚秦之時所論, 當時所論對辯耶? 碧巖云, "武帝被袈裟, 自講放光般若, 感得天花亂墜, 地變黃金, 辦道奉佛. 詔天下起寺度僧, 依敎修行, 時人謂之佛心天子. 又帝與婁約法師‧傅大士‧昭明太子, 持論眞俗二諦云, '眞諦以明非有, 俗諦以明非無, 眞俗不二處, 是第一義諦.' 此是敎家極妙窮玄處, 帝拈此極則處, 問達摩, '如何是聖諦第一義?'" 則當時極論故問也. 廓然無聖語, 則姚秦之時所論一般意, 則迥異不同也. 浮山遠云, '第一義諦, 諸家所論, 或一或三. 若依達摩所道廓然無聖, 又道不識, 則何關三一, 而論直指心源, 本來無物, 凡聖無殊, 亘古亘今, 無斷無滅!' 又碧巖云, "天下衲僧跳不出, 達摩與他一刀兩斷, 如今多少人錯會也." 然則莫錯會好.

1) ㉠ '聖諦' 두 글자는 연문衍文인 듯하다. 『肇論』에는 '實如明詔'라는 구절을 두 번 반복하여 황제의 질문을 칭송한 것으로 되어 있다. 주 12 참조.

● 짐과 마주하고 있는 자는 누구입니까 : 만송 행수萬松行秀가 말한다. "콧구멍 안에 이빨이 있다고 착각하는구나."²⁴

---

22 앞의 『碧巖錄』 인용에서 이어지는 구절이다. 『碧巖錄』 1則 「本則 評唱」(大48, 140b17).
23 '성스러운 진리의 근본적인 이치'라는 오래 묵은 말에 집착하여 벗어나지 못하는 수행자들을 위해서 '막힘없이 트여 성스러움조차도 없다.'라고 하는 비수와 같은 한마디 말로써 그 굴레를 절단 내 버렸다. 그럼에도 불구하고 여전히 이전의 관념을 소굴로 삼아 벗어나지 못하고 달마의 말만 이상하게 생각한다는 뜻이다.
24 『從容錄』 2則(大48, 228b13)의 「著語」. '認認'은 오인誤認 또는 착각의 뜻이다. 글자 그대로 입속에 있는 치아를 콧구멍에서 찾는다는 말로서 전혀 사리에 맞지 않음을 뜻한다.

- (달마가 한 말) 모르겠습니다 : '막힘없이 트여 성스러움조차도 없다.'라는 말과 같은 뜻이다. 남에게 전하려면 속속들이 모두 전해야 한다[25]는 입장이다.
- 무제가 말뜻을 알아차리지 못했다 : 네모난 나무는 둥근 구멍에 들어가지 못한다.[26]
- 강을 건너 위나라로 갔다 : 속뜻을 알아주는 벗을 만나지 못했으니 '지금 이후로는 다른 사람의 뜻을 알아채도, 갈대숲으로 깊숙이 들어가 고개 돌려 보지 마라.'【시〈영로詠鷺〉】[27]
- '나라 사람들이 모두 가서 청해도 그는 돌아오지 않을 것입니다.'라고 한 지공의 말 : 달마가 돌아오지 않을 것이라는 사실을 알 뿐만 아니라, '막힘없이 트여 성스러움조차도 없다.'는 말과 '모르겠습니다.'라고 한 대답에 숨은 소식을 거듭 무제에게 나누어 일러 준 것이다.

對朕者誰者, 萬松云, "鼻孔裏認邪.[1)]" 不識者, 廓然無聖一般, 爲人須爲徹. 帝不契者, 方木不入圓竅. 渡江至魏者, 不値知音, 自今已後知人意, 深入 蘆花不點頭.【詠鷺詩】誌公云, 闔國人去, 他亦不迴者, 非唯知他不來, 廓然 無聖不識處消息, 重爲他分拆.

1) ㉠ '邪'는 '牙'의 오식이다.

---

25 남에게 전하려면~전해야 한다 : 상대의 수준을 고려하여 방편으로 친절하게 많은 말을 늘어놓지 말고 오로지 본분에 충실하여 '모르겠습니다'라는 대답과 같이 곧바로 궁극의 뜻을 전해 주어야 한다는 말이다.
26 이 또한 만송 행수의「著語」이다. 위의 책 참조. 본분을 원만히 깨달은 달마의 마음에서 나온 말이 시대의 편견에 치우친 무제의 모난 분별에는 들어맞지 않는다는 뜻이다.
27 본서 533칙 '자수 회심의 소참'에는 "自今已後知人意, 深入蘆花不轉頭."로 실려 있다. 첫 구절은 두보의 〈三絶句〉 중 두 번째 수 전구轉句와 일치한다. 세주에 '詠鷺詩'라 한 것도 이와 관련된 것으로 보인다. "문밖 가마우지 가고는 오지 않더니, 모래톱에 홀연 나타나 의심스러운 눈으로 서로 바라보네. 지금 이후로 마음 알게 된다면, 하루에도 백 번은 오리라.(門外鸕鶿去不來, 沙頭忽見眼相猜. 自今已後知人意, 一日須來一百回.)"

● 지공誌公은 송나라 때인 태시太始 초년[28]에 태어나 천감 13년(514)에 입멸하였다. 지공이 입멸한 뒤 13년이 지나[29] 달마가 중국에 왔는데 달마와 동시대에 만났다는 것은 어찌 된 일인가? 신라 이정 대덕利貞大德[30]의 비문碑文에 다음과 같이 전한다. "지공은 양주楊州의 개선사開善寺【신라 소재】에 때로는 한 달에 한 번 혹은 일 년에 한 번 와서 이정과 마주 앉아 이야기를 나누었다." 이 기록을 보자면 성인聖人이 출몰한 시기는 단정하기 어렵다.

誌公, 生宋太始初, 入滅於天鑑十三年. 誌公滅後十三年, 達摩始來, 達摩同時, 何也? 新羅利貞大德碑銘云, "誌公, 於楊州開善寺,【在新羅】或一月或一年來, 坐對利貞." 見之則聖人出沒難定也.

설두 중현雪竇重顯**의 송** 雪竇顯頌

성스러운 진리 막힘없이 트였으니	聖諦廓然
언제쯤에나 그 핵심 가려내리오[31]	何當辨的
짐과 마주하고 있는 자 누구냐 물으니	對問[1)]者誰
도리어 모른다고 답하였네	還云不識
이로 인해 남몰래 강 건너가 버리니	因玆暗渡江
가시덤불만 무성하게 자라게 하였구나[32]	豈免生深棘

---

28 태시 초년이라 하면 465년 이후 몇 년간이라는 뜻이지만, 지공이 태어난 418년은 의희義熙 14년에 해당하므로 잘못 기입한 것으로 보인다.
29 대통 원년(527) 9월 21일.
30 이정 대덕利貞大德: 이정利貞 또는 이정리貞이라고도 한다. 신라 말기의 스님으로 순응順應과 함께 애장왕 3년(802)에 해인사海印寺를 창건했다. 순응을 따라 당나라로 갔다가 지공의 『踏山記』를 구해서 돌아왔다.
31 언제쯤에나 그 핵심 가려내리오: 『直註雪竇頌古』 권상 「著語」(卍117, 508a12), "이것 확 트인 듯이 드러났는데, 더 가려낼 여지가 있는가?(這箇廓然, 有何所辨?)"
32 가시덤불만 무성하게 자라게 하였구나: 달마가 한 말로 인해서 이러니저러니 세상 사

나라 사람들 모두 뒤쫓아 가도 다신 오진 않으리라 하니	闔國人追不再來
천 년이고 만 년이고 부질없이 생각에 담아 두게 했구나	千古萬古空相憶
생각에 담아 두지 말지니라	休相憶
온 누리에 부는 바람에 무슨 끝이 있으리오³³	淸風匝地有何極

1) ㉮ '間'은 '朕'의 오기이다.

송을 마치고, 주변을 돌아보면서 "이곳에 조사(달마)가 있는가?"라고 말한 뒤 스스로 대답했다. "저기 있구나! 그를 불러서 나의 발을 씻게 하라."

師顧視左右云, "者裏還有祖師麼?" 自云, "有! 喚來與老僧洗脚."

설화

○ 성스러운 진리~부질없이 생각에 담아 두게 했구나 : 성스러운 진리의 막힘없이 트인 본질과 '모르겠습니다.'라고 한 대답의 뜻까지 속속들이 밝힌 것이다. 이와 같이 맑은 바람이 부는데 무슨 끝이 있겠는가?

람들이 공연한 생각만 일으키게 되었다는 말. 『老子』 30장, "군대 주둔한 곳에 가시덤불 자라고, 대군 일으킨 후에는 흉년이 들기 마련이다.(師之所處, 荊棘生焉, 大軍之後, 必有凶年.)"

33 온 누리에~끝이 있으리오 : 막힘없이 트여 한계가 없이 바람처럼 돌아다니는 달마 대사의 면모를 나타낸 구절이다. 『直註雪竇頌古』 권상 「著語」(卍117, 508a15), "한 줄기 맑은 바람이 천지 어디에나 두루 불건만 또 다른 무엇이 있다고 다시 후회하랴?(一段淸風, 普天匝地, 更有其誰, 而又却悔?)"; 『碧巖錄』 1則 「頌 著語」(大48, 141a7), "짐작대로다. 대단한 설두여! 풀밭에서 뒹구는구나.(果然. 大小雪竇! 向草裏輥.)" 온 나라 사람들이 쫓아가도 다시 돌아오지 않으리라고 한 지공의 말을 부정한 것이다. 세상천지 어디에나 부는 바람에 달마를 비유한 까닭도 여기에 있다. 그런 의미에서 본다면 달마는 중국에 온 적도 없고 인도로 다시 떠난 적도 없다.

○ 이곳에 조사(달마)가 있는가~나의 발을 씻게 하라 : 만약 바른 안목으로 살펴본다면 달마도 완전하지는 못했다는 뜻이다. 이 아래에서 운거 요원이 '오로지 양나라 왕만이 장부다웠다.'라고 한 말과 통한다.

雪竇 : 聖諦至相憶者, 深明聖諦廓然, 又道不識之意. 然則淸風有何極? 這裏還有祖師麽云云者, 若也着得眼睛, 便不是了也. 下雲居, 只有梁王是丈夫之意.

대홍 보은大洪報恩의 송 大洪恩頌

성스러운 진리 막힘없이 트였으나	聖諦廓然
어떻게 그것을 가려내 알아차릴꼬	如何辨識
빈틈없이 척척 들어맞는구나[34]	築著磕著
헤아릴 수 없이 많은 도리를	百千萬億
한 구절로 넌지시 전하고 나서	一句謾相傳
9년 동안 공연히 면벽만 했다네	九年空面壁
흥이 다 사라지자 다시 떠돌던 옛 시절 그리워	興盡還思舊日遊
남몰래 신발 한 짝만 끌고서 인도로 돌아갔다네[35]	暗携隻履歸西國

---

[34] 빈틈없이 척척 들어맞는구나 : 마치 빈틈없이 벽돌이 쌓이거나(築著) 두 개의 돌이 빗나가지 않고 서로 정확히 부딪히는 것(磕著)과 같이 정확하게 진실에 부합하는 말이라는 뜻. 『潙山語錄』(大47, 579a28), "장산근(蔣悟克勤)이 말한다. '거문고 퉁기면 곡조를 알아듣고, 잎이 떨어지면 가을 온 줄 아니, 예부터 지금까지 빈틈없이 척척 들어맞는다.'(蔣山懃云, '動絃別曲, 葉落知秋, 自古自今, 築著磕著.')"

[35] 남몰래 신발~인도로 돌아갔다네 : 본서 37칙 본칙 설화 주석 참조. 도교 신선사상의 영향도 보인다. 곧 『抱朴子』 권2 「論仙」 등에도 죽어서 관 속에 의관衣冠이나 죽장竹杖 등의 흔적만 남겨 두고 시체를 없애는 이소군李少君과 이의기李意期 등 도사들의 이야기가 나온다. 이러한 신선의 경지를 시해선屍解仙이라 하는데, 이렇게 도교의 신선사상과 달마 대사를 연결한 결과 때때로 달마 대사가 도교 안에서도 최고의 신선 중 하나로 추앙받는다거나 달마 대사의 이름에 의탁한 도교 전적이 창안되는 경우가 있었다.

【짚신을 바싹 졸라매어야 하리라.】 　　　　　　　　　　【繫悄¹⁾草鞋.】

1) ㉠ '悄'는 '峭'의 오기이다.

운거 요원雲居了元의 송 雲居元頌
쯧쯧, 서쪽에서 온 푸른 눈의 이방인이여　　　　咄咄西來碧眼胡
확연무성이라 하고 또 쓸데없는 시도를 하였네　　廓然無聖更多圖
9년 동안 좌선하며 다 건져 내어 보았지만　　　九年端坐撈籠盡
사람 중에는 양나라 왕만이 장부다웠다네　　　　人有梁王是丈夫

천복 본일薦福本逸의 송 薦福逸頌
막힘없다는 화살 한 발 하늘 멀리 날아가고　　　廓然一鏃遼空
모르겠다는 송곳 거듭 바닥으로 꽂혔다네　　　　不識重下錐刺
양 무제가 달마 간 곳 몰랐던 이후로　　　　　　梁帝不知何處去
천년만년 동안 아무 소식도 없구나³⁶　　　　　千古萬古無消息

법진 수일法眞守一의 송 法眞一頌
기틀에 맞게 눈앞에서 보여 주었건만³⁷　　　　當機覿面提
양 무제는 오히려 모르고 지나쳤도다　　　　　梁武尙猶迷
신발 한 짝 신고 부질없이 돌아갔으니　　　　　隻履空歸去
다시 총령³⁸을 넘어 서쪽으로 간 것이라　　　還從蔥嶺西

---

36 천년만년 동안~소식도 없구나 : 막힘없다(廓然)거나 모르겠다(不識)는 달마의 말에 아무런 분별의 단서가 없다는 뜻을 소식이 없다(無消息)고 했다.
37 기틀에 맞게~보여 주었건만 : 근기와 상황에 합당하게(當機) 본분을 곧바로 눈앞에서 들어 보이는 방법. 달마가 일정한 규격에 얽매이지 않고 양 무제의 말이나 그 현장의 조건에 부합하는 말을 이용하여 드러내었던 전광석화와 같은 솜씨를 말한다. 본서 294칙 본칙, 739칙 '심문 담분의 거' 첫 구절 및 주석 참조.
38 총령葱嶺 : '총령蔥嶺'으로도 쓴다. 중앙아시아 파미르고원 일대. 중국에서 서역으로

천동 정각天童正覺의 송 天童覺頌

막힘없이 트여 성스러움조차도 없다고 하니	廓然無聖
듣는 사람의 근기가 그 말과는 너무 멀었도다[39]	來機徑廷
알았다면 코를 상하지 않고 도끼 휘두른 격이겠지만[40]	得非犯鼻而揮斤
몰랐다면 돌아보지 않아도 시루는 떨어져 깨졌으리[41]	失不迴頭而墮甑
고요히 소림사에서 번뇌 식히고 좌선하며[42]	寥寥冷坐少林
묵묵히 엄정한 법령 남김없이 들어 보였네	黙黙全提正令
가을의 밝은 달은 서리바퀴[43] 굴리고	秋淸月轉霜輪

가는 교통로였다.

39 내기경정來機徑廷 : '내기'는 배우러 찾아온 사람으로 여기서는 양 무제, '경정'은 『莊子』「逍遙遊」의 구절. 본칙 설화에서 "문밖 길과 마당 사이의 거리가 너무 먼 것과 같아서 보통 사람의 생각에는 가까이 와닿지 않는다."라고 한 내용 참조. 양 무제의 편견으로는 달마의 막힘없이 트인 선기禪機를 이해하기에는 거리가 너무 멀었다는 말이다.

40 코를 상하지~휘두른 격이겠지만 : 『莊子』「徐無鬼」에 나오는 고사. 도끼를 휘둘러 코에 묻은 흙을 떼어 냈지만 코는 다치지 않았다는 이야기이다. 본서 16칙 '천동 정각의 상당' 주석 참조.

41 돌아보지 않아도~떨어져 깨졌으리 : 달마 대사가 양 무제의 무지를 돌아보지 않고 떠나 버린 것을 맹민孟敏의 고사로 밝힌 구절이다. 『後漢書』「孟敏傳」에 따르면, 한나라 때 맹민이 태원太原에 머물 적에 시루를 짊어지고 가다가 땅에 떨어뜨렸지만 돌아보지도 않고 가 버렸다. 곽임종郭林宗(郭泰)이 그 광경을 보고 까닭을 묻자 "시루가 이미 깨어졌으니 쳐다본들 무슨 소용이 있겠는가!(甑以破矣, 視之何益!)"라 대답했다고 한다. 이미 지나간 일에 대해서는 뒤돌아보아도 소용이 없다는 뜻을 비유한다.

42 번뇌 식히고 좌선하며 : 냉좌冷坐는 번뇌 망상의 열기를 식히고 몸과 마음을 다스리며 좌선하는 것을 말한다. 정념단좌正念端坐 또는 정신단좌正身端坐 등과 같다. 소림사에서 9년 동안 면벽 좌선했다는 설에 기초한 말이다. 면벽 좌선했다는 말은 『歷代法寶記』(774년)·『寶林傳』(801년)·『祖堂集』(952년) 등에는 보이지 않고, 달마로부터 약 450년이 지나 출간된 『宋高僧傳』(988년)에서 처음으로 나타난다. 『宋高僧傳』 권13(大50, 789c8) 참조.

43 상륜霜輪은 월량月亮과 같은 말로 '달(月)'을 가리킨다. 주로 밝은 빛이라는 측면에서 '달'을 나타내는 말이다. 달빛이 밝지만 태양에 비하여 상대적으로 차갑게 느껴지는 이 이미지를 '서리(霜)'로 표현한 것이다. 결국 '달이 달을 굴린다'라는 말이 되므로 둥근 달

맑은 은하수의 북두성 밤의 국자 드리웠다	河淡斗垂夜柄
대대로 이어 가사와 의발 후손에게 전하니	繩繩衣鉢付兒孫
이로부터 인계와 천계에 약과 병이 되었네	從此人天成藥病

보녕 인용保寧仁勇의 송[44] 保寧勇頌

온통 붉게 달구어 망치 한 방 내리치니	燒得通紅打一鎚
무수히 에워싼 불티가 별처럼 날린다네	周遭無數火星飛
완전하고 아름답게 다듬어 놓은 금강석[45]	十成好箇金剛鑽
문 앞에 펼쳤으니 누구에게 팔아넘길까	攤向門前賣與誰

삽계 일익霅溪日益의 송 霅溪益頌

근본적인 이치라	第一義
텅 비고 고요하여 상제[46]도 넘어서네	廓兮寥兮超象帝
여러 해 동안 달력을 보지 않았거늘	不把多年曆日看
무슨 수로 춘분과 하지 분간하리오	爭辨春分幷夏至
요동 백학[47] 승천한 뒤 종적 없는데	遼東白鶴去無蹤

이 스스로 돌며 움직이는 것을 시적으로 표현한 말이다.

44 대장장이가 망치질을 하여 금강과 같이 단단한 송곳을 만드는 그 수단을 달마의 화두에 비유한 송이다. 그 송곳을 무제에게는 팔지 못하여 사 갈 사람을 기다리는 달마가 묘사되어 있다.

45 금강찬金剛鑽은 단단한 물질을 뚫는 데 쓰이는 금강석金剛石을 말한다. 달마가 아무나 사 가라고 아낌없이 그대로 펼쳐 놓은 금강석과 같은 보물을 가리킨다. '확연무성廓然無聖'과 '불식不識' 등이라고 숨김없이 드러낸 그 진실을 말한다.

46 상제象帝 : 만물을 주재하는 조물주. 천제天帝와 같다. 『老子』 4장에 나오는 말. "나는 도道가 누구의 자식인지 모르지만, 그것은 상제보다 먼저 있었다.(吾不知誰之子, 象帝之先.)"

47 요동 백학遼東白鶴 : 신선의 경지를 얻은 다음 학이 되었다는 요동 출신 정영위丁令威를 가리킨다. 도잠陶潛의 『搜神後記』 권1에 따르면, 정영위가 영허산靈虛山에서 신선술을 익히고 학이 되어 요동에 돌아왔는데, 어떤 소년이 활로 쏘려고 하자 날아서 공중을 돌면서 "나는 고향을 떠난 지 천 년이 지나 돌아온 정영위이다. 어찌 신선술을 배우

삼산⁴⁸이 공연히 하늘 밖에 떨어진다　　　　　　　三山空落靑天外

승천회의 송 承天懷頌

남천축국 보살⁴⁹의 두 눈동자는 푸르고　　　　　南天大士雙眸碧
양나라 어진 왕의 남다른 눈 밝기도 하네⁵⁰　　　梁土賢王隻眼明
불식과 확연이라는 말 쓸모없어진 곳에　　　　　不識廓然無用處
쓸쓸한 발자취⁵¹ 부끄럽게 남기고 서경⁵²을　　　孤蹤慚懼過西京
떠나갔다네

불감 혜근佛鑑慧勤**의 송** 佛鑑勤頌

누각에서 울린 외마디 종소리 듣자마자　　　　　始聞樓閣一聲鐘
따뜻한 햇볕에 창룡⁵³은 깊이 잠들었네　　　　　日煖蒼龍睡正濃
봉황대⁵⁴에 걸린 북을 다시 쳤음에도　　　　　　再擊鳳凰臺上鼓

지 못하여 성곽에는 무덤만 첩첩이 쌓였는가!"라고 말한 뒤 하늘 높이 올라갔다고 한다.
48　삼산三山 : 신선들이 산다는 봉래산蓬萊山·방장산方丈山·영주산瀛洲山 등 세 산이다. 삼도三島라고도 한다. 본서 99칙 '개암붕의 송' 주석 참조.
49　대사大士는 보살의 한역어.
50　남천축국 보살~밝기도 하네 : 푸른 눈동자(碧眼·碧眸)는 달마 또는 진리를 꿰뚫어 보는 안목을 나타내고, 남다른 눈(隻眼)은 남들에게 없는 탁월한 제3의 눈을 말한다. '불식不識'과 '확연廓然'이라는 달마의 소식을 전혀 알아채지 못했던 양 무제의 확고하지만 치우친 안목을 남다르다고 역설적으로 표현하면서 동시에 '외눈박이'라는 이중적 뜻으로 쓰고 있다.
51　고종孤蹤은 달마의 선지禪旨를 말한다. 아무도 알아주지 않아 쓸쓸하기만 했던 선구자의 발자취를 나타낸다.
52　서경西京 : 달마 대사의 거처인 소림사가 이곳에 있었다. 서한西漢의 도읍인 장안長安을 말한다. 동한東漢 때는 낙양洛陽이라 불렸다. 이에 따라 낙양을 동경東京이라 하고, 장안은 서경이라 한다.
53　창룡蒼龍 : 전설상의 상서로운 청룡靑龍. 양 무제를 비유한 말이다.
54　봉황대鳳凰臺 : 궁궐의 누대樓臺. 양 무제와 달마가 문답을 나누었던 궁궐을 가리키며, 특정한 곳을 가리키는 고유명사는 아니다.

한밤이라 상서로운 난새[55] 날 조짐 없네[56]	夜半祥鸞未飛舞
황제 앉은 터 끝내 견고하여 반석 같으니	帝基永固如磐石
달마의 평생 기력만 다 소모하고 말았네	胡僧費盡平生力
저 멀리 소림사 가리키며 되돌아가는데	遙指少林歸去來
봄바람에 한 줄기 길엔 흩어진 꽃잎들[57]	春風一徑花狼藉

혼성자의 송 混成子頌

막힘없이 트여 성스러움조차 없다는 말 아는 사람 드물고	廓然無聖信人稀
모르겠다는 거듭된 가르침에 담은 대기[58]도 잃고 말았다네	不識重敎失大機
면벽 9년 동안 원통함과 괴로움 극도에 이르렀거늘	面壁九年寃苦極
어찌 신발 한 짝만 신고 다시 서쪽으로	那堪隻履又西歸

---

55 난새(鸞) : 봉황의 일종이다.
56 누각에서 울린~조짐 없네 : 여기까지는 종소리나 북소리처럼 울린 달마의 말을 듣고도 그 본의를 깨치지 못해 어떤 감흥도 일으키지 못했던 양 무제를 묘사한 장면이다.
57 봄바람에 한~흩어진 꽃잎들 : 달마가 전한 소식이 그의 말을 넘어서 곳곳에 흩어져 있다는 상징. 『虛堂語錄』 권2(大47, 993c10), "학인이 허당에게 물었다. '학인에게 소식을 드러내 주시겠지요?' '소쩍새 우는 곳마다 꽃잎이 곳곳에 흩어진다.'(僧云, '還許學人露箇消息也無?' 師云, '杜鵑啼處花狼藉.')"; 『偃溪廣聞語錄』 권상(卍121, 272a9), "중양절重陽節에 대장경을 관리하는 두 소임에게 감사하는 뜻으로 법좌에 올라앉아 말했다. '인간세 9월 9일, 선재동자가 떠난 뒤로 아무 소식도 없다. 하지만 어찌 문 앞의 풀이 본디 푸르렀던 봄소식에 그치겠는가! 지금 국화가 바닥 가득 흩어져 있구나. 대승의 장경이거나 소승의 장경이거나 육조는 이해하지 못했고 달마는 몰랐다.' 불자로 선상을 치고 말했다. '모두가 이 안에서 흘러나온다.'(重九, 謝兩藏主, 上堂, '人間九月又九日, 善財去後無消息. 何止門前草自靑! 黃花滿地成狼藉. 六祖不會, 達磨不識, 大藏小藏.' 以拂子擊禪牀, '盡從者裡流出.')"
58 대기大機 : 근본 작용 또는 기미. 달마의 속뜻이 '모르겠다.'라고 한 말에 하나의 본질적 작용으로 드러나 있다는 뜻이다.

돌아갔을꼬

장산 법천蔣山法泉의 염
"이자가 모른다는 사실은 불 보듯 분명하구나! 말해 보라. 손님이 모르는가, 주인이 모르는가? 설령 분명하게 가려내더라도 그대의 콧구멍은 내 손안에 쥐어져 있다.[59]"

> 蔣山泉拈, "灼然, 者漢不識! 且道. 賓家不識, 主家不識? 直饒辨得分明, 鼻孔在我手裏."

[설화]

o 이자가 모른다는 사실은 불 보듯 분명하구나 : 이 경계에 이르면 삼세의 부처님들과 역대의 조사들도 그 본질을 간파할 수 없기 때문에 달마도 모르는 것이 분명하다는 뜻이다.
o 말해 보라. 손님이 모르는가, 주인이 모르는가 : 손님은 무제요, 주인은 달마를 말한다. 주인의 역량뿐만 아니라 손님의 역량에서 보아도 알 수 있는 범위를 벗어나는 것은 아니라는 뜻이다.[60]
o 설령 분명하게 가려내더라도 그대의 콧구멍은 내 손안에 쥐어져 있다 : 설령 이와 같은 소식을 분명하게 가려내더라도 들어가고 싶은 곳으로 발을 옮길 수 없다는 뜻이다. 그러므로 '그대의 콧구멍은 내 손안에 쥐어져 있다.'라고 말한 것이다. 분명하게 아는 견해를 콧구멍이라 했다.

---

[59] 그대의 콧구멍은~쥐어져 있다 : 어떤 대답을 하더라도 인정하지 않는 입장을 고수하겠다는 뜻. 이렇게 제기된 문제는 처음부터 결정된 해답이 없는 화두이며 분별을 모두 물리치기 위한 장치일 뿐이다. 코에 고삐를 꿰어 소를 마음대로 몰듯이 이 질문에 대하여 무슨 대답을 해도 모두 물리칠 수 있는 수단이라는 말이다.
[60] 몰분외沒分外 : 자신의 본분을 벗어나는 것은 전혀 없다는 말. 곧 자신의 분수나 역량으로 접근할 수 없는 문제가 아니라는 뜻이다.

蔣山：灼然這漢不識者, 到這裏, 三世諸佛, 歷代祖師, 窺覷不得故, 達摩灼然不識也. 且道至不識者, 賓家則武帝, 主家則達摩也. 非但主家分上, 賓家分上, 亦沒分外也. 直饒辨得云云者, 直饒分明辨得如是消息, 擡脚不起. 故云鼻孔在我手裏. 見得分明處, 是鼻孔.

황룡 조심黃龍祖心의 거

이 공안을 제기하고 어떤 학인에게 물었다. "분명히 바로 이것이 달마의 눈앞에 있는데, '모르겠다.'는 도리를 어떻게 설명하겠는가?" 그 학인이 "모르겠습니다."라고 하자 황룡이 불자拂子를 집어 들고 말했다. "달마는 이 안에 있다."

黃龍心擧此話, 問僧, "分明有箇達磨面前, 作麽生說箇不識底道理?" 僧曰, "不識." 師拈起拂子曰, "達磨在者裏."

설화

○ 분명히 바로 이것이~어떻게 설명하겠는가 : 만일 이 본분사가 분명히 달마의 눈앞에 있었다면 '모르겠다.'는 도리를 어떻게 설명하겠느냐는 뜻이다.
○ 학인이 '모르겠습니다.'라고 대답한 말 : 삼세의 부처님들도 알 수 없다는 뜻이다.
○ 불자拂子를 집어 들고 '달마는 이 안에 있다.'라고 한 말 : 한 자루의 불자를 떠나서 별도의 곳에 있을 수 없다는 뜻이다. 이는 다만 현실과 동떨어진 곳에서 찾으려 하는 그 학인의 병통을 부수어 버리기 위한 수단일 뿐이다.[61]

---

[61] 병통을 타파하기 위하여 설정한 말일 뿐, '하나의 티끌에 시방의 세계가 모두 들어 있

黃龍云云, 至道理者, 若是此事, 分明在達摩面前, 如何說箇不識地道理?
僧曰不識者, 三世諸佛亦不識. 拈起拂子云云者, 不可離却一條拂子, 別有
在處, 但破這僧鶩於虛遠之病.

백운 법연白雲法演의 상당

이 공안을 제기하고 '모르겠습니다.'라고 한 구절과 '황매의 종지~불법
을 이해하지 못했다.'[62]라는 구절을 더불어 제기하고 말했다. "대단하구
려,[63] 조사들이여! 질문한 것에 대하여 '모르겠다'거나 '이해하지 못했다'
거나 했거늘 어떻게 그 후손들이 온 누리에 두루 퍼져 있는가?" 이어서
말했다. "한 사람은 허虛로 전했는데 모든 사람이 (오인하여) 실實이라 전
한다."[64]

白雲演上堂, 擧此話, 〈至〉不識, 連擧黃梅意旨, 〈至〉不會佛法, 師云, "大

다.(一微塵中含十方.)'라는 식으로 불법의 이치를 설한 것이 아니라는 해설이다.
62 황매의 종지는 5조 홍인의 종지를 가리킨다. 육조가 '불법을 이해하지 못했다.'라고
한 대답을 달마의 '모르겠습니다.'라고 한 말과 연결하여 하나의 화두로 제기한 장면
이다. 宗寶本『壇經』(大48, 358a10), "어떤 학인이 혜능에게 물었다. '황매의 종지는 어
떤 사람이 얻었습니까?' '불법을 이해하는 사람이 얻었느니라.' '스님께서는 얻었습니
까?' '나는 불법을 이해하지 못했다.'(一僧問師云, '黃梅意旨, 甚麼人得?' 師云, '會佛法
人得.' 僧云, '和尙還得否?' 師云, '我不會佛法.')"; 『南泉普願語要』古尊宿語錄 12(卍
118, 297a1), "5조 홍인 회하의 499명의 학인들이 모두 불법을 이해했지만 오직 노 행
자(혜능) 한 사람만이 불법을 이해하지 못했다. 그는 단지 도를 알았을 뿐 별다른 일을
이해한 것이 아니었다.(只如五祖會下, 四百九十九人, 盡會佛法, 惟有盧行者一人, 不會
佛法. 只會道, 不會別事.)" 본서 112칙 참조.
63 대단하구려(大小大) : 추켜세우는 듯하지만 사실은 깎아내리는 말이다.
64 달마 대사나 육조가 '모른다', '이해하지 못했다'라고 한 말들은 모두 사실 그대로 어떤
것에 대하여 모른다는 뜻이 아니라 진실한 알갱이(實)가 없는 하나의 시험 수단으로 제
시되었다는 점에서 허虛이다. 그것을 오인하여 모든 사람이 실實 그대로 모른다는 뜻
으로 전했다는 의미이다. 이것은 조사선의 상용구이다. 본서 110칙 '상방 익일의 거'에
서 "한 마리 개가 그림자를 보고 짖자 모든 개들이 그 소리를 듣고 따라 짖는 꼴이다."
라 한 말과 동일한 맥락이다.

小大, 祖師! 問着底, 便是不識不會, 爲什麼却兒孫遍地?" 乃云, "一人傳虛, 萬人傳實."

> 설화

○ 대단하구려, 조사들이여~두루 퍼져 있는가 : 묻자마자 곧바로 '모르겠습니다' 또는 '이해하지 못했다'라고 한 대답은 전한 것도 없고 받은 것도 없는 결과가 되는데, 어째서 후손들이 남아 있느냐는 뜻이다.

○ 한 사람은 허虛로 전했는데 모든 사람이 (오인하여) 실實이라 전한다 : '모르겠다'거나 '이해하지 못했다'고 한 말이 바로 '한 사람은 허로 전했다.'는 구절에 해당되며, '후손들이 온 누리에 두루 퍼져 있다'는 말은 '모든 사람이 실이라 전한다.'는 구절에 상응한다. 곧 뜻을 풀이하여 말하자면 '모르겠다'거나 '이해하지 못했다'는 대답은 '안다'거나 '이해한다'고 하는 것에 대응해서 내놓은 말이다. 마치 신령한 거북이 꼬리를 끌어 자취를 없애려다가 도리어 또 다른 흔적이 생기는 꼴과 같다.[65]

白雲 : 大小大祖師, 至遍地者, 旣是才問着, 便道不識不會, 則是無傳無受, 爲什麼却有兒孫. 一人傳虛, 萬人傳實者, 不識不會, 是一人傳虛; 兒孫遍地, 是萬人傳實. 則義謂不識不會, 猶是對識得會得云也. 如靈龜曳尾, 拂迹成痕.

---

[65] 앎과 이해의 틀에 얽매이는 자취를 없애려고 내세웠던 '불식不識'이나 '불회不會'라는 말이 본래의 의도와는 달리 또 하나의 흔적으로 남아 집착의 실마리가 된다는 뜻이다. 『佛海瞎堂語錄』(卍120, 952a9), "부처가 있는 곳에는 머물지 말라고 하지만 자취를 없애려다 도리어 흔적이 생기는 결과가 되고, 부처가 없는 곳은 급하게 지나가라고 하지만 목소리를 높이면서 메아리를 그치게 하려는 짓과 같다.(有佛處不得住, 拂跡成痕 ; 無佛處急走過, 揚聲止響.)"

불감 혜근佛鑑慧勤의 상당

달마가 무제와 처음 만났을 때 '무제가 「성스러운 진리의 근본적인 이치는 무엇입니까?」라고 물었고~지공이 「이 사람은 관음 대사로서 (폐하께) 부처님의 심인을 전하고, 부처님을 도와서 교화를 펼쳤던 것입니다.」[66]'라고 한 부분까지 제기하고 말했다. "그림으로 그리려 해도 완결되지 못하고, 진흙으로 빚으려 해도 형상이 이루어지지 않는다. 무엇 때문에 무제는 말귀를 알아듣지 못했고 달마는 강을 건너 떠났던 것일까? 알겠는가? 무제는 달마의 범어를 이해하지 못했고, 달마는 무제의 중국어를 몰랐기에 눈앞에서 만나고도 호나라와 월나라(胡越)[67] 사이의 거리처럼 멀어지게 되었던 것이다. 지공이 비록 잘 번역했지만 우격다짐으로 양민을 억눌러 천민으로 만들었으니 호랑이를 그리려다 고양이가 되기에 이른 것이다. 비록 그렇다고는 하지만 여러분은 어디서 달마를 만날 것인가? 만약 지금 당장 만난다면 비로소 산승이 지금 중국어를 하면서 범어를 말했다는 것을 알겠지만, 만일 그렇지 않다면 흰 구름 걷힌 곳이 바로 청산이건만, 나그네는 다시 청산 밖에 있으리라.[68]"

---

66 뒤의 구절은 본칙 공안에 없는 내용이다.
67 호나라와 월나라(胡越) : 호나라는 북쪽에 있고 월나라는 남쪽에 있어 멀리 떨어져 있는 거리 또는 적이나 대립 관계를 나타낸다.
68 흰 구름~밖에 있으리라 : 가는 길을 달리하게 되어 본의와 더욱 멀어진다는 말. 또는 그 자리에 있음을 모르고 먼 길을 떠난다는 뜻. 이별을 노래한 절창으로 알려진 구양수歐陽脩의 〈踏莎行〉 마지막 두 구절인 "잡초 무성한 벌판 다한 곳에 봄 깃든 산 있건만, 길 떠나는 이는 더욱이 봄 산 저 멀리에 있네.(平蕪盡處是春山, 行人更在春山外.)"에서 그 정감을 빌려 와 뜻을 표현하였다. 본서 208칙 '백운 지병의 염' 설화에서도 이러한 맥락에서 풀었다. 『五祖法演語錄』권상(大47, 653b2), "마지막 구절에 가장 간절한 의미가 담겼으니 그는 가는 곳마다 참신하다. 삼천대천의 무수한 세계 그 어디서도 이 안의 사람을 벗어나지 못한다. 대답해 보라! 그 누가 이 안의 사람일까? 잡초 무성한 벌판 다한 곳이 청산이건만, 길 떠나는 이는 더욱이 청산 저 멀리에 있구나.(末後最慇懃, 儂家隨處新, 大千沙界裏, 不免箇中人. 且道! 那箇是箇中人? 平蕪盡處是青山, 行人更在青山外.)"

佛鑑勤上堂, 擧, 達磨初見武帝, 帝問, '如何是聖諦第一義?' 〈至〉誌公云, '此是觀音大士, 傳佛心印, 助佛揚化.' 師云, "畫也畫不成, 塑也塑不就. 因何武帝不契, 達磨渡江? 會麽? 蓋武帝不會達磨梵語, 達磨不曉武帝唐言, 致見覿面胡越. 誌公雖善翻譯, 剛然壓良爲賤, 致見畫虎成狸. 雖然如是, 諸人向什麽處見達磨? 若也當面見得, 方知道山僧如今, 一邊唐言, 一邊梵語. 如或未然, 白雲斷[1]處是靑山, 行人更在靑山外."

1) ㉮ '斷'이 '盡'으로 되어 있는 문헌도 있다.

설화

○ 그림으로 그리려 해도 완결되지 못하고 : 달마의 입장에 속하는 말이다.
○ 진흙으로 빚으려 해도 형상이 이루어지지 않는다 : 무제의 입장에 속하는 말이다.
○ 아래 글에서 그 뜻을 밝힌다. 달마의 범어는 '막힘없이 트여 성스러움조차도 없다.'라고 한 말이다. 이렇게 '막힘없이 트여 성스러움조차도 없다.'는 범어의 뜻을 모르는 것이 '그림으로 그리려 해도 완결되지 못한다.'라고 한 구절과 상응한다. 다만 '막힘없이 트여 성스러움조차도 없다.'는 번역된 중국어만 알았을 뿐, 달마의 범어는 이해하지 못했다는 뜻이다. 무제의 중국어는 '짐과 마주하고 있는 자는 누구입니까?'라는 말이다. 이렇게 '짐과 마주하고 있는 자는 누구냐?'라는 중국어의 뜻을 모르는 것이 '진흙으로 빚으려 해도 형상이 이루어지지 않는다.'라고 한 구절과 상응한다. 다만 '짐과 마주하고 있는 자는 누구냐?'라는 번역된 범어만 알았을 뿐, 무제의 중국어는 이해하지 못했다는 뜻이다. 그러므로 '눈앞에서 만나고도 호나라와 월나라 사이의 거리처럼 멀어지게 되었다.'라고 한 것이다.
○ 지공이 비록 잘 번역했지만~고양이가 되기에 이른 것이다 : '관음 대사로서 부처님의 심인을 전하고, 부처님을 도와서 교화를 펼쳤던 것

입니다.'라고 한 것이 달마의 '막힘없이 트여 성스러움조차도 없다.'라는 말을 번역한 것이다. 지공이 비록 이렇게 번역하기는 했지만 달마까지 자신의 잘못에 연루시킨 것이니 그 말을 두 갈래로 만들어 놓았기 때문이다. 또한 그 말은 마치 무제가 본래 중국어를 이해하지 못했는데 지금에서야 비로소 이해하도록 해 주었다는 것과 같으니, 이렇게 저 무제가 중국어를 이해하지 못했다는 결과에 도달하게 되므로 '양민을 억눌러 천민으로 만들었다.'라고 한 것이다. 이것이 바로 '호랑이를 그리려다 고양이가 되었다.'는 뜻이다.

○ 지금 당장 만난다면 : 만약 '짐과 마주하고 있는 자는 누구입니까?'라는 말에서 진흙으로 빚으려 해도 형상이 이루어지지 않는다는 소식을 알았다면, 어찌 반드시 '막힘없이 트여 성스러움조차도 없다.'라는 말에서 달마의 의중을 알아차릴 필요가 있었겠느냐는 뜻이다.

○ 산승이 지금 중국어를 하면서 범어를 말했다는 것을 알겠지만 : 중국어는 '짐과 마주하고 있는 자는 누구입니까?'라는 것이니 이 밖에 다른 말은 없으며, 범어는 '막힘없이 트여 성스러움조차도 없다.'라는 것이니 이 밖에 다른 말은 없다는 뜻이다. 이와 같이 중국어와 범어 그 하나하나가 산승의 말이다. 앞에서는 먼저 범어를 들고 난 후에 중국어를 들었지만, 뒤에서는 먼저 중국어를 들고 난 후에 범어를 들었던 것도 타당한 점이 있다.

佛鑑 : 畫也畫不成者, 屬達摩邊也. 塑也塑不就者, 屬武帝邊也. 下文明之. 達摩梵語, 卽廓然無聖. 是不知廓然無聖, 是畫也畫不成. 只知廓然無聖, 是不曉是達摩梵語. 武帝唐言, 卽對朕者誰. 是不知對朕者誰, 是塑也塑不就. 只知對朕者誰, 是不會是武帝唐言也. 故對面成胡越也. 誌公雖善翻譯云云者, 觀音大士, 傳佛心印, 助佛揚化, 是翻譯達摩廓然無聖也. 誌公雖然伊麼翻譯, 累他達摩, 話作兩橛. 其言似武帝本不曉唐言, 而今始令曉,是達他武帝不曉唐言, 故云, 壓良爲賤也. 則此謂畫虎成狸也. 當面見得者, 若也向對朕地, 見得塑也塑不就地消息, 何必向廓然無聖處, 見得爲達摩也. 山僧至梵語者, 唐言卽對朕者誰, 此外無餘也, 梵語卽廓然無聖, 此外無餘也. 然則唐言梵語, 一一是山僧也. 前頭, 則先擧梵語, 而後擧唐言; 後頭, 則先擧唐言, 而後擧梵語, 亦有攸當.

장로분長蘆賁의 상당

"달마는 양나라 왕에게 성스러운 진리에 대한 질문을 받고 '모르겠다(不識)'고 말했을 뿐이고, 육조는 황매(5조 홍인)가 누구에게 가사와 발우를 전했는지에 대한 질문을 받고 '이해하지 못했다(不會)'[69]라고 말했을 뿐이다. 세상의 노련한 화상들이 바로 이 '모르겠다'와 '이해하지 못했다'라는 말을 가지고 납승들을 점검했고, 세상의 납승들은 이 두 말을 가지고 눈동자를 바꾸거나 코를 꿰었다.[70] 내가 이렇게 한 말을 듣고 알았다거나 이해했다고 한다면, 이것이 바로 눈동자가 바뀌어 버린 것이고 코가 꿰여 버린 것이다. 얽매인 몸을 벗어나는 한 구절은 어떻게 말해야 할까? 명성이 높으면 딱딱한 돌에 그 이름을 새길 필요가 없으니, 길 가는 나그네의 입이 바로 비석이기 때문이다."

---

69 주 62 참조.
70 세상의 납승들은~코를 꿰었다 : 이 두 개의 화두로 점검받고, 자신의 타고난 안목을 발휘하지 못하고 남의 견해를 자신의 눈으로 삼거나, 콧구멍에 고삐가 꿰여 주인이 끄는 대로 끌려다니는 소처럼 그 말에 자신의 본분이 예속당하여 자유로운 구석이 없어지게 된다는 뜻이다. 『寶峰眞淨語錄』 권1 古尊宿語錄 42(卍118, 701a12), "다시 '나는 법왕의 법을 꿰뚫어 보았다. 법왕의 법은 이와 같다.'라고 말한 뒤 문득 주장자를 잡고 '그대들 모든 사람의 콧구멍을 꿰었고, 그대들 모든 사람의 눈동자를 바꾸었으니, 내게 법왕의 법을 돌려주어라.'라고 하고서 할을 내지른 다음 '터럭만큼의 차이로 시작해도 결국에는 천 리의 거리로 멀어진다.'라고 한 다음, 주장자를 던지고 법좌에서 내려왔다.(復云, '我觀法王法. 法王法如是.' 驀拈拄杖云, '穿却你諸人鼻孔, 換却你諸人眼睛, 還我法王法來.' 乃喝云, '差之毫釐, 失之千里.' 擲下拄杖, 下座.)"

長蘆賾上堂云, "達磨, 見梁王問聖諦, 只道得箇不識；六祖, 見黃梅付衣鉢, 只道得箇不會. 天下老和尙, 祇將者不識不會, 勘驗衲僧；天下衲僧, 被者不識不會, 換却眼睛, 穿却鼻孔. 長蘆伊麼道, 是識了也, 是會了也, 是被換却眼睛, 穿却鼻孔了也. 如何道得出身一句? 名高不用鐫頑石, 路上行人口是碑."

설화

○ 세상의 노련한 화상들이~납승들을 점검했고 : 세상의 납승들은 이러한 견해에 도달하지 못하기 때문이라는 뜻이다.
○ 내가 이렇게 한 말을~코가 꿰여 버린 것이다 : 다시 '모르겠다'거나 '이해하지 못했다'라는 말에 대한 견해를 일으켜서 알았다거나 이해했다고 한다면 그 말에 콧구멍을 꿰인 것이며 눈동자를 바꾸어 버린 결과라는 뜻이다.
○ 명성이 높으면~비석이기 때문이다 : '모르겠다'거나 '이해하지 못했다'는 말 자체로 명성이 높은 것인데, 어찌 다시 딱딱한 돌에 이름을 새겨서 별도로 하나의 도리를 만들 필요가 있겠느냐는 뜻이다.

長蘆：天下老和尙, 至衲僧者, 天下衲僧, 不敢到此見解故. 長蘆伊麼, 至鼻孔了也者, 又作不識不會見解, 是識了也, 會了也, 則被它穿却鼻孔, 換却眼睛也. 名高不用云云者, 不識不會是名高, 何必更鐫頑石, 別作箇道理.

계숭契嵩의 설

계숭이 교설을 밝힌 「진제무성론」[71]에 다음과 같이 말한다. "진제眞諦

---

[71] 계숭契嵩의 「眞諦無聖論」. 그의 문집인 『鐔津文集』 권3(大52, 664b11) 전체를 그대로 수록한 것이다.

란 무엇인가? 지극히 미묘한 절대⁷²의 경계를 말한다. 성인이란 무엇인가? 신령한 지혜로 전개하는 유위有爲의 작용을 말한다. 유위의 작용으로써 권權을 말하고, 대립의 짝이 끊어진 절대로써 실實에 이른다.⁷³ 실이 있는 까닭은 마음을 온전히 하고 권의 자취를 없애기 위한 것이요, 권이 있는 까닭은 지말을 거두고 실의 근본을 따르기 위한 것이다. 이와 같으니 진제가 어찌 그 사이에 분별을 허용하겠는가! 시험 삼아 말에 의탁하여 그 깊은 뜻을 밝힐 뿐이다. 진제란 모든 중생의 본래 마음이자 모든 성인의 진실한 경지로서 여如⁷⁴이기도 하고, 여가 아니기도 하며(非如), 여가 아닌 것도 아니다(非非如). 온갖 마음을 숨기지만 어둡지 않고 성인의 지혜를 나타내지만 빛나지 않으니, 그 신령한 광명은 헤아릴 수 없고 그 정교한 계산은 궁구할 수 없다. 그러므로 『반야경』에 '제일의 진제는 이룰 것도 없고 얻을 것도 없다.'⁷⁵라고 하였다. 그 본체 그대로 보존되어 있는 것

---

72 절대絶對 : 유와 무, 선과 악, 성聖과 속俗 등 모든 상대적 대립의 짝(兩邊)이 끊어진 경계. 넓게 보면 모든 갈등과 번뇌가 소멸한 적멸寂滅의 세계와 통한다. 절대絶待 또는 절대대絶對待 등이라고도 하다. 『大乘義章』 권10(大44, 669c17), "대립의 짝이 끊어진 진심을 보살이 증득한 반야의 정체라 하며 그 나머지는 모두 그것이 아니다.(絶對眞心, 說爲菩薩般若正體, 餘者悉非.)"; 『大般涅槃經義記』 권10(大37, 890b6), "또한 이는 모든 대립의 짝이 끊어졌으므로 흑도 아니고 백도 아니라고 한다.(又此絶對, 是故亦名, 不黑不白.)"; 『維摩記記』 권3(大38, 495a2), "망妄이 진眞과 대립의 짝이 되면 둘이라 하고, 망을 떠나서 오직 진만 있으면 그 진은 대립의 짝이 끊어졌으므로 둘이 아니라고 한다.(有妄對眞, 名之爲二 ; 離妄唯眞, 眞卽絶對, 故曰不二.)"; 『阿彌陀經要解便蒙鈔』 권2(卍91, 927b9), "절대란 무엇인가? 심성은 시간상으로도 무궁하고 공간상으로도 두루 펼쳐져 결코 그것 이외의 밖은 없으며, 부처도 시간상으로도 무궁하고 공간상으로도 두루 곳곳에 펼쳐져 결코 그것 이외의 밖은 없다. 각각 모두 밖이 없으니 이를 절대라 한다.(絶待者, 心性堅窮橫遍, 更無有外 ; 佛亦堅窮橫遍, 更無有外. 各皆無外, 是爲絶待.)"; 『宏智廣錄』 권6(大48, 75a16), "만약 단적으로 밖의 경계가 없는 자기 자신에 도달한다면 마음을 쓸 때마다 대립의 짝이 끊어져 생각과 말의 한계를 벗어나리니, 부처 하나하나와 마음 하나하나가 참으로 둘이 없는 경계에 도달한다.(若端能體得, 到自己無外境界, 則恰恰絶對待出思議, 佛佛心心, 精到無二.)"
73 권權은 실實에 이르기 위한 다양한 방편, 실實은 궁극적인 진실 자체.
74 여如 : 진실 그대로의 실상實相 또는 진여眞如. 여여如如한 실상을 말한다.
75 『肇論』 「不眞空論」(大45, 152b11)에 『放光般若經』의 인용으로 나오는 구절이지만, 경

으로 말하자면 청정하고 텅 비어 성인이니 범부니 하는 차별도 깨끗이 사라졌고, 그 비추는 작용으로 말하자면 모든 존재에 두루 퍼져 북 치고 춤추며 갖가지로 움직인다. 이와 같이 본체 그대로 보존되면 근본과 같고, 비추어 작용하면 지말과 흡사하다. 그 마음이 지극한 근본과 하나가 되는 순간 묵묵히 청정할 뿐 성인이 되려는 생각도 끊고 지혜에 대한 집착도 버리니,[76] 이것은 또한 마땅히 그러한 것이다. 제일의제는 막힘없이 트여 텅 비고 고요하기에 성인조차 없다 했으니, 이 말에 무슨 잘못이 있단 말인가! 진나라 사람(姚秦의 황제)은 '문밖 길과 마당 사이의 거리가 너무 먼 것과 같아서 보통 사람들의 생각에는 가까이 와닿지 않는다. 만약 성인조차 없다면 그렇게 없다고 아는 자는 누구인가?'[77]라고 생각했으나, 이 또한 아직 그 미묘한 뜻을 깨친 말은 아니다. 범부와 성인을 차별하는 지각과 같은 것은 진제의 그림자나 메아리에 불과하고 망령된 마음이 대상으로 삼아 분별하는 작용일 뿐이다. 그림자나 메아리에 마음을 두면 명수名數[78]에 막히게 되고, 대상에 대한 분별에 집착하면 그 분별에 현혹된다. 그러므로 성인이 아니면서 성인이기에 성인이 위대한 성인인 이유이며, 앎이 없으면서 알기에 그 참된 앎이 두루 무엇이나 아는 근거가 된다.

옛날 어떤 사람이 다른 사람에게 '제일의제란 무엇입니까?'라고 묻자 그에 응답하여 '막힘없이 트여 성스러움조차도 없습니다.'라고 하였다. 질문하는 자가 또 '짐과 마주하고 있는 자는 누구입니까?'라고 묻자 '모르

전상에 일치하는 구절은 없다. 『肇論疏』 권상(大45, 172c17), "제일의제에 근거하면 부처를 이룰 일도 없고 열반을 얻을 일도 없다. 세속의 진리 형식(世諦)에 따라 있을 뿐이다.(據第一義諦, 無有成佛, 無有得涅槃. 世諦則有耳.)"

76 성인이 되려는~집착도 버리니(絶聖棄智) : 출전은 『老子』 19장이다.
77 본칙 설화 참조.
78 명수名數 : 동일한 무리에 속하는 몇 가지 법들을 하나로 묶어 숫자로 나타내는 범주의 일종. 법수法數([S] dharma-paryāya)와 같은 말. 삼계三界나 오온五蘊 등과 같이 동일한 무리에 속하는 세 가지 또는 다섯 가지 대상을 묶고 그 숫자를 앞에 붙인 예가 그것이다.

겠습니다.'라고 대답했다. 그러나 이 사람은 성스러운 도리에 어두워서 진실로 몰랐던 것은 아니며, 상대가 외형과 말로써 진제를 구하기를 바라지 않았던 것일 뿐이다. 질문한 사람이 깨닫지 못하였기 때문에 다시 그렇게 말했을 뿐이지만, 뱃전에다 떨어진 지점을 새겨 놓고 칼을 찾으려는 격이었으니[79] 멀어도 한참 멀어지고 말았다. 손가락으로 달을 가리킬 경우 그 손가락의 뜻은 달에 있고, 말로써 도를 비유할 경우 그 말의 뜻은 도에 있다. 말만 돌아보고 도를 돌아보지 않으면 도를 알 수 없고, 손가락을 보면서 달을 보지 못한다면 달을 알 수 없다.[80] 그런 까닭에 지인至人[81]은 항상 언어의 표면에서 (숨은 뜻을) 미묘하게 깨닫고, 겉모습의 외피에서 (감추어진 진실을) 터득하는 것이다. 정명淨名[82]은 말없이 드러냈고 문

---

79 각주구검刻舟求劍 : 『呂氏春秋』「察今」에 나오는 비유. '제일의제'에 대한 사고의 격을 미리 정해 놓고 헤아리는 양 무제를 풍자한다. 본서 58칙 '청량 문익의 송' 주석 참조.

80 손가락을 보면서~수 없다 : 교종과 선종에서 모두 문자에 대한 집착을 벗어나야 한다는 비유로 널리 쓰인다. 『楞嚴經』에 나오는 말이다. 『楞嚴經』권2(大19, 111a8), "그대들은 오히려 대상을 분별하는 마음으로 법을 듣고 있으니, 이 법 또한 대상일 뿐이기에 법성法性을 얻지 못한다. 예컨대 어떤 사람이 손가락으로 가리켜 누군가에게 달을 보여 주면, 그 사람은 손가락을 따라서 달을 보아야 한다. 만약 다시 손가락을 보며 달 자체라고 여긴다면, 이 사람이 어찌 달만 놓쳤겠는가? 그 손가락도 놓친 것이다. 왜 그런가? 가리킨 손가락을 밝은 달이라 여겼기 때문이다. 어찌 손가락만 놓쳤겠는가? 또한 밝음과 어두움도 분간하지 못한 것이다. 왜 그런가? 곧 손가락 자체를 달의 밝은 성질이라 여겨 밝은 성질과 어두운 성질에 대해서 이해하지 못한 것이기 때문이다.(汝等, 尙以緣心聽法. 此法, 亦緣, 非得法性. 如人, 以手指月示人, 彼人, 因指當應看月. 若復觀指以爲月體, 此人, 豈唯亡失月輪? 亦亡其指. 何以故? 以所標指爲明月故. 豈唯亡指? 亦復不識明之與暗. 何以故? 卽以指體爲月明性, 明暗二性, 無所了故.)"

81 지인至人 : 번뇌 망상에서 벗어나 궁극의 경지에 도달한 사람. 『莊子』에서 이상적 인간상으로 곳곳에 제시되어 있다. 「齊物論」, "지인은 자기 자신이 없다.(至人無己.)"; 「外物」, "오로지 지인만이 세상에서 노닐어도 편벽되지 않고, 사람들과 어울려도 자신의 근본을 잃지 않는다.(唯至人, 乃能遊於世而不僻, 順人而不失己.)"

82 정명淨名 : 유마거사維摩居士. ⓢ Vimalakīrti. 비마라힐毘摩羅詰·유마힐維摩詰 등으로 음사한다. ⓢ vimalakīrti는 vimala와 kīrti로 이루어진 말로 vimala는 정淨 또는 무구無垢로, kīrti는 명칭이나 칭호로 한역된다. 그러므로 정명淨名 또는 무구칭無垢稱이라 하는데, 전자는 구역이고 후자는 신역이다.

수는 그를 훌륭하다고 찬탄했으며,[83] 공생空生[84]은 말로 표현할 수 없는 이치로써 말했고 천제天帝는 들을 것이 없는 이치로써 들었던 것[85]이 바로 그러한 뜻이 아니겠는가!"

嵩, 明敎, 眞諦無聖論云, "眞諦者何? 極妙絶對之謂也. 聖人者何? 神智有爲之謂也. 有爲則以言乎權, 絶對則以詣乎實. 實之所以, 全心而泯迹; 權之所以, 攝末而趣本. 然則眞諦也者, 豈容擬議於其間哉! 聊試寓言, 以明其蘊耳. 夫眞諦者, 群生之元心也, 衆聖之實際也, 如也非如也, 非非如也. 隱群心而不昧, 現聖智而不曜, 神明不能測, 巧曆不能窮. 故般若曰, '第一眞諦, 無成無得.' 言其體而存之, 則淸淨空廓, 聖凡泯然; 言其照而用之, 則彌綸萬有, 鼓舞群動. 然則體而存之, 若其本乎; 照而用之, 似其末乎.

---

83 정명淨名은 말없이~훌륭하다고 찬탄했으며 : 다른 모든 보살이 불이법不二法에 대하여 언급했으나 유마거사는 초지일관 침묵으로 답했다. 문수보살이 이에 대하여 찬탄한 것이다. 『維摩經』(大14, 551c23), "문수사리가 찬탄해 말했다. '훌륭하구나, 훌륭해! 이처럼 문자와 언어가 없는 경지에 이르러야 참으로 불이의 법문을 깨달은 것이다.'(文殊師利歎曰, '善哉, 善哉! 乃至無有文字語言, 是眞入不二法門.')" 본서 62칙 참조.
84 공생空生 : 수보리須菩提의 한역어. ⓢ·ⓟ Subhūti, ⓣ Rab-ḥbyor. 부처님의 십대제자 중 공空의 이치를 가장 잘 이해하였다 하여 해공제일解空第一이라 일컬어진다. 선현善現·선실善實·선길善吉·선업善業 등으로도 한역하고, 소부지蘇部底·수부리須扶提 등이라고도 음사한다. 본서 69칙 '불인 요원의 상당' 주석 참조.
85 공생空生은 말로~들었던 것 : 경전적 근거는 이렇다. 『佛母出生般若經』 권2(大8, 593b17), "그때 수보리가 모든 대중에게 말했다. '내가 설한 반야바라밀다는 아무도 받아들일 자가 없다. 왜 그런가? 여기에는 말로 풀어 줄 법이 없으며 겉으로 드러낼 법도 없어서 분별할 대상도 없고 알 수 있는 대상도 없기 때문이다. 말하여 드러낸 것도 없고 알 것도 없으므로 반야바라밀다를 이와 같이 말로 풀어 주었고 이처럼 듣고서 받아들인 것이다.' 이때 제석천의 주인(天帝)은 이렇게 생각했다. '지금 존자 수보리가 이와 같이 깊디깊은 정법을 말로 풀어 주었으니 나도 마땅히 온갖 아름다운 꽃을 만들어 그 위에 뿌려 주리라.' 이렇게 생각하고 나서 곧바로 무수히 많은 아름다운 꽃을 만들어 내어 존자 수보리 위에 뿌렸다.(爾時, 須菩提, 告諸衆言, '我所說般若波羅蜜多, 無能受者. 何以故? 此中無法宣說, 無法表示, 無所分別, 無所了知. 以無說示無了知故, 般若波羅蜜多, 如是宣說, 如是聽受.' 是時, 帝釋天主, 卽作是念, '今尊者須菩提, 宣說如是甚深正法, 我當化諸妙華, 以散其上.' 作是念已, 卽時化出無數妙華, 散於尊者須菩提上.)"

當其心冥於至本也, 默乎淸淨, 而絕聖棄智, 是亦宜爾. 所謂第一義諦, 廓然空寂, 無有聖人, 孰爲謬乎! 而秦人以爲, '大甚徑廷, 不近人情. 若無聖人, 而知無者誰歟?' 是亦未諭其微旨也. 若夫凡聖知覺者, 眞諦之影響, 妄心之攀緣耳. 存乎影響, 則凝滯於名數 ; 以乎攀緣, 則眩惑於分別. 是則非聖而聖, 而聖人所以大聖, 無知而知, 其眞知所以遍知. 昔人有問於昔人曰, '云何是第一義諦?' 應曰, '廓然無聖.' 問者或曰, '對朕者誰?' 應曰, '不識.' 然斯人也, 非昧聖而固不識也, 蓋不欲人以形言, 而求乎眞諦者也. 而問人不悟, 乃復云云. 刻舟求劒, 遠亦遠矣. 以指摽月, 其指所以在月 ; 以言喩道, 其言所以在道. 顧言而不顧其道, 非知道也 ; 視指而不視其月, 非識月也. 所以至人, 常妙悟於言象之表, 而獨得于形骸之外. 淨名默示, 而文殊稱善 ; 空生以無說而說, 天帝以無聞而聞, 不其然乎!"

『임간록林問錄』의 설

"오중吳中[86]의 강사[87]들이 선종 조사의 전법게傳法偈를 제대로 해석하는 사람이 없다고 자주 비판했는데, 선사들이 그들과 논쟁했으나 조사들의 진실에서 빗나가 거듭 그들의 비방을 받기 알맞은 구실만 주었다. 달관 담영達觀曇穎[88] 선사가 그 뜻을 이렇게 밝혔다. '이는 달마가 2조 혜가에게 전한 말인데, 어째서 해석하는 사람이 필요한가? 가령 양 무제가 달마를 처음 만나서 「성스러운 진리의 근본적인 이치는 무엇입니까?」라고 묻자 달마는 「막힘없이 트여서 성스러움조차도 없습니다.」라고 대답했고, 「짐

---

86 오중吳中 : 중국 강소성 오현吳縣 일대.
87 강사講師 : 경전을 강설하는 교학자. 선 문헌에서는 선사禪師와 대칭되는 인물로 거론하는 것이 보통이다.
88 달관 담영達觀曇穎(989~1060) : 송나라 때 임제종 선사. 절강성 항주杭州 전당錢塘 출신으로 속성은 구丘씨이다. 13세 때 출가하여 대양 경현大陽警玄 문하에서 조동종曹洞宗의 선풍을 공부하다가 뒤에 임제종 계열의 곡은 온총谷隱蘊聰 문하에서 공부하여 그 법을 이었다. 『禪林僧寶傳』권27(卍137, 548b5) 참조.

과 마주하고 있는 자는 누구입니까?」라고 묻자 다시 「모르겠습니다.」라고 응답한 것과 같다. 달마가 중국어에 능통하지 않았다면 어찌 그때 그렇게 말할 수 있었겠는가?' 강사들은 더 이상 아무 말도 하지 못했다."

林間錄云, "吳中講師, 多譏諸祖傳法偈無譯人, 禪者與之辯失其眞, 適足以重其謗. 達觀穎禪師, 諭之曰, '此, 達磨爲二祖言者也, 何須譯人耶? 如梁武帝初見之, 卽問, 「如何是聖諦第一義?」答曰, 「廓然無聖.」進云, 「對朕者誰?」又曰, 「不識.」使達磨不通方言, 則何於是時, 便能爾耶?' 講師不敢復有辭."

99칙 달마면벽達磨面壁

본칙 달마가 소림사에서 9년 동안 면벽하고 말없이 앉아 있자 사람들은 그를 가리켜 벽관바라문이라 하였다.

達摩, 在少林寺, 九年面壁, 默然而坐, 人謂之壁觀婆羅門.

설화

- 9년 동안 면벽하고 말없이 앉아 있자 : 고요하게 번뇌를 식히고 앉아 소림사에서 말없이 좌선하던 모습이 엄정한 법령을 남김없이 제기한 것이라는 말일까?[1] 이에 대하여 게송을 붙인 선사들이 드러낸 뜻에 따르면, 달마가 그런 방식으로 특별히 쓸 만한 인물을 구했지만[2] 자기 몸을 더럽히는 잘못에서 벗어나지 못했다고 한다.
- 바라문 : 한역으로는 청정한 수행이라는 뜻의 정행淨行, 또는 부처님의 청정한 후손이라는 뜻의 정예淨裔라 한다.[3]

[面壁] 九年面壁, 默然而坐者, 寥寥冷坐, 少林默默, 全提正令耶? 頌家發揚之意, 則達摩伊麽得得求人, 未免拖泥帶水. 婆羅門, 此云, '淨行.' 亦云, '淨裔'也.

운문 종고雲門宗杲**의 송** 雲門杲頌
황금 자라[4] 한 번 빨아들여 바닷물 말랐거늘　　　　金鰲一擘滄溟竭

---

1 본서 98칙 '천동 정각의 송' 주 42 참조.
2 특별히 쓸~인물을 구했지만 : 2조 혜가慧可와 만난 인연을 말한다.
3 『楞嚴經註解』권3(大39, 400a12), 『祖庭事苑』권7(卍113, 197a5) 등에 이 두 가지 한역어가 모두 제시된다. 그 밖에 범행梵行·범지梵志 등이라고도 한다.

헛되이 한가롭게 작은 배를 띄우고 있구나　　　　徒自悠悠泛小舟
오늘 안개 자욱한 물에선 낚시할 길 없고　　　　今日煙波無可釣
초승달 떠도 또다시 낚시할 필요가 없노라　　　不須新月更爲鉤

[설화]

○ 황금 자라~바닷물 말랐거늘 : 온 세상의 중생들 하나하나가 황금 자라와 같다.
○ 바닷물 말랐거늘 : 생사의 바다는 본래 맑았다.[5]
○ 헛되이~띄우고 있구나 : 9년 동안의 면벽이 한가롭게 작은 배를 띄우고 고기를 낚으려는 시도와 같다.
○ 오늘~낚시할 길 없고 : 멸도할 중생이 하나도 없다.
○ 초승달 떠도~필요가 없노라 : 부질없이 몸과 마음을 다하며 애쓴다는 뜻이다.

雲門 : 金鰲[1]云云者, 盡大地衆生, 一一是金鰲也. 滄溟渴[2]者, 生死海本自澄淸也. 徒自云云者, 九年面壁, 是悠悠泛小舟也. 今日云云者, 無一衆生得滅度者. 不須云云者, 徒勞用盡身心也.

───────────────
1) ㉾ '鰲'가 병본에는 '鼇'로 되어 있다. 이하 동일.　2) ㉾ '渴'이 위의 송에는 '竭'로 되어 있다. ㉾ '竭'이 맞다.

죽암 사규竹庵士珪의 송 竹庵珪頌
소실산 앞에서는 바람이 귓전을 스치고[6]　　　　少室山前風過耳

───────────────
4 황금 자라(金鼇) : 바닷속에 산다는 금색의 큰 자라 또는 거북. 금오金鰲로도 쓴다.
5 벗어나야 할 오염된 바다는 본래 없다는 뜻과 같다.
6 소실산 앞에서는~귓전을 스치고 : 귀 기울여 들을 만한 것이 없을 정도로 특별한 일이 없다는 뜻. 『吳越春秋』「吳王壽夢傳」, "부귀는 나에게 가을바람이 귓전을 스치는 것과 같다.(富貴之於我, 如秋風之過耳.)"라는 말에서 유래한다. 다른 사람의 권고를 마음에

9년 동안 한 일 물길 그대로 따랐을 뿐	九年人事隨流水
조수를 마음껏 타는 사람[7]이 아니라면	若還不是弄潮人
결코 드넓은 파도 속에 들어가지 마라	切須莫入洪波裏

【설화】

○ 소실산 앞에서는~물길 그대로 따랐을 뿐 : 달마는 교화의 문에서 나와 9년 동안 면벽하였지만, 이러한 일을 한 적이 없는 결과가 되었다는 뜻이다.[8]

○ 조수를 마음껏~파도 속에 들어가지 마라 : 만약 달마가 아니었다면 언제 어디서나 틀림없이 조수에 빠져 죽을 것이라는 뜻이다.

竹庵 : 小室至流水者, 達磨出來化門, 九年面壁, 未曾伊麼也. 若還云云者, 若不是達磨, 則往往須向潮中死.

개암붕의 송 介庵朋頌

| 긴 낚싯대로 육오[9]를 모두 낚은 다음 | 長竿釣盡六鰲頭 |
| 삼산[10]을 등에 지고 되돌아가 쉬었다네 | 背負三山歸去休 |

담아 두지 않는다는 비유로 쓰인다.
7 조수를 마음껏 타는 사람(弄潮人) : 예측 불가하게 그때마다 변화하는 조수의 세기와 방향에 적절하게 움직이는 사람. 『景德傳燈錄』 권20 「佛日傳」(大51, 362a7), "협산이 말했다. '그대를 보아 하니 배를 젓는 사람일 뿐, 알고 보면 조수를 마음껏 타고 노니는 사람은 아니다.'(夾山曰, '看君只是撑船漢, 終歸不是弄潮人.')"; 『圜悟語錄』 권2(大47, 720b17), "안타깝다, 조수를 마음껏 타는 수많은 사람들이여, 결국은 다시 조수에 떨어져 죽으리라.(可憐無限弄潮人, 畢竟還落潮中死.)"
8 9년 면벽하는 모습을 보였던 그 자체가 교화였다는 풀이다.
9 육오六鰲 : 오선산五仙山을 등에 진 여섯 마리의 큰 거북. 『列子』 「湯問」에 나온다.
10 삼산三山 : 신선이 산다는 삼신산三神山. 봉래산蓬萊山·방장산方丈山·영주산瀛洲山 등 세 산을 가리킨다. 또는 곤륜산崑崙山에 있다고 전하는 신선의 거처로 낭풍산閬風山·판동산板桐山·현포산玄圃山 등을 가리키기도 한다. 『一切經音義』 권85(大54,

| 자손에겐 본래 타고난 자손의 복 있으니 | 兒孫自有兒孫福 |
| 자손을 위해 힘들게 일해 주지 말라 | 莫與兒孫作馬牛 |

설화

○ 긴 낚싯대로~되돌아가 쉬었다네 : 세상에 흔치 않은 무위의 큰 교화[11]로써 세상 모든 사람들을 가르쳤다. 이것이 달마의 경계이다.

○ 자손에겐 본래~일해 주지 말라 : 서너 집안 모여 사는 촌구석[12]에서 이리저리 궁리하며 헤아리는 꼴이다.

个庵:長竿至去休者, 以不出世, 無爲大化, 接得盡大地人了也. 是達磨境界也. 兒孫至馬牛者, 三家村裏, 東卜西度也.

855c20), "『광아』에 '곤륜산 기슭에 낭풍·판동·현포 등 세 산이 있는데, 모두 신선이 거처하는 곳이다.'라고 한다.(廣雅云, '崑崙之墟有三山, 一名閬風, 二名板桐, 三名玄圃, 皆神仙所居之處.')"

11 무위의 큰 교화(無爲大化) : 교화의 틀을 갖추어 애써 전하지 않는 방식. 『汾陽語錄』 권하 「不出院歌」(大47, 620a20), "고요함에 뜻 품고 선정禪定에 안주하며 절에서 나가지 않지만, 천기가 시방 세계를 뻥 뚫린 듯이 꿰고 있네. 무위의 큰 교화에는 사람들이 몰려들기 어렵고, 조작을 가한 미세한 방편에는 세인들이 통하기 쉽다네.(志靜安禪不出院, 天機洞貫十方同. 無爲大化人難湊, 有作微權世易通.)"

12 서너 집안~사는 촌구석(三家村裏) : 좁은 견해를 가진 자들의 무리를 비유한다.

100칙 달마법인達磨法印

본칙 달마 대사에게 혜가가 물었다. "모든 부처님의 법인法印을 들려주시겠습니까?" "모든 부처님의 법인은 남에게서 듣지 못한다." "저의 마음이 편안하지 못하니 스님께서 편안하게 해 주시기 바랍니다." "마음을 가져오면 그대를 편안하게 해 주겠다." "마음을 찾았으나 구할 수 없었습니다." "그대 마음을 이미 편하게 해 주었구나."

達磨大師, 因慧可問, "諸佛法印可得聞乎?" 師云, "諸佛法印, 匪從人得." 可曰, "我心未寧, 乞師與安." 師云, "將心來, 與汝安." 可曰, "覓心了不可得." 師云, "與汝安心竟."

설화

● 법인法印 : 법은 도장(印)과 같다. 여기에는 세 가지 뜻이 있다. 도장에 새긴 문채가 분명하고, (그 직인으로) 여러 무리를 호령하며, 적자에게만 전하고 결코 함부로 건네지 않는다는 것이다. 모든 부처님의 법인과 조사의 심인心印 사이에 같은 점과 다른 점은 어떤 것인가? 마음이란 중생의 근본이고 법이란 모든 부처님의 지혜라는 도장이니 서로 다르지만, 『간정록』[1]에 '법이라는 말은 중생의 마음을 가리킨다.'[2]라고 한 맥락에서 보면 같은 뜻이다. 그러나 모든 부처님의 관점에서는 법인이라 하고, 조사의 관점에서는 심인이라 한다. 이 말은 또 무슨 뜻인가? 조사가 곧바로 사람의 마음을 가리켜(直指人心) 그 본성을 보고 성불하라(見性成佛)고 하였기 때문에 심인이라 한다는 말일까? '달마 대사는 관

---

1 『간정록干正錄』: 미상의 책이다. 인용된 구절의 전거는 『大乘起信論』이다.
2 『大乘起信論』(大32, 575c21).

세음보살(觀音大士)로서 부처님의 심인을 전했다.'³고 하니, 그렇다면 이 또한 따질 점은 없다.

[法印] 法印者, 法¹⁾如印也. 有三意, 文彩分明也, 號令羣品也, 唯傳嫡子, 終不妄與也. 諸佛法印, 與祖師心印, 同別如何? 心也者, 衆生之大本；法也者, 諸佛之智印, 則各別也. 干正錄云, '所言法者, 謂衆生心.' 則一般也. 然於諸佛邊, 曰法印；於祖師邊, 曰心印. 此又如何? 祖師, 直指人心, 見性成佛, 故曰心印耶? 觀音大士,²⁾ 傳佛心印, 則此亦無所揀辨也.

1) ㉯ '法'이 병본에는 '佛'로 되어 있다.　2) ㉯ '士'가 병본에는 '師'로 되어 있다.

- 모든 부처님의 법인은 남에게서 듣지 못한다 : 대혜 종고가 "달마가 인도로부터 문양이 없는 도장을 가지고 와서 2조 혜가의 얼굴에 한 번에 찍어 버렸다."⁴라고 한 말은 대체로 이 구절을 가리킨다.
- 저의 마음이 편안하지 못하니 : 어떤 사람은 "격을 벗어난 안목 높은 사람(出格高人)이라면 흡사 그의 말을 듣고 독약처럼 중독되었다고 여길 것이다."⁵라고 하였으니, 2조의 이 말은 너무 경솔하고 조급했다.⁶ 2조는 달마가 가르침을 지시해 주었다고 오해하던 중에 급기야 '남에게서 듣지 못한다.'는 말을 듣고서는 믿을 만하고 의지할 만한 말씀이라고 여겼지만 자신의 의심을 제거하지 못했고, 자신 스스로 알아볼 수 있

---

3 지공지공이 양 무제에게 달마 대사의 실체를 전한 말. 본서 98칙 및 『碧巖錄』1則(大48, 140a24) 등 참조.
4 이하에 제시되는 '운문 종고의 보설'에 보인다. 『大慧語錄』권15(大47, 876c2). '문양이 없는 도장(無文印子)'은 문자의 형식으로 나타낼 수 없는 심인心印을 가리킨다.
5 본서 101칙 '장로 종색의 상당'에 나온다.
6 경솔하고 조급했다 : 『祖庭事苑』 권7(卍113, 195b7), "조동 : 조燥는 조躁가 타당하다. 조躁는 즉칙과 도到를 반절한 음이며, 움직인다(動)는 뜻이다. 조燥는 선先과 도到를 반절한 음이며, 말랐다(乾)는 뜻이므로 의미에 부합하지 않는다.(燥動：當作躁. 則到切, 動也. 燥, 先到切, 乾也. 非義.)"

는 날카로운 안목과 마음대로 부리는 민첩한 솜씨[7]를 터득하지 못했기 때문에 '저의 마음이 편안하지 못하다.'라고 말한 것이다.
- 마음을 가져오면 그대를 편안하게 해 주겠다 : 편안하지 않은 마음을 가지고 오라는 말이다.
- 마음을 찾았으나 구할 수 없었습니다 : '불안한 마음을 찾으며 분별하였지만 구할 수 없었으니 진심은 모든 곳에 두루 있다는 도리를 알았다.'[8]는 뜻인가? (아니다.) 진심이건 망심이건 모두 구할 수 없다는 뜻이다. 옛사람이 말했다. "아난阿難은 (자아가 있는 곳에 대하여) 갖가지 존재(有)에 집착하였으나 어디에도 의지할 곳이 없어 칠처七處 전체에서 어쩔 도리가 없었다.[9] 반면에 2조는 마음이 없다(無)는 도리를 체득하여 저절로 안락하게 되어 달마의 말을 듣자마자 그 뜻을 알아차렸다."[10]
- 그대 마음을 이미 편하게 해 주었구나 : (달마는) 그가 이미 마음이 편안해졌다고 인정한 것이다.

諸佛云云至人得者, 大慧云, "達磨從西天, 將無文印子來, 向二祖面門, 一

---

7 자신 스스로~민첩한 솜씨 : 안변수친眼辨手親 또는 수친안편手親眼便이라고 한다. 보는 즉시 바로 알아보는 안목과 익숙하고 재빠른 솜씨를 뜻한다.
8 『宗鏡錄』 권43(大48, 667a22), "초조 달마가 인도에서 온 이래 일심의 법을 전했을 뿐이다. 2조는 불안한 마음을 대상으로 삼아 찾으며 분별하였지만 구할 수 없게 되자마자 하나의 진심이 있는 그대로 드러나(現成) 두루 미치고 있음을 알고는 그 자리에서 말이나 생각으로 펼칠 수 있는 분별 수단이 끊어지면서 달마의 인가를 받았다.(夫初祖西來, 唯傳一心之法. 二祖求緣慮不安之心不得, 即知唯一眞心圓成周遍, 當下言思道斷, 達磨印可.)" 이를 인용하고 그 대체를 부정하였다.
9 본래 『楞嚴經』 권1(大19, 108c15)의 경문에 근거한다. 곧 부처님이 제자 아난과 문답을 통하여 마음을 어느 곳에서 얻을 수 있는가에 대하여 밝히면서 칠처 그 어디에도 마음이 없다는 이치를 보인 이야기이다. 칠처란 몸 안(在內), 몸 밖(在外), 감각기관(潛根), 어둠으로 감춰진 곳(藏暗), 생각이 미치는 곳(隨合), 감각기관과 대상의 중간 지점(中間), 집착하지 않는 곳(無着) 등을 가리킨다. 자아가 있는 곳을 찾지 못한 아난의 이야기를 불안한 마음의 소재를 찾지 못한 2조에 빗대었다.
10 『宗鏡錄』 권3(大48, 431b25), 권45(大48, 680b12).

印印破." 蓋指此句也. 我心未寧者, 或曰, "如其出格高人, 恰似中他毒藥." 故此說燥¹⁾動. 二祖將謂, 達磨指示, 及聞道, '匪從人得'的, 當可信可依, 自疑未除, 親自眼辦手親不得故, 我心未寧也. 將心來與汝安者, 將未寧的心來也. 覓心了不可得者, '覓緣慮不安之心不得, 卽知眞心遍一切處'耶? 眞心妄心, 俱不可得也. 古云, "阿難執有而無據, 七處茫然. 二祖體無而自安, 言下知歸." 與汝安心竟者, 許他已安心.

1) ㉠『祖庭事苑』에 따르면 '燥'는 '躁'가 맞다. 주 6 참조.

● 『전등록』「달마편」의 주석¹¹에 다음 문답이 전한다. "달마가 혜가에게 물었다. '모든 대상이 끊어져 버렸는가?' '이미 끊어졌습니다.' '끊어져 아무것도 없는 경계(斷滅)에 떨어진 것은 아닌가?' '끊어져 아무것도 없는 경계에 떨어지지 않았습니다.' '모든 대상이 이미 끊어졌다(諸緣已斷)고 하면서 어떻게 그러한 경계에 떨어지지 않을 수 있겠는가?' '분명하게 깨어 어둡지 않고, 뚜렷하게 항상 알고 있기 때문입니다. 말로는 어떻게 표현할 방법이 없습니다.'"

傳燈, 達摩篇注云, "祖問慧可, '諸緣斷不?' 可曰, '已斷.' 祖曰, '莫落斷滅不?' 可曰, '不落斷滅.' 祖曰, '諸緣已斷, 爲什麽不落斷滅?' 可曰, '明明不昧, 了了常知故. 言之不可及.'"

● 여러 선문의 선사들은 (위의 문답을 놓고) 모두들 이렇게 말한다. "모든 부처님의 법인에 대한 문답은 당연히 이 문답 이전에 있었다. 이야말로 번뇌에 속박된 지위¹²에서 조사의 심인을 몸에 지니고 있는 돈기

---

11 『景德傳燈錄』 권3 「菩提達磨傳」(大51, 220a1)에 나오는 별기別記의 내용을 가리킨다. 취지는 통하지만 문장은 다르다.
12 번뇌에 속박된 지위(縛地位) : 범부위凡夫位와 같은 말. 궁극적인 지혜를 성취하지 못

頓機[13]의 문답이다. (법인에 대한 문답이 위 문답) 뒤에 있었다고 본다면 2조는 점기漸機일 것이다."
- 내가 헤아려 보건대 이것은 하나만 알고 둘은 모르는 말이다.[14] 『조등록祖燈錄』[15]에서 살펴보면, 달마가 "편안하게 해 주었다."고 한 다음 혜가가 절을 올리자 달마는 "그대는 어떤 도리를 보았기에 절을 올리느냐?"라고 물었고, 혜가는 "분명하게 깨어 어둡지 않고 뚜렷하게 항상 알고 있습니다."라고 대답했으며, 달마는 "이것이 모든 부처님께서 전한 마음의 본체이니 그대는 잘 간직하도록 하라."라고 하였다. 이로써 보면 달마가 어찌 2조가 성취한 깊이를 몰랐겠는가? 다시 말해서 그의 마음이 편안하게 되었음을 인정해 주었고 또한 그가 모든 부처님이 전한 마음의 본체를 터득했다는 사실도 알고서 잘 간직하도록 당부하였는데, 도리어 온갖 대상이 끊어졌는지 끊어지지 않았는지 물었다는 것은 있을 수 없는 이치이다.
- 내가 이제 자세히 분석해 보면, 모든 대상이 이미 끊어졌을 때 분별에 들어맞는 법이 하나도 없는 상태였던 것이다. '분명하게 깨어 어둡지 않고 뚜렷하게 항상 알고 있다.'라고 한 말은 본분사가 본체와 같다는 이치를 알았기 때문이다. 모든 대상이 끊어지고 나면 끊어져서 아무것도 없는(斷滅) 그 경계에 떨어지는 사람도 있지만 2조는 그렇지 않았다. 그는 분명하게 깨어 어둡지 않고 뚜렷하게 항상 알고 있었으니, 깨달

하고 여전히 번뇌에 속박되어 있는 범부의 지위를 가리킨다.
13 돈기頓機 : 돈오頓悟의 방식으로 본질을 깨닫는 근기. 방편의 절차를 거치지 않고 돈오할 수 있도록 타고난 근기. 아래 대칭시킨 점기漸機는 점수漸修의 방식으로 깨달음을 성취하는 근기를 나타낸다.
14 설화에서는 '明明不昧, 了了常知.'라고 답한 문답이 본칙에 해당하는 법인法印 문답보다 앞에 있었던 것으로 보고 있다. 본서 101칙 '장로 종색의 상당' 설화에서 이 주장을 다시금 짚고 있다.
15 『조등록祖燈錄』: 『五燈全書』 권61 「萬松行秀章」(卍141, 301a18)에 만송 행수萬松行秀의 저술로 전하지만 현존하지 않는다.

음과 수행에 대한 집착이 곧바로 사라지면서 여래선如來禪을 증득하였던 것이다. 중·하 근기의 무리였다면 이 경계에서 눌러앉아 본분사를 벌써 마쳤다고 여겼겠지만 2조는 그렇지 않았다. 그는 다시 모든 부처님의 법인에 대하여 묻고는 그 자리에서 마음을 편안히 하고 모든 부처님들이 전한 마음의 본체를 깨달았다. (이 때문에) 앞에서 터득한 이해가 더욱 밝아져 "분명하게 깨어 어둡지 않고 뚜렷하게 항상 알고 있습니다."라고 말한 뒤 마침내 조사선祖師禪을 알아차리고 달마의 인가를 받았던 것이다. 이것이 2조가 2조가 된 이유이다.

諸方咸曰, "諸佛法印問答, 冝在此問答之前. 此乃縛地位中, 佩持祖印[1]頓機也. 若在後者, 二祖爲漸機矣." 以愚料之, 此論, 只知其一, 不知其二. 按祖燈錄云云, 至安心竟, 可禮拜, 達磨云, "汝見什麽道理禮拜?" 可曰, "明明不昧, 了了常知." 達磨云, "此是諸佛所傳心體, 汝善護持." 則達磨豈不知二祖深淺? 卽許與他安心, 而又知他得諸佛心體, 囑以善護, 而又却問, 諸緣斷不斷, 無有此理. 吾今辨柝去也, 諸緣已斷時, 無一法可當情. 明明不昧, 了了常知者, 知有本分事, 與體一般也. 諸緣旣斷, 或有落斷滅者, 今二祖則不然. 明明不昧, 了了常知, 則悟修斯亡, 乃證得如來禪也. 其如中下之類, 於此坐着, 便以爲能事已畢, 二祖卽不然. 又問, 諸佛法印, 當下安心, 悟得諸佛所傳心體. 前解轉明曰, "明明不昧, 了了常知." 遂乃會得祖師禪, 得他印許. 此所謂二祖之爲二祖者也.

1) ㉿ '印' 다음에 병본에는 '的'이 있다.

● 만약 반드시 수행 과정이 점차적이라는 점을 허물로 여긴다면, 가령 설봉고불雪峯古佛이 세 번 투자投子에게 올라가고 아홉 번 동산洞山을 친견하러 찾아갔던 일[16]과 대충 수행하는 무리들이 부질없이 짚신이나 떨어뜨리며 돌아다니는 꼴이 같지 않은가? 틀림없이 그 모든 만남에서

소득이 있었지만 이것으로 만족하다 여기지 않고 다시 덕산德山에게 종승宗乘의 일에 대하여 물었다가 그에게 일돈방一頓棒을 맞고는 통의 밑이 떨어져 나가듯이 활연히 장애가 사라졌지만 또한 이것을 만족스럽게 여기지 않았다. 마지막에는 오산鰲山의 진鎭에서 암두巖頭의 말을 듣고 비로소 도를 이루고 마침내 1,500명의 학인을 이끄는 선지식이 되어 그 법의 교화가 곳곳을 뒤덮게 되었다. 그러므로 그가 돌아다니며 자신이 도달하고자 했던 목적지에 도달한 것을 소중히 여길 뿐 수행과정이 점차적이라는 점을 허물이라고 생각할 필요는 없다.

- 돈기頓機란 무엇인가? 향엄香嚴은 대나무에 돌조각이 부딪히는 소리를 듣고 마음을 밝힌 뒤 "한 번 부딪히는 소리에 모든 앎 잊고 나니, 더 이상 닦고 다스릴 필요가 없노라."¹⁷라는 오도송을 읊었다. 깨달음과 닦음이 한순간에 일어났고 또한 스스로 최상의 근기(上上機)¹⁸라고 말한 이

---

16 설봉 의존雪峰義存의 인연. '고불'은 설봉을 높여 부르는 말. 그가 수행하던 시기에 투자 대동投子大同을 세 번, 동산 양개洞山良价를 아홉 번 친견하고 가르침을 받았던 일화. 이를 삼등구상三登九上이라 한다. '삼'과 '구'는 극대수를 나타내는 수이며, 이로써 무수하고 치열한 정진수행을 표현한 것이다. 『法華經指掌疏事義』(卍93, 917b11), "삼등구상 : 복주의 설봉 의존 선사는 천주 안남의 증씨 집 자손이다. 열일곱 살에 머리를 깎고 오랫동안 선회禪會로 돌아다니며 수행하다가 동산 문하에서 반두飯頭가 되어 아홉 차례 오가며 법을 물었고, 투자 문하에서 지시받으며 세 차례 오갔다. 그 뒤에 암두와 함께 예주 오산鰲山의 진鎭에 이르러 폭설로 길이 막히게 되었을 때, 문답을 나누어 일대사를 밝혔다. 후대에 어떤 학인이 대혜 종고大慧宗杲에게 물었다. '설봉은 세 차례 투자의 가르침을 받았고 아홉 차례 동산에게 법을 물었는데, 어째서 오산에서 도를 성취했습니까?' '집에 앉아서 활발하게 물건을 파는구나.'(三登九上：福州雪峰義存禪師, 泉州安南曾氏子. 十七落髮, 久歷禪會, 在洞山作飯頭, 往返九上, 投子處指示, 來去三登. 后與巖頭, 至澧州鰲山鎭, 阻雪, 問答發明大事. 後有僧 問徑山杲, '雪峰三登投子, 九上洞山, 爲甚麽, 向鰲山成道?' 山曰, '屋裏販揚州'.)" 대혜의 마지막 말은 화물의 집산지이자 상업의 중심지인 양주揚州에서 변화하게 이루어지는 거래를 비유로 삼은 말이다. 본서 711칙 '장령 수탁의 송' 설화 및 781칙 본칙 참조.
17 『景德傳燈錄』권11 「香嚴智閑傳」(大51, 284a14).
18 앞의 게송 마지막 두 구절에 "모든 선문에서 도에 통달한 이들이, 다들 상상기라 말한다네.(諸方達道者, 咸言上上機.)"라고 하였다.

상, 돈기가 아니라 할 수 있겠는가? 그러나 앙산仰山이 더 깊이 따져 보니 그는 여래선을 이해한 것에 불과하였고, 또다시 앙산에게 깊이 시험을 받고 나서야 비로소 조사선을 이해하게 되었던 것이다.[19] 지난날 만약 앙산을 만나지 못했다면 수행하는 도중에 포기하고 다만 부끄러움을 모르는 나태한 보살이 되었을지 어떻게 알겠는가? 따라서 당사자의 안목이 밝게 뚫렸는지 그렇지 않은지를 중시할 뿐 수행의 첫걸음에서 돈오하는 것을 성과로 여길 필요는 없다.

- 지금 어떤 사람이 만일 종사가 던지는 한 마디나 반 구절을 듣고서 분연히 떨쳐 일어나 힘을 발하여 허공에 올랐다가 다시 땅으로 내려와도 본래 한순간이요, 삼타三墮[20]와 사류四類[21] 그 어디로나 오가며 자유자재하게 살아간다면[22] 탄생왕자[23]라 할 만하다. 하지만 과거 생을 미

---

19 이와 관련된 이야기는 본서 598칙 본칙 참조.
20 삼타三墮 : 조산 본적曹山本寂의 설. 삼종타三種墮와 같다. 범부와 성인의 차별이 사라진 경계에서 자유자재로 번뇌에 뒤섞인 세계 속에 떨어져(墮) 살아가는 본분의 작용을 말한다. 이류중행異類中行과 관련이 깊기 때문에 '사류四類'와 필연적으로 연결된다. '타墮'는 이류에 떨어져 살아간다는 뜻이므로 '이류異類'와 동일하다. 본서 63칙 주5 참조. 조산의 삼타의 취지는 후대에도 이어졌다. 『繼燈錄』권1(卍147, 725a4), "'누타髏墮란 무엇입니까?' '털옷을 입고 뿔을 인 축생이 아니다.' '수타隨墮란 무엇입니까?' '소리를 듣고 색을 보는 작용이 아니다.' '존귀타尊貴墮란 무엇입니까?' '소리와 색을 끊은 경지가 아니다.' '그렇다면 어째서 떨어져서 속박된다는 뜻의 타墮라는 명칭이 붙었습니까?' '기러기가 드넓은 하늘을 지나가자 그림자가 찬 강물에 가라앉는다.' '옛사람은 이 삼타가 본분사를 마친 사람의 병이라 했는데, 본분사를 마친 사람이라면 어찌 병이 있겠습니까?' '바로 본분사를 마쳤기 때문에 병이 발생하는 것이다.' '이 병은 어떤 때 낫게 됩니까?' '몸이 사라지는 것에 따라서 이 병도 곧 낫게 될 것이다.'(僧問, '如何是髏墮?' 師曰, '不是披毛戴角底.' 曰, '如何是隨墮?' 師曰, '不是聞聲見色底.' 曰, '如何是尊貴墮?' 師曰, '不是斷聲色底.' '恁麽則如何有墮名?' 師曰, '雁過長空影沉寒水.' 曰, '古人道, 三墮是了事人病, 旣是了事人, 如何有病?' 師曰, '祇爲了事, 所以病生.' 曰, '此病何時得愈?' 師曰, '直待無身, 此病卽除.')"
21 사류四類 : 사종이류四種異類의 줄임말. 본서 16칙 '불인 지청의 상당' 주석, 94칙 '보녕 인용의 거' 주석, 219칙 본칙 설화, 893칙 본칙 설화 참조.
22 삼타三墮와 사류四類~자유자재하게 살아간다면 : 본서 946칙 '투자 의청의 염' 설화, "이상과 같이 운운한 말은 '눈앞에 그대가 없다.'라는 구절에 해당하며, 위로 떠났다가

루어 보면 이미 여러 차례 생사를 거치면서 익히고 단련하여 궁극적인 경지에 도달하였기 때문에 금생에 이르러 한 번에 곧바로 뒤바뀐 것이며, 한 번 태어나 금생에 번뇌에 속박된 범부의 지위에서 이와 같이 된 것은 아니다. 이미 여러 차례 생사를 거치면서 익히고 단련함으로써 금생에 이르러 점차로 진전하는 것이니, 이를 뛰어넘는 경우란 없다. 이는 2조뿐만 아니라 후대의 종사와 선지식들도 어려워한 점이다.

若必以行李之漸爲咎, 只如雪峯古佛, 三登投子, 九到洞山, 非若泛泛之流, 虛蹋草鞋? 必皆有所得, 不以此爲足, 又問德山, 宗乘中事, 被他一頓棒, 豁然如桶底脫, 亦不以此爲足. 末後鼈山鎭裏, 巖頭言下, 始是成道, 卒爲一千五百人善知識, 法化冠于諸方. 然則只貴他履踐, 到其所到, 不必以行李之漸爲過也. 所謂頓機者何哉? 香嚴擊竹明心, 頌云, "一擊忘所知, 更不可修治." 旣悟修一時, 又自謂上上機, 非頓機也?[1] 然被仰山窮詰, 會得如來禪, 又被窮詰, 方始會得祖師[2]禪. 向若不遇仰山, 中道而止, 只作得個無慚愧懈怠菩薩, 又焉知之哉? 然則只貴他眼目, 徹與不徹, 不必以初步之頓爲功也. 今有人焉, 忽聞宗師一言半句, 奮地打發. 上去却來, 元是一

다시 돌아오지만 원래 동일한 순간이니 삼타와 사류의 모든 세계에서 자유자재로 살아간다는 뜻이다.(如是云云者, 當目前無闌梨, 上去却來, 元是一時, 三墮四類, 自在而行也.); 본서 1154칙 본칙 설화, "만약 최상의 근기라면 이곳에서 위로 가거나 다시 돌아오거나 원래 한순간이니 삼타와 사류 그 어느 편으로나 자유자재로 옮겨 다니겠지만, 중하의 무리라면 반드시 순서를 밟아서 나아가야 한다는 뜻이다.(若是上上之機, 於此上去却來, 元是一時, 三墮四類自在行. 其如中下之徒, 必須次第而進也.)"

23 탄생왕자誕生王子 : 왕자오위王子五位 또는 오위왕자五位王子 중 첫 번째. 석상 경제石霜慶諸의 설이다. 왕자에 대하여 탄생誕生·조생朝生·말생末生·화생化生·내생內生 등 다섯 단계로 나누어 동산 양개의 오위편정설五位偏正說을 비유한 설이다. 조산 본적의 군신오위설君臣五位說과도 상응한다. 왕자로 타고난 그 자체로 지위가 높다는 의미이다. 『人天眼目』권3 「石霜答五位王子」(大48, 316b27), "탄생한 왕자라는 말은 무슨 뜻인가? 석상이 말한다. '귀한 후손은 평범한 종자가 아니니, 타고나면서부터 그 지위가 지극히 존귀하다.'(如何是誕生王子? 霜云, '貴裔非常種, 天生位至尊.')" 『永覺廣錄』권27 「石霜五位王子」(卍125, 719b7) 참조.

時, 三墮四類, 自在而行, 可謂誕生王子也. 若推過去, 已是多生熏鍊, 到於極則故, 及到今時, 一撥便轉, 非一生今生, 縛地位中, 便能如是也. 旣是多生熏鍊, 以至今生漸進, 莫過於此. 且二祖, 又有後來宗師善知識所難處.

1) ㉘ '也'가 을본·병본에는 '耶'로 되어 있다. ㉙ '耶'로 보았다. 2) ㉘ '祖師'가 병본에는 '師祖'로 되어 있다.

- 달마가 중국에 처음 왔을 때 사람들이 그를 몰라보고 비방하는 자도 있었고 헐뜯는 자도 있었으며 해코지를 하는 자까지 있었으니,[24] 그들이 어찌 달마가 종지로 삼는 법이 교학을 벗어나 별도의 방법으로 전하는(敎外別傳) 가장 존귀하고 더 이상 위가 없는 것임을 알았겠는가! 사람들 중 빼어난 인물이 무제武帝[25] 아니던가? 그는 과거세에 덕의 뿌리를 심어 천하의 주인이 되었고, 스스로 『방광반야경放光般若經』을 강설하자 감응하여 하늘에선 꽃비가 내리고 대지 전체는 황금으로 바뀌었다.[26] 또한 부대사 등과 함께 진속이제眞俗二諦에 대한 토론을 벌이기도 했기에[27] 교가敎家의 지극히 미묘한 경계와 궁극적인 깊이를 벌써 알고 있었으며, 공부의 결과(功行)가 극치에 이르렀다고 할 만하다. 달마를 만난 이상에는 그 사이에 머리카락 한 올 들어갈 간격도 없을 정도로 딱 들어맞게 조사의 뜻을 알아차려야만 했다. 그런데 첫 번째로 참된 공

---

24 해코지를 하는 자까지 있었으니 : 이를 대표하는 이야기가 달마가 독살당했다는 설이다. 『傳法寶紀』에서 최초로 독살설을 기록하였고, 『歷代法寶記』(大51, 180c26)에는 보리류지菩提流支와 광통 율사光統律師 두 사람이 전후로 여섯 차례에 걸쳐 독살을 시도했다고 하며, 이 설은 『寶林傳』과 『景德傳燈錄』(大51, 220a23) 등에도 전하지만 사실로 보기 힘들며 선종과 교종이 반목하던 당시의 실상을 반영한다고 평가된다.
25 달마 대사가 처음으로 조우했다는 양나라 무제를 가리킨다.
26 『방광반야경放光般若經』을 강설하자~황금으로 바뀌었다 : 『碧巖錄』 1則 「本則 評唱」 (大48, 140b7). 본서 98칙 본칙 설화 참조.
27 부대사 등과~벌이기도 했기에 : 부대사를 비롯하여 누약법사婁約法師, 소명태자昭明太子 등과 토론하였다는 일화는 본서 98칙 본칙 설화 참조.

덕에 대하여 물었으나 (달마의 대답을) 이해하지 못했고,[28] 다음으로 성스러운 진리의 근본적인 뜻에 대하여 물었지만 이 또한 (달마의 의중에) 딱 들어맞추지 못했다.[29]
● 2조만이 달마를 믿고 이미 터득한 경계가 있었다. 그러나 그는 여기에 만족하지 않고 다시 모든 부처님의 법인에 대하여 묻고, 얻을 수 있는 마음이 없는 경계에서 진실로 모든 부처님께서 전한 마음의 본체를 깨닫고서 마침내 골수를 얻고[30] 가사를 전수받았던 것이니 2조가 아니었다면 누가 이와 같이 할 수 있었겠는가?

達磨初來, 人不知之, 有謗之者, 有毁之者, 至有害之者, 豈知達磨所宗, 敎外別傳, 最尊無上! 夫人類英傑非武帝歟? 宿植德本, 爲天下主, 自講放光般若, 感得天花, 地變黃金. 又與傅大士等, 持論眞俗二諦, 已知敎家極妙窮玄, 可謂功行至極矣. 旣遇達磨, 便合會得祖師意, 其間不隔以[1]髮. 初問眞功德, 而不會, 次問聖諦第一義, 而不契. 而二祖獨能信之, 已有所得矣. 不以此爲足, 又問諸佛法印, 無心可得, 而眞得諸佛心體, 遂乃得髓傳衣, 非二祖孰能如是也?

---

28 이 문답은 신회神會의 「菩提達磨南宗正是非論」에 나오는 다음 기사에서 시작되었다. "무제가 법사(보리달마)에게 물었다. '짐은 절을 짓고(造寺) 출가를 허용하고 불상을 조성하고 많은 사경寫經을 하였는데 어떤 공덕이 있겠소?' 달마가 '공덕이 없습니다.'라고 답했다. 무제는 범속한 생각으로 달마가 한 말의 참뜻을 헤아리지 못하였고, 달마는 마침내 양나라에서 쫓겨났다.(武帝問法師曰, '朕造寺度人, 造像寫經, 有何功德不?' 達摩答, '無功德.' 武帝凡情, 不了達摩此言, 遂被遣出.)" 그 뒤 이에 대한 첨삭을 거쳐 『景德傳燈錄』 권3(大51, 219a21) 등에서 이어 갔다. 본서 98칙 본칙 설화에서도 짤막하게 언급된 내용이기도 하다.
29 첫 번째로~들어맞추지 못했다 : 본서 98칙 참조.
30 골수를 얻었다는 내용은 본서 101칙 참조. 『景德傳燈錄』 권3 「菩提達磨傳」(大51, 219c4)에 따르면 달마가 인도로 돌아가기 전에 제자 네 명을 점검하는 과정에서 유래한 이야기이다. 각기 자신의 안목을 말로 표현한 세 사람에게는 각각 피부와 살과 뼈를 얻었노라고 평가한 반면, 절만 하고 물러난 혜가에게는 '골수를 얻었다.'고 인가해 준 인연이다.

1) ㉠ '以'가 을본·병본에는 '似'로 되어 있다. ㉡ '似'로 보았다.

● 여기서 2조의 사례를 거론한 까닭은 이러한 경계에 전혀 미치지 못하는 무리들이 첫걸음에 돈頓과 점漸을 디디고 서서 공덕이니 허물이니 가르는 기준으로 삼고 반드시 모든 부처님의 법인에 대한 문답의 인연을 2조의 최초 문답으로 삼는 작태가 가소롭기 때문이다. 옛사람은 "근본을 제대로 알지도 못하면서 지말만 똑같이 만들려 한다면, 사방 한 치의 나무라도 뾰족이 솟은 누각보다 높게 할 수 있다."[31]라고 하였으니, 이것을 가리키는 말이 아니겠는가?

● 또한 어쩔 수 없이 가려내야 할 일이 있으니, 가령 2조가 얻을 수 있는 마음이 없었지만 모든 부처님들이 전한 마음의 본체를 터득하여 조사의 심인을 꿰어 찰 수 있었다는 점이다. 만약 한 사람의 궁극적인 일(究竟事)[32]을 비판적으로 따져 본다면 설령 마음이 없는 그대로 모든 부처님이 전한 마음의 본체를 터득하였다고 해도 여전히 결정적인 한 수[33]가 모자라니, 반드시 이 한 걸음을 내딛어야 비로소 조사의 심인을 꿰어 찰 수 있다.[34] 동안 상찰同安常察이 말했다. "무심이 바로 도라고 말하지 마라! 무심도 여전히 한 겹의 관문에 막혀 있다."[35] 부질없이 내달리며 눌렀다 추켜세웠다 반복하기에 헤아리기 어려운 이야기가 아니라

---

31 『孟子』「告子」下. 사물을 헤아리는 기준을 부당하게 잡거나 이것과 저것을 재는 근거가 일치하지 않으면 잘못된 결과가 나온다는 비유이다. 이 구절에 대한 주희朱熹의 주석에 그 의미가 보인다. "만일 평평한 아랫부분을 기준으로 취하지 않고 사방 한 치의 나무를 누각 위에 올려놓는다면 그 나무가 도리어 높고 누각이 더 낮다.(若不取其下之平, 而升寸木於岑樓之上, 則寸木反高, 岑樓反卑矣.)"
32 궁극적인 일(究竟事): 본분사本分事와 같다.
33 결정적인 한 수(一着): 일착一著이라고도 한다. 바둑이나 장기에서 승부를 가르는 결정적인 한 수. 사태를 완전히 반전시키는 한마디 말 등의 선기禪機를 비유한다.
34 만약 한~ 수 있다: 본분사라는 엄격한 기준으로 본다면 2조가 얻을 마음이 없어 마음을 편안하게 하였다는 그 무심無心 자체도 궁극적인 경지는 아니라는 말.
35 『景德傳燈錄』 권29 「同安察禪師十玄談」 가운데 「心印」(大51, 455b1).

법 자체가 그렇기 때문이다. 하물며 달마가 오로지 그가 모든 부처님께서 전한 마음의 본체를 얻었다는 사실만 인정하고 그가 모든 부처님의 법인을 터득하였다는 사실은 인정하지 않았다. 그렇다면 더욱이 어떻게 한 칙의 공안[36]이 '모든 부처님의 법인(諸佛法印)'에 관한 질문과 '나와서 삼배를 올렸다(出禮三拜)'라는 동작 등 두 가지 인연 사이에 있다는 것을 알겠는가!

今之議二祖之事者, 略不及此徒, 以初步履踐頓之與漸, 爲功爲過, 必以諸佛法印問答因緣, 爲最初問答, 可笑. 古人云, "不揣其本, 而齊其末, 方寸之木, 可使高於岑樓矣." 夫斯之謂歟? 抑又有不得不辨者, 如二祖者, 無心可得, 而得諸佛心體, 便能佩持祖印矣. 若評論一人究竟事, 縱然無心而得諸佛心體, 猶欠一着在, 直須進這一步, 方始佩持祖師心印. 同安察云, "莫謂無心便是道! 無心猶隔一重關." 非虛騁抑揚難測之談, 法如是故. 而況達摩只許他得諸佛所傳心體, 不許他得諸佛法印! 則又焉知一則公案, 在諸佛法印, 出禮三拜, 二因緣之間者哉!

운거 요원雲居了元**의 송** 雲居元頌

눈 속에서 수고로움도 모르더니 팔 잘라 구하여[37]	立雪忘勞斷臂求
마음 찾을 곳 없는 경계에서야 마음 쉬었네	覓心無處始心休
뒤에 편히 앉아 평온한 맘을 품게 된 은혜는	後來安坐平懷者
뼈가 가루 되고 몸 사라져도 갚기에 부족하리	粉骨亡身未足酬

---

36 한 칙의 공안 : '모든 대상이 이미 끊어졌다(諸緣已斷)'라는 구절.
37 눈 속에서~잘라 구하여 : 혜가가 달마 앞에서 자신의 팔을 잘라 구도의 의지를 보인 이야기. 본서 101칙 본칙 설화에 그 일화가 자세히 소개되어 있다.

▣설화▣

○ 편안히 할 마음이 없어 그 뒤에 편히 앉아 평온한 마음을 품게 되었으니 그 은혜는 매우 갚기 어렵다는 취지이다.

雲居 : 無心可安, 後來安坐平懷者, 恩大難酬.

지해 본일智海本逸**의 송** 智海逸頌

눈 속에서 기다린 고통보다 팔 자른 고통 더 컸지만	斷臂難於立雪難
마음을 찾을 길이 없고서야 비로소 마음 편안해졌구나	覓心無處始心安
누가 아는가, 만 이랑의 갈대꽃 핀 강가에	誰知萬頃蘆花境
낚시꾼마다 낚싯대 잡고 숨어 있다는 것을	一一漁翁把釣竿

▣설화▣

○ 눈 속에서 기다린~비로소 마음 편안해졌구나 : 얻을 수 있는 마음이 없다는 뜻이다.
○ 누가 아는가~숨어 있다는 것을 : 깨달은 경계가 있는 줄만 알았을 뿐 교화의 문이 있는 줄은 몰랐다는 뜻이다. 편안하게 할 마음이 없는 경계가 깨달음이다.

智海 : 斷臂至始心安者, 無心可得意也. 誰知至釣竿者, 只知有證境, 不知有化門也. 無心可安處, 是證也.

조계명의 송 1 曹溪明頌

소실에서 그해 좌선을 했던 바로 그때	少室當年冷坐時

전하여 보존할 하나의 그 무엇도 없었네	了無一物可傳持
신광은 팔 잘라 힘쓸 근력도 없는 터에	神光斷臂無筋力
맘 편히 할 길까지 찾으니 참 어리석도다	更覓安心也是癡

조계명의 송 2 又頌

눈이 허리까지 차도록 서서 달마에 누 끼치고	立雪齊腰累小¹⁾林
대사의 가르침 청하여 또 마음 편히 하려 드네	請師方便更安心
남의 독을 마신 뒤로부터	自從飲着他家毒
도리어 일없던 사람이 땅에 파묻히게 되었구나³⁸	翻使平人被陸沈

1) 㰱 '小'는 '少'로 씀이 맞다. 이하 동일.

승천회의 송 承天懷頌

마음 찾을 길 없자 맘 편해졌다 인정하니	覓心無處許心安
남을 속였을 뿐 아니라 자신도 속았다네	不但謾人亦自謾
동안 상찰이 일찍이 했던 말이 기억나노니	堪憶同安曾解道
무심도 여전히 한 겹 관문에 막혀 있노라³⁹	無心猶隔一重關

---

38 남의 독을~파묻히게 되었구나 : '남의 독'은 달마 대사의 가르침을, '일없던 사람'은 2조를 가리킨다. '육침陸沈'은 『莊子』「雜篇 則陽」에 나오는 말이다. 공자와 자로가 초나라를 지나가 하인 노릇을 하는 성인을 보았는데, 공자가 그에 대해 '땅 밑에 빠진 듯 숨어 지내는 자로다.(是陸沈者也.)'라고 평가하였다. 여기에서처럼 물이 없는데도 물이 가라앉았다는 뜻에서 은거隱居를 비유하기도 하고, 매몰되어 아무도 알아주는 사람이 없다는 뜻으로도 쓰인다. 본서 981칙 '원오 극근의 거' 주석 참조.

39 무심도 여전히~막혀 있노라 : 동안 상찰同安常察의 말이다. 주 35 참조. 제1구에서 '마음 찾을 길 없다.'라고 한 말이 관문이다. 찾을 마음이 없다는 이 말에서 마음이 편하게 되어 해답을 찾았다고 보지 않고 오히려 그곳을 돌파해야 할 관문으로 설정된 지점으로 보는 관점이다. 그렇지 않고 그 말에 안주하면 제2구에 보이듯이 속게 된다.

> 설화

○ 본칙 설화에 이 뜻이 들어 있다.

承天：話中有此意.

불안 청원佛眼淸遠의 송 佛眼遠頌

만일 실오라기 하나라도 남에게 줄 것이 있었다면	若有絲毫付與人
혜가가 어떻게 또 자신을 온전히 할 수 있었겠는가	可師何得更全身
인간계와 천상에서 어리석은 상태로 만나긴 했지만⁴⁰	人間天上迷逢處
여덟 냥은 본래 반 근이라네⁴¹	八兩元來是半斤

운문 종고雲門宗杲의 송 雲門杲頌

마음을 찾을 길 없거늘 어떻게 편히 할 수 있는가	覓心無處更何安
온통 붉게 달구어진 쇳덩이 하나를 씹어 부수어라⁴²	嚼碎通紅鐵一團

---

40 인간계와 천상에서~만나긴 했지만 : 어리석은 상태에서는 달마를 만난다 해도 그가 달마인지 모르고 지나친다는 말. 아직 제대로 알아차리지 못한 상태에서는 종지가 드러나는 현상에 접해도 그것을 알아차리지 못하므로 소용이 없다는 뜻이다.
41 여덟 냥은~반 근이라네 : 말만 다르지 여덟 냥이나 반 근이나 실제는 동일한 무게이다. 이것을 모르면 반 근을 구하는 사람이 여덟 냥이라는 소리를 듣고도 자신이 찾는 그 무게인지 모르는 것과 같다. 어리석은 상태로 달마를 만나면 그가 하는 말과 행위마다 달마 자체임에도 그것을 모르고 지나치게 된다.
42 마음을 찾을~씹어 부수어라 : 입에 넣을 수도 삼킬 수도 없는 붉게 달구어진 쇳덩이와 같이 달마와 혜가의 화두도 처리할 방도가 전혀 없다. 첫 구절이 이와 같이 입에 넣고

| 설령 눈 크게 뜨고 기개 펼치더라도 | 縱使眼開張意氣 |
| 달마의 말에 속지 않는 것만 못하리 | 爭如不受老胡謾 |

죽암 사규竹菴士珪의 송 竹庵珪頌

2조가 소림사에 꼿꼿이 서 있던 당시	二祖當年立少林
뜰 가득 눈은 쌓여 허리 깊이까지 찼네	滿庭積雪到腰深
가슴에 손 모으고 있었을 뿐 아무 일 없었으니	叉手當胷無一事
마음 구하지도 찾지도 편히 하지도 않았도다	不求不覓不安心

무진거사의 송 無盡居士頌

마음 찾지 못하여 이미 마음 편하게 되었으니	覓心不得已安心
고깃간과 창녀촌에서도 달마의 뒤를 잇겠구나[43]	屠肆婬坊嗣少林
자손들이 지름길을 굳이 마다하고	爭奈子孫嫌直截
온갖 선문의 오미선[44] 애써 참구하는 걸 어쩌랴	諸方五味苦參尋

파초 혜청芭蕉慧淸의 염

"금강신장[45]이 진흙 사람의 등을 문질러 주는구나."[46]

삼킬 수 없는 화두라는 점을 밝히고 있다. 이것을 씹어 부순다는 말은 화두를 타파한다는 뜻과 통한다.

[43] 마음 찾지~뒤를 잇겠구나 : 마음이 없으니 고하와 귀천의 차별이 없어 누구라도 달마의 뒤를 이을 수 있다는 취지이다.

[44] 오미선五味禪은 일미선一味禪과 대칭된다. 여기서 일미선은 우회하지 않고 곧바로 본분을 드러내는 달마의 지름길과 같은 선을 말한다. 반면 오미선은 갖가지 단계와 차별된 맛을 하나씩 맛보고 들어가는 점차로 향상해 가는 선을 가리킨다. 본서 256칙 참조.

[45] 금강신장金剛神將 : 절 입구에 사천왕四天王 등과 함께 세워 놓는 수호신.

[46] '금강신장이 진흙 사람과 함께 서로 등을 문질러 준다'는 뜻으로도 번역할 수 있다. 이 번역이 설화의 해설과 어울린다. 등의 때를 문질러 없애 준다는 뜻이다. 무정물에 의한 무심無心·무공無功의 작용이다. 『平石如砥語錄』(卍122, 382b10), "불전에서 : 향을 사르고 말했다. '스스로 깨닫고 남도 깨닫게 해 주는 이를 부처라 한다. 금강신장이 진

芭蕉淸拈, "金剛與泥人揩背."

> [설화]

○ 금강신장이 진흙 사람의 등을 문질러 주는구나 : 미상이다. 억지로 해석하자면 진흙을 빚어서 금강신장을 만들었기 때문에 진흙 사람이라 한다. 혜가는 마음이 없다고 말했고, 달마는 그가 마음이 없다고 한 말을 인정했으니, 두 사람의 견해가 마찬가지라는 뜻이다.[47]

芭蕉:金剛與泥人揩背者, 未詳. 强而釋之, 塑金剛故, 曰泥人. 慧可說無心, 達摩許他無心, 見解一般.

장산 법천蔣山法泉의 염

"여전히 착각을 가지고 착각을 대하는구나."

蔣山泉拈, "且將錯就錯."

흙 사람의 등을 문질러 주는 격일세. 돌, 돌, 돌!'(佛殿 : 燒香云, '自覺覺他, 名之曰佛. 金剛與泥人揩背. 咄, 咄, 咄!)"

[47] 『大慧語錄』권1(大47, 812b3), "바로 여기에서 할 일이 전혀 없음을 깨닫고 보면 본체와 작용을 나누든 나누지 않든 무방하다. 나누는 것은, 비 내리면 땅 젖고 날 개면 해 비치며, 작은달은 29일이요 큰달은 30일인 것과 같다. 나누지 않는 것은, 금강신장과 토지신의 등을 문질러 똑같이 등골이 드러나는 것과 같다.(箇中若了全無事, 體用無妨分不分. 若也分去, 雨下地上濕, 天晴日頭出, 小盡二十九, 大盡三十日 ; 若也不分, 金剛與土地揩背一擦骨出.)"; 『宗門武庫』(大47, 945a15), "연평 진료옹의 이름은 관이고 자는 영중이며 자호는 화엄거사이다. ……『황룡혜남선사어록黃龍慧南禪師語錄』을 몹시도 좋아하여 해석 풀이를 거의 다 하였는데, 유독 '금강여니인개배金剛與泥人揩背'라는 구절만은 주해를 하지 못하였다. 예전에 사람들에게 '이 구절에는 필시 출처가 있을 터인데 알지 못할 뿐이다. 속담에 등잔 밑이 어둡다고 하더니, 과연 거짓이 아니로구나.'라고 하였다.(延平陳了翁, 名瓘, 字瑩中, 自號華嚴居士.……酷愛南禪師語錄, 詮釋殆盡. 唯金剛與泥人揩背, 注解不行. 嘗語人曰, '此必有出處, 但未有知之者. 諺云, 大智慧人面前有三尺暗. 果不誣也.')"

> 설화

○ 착각을 가지고 착각을 대하는구나 : 혜가가 '내 마음이 편안하지 않다.'고 한 말이 하나의 착각이요, 달마가 '마음이 없다.'고 한 말이 또 하나의 착각이다.[48]

蔣山 : 將錯就錯者, 慧可, 我心未寧, 是錯 ; 達摩無心, 又錯.

상방 제악上方齊岳의 상당

"법을 구함에 몸을 몸으로 여기지 않고 목숨을 목숨으로 여기지 않았으니,[49] 본분사를 부지런히 닦아 비로소 도를 성취한 것이다. 모르는가? 보리달마가 멀리 인도를 떠나 중국에 이르러 9년 동안 소림사에서 면벽하며 법을 이어받을 한 사람을 피눈물이 나도록 찾았으나 끝내 그러지 못하여 (면벽만 하고 있자) 대중들이 오인하여 그를 벽관바라문이라 불렀다는 사실을.[50]

얼마 지나지 않아 신광神光이라는 좌주座主가 나타났다.[51] 그는 갖가지 책을 두루 읽어서 깊은 이치를 잘 말하였는데 언제나 스스로 탄식하며 이렇게 말했다. '공자와 노자의 가르침은 예禮·술術·풍風·규規에 불과하고, 장자와 주역의 글은 미묘한 이치를 다 드러내지 못했다. 요즈음 듣자

---

48 혜가와 달마의 말이 모두 각자가 고의적으로 던진 착각이라고 알면 이 공안의 핵심을 타파할 수 있다는 풀이.
49 법을 구함에~여기지 않았으니 : 『祖堂集』 권2, "師語神光云, '諸佛菩薩求法, 不以身爲身, 不以命爲命. 汝雖斷臂求法, 亦可在.'"
50 본서 99칙 참조. 달마가 제대로 된 사람을 찾을 의도로 면벽하며 기다리고 있었는데, 대중이 그 속도 모르고 면벽을 수행의 일종으로 오해했다는 취지이다.
51 '얼마 지나지 않아'라는 것은 달마와 양 무제의 문답이 있었던 후를 이렇게 표현한 것으로 보인다. 이 부분 설화의 원문이 초략草略한 측면이 있는데 대부분의 다른 문헌에는 '신광은 광달지사曠達之士이며, 오랫동안 이락伊洛에서 거처하였다.'라고 소개하고 있다.

니 달마 대사라는 지인至人[52]이 멀지 않은 곳에 있다고 하니, 그 깊은 경계를 찾아가야겠다.' 여러 형제들이여! 그들의 인연[53]을 보면 자연스러운 도리를 완벽하게 성취하였다. (혜가는) 달마의 처소에 이르러 아침저녁으로 모시면서도 고단해하지 않았고, 달마는 온종일 꼿꼿이 면벽하며 전혀 뒤돌아보지 않았다. 어느 날 신광은 '옛날에는 도를 구하고자 뼈를 두드려 골수를 뽑아내었다.'라 생각하고는 눈이 쌓여 무릎을 넘도록 서 있었다. 달마가 자신도 모르게 고개를 돌리고 물었다. '그대는 눈 속에 서서 무엇을 구하려 하는가?' 그 뒤 신광이 스스로 팔을 잘라 달마 앞에 바쳤던 것이다. 비록 그렇기는 하였지만 달마는 여전히 그의 행위를 옳다고 여기지 않고 다시 몇 마디 말로써 책망하였다.[54] '모든 부처님들이 처음에 도를 구할 때에는 법을 위해서라면 몸에 대한 애착을 잊었고, 그처럼 그대도 지금 내 앞에서 팔을 잘랐으니 법을 구해도 좋다(可).' 달마가 잠깐 말 없이 있다가 그에게 가까이 오라고 부른 다음 자비로운 말로써 위로했다. '그대가 이렇게 한 이상 나도 마땅히 그대의 법명을 혜가慧可라고 바꾸어 주겠다.' 혜가는 법호法號를 받자마자 (그 안에 담긴 뜻을) 이해하고서 '모든 부처님께서 깨우친 미묘한 도를 들을 수 있겠습니까(可得聞乎)?'라고 물었다.[55] 여러 형제들이여! 달마는 여기에 이르러 정신이 동요하고 노파심이 일어나 그에게 이렇게 말했다. '모든 부처님의 법인은 남에게서 듣지

---

52 지인至人 : 본서 98칙 '계승의 설' 주석 참조.
53 인연因緣 : 달마와 혜가의 만남과 그들이 주고받은 문답 그리고 최종적 성과 등을 모두 가리킨다.
54 달마는 여전히~말로써 책망하였다 : 이 대목이 『景德傳燈錄』 권3 「菩提達磨傳」(大51, 219b18) 등 대부분의 문헌에는 "달마는 그가 법을 전수받을 만한 그릇이라고 여겼다.(師知是法器.)"라고 되어 있으며, 이곳처럼 한 몸을 버려서 법을 구하겠다는 그 자체도 여전히 만족하지 못한다고 한 예는 거의 없다. 다만 『普菴印肅語錄』 권2(卍120, 584a5)에 "달마는 여전히 믿지 못하였다.(達磨猶未可信在.)"라고 하여 이곳과 일치하지만 곧바로 안심安心 문답으로 이어지는 점에서 차이가 있다.
55 혜가는 법호法號를~라고 물었다 : 도를 깨치기에 '가可하다'는 의미에서 혜가라고 지어 준 뜻을 이해하고서 그렇다면 그 도를 들을 수 있겠느냐(可)라고 물어온 것이다.

못한다.' 이에 그는 자신도 모르게 고개를 숙여 감사의 절을 올리고서는 다시 물었다. '대사시여, 혜가의 마음이 편안하지 못하니 대사께서 제 마음을 편안하게 해 주시기 바랍니다.' 마지막에 대사가 '그대의 마음을 이미 편안히 해 주었다.'라고 하였다. 여기서 가사와 법을 전하여 조사의 등불을 이었던 것이다.

기괴하구나, 여러 형제들이여! 저들 옛 성인聖人이 본분사를 성취한 경계를 보더라도 실로 쉽지 않다. 비록 그렇기는 하지만 여러분은 이 시커먼 얼굴의 이방인(달마)이 와서 우리 중국의 자손을 속이고 이곳 중생들을 미혹시켰다는 사실을 아는가? (그렇거늘) 지금에 이르도록 망상으로 전도되어 깊은 뜻을 구하고 미묘한 이치를 구하는구나. 당시에 다만 소림사에서 9년 동안 번뇌를 식히고 면벽했던 세월은 대단히 기특하여 틀림없이 사람들을 의심하도록 만들었지만, 2조가 눈 속에 서서 팔을 자르는 지경에 이르러서는 이 지점에서 제대로 짚어 내지 못하고 똥을 뿌리고 오줌을 뿌리듯이 추하게 진여眞如다 해탈解脫이다 또는 보리菩提다 열반涅槃이다 하며 마구 말들을 한다. 내가 이제 그대 형제들에게 묻겠다. 그 경계에서는 어떻게 했어야 그들 각각이 부끄러워했을까? 바로 이럴 때 마침 영리한 납승 하나가 나와서 얼굴에 침을 뱉고 주장자를 잡고서 장차 달마가 인도로 돌아가지 못하도록 막는다면, (달마 그는) 가는 곳마다 부끄러워하면서 우리 중국에도 인물이 있다고 말할 것이다. 다만 여러분이 영민하지 못하기 때문에 남이 한 말을 듣고 독약[56]처럼 중독되어 지금껏 굴욕을 당하고 있는 것이다."

上方岳上堂云, "夫求法者, 不以身爲身, 不以命爲命, 精勤於斯, 方成道矣.

---

[56] 달마가 "모든 부처님의 법인은 남에게서 듣지 못한다."라고 한 말과 "그대의 마음을 이미 편하게 해 주었다."라고 한 말 등이 독약이라는 말이다.

不見, 菩提達磨, 遠離西國, 屆于唐土, 九年向少林面壁, 竟一個人, 眼中滴血, 尙不能得, 衆謂之壁觀婆羅門? 不日之閒, 有座主, 名曰神光, 博覽群書, 善談玄理, 常自歎曰, '孔老之敎, 禮術風規, 莊易之書, 未盡其妙. 近聞, 達磨大師, 至人不遠, 當造玄境.' 諸兄弟! 看他因緣, 成就了自然之理. 到彼, 晨夕參侍, 匪倦疲耶, 達磨常只端然, 殊無返顧. 一日自己思惟, '昔日求道, 敲骨出髓.'〈至〉積雪過膝. 達磨不覺迴首, 乃發問, '汝立雪中, 當求何事?'〈至〉自斷其臂, 奉于師前. 雖然如此, 達磨猶未可伊, 復將言辭, 責曰, '諸佛, 最初求道, 爲法忘形. 汝今斷臂吾前, 亦未[1]可在.' 達磨良久, 喚伊近前, 以慈言慰諭, '汝旣如是, 吾宜易汝名, 爲慧可.' 才得法號, 便解發問, '諸佛妙道, 可得聞乎?' 諸兄弟! 達磨到這裏, 精神定動, 老婆心發, 便向他道, '諸佛法印, 匪從人得.' 是他不覺低頭禮謝, 復問, '大師, 慧可心未安, 請大師安心.'〈至〉'與汝安心竟.' 於斯, 便傳衣付法, 紹繼祖燈. 奇恠, 諸兄弟! 看他古聖得事處, 也不容易. 雖然如此, 汝等諸人, 還知道被者黑面漢過來, 欺我唐土兒孫, 誑惑此閒衆生麼? 直至如今, 妄想顚倒, 求玄求妙. 當時只向少林, 九年冷坐底, 多少奇特, 不妨敎人疑着, 及乎被二祖立雪斷臂了, 便向者裏把不定, 撒屎撒尿,[2] 說眞如解脫菩提涅槃. 我且問你諸兄弟. 到者裏, 合作麼生, 還各自羞慙麼? 伊麼時, 稍有一箇靈利衲僧出來, 驀面唾, 拈拄杖, 捍將歸西天去, 敎他到處慚惶, 也道我唐土有人. 只爲汝等諸人不啢嚁, 後各各中他毒藥, 直至如今受屈.

---

1) ㉠ '亦未'는 일반적으로 '求亦'으로 되어 있다. 본서 101칙 본칙 설화를 비롯하여 『景德傳燈錄』권3(大51, 219b19) 등 참조. 2) ㉠ '撒屎撒尿'는 '撒屎撒尿'의 오기인 듯하다.

동림 상총東林常總의 상당

이 공안을 제기하고 말했다. "하늘을 찌를 듯 높이 솟은 숭악嵩嶽[57]에는

---

57 숭악嵩嶽 : 소림사가 있는 숭산嵩山을 가리킨다.

한 줌 흙도 부족하지 않으며, 드넓은 바다에 가느다란 물줄기인들 부족할 리 있으랴! 어찌 이슬을 떨어뜨려 물결을 더하고 티끌을 숭악에 보태고 나서야 산을 높이고 물을 깊게 만든 것이겠는가! 아무 까닭도 없이 천이객穿耳客[58]이 은근히 고개 끄덕이며 인정하게 만들었으니[59] 중국의 후손들은 이를 본보기로 삼을 때마다 손해를 볼 것이다. 하지만 그들의 숨통을 틔워 줄 사람이 없다고 여겨서는 옳지 않다. 돌!"

東林摠上堂, 擧此話云, "嵩嶽凌空, 不虧寸土, 滄溟巨浸, 豈乏纖波! 何藉墜露添流, 輕塵足嶽, 然後爲高深者哉! 徒使穿耳之客, 暗自點頭, 華夏兒孫, 例遭失利, 不可道無與渠出氣者. 咄!"

[설화]

○ 사람마다 누구나 아득한 겁의 세월 이전에 수행도 마쳤고 성불도 마쳤다는 뜻이다.[60]

---

58 천이객穿耳客 : 이중의 뜻을 지닌다. 하나는 귓불을 뚫어 귀고리를 한 외국인이라는 말로 달마 대사를 비롯한 이국 출신 전체를 가리킨다. 다른 하나는 귀에 어떤 장애도 없어서 언어문자 저편의 진실을 제대로 알아듣는 사람이라는 뜻이기도 하다. 고지식하게 일정한 언어와 사고의 틀을 고수하여 진실을 포착하지 못하는 각주인刻舟人과 대칭하여 쓰인다. 『景德傳燈錄』 권13 「風穴延沼傳」(大51, 303a10), "'던지는 질문마다 모조리 거짓으로 조작할 뿐이니 스님께서 근원을 곧바로 가리켜 주시기 바랍니다.' '귀 뚫린 나그네를 만나는 일은 드물고 고지식한 사람을 만나는 것이 보통이다.'(問, '凡有所問, 盡是捏怪, 請師直指根源.' 師曰, '罕逢穿耳客, 多遇刻舟人.')"; 『祖庭事苑』 권6(卍113, 159a4), "천이객 : 달마 조사를 가리킨다. 그러나 귓불을 뚫는 것은 불교의 법제에 맞지 않기 때문에 그렇게 부름으로써 일반적인 인도인의 형상을 나타낸다.(穿耳客 : 謂達摩祖師也, 然穿耳非佛制, 稱之, 蓋表梵人之相.)"
59 천이객穿耳客이 은근히~인정하게 만들었으니 : 달마가 혜가를 인가해 준 인연.
60 『法華經』에 나오는 이야기에 근거하여 천태종에서 주장하는 구원실성久遠實成의 설과 같다. 석가모니불은 아주 오랜 과거세에 성불하셨으나 중생을 교화할 목적으로 여러 세계에 몸을 나타낸다고 한다. 『法華經』 권5 「如來壽量品」(大9, 42b8). 진점겁塵點劫에 대해서는 본서 1칙과 102칙 본칙 설화 주석 참조.

◦ 그들의 숨통을~여겨서는 옳지 않다 : 그들이란 중국의 후손들을 말한다.
◦ 돌 : 저 달마를 비판하기 위해 내지른 소리이다.

東林 : 人人個個, 塵點劫前, 修行亦竟, 成佛亦竟之意也. 不可道無云云者, 渠謂華夏兒孫也. 咄者, 喝咄它達摩也.

광령조廣靈祖의 상당

이 공안을 제기하고 말했다. "여러분, 말해 보라! 편안히 할 마음이 있다(有心)는 것인가, 편안히 할 마음이 없다(無心)는 것인가? 마음이 있다고 한다면 2조는 어째서 '마음을 찾았으나 얻을 수 없었다.'고 한 것이며, 마음이 없다고 한다면 달마는 어째서 '그대 마음을 편안하게 해 주었다.'고 한 것일까. 2조는 마치 벌레가 나무를 갉아 먹는 꼴이었고, 달마는 그 결과로 우연히 무늬를 새긴 것과 같이 말했을 뿐인데, 후손들은 헛것을 진짜로 이어받고 메아리를 본래 소리로 받아들이듯이 마음이 있거니 마음이 없거니 하고 말한다.[61] 그러므로 '있다고 말하자니 어떤 형상도 없고, 없다고 말하자니 성인들은 이것으로 신령하게 만사에 통한다.'[62]고 하는

---

[61] 2조는 마치~하고 말한다 : 달마와 2조가 남긴 '있다'거나 '없다'거나 하는 말에는 어떤 실체도 없고 진실한 의미도 없지만, 후손들이 그렇다고 지레짐작하여 마음의 유·무를 가지고 분별하며 다툰다.

[62] 『肇論』「般若無知論」(大45, 153b9)의 다음 구절을 변형했다. "欲言其有, 無狀無名 ; 欲言其無, 聖以之靈." 『肇論疏』권2(大45, 178a4), "'형상이 없다'는 말은 정해진 모양이 없다는 것이다. '이름이 없다'는 것은 특정하게 붙여 부를 만한 이름자가 없다는 것이다. '성인들은 이것으로 신령하게 된다'는 것은 이로써 활용한다는 뜻이다. 성인은 이를 영통하게 활용하여 알지 못함이 없다. '성인들은 허령하게 활용하므로 허령해도 비추는 작용을 잃지 않는다'는 것은 허령하더라도 비추는 작용을 잃어버리지 않기 때문이다. '형상도 이름도 없기 때문에 비춰도 허령함을 잃지 않는다'는 것은 비추어 알지만 상을 취하지 않기 때문이다.(無狀者, 無狀貌也. 無名者, 無名字也. 聖以之靈者, 以用也. 聖人用此靈通無所不知也. 聖以之虛故, 虛不失照者, 雖虛而不失照鑒之用也. 無狀無名故, 照不失虛者, 雖照知而不取相也.)"

것이다. 있다고 인정하면 머리에 또 하나의 머리를 얹어 놓는 꼴이고, 인정하지 않으면 머리를 자르고 살기를 바라는 격이다.[63] 만일 이 마음 그대로(卽)라 하더라도 마음은 그 자체로 마음이 아니고(따라서 타당하지 않다),[64] 만일 이 마음을 벗어난다(離)고 해도 나무토막이나 돌과 같지 않다(따라서 이 또한 타당하지 않다). 그렇다면 있다거나 없다거나 하는 분별의 견해를 벗어난다면 그것이 진심인가? 진심의 '진眞'은 '망妄'과 대립하여 설정한 개념에 불과하다.[65] 그렇다면 있음과 없음의 중간에 있는 것인가? 경전에 '마음은 안에도 없고 밖에도 없으며 중간에도 없고 안팎 모두에 있는 것도 아니다.'[66]라고 하였다. 말해 보라! 어디에 있는가?" 잠깐 침묵하다가 말했다. "구름 두른 봉우리는 천고토록 빼어나고, 꽃나무는 사계절 언제나 참신하다."

廣靈祖上堂, 擧此話云, "諸仁者, 且道! 有心可安? 無心可安? 若言有心, 二祖自云, '覓心了不可得.'; 若言無心, 達磨道, '與汝安心竟.' 然二祖, 如蟲禦木; 達磨, 偶以成文, 後代兒孫, 承虛接響, 說有說無. 是故, 若言其

---

[63] 이상은 마음이 있다거나 없다거나 두 길 모두 인정하지 않는 방식이다. 이하에서는 두 길뿐만 아니라 그 외 가능한 모든 질문에 대한 해답을 틀어막아 운신할 여지를 완전히 빼앗는 수단을 제시한다. 파주把住의 방식에 따라 이 공안의 요소를 화두로 설정하고 있다.
[64] 주관인 마음은 객관과 필연적인 관계 속에서 마음으로 성립된다는 말. 『景德傳燈錄』 권6 「馬祖道一傳」(大51, 246a13), "마음은 그 자체로 마음이 아니며 색을 조건으로 하기 때문에 있다.(心不自心, 因色故有.)"; 『起信論疏筆削記』 권3(大44, 311c28), "경계는 그 자체로 경계가 아니며 마음으로 말미암기 때문에 경계이고, 마음은 그 자체로 마음이 아니고 경계로 말미암기 때문에 마음이다.(境不自境, 由心故境; 心不自心, 由境故心.)"
[65] 이것도 '진眞'과 '망妄'이라는 상대적인 차별에 따르는 개념이기에 모든 것을 벗어난 진심 자체가 아니므로 타당하지 않다.
[66] 『大般若經』 권570(大7, 947a2), 『自在王菩薩經』 권상(大13, 925b26), 『奮迅王問經』 권상(大13, 937a3) 등에 동일한 취지가 나타난다. 유와 무의 중간에 있다는 주장을 부정하는 근거로 인용하였다.

有, 無狀無形；若言其無, 聖以之靈. 認着頭上安頭, 不認斬頭覓活. 若卽此, 心不自心；若離此, 非同木石. 莫是離却有無情見, 卽是眞心麽? 且眞是對妄立名. 又莫是在有無之閒麽? 經云, '心不在內, 不在外, 不在中閒, 及內外.' 且道! 在那裏?" 良久云, "雲峯千古秀, 花木四時新."

> [설화]

○ 편안히 할 마음이 있다(有心)는 것인가~나무토막이나 돌과 같지 않다 : 배촉관背觸關[67]이다.
○ '있다거나 없다거나 하는 분별의 견해를 벗어난다면' 이하는 배촉관을 이해하지 못하여 다시 유와 무를 모두 벗어난다거나 또는 유와 무 중간에 있다는 견해를 짓기 때문에 그렇게 말한 것이다.
○ 구름 두른 봉우리는 천고토록 빼어나고 : 편안히 할 수 있는 마음이 없음을 나타낸다.
○ 꽃나무는 사계절 언제나 참신하다 : '마음이 있다', '마음이 없다', '있음과 없음을 모두 벗어남', '있음과 없음의 중간' 등이 사계절이다.
○ 꽃나무에는 사계절 그 언제나 변천이 있지만, 구름 두른 봉우리는 천고의 세월 동안 변함없이 우뚝 빼어나다.

廣靈：有心可安, 至非同木石者, 背觸關也. 莫是離却有無已下, 不會背觸也, 又向離却有無, 又在有無之間, 作見解故云云. 雲峯千古秀者, 無心可安；花木四時新者, 有心, 無心, 離却有無, 在有無之間, 是四時也. 花木有四時遷變, 若是雲峯千古迥秀.

---

67 배촉관背觸關 : 이상의 모든 말은 등져서 부정하거나 하나로 어울려 긍정하거나 하는 양단을 모두 차단하여 관문으로 설정한 것이다. 본서 108칙, 165칙, 399칙 본칙 설화 주석, 429칙 '심문 담분의 상당' 설화, 1331칙 본칙 및 본칙 설화 등 참조.

백운 법연白雲法演의 상당

이 공안을 제기하고 '스님께서 마음을 편안하게 해 주시기 바랍니다.' 라는 구절에 이르러 말했다. "나, 백운이 당시에 이 광경을 보았다면 20방을 때려 주었을 것이다. 왜 그런가? 다른 사람에게 약점을 간파당했기 때문이다. 두 가지(有心·無心)를 가지고 마음을 편안하게 하는 법에 대하여 말한 것으로 생각했었는데 그렇지 않았으니, 궁극적인 뜻은 무엇인가? 보살인 용왕이 비를 내려 만물을 윤택하게 하고, 겹겹의 구름 위로 올라가 몸을 감춘다.[68]"

白雲演上堂, 擧此話, 〈至〉請師安心, 師云, "白雲, 當時若見, 好與二十棒. 何故? 他人覷見. 將謂兩箇說安心法, 畢竟如何? 菩薩龍王行雨潤, 遮身向上數重雲."

설화

○ 두 가지(有心·無心)를 가지고 마음을 편안하게 하는 법에 대하여 말한 것으로 생각했었다 : 두 가지란 달마와 2조 두 사람을 말하는 것인가? 아니다. '편안히 할 마음이 없다'고 하면 '편안히 할 마음이 있다'는 말을 두어 짝을 삼게 되니, 이것이 두 가지이다. 마음을 편안하게 하는 법을 말했기 때문에 '편안히 할 마음이 없다'고 말하지 않고 바로 20방을 때려 주어야 마음이 있다거나 마음이 없다거나 그 어느 한 곳에도 떨어지지 않는 경지를 특별히 취하는 것이 (마음을 편안히 하는 법이)

---

[68] 보살인 용왕이~몸을 감춘다 : 『雪巖雜著』 권1(韓9, 244a3), "보살인 용왕이 비를 내려 만물을 윤택하게 하고, 겹겹의 구름 위로 올라가 몸을 감춘다. 게송으로 그 뜻을 푼다. '비조鼻祖가 서쪽에서 왔으나 이미 멀리 돌아간 길이었고, 9년 동안 보였던 면벽도 분명한 점이 없구나. 안타깝게도 당나라 임금 중에는 사내다운 자 없더니, 그래도 양나라에 장부다운 왕(무제)이 있었다네'.(菩薩龍王行雨潤, 遮身猶帶數重雲. 爲說偈云, '鼻祖西來早已迂, 九年面壁亦含糊. 可憐唐主無男子, 猶有梁王是丈夫.')"

아니게 된다. 이와 같아야 바로 편안하게 할 마음이 없는 경지인 것이다.[69]

○ 보살인 용왕이 비를 내려~몸을 감춘다 : 비록 마음이 있다거니 마음이 없다거니 하고 말하지만 나무는 마음이 있지도 않고 마음이 없지도 않다. 마치 앞의 광령조 상당에서 '마치 벌레가 나무를 갉아 먹는 꼴이었다.'라고 한 말이 그것이다.

白雲 : 將謂兩個至法者, 兩個, 謂達磨二祖耶? 非也. 說無心可安, 則有有心可安爲對, 是兩个. 說安心法故, 不說無心可安, 便與二十棒始得, 非是別取不落有無處也. 如此, 正是無心可安處也. 菩薩龍王云云者, 雖說有心無心, 木非有心無心也. 如上云, '如蟲禦木.' 是也.

운문 종고雲門宗杲의 보설[70]

"다음의 이야기를 기억한다. 2조가 달마에게 묻자~'그대의 마음을 이미 편안하게 해 주었다.'라고 하였고 2조는 당시에 곧바로 마음을 쉬고 그쳤다. 또한 3조가 2조에게 물었다.[71] '저의 몸이 바람 병(風恙 : 風病)에 걸렸으니 스님께서 저의 죄를 참회케 해 주시기 바랍니다.' 2조는 '죄를 가지고 오면 그대의 죄를 참회케 해 주겠다.'라고 하였고 3조가 잠깐 침

---

69 백운 법연은 유심有心과 무심無心이 대립적 관계 속에서 어느 하나가 다른 하나를 배제하는 것으로 보지 않았다. 무심가안無心可安이라고만 말해도 그 안에 유심가안有心可安이 불가결로 짝을 이룬다고 한 설화의 해설도 바로 이 점을 짚은 것이다. 어느 하나를 내치는 것 자체가 논리적으로도 불가능할 뿐만 아니라 나아가 유有에도 무無에도 떨어지지 않는 경지에 선다고 해도 이 또한 격격에 갇히는 결과를 초래한다. 법연은 2조가 유에도 무에도 떨어지지 않는 경지를 구한 것처럼 사람들에게 받아들여질까 염려하여 20방을 때려 주겠다고 한 것이다.
70 부 암주傅菴主가 입당괘탑入堂挂塔하여 공양을 베풀고 보설을 청하여 행한 법문이다. 『大慧語錄』권15(大47, 876b7).
71 이하는 본서 105칙에 해당한다.

묵하다가 '안팎과 중간에서 죄를 찾아보았으나 얻지 못했습니다.'라고 하자 2조가 말했다. '그대의 죄를 참회케 해 주었구나.' 3조가 당시에 곧바로 마음을 쉬고 그쳤다.

이 두 칙의 화두를 총림에서 제기하는 자들이 삼씨나 좁쌀처럼 많고 잘못 이해하는 자들도 볍씨나 낟알처럼 무수하다. 만일 심성心性이라고 이해하지 않으면 깊고 미묘하다고 이해하며, 깊고 미묘하다고 이해하지 않으면 이理와 사事의 관계로 이해하고, 이와 사의 관계로 이해하지 않으면 가장 빠른 길(直截)이라고 이해하며, 가장 빠른 길이라고 이해하지 않으면 기특하다고 이해하고, 기특하다고 이해하지 않으면 부싯돌이 번쩍이거나 번갯불이 번득이는 듯한 경계에서 이해하며, 부싯돌이 번쩍이거나 번갯불이 번득이는 듯한 경계에서 이해하지 않으면 모든 것을 날려 없애고 아무 일도 없는 경계에 갇혀 있고,[72] 모든 것을 날려 없애고 아무 일도 없는 경계에 갇혀 있지 않으면 옛사람이 제기한 두 칙의 공안이라 하며 좌선하는 각자의 자리[73]에서 눈을 감고 흑산 아래 귀신의 굴속에 앉아 생각하며 헤아린다.

이상과 같이 한 타래로 엮은 도리들로 본분사를 밝히려는 시도는 정주鄭州로 가기 위해 조문曹門에서 출발하는 것[74]과 아주 흡사하니 신나기야

---

[72] 무사갑리無事甲裏 : 주로 간화선看話禪에서 일정한 화두를 궁구할 때 이러지도 저러지도 못할 경우 그 두 가지를 다 버리고 어떤 곳으로도 마음을 지향하지 않는 것이 가장 좋다고 집착하는 견해를 말한다. 간화십종병看話十種病 중 하나이기도 하다. '갑갑'甲匣이란 선반을 엮을 때 갑甲·을乙·병丙·정丁 등 십간十干의 글자를 새겨 쓰고, 그 첫 번째인 '갑'에는 물건을 놓아두지 않으므로 일반적으로 쓸모없는 곳을 가리키며, 집 뒤의 작은 방을 말하기도 한다.
[73] 삼조연하三條椽下 : 본서 16칙 '불인 지청의 상당' 주석 참조.
[74] 정주鄭州로 가기~출발하는 것 : 조문曹門은 변성汴城, 즉 북송의 수도로서 지금의 개봉시開封市 동쪽에 있는 제일문第一門이다. 양나라 개원 원년(713)에 건양문建陽門으로 이름을 고쳤고, 진晉나라 천복 3년(938)에 다시 영춘문迎春門으로 이름을 고쳤다. 정주는 하남성의 성도省都이며 변성의 서쪽에 있다. 서쪽에 있는 정주로 가려 하면서 동쪽 조문에서 출발한다는 말로써 '사리에 맞지 않는 짐작'을 나타낸다. 본서 359칙 '심

하겠지만 본질과 전혀 상관이 없다.[75] 이미 이처럼 허용하지 않는다면 달리 어떻게 이해해야 할까? 나, 운문은 이미 낯가죽의 두께가 세 치나 되어 분명하게 여러분에게 말해 주겠지만, 무엇보다도 내가 말한 이야기를 잘못 이해해서는 안 된다. 달마가 인도로부터 문양이 없는 도장을 가지고 와서 2조의 얼굴에 한 번에 찍어 버렸고, 2조는 이 도장을 얻어 조금도 바꾸지 않고 3조의 얼굴에 찍어 버렸다.【이하 생략】"

雲門杲普說云, "記得, 二祖問達磨, 〈至〉'與汝安心竟.' 二祖當時, 便休歇去. 又三祖問二祖曰, '弟子身纏風恙, 請師懺罪.' 二祖曰, '將罪來, 與汝懺.' 三祖, 良久云, '內外中間, 覓罪了不可得.' 二祖曰, '與汝懺罪竟.' 三祖當時, 便休歇去. 者兩則語, 叢林擧唱者, 如麻似粟; 錯會者, 如稻似穀. 若不作心性會, 便作玄妙會; 不作玄妙會, 便作理事會; 不作理事會, 便作直截會; 不作直截會, 便作奇特會; 不作奇特會, 便向擊石火閃電光處會; 不向擊石火閃電光處會, 便颺在無事甲裏; 不颺在無事甲裏, 便喚作古人兩則公案, 向三條椽下六尺單前, 閇眉合眼, 坐在黑山下鬼窟裏, 思量卜度. 若作者一絡索道理, 欲明此事, 大似鄭州出曹門, 且喜, 沒交涉. 旣不許伊麽, 又如何理會? 雲門已是面皮厚三寸, 分明爲諸人說破, 第一不得錯會我說底. 達磨從西天, 將得無文印子來, 把二祖面門, 一印印破, 二祖得此印, 不移易一絲頭, 把三祖面門, 印破.【云云】"

【설화】

○ 심성心性이라고 이해한다 : 미혹한 마음이 본성을 깨닫는 것이니, 미혹에서 깨달음을 얻는다[76]는 뜻이다.

문 담분의 염' 참조.
75 앞서 제시한 분별의 도리를 모조리 부정한 말.
76 『御選語錄』 권13(卍119, 478a11), "'미혹에서 깨달음을 얻는다.'는 말을 알지 못하는가."

○ 깊고 미묘하다고 이해한다 : 미혹에서 깨달음을 얻는 경계는 새가 날아다니는 아득한 길[77]과 같다.
○ 이理와 사事의 관계로 이해한다 : 새가 날아다니는 아득한 길은 이理이고, 이러한 이 안에 갖추어진 사事를 말한다.
○ 가장 빠른 길(直截)이라고 이해한다 : 수행과 깨달음이 곧바로 사라지니 지름길로 알아차린다.
○ 기특하다고 이해한다 : 지름길로 알아차리니 오직 하나일 뿐 상대할 짝이 전혀 없다.
○ 부싯돌이 번쩍이거나 번갯불이 번득이는 듯한 경계 : 기특한 경계에서 반드시 본체와 작용을 구분해야 하지만, 무엇이 본체이고 무엇이 작용인지 앞걸음과 뒷걸음의 구분이 없다.
○ 모든 것을 날려 없애고 아무 일도 없는 경계에 갇혀 있다 : 지금껏 있었던 무수한 그 어떤 일도 없다.
○ 흑산 아래 귀신의 굴속 : 삼세의 부처님과 조사가 엿볼 수 없는 곳에서 분별을 지어낸다.
○ 문양이 없는 도장을~찍어 버렸다 : 말후구이다.[78] 편안하게 할 마음이 없는 경계와 문양이 없는 도장은 같은가, 다른가? 같다고 해도 하늘과 땅 사이처럼 차이가 있으니 옳지 않고, 다르다고 해도 법에는 어떤 차이점도 없는 것과 같으니 옳지 않다.

마치 잠에서 깨어나는 것과 같고, 연꽃이 (진흙 속에서) 피어나는 것과 같다.(豈不知從迷得悟. 如睡夢覺, 如蓮華開.)"; 『楞嚴經直指』 권3(卍22, 729a5), "시원을 알 수 없는 전도가 일시에 소멸해 버린다는 뜻이다. 이것이 미혹에서 깨달음을 얻는다는 말이다.(無始顚倒, 一時頓銷. 此從迷得悟也.)"

77 새가 날아다니는 아득한 길(鳥道玄路) : 동산 양개가 사용한 말이다. 『洞山語錄』(大47, 511a26).
78 이하에서 같다고 할 수도 없고 다르다고 할 수도 없는 관문을 설정함으로써 말후구를 제시한다. 말후구는 본분사와 마주할 수 있도록 곧바로 드러내는 궁극적인 구절을 가리킨다.

雲門 : 心性會者, 迷心悟性, 從迷得悟也. 玄妙會者, 從迷得悟處, 是鳥道玄路也. 理事會者, 鳥道玄路, 是理, 理中所具地事也. 直截會者, 修悟斯亡, 直截承當也. 奇特會者, 直截承當, 獨一絶對也. 擊石火至光者, 奇特處須分體用, 是體是用, 無前後步也. 無事甲裏者, 無從前許多事也. 黑山下至裏者, 向三世佛祖窺覰不得處, 作活計也. 無文印子至印破者, 末后句也. 無心可安處, 與無文印子, 是同是別? 若言同, 霄壤有異 ; 若言別, 法無有異.

개암붕介庵朋의 상당

'마음을 찾아보았지만 얻을 수 없었다.'라고 한 2조의 말을 제기하고 "만 리를 떠도는 한 몸은 잎새와 같이 가볍다."라고 착어를 달았고, '그대의 마음을 편안하게 해 주었다.'라고 한 달마의 말에는 "공명이 천고의 세월에 이어져 산처럼 무겁다."라고 착어를 달았다. "비록 이렇기는 하지만 납승 문하의 관점에서 바라보면 아무리 분별로 헤아려도 핵심에 닿을 수 없다. 말해 보라! 납승 문하에는 어떤 뛰어난 점이 있는가? 알고 싶은가? 게송 한 수를 들어 보라.

마음을 찾을 수 없다 하니 벌이나 전갈과 같고
그대 맘 편히 해 주었다 하니 뱀처럼 독하구나[80]
조사의 낡아 빠진 보금자리와 소굴 때려 부수고
장부라면 스스로 살림살이 갖추어야 마땅하리라[81]"

---

[79] 얻을 수 없다고 했지만 그 말 자체가 가벼운 잎새와 같아서 '마음이 있다'는 반대편으로 날릴 수 있다는 뜻이다. 이렇듯 2조의 말은 확정된 개념을 지니지 않는다. 아래 게송 제1구~제2구에서도 그 뜻이 밝혀진다.

[80] 마음을 찾을~뱀처럼 독하구나 : 각각 2조와 달마의 말에 대한 평가이다. 그 안에 독이나 침을 숨기고 있기 때문에 주어진 말 그대로 받아들이면 속임을 당하고 그들의 말에 중독되어 그 잘못에서 벗어나지 못한다.

介庵朋上堂, 擧二祖云, '覓心了不可得.' "萬里一身輕似葉." 達磨云, '爲汝安心竟.' "功名千古重如山." "然雖如是, 若望衲僧門下, 料掉沒交涉. 且道! 衲僧門下, 有甚長處? 要知麽? 聽取一頌, '覓心不得如蜂蠆, 爲汝安心毒似虺. 打破祖師舊窠窟, 丈夫自合有生涯.'"

> [설화]

○ 조사의 낡아 빠진 보금자리와 소굴~살림살이 갖추어야 마땅하리라 : 이전부터 전해진 소식이 보금자리와 소굴이다. 그것을 때려 부수어야 장부라 할 만하다.

介庵云云, 打破祖師窠窟云云者, 前頭消息, 是窠窟也. 須打破方稱丈夫.[1]

---

1) ㉠ '夫' 다음에 병본에는 '三'이 있다.

---

81 조사의 낡아~갖추어야 마땅하리라 : 남의 말에 끌려다니지 말고 자신의 안목에서 나오는 견해를 갖추어야 한다. 살림살이란 그런 독립적인 안목에서 나오는 언어와 분별 등의 수단을 가리킨다.

101칙 달마득수 達磨得髓

[본칙] 달마 대사가 하루는 문인들에게 명하였다. "때가 다 되어 가는데,[1] 어찌 각자 얻은 경계를 말하지 않느냐?" 그때 도부道副가 대답했다. "제 견해로는 문자에 집착하지도 않고 문자를 떠나지도 않는 것을 도의 작용으로 삼습니다." 달마가 말했다. "너는 나의 피부(皮)를 얻었다." 니총지尼摠持가 말했다. "제 견해로는 경희慶喜[2]존자가 (부처님께서 환술로 보여 준) 아촉불국토[3]를 보았지만 한 번 보면 다시 볼 필요가 없는 것과 같습니다." 달마가 말했다. "너는 나의 살(肉)을 얻었다." 도육道育이 말했다. "사대四大는 본래 공이고 오음五陰은 실체로 있지 않으니, 제 견해로는 분별에 들어맞는 법은 하나도 없습니다."[4] 달마가 말했다. "너는 나의 뼈(骨)를 얻었다." 마지막으로 혜가가 나와서 예를 갖추어 삼배를 올리고 자리에 그대로 서 있자 달마는 "너는 나의 골수(髓)를 얻었구나!"라 하고 곧 가사를 전하고 법을 부촉하였다.

達磨大師, 一日命門人曰, "時將至矣, 蓋各言所得乎?" 時有道副對曰, "如我所見, 不執文字, 不離文字, 而爲道用." 祖曰, "汝得吾皮." 尼摠持曰, "我今所解, 如慶喜見阿閦佛國, 一見更不再見." 祖曰, "汝得吾肉." 道育曰, "四大本空, 五陰非有, 而我見處, 無一法可當情." 祖曰, "汝得吾骨." 最後慧可, 出禮三拜, 依位而立. 祖曰, "汝得吾髓!" 乃傳衣付法.

---

1 입적할 때가 다가왔다는 말 또는 서천으로 돌아가겠다는 말이다. 『景德傳燈錄』 권3 「菩提達磨傳」(大51, 220b4)에 따르면, 달마 대사가 입적하자 웅이산熊耳山에 매장했는데, 동위사東魏使 송운宋雲이 총령蔥嶺에서 신발 한 짝을 들고 서쪽으로 가는 달마를 만나고 귀국하여 관을 파헤쳐 보니 신발 한 짝만 남아 있었다고 한다. 본서 103칙 참조.
2 경희慶喜 : 아난(S) Ānanda)의 한역어. 아난존자의 일화는 뒤의 설화에 제시되어 있다.
3 아촉불(S) Akṣobhya-buddha)의 국토로 사바세계의 동쪽에 위치한다.
4 분별에 들어맞는~하나도 없습니다(無一法可當情) : 『景德傳燈錄』 권3(大51, 219c3)에는 '얻을 수 있는 법은 하나도 없습니다.(無一法可得)'로 되어 있다.

> 설화

● 『오등회원』에 다음과 같이 전한다.[5] "달마는 남천축국 향지왕의 셋째 아들이며 족성은 찰리제利利帝[6]이고 본명은 보리다라菩提多羅이다. 이전에 대양(重洋)을 떠돌며 3년여 보내다가 중국 남해에 도달한 때가 보통普通 8년 정미丁未 9월 21일이다.[7] 광주廣州 자사가 소식을 전하여 금릉金陵으로 들어갔으니,[8] 양나라 대통大通 원년 정미丁未【보통 8년 3월에 연호를 바꾸었다.】 10월 1일의 일이다. 양 무제가 달마에게 물은 세 가지 질문[9]을 통하여 심기가 부합하지 않음을 알고서 그달 19일에 강북을 몰래 지나 11월 23일에 낙양에 당도하였으니, 때는 위나라 효명제 효창孝昌 3년(527)이었다. 숭산 소림사에서 우거하며 벽만 마주하고 앉아 종일토록 말없이 있자, 사람들은 그 까닭을 헤아리지 못하고서 '벽관바라

---

[5] 『五燈會元』 권1(卍138, 26a9~31a1)에서 주요한 내용을 발췌하여 인용하고 있다.
[6] 찰리제利利帝 : 크샤트리아[S] kṣatriya) 계급. 인도 사성계급 중 두 번째. 군사를 업으로 하며 왕족을 이루는 지배 계층이다.
[7] 『五燈會元』 권1(卍138, 30a13)에는 '보통普通 7년(526) 경자庚子 9월 21일'이라고 하였다. '보통'은 양 무제梁武帝의 연호로 보통 8년은 527년이다. 보통 8년 3월에 연호를 바꾸어(改元) '대통大通'이라고 했으므로 '보통 8년 9월'이라고 표기하는 것 자체가 오류이다. 또 아래에 대통 원년 10월 1일에 금릉에 도착했다고 하였는데, 각종 의견을 생략한다고 해도 10여 일 만에 광주에서 현재의 남경인 금릉까지 당도하기란 불가능해 보인다. 그러므로 『五燈會元』 권1의 표기가 옳아 보인다. 이러한 오류가 생긴 이유는 『禪門拈頌說話』 편찬 당시 참고한 『五燈會元』 구판본의 오류로 보인다. 『五燈會元』의 현재 판본에는 교정 사항을 착어로 다음과 같이 전하고 있다. 『五燈會元』 권1(卍138, 30a15), "구판본의 연도 착오에 대해서는 양나라 보창의 『속법기』와 송나라 계숭의 『전법전종기』에 의거하여 앞뒤를 고쳐서 말한 것이다.(舊板年甲差誤, 今依梁僧寶唱續法記, 宋嵩禪師正宗記, 前後改云.)" 『傳法正宗記』(大51, 742b21) 등 참조.
[8] 원문에서는 '云云'으로 내용을 생략하였는데, 본서에서는 『五燈會元』 내용을 요약하여 번역하였다. 생략된 내용은 다음과 같다. 『五燈會元』 권1(卍138, 30a14), "광주 자사 소앙이 주례로 영접한 다음 무제에게 표문表文을 올렸다. 무제는 표문을 보고, 사자에게 조서를 내려 초청하였다.(廣州刺史蕭昂, 具主禮迎接, 表聞武帝, 帝覽奏, 遣使齎詔迎請.)" 본서 98칙 본칙 설화 참조.
[9] 양 무제가~가지 질문 : 본서 98칙 본칙 및 본칙 설화 참조. 수없이 많은 불사를 행했는데 어떤 공덕이 있겠느냐, 성스러운 진리의 근본적인 이치는 무엇인가, 짐과 마주하고 있는 자는 누구인가라는 등의 문답을 주고받은 것.

문벽관바라문觀婆羅門'이라고 불렀다.¹⁰ 그때 신광(혜가)은 달마가 소림사에 왔다는 소식을 듣고 그에게 법을 구하고자 했다.¹¹ 그해 12월 9일 밤에 하늘에서 큰 눈이 내리는데 미동도 하지 않고 굳건히 서 있었다. 날이 밝아 올 즈음에는 눈이 쌓여 무릎을 넘었다. 달마는 가여운 마음에 그에게 물었다. '그대는 오랫동안 눈 속에 서서 도대체 무엇을 구하고자 하는가?' 신광은 슬픔에 눈물을 흘리며 말했다. '화상께서는 자비심으로 감로와 같은 법문을 열어 널리 여러 중생들을 제도해 주십시오.' '모든 부처님의 위없고 신묘한 도는 무수한 겁의 세월에 걸쳐 부지런히 정진하며 하기 어려운 수행을 하고 참기 힘든 역경을 참아 낸 결과이거늘, 어찌 보잘것없는 덕과 지혜와 경솔하고 오만한 마음으로 진리의 수레(眞乘)에 타기를 바라느냐! 쓸데없이 애쓰지 말라.' 신광이 이 말을 듣고서 날카로운 칼로 스스로 왼쪽 팔을 잘라 달마 앞에 바쳤다. 이에 달마는 그가 법을 이룰 만한 그릇(法器)임을 알아보고 말했다. '모든 부처님께서 도를 구함에 법을 위해 육신에 대한 집착을 잊으셨다.¹² 네가 지금 팔을 잘라 내 앞에 놓으니 (나를 따라) 불법을 구할 만하다.' 혜가라고 이름을 지어 주었다."

[得髓] 五燈會源¹⁾云, "達摩, 南天竺國香指²⁾王第三子, 姓刹利帝, 本名菩

---

10 본서 99칙 본칙 참조.
11 원문에는 '云云'으로 내용을 생략하였는데, 『五燈會元』 내용을 요약하여 번역하였다. 생략된 내용의 요지는 '옛날 사람들은 도를 구하는 데 몸을 아끼지 않았으므로 혜가 본인 역시 그렇게 하겠노라.'라는 다짐이다. 이하 달마의 말에서도 언급되고 있다.
12 과거세에 설산동자雪山童子로서 보살행을 할 당시의 부처님이 제석천에게 반게半偈를 마저 듣고자 자신의 몸을 제석천에게 바치기로 했던 고사를 말한다. 제석천은 설산동자를 시험하고자 흉악한 야차夜叉(또는 나찰)로 변해 "諸行無常, 是生滅法, 生滅滅已, 寂滅爲樂."이라는 게송에서 반만을 말해 주고 나머지 반은 남겨 둠으로써 온몸을 바쳐서라도 나머지 반게를 구하겠다는 약속을 설산동자로부터 받아 냈다. 40권본『涅槃經』권14「聖行品」(大12, 449b8) 참조. 본서 326칙 본칙 설화 참조.

提多羅. 初泛重溟, 凡三周寒署, 達于南海, 卽普通八年丁未歲九月二十一
日也. 廣州刺史云云, 至金陵, 梁大通元年丁未歲【普通八年三月改元】³⁾十月
一日. 武帝問祖, 知機不契, 是月十九日, 潛迴⁴⁾江北, 十一月二十三日, 屆
于洛陽, 魏孝明帝孝昌三年也. 寓止于嵩山少林寺, 面壁⁵⁾而坐, 終日默然.
人莫之測, 謂之壁觀婆羅門. 時神光聞達摩來少林云云. 其年十二月九日
夜, 天大雨雪, 堅立不動. 遲明積雪過膝. 祖憫而問曰, '汝久立雪中, 當求
何事?' 光悲淚曰, '惟願和尙慈悲, 開甘露門, 廣度羣品.' 祖曰, '諸佛無上
妙道, 廣劫精勤, 難行能行, 非忍而忍, 豈小德小智, 輕心慢心, 欲求眞乘!
徒勞勤苦.' 光聞語已, 卽取利刀, 自斷左臂, 奉于祖前. 祖知是法器乃曰,
'諸佛求道, 爲法忘形. 汝今斷臂吾前, 求亦可矣.' 命名曰慧可."

1) ㉠『禪門拈頌說話』편찬 당시 원나라 점령기이므로 '元' 자를 피휘하여 '源'으로 대체했다. 2) ㉠ 보통 '香至'라고 쓴다. 『景德傳燈錄』권3「菩提達磨傳」(大51, 217a9) 등 참조. 3) ㉠ 문장 흐름상 첨가된 말로 보아 협주로 구분하여 표기하였다. 4) ㉠ '迴'는 '過'의 오기인 듯하다. 5) ㉑ '璧'은 '壁'인 듯하다.

- 때가 다 되어 가는데, 어찌 각자 얻은 경계를 말하지 않느냐 : 교화의 인연이 끝나 가려 하고 귀적歸寂할 때도 되었기 때문에 여러 제자들 각자가 터득한 경지의 우열을 두루 점검하여 정통 법맥을 이을 자를 택해 그에게 가사를 전하고 법을 부촉하겠다는 것이다.
- 이 공안을 운문雲門이 주장자를 잡고 제기한 공안¹³의 각 구절에 배대하여 보겠다.

13 『雲門廣錄』(大47, 555c3), "운문이 하루는 주장자를 집어 들고 '교학에서는 「범부는 진실로 유有라 여기고, 이승은 분석하여 무無라 여기며, 연각은 환유幻有라 여기고, 보살은 있는 그대로 공空이라 여긴다.」고 한다.'라는 말을 제기하고 다음과 같이 말했다. '나는 주장자를 보고는 주장자라고 부를 뿐이고 걸을 때는 걸을 뿐이며 앉을 때는 앉을 뿐이니, 어떠한 경우(주장자·행·좌)에도 다른 것을 갖다 붙이지 마라.'(師一日, 拈起拄杖, 擧,「敎云,「凡夫實謂之有, 二乘析謂之無, 緣覺謂之幻有, 菩薩當體卽空.」乃云, '衲僧見拄杖, 但喚作拄杖, 行但行, 坐但坐, 總不得動著.')" 본서 1089칙 참조.

- 제 견해로는 문자에 집착하지도 않고~도의 작용으로 삼습니다 : '이승二乘은 분석하여 무無라 한다.'라고 한 말과 같은 격이다.
- 제 견해로는 경희慶喜존자가~다시 볼 필요가 없는 것과 같습니다 : 『대품반야경』[14]에 "그때 세존께서 대중 앞에서 신통력을 드러내 변화시키니 일체 대중이 모두 아촉불국을 보고 갖가지 공덕을 성취하였다. 부처님께서 신통력을 거두니 모두 다시 보지 못하였다. 부처님께서 아난에게 말했다. '모든 법이 눈으로 보는 것과 대응하지 않으니 어느 법이나 상相으로 볼 수 없고 상相으로 알 수 없다. 예컨대 아촉불국의 모든 법이 또한 이와 같다. 왜 그러한가? 모든 법에는 알거나 볼 수 있는 근거가 없고 조작하거나 움직일 어떠한 방법도 없어서 포착할 수도 생각이나 말로 표현할 수도 없다. 이는 마치 마술로 만들어진 사람(幻人)에게는 실제로 손과 발이 없는 것과 같다.'"라고 하였다. 곧 '연각은 그것을 환유라고 한다.'라고 한 말과 같은 격이다.
- 사대四大는 본래 공이고~분별에 들어맞는 법은 하나도 없습니다 : '보살은 있는 그대로 공이라 여긴다.'라고 한 말과 같은 격이다. 사교四教 중 돈교보살頓教菩薩의 경계에 해당한다.
- 나와서 예를 갖추어 삼배를 올리고 자리에 그대로 서 있다 : '나는 주장자를 보고는 주장자라고 부를 뿐이다.'라고 한 말과 같은 격이다.

時將至矣云云者, 化緣將畢, 歸寂時至故, 歷驗諸子所得優劣, 擇其得正脉者, 將付衣法也. 此話以雲門拈柱杖子話, 配看.[1)] 如我所見云云者, 如二乘析[2)]爲之無也. 我今所解云云, 大般若經云, "爾時世尊, 於大衆前, 而現神足變化, 一切大衆, 皆見阿閦佛國, 種種功德成就. 佛攝神足, 皆復不見. 佛

---

[14] 『摩訶般若波羅蜜經』 권20(大8, 363b28~c17)의 핵심을 간추려 인용하고 있다.

告阿難, '一切法, 不與眼作對, 法法不相見, 法法不相知. 如阿閦佛國一切法, 亦復如是. 何以故? 一切法, 無知無見, 無作無動, 不可捉, 不可思議. 是如幻人無手脚.³⁾'" 則如緣覺謂之幻有也. 四大本空云云者, 如菩薩當體卽空. 於四敎中, 卽頓敎菩薩. 出禮三拜云云者, 如衲僧見拄杖子, 但喚作拄杖子也.

---

1) ㉑ '看'이 을본·병본에는 '着'으로 되어 있다. 2) ㉓ 원문에 '柝'으로 되어 있는 것을 『雲門廣錄』을 참고하여 '析'으로 고쳤다. 3) ㉓ '無手脚'이 『摩訶般若波羅蜜經』에는 '無受無覺無眞實'로 되어 있다.

● 제 견해로는 문자에 집착하지도 않고~도의 작용으로 삼습니다 : 집착하지 않을 뿐 문자라는 상相에서 벗어나지 못한 상태이며 이제 막 온몸에 들어선 때를 뜻한다.¹⁵ 호미를 던져 버리고 금시今時의 공功이 지극해졌더라도¹⁶ 아직은 도의 본체를 보지 못했으니 문에 들어서지 못했기(未入門)¹⁷ 때문에 '도의 작용으로 삼습니다.'라고 말한 것이다. 그러므로 규봉 종밀의 『법집별행록法集別行錄』주석¹⁸에 "달마가 말하였다. '세

---

15 깨달음의 각 경지를 몸을 구성하는 피부·살·뼈·골수 등에 비유했으므로 몸속으로 들어가는 첫 관문은 곧 피부에 해당하기는 하지만, 피부는 껍질일 뿐 알맹이라고 부를 수 없다.
16 동산 양개洞山良价의 공훈오위功勳五位 중 세 번째인 공시功時를 응용한 말. 『洞山語錄』(大47, 510b8), "학인이 물었다. '무엇이 공입니까?' 동산이 '괭이를 놓은 때는 어떠한가?'라 되묻고는 다시 말했다. '다 놓아 버리고 바르게 앉으니 흰 구름 깊은 곳이로구나.'(云, '如何是功?' 師曰, '放下钁頭時作麽生?' 又曰, '撒手端然坐, 白雲幽處間.')" 호미든 괭이든 손에서 그러한 수단들을 모두 놓아 버리면 무용無用의 용용으로 공이 지극해진다는 말이다. 괭이는 수행을 비유하며 이를 놓아 버렸다는 것은 작위적인 일체의 어떤 수행도 필요치 않음을 의미한다. 손에서 다 놓아 버렸다(撒手)는 말 또한 소중하게 여기며 부여잡고 있던 집착의 대상을 의미한다.
17 학인들이 깨달은 단계를 '가옥에 들어가는 과정'으로 설정한 것 중 첫 번째이다. 도부는 아직 문에 들어서지 못한 것, 니총지는 막 문에 들어선 것, 도육은 집 안의 건물에 오른 것(升堂), 혜가는 마지막 단계인 방으로 들어간 것(入室)으로 아래에서 각각 평하고 있다.
18 이하에 나오는 '규봉 종밀의 『법집별행록』에 대한 주석'의 주 69 참조.

사람이 나의 법을 얻었지만 그 깊이는 각각 같지 않다. 니총지가 얻은 경계는 살과 같다.'"라고 하는 등의 말에서도 도부까지는 그 숫자에 포함시키지 않았으니, 입문하지 못했기(不得入門) 때문이다.
● 너는 나의 피부(皮)를 얻었다 : 피부는 (본체에서) 멀고 얕다.

又如我所見云云者, 不執而已, 未離文字相, 此初入通身時義. 放[1]却鋤頭, 今時功極, 猶未見道體, 亦未入門, 故云而爲道用. 故圭峯法集別行錄注云, "達摩云, '三人得我法, 深淺各不同. 尼摠持如肉云云者.'" 至道副不與其數, 爲不得入門故也. 汝得吾皮者, 皮麤而淺者也.

1) ㉯ '放'이 병본에는 '於'로 되어 있다.

● 제 견해로는 경희慶喜존자가~다시 볼 필요가 없는 것과 같습니다 : '모든 법에는 알거나 볼 수 있는 근거가 없고 조작하거나 움직일 어떠한 방법도 없어서 포착할 수도 생각이나 말로 표현할 수도 없다. 이는 마치 마술로 만들어진 사람(幻人)에게는 실제로 손과 발이 없는 것과 같다.'[19] 곧 공공시共功時에 본래부터 깨끗하여 어떠한 것도 없는 문으로 들어간 것(入門)이다.[20]
● 너는 나의 살(肉)을 얻었다 : 살은 피부에 비하면 깊다.

如慶喜云云者, 一切法, 無知無見, 無作無動, 不可捉, 不可思議, 如幻人無手脚也. 則共功時, 入本來湛然無有一物之門也. 汝得吾肉者, 肉比於皮爲深.

---

19 앞에서 운문의 주장자 공안에 배대해 설명한 대목에서 인용한 내용과 같다.
20 동산 양개의 공훈오위 중 네 번째인 공공시共功時를 응용한 말. 본서 488칙 본칙 설화, 594칙 '불안 청원의 상당' 설화, 687칙 '자수 회심의 상당' 설화, 701칙 본칙 설화, 910칙 본칙 설화 등 참조.

- 사대四大는 본래 공이고~분별에 들어맞는 법은 하나도 없습니다 : 온 세상이 밝디밝고 깨끗하니, 초목과 사람과 축생에 대해서 자그마한 그 어떤 번뇌도 일으켜서는(滲漏) 안 된다.[21] 본체의 관점에서 보자면 사문과沙門果[22]와 같은 경지이다.[23] 이는 곧 본당에 오른(升堂) 지위이다.
- 너는 나의 뼈(骨)를 얻었다 : 뼈는 살에 비하면 깊다.

四大本空五陰非有云云者, 盡大地皎皎潔潔, 草芥人畜, 無些滲漏始得. 就體一般沙門果也. 此則升堂. 汝得吾骨云云者, 骨比於肉爲深也.

- 나와서 예를 갖추어 삼배를 올리고 자리에 그대로 서 있다 : 종문에서 말하는 이류異類[24]로 살아가는 경지이다. 이는 방에 들어간(入室) 지위이다. 나와서 예를 갖추어 삼배를 하고 또 자리에 그대로 서 있었던 뜻을 대충 넘겨짚어서는 안 되고 반드시 자세히 살펴야 한다.
- 너는 나의 골수(髓)를 얻었구나 : 깊고도 깊은 경지이다. 이는 직접 법을 이음으로써 입실했다는 말이니, 가업을 이을 만하기 때문에 가사를 전하고 법을 부촉한 것이다.

出禮三拜依位而立者, 宗門中異類. 此則入室也. 禮三拜, 又依位而立之義, 不得莽鹵, 直須子細. 汝得吾髓者, 深之又深也. 此則親承入室, 克紹家業故, 乃傳衣付法也.

---

21 동산 양개의 삼삼루三滲漏를 염두에 두고 한 말. 본서 336칙 본칙 설화, 688칙 본칙 설화 참조.
22 사문과沙門果 : 사문이 수행하여 성취하는 네 단계의 과위. 『雜阿含經』권28(大2, 205b18), "어떤 것을 사문과라 하는가? 수다원과·사다함과·아나함과·아라한과 등을 가리킨다.(何等爲沙門果? 謂須陀洹果, 斯陀含果, 阿那含果, 阿羅漢果.)"
23 동산 양개의 공훈오위 중 다섯 번째인 공공시功功時와 관계된 말. 본서 488칙 본칙 설화, 701칙 본칙 설화, 910칙 본칙 설화 등 참조.
24 본서 219칙, 246칙 본칙 설화, 1368칙 '개암봉의 거' 설화 주석 참조.

● 아촉 : 무뇌無惱라고 한역한다.
● 『석론釋論』[25]에 '깨끗한 계가 피부요, 선정이 살이요, 지혜가 뼈요, 미묘하고 깨끗한 마음이 골수이다.'라고 하였다.

阿閦, 此云無惱. 釋論云, '淨戒爲皮, 禪定爲肉, 智慧爲骨, 微妙淨心爲髓.'

천의 의회天衣義懷**의 송** 天衣懷頌
신광이 삼배하고 물러나 그대로 서 있었으니　　　　　神光三拜退後立
암벽에서 떨어지는 폭포수처럼 물살 거셌네　　　　　瀑布嵓前水長急
능엄회상에서 마음껏 신통력을 뽐냈지만[26]　　　　　楞嚴會上逞圓通
도리어 달마의 두 눈에서 눈물 나게 하는구나[27]　　　却使老盧[1]雙淚泣

1) 옌 '老盧'는 다음 설화의 교감과 같이 달마를 가리키는 '老胡'의 잘못이다.

[설화]

○ 앞의 두 구절 : 천 길 높이 세찬 폭포에 가는 좁쌀은 머물지 못한다. 앞의 세 사람의 견해로는 머무를 수 없다는 말이다.

25　어떠한 문헌인지 확실하지 않다. 가장 유사한 구절은 『雜寶藏經』 권7(大4, 481c24)에 "부처님께서 말씀하셨다. '이익을 추구하는 해로움이 피부·살·뼈·골수를 파괴한다. 무엇이 파괴되는가? 지계의 피부, 선정의 살, 지혜의 뼈, 미묘하고 선한 마음의 골수가 파괴된다.'(佛言, '利養之害, 破皮, 破肉, 破骨, 破髓. 云何爲破? 破持戒之皮, 禪定之肉, 智慧之骨, 微妙善心之髓.')"라고 한 구절에 보인다. 『大莊嚴論經』 권7(大4, 293a9), 『大智度論』 권14(大25, 164b27) 등에도 유사한 취지의 구절이 보이나 문장 형태는 비슷하지 않다.
26　능엄회상에서 마음껏 신통력을 뽐냈지만 : 『楞嚴經』 권5의 이십오원통二十五圓通에서 착안한 구절이다. 법회에 참석한 아라한과 보살들이 각기 방편 수행을 통해 깨닫게 된 인연을 설하는데, 그 방법이 25가지에 이른다. 이십오원통은 육진六塵, 육근六根, 육식六識, 칠대七大(地·水·火·風·空·識·念佛) 등 각각 하나에 집중하여 얻은 깨달음이다.
27　도리어 달마의~나게 하는구나 : 온갖 기량을 드러냈지만 달마의 마음에 내키지 않았다는 뜻.

○ 뒤의 두 구절 : 앞에서 세 사람이 각기 마음껏 원통을 뽐냈다는 말이다. 노로老盧는 노호老胡의 오자이다.

天衣 : 上二句, 迅瀑千尋, 纖粟不停. 從前三人見處, 湊泊不得也. 下二句, 從前三人, 各逞圓通也. 老盧卽二祖.[1)]

1) ㉘ '二祖'가 을본·병본에는 '老胡之誤'라고 되어 있다. ㉠ '老胡'가 맞다.

지해 본일智海本逸의 송 智海逸頌

달마의 진정한 계승자로 흠 없는 인재 간택하니	少[1)]林眞嗣擇全才
여러 제자들 떠들썩했지만 실패하고[28] 돌아갔네	諸子紛紛點額廻
가사와 법 수월하게 얻었다고 함부로 말하지 말지니	衣法莫言容易得
삼배를 훌륭한 매개 삼아 의탁한 것일 뿐이기에[29]	曾憑三拜作良媒

1) ㉠『頌古聯珠通集』권6(卍115, 68b2) 등을 근거로 '小'를 '少'로 교감하였다.

남명 법천南明法泉의 송 南明泉頌

무늬 없는 도장[30] 몸소 제기한 그 자리에서	無文印子親提處

---

28 점액點額은 용문에 오르는 데 실패한 잉어의 이마에 남은 상처를 말한다. 본서 607칙 '삽계 일익의 송' 주석, 1105칙 '설두 중현의 송' 참조.
29 혜가가 삼배를 했기 때문에 달마의 골수를 얻었다고 생각하면 착각이다. 혜가가 달마의 법을 이어받은 요인이 표면적으로는 삼배를 한 데에 있는 듯이 보이지만 삼배는 한낱 매개일 뿐으로서 착각을 낚는 미끼와 같은 구실에 지나지 않았다는 의미이다.
30 무늬 없는 도장(無文印子) : 대혜 종고大慧宗杲는 혜가의 단비斷臂를 이 말로 평가하였다.『大慧語錄』권7(大47, 838b17) 참조. 또한 선종에서 대대로 전수한 법의 특징을 이것으로 밝혔다. 같은 책, 권15(大47, 876c2), "달마가 서천에서 무늬 없는 도장을 가지고 와서 2조의 얼굴에 한 번 찍었고, 2조는 이 도장을 받아 실오라기 하나만큼도 옮기지 않고 고스란히 3조의 얼굴에 찍었다. 그 뒤로 한 사람은 허虛로 전했으나 만인이 실實이라 잘못 전하며 대대로 번갈아 도장을 주고받았던 것이다.(達磨從西天, 將得箇無文印來, 把二祖面門, 一印印破, 二祖得此印, 不移易一絲頭, 把三祖面門印破. 自後

도육과 니총지를 모두 뒤돌아보지 않았네	道育摠持皆不顧
오로지 뇌산[31] 눈 속에 서 있었던 사람이	唯有牢山立雪人
삼배 마치는 그 순간 눈썹 치켜올렸다네	三拜纔終眉剔竪
눈썹 치켜올린 자여	眉剔竪
피부 얻었다 골수 얻었다 하며 온 나라 속였구나	得皮得髓欺唐土
소실암굴 앞에는 티끌 하나 없었거늘	少室嵓前絕點塵
누가 신발 한 짝 남겨 두고 서쪽으로 돌아갔다고 하는가[32]	誰言隻履西歸去
온갖 꽃들이 해 바라보며 활짝 핀 깊은 봄	群花笑日兮春深
낙엽이 바람에 굴러다니는 저물어 가는 가을	落葉翻風兮秋暮
조사께서 오셨다, 빨리 살펴라	祖師來也, 急須看
대중들이여, 보았는가	大衆還見麼

법운 법수法雲法秀의 송 法雲秀頌

삼배 올리고 자리에 그대로 서 있었던 저 신광	神光三拜依位立
견해 모두 사라졌으나 아직 명백한 뜻 아닐세	解會都亡未端的
피모[33]도 다 말했으니 누가 진실에 가까운가	皮毛說盡孰親踈
골수 얻었다 하여 누가 망상 그쳤다고 하는가[34]	誰言得髓能情息

一人傳虛, 萬人傳實, 遞相印授.)" 본서 100칙 '운문 종고의 보설' 참조. 무늬가 없어 어떤 자취도 남지 않는 특징을 제7구 이하에서 드러내고 있다.
31 뇌산牢山 : 어느 곳인지 확실치 않다. 산동성 청주에 있는 노산嶗山을 뇌산이라고도 하는데, 이 산은 불교의 영험한 흔적이 많고 도교의 성지이기도 하다. 『華嚴經探玄記』 권15(大35, 391b28), 『華嚴經疏』 권47(大35, 860c8) 참조.
32 누가 신발~돌아갔다고 하는가 : 주 1 참조. 달마의 진면목으로 보면 어떤 자취도 남기지 않았다는 취지이며, 앞 구절에서 '속였다'고 한 말과 연관된다. 결국 피부를 얻었느니 골수를 얻었느니 하는 말도 허虛로 전한 속임수였기에 실實로 분별해서는 안 된다는 선지禪旨이다. 제1구의 '무늬 없는 도장'에 그 복선이 깔려 있다.
33 피모皮毛 : 골수와 대칭으로 제시한 말.
34 『頌古聯珠通集』 권6(卍115, 68b8) 등에 근거하면 여기까지만 법운 법수의 송에 해당한다.

그들이 참으로 불쌍하도다	他家幸自可憐生
할 일 마친 곳에서 도리어 시끄럽게 재잘대누나	無事却翻成啾唧
시끄럽게 재잘대지 마라	莫啾唧
석성산[35] 아래로 흐르는 물은 늘 물살이 거세다	石城山下水常急

해인 초신海印超信**의 송** 海印信頌

대해의 여주[36] 그 누구도 본 일 없으니	大海驪珠衆莫窺
깊이 숨겨 있어 귀신마저 알지 못하네	深沉曾未鬼神知
눈 밝은 이루[37]가 참으로 보지 못하고	离婁有目應難覲
찾을 맘 없던 망상[38]이 도리어 찾았네	罔象無心却可伊

---

[35] 석성산石城山 : 어느 지역에 위치한 산을 가리키는지 확실치 않다. 『佛祖統紀』 권53(大 49, 467c20), "석성산 : 제 무제 때 사문 승호僧護는 섬현剡縣(浙江省) 석성산에서 바위를 뚫어 미륵불을 조성하였다. 그 뒤 승숙僧淑과 승우僧祐가 이어서 뚫어 완성하고 보니 그 높이가 11장이었다. 천신은 도선 율사道宣律師를 가리켜 이들 세 스님의 후신이라 말하였는데, 세칭 삼생석불이라 한다.(石城山 : 齊武帝, 沙門僧護, 於剡縣石城山, 鑿石造彌勒佛, 後有僧淑僧祐, 相繼鑿成, 高十一丈. 天神謂宣律師, 卽護淑祐後身, 世稱爲三生石佛.)"

[36] 여주驪珠 : 본서 5칙 '고목 법성의 상당' 주석 참조. 『天聖廣燈錄』 권15 「風穴延沼章」 (卍135, 733b5), "통판이 풍혈에게 물었다. '바다에 구슬이 있는데, 검은 용이 지키고 있으니 어떻게 가져오겠습니까?' '망상은 이르는 곳마다 구슬 빛이 찬란하고, 이루는 가는 곳마다 파도가 하늘까지 넘쳐흐른다.'(通判便問, '大海有珠, 驪龍守護, 如何取得?' 師云, '罔象到時光燦爛, 离婁行處浪滔天.')"

[37] 이루离婁 : '이루離婁'라고도 쓰며 이주離朱라고도 한다. 『莊子』에 나온다. 황제黃帝의 신하로 머리가 세 개이고 눈이 밝아 복상수腹常樹라는 나무를 지킨다. 백 보 떨어진 곳에서도 털끝을 분간할 수 있다고 한다. 맹인 상망象罔 또는 망상罔象과 대조되는 인물이다.

[38] 망상罔象 : 맹인으로 무심無心·무지無知를 상징한다. 상망象罔이라고도 한다. 『莊子』 「天地」, "황제가 적수의 북쪽을 유람한 뒤 곤륜산 언덕에 올라 남쪽을 조망하고 돌아가는 중에 현주玄珠를 잃어버렸다. 지知에게 찾게 했으나 찾지 못했고 이주에게 찾게 했으나 찾지 못했으며 끽후喫詬에게 찾게 했으나 찾지 못했다. 뜻밖에 망상에게 시켰더니 망상이 찾았다. 황제가 말했다. '신기하구나, 망상이 찾을 수 있었다니!'(黃帝遊乎赤水之北, 登乎崑崙之丘而南望, 還歸, 遺其玄珠. 使知索之而不得, 使離朱索之而不得, 使喫詬索之而不得也. 乃使象罔, 象罔得之. 黃帝曰, '異哉, 象罔乃可以得之乎!')"; 『金剛經

| 도리어 찾을 수 있었다 하니 | 却可伊 |
| 습득과 한산³⁹이 모두 눈썹 찡그린다네⁴⁰ | 拾得寒山盡皺眉 |

보녕 인용保寧仁勇의 송 保寧勇頌

문하의 여러 제자들이 행렬을 이루어	門前諸子列成行
패왕 넘어서는 영웅의 기량 뽐냈건만	各逞英雄越覇王
유독 말이 없던 그 사람	如何獨有無言者
비로자나불 정수리 깔고 앉았으니 어찌 당해 내랴	坐斷毗盧不可當

법진 수일法眞守一의 송 法眞一頌

각기 터득한 경계 말했으니 누구에게 법 맡기랴	各言所得孰堪任
피부와 뼈라는 말 견해의 깊이에서 왔다네	皮骨由來見淺深
신광은 삼배하고 그대로 서 있었을 뿐인데	唯有神光三拜立
어찌 골수를 얻었다며 마음을 전한 것일까	云何得髓便傳心

삽계 일익霅溪日益의 송⁴¹ 霅溪益頌

달 밝은 삼경에 철문이 닫혔는데	三更月照鐵門關
얼마나 많은 행인들 돌아오지 못했나	多少行人去未還
때마침 돌아오라는 한 줄기 피리 소리⁴²	好是一聲歸去笛

『五家解說誼』 권하(韓7, 84b8), "망상은 다만 별다른 생각이 없었기에 찾을 수 있었고, 이루는 찾으려는 마음을 단단히 먹고 있었기에 찾지 못했다.(罔象秖因無意得, 离婁失在有心親.)"

39 습득拾得과 한산寒山 : 풍간豐干과 함께 국청삼은國淸三隱으로 일컬어진다.
40 습득과 한산이~눈썹 찡그린다네 : 찾았다는 마지막 자취를 수용하지 않는다는 취지. 처음부터 찾을 여지가 없었다는 의미를 내포한다.
41 제3구와 제4구는 『白雲守端廣錄』 권2(卍120, 424a8)의 "時把一聲歸去笛, 夜深吹過汨羅灣."이라는 구절과 거의 같다.
42 때마침 돌아오라는~피리 소리 : '골수를 얻었다'는 달마의 말을 의미한다.

밤 깊어 멱라수를 스쳐 지나가네[43]　　　　　　夜深吹過汨羅灣

【이 선사에 대한 기록은 다음과 같이 전한다.[44] "여승의呂承議[45]가 '2조가 나아가서 예를 갖추고 삼배하니「달마가 너는 나의 골수를 얻었다.」고 했는데, 그 의미가 무엇입니까?'라고 묻자 일익이 착어하여 '달 밝은 삼경에 철문이 닫혔는데~'라고 한 이 게송을 지었다." (此師錄, "呂承議問, '二祖出禮三拜, 至得吾髓, 意旨如何?' 益著語云, '三更月照鐵門關.' 乃成頌云云.")】

취암 사종翠嵓嗣宗의 송 翠嵓宗頌

법형제들 모두 제각기 기량 내보였는데	弟昆各自聘功能
우리 집안 형님만 뼛속까지 가난하구나	獨有家兄徹骨貧
삼배하고 일어나 아무 말 없으니	三拜起來無一語
축 늘어진 코 입술마저 덮었구나	鼻孔纍垂蓋口唇

조계명의 송 曹溪明頌

생김새 모호하여 어느 누구도 알아채지 못했으니	面貌摸胡百不知
중국 통째로 속여 모두를 바보로 만들어 버렸구나	欺謾唐土大憨癡
얼마 안 되는 피부며 골수 남김없이 뿌려 없앴건만	有些皮髓分張盡

---

43 밤 깊어~스쳐 지나가네 : 멱라만汨羅灣은 멱라수汨羅水를 가리키며, 굴원屈原(B.C. 343?~278?)이 투신하여 목숨을 끊은 강으로 알려져 있다. 호남성에 있으며 상강湘江의 지류이다. 멱라수는 강 이름이기도 하지만 이로써 굴원을 지칭하기도 한다. 이처럼 여기서는 '달마'를 빗대어 가리킨 것으로 보인다. 달마가 쳐 놓은 관문은 굳세게 닫힌 철문관이지만 한밤중에도 찾을 수 있을 만큼 달이 환히 비추고 있다. 달마가 던진 말에는 그 어떤 속임수나 이면에 다른 뜻을 담고 있지 않다는 의미를 표현한 것이다. 게다가 피리까지 불어 주었으나 그 뜻을 제대로 간파하지 못하고, 멱라수 곧 달마의 의중을 비켜 가고 말았다는 뜻을 담은 것으로 보인다.
44 어떤 문헌인지 확실치 않다.
45 본서 410칙 '상방 일익의 거'에도 나오지만 미상의 인물.

| 신발 한 짝 들고 서쪽으로 돌아간 이 누구이던가 | 隻履西歸是阿誰 |

천녕 허조天寧虛照**의 송** 天寧照頌
소실봉에서 벽 마주하고 있던 그때	少室峯前面壁時
법과 가사 전했다고 누가 말하는가	誰言傳法與傳衣
바로 그 피부와 골수 남김없이 뿌려 없애고	些兒皮髓分張盡
공연히 신발 한 짝 들고 총령 넘어 돌아갔네	葱嶺空携隻履歸

목암 법충牧庵法忠**의 송**[46] 牧庵忠頌
삼배하고 말없이 있었건만 골수 얻었다고 하니	三拜無言云得髓
땅에 떨어진 허공[47]을 다시 일으킨 형국이로다	虛空落地還提起
우물 속 거북은 호랑이를 삼키고	井底烏龜吞大蟲
물 건너는 진흙소는 뿔 드러내지 않는다네	過水泥牛不露觜

천복회薦福懷**의 염**

"조사의 이러한 말은 어떠한 분별(計較)로도 미치지 못하는 경계에서 도리어 분별을 조작하고 정해진 이치가 없는 곳에서 도리어 이치를 확정하는 수법이다.[48] 만약 그를 덕산德山이나 임제臨濟의 문하에 들여보냈다면,

---

[46] 혜가가 삼배하고 말없이 있었던 때야말로 군더더기 하나 없이 분별을 떨쳐 버린 경계를 보여 주었는데 달마가 '골수를 얻었다'고 하여 쓸데없는 분별을 일으켰다는 말이다. 혜가를 추어올리고 달마를 깎아내림으로써 '골수를 얻었다'는 달마의 말에 집착하지 못하도록 했다. 바로 아래 '천복회의 염'에서 "조사의 이러한 말은~확정하는 수법이다."라고 한 말과 대의가 통한다. 이어 제3구와 제4구에서는 혜가의 이 같은 대응이 마치 우물 속의 작은 거북이 호랑이를 삼킨 듯 기이하고 대단했지만 달마 역시 물속에서 기꺼이 녹아 없어지고 마는 진흙 소와 같이 분별의 여지를 남기지 않았다는 점을 짚음으로써 혜가와 달마 각각의 행위와 평가 속에 담긴 의미를 음미하도록 하는 게송이다.
[47] 땅에 떨어진 허공 : 본서 474칙 본칙 주석 참조.
[48] 『嘉泰普燈錄』 권14 「虎丘紹隆傳」(卍137, 217b9) 참조.

9년 동안 고요히 앉아서⁴⁹ '벽만 마주하고 있는 오랑캐 중'이라 불리는 오해를 면할 수 있었을 것이다. 설령 그랬을지라도 재앙이 자손들에게 미치는 것까지는 막지 못했을 것이다."

薦福懷拈, "祖師伊麼說話, 無計較中, 翻成計較, 無途轍中, 却成途轍. 若教伊踏着德山臨濟門下, 免見九年冷坐, 被人喚作壁觀胡僧. 直饒如是, 也未免殃及子孫."

[설화]

○ 조사의 이러한 말은~이치를 확정하는 수법이다 : 달마가 제자들에게 견해의 깊이를 물은 것이 바로 일이 없는 곳에 일을 일으켰다는 말이다.
○ 만약 그를 덕산德山이나 임제臨濟의 문하에~오해를 면할 수 있었을 것이다 : (달마가) 덕산의 엄정한 법령(正令)과 임제의 남김 없는 작용(大用)을 만나지 못했다는 말이다.
○ 설령 그랬을지라도~막지 못했을 것이다 : 비록 그렇게 했더라도 우리 종파의 자손을 망쳐 놓았을 것이라는 말이다.⁵⁰ 그러므로 온전한 기틀을 남김없이 발휘하더라도 어디에서 이 본분의 소식을 얻었겠느냐는 말이니, 이것이 바로 달마와 2조가 품었던 본래 뜻이다.

薦福:祖師伊麼至途轍者, 達摩問¹⁾諸子見解深淺, 是無事中起事也. 若教伊至胡僧者, 是不會德山正令, 臨濟大用也. 直饒至子孫者, 雖然如是, 喪

---

49 9년 동안 고요히 앉아서 : 『大慧語錄』 권6(大47, 836a28), 『續傳燈錄』 권6 「安福子勝章」(大51, 539a28) 등 참조.
50 "선조가 당대에 할 일을 다 마치지 못하면, 그 재앙이 자손에게 미치는 법이다.(祖禰不了, 殃及子孫.)"라는 구절의 의미를 함축한다. 본서 2칙 '보녕 인용의 상당' 주석 참조. 곧 달마가 전기대용全機大用을 발휘했을지라도 혜가에게 '그대는 나의 골수를 얻었다.'라는 소식을 온전히 전할 수는 없었을 것이라는 뜻이다.

我兒孫也. 然則全機大用, 甚處得這消息來, 此乃達摩二祖本意也.

1) ㉯ '間'이 병본에는 '向'으로 되어 있다.

명안 경연明安警延의 염

"말해 보라! 한 사람이 더 나왔다면, 어떤 것을 얻었겠는가?" 스스로 말했다. "얻지 못했을 것이다. 아무것도 얻지 못했을 것이다." 다시 말했다. "어떠한 생각과 비유로도 표현할 수 없다."

明安拈, "且道! 更有一人出來, 得箇什麽?" 乃¹⁾云, "不得. 不得." 又云, "意況不到."

1) ㉯ 『宗門拈古彙集』 권5(卍115, 571b13) 등 후대의 공안집에는 '乃'가 '自'로 되어 있다.

[설화]

○ 얻지 못했을 것이다. 아무것도 얻지 못했을 것이다 : 2조가 보인 그러한 행위는 무엇인가 얻은 듯이 보이지만 얻지 못했기 때문이다. 곧 '어떤 것이·얻은 골수이며 어떤 것이 전한 법이냐?'라는 말이니, '어떠한 생각과 비유로도 표현할 수 없다.'라고 말하는 것이 합당하다.

明安 : 不得不得者, 二祖伊麽, 似有得處故也. 則那個是得底髓, 那個是傳地法, 合道意況不到.

취암 수지翠巖守芝의 염

"2조가 그를 마주하고 속아 넘어갔구나. 골수는 말할 것도 없고 피부도 만져 본 적이 없거늘, 도대체 무엇을 근거로 조사의 지위를 이었다고 하는가?"

翠嵓芝拈,"二祖被他, 當面塗糊. 莫道髓, 皮也不曾摸着, 因甚却紹祖位?"

> [설화]
> ○ 여기서 가사를 전하고 법을 부촉하였다고 하니, 양민을 억눌러 천민으로 만드는 격이다.
> ○ 피부도 만져 본 적이 없거늘 : 2조가 그러했으니, 어떻게 달마의 의중까지 헤아렸겠냐는 말이다.
> ○ 도대체 무엇을 근거로 조사의 지위를 이었다고 하는가 : 이것을 떠나 별달리 무슨 뜻이 있겠냐는 말이다.

翠巖 : 今日傳衣付法, 是壓良爲賤也. 皮也不曾摸着者, 二祖伊麼, 亦何曾會達摩意? 因甚却紹祖位者, 又離此外, 別有什麼意.

단하 자순丹霞子淳의 상당

이 공안을 제기하고 말했다. "진실로 도법道法이 언설에 달려 있지 않음을 알아야 한다. 그러므로 여러 학인들로 하여금 모든 판단과 분별을 떠나 참구하게 하고 범부의 길과 성인의 길에서 모두 벗어나 공부하게 한 것이다.[51] 2조가 비록 실 한 오라기만큼도 힘들이지 않고 법의 근원에 깊이 도달하였지만, 자세히 점검하여 보면 장부답지 못하게 다른 사람이 처분하는 그대로 받아들인 것과 아주 흡사했다. 말해 보라! 나에게 별도로 어떤 장점이 있는가?" 잠깐 침묵하고 말했다. "대장부라면 본래부터 하늘을 찌를 듯한 기상을 가지고 있을 터이니, 여래가 다녔던 곳으로도 다니

---

51 『聯燈會要』권22 「師虔章」(卍136, 801a12), "너희들은 반드시 모든 판단과 분별을 떠나 참구하고 범부의 길과 성인의 길에서 모두 벗어나 공부해야 비로소 보임할 수 있으니, 만약 이렇게 하지 않는다면 우리 종지를 이어받은 자손이 아니다.(汝等諸人, 直須離心意識參, 出聖凡路學, 方可保任. 若不如是, 非吾子息.)"

지 마라."⁵²

丹霞淳上堂, 擧此話云, "信知道法, 不在言詮之上. 所以令諸人, 離心意識
參, 出凡聖路學. 二祖雖然一絲不犯, 深達法源, 然字細點檢將來, 大似不
丈夫取人處分. 且道! 丹霞別有什麼長處?" 良久云, "丈夫自有衝天志, 莫
向如來行處行."

설화

○ 모든 판단과 분별을 떠나~공부하게 한 것이다 : 2조가 골수를 얻은 것
이 이와 같은 경계이다.
○ 비록 실 한 오라기만큼도~아주 흡사했다 : 이 역시 2조의 견해에 입각
하여 한 말이니, '모든 판단과 분별을 떠나 참구하라.'라고 운운한 말과
같은 맥락이다
○ 대장부라면 본래부터~다니지 마라 : 만약 대장부의 기상을 가지고 있
다면, 옛사람이 다녔던 곳으로 다니지 않는다는 말이다.

丹霞: 離心意識至路學者, 二祖得髓處, 如是也. 雖然一絲不犯云云者, 此
亦二祖見處上, 離心意識云云也. 丈夫自有云云者, 若有丈夫之志, 不向前
行處行.

천동 정각天童正覺의 상당

"속까지 온통 밝은 빛을 머금은 한밤의 달이 무소뿔을 환히 드러내
고,⁵³ 한순간에 움직여 별안간 치는 번갯불이 상아에 꽃을 피게 한다.⁵⁴

---

52 『景德傳燈錄』 권29 동안 상찰同安常察의 「十玄談」 중 「塵異」(大51, 455b16) 참조.
53 무소가 물에 비친 달빛을 잡으려는 순간 뿔에 달빛이 비친 모습을 형용하며, 무소는
달빛을 바라보며 태어난 것이 가장 미려하고 달빛을 오래도록 받으면 달의 형상이 뿔

묘한 작용은 어느 한편으로 나타나는 법이지만⁵⁵ 존귀한 지위를 더럽혀서는 안 된다.⁵⁶ 달마가 9년 동안 면벽한 까닭은 집안의 추한 꼴을 밖으로 내보이고 싶지 않았기 때문이다. 2조가 삼배하고 서 있을 때 말은 더듬었지만 누가 그 속마음이 민첩했음을 알랴! 내가 오늘도 너무나 함부로 말을 꺼내 버렸구나."

天童覺上堂云, "裏許含明, 半夜月通犀角 ; 其開轉動, 忽地雷花象牙. 妙

에 새겨진다고도 한다.
54 번갯불로 상아에 새겨지는 꽃무늬를 가리킨다. 『涅槃經』에 나오는 비유이다. 『大般涅槃經』 권8(大12, 411b29), "비유하자면 허공에 천둥 울리고 구름이 일면 모든 상아에 꽃무늬가 생기는 것과 같다. 만일 천둥이 울리지 않는다면 꽃무늬도 생기지 않을 것이며 그러한 이름도 없을 것이다. 중생의 불성도 이와 같다. 항상 모든 번뇌에 덮여서 나타날 수 없을 뿐이다. 그러므로 나는 중생에게 자아가 없다(無我)고 설한다. 만일 이 대반열반의 미묘한 경전이 전하는 소리를 들으면 불성을 볼 것이니 마치 상아에 생기는 꽃무늬와 같다. 비록 다른 경전의 모든 삼매에 대하여 알더라도 이 경을 듣지 않는다면 여래의 미묘한 상을 알지 못한다. 마치 천둥이 울리지 않으면 상아의 꽃무늬를 볼 수 없는 것과 같다.(譬如虛空震雷起雲, 一切象牙上皆生花. 若無雷震, 花則不生, 亦無名字. 衆生佛性, 亦復如是. 常爲一切煩惱所覆, 不可得見. 是故我說, 衆生無我. 若得聞是大般涅槃微妙經典, 則見佛性, 如象牙花. 雖聞契經一切三昧, 不聞是經, 不知如來微妙之相. 如無雷時, 象牙上花, 不可得見.)"; 『大般涅槃經義記』 권4(大37, 705a4), "천둥이 울리는 현상은 『대반열반경』을 비유한다. 진실한 불성으로부터 나타나 응하면서 세간을 두루 덮으니 이를 두고 '구름이 일어난다.'고 비유한다. 모든 상아는 중생의 마음을 비유한다. 전하는 말에 따르면 외국에는 우발라상·구물두상·분다리상 등 상품 코끼리 세 종류가 있다고 한다. 이들 코끼리는 모두 상아로써 각자의 특징이 구별된다. 예를 들면 천둥 번개가 칠 때 상아에 우발라화 꽃무늬가 어리는 놈은 우발라상이라 하고, 나머지 두 종류도 그렇다.(震雷喩於大涅槃經. 從眞現應, 普覆世間, 名爲起雲. 一切象牙, 喩衆生心. 人傳外國上象有三, 一優鉢羅象, 二拘物頭象, 三分陀利象. 此等皆悉從牙以別. 於天雷時, 牙上有其優鉢羅華文像生者, 說之以爲優鉢羅象, 餘二亦爾.)"
55 어느 한편으로 나타나는 법이지만(傍參) : 양쪽의 어느 한편에 서서 참여하는 방식으로 서로 자리를 자유롭게 맞바꾸는 회호回互와 대칭한다. 주 59 참조. 조동종의 팔요현기八要玄機(回互·不回互·宛轉·傍參·樞機·密用·正按·傍提) 중 하나이다. 『曹山本寂語錄』 권하(大47, 544b21).
56 작용을 나타내려면 본래의 자리에서 떠나 자신의 몸을 더럽히지 않을 수 없는데, 작용도 성취하고 몸도 더럽히지 않는 두 가지 일을 동시에 실현해야 한다는 뜻이다.

在傍參, 莫觸尊貴. 少林九年面壁, 家醜不欲外揚. 二祖三拜立時, 口訥誰知內敏! 天童今日, 也大無端."

> 설화

○ 속까지 온통 밝은 빛을 머금은~존귀한 지위를 더럽혀서는 안 된다 : 밝음 속에 어둠이 있고 어둠 속에 밝음이 있다.[57]
○ 달마가 9년 동안~내보이고 싶지 않았기 때문이다 : 9년 동안 면벽하면서 한마디도 하지 않았던 바로 그것이 존귀한 지위를 더럽히고 집안의 추한 꼴을 내보인 것이라는 말이다.[58]
○ 2조가 삼배하고 : 어느 한편에 서 있으면서도 번갈아 가며 서로 자리를 바꾸는 것[59]이라고 할 만하다.
○ 내가 오늘도 너무나 함부로 말을 꺼내 버렸구나 : 이렇게 한 말은 또한 진실로 쓸데없이 덧붙인 말이다. 천동 정각의 뜻을 어떻게 이해해야 할까?

天童 : 裏許含明至尊貴者, 明中有暗, 暗中有明也. 少林九年至外揚者, 九年面壁不下一言, 是觸尊貴揚家醜. 二祖三拜, 可謂傍參回互. 天童今日也大無端者, 伊麽道, 亦良剩語. 天童意作麽生會?

---

[57] 무소의 뿔과 코끼리의 상아는 그 무늬(紋理)를 구별하기 어려워 페르시아(波斯)에서는 무소의 뿔을 흑암黑暗이라 하고 상아는 백암白暗이라 부르기도 한다. 『五洲衍文長箋散稿』, 萬物篇, 鳥獸類, 獸, 「犀象紋理辨證說」, 『酉陽雜俎』 권16 「毛篇」 참조.
[58] 존귀한 자리를 고수하여 움직이지 않고 동시에 가장 내밀한 뜻(가문의 추한 꼴)을 내보이지 않으려 했던 달마의 의도와는 달리 면벽하고 말이 없었던 그것이 자신을 움직여 핵심을 다 꺼내 보이는 결과가 되었다는 해설이다.
[59] 조동종의 팔요현기 중 하나. 방참傍參이 양쪽 가운데 어느 한편을 고수하는 것이라면 회호回互는 양편을 자유롭게 오가며 자리를 바꾸는 것을 말한다.

장로 종색長蘆宗賾의 상당

"2조가 달마 대사에게 법을 물었던 인연을 떠올려 보자면, 진실로 후인들에게 바른 길을 일러 주는 표방이 된다 하겠다. 그러나 점검해 보자면 당시에 소림산을 바라보기만 하고 돌아오는 편이 좋았을 것인데, 어찌하여 아교 단지에 머리를 밀어 넣었을까?[60] 달마가 면벽한 채 비록 입으로 말하지는 않았어도 그 소리는 우레와 같았으니, 바로 그러할 때 2조는 귓구멍을 어디에 두었단 말인가? 허리까지 눈이 차오르도록 서 있다가 칼을 쥐어 잡고 팔을 잘랐다. 말해 보라! 그래 놓고도 살가죽 속에 뜨거운 피가 흐르기는 하는가?[61] 달마가 '이 정도면 불법을 구할 만하다.'라고 하였으니, 선량한 중국의 후손을 무시했다 할 만하다. 그 뒤에 달마가 2조에게 물었다. '모든 대상이 끊어져 버렸는가?' '이미 끊어졌습니다.' '끊어져 아무것도 없는 경계(斷滅)에 떨어진 것은 아닌가?' '끊어져 아무것도 없는 경계에 떨어지지 않았습니다.' '모든 대상이 이미 끊어졌다(諸緣已斷)고 하면서 어떻게 그러한 경계에 떨어지지 않을 수 있겠는가?' '분명하게 깨어 어둡지 않고, 뚜렷하게 항상 알고 있습니다.'"

선사가 좌우를 둘러보고 다시 말했다. "여기에서 이해하면 부처와 조사의 목숨이 영원히 끊어지지 않을 것이다. 이제 막 공부를 시작한 초학자나 아직 배움이 무르익지 않은 만학자라면 진실로 제호醍醐를 정수리에 부었다고 하거나 감로수를 마음에 적셨다고 여기겠지만, 격을 벗어난 안

---

60 아교 단지에 머리를 처박고 옴짝달싹하지 못하는 지경이 되었다는 말. 스스로 속박에 처하였다는 말이다.『雲峰文悅語錄』古尊宿語錄 40(卍118, 675b5), "법좌에 올라앉아 '여러분이 이렇게 올라온 것은 아교 단지에 머리를 밀어 넣은 모습을 너무 닮았고, 이렇게 내려가더라도 평지에서 제 다리에 꼬여 넘어지는 꼴이며, 설령 오지도 않고 가지도 않을지라도 아침에 삼천 대 때리고 저녁에 팔백 대 때릴 잘못이다.'라고 말한 뒤 법좌에서 내려왔다.(上堂,'汝等諸人, 與麼上來, 大似刺頭入膠盆; 與麼下去, 也是平地喫交 ; 直饒不來不去, 朝打三千, 暮打八百.' 便下座.)"
61 선사로서의 기개가 없다는 말. 장부답지 못하다는 말과 통한다.

목 높은 사람(出格高人)이라면 그의 말을 듣고 독약에 중독된 꼴이었다고 여길 것이다.[62] 그러므로 2조 선사가 달마에게 '스님께서 마음을 편안하게 해 주십시오.'라고 청하니 '마음을 가져오면 그대를 편안하게 해 주겠다.'라고 답했으며, 다시 '마음을 찾았으나 구할 수 없었습니다.'라고 하자 '내가 그대 마음을 이미 편안하게 해 주었구나.'라고 답하였던 것이다. 여러분들은 분명하게 깨어 어둡지 않은 경계를 알고 싶은가? 봄바람을 맞지 않으면 꽃은 피지 못한다. 마음을 찾았으나 구할 수 없었다는 그 뜻을 알고 싶은가? 꽃이 핀 다음에는 다시 바람에 불려 떨어진다.[63]

달마가 임종하여 문인들을 돌아보며 일렀다. '내가 세상에 머물 날이 얼마 남지 않았으니, 너희들은 각자의 견해를 드러내 보라.' 마지막에 2조가 나와서 예를 갖추어 삼배를 올리고 자리에 그대로 서 있자 달마가 '그대는 나의 골수를 얻었다.'라고 하였다. 여러분, 2조가 마음을 구해도 끝내 얻지 못했거늘 어떻게 저 달마 대사의 골수를 가질 수 있었는가? 비록 이와 같지만 만약 인가(印信)할 만하지 못하였다면 불법이 어떻게 지금에까지 이르렀겠는가? 말해 보라! 지금의 일은 어떠한가?" 잠깐 침묵하다가 말했다. "오랫동안 서 있느라 수고했다. 돌아들 가시게."

長蘆賾上堂云, "記得二祖參達磨大師, 誠謂後人標榜. 然而點撿將來, 當時望見少林山, 便好廻去, 何用刺頭入膠盆? 達磨面壁, 口雖不言, 其聲如雷, 正當伊麽時, 二祖耳朶, 在什麽處? 立雪齊腰, 操刀斷臂. 且道! 皮下還有血麽? 達磨道, '如是則可在.' 可謂壓良唐土兒孫. 後來達磨問, '諸緣斷不?' 二祖云, '已斷.' 達磨云, '莫落斷滅不?' 二祖云, '不落斷滅.' 達磨云,

---

62 격을 벗어난~여길 것이다 : 본서 100칙 본칙 설화에서 언급되었다.
63 여러분들은 분명하게~불려 떨어진다 : 설두 중현雪竇重顯의 말을 인용하여 자답自答하는 형식이다. 『雪竇語錄』 권2(大47, 682c16), "上堂云, '不得春風華不開, 華開又被風吹落. 爾若明得褒貶句, 未必善因而招惡果.' 歸堂."

'諸緣旣斷, 爲甚不落斷滅?' 二祖云, '明明不昧, 了了常知.'"
師顧左右云, "者裏會去, 佛祖壽命, 永不斷絶. 若是初機晩學, 實謂醍醐灌頂, 甘露沃心, 如其出格高人, 恰似中他毒藥. 所以二祖禪師問達磨, '乞師安心.' 達磨云, '將心來, 與汝安.' 二祖云, '覓心了不可得.' 達磨云, '吾與汝安心竟.' 諸人要會明明不昧麼? 不得春風花不開. 要會覓心了不可得麼? 花開又被風吹落. 達磨臨歿, 顧謂門人曰, '吾在世不久, 汝等諸人, 各呈所見.' 末後二祖, 出禮三拜, 依位而立. 達磨云, '汝得吾髓.' 諸仁者, 二祖, 旣然覓心了不可得, 又要他達磨大師髓作麼? 然雖如是, 若無可印信, 佛法爭到今日? 且道! 今日事作麼生?" 良久云, "久立, 珍重!"

> [설화]

○ 특별히 해석할 부분은 없다. 핵심적인 뜻은 더 높이 오르는 하나의 통로(向上一竅)를 모색하는 데에 근거하고 있다. 그 사이에 때로는 누르고 때로는 치켜세우는 말이 있다. 이로써 보건대, '분명하게 깨어 어둡지 않고, 뚜렷하게 항상 알고 있다.'라고 말한 인연이 '마음을 찾았으나 구할 수 없었습니다.'라고 한 인연보다 앞서 있었던 일임이 분명하다.[64]

長蘆 : 別無消釋分, 大義據向上一竅也. 其問[1])亦有或抑或揚處. 以此推之, 明明不昧了了常知之因緣, 在覓心了不可得之前, 明矣.

1) ㉠ '問'이 을본·병본에는 '間'으로 되어 있다. ㉡ '間'으로 교감하여 번역하였다.

---

[64] 분명하게 깨어~일임이 분명하다 : 설화에서는 혜가가 '모든 대상이 이미 끊겨졌다.(諸緣已斷.)'라고 달마에게 답한 문답이 '모든 부처님의 법인에 대하여 묻고는 그 자리에서 마음을 편안히 하였던(又問, 諸佛法印, 當下安心)' 문답보다 먼저라고 보고 있다. 본서 100칙 본칙 설화에서도 이와 같은 견해를 밝혔다.

백운 법연白雲法演**의 상당**

"달마 대사가 '누가 나의 종지를 얻었는가? 나와 보라. 그에게 그런지 아닌지 증명해 주겠다.'라고 하였다. 니총지가 '제 견해에 따르자면, 마치 경희존자가 아촉불국토를 보았지만 한 번 보면 다시 볼 필요가 없는 것과 같습니다.'라고 하자 '그대는 나의 피부[65]를 얻었다.'라 하였고, 도육이 '제 견해에 따르자면, 실제로 분별에 들어맞는 법은 하나도 없습니다.'라고 하자 '그대는 나의 살[66]을 얻었다.'라 하였으며, 2조가 예를 갖추어 삼배를 올리고 자리에 그대로 서 있자 '그대는 나의 골수를 얻었다.'라고 하였다." 이 공안을 제기하고 말했다. "당시에 저 세 사람이 그렇게 말하는 소리를 들었다면, 각각 30방씩 때려 주었으리라. 그런데 나, 백운 역시 오늘 29방을 맞아야 하며, 나머지 1방은 남겨 두었다가 그대들에게 주겠노라. 여기에 만약 몽둥이의 아픔을 아는 자가 있다면, 선성先聖 달마의 뜻을 등지지 않을 것이며 또한 나의 뜻도 바로 알아차릴 것이다. 만일 아직까지 모르겠다면 식당에서 죽을 먹거나 밥을 먹거나 음식과 함께 쓸데없는 견해까지 문드러지게 씹어 덩어리째 삼켜 버려야 한다."

白雲演上堂, 擧, "達磨大師云, '誰得吾正宗? 出來. 與汝證明.' 尼摠持云, '據某見處, 如慶喜見阿閦佛國, 一見更不再見.' 達磨云, '汝得吾皮.' 道育云, '據某見處, 實無一法當情.' 磨云, '汝得吾肉.' 二祖禮三拜, 依位而立. 磨云, '汝得吾髓.'" 師云, "當時若見他三人伊麽道, 各人好與三十棒. 只如白雲, 今日也, 合喫二十九棒, 留一棒, 與汝諸人. 其閒若有知痛痒者, 不辜負先聖, 亦乃得見白雲. 其或未知, 堂裏喫粥喫飯, 更須爛嚼多見, 是渾圇吞却."

---

65 본칙대로라면 '살(肉)'이라야 맞다.
66 본칙대로라면 '뼈(骨)'라야 맞다.

> 설화

○ 당시에 저 세 사람이~30방씩 때려 주었으리라 : 종지를 전하고 받는 법도를 세운 종문에 잘못이 없을 수 없다는 말이다.
○ 나, 백운 역시 오늘 29방을 맞아야 하며 : 오조 법연 자신 또한 잘못이 없을 수 없다는 뜻이다. 왜 그런가? 종지를 전하고 받는 법도를 세우지 않았기 때문이다.
○ 나머지 1방은 남겨 두었다가 그대들에게 주겠노라 : 여러 학인들 또한 자신과 같이 허물이 있다는 말이다. 30방에서 1방을 더는 까닭에는 두 가지 뜻이 있으니, 첫째는 오조 법연 자신에게 전적으로 허물이 있지 않다는 말이고, 둘째는 여러 학인들에게 남겨 자신의 뜻을 알려 주겠다는 말이다.
○ 여기에 만약 몽둥이의 아픔을~바로 알아차릴 것이다 : 방이 귀착되는 곳을 알면 달마의 뜻을 등지지 않는다는 말이다. 그러므로 앞서 뼈·살·골수로 나누어 부촉한 것 또한 허물이 아니며 오조 법연 자신 또한 뼈·살·골수를 떠나지 않아 특별한 장점을 갖추었다는 말이다. 앞에서 30방씩 때려 주겠다는 말이 곧 이런 의미이다.
○ 만일 아직까지 모르겠다면~덩어리째 삼켜 버려야 한다 : 여러 학인들이 대부분 대충 삼켜 버리고 마는데, 반드시 문드러지게 씹어서 어떤 맛인지 알아야 한다는 말이다.

白雲云云, 至好與三十棒者, 立傳受門不得無過也. 白雲今日至九棒者, 白雲亦不得無過, 何也? 不立傳受故. 留一棒與諸人者, 諸人亦如山僧, 則亦是有過也. 所以三十棒減一棒, 有二意, 一, 非山僧一向有過, 二, 留與諸人知山僧意也. 其間知痛至白雲者, 知棒之落處, 不辜負達摩. 然則從前分付骨肉髓, 亦非過也, 白雲亦未嘗離骨肉髓, 別有長處. 前之與三十棒, 卽此義也. 其或未知堂裡云云者, 諸人例皆渾吞却, 須是爛嚼知有滋味始得.

취암 사종翠嵓嗣宗의 염

"나에게는 피부·뼈·살·골수 그 어떤 것도 없으니, 그대들은 어떻게 생각하는가? 말해 보라. 달마가 양 무제와 대면했을 당시에 꺼낸 것은 피부인가, 골수인가?[67] 그 뒤에 달마의 뜻을 알아차린 사람이 있었을까?"

翠嵓宗拈, "我這裏, 無皮骨肉髓, 汝等諸人, 作麼生會? 且道. 當時梁王面前, 將出底, 是皮是髓? 後來還有人會得也無?"

설화

○ 나에게는 피부·뼈·살·골수 그 어떤 것도 없으니, 그대들은 어떻게 생각하는가 : 앞에서 나온 오조 법연의 상당 중 30방의 뜻과 같다.
○ 달마가 양 무제와 대면했을 당시에 꺼낸 것 : 양 무제와 대면하고 꺼낸 말, 곧 '막힘없이 트여 성스러움조차도 없습니다.'[68]라고 한 말을 가리킨다.
○ 피부인가, 골수인가 : 분명하게 골수라는 말이다. 지금 이렇게 말한 까닭은 '막힘없이 트여 성스러움조차도 없다.'는 말 또한 막힘없이 트여 성스러움조차도 없다는 말 자체에서 찾아서는 안 되기 때문이다. 피부를 연결하여 말한 이유는 골수가 피부와 상대되기 때문이다.
○ 그 뒤에 달마의 뜻을 알아차린 사람이 있었을까 : '막힘없이 트여 성스러움조차도 없다.'는 말에 기울어져서는 안 된다는 말이다.

翠嚴 : 我這裡無皮肉云云作麼生會者, 前三十棒意也. 當時梁王云云者, 梁王面前地, 卽廓然無聖也. 是皮是髓者, 灼然是髓. 今伊麼道者, 廓然無

---

67 취암 사종 자신이 설정한 또 하나의 관문. 피부와 골수를 놓고 차등과 무차별 어느 편으로도 기울어지지 않은 문제를 제기하였다.
68 본서 98칙 본칙 참조.

聖之言, 亦不可廓然無聖處尋討也. 連言皮者, 髓則對皮故也. 後來還有云云者, 須是不向廓然無聖處始得.

규봉 종밀圭峯宗密의『법집별행록』에 대한 주석[69]

"달마가 말하고자 한 뜻은 다음과 같다. '세 사람이 나의 법을 얻었지만 그 깊이는 각각 같지 않다. 니총지가 얻은 경계는 살과 같으니, 번뇌를 끊은 다음 보리를 얻는다는 견해이다. 도육이 얻은 경계는 뼈와 같으니, 미혹하면 번뇌고 깨달으면 보리라는 견해이다. 혜가가 얻은 경계는 골수와 같으니, 본래 번뇌는 없으며 본래부터 보리라는 견해이다.'"

> 圭峯, 法集別行錄注云, "達磨云, '三人得我法, 深淺各不同. 尼摠持所得如肉, 斷煩惱得菩提. 道育如骨, 迷則煩惱, 悟則菩提. 慧可如髓, 本無煩惱, 元是菩提.'"

부산 법원浮山法遠의「구대집九帶集」[70]

"앞의 두 사람의 말은 지극히 분명하였는데, 조사는 어째서 그들이 각각 피부와 살을 얻었다고 말한 것일까? 2조는 다만 예를 갖추고 삼배했을 뿐인데, 조사가 인가하여 골수를 얻었다고 했으니, 최선의 도道는 언어에 달려 있는 것이 아니라는 사실을 알 수 있다. 또 옛사람들은 사자상승師資相承을 내세우며 절차를 어기지 않고 추대하거나 사양했으니, 반드시 궁

---

[69] 『十不二門指要鈔』권상(大47, 707a21) 참조.
[70] 부산 법원(991~1067)이 선수행을 지도하기 위하여 아홉 가지 방법을 제시하였는데, 이를 부산구대浮山九帶라고 한다. 이를 학인들이 편집하여 부산에게 보이자「佛禪宗教義九帶集」이라는 제목을 붙여 주었다. 『人天眼目』권2(大48, 308a26~310b8)에「九帶集」의 내용이 전하기는 하나 이 판본에는 이를 담은 문장이 없다. 다만 여덟 번째 금침쌍쇄대金鍼雙鎖帶가 전등傳燈을 소재로 하고 있고, 언전言詮에 의거해서는 안 된다고 하고 있으므로 유사한 측면이 없지 않다.

극적인 근원에 도달해야 비로소 성인의 뜻을 다했다고 보았다."

浮山遠, 九帶集云, "只如前二人說得甚分明, 祖師因何言, 他得皮得肉? 二祖只禮三拜, 祖師印可得之於髓, 將知善道者, 不在言詮之下. 又古人相承安立, 不乖節次, 齊排推讓, 須至窮源然後, 方盡聖意矣."

불감 혜근佛鑑慧勤의 거

규봉 종밀의 『법집별행록』에 대한 주석에서 '본래 번뇌는 없으며 본래부터 보리이다.'라고 한 말까지를 제기하고 송으로 읊었다.

바람이 바람을 불어 내고 물이 물을 씻어 내듯
소림의 여러 제자들 피부와 골수를 나눠 가졌네
신광이 일찍이 파란을 일으킨 적이 없는데도
셀 수 없이 많은 기린과 용이 모두 말을 잃었네
어렵고 어렵도다
웅이산[71] 한 봉우리가 하늘 뚫듯이 치솟았으나
지금껏 눈 속에 파묻혀 있는 그 모습 살펴보라

佛鑑勤擧, 圭峯,〔云云〕〈至〉元是菩提. 頌曰, "風吹風水洗水, 少林諸子分皮髓. 神光曾不動波瀾, 無限鱗龍皆沒觜. 難難! 熊耳一峯天外出, 至今留得雪中看."

[설화]

○ 바람이 바람을 불어 내고 물이 물을 씻어 내듯 : 세 사람의 견해에 차

---

[71] 웅이산熊耳山 : 달마를 장사 지낸 산. 『景德傳燈錄』 권3 「菩提達磨傳」(大51, 220b4) 참조.

제가 있기는 하지만, 얕은 뜻으로부터 깊은 뜻에 이르기까지 심지어는 신광의 경지까지도 모두 성립하지 않는다(심천의 차이가 없다)는 말이다.
○ 어렵고 어렵도다 : 또한 장애가 남아 있다는 말이다.
○ 웅이산 한 봉우리가~파묻혀 있는 그 모습 살펴보라 : 아무리 커도 그보다 큰 땅에서 솟을 수밖에 없고 아무리 높아도 그보다 높은 하늘이 있는 것을 어찌하랴?[72]

佛鑑:風吹至水者, 三人所見有次第也, 從淺至深義, 至神光處, 皆不立也. 難難者, 又有難處也. 熊耳一峯云云者, 任大也須從地起, 更高爭奈有天何?

---

[72] 『圓悟語錄』 권4(大47, 731a29), 『大慧語錄』 권6(大47, 834a15).

102칙 달마오본 達磨吾本

본칙 달마 대사가 게송으로 읊었다.

達磨大師偈云,

내가 이 땅에 오면서 처음에 품었던 뜻	吾本來玆土
법 전하여 어리석은 중생 구하기 위함이었네	傳法救迷情
한 송이 꽃에 다섯 잎 피고 나면	一花開五葉
열매는 저절로 이루어지리라	結果自然成

설화

● 이 게송은 달마 이후에 다섯 조사가 연이어 명성을 떨칠 것이라고 예언하고 있다. 또 여기에 그치지 않고, 어느 누구나 모두 진점겁塵點劫[1] 전부터 수행도 끝내고 성불도 마쳐[2] 이미 꽃도 피우고 열매도 맺은 것과 같다고 한다.

---

1 진점겁塵點劫 : 삼천대천의 모든 국토에 있는 티끌 하나를 1겁으로 삼아 헤아리는 한계가 없는 시간. 『法華經』 권3 「化城喩品」(大9, 22b5), "내가 생각해 보니 과거세 한량없고 끝없는 겁 전에 대통지승이라는 양족존의 부처님이 계셨다. 가령 어떤 사람이 자신의 힘으로 삼천대천의 땅덩이를 갈며 이런 땅을 모두 먹으로 만들어서 천 개의 국토를 지날 때마다 티끌만 한 점을 떨어뜨린다고 하자. 이와 같이 계속 점을 떨어뜨려 티끌로 이루어진 모든 먹을 소진하고 다시 이와 같은 점이 떨어지거나 떨어지지 않은 여러 국토를 다시 부수어 티끌로 만들어 그 티끌 하나를 1겁으로 헤아린다고 하더라도 이 모든 티끌 수만 한 겁보다 저 부처님께서 열반에 드신 후에 지나간 겁이 더 많으니, 이와 같이 부처님이 열반하신 지 오래된 것이다.(我念過去世, 無量無邊劫, 有佛兩足尊, 名大通智勝. 如人以力磨, 三千大千土, 盡此諸地種, 皆悉以爲墨, 過於千國土, 乃下一塵點. 如是展轉點, 盡此諸塵墨, 如是諸國土, 點與不點等, 復盡抹爲塵, 一塵爲一劫, 此諸微塵數, 其劫復過是, 彼佛滅度來, 如是無量劫.)"
2 본서 1칙 본칙 설화, 100칙 '동림 상총의 상당' 설화 참조.

● 한 송이 꽃에 다섯 잎 피고 나면 : 대개 열매를 맺는 꽃은 모두 잎이 다섯 개인데, 복화葍花[3]만이 여섯 잎이 날 뿐이다. 『한시외전韓詩外傳』[4] 소동파의 주석[5]에 '오직 복화만이 여섯 잎이 나며, 설화雪花 또한 육각이다.'[6]라고 하였다.

[吾本] 此偈, 識達摩之後, 五祖連芳也. 非止此也, 人人箇箇, 塵點劫前, 修行亦竟, 成佛亦竟, 早已開花結果也. 一花開五葉者, 凡結果之花, 皆五葉, 唯葍花六出. 韓詩外傳, 東坡注云, "唯葍花六出, 雪花亦六出."

● 내가 이 땅에 오면서 처음에 품었던 뜻 : 달마 대사가 인도에서 중국으로 왔다.[7]
● 법 전하여 어리석은 중생 구하기 위함이었네 : 소림사에서 행한 면벽

---

3 복화葍花 : 담복화詹葍花라고도 한다. ⓢ Campaka. 이를 음역하여 첨복瞻蔔·첨복가瞻蔔加·전파가栴簸迦·점박가占博迦·첨박가瞻博迦·첨파가瞻波迦·첨파詹波·점파占婆·점복占匐·첨파瞻波·첨파瞻婆 등이라 하고 한역어로는 금색화수金色花樹·황화수黃花樹가 있다. 『維摩詰所說經』 권중(大14, 548a25), "사람이 첨복림에 들어가면 오로지 첨복 향기만 나고 다른 향기는 맡지 못하는 것과 같다.(如人入瞻蔔林, 唯嗅瞻蔔, 不嗅餘香.)"; 『一切經音義』 권21(大54, 438b6), "첨복화[황색화라고도 하는데 그 꽃향기는 짙지만 모양은 치자와 약간 비슷하다.](瞻蔔花[此云黃色花, 其花甚有香氣, 然少似梔子.])"
4 『한시외전韓詩外傳』: 한나라 때 한영韓嬰이 지은 『詩經』 해설서로 여러 고사를 모았다. 남송 시기 이후 내전內傳 4권은 소실되고 외전 6권만 전한다. 현재 전하는 『韓詩外傳』에는 꽃잎에 대한 구절은 없다. 다만 구양순歐陽詢(557~641)의 『藝文類聚』에 "『한시외전』에 '초목의 꽃은 대부분 잎이 다섯 개 나는데, 설화雪花만은 육각이다. 설화는 진눈깨비(눈의 결정)이고, 설운은 구름과 동일하다.'라고 하였다.(韓詩外傳曰, '凡草木花多五出, 雪花獨六出. 雪花曰霙, 雪雲曰同雲.')"라는 구절이 있다. 소동파의 주석은 이 구절을 근거로 한 것으로 보인다. 또 이 구절을 내전에 있었던 문장으로 추정하기도 한다.
5 소동파의 시 〈章錢二君見和復次韻答之〉 가운데 "詹葍無香散六花"라는 구절에 "詹葍梔子花也, 與雪花皆六出."이라는 세주細注가 달려 있다.
6 설화雪花는 눈의 별칭이며, 육각의 결정체를 이루므로 육출화六出花 또는 육출공六出公이라고도 부른다.
7 이 구절을 포함하여 이하의 세 구절에 대한 설명은 본 게송 각 구절에 대한 『禪門諸祖師偈頌』 권상의 상(卍116, 912b17) 「着語」이다.

은 어쩔 수 없었기 때문이다.
● 한 송이 꽃에 다섯 잎 피고 나면 : 육조까지 차례로 다섯 잎이 피었음을 누가 모르랴.
● 열매는 저절로 이루어지리라 : 꽃으로 인해 열매를 맺고 사람으로 인해 마음을 깨닫지만, 깨닫는다 해도 얻는 결과는 없다.
● 『경덕전등록』에는 다음과 같이 전한다.[8] '대사는 후위 효명제 태화 19년 병진丙辰[9]에 단정히 앉아 서거하였다. 그해 12월 28일 웅이산에서 장사 지내고 정림사定林寺에 탑을 세웠는데, 3년 후 송운宋雲이 왕명을 받고 서역을 다녀오는 길에 달마를 만났다.'[10]

第一句注, '達摩大士,[1) 從西天來東土.' 第二句注, '少林面壁不得而已.' 第三句注, '有六祖兮[2)]開花五葉, 誰人不知.' 第四句注, '因花結果, 因人悟心, 悟無所得也.' 傳燈錄云, '師後魏孝明帝大[3)]和十九年丙辰歲, 端坐而逝. 其年十二月二十八日, 葬熊耳山, 立塔於定林寺, 後三載宋雲奉使西域云.'

1) ㉥ '士'가 병본에는 '師'로 되어 있다. ㉭『禪門諸祖師偈頌』 권상(卍116, 912b17)에는 '士'가 '師'로 되어 있다. 2) 『禪門諸祖師偈頌』(卍116, 912b18)에는 '兮'가 '號'로 되어 있다. 3) ㉭ '大'는 '太'의 오자.

천태 덕소 국사天台德韶國師의 문답

학인이 물었다. "한 송이 꽃에 다섯 잎이 피고 나면 열매는 저절로 이루어진다고 하였는데, 무엇이 한 송이 꽃입니까?" "언제나 해는 뜨고 달은 늘 밝다." "열매는 저절로 이루어진다는 말은 무슨 뜻입니까?" "천지가 환하구나."

---

8 『景德傳燈錄』 권3 「菩提達磨傳」(大51, 220a28). 연호와 태세의 차이에 대해서는 세주에 서술되어 있다.
9 태화 19년은 495년이며 병진세가 아니라 을해세이다.
10 본서 103칙 본칙 참조.

天台韶國師, 因僧問, "一花開五葉, 結果自然成, 如何是一花?" 師云, "日出月明." 僧云, "如何是結果自然成?" 師云, "天地皎然."

> 설화

○ 언제나 해는 뜨고 달은 늘 밝다·천지가 환하구나 : 모든 사람의 본분에서 밝게 비추어 분명하다는 말이니, (앞의 본칙 설화에서) '수행도 끝냈다.'[11]라고 운운한 구절의 뜻과 통한다.

○ 언제나 해는 뜨고 달은 늘 밝다는 말은 그때마다의 현상(今時) 그대로 본분이라는 뜻이다.

韶國師 : 日出月明天地皎然者, 諸人分上, 炟赫[1]分明, 話中修行亦竟云云之意. 所以日出月明, 今時本分也.

1) ㉮ '赫'이 병본에는 '爀'으로 되어 있다.

인악 선사仁岳禪師의 문답

학인이 물었다. "한 송이 꽃에서 다섯 잎이 피고 나면 열매는 저절로 이루어진다고 하였는데, 무엇이 한 송이 꽃입니까?" "(그것으로) 부처님께 공양을 올리지 못한다." "어디에서 (그 꽃을) 땁니까?" "네거리에 있는 똥 더미에서 딴다."[12]

仁岳禪師, 因僧問, "一花開五葉, 結果自然成, 如何是那一花?" 師云, "不堪供養佛." 僧曰, "摘向什麼處?" 師云, "十字糞堆頭."

---

11 본칙 설화 참조.
12 『雲門廣錄』 권중(大47, 564c23), "운문이 하루는 '온갖 법이 어디로부터 일어나느냐?'라고 묻고서 대신 말했다. '똥 더미에서 일어난다.'(一日云, '萬法從甚處起?' 代云, '糞堆頭.')"

> 설화

○ 부처님께 공양을 올리지 못한다 : (그 꽃을) 남겨 두지 않는다는 뜻이다.
○ 네거리에 있는 똥 더미이다 : 네거리의 똥 더미 속에 있다는 말이다.

仁嶽:不堪供養佛者, 不存之義. 十字糞堆頭者, 居在十字街頭糞堆頭.

복창 지신福昌知信의 문답[13]

학인이 물었다. "한 송이 꽃에서 다섯 잎이 핀다고 하였는데, 어떤 것이 첫 번째 잎입니까?" 복창이 좌구를 들어 올렸다.[14] 학인이 말했다. "구름이 뭉게뭉게 일자 빗방울이 보슬보슬 무수히 떨어지는군요." "아프지 않으면 상처가 난 줄 모른다." "이 말은 여전히 바람이 일자마자 비가 온다는 뜻에 불과합니다. 어떤 것이 첫 번째 잎입니까?" 복창이 (들어 올리고 있던) 좌구로 한 번 내리치자 학인이 손뼉을 쳤다. 복창이 말했다. "마음껏 뛰어넘어 보라."[15]

福昌信, 因僧問, "一花開五葉, 如何是第一葉?" 師提起坐具. 僧曰, "雲生片片, 雨點霏霏." 師云, "不痛不知傷." 僧曰, "這箇猶是風生雨意. 如何是第一葉?" 師將坐具搋一搋, 僧拍掌. 師云, "一任踍跳."

---

13 '어떤 것이 첫 번째 잎인가?'라는 학인의 질문에 이 문답에서는 복창이 좌구로써 대응하였다면, 이하 '육왕 개심의 거'에서 '달마 대사는 그 꽃과 열매가 생긴 근원에 대해서는 말한 적이 없다.'라고 한 말 역시 그 질문에 대한 답으로 통한다.
14 앞 질문의 허虛와 착각에 또 하나의 허와 착각으로 응수한 장면이다.
15 발도踍跳는 발도勃跳라고도 쓴다. 『雲門廣錄』 권중(大47, 564a10), "운문이 하루는 주장자를 집어 들고 '해탈이라는 깊은 구덩이에서 뛰쳐나오라!'고 하고 대신 말했다. '나 왔구나!'(一日拈起挂杖云, '解脫深坑, 勃跳!' 代云, '出!')"

> 설화

○ 좌구를 들어 올렸다 : 몽둥이나 불자를 세우는 동작과 같다.
○ 구름이 뭉게뭉게 일자 빗방울이 보슬보슬 무수히 떨어지는군요 : 허다하다는 뜻이다.[16]
○ 아프지 않으면 상처가 난 줄 모른다 : 반드시 아픈 상처의 맛을 알아야 한다.
○ 여전히 바람이 일자마자 비가 온다는 뜻에 불과합니다. 어떤 것이 첫 번째 잎입니까 : 다시 한번 첫 번째 잎이 어떠한 경계인지를 답해 주기를 바란 것이나, 첫 번째 잎은 이러한 도리가 아니다.
○ 좌구로 한 번 내리치자 : 들어 올린 좌구 외에 다시 무슨 첫 번째 잎을 찾느냐는 말이다.
○ 학인이 손뼉을 쳤다 : 뛰어넘지 못한 것이다.
○ 마음껏 뛰어넘어 보라 : 좌구를 들어 올린 경계의 깊은 속까지 도달해 보라는 뜻이다.

福昌 : 提起坐具者, 拈槌竪拂一般也. 雲生至霏霏者, 許多意也. 不痛不知傷者, 須識痛傷滋味也. 猶是風生雨云云者, 又望第一葉也, 第一葉不是這箇道理也. 將坐具搣一搣者, 提起坐具外, 更討甚麽第一葉. 僧拍掌者, 不跨也. 一任踍跳者, 提起坐具處到底.

오조 법연五祖法演의 거

"달마 대사는 발길 닿는 대로 와서 입에서 나오는 대로 말했는데,[17] 후대의 자손들은 대부분 그것을 헤아리는 소재로 삼는구나. 꽃 피고 열매

---
16 복창의 동작은 흔하게 어디서나 보는 것이라는 의미.
17 분별의 매개를 거치지 않고 직발直發하는 심기를 나타낸다.

맺은 것에 대해 알고 싶은가? 정주는 배가 좋고 청주는 대추가 좋으니, 어떤 물건이든 산지의 그것보다 좋은 것은 없는 법이다."

> 五祖演擧此話云, "達磨大師, 信脚來信口道, 後代兒孫, 多成計較. 要會開花結果處麼? 鄭州梨靑州棗, 萬物無過出處好."

[설화]

○ 발길 닿는 대로 와서 입에서 나오는 대로 말했는데 : (달마가 남긴 언행이) 벌레가 나무를 갉아 먹다가 우연히 무늬가 생긴 것과 같다[18]는 따위의 말이니 분별할 알갱이가 없다[19]는 뜻이다.
○ 후대의 자손들은 대부분 그것을 헤아리는 소재로 삼는구나 : 억지로 이해하려 한다는 말이다.
○ 정주는 배가 좋고~그것보다 좋은 것은 없는 법이다 : 사람마다 가지고 있는 본분의 얼굴에 또다시 연지 찍고 분 바를 필요가 없다[20]는 뜻이다.

> 五祖:信脚來信口道者, 如蟲禦木云云, 非實意也. 後代兒孫云云者, 强作生解也. 鄭州梨云云者, 人人分上, 更無添脂着粉處也.

---

18 본서 14칙 '대홍 보은의 염' 주석 참조.
19 애초에 분별하거나 집착할 근거가 없다는 의미에서 허虛이기 때문에 알갱이로서의 실實은 없다.
20 『진각국사어록역해 1』(p.308), "있는 것마다 옛 부처의 가풍을 말해 주고, 하나하나가 조사의 얼굴을 보여 준다. 이러한데 어찌 본래의 얼굴에다 연지 찍고 분을 바를 필요가 있겠는가!(頭頭宣古佛家風, 物物現祖師面目. 然則何用更添脂粉!)"; 『정선 휴정』「선가귀감」(p.73), "부처님과 조사가 세상에 나온 것은 바람도 불지 않는 곳에서 물결을 일으킨 것과 같다.(佛祖出世, 無風起浪.)······사람마다 그 면목이 본래 이루어져 완성되어 있으니, 어찌 다른 사람의 힘을 빌려 (자신의 본래 모습에) 연지 찍고 분을 발라 꾸밀 필요가 있겠는가!(人人面目, 本來圓成, 豈假他人, 添脂着粉也!)"

육왕 개심育王介諶**의 거**

"꽃 피고 열매 맺는 현상이 없지는 않지만 달마 대사는 그 꽃과 열매가 생긴 근원에 대해서는 말한 적이 없다. 나, 서암이 눈썹을 아끼지 않고 그대들에게 말해 주겠다. 다만 봄바람이 만물에 평등하게 힘을 나누기만 한다면 동시에 우리 집으로도 불어 들어오리라."[21]

育王諶擧此話云, "開花結果不無, 達磨大師, 其如花果因由, 未曾道着. 瑞嵓, 不惜眉毛, 與汝道看. 但得春風齊着力, 一時吹入我門來."

[설화]

○ 다만 봄바람이~불어 들어오리라 : 비록 본래부터 가지고 있지만(本有) 반드시 신훈新熏의 힘을 빌려야 한다는 말이다.

育王 : 但得春風云云, 雖本有, 必借新熏.

---

21 『白雲守端語錄』 권상(卍120, 381a17), 『圓悟語錄』 권2(大47, 721b28) 등 참조.

103칙 달마척리達磨隻履

[본칙] 달마가 귀적歸寂하자 웅이산[1]에 매장하였다. 3년 뒤 북위北魏의 송운宋雲[2]이 임금의 명을 받들어 서역에 갔다가 돌아오는 길에 총령葱嶺에서 달마와 마주쳤는데 그는 손에 신발 한 짝을 들고 혼자 바삐 걸어가고 있었다. 송운이 "스님, 어디 가십니까?"라고 묻자 달마는 "서천으로 갑니다."라고 대답했다. 송운이 서역에 다녀온 일을 보고하며 그 일을 자세히 아뢰었고, 황제의 명령으로 무덤을 파 보니 텅 빈 관 속에 가죽신 한 짝만 남아 있었다.

達磨歸寂, 葬熊耳山. 三歲魏宋雲, 奉使西域迴, 遇師于葱嶺, 見手携隻履, 翩翩獨逝. 雲問, "師, 何往?" 師曰, "西天去." 雲暨復命, 具奏其事, 帝令啓壙, 惟空棺一隻革履存焉.

[설화]

● 손에 신발 한 짝을 들고 혼자 바삐 걸어가고 있었다·텅 빈 관 속에 가죽신 한 짝만 남아 있었다 : 옛사람[3]이 말하였다. "한 짝은 6대의 조사들에게 전하였고, 다른 한 짝은 6대의 조사들에게 전하지 않았다." 또 어떤 고덕은 "신령한 근원은 맑고 고요하니~신발 한 짝 남겨 두고 갔던 것이다."[4]라고 했는데, 이는 손에 들고 간 신발 한 짝을 말한 것이

---

1 웅이산熊耳山 : 하남성 낙양洛陽에 있는 산.
2 송운宋雲 : 생몰 연대 미상. 돈황 출신으로 북위 효명제의 사신이다. 신귀神龜 원년(518)에 호태후胡太后의 명을 받고 사문 법력法力·혜생慧生과 함께 서역에 가서 범문 대승경전 170부를 가지고 돌아왔다. 당시의 여행기가 『洛陽伽藍記』 권5에 실려 있다.
3 누구의 말인지 전거를 찾지 못하였다.
4 본서 564칙 '삽계 일익의 염'에 다음과 같이 나온다. "靈源湛寂, 無古無今, 妙體虛明, 何生何死? 大千俱壞, 須知有不壞之軀 ; 六道輪迴, 須知有不輪迴之質. 所以尼連河

다. 무진거사가 "벽관 수행한 9년의 공뿐만 아니라"라고 읊은 송은 텅 빈 관에 남기고 간 신발 한 짝을 말한 것이다. 비록 말로 남긴 자취는 다르지만 그 뜻은 동일하다.[5]

[隻履] 手携隻履翩翩獨逝, 又空棺一隻革履存焉者, 古人云, "一箇六代傳, 一箇六代不傳也." 古德云, "靈源湛寂云云, 至隻履." 此言, 携去地隻履也. 無盡居士頌云, "非關壁觀九年功云云." 此頌, 空棺所留地隻履也. 其迹雖異, 其義卽同.

무진거사의 송 無盡居士頌

벽관 수행한 9년의 공뿐만 아니라	非關壁觀九年功
아득히 지난 겁 자체도 텅 비었다네	歷劫悠悠當處空
웅이산 탑묘 열자 남겨진 신발 한 짝	熊耳塔開留隻履
시방 전체에 원통한 이치 드러내었네	十方全體現圓通

[설화]

○ 비관非關 : 비단非但과 같은 뜻이다.
○ 9년 동안의 공력뿐만이 아니라 아득히 지난 겁도 지금 이 자리에서는 고요할 뿐이다.
○ 웅이산 탑묘 열자~원통한 이치 드러내었네 : "신령스러운 근원이 맑고 고요하여[6] 옛날도 없고 지금도 없다."라고 운운한 말과 같다.

畔, 特示雙趺 ; 熊耳峰前, 曾留隻履." 또한 "신령한 근원은 맑고 고요하여 옛날도 없고 지금도 없으며, 미묘한 본체는 밝디밝거늘 어떻게 태어나고 어떻게 죽는단 말인가?"라는 구절이 본서 37칙 본칙 설화에 보이며, 이하 '무진거사의 송' 설화에서도 이 구절을 인용했다.

5 달마가 들고서 총령을 넘어간 신발 한 짝과 관 속에 남기고 간 신발 한 짝이 다르지만 그 각각에 담긴 뜻은 같다는 말이다.

無盡:非關, 如云非但也. 非但九年功, 歷劫悠悠, 當下寂然也. 熊耳塔開云云者, 靈源湛寂, 無古無今云云.

6 신령스러운 근원이 맑고 고요하여(靈源湛寂) : 근본 이치를 묘사한다. 『建中靖國續燈錄』 권17 「王崇勝益章」(卍136, 255b2), "신령한 근원은 맑고 고요하여 운동과 정지가 하나로 같고, 만법은 본래 공이지만 인연 따라 비추고, 모나거나 둥근 모양 그릇에 따르며 응용에 아무 치우침도 없고, 고금에 한결같이 이어져 뚜렷하게 자재롭다.(靈源湛寂, 動靜一如, 萬法本空, 隨緣而照, 方圓任器, 應用無私, 亘古亘今, 了然自在.)"; 같은 책, 권21 「智海佛印章」(卍136, 301a5), "신령한 근원은 맑고 고요하여 만물과 자아가 모두 같고, 불성은 순수하고 진실하여 성인과 범부의 동일한 본체이다. 밝고 미묘한 그것이 어디나 꿰뚫어 널리 통하고 천고에 원만하고 맑으며 모든 허공을 확 트인 듯이 밝히니, 본래 오가는 움직임조차 전혀 없거늘 언제 생성과 소멸이 있었던가?(靈源湛寂, 物我皆如, 佛性精眞, 聖凡同體. 明妙彌綸, 千古圓澄, 廓徹十虛, 本絶去來, 何嘗生滅?)"

104칙 바라제견성 婆羅提見性

본칙 바라제 존자[1]에게 이견왕異見王[2]이 물었다. "무엇이 부처인가?" "견성이 부처입니다." "대사는 견성하였는가?" "저는 불성을 보았습니다." "성性은 어디에 있는가?" "성은 작용에 있습니다." "어떤 작용인데, 내가 지금 보지 못하는가?" "지금 작용이 드러나 있는데 왕께서 스스로 보지 못할 뿐입니다." "내게도 있는가?" "왕께서 작용을 일으키신다면 그것 아닌 것이 없겠지만 왕께서 작용을 일으키시지 않는다면 몸조차 보지 못할 것입니다." "작용하는 바로 그 순간에 몇 곳에서나 드러나는가?" "드러날 때에는 여덟 곳에 있습니다." "그 여덟 곳을 내게 말해 주시오." "태 안에 있을 때는 신身이라 하고, 세상에 나와서는 사람이라 하며, 눈에 있을 때는 보는 작용이고, 귀에 있을 때는 듣는 작용이며, 코에 있을 때는 향을 판별하고, 혀에 있을 때는 말을 하며, 손에 있을 때는 움켜쥐고, 발에 있을 때는 돌아다닙니다. 두루 드러내면 갠지스강 모래알처럼 수많은 세계를 모두 갖추고 있고, 거두어들이면 티끌 하나에 들어 있습니다. 아는 자는 이것이 불성임을 알지만 모르는 자는 정혼精魂이라고 부릅니다." 왕은 듣고서 마음으로 곧장 깨쳤다.

婆羅提尊者, 因異見王問曰, "何者是佛?" 答曰, "見性是佛." 王曰, "師見性否?" 曰, "我見佛性." 王曰, "性在何處?" 曰, "性在作用." 王曰, "是何作用, 我今不見?" 曰, "今見作用, 王自不見." 王曰, "於我有否?" 曰, "王若作用, 無有不是 ; 王若不用, 體亦難見." 王曰, "若當用時, 幾處出現?" 曰, "若出

---

1 바라제 존자 : 생몰 연대 미상. 보리달마와 동시대의 인도 스님. 『景德傳燈錄』 권3 「菩提達磨傳」(大51, 218c13)에, 사라사娑羅寺로 출가하여 오사바鳥娑婆 삼장三藏에게 수학하였다고 하며 당대 인도 무상종無相宗의 2대 논사 중 한 사람으로 전한다. 보리달마를 만나 진실한 깨달음을 얻고 삼보를 업신여기던 이견왕을 귀의시켰다.
2 이견왕異見王 : 『景德傳燈錄』 권3 「菩提達磨傳」(大51 218c15)에 달마의 조카라 한다.

現時, 當有其八." 王曰, "其八出現, 當爲我說." 曰, "在胎曰身, 處世名人, 在眼曰見, 在耳曰聞, 在鼻辨香, 在舌談論, 在手執捉, 在足運奔. 徧現俱該沙界, 收攝在一微塵. 識者知是佛性, 不識喚作精魂." 王聞, 心卽開悟.

설화

- 이 공안은 특별히 해석할 부분은 없다.[3]
- 몸조차 보지 못할 것입니다 : 몸은 (작용에 의탁하여 나타나므로) 그 자체는 볼 수 없다는 뜻이니, 아래에서 '거두어들이면 티끌 하나에 들어 있습니다.'라고 한 말이 이것이다.
- 마음으로 곧장 깨쳤다 : 불성을 깨달은 것인가? 정혼을 깨달은 것인가? 정혼을 떠나서 불성을 깨닫는다면 깨달음이 아니며, 게다가 깨달은 불성이 있다고 한다면 또한 깨달음이 아니다.[4]

[見性] 此話無消釋分. 體亦難見者, 體則不可見故, 下云收攝在一微塵是也. 心卽開悟者, 悟得佛性耶? 悟得精魂耶? 離精魂而悟佛性, 非開悟也, 又有開悟地佛性, 亦非開悟也.

운문 종고雲門宗杲의 착어[5]

"바로 지금 여러 학인들에게 묻겠다. 어떤 것이 불성이고, 어떤 것이 정혼인가?"[6]

---

3 본칙의 문답에 뜻이 충분히 드러나 있다는 말.
4 불성과 정혼을 대칭시켜 관문의 소재로 삼은 수법으로서 다음 '운문 종고의 착어·거'와 동일하다.
5 『正法眼藏』 권1(卍118, 48a7)에 본칙과 동일한 공안을 제시하고 위와 같은 착어를 달고 있다.
6 대립하는 두 가지를 의문의 소재로 제기한 그 자체로 공안이 실현되었다. 본래 불성과 정혼은 우열의 층차가 있는 대칭 개념이지만, 관문을 설정하는 도구가 된 이상 그러한

雲門杲着語云, "卽今敢問諸人, 那箇是佛性? 那箇是精魂?"

운문 종고의 거

"대중에게 묻겠다. 말해 보라! 서천의 국왕은 불성을 깨친 것인가? 정혼을 깨친 것인가? 만약 여덟 곳에서 깨닫는다고 하면 정혼일 뿐이고, 만약 여덟 곳을 떠나 깨닫는다면 무엇을 불성이라고 부르겠는가? 여기에서 알아차렸다면 황제의 은혜와 부처님의 은혜를 한꺼번에 갚기에 충분하지만, 만약 알아차리지 못했다면 나, 육왕이 지금 여러분에게 설명해 주겠다." 잠깐 침묵하다 말했다. "봉황과 기린은 모두 상서로운 조짐이요, 전단과 담복은 똑같이 향기롭다."

又擧此話云, "敢問大衆. 且道! 西天國王, 悟得佛性耶? 悟得精魂耶? 若道在八處悟得, 只是精魂; 若離八處, 却喚甚麼作佛性? 於斯薦得, 皇恩佛恩一時報足, 若薦不得, 育王今日爲諸人下箇注脚." 良久云, "鷰鷰麒麟俱是瑞, 栴檀薝蔔一般香."

설화
○ 정혼과 불성 그 자체일 뿐 더 이상 제2의 그 무엇은 없다.[7]
○ 서천의 국왕은 불성을 깨친 것인가~무엇을 불성이라고 부르겠는가 : 또한 제2의 도리는 없다는 말이다.

서열은 무너지고 평등할 뿐이다. 대혜는 이렇게 던진 질문으로써 본칙의 진실을 모조리 드러내었다. 이러한 부류는 본칙에서 마무리한 말을 관문으로 재설정한 질문이기 때문에 해답을 내리려고 분별하는 순간 그 진실과는 어긋난다. 본칙의 공안과 별도로 이 자체로 하나의 관문이 제기되어 있는 것이다. 바로 다음 '거'에도 이상의 취지가 나타난다.

[7] 불성과 정혼 이외에 제2의 그 무엇이 있다면 아직 실현되어야 할 요소가 잠재되어 있다는 뜻이 된다. 하지만 "불성인가? 정혼인가?"라는 방식으로 제기한 의문 자체로 온전히 공안의 진실을 담아냈기 때문에 더 이상 불러들일 그 무엇은 없다.

○ 봉황과 기린은~똑같이 향기롭다 : 정혼과 불성 사이에 우열을 가릴 수 없다.⁸

雲門：精魂佛性, 更無第二.¹⁾ 又西天國王悟得箇什摩云云者, 亦無二義. 鴛鴦麒麟云云者, 精魂佛性無優劣也.

1) ㉠ '二' 다음에 병본에는 '也'가 있다.

---

8 종보 도독宗寶道獨이 이 공안을 제기하고 던진 질문에도 동일한 취지가 보인다. 『宗寶道獨語錄』 권1(卍126, 99b1), "아는 자는 이것이 불성임을 알지만 모르는 자는 정혼이라고 부른다고 하나, 나, 화수는 전혀 그렇게 생각하지 않는다. 아는 자는 정혼이라 부르고 모르는 자가 도리어 불성이라 부른다. 말해 보라! 우열의 차이가 있는가? 눈이 달려 있는 사람이라면 가려내어 보라. 만일 그렇지 못하다면 다시 바람과 깃발의 인연을 살펴보라.······날마다 그대와 함께 꽃 아래서 취했거늘 어디에 풍류가 없다고 또 불평인가?(識者知是佛性, 不識喚作精魂, 華首又不然. 識者喚作精魂, 不識却是佛性, 且道! 還有優劣麼? 具眼者辨看. 如或未能, 更看風旛因緣,······日日與君花下醉, 更嫌何處不風流?)" 풍류는 우열과 귀천 등 온갖 관념의 속박을 훌훌 털어 버리는 효용을 지니기에 불성과 정혼 사이에 놓인 모든 격격도 허물어진다.

105칙 이조참죄 二祖懺罪[1]

본칙 2조 혜가 대사에게 3조 승찬僧璨이 물었다. "제자의 몸이 풍병風病(風恙)[2]에 걸렸으니, 화상께서 죄를 참회시켜 주시기 바랍니다." "죄를 가져오면 그대의 죄를 참회시켜 주겠다." 승찬이 잠자코 있다가 말했다. "죄를 찾아도 끝내 찾지 못하겠습니다." "네 죄를 모두 참회시켜 주었으니 불佛·법法·승僧에 의지하여 살아라." "제가 이제 화상을 뵙고 승이 무엇인지 이미 알았지만 무엇을 가리켜 불·법이라고 하는지 아직 모르겠습니다." "마음이 부처이고 마음이 법이며 불과 법이 둘이 아니니 승보 또한 그러하다." "오늘 비로소 죄의 본성이 안과 밖 그리고 그 중간 등 어디에도 있지 않으며 그 마음도 그러하여 불과 법이 둘이 아님을 알겠습니다." 혜가가 그를 큰 그릇으로 여겼다.

二祖可大師, 因三祖問, "弟子身纏風恙, 請和尙懺罪." 師曰, "將罪來, 與汝懺." 祖良久云, "覓罪了不可得." 師曰, "與汝懺罪竟, 宜依佛法僧住." 祖云, "某今見和尙, 已知是僧, 未審何名佛法." 師曰, "是心是佛, 是心是法, 佛法無二, 僧寶亦然." 祖曰, "今日始知罪性不在內外中閒, 如其心然, 佛法無二." 師深器之.

설화
- 제자의 몸이 풍병風病(風恙)에 걸렸으니 : 불서佛書를 훼손하고 나자 대

---

1 이 본칙은 달마와 2조 혜가 사이에 펼쳐진 안심법문安心法門과 유사하다. 본서 100칙 본칙 참조.
2 풍양風恙이 풍질風疾로 되어 있는 문헌도 있다. 설화에서는 대풍大風이라 하였는데 정확한 증상은 알 수 없지만 좋지 않은 바람을 감수하여 걸리는 일종의 만성전염병으로 알려져 있다. 피부가 마비되어 두껍게 변하며 안색은 짙게 변하고 모발이 빠지며 감각을 잃고 손발에 변형이 온다.

풍大風의 병이 나타났다.
- 죄를 가져오면~네 죄를 모두 참회시켜 주었으니 : 참회할 죄가 없다는 말이다.
- 불佛·법法·승僧에 의지하여 살아라~무엇을 가리켜 불·법이라고 하는지 아직 모르겠습니다 : 불佛은 취할 수 없는 불이고 법法은 말로 표현할 수 없는 법이니, 동체삼보同體三寶[3]가 그것이다. 그러므로 '마음이 부처이고 마음이 법이며 불과 법이 둘이 아니니 승보 또한 그러하다.'라고 한 것이다.
- 오늘 비로소 죄의 본성이~불과 법이 둘이 아님을 알겠습니다 : 마음·부처·중생 이 세 가지에 차별이 없다.[4]
- 큰 그릇으로 여겼다 : 그 이상 보탤 것이 없기 때문이다. 만약 다른 사람이었다면 2조는 결코 큰 그릇으로 여기지 않았을 것이다.

[懺罪] 弟子身纏風恙云云者, 毁佛書成出來現大風也. 將罪至竟者, 無罪可懺也. 宜依佛法僧至佛法者, 佛卽不可取之佛, 法卽不可說之法, 所謂[1]) 同體三寶. 故云是心是佛云云. 今日始知罪性不在中間云云者, 心佛及衆生, 是三無差別也. 器之者, 無以復加故. 若他人者, 二祖終不深器之.

1) ㉯ '謂'가 병본에는 없다.

운거 요원雲居了元**의 송** 雲居元頌

| 불서 훼손하고 나서 대풍이 나타났지만 | 毁佛書成顯大風 |
| 이때부터 교법 일으켜 어리석은 자들 이끌었네 | 從茲起敎化盲聾 |

---

3 동체삼보同體三寶 : 삼보가 불·법·승이라는 개념으로 차별되지만 그 진실한 본체는 동일하다는 말. 일체삼보一體三寶·동상삼보同相三寶라고도 한다. 『華嚴經大疏鈔』권16(大 36, 120c16) 참조.
4 60권본『華嚴經』권10(大9, 465c29) 참조.

이미 죄의 본성에 근원이 없음을 알고서 　　旣知罪性無來處
칼로 뜬구름 자르고 물로 허공 씻었다네 　　劍斷浮雲水洗空

설화

○ 죄의 본성이 본래 공[5]이라는 이치이다.

雲居 : 自[1)]性本空之義.
1) ㉘ '自'가 을본·병본에는 '罪'로 되어 있다. ㉣ 여기서는 '罪'로 씀이 맞다.

조계명의 송 曹溪明頌
죄 참회하다 비로소 죄의 본성이 공인 줄 알았으니 　懺罪方知罪性空
애써 칼 휘두르지 않아도 봄바람에 쓸려 　　　　　　　不勞揮劍掃春風
사라지리라
지금 산골짜기와 봉우리에 달이 떠 있으니 　　　　　如今山谷峯頭月
만상이 일제히 하나의 거울[6]로 돌아가누나 　　　　萬像齊歸一鑑中

해회 법연海會法演**의 송** 海會演頌
구멍 없는 피리와 털로 만든 박자판이여[7] 　　　　　無孔笛子氈拍版

---
5 『大般若經』권566(大7, 925c16) 참조. 여기서는 죄의 자성을 말한다.
6 하나의 거울 : 달. 만상을 비추고 담아내므로 거울에 비유했다.
7 구멍 없는~만든 박자판이여 : 두 가지 모두 소리가 나지 않는다. 구멍 없는 피리가 2조라면, 털로 만든 박자판은 3조가 된다. 모두 소리가 나기 이전의 경계에서 주고받은 대화라는 뜻이다. 박자판 곧 박판拍版은 타악기의 일종으로 나무로 만든 판 여섯 개 또는 아홉 개를 엮고 부채 모양으로 만들어 손으로 두드리도록 만들어져 있다. 단판檀板·작판綽板이라고도 한다. 『碧巖錄』41則「本則 評唱」(大48, 178c19), "조주가 투자에게 물었다. '완전히 죽은 사람이 다시 살아났다는 것은 무슨 뜻인가?' 투자가 그에 대답하기를 '야간통행은 허용되지 않지만 날이 밝으면 틀림없이 목적지에 도착해 있을 것이다.'라고 하였다. 생각해 보라. 이는 어떤 소식인가? 구멍 없는 피리가 털로 만든 박자판을 만난 격이다. 이를 주인을 점검하는 질문(驗主問)이라 하고 상대의 마음을 불러일으키

오음과 육률[8]이 모두 골고루 퍼지는구나[9]	五音六律皆普遍
사람들이 황번작[10]인 줄도 몰라보고서	時人不識黃幡綽
비웃으며 '제까짓 게 보전에 오른다'고 말하네	笑道儂家登寶殿

낭야 혜각琅瑘慧覺**의 평**[11]

"여전히 운하범[12] 읊는 참회법을 빠뜨렸다"[13]

琅瑘覺云, "猶欠作云何梵在."

    기 위한 질문(心行問)이라고도 한다.(趙州問投子, '大死底人, 却活時如何?' 投子對他道, '不許夜行, 投明須到.' 且道, 是什麽時節? 無孔笛撞著氍拍版. 此謂之驗主問, 亦謂之心行問.)"

8 오음과 육률 : 소리로 표현되는 모든 음을 나타낸다. 오음五音은 궁宮·상商·각角·치徵·우羽의 다섯 음계, 육률六律은 기준이 되는 여섯 가지 음으로 황제黃帝 때부터 전해 내려온다.

9 구멍 없는~골고루 퍼지는구나 : 소리가 없는 극치에서 온갖 소리가 다 나오는 장면이다.

10 황번작黃幡綽 : 당나라 현종 때 음악가. 박판 연주로 유명하다. 여기서는 3조를 나타낸다. 3조가 소리 없는 소리를 잘 드러내어 조사의 지위에 오른 맥락을 보여 주기 위한 것이다.

11 『從容錄』45則「評唱」(大48, 256b6)에 동일한 구절이 있다. "모든 행행은 무상하여 일체가 공인 이치가 여래의 대원각大圓覺이다. 비록 이와 같으나 여전히 운하범 읊는 것이 빠져 있다.(諸行無常一切空, 卽是如來大圓覺. 雖然如是, 猶欠作云何梵在.)" 낭야 혜각의 말은 『禪林類聚』권12(卍117, 153a17) 등에 보인다.

12 운하범云何梵 : 『大般涅槃經』권3(大12, 379c14), "장수하는 금강불괴신을 얻는 방법은 무엇입니까? 또 어떤 인연으로 완벽하게 견고한 힘을 얻습니까? 이 경에서 궁극적으로 피안에 도달하는 방법은 무엇입니까? 원컨대 부처님께서 미묘한 밀의를 여시어 중생들에게 자세히 말씀해 주십시오.(云何得長壽, 金剛不壞身? 復以何因緣, 得大堅固力? 云何於此經, 究竟到彼岸? 願佛開微密, 廣爲衆生說.)"라는 게송에 따른다. 여기 두 번 나오는 '云何'라는 말과 청정한 계율 또는 청정한 계행이라는 뜻의 범행梵行의 '梵'을 따서 이 게송을 운하범이라 한다. 『集諸經禮懺儀』권상(大47, 464a8), 『淨土五會念佛略法事儀讚』(大47, 475b28), 『持齋念佛懺悔禮文』(大85, 1267a18) 등의 참회문에 보인다.

13 2조와 3조의 참회를 그대로 인정하지 않는다는 평가.

> 설화

○ 운하범 : 『금강경』¹⁴에 있는 말과 같으니 죄를 참회한 다음에 읊는 발원문이다. 그러므로 죄를 참회할 때 또한 반드시 '장수하는 금강불괴신을 얻는 방법은 무엇입니까?'라고 읊으며 발원해야 한다. 이렇게 발원해야 마침내 죄를 참회할 뿐만 아니라 2조의 뜻도 알 수 있다.

琅琊 : 云何梵在¹⁾者, 如金剛經有之, 是懺罪後發願. 然則今懺罪處, 更須發願, '云何得長壽金剛不壞身云云.' 須是伊麽, 究竟懺罪. 亦知得二祖義也.

---
1) ㉠ '在'는 허사이다.

천동 정각天童正覺의 소참

이 공안을 제기하고 말했다. "3조는 스스로 넘어졌다가 스스로 일어났고,¹⁵ 2조는 상대가 쌓은 누대의 높이를 살펴보고 누대를 쌓았다.¹⁶ 오늘 저녁에 해릉海陵 선우¹⁷가 '각 상좌여, 참회를 구합니다.'라고 하였다. 만약 또한 여기에서 마음과 그 마음이 드러내는 자취가 함께 사라진다면 몸에 아무런 종기도 없겠지만, 명상名相이 조금이라도 일어나기만 한다면 진흙탕에서 흙을 씻어 내는 격¹⁸이 될 것이다. 결국은 어떻게 해야 하겠는가? 한밤¹⁹에 달빛이 허공을 밝게 비추는데, 소나무의 찬 이슬이 옷깃

---

14 『梁朝傳大士頌金剛經』(大85, 1b3) 등의 『金剛經』 주해서에 이 운하범이 실려 있다.
15 3조는 스스로~스스로 일어났고 : 아무 일도 없는 경계에서 일부러 넘어지고 일부러 일어남으로써 3조가 2조를 시험한 것을 말한다.
16 2조는 상대가~누대를 쌓았다 : 3조의 말에 응하여 2조가 그에 적절한 반응을 하는 임기응변을 보였다는 뜻.
17 선우善友 : 선지식善知識과 같은 말.
18 진흙탕에서 흙을~내는 격 : 아무리 해도 효과가 없고 악화시킬 뿐인 쓸데없는 시도.
19 당오當午는 오야午夜를 말한다. 반야半夜와 같은 말로 자시子時에 해당한다.

을 흠뻑 적시는구나.[20]"

天童覺小參, 擧此話云, "三祖自倒自起, 二祖相樓[1])打樓.[2)] 今晩, 海陵善友問, '覺上座, 求懺悔.' 若也向者裏心迹俱泯, 體上無瘡, 名相纔興, 泥中洗土, 且畢竟作麽生? 月冷空當午, 松寒露滿襟."
1) ㉯ '樓'는 '樓'의 오자이다.   2) ㉯ '樓'는 '樓'의 오자이다.

【설화】

○ 스스로 넘어졌다가 스스로 일어난다는 말과 상대가 쌓은 누대의 높이를 살펴보고 누대를 쌓는다는 말 : 이는 '명상名相이 조금이라도 일어나기만 한다면 진흙탕에서 흙을 씻어 내는 격이 될 것이다.'라는 구절에 상응한다. 만일 마음과 그 마음이 드러내는 자취가 함께 사라진다면 2조와 3조처럼 그렇게 딱 들어맞게 힘을 쓴 것이니, '한밤에 달빛이 허공을 밝게 비추는데, 소나무의 찬 이슬이 옷깃을 흠뻑 적시는구나.'라고 한 경계가 될 것이다.

天童 : 自倒自起相樓打樓者, 此爲名相才興地云也. 若也心迹俱泯, 則二祖三祖伊麽正好着力, 則月冷空當午, 松寒露滴[1)]襟.
1) ㉰ '滴'이 병본에는 '滿'으로 되어 있다. ㉯ 다른 판본 및 '천동 정각의 소참'에 따라 '滿'으로 번역하였다.

---

20 한밤에 달빛이~흠뻑 적시는구나 : 달빛과 소나무 등이 남김없이 적절하게 어울리는 풍경으로 2조와 3조의 딱 들어맞는 대화를 구상화하였다.

106칙 삼조지도 三祖至道

본칙 3조 승찬 대사의 『신심명』에 다음과 같이 전한다.[1]

三祖璨大師, 信心銘云,

지극한 도 자체에는 어려움이 없으니	至道無難
오직 간택하는 그 마음 꺼릴 뿐이라	唯嫌揀擇
싫다거나 좋다거나 가리지만 않으면	但莫憎愛
뻥 뚫린 듯이 명백히 다 드러나리라	洞然明白

설화

- 지도至道 : 도에 이른다는 말일까? 아니다. 지극한 도라는 말이니, 대도大道라는 말과 같다.[2]
- 어려움이 없으니 : 도 자체에는 어렵다거나 쉽다는 구별이 없다. 어려움과 쉬움은 사람에게 달렸다.
- 오직 간택하는 그 마음 꺼릴 뿐이라 : 미혹의 경계에서 일으키는 간택과 지혜의 경계에서 일으키는 간택을 모두 거론한 것이다. 미혹의 경계에서 일으키는 간택이란 좋은 대상을 취하고 싫은 대상을 버리는 세간의 취사심이고, 지혜의 경계에서 일으키는 간택이란 미혹을 버리고 깨달음을 취하거나 성인을 좋아하고 범인을 싫어하는 취사심이다.
- 싫다거나 좋다거나~명백히 다 드러나리라 : 명백에는 두 가지가 있다. 첫째, 자성명백自性明白이란 본래부터 한결같이 명백하며 어떤 상처도

---

1 『信心銘』의 첫 4구에 해당한다.
2 지도至道의 지至와 대도大道의 '대大'는 모두 더 이상 나아갈 수 없는 극치 또는 근본을 묘사하는 말이다.

입지 않고 조금도 오염되지 않은 상태를 말한다. 둘째, 이구명백離垢明白이란 먼지와 때가 사라지면 장애와 속박에서 영원히 벗어나 순수하게 맑고 명백해지는 것이다. 지금 간택과 애증을 떠난 경계가 바로 이구명백인 동시에 자성명백이다. 그렇다면 '뻥 뚫린 듯이 명백히 다 드러나리라.'라는 구절은 어떻게 이해해야 할까? "터럭만큼이라도 어긋나면 하늘과 땅 사이로 뚜렷이 멀어지리라."[3]

[至道] 至道者, 至於道耶? 至極之道也, 如云大道. 無難者, 道無難易, 難易在於人. 唯嫌揀擇者, 惑境揀擇, 智[1]境揀擇, 都擧也. 惑境揀擇者, 世間憎愛取捨, 智境揀擇者, 抛迷取悟, 愛聖憎凡. 但莫名明白者, 明白有二, 一自性明白者, 從本已來, 一向明白, 亦不痕垢, 亦不染汙[2]也. 二離垢明白者, 如塵垢已盡, 障縛永脫, 純淨明白. 今日離揀擇憎愛, 是離垢明白, 卽是自性明白. 只如洞然明白, 作麼生會? "毫釐有差, 天地縣[3]隔."

1) 원 '智'가 병본에는 '知'로 되어 있다. 2) 원 '汙'가 병본에는 '污'로 되어 있다. 역 통용자이므로 이하에서는 교감주를 붙이지 않는다. 3) 원 '縣'이 을본·병본에는 '懸'으로 되어 있다.

천녕 허조天寧虛照의 송[4] 天寧照頌

고요히 모든 인연 잊으면[5]	兀爾忘緣
뻥 뚫린 듯이 명백하리라	洞然明白
터럭만큼이라도 어긋나면	毫氂有差
하늘과 땅 사이만큼 멀어지리라	天地懸隔
가을 하늘의 달[6]이 첨계에 떨어져 있으나	高秋蟾影落簷溪

3 본칙의 4구 바로 뒤에 나오는 구절이다.『信心銘』(大47, 376b21) 참조.
4 『信心銘』의 여러 구절을 뒤섞어 본칙을 해석한 송이다.
5 고요히 모든 인연 잊으면 :『信心銘』(大47, 376c23)에 나오는 구절.
6 가을 하늘의 달 :『人天眼目』권6「宗門三印」(大48, 329b26), "(다른) 하나의 도장은 물에

생각의 대상 아니기에 분별로 가늠할 수 없노라[7]　　非思量處情難測

[설화]

○ 뻥 뚫린 듯이 명백하니 더 이상 제2의 것이란 없다.[8]
○ 첨계 : 지명이다.

天寧 : 洞然明白, 更無第二. 灂溪, 地名也.

운문 문언雲門文偃의 거

'지극한 도 자체에는 어려움이 없으니, 오직 간택하는 그 마음 꺼릴 뿐이라.'라는 구절을 제기하고 말했다. "이것은 승당이고 저것은 불전이다. 어떤 것이 간택하지 않는 것인가?" 대답이 없자 대신 말했다. "반드시 이렇게 말할 필요가 있겠는가!"

雲門偃, 擧'至道無難, 唯嫌揀擇.' 師云, "者箇是僧堂, 者箇是佛殿. 那箇是

찍는 것이다. 석문 온총石門蘊聰이 말했다. '귀머거리에게 이야기해 준다.' 옥천 사달玉泉思達이 말했다. '가을 달이 무수한 강물 속에 떨어져 있다.'(一印印水. 門云, '說話對聾人.' 泉云, '秋蟾影落千江裏.')

7 생각의 대상~수 없노라 : 『信心銘』(大47, 376c23)의 '非思量處, 識情難測.'이라는 구절을 인용하였으며 송의 글자 수를 맞추려고 '識'은 뺐다. '첨계에 떨어져 있는 달'이 막힘 없이 뻥 뚫린 명백한 풍경이다. 이대로 온전한데, 여기에 분별이 들어가면 명백은 다시 은폐된다. 명백이란 모든 면모가 모조리 드러나 있다는 뜻이다. 인지 수단에 의지할 것 없이 드러난 그대로 온전한 경계이다.

8 명백의 본질은 속속들이 밑바닥까지 남김없이 드러나 있다는 점이다. 이 때문에 더 이상 남아 있는 제2·제3의 요소는 없어 분별하고 간택할 여지가 남아 있지 않다. 그것이 목격하기만 하면 되는 명백의 세계를 알아차리는 방법이다. 『天界覺浪盛全錄』권27(嘉34, 750c24), "공께서 기어코 명백히 드러난 그것을 분별하여 알고자 하시는데, '지극한 도 자체에는 어려움이 없으니, 오직 간택하는 그 마음 꺼릴 뿐이다. 시비 따지는 분별이 끼어들기만 하면, 이리저리 흩어져 마음을 잃으리라.'라는 구절을 정녕 모르십니까?(今公必欲分別明白, 不知'至道無難, 唯嫌揀擇, 纔有是非, 紛然失心'乎?)"

不揀擇?"無對, 代云, "何必如此!"

설화

○ 이것은 승당이고 저것은 불전이다 : 간택하는 법이다.
○ 어떤 것이 간택하지 않는 것인가 : 간택하지 않는 경계에 대해 따지며 물어본 것이다.
○ 반드시 이렇게 말할 필요가 있겠는가 : '어찌 반드시 간택에서 벗어나 간택하지 않는 것을 취하려 하느냐?'라는 반문이다.

雲門 : 這箇是僧堂這箇是佛殿云云者, 是揀擇之法也. 那箇是不揀擇者, 不揀擇處推徵也. 何必如此者, 何必揀擇外, 取不揀擇也.

법진 수일法眞守一의 거

'지극한 도 자체에는 어려움이 없으니, 오직 간택하는 그 마음 꺼릴 뿐이라.'라는 구절을 제기하고 말했다. "어떻게 해야 어려움이 없겠는가? 대중 가운데 어떤 자들은 이리저리 헤아린 끝에 '배고프면 밥 먹고 피곤하면 자며, 눈 뜨면 밝고 눈 감으면 어두운데 무슨 어려움이 있겠는가?'[9]라고 말한다. 만일 이러한 견해가 바로 어려움에 대하여 설명한 것이라고 한다면, 조주는 무엇 때문에 5년 동안 분명히 설명하지 못하는 지경이 되었던 것[10]일까? 대못 주둥이에 무쇠 혀를 가진 사람[11]이라면 한번 말해 보라."

---

9 『臨濟錄』(大47, 502c19) 참조.
10 분명히 설명하지~되었던 것(分疎不下) : '분소分疎'는 '분명히 설명하다', '분별하여 말하다'라는 정도의 뜻이고, '불하不下'는 불가능을 나타내는 조사이다. 어떤 학인이 조주에게 이 공안의 본칙(至道無難)이 집착의 함정(窠窟)이 되고 있는 것이 아니냐고 묻자, 조주는 '5년 동안 궁구했으나 분명히 설명할 길이 없는 지경이 되었다.(曾有人問我, 直得五年分疎不下.)'라고 대답했다. 조주의 공안에 대해서는 본서 415칙 참조.
11 대못 주둥이에~가진 사람(釘嘴鐵舌漢) : 예리하고 날카롭게 비판하는 말솜씨를 지닌

法眞一, 擧'至道無難, 唯嫌揀擇.' 師云, "作麼是無難處? 衆中商量, 有底 道, '飢來喫飯, 困來眠, 開眼見明, 合眼見暗. 有什麼難?' 若伊麼, 正是說 難也, 趙州爲什麼, 直得五年分疏不下? 任是釘觜鐵舌漢, 試爲說看."

설화

○ 이 역시 '지극한 도 자체에는 어려움이 없다.'는 말 이외에 더 이상 제2 의 것은 없다는 뜻이다.[12] 그러므로 '배고프면 밥 먹고 피곤하면 잔다.' 거나 '눈 뜨면 밝고 눈 감으면 어둡다.'라는 말들은 쓸데없이 남아도는 도리일 뿐이다.

○ 배고프면 밥 먹고 피곤하면 자다 : 할 일이 남아 있지 않다는 이해를 나타낸다.

○ 눈 뜨면 밝고 눈 감으면 어둡다 : 차별이 있다는 견해를 나타낸다.

法眞：此亦至道無難外, 更無第二. 然則飢來喫飯云云, 開眼見明云云也, 是剩法也. 飢來喫飯云云, 無事會也. 開眼見明云云者, 差別見解也.

장로 종색長蘆宗賾의 거

"옛사람은 이러한 경계에 대하여 아무 말도 하지 못했으니[13] 끈도 없는

사람. 진실에 근거하여 그것에서 벗어나면 조금도 허용하지 않는 특징을 나타낸다. 『續傳燈錄』 권8 「應夫廣照傳」(大51, 513b15), "법좌에 올라앉아 대중을 둘러보고 말했 다. '이것은 어째서 거머쥐어도 모이지 않고 퉁겨 내어도 흩어지지 않으며, 바람을 불 어넣어도 들어가지 않고 물을 뿌려도 묻지 않으며, 불로 태우지도 못하고 칼로 자르지 도 못할까? 이것은 무엇인가? 대중 가운데 대못 주둥이에 무쇠 혀를 가진 납승 있는 가? 산승에게 한번 판정해 주어 보라. 있는가?' 잠깐 침묵하다가 말했다. '만일 없다면 산승이 오늘 손해를 본 것이다. 오래 서서 법문 듣느라 고생했소.'(上堂, 顧大衆曰, '這 箇爲甚麼, 擁不聚, 撥不散, 風吹不入, 水灑不著, 火燒不得, 刀斫不斷? 是箇甚麼? 衆中 莫有釘嘴鐵舌底衲僧? 試爲山僧定當看. 還有麼?' 良久曰, '若無, 山僧今日失利. 久立.')"

12 그 구절 자체에 진실이 온전히 드러나 있다는 말.
13 조주가 말하지 않았던 인연을 가리킨다. 주 10 참조.

데 스스로 묶인 꼴이라 할 만하다. 산승이라면 그렇게 하지 않을 것이다. 위는 하늘이고 아래는 땅이며, 낮은 밝고 밤은 어두우며, 승은 승이고 속은 속이다. 여러분은 '뻥 뚫린 듯이 명백히 드러났다.'는 말을 이해하는가? 만약 이해하지 못했다면 오직 간택하는 그 마음을 꺼려야 하리라."

長蘆賾擧此話云, "古人到者裏, 開口不得, 可謂無繩自縛. 山僧卽不然, 上是天下是地, 晝則明夜則暗, 僧是僧俗是俗. 諸人會得洞然明白? 若也不會, 唯嫌揀擇."

[설화]

○ 위는 하늘이고~속은 속이다 : 차별을 말한 것이다. 만약 여기에서 알아내면 바로 명백해질 것이지만, 그렇게 하지 못한다면 그것이 바로 간택하는 것이다.

長蘆 : 上是天下是地云云者, 是差別也. 若也於此見得, 卽是明白 ; 若也不然, 卽是揀擇也.

앙산 행위仰山行偉**의 상당**
이 공안을 제기하고서 주장자를 잡고 말했다. "바로 이것(주장자)에 취하거나 버리는 일이 있는가? 시비와 간택이 있는가? 애증이 있는가? 본래 이와 같은 차별들이 없는 이상 막힘없이 뻥 뚫린 듯이 명백하게 드러나 있다."

仰山偉上堂, 擧此話, 遂拈拄杖云, "者箇, 還有取捨麽? 還有是非揀擇麽? 還有憎愛麽? 旣無如是, 洞然明白."

설화

○ 취사와 간택과 애증에 당면한 그대로 명백하다는 말이다.

仰山:當取舍揀擇憎愛, 卽是明白.

황룡청黃龍淸의 상당 1

이 공안에서 '뻥 뚫린 듯이 명백히 다 드러나리라.'라고 한 구절까지 제기하고 말했다. "조사가 이렇게 말하여 세상 사람의 눈을 멀게 했으니, 시비를 가리고 흑백을 구별하는 납승이라면 여기에 이르러 어떻게 핵심을 가려내겠는가? 거슬러 올라가서 물줄기가 끝나는 지점[14]에 도달하기 전에는 앉아서 구름이 일어나는 모습을 바라본다는 뜻을 이해하기 어려우리라."[15]

黃龍淸上堂, 擧此話, 〈至〉洞然明白, 師云, "祖師伊麽說話, 瞎却天下人眼, 識是非別緇素底衲僧, 到者裏, 如何辨的? 未能行到水窮處, 難解坐看雲起時."

설화

○ (3조의 말이 세상 사람의 눈을 멀게 했으니) 반드시 세상 사람의 눈을

---

14 거슬러 올라가서~끝나는 지점 : 발원지. 정상에 가까이 있다.
15 거슬러 올라가서~이해하기 어려우리라 : 당나라 때 시인 왕유王維(699?~759)의 〈終南別業〉에 나오는 "거닐다 물줄기 다한 곳에 이르러, 앉아서 구름이 이는 모습을 바라보네.(行到水窮處, 坐看雲起時.)"라는 구절을 응용한 말이다. 청나라 때 기윤紀昀은 『瀛奎律髓彙評』에서 "이런 종류의 시구는 모두 단련의 극치에서 쓸모없는 찌꺼기는 녹여 버리고, 함양하기를 면밀히 하여 뽐냄도 조급함도 남김없이 사라진 후에야 천기가 이르러 자재하게 유출될 것이며, 모방 따위를 해서 얻을 수 있는 것이 아니다.(此種皆熔煉之至, 渣滓俱融, 涵養之熟, 矜躁盡化, 而後天機所到, 自在流出, 非可以摹似而得者.)"라고 이 시를 평하였다. 왕유의 이 구절은 『圜悟語錄』권2(大47, 720c9), 『從容錄』87칙(大48, 284a9)에 나오는 착어 등에도 보인다.

뜨게 해야 한다는 말이다. 하지만 이 말 역시 3조의 뜻에서 벗어나서 한 말은 아니다.

黃龍 : 須是開天下人眼始得. 亦未嘗離三祖意也.

황룡청의 상당 2

"대중들이여! '싫다거나 좋다거나 가리지만 않으면, 뻥 뚫린 듯이 명백히 다 드러나리라.'라고 한 말은, 간택한 말인가, 간택하지 않은 말인가? 충분히 참구하여 어느 정도 경계에 도달한 자라면 한번 판단해 보기 바란다." 잠자코 있다가 말했다. "설령 견해가 조사와 같더라도 이 사람은 틀림없이 속속들이 깨닫지는 못했다고 보증하리라."[16]

又上堂云, "大衆! 只如道, '但莫憎愛, 洞然明白.' 是揀擇, 是不揀擇? 飽參達士, 試請斷看!" 良久云, "直饒見與祖師齊, 敢保斯人猶未徹."

설화

○ 앞 상당의 뜻과 조금 다른 점이 있다.[17] 앞의 상당은 한 걸음 크게 내디딘 것이고 이 상당은 한 수 높이 둔 것[18]이다.

又上 : 前意有小異處. 前則闊一步, 此則高一着.

---

16 『臨濟錄』(大47, 506a5)에는 위산潙山의 말로 다음과 같이 전한다. "(제자의) 견해가 스승과 비슷하면 스승의 덕을 반감하게 되고, 견해가 스승을 넘어서야 비로소 법을 전수할 만하다.(見與師齊, 減師半德. 見過於師, 方堪傳授.)"
17 앞의 상당 설화에서 '3조의 뜻에서 벗어나서 한 말은 아니다.'라고 한 것처럼 앞에서는 3조의 뜻을 겉으로는 부정하는 듯하면서 긍정으로 한 걸음 크게 내디뎠다면, 여기서는 3조가 한 말을 다시금 새롭게 해석해 볼 것을 촉구하고 있다.
18 고일착高一着 : 어떤 경계도 인정하지 않고 내치는 부정의 수법을 통하여 더욱 향상된 경지를 지향하도록 유도하는 방법이다.

107칙 삼조원동 三祖圓同

본칙 3조가 말했다.[1]

三祖云,

원만한 모습이 허공과 같아서	圓同大虛
모자람도 없고 남음도 없건만	無欠無餘
취하고 버리는 간택으로 인해	良由取捨
진실 그대로 드러나지 않노라	所以不如

설화

- 원만한 모습이 허공과 같아서 모자람도 없고 남음도 없건만 : '허공처럼 확 트여 드넓을 것이니 어찌 억지로 시비를 따지겠는가?'[2]라는 말과 같은 뜻이다.
- 취하고 버리는 간택으로 인해 진실 그대로 드러나지 않노라 : 애증과 간택[3]이 취하고 버리는 작용이다.
- '원만한 모습이 허공과 같아서 모자람도 없고 남음도 없다.'는 말을 어떻게 이해해야 할까? '원만한 모습이 허공과 같아서 모자람도 없고 남음

---

1 『信心銘』(大48, 376b24)의 구절이다.
2 남전 보원南泉普願의 말. 『景德傳燈錄』 권10 「趙州從諗傳」(大51, 276c16), "조주가 남전에게 물었다. '헤아리지도 않는데 어떻게 도道인 줄을 압니까?' '도는 아는 것에도 모르는 것에도 속하지 않으니, 아는 것은 헛된 지각이요 모르는 것은 의식에 아무 기록도 없는 상태이다. 만일 진실로 의심이 남아 있지 않은 도에 통달한다면 마치 막힘없이 드넓게 탁 트인 허공과 같으리니, 어찌 억지로 시비를 따지겠는가!'(師曰, '不擬時, 如何知是道?' 南泉曰, '道不屬知不知, 知是妄覺, 不知是無記. 若是眞達不疑之道, 猶如太虛廓然虛豁, 豈可强是非邪!')"
3 애증과 간택 : 『信心銘』 첫 4구에 나오는 말들. 본서 106칙 본칙 참조.

도 없다.'라는 말 그대로(卽) 이해한다면 끈도 없는데 스스로 묶이는 꼴이고, '원만한 모습이 허공과 같아서 모자람도 없고 남음도 없다.'라는 말에서 벗어나(離) 이해한다면 원가지에다 곁가지를 붙이려는 격[4]이다.[5]

[圓同] 圓同至餘者, 如云, '猶大虛廓然虛豁, 豈可强是非?' 良由云云如者, 憎愛揀擇是取捨. 圓同大虛無欠無餘, 作麼生會? 若卽圓同大虛無欠無餘會, 無繩自縛 ; 若離圓同大虛無欠無餘會, 節外生枝.

지비자의 송 知非子頌

둥근 허공 미묘하고 맑아 수많은 세계 어디나 있으니	圓虛妙湛周沙界
모자람도 없고 남음도 없으며 무엇에도 걸리지 않노라	無欠無餘無罣礙
미세한 티끌 하나만 일어나도 모든 법 따라 발생하여	纖塵一起萬法生
눈 안엔 수미산이 들어서고 귓속엔 바닷물 들어찬다네	眼裏須彌耳裏海

---

4 원가지에다 곁가지를 붙이려는 격(節外生枝) : 쓸데없이 사달을 만드는 것. 이득을 가져오지 못하는 불필요한 시도를 가리킨다. 『圜悟語錄』 권4(大47, 728c4), "설사 분발하여 무리에서 특출나고 남다른 행동거지를 보이며 세상의 근본 기틀을 남김없이 발휘하더라도 가지 위에 곁가지를 붙이고 물속에 어린 달을 잡으려는 어리석음을 면하지 못한다. 그런 까닭에 모든 부처님이 중생을 제도하고자 세상에 출현하였어도 작가를 만나는 기회는 거의 갖지 못했고, 달마가 인도에서 도를 전하려고 왔지만 (후손들이) 헛것을 진짜로 이어받고 메아리를 본래 소리로 받아들였다. 향상하는 유일한 길은 어떤 성인도 전하지 못하거늘 배우는 이들이 몸을 괴롭혀 가며 애쓰는 꼴이 마치 원숭이가 물에 비친 달그림자를 잡으려는 짓과 같다.(設使奮逸群作異施, 竭世樞機, 未免節外生枝, 水中捉月. 所以, 諸佛出世, 罕遇作家 ; 祖師西來, 承虛接響. 向上一路, 千聖不傳, 學者勞形, 如猿捉影.)"
5 즉卽과 리離의 길을 모두 차단하는 방식으로 설정한 일반적인 관문 형식의 평석이다.

> 설화

○ 진실로 허공과 같이 원만하다면 더 이상 제2의 것은 없겠지만, 만일 취하거나 버린다면 눈 안에는 수미산이 들어서고 귓속에는 바닷물이 들어찰 것이다.[6]

> 知非：眞實圓同大虛, 則更無第二也. 若取捨, 則眼裏須彌, 耳裏大海.

상방 일익上方日益의 거

"지금 취하지도 버리지도 않는 한 사람이 필요하지만 만날 수 없으니, 이것은 교진여[7] 존자가 매일 승당에서 고요히 좌선한다 해도 엽전 18푼이 필요한 것과 같다. 비록 이와 같기는 하지만, 군자가 재물을 좋아할지라도 취할 때는 원칙이 있는 법이다.[8]"

> 上方益擧此話云, "而今, 要一個無取捨底, 也難得, 便是憍陳如尊者, 每日向僧堂中冷坐, 也要十八文. 然雖如是, 君子愛財, 取之有道."

> 설화

○ 지금 취하지도 버리지도~엽전 18푼이 필요한 것과 같다 : 교진여라면 승당에서 무위·무사의 자리에 반듯이 앉겠지만, 이러한 지위에 도달한다고 해도 취하거나 버리는 경계에서 벗어나지는 못한다.
○ 비록 이와 같기는 하지만~원칙이 있는 법이다 : 또한 원칙이 있다면,

---

6 조금이라도 취사·간택하는 마음이 일어나면 본래 없었던 제2·제3의 것들이 그에 수반하여 장애로 작용한다는 뜻. 수미산과 바닷물은 가장 큰 것을 나타낸다.
7 교진여憍陳如 : 아야교진여阿若憍陳如(⑤ Ājñāta-Kauṇḍinya)라고도 한다. 부처님과 6년 고행을 같이 했으며 초전법륜을 듣고 가장 먼저 깨닫고 아라한이 되었다.
8 군자가 재물을~있는 법이다 : 중국 고전의 명언들을 모은 『明心寶鑑』 등에 나오는 말. 『從容錄』 97칙 「評唱」(大48, 290c23) 참조.

교진여는 말할 것도 없고 '원만한 모습이 허공과 같다.'는 말에도 잘못이 없다.

上方:而今,要一箇至十八文者,憍陳如,卽堂中¹⁾正坐無爲無事地,雖然到伊麼地,亦未免無²⁾取捨也.然雖知是云云者,若也有道,莫道憍陳如,圓同大虛亦無過.

---
1) ㉾ '中'이 병본에는 없다. 2) ㉾ '無'가 을본·병본에는 '有'로 되어 있다. ㉠ '有'가 합당하므로 교감을 따라 번역하였다.

지해 지청智海智淸의 거

"여러분, 취사取捨가 일어나자마자 시비가 떼 지어 일어날 것[9]이고, 마음이 미세하게라도 움직이면 생사라는 마구니[10]가 찾아올 것이다. 그래서 말하기를 '어렵고도 어렵도다! 말이 되었거나 침묵이 되었거나 어떻게 향상의 관문을 통과할 수 있겠는가! 목건련(目連)과 사리불(鶖子)이 영산회상에서 흐리멍덩한 꼴을 남김없이 보여 주었다는 이야기[11]를 들어 보지 못했는가? 쉽고도 쉽도다! 움직이거나 머무르거나 제일의第一義가 아닌 것이 없다. 우습구나! 문수보살과 유마거사가 비야리성에서 불이법문不二法門을 주제로 이야기 주고받았다[12]고 하네.'[13]라고 하였다. 어렵거나 쉽거

---
9 시비가 떼~일어날 것(是非鋒起):『楞嚴經』권5(大19, 125b2)에 나오는 구절.
10 생사라는 마구니(生死魔):『臨濟錄』(大47, 499a22), "그대가 한 찰나라도 분별하면 마구니가 마음속으로 들어갈 것이니, 보살이라 할지라도 분별하는 순간에 생사라는 마구니가 마음먹은 대로 할 것이다.(爾一念疑,卽魔入心,如菩薩疑時,生死魔得便.)"
11 부처님이 영산회상에서 꽃을 들어 보이시자 가섭만이 미소로 응답했다는 염화미소拈華微笑의 이야기에 근거한 말이다. 본서 5칙 본칙 참조. 목건련과 사리불도 부처님 십대제자에 속하고 제각각의 역할이 있지만, 영산회상의 종지를 간파하여 선종의 초대 조사가 된 제자는 가섭이라는 뜻이다.『宗統編年』권1(卍147, 38b9), "부처님께서 명하여 죽림정사竹林精舍는 사리불이 주지하여 이끌도록 하셨고, 영산회상은 대가섭이 주지하여 이끌도록 하셨으며, 부처님께서 목건련에게 명하시어 라운(라홀라)을 거두어 출가토록 하셨다.(佛勅,竹林住持舍利弗統之 ; 靈山住持大迦葉統之,佛勅目連,取羅雲出家.)"

나 모두 번뇌에서 벗어나지 못한 상태이며, 모자람도 없고 남음도 없는 경계인들 어찌 진실이겠는가! 고개 돌려 허공[14]마저 모조리 때려 부수어 버려야 삼천대천의 무수한 세계 전체에서 할 일 없는 한 사람이라네."

智海淸擧此話云, "諸仁者, 取捨纔興, 是非鋒起, 識心微動, 生死魔來. 所以道, '難難! 語嘿寧通向上關! 不見目蓮與鶩子, 靈山會上盡瞞頂? 易易! 動靜無非第一義. 堪笑! 文殊與淨名, 毗耶城裏談不二.' 有難有易未離塵, 無欠無餘豈是眞! 廻首大虛都打了, 大千沙界一閑人."

설화

○ 취사하려는 뜻이 조금이라도 일어나거나 마음이 미미하게라도 움직이면, 어려움뿐만 아니라 쉬움까지 번뇌에서 벗어나지 못한다. 만약 허공마저 모조리 때려 부수어 버린다면[15] 아무리 어렵거나 아무리 쉬울지라도 그것이 바로 할 일을 모두 마친 사람의 경지이다.

智海 : 若也取捨才興, 心識微動, 非但難難, 易易未離塵. 若也太虛都打了, 則難難易易, 只是一箇閑人.

---

12 비야리성에서 문수보살을 비롯한 32보살이 불이법문을 논하였는데, 유마거사는 침묵으로 일관하여 문수보살의 찬탄을 받았다는 이야기에 근거한 말이다. 본서 62칙 본칙 참조.
13 전거 미상.
14 바로 앞에서 '모자람도 없고 남음도 없다.'고 한 그 허공을 가리킨다. 타성적으로 옳다고 여기던 생각을 돌이켜 이것마저 부수어 버린다는 뜻이다.
15 허공은 시간과 함께 만물이 의탁하는 가장 근본적인 공간의 형식이다. 이것을 때려 부수어 무너져 내리면 나머지는 저절로 각자의 차별을 상실한다. 여기서 허공은 망상이 의탁하는 최후의 소굴로 인지된다. 『景德傳燈錄』 권11 「光孝慧覺傳」(大51, 287b4), "한 방에 허공을 타파한 소식은 어떤 것인지요?' '피곤하면 쉬어라.'(問, '一棒打破虛空時如何?' 師曰, '困卽歇去.')"; 『圜悟語錄』 권1(大47, 716a28), "'향상하는 유일한 길을 스님께서 곧바로 지시해 주시기 바랍니다.' '한 방에 허공을 때려 부수어라!'(問, '向上一路, 請師直指?' 師云, '一棒打破虛空!')" 본서 61칙 '해인 초신의 송' 설화 주석 참조.

108칙 사조해탈四祖解脫

본칙 4조 도신道信 대사가 3조 승찬에게 말했다. "화상께서 자비를 베풀어 해탈법문을 들려주시기 바랍니다." "누가 그대를 속박하느냐?" "아무도 속박하지 않습니다." "그렇다면 어째서 다시 해탈을 구하는가?" 4조는 그 말을 듣자마자 크게 깨달았다.

四祖信大師, 問三祖曰, "願和尙慈悲, 乞與解脫法門." 三祖曰, "誰縛汝?" 四祖曰, "無人縛." 三祖曰, "何更求解脫乎?" 四祖於言下大悟.

설화

● 해탈에는 두 가지 종류가 있다. 번뇌를 벗어나 얻는 해탈(離垢解脫)과 자신의 본성 그대로인 해탈(自性解脫)이다.[1] "누가 그대를 속박하느냐?"라고 한 말은 속박은 마음을 말미암아 속박되는 것이며, 해탈도 마음을 말미암아 해탈하는 것이어서 해탈과 속박이 모두 마음에서 비롯되고 그 밖의 다른 것과는 관계가 없다는 뜻이다. "아무도 속박하지 않습니다."라고 한 말은 원래 청정하고 본래 해탈한 상태, 곧 자성해탈을 가리킨다. 그러므로 "어째서 다시 해탈을 구하는가?"라고 반문한 것이다. "그 말을 듣자마자 크게 깨달았다."라고 한 것은 해탈이라는 말에서 그대로(卽) 알아차렸다는 것일까, 아니면 해탈이라는 말을 벗어나서(離) 알아차렸다는 것일까?[2] 변진 법사辨眞法師는 '세속에 있으면 속박

---

[1] 이구해탈離垢解脫은 60권본『華嚴經』권4(大9, 414b7), 『正法華經』권1(大9, 68a16) 등에 나오며, 자성해탈自性解脫은『佛母出生三法藏般若波羅蜜多經』권12(大8, 630c15), 『大乘入楞伽經』권7(大16, 635a5), 『寶性論』권4(大31, 841b17) 등에 나온다.
[2] 해탈이라는 말에서~알아차렸다는 것일까 : 각운覺雲은 '즉卽'과 '리離'로써 이 문답의 마지막 구절을 관문으로 조정하고 있다. 마조馬祖가 즐겨 썼던 방법이다. 본서 107칙, 165칙 본칙 설화 주석 참조.

(縛)이라 하고, 승도僧道에 있으면 해탈(脫)이라 한다.'[3]라고 하였으며, 무의자 혜심慧諶은 "바람도 매달 수 있고 허공도 잡을 수 있지만, 이 일물一物[4]을 누가 묶어 둘 수 있겠는가?"[5]라고 읊었다.

[解脫] 解脫有二種, 離垢自性. 誰縛者, 縛從心縛, 解從心解, 解縛由心, 不管餘處. 無人縛者, 元淸淨本解脫, 卽自性解脫. 故云何更求解脫. 言下大悟者, 卽解脫而會耶? 離解脫而會耶? 辨眞法師云, '在俗謂之縛, 在道謂之脫也.' 無衣子頌云, "風可繫空可捉, 此一物誰能縛?"

● 『경덕전등록』「승찬전」[6]에 '수나라 개황 12년 임자년(592)에 사미沙彌 도신은 열네 살이었는데, (승찬을) 찾아와 절을 올리고 물었다.'라고 되어 있다. 운거 요원의 송에 "설령 문황文皇의 명령을 받지 않았다고 하더라도, 변함없이 기주 광제 사람이었을 것이네."라고 읊은 것에 대한 구체적인 정황은『경덕전등록』[7]에 다음과 같이 실려 있다. '정관 계묘년(643)에 태종 문황제가 도신이 터득한 불도의 깊은 이치를 흠모하고

---

3 『廣弘明集』권27(大52, 317a29)의 "在俗則謂之爲縛, 在道則謂之爲解."라는 구절과 거의 동일하며, 경전의 문구를 인용한 것으로 제시되었지만 어떤 경인지는 알 수 없다.
4 일물一物 : 근원적인 '하나의 그 무엇'을 가리킨다. 이것은『壇經』에서 쓰기 시작한 선종 특유의 용어이다. 敦煌本『壇經』에서 혜능慧能의 게송 중 '불성은 항상 청정하다.(佛性常淸淨.)' 또는 '밝은 거울은 본래 청정하다.(明鏡本淸淨.)'라는 구절이 敦煌本 이후의『壇經』에서는 '본래 하나의 그 무엇조차 없다.(本來無一物.)'라는 말로 바뀌면서 '일물'의 개념이 등장한다. 불성이 일물로 전환되면서, 불성·진여 등 어떤 교학 개념으로도 대체하지 못하는 선종 특유의 용어로 쓰이기 시작한다. 또한 혜능과 회양懷讓의 다음 문답에도 나온다. 宗寶本『壇經』(大48, 357b21), "'어떤 것이 이렇게 왔는가?' '하나의 그 무엇이라 말해도 맞지 않습니다.' '수행에 의지하여 깨닫는가?' '수행하여 깨닫는 일이 없지는 않지만 오염되어서는 안 됩니다.'(師曰, '什麼物恁麼來?' 曰, '說似一物卽不中.' 師曰, '還可修證否?' 曰, '修證卽不無, 汚染卽不得.')" 본서 119칙 본칙 참조.
5 『眞覺國師語錄』「補遺」(韓6, 49a15)에 실려 있다.
6 『景德傳燈錄』권3「僧璨傳」(大51, 221c18).
7 위의 책, 권3「道信傳」(大51, 222b23).

그 풍채를 우러러 뵙고자 서울로 오라는 조칙을 내렸으나 스님은 임금에게 글을 올려 겸손하게 사양하였다. 그러기를 전후로 세 번 반복하였지만 끝내 질병을 이유로 사양하였다. 네 번째는 사신에게 「이번에도 일어나 왕명을 따르지 않으면 머리를 베어 오라.」고 명령하였다. 사신이 절에 도착하여 임금의 뜻을 일깨워 주자 스님은 목을 길게 빼어 칼에 갖다 대면서도 얼굴빛에 변함이 없었다. 사신이 남다른 인물이라 여기고 돌아와서 장문狀聞으로 저간의 사정을 황제에게 고하니 황제가 더욱 찬탄하였다.' 스님의 속성은 사마씨이며, 대대로 하내河內[8]에 살다가 나중에 기주의 광제현으로 이사하였다.

僧璨篇云, '隋開皇十二年壬子歲, 沙彌道信, 年始十四, 來禮云云.' 雲居頌云, "直饒不受文皇詔, 也是蘄州廣濟人." 傳燈云, '貞觀癸卯歲, 太宗文皇帝, 嚮師法味, 欲瞻風彩, 詔赴京師, 師上表遜謝. 前後三返, 竟以疾辭. 第四度命使曰,「果然不起, 卽取首來.」使至山諭旨, 師乃引頸就刃, 神色儼然. 使異之回, 以狀聞, 帝云云.' 姓[1] 司馬氏, 世居河內, 後徙蘄州廣濟縣.
1) ㉡ '姓' 앞에 을본·병본에는 '師'가 있다.

운거 요원雲居了元의 송 雲居元頌
어떤 속박도 없이 명백하게 해탈한 몸이여	無縛明明解脫身
서산 언덕에 봄소식 전하는 한 송이 꽃이 그것이라	西山堆裏一花春
설령 문황文皇[9]의 명령을 받지 않았다고 하더라도	直饒不受文皇詔
변함없이 기주[10] 광제[11] 사람이었을 것이네	也是蘄州廣濟人

---
8 하내河內 : 하남성 황하 이북 땅의 총칭이다.
9 문황文皇 : 당나라 태종 이세민李世民(598~649)의 시호.
10 기주蘄州 : 옛 주명州名으로 지금의 호북성 기춘현蘄春縣의 남쪽이다.
11 광제廣濟 : 지금의 호북성 무혈시武穴市이다.

> 설화

○ 어떤 속박도 없이~한 송이 꽃이 그것이라 : '꽃 한 송이가 무한한 봄소식을 전하고, 한 방울의 물에도 거대한 바닷물의 짠맛이 느껴진다.'[12]라는 말이니, 속박이 없는 해탈 이외에 더 이상 어떤 존재가 있겠느냐는 뜻이다.

○ 설령 문황文皇의 명령을~광제 사람이었을 것이네 : 비록 '비로자나불을 넘어서고 법신도 넘어섰다.'[13]고 하더라도 또한 이 소식을 벗어난 경지는 아니라는 뜻이다.

雲居 : 無縛明明至一花春者, 一花無邊春, 一滴大海水, 則無縛解脫外, 更有什麼? 直饒不受文皇詔云云者, 雖曰超毘盧越法身也, 不離這箇消息.

천녕 허조天寧虛照**의 송** 天寧照頌

해탈을 구할 생각이라 말하자	志求解脫
누가 속박하느냐고 반문했다네	阿誰縛汝
바로 지금에 이르기까지	直至如今
곳곳에서들 잘못 들먹이는구나[14]	諸方錯擧

---

12 『從容錄』47則「示衆」(大48, 256c14), "뜰 앞의 잣나무와 장대(刹竿)의 바람과 깃발, 마치 꽃 한 송이가 전하는 무한한 봄소식과 같고, 한 방울의 물에도 느껴지는 거대한 바닷물의 짠맛과 같다. 세상에 드물게 출현하는 고불(趙州)은 범상한 무리를 훌쩍 뛰어넘어 언어와 사유에 묶이지 않으니 어떤 방법으로 그 소식을 전할까?(庭前柏樹, 竿上風幡, 如一華說無邊春, 如一滴說大海水. 間生古佛, 逈出常流, 不落言思, 若爲話會.)"

13 혜충慧忠이 전하는 뜻과 통한다. 『宋高僧傳』권9「慧忠傳」(大50, 762c9), "그러므로 비로자나불을 넘어서라는 이야기를 두기도 하고, 부처라는 생각에 집착하여 구하지 않도록 법신을 넘어서라는 이야기를 두기도 하니, 번뇌의 오염이 없는 저 정성正性을 어찌 비로자나불인들 넘어설 수 있겠으며, 법신인들 넘어설 수 있겠는가! 이런 까닭에 허공과 같이 텅 빈 마음으로 허공과 같은 이체와 하나로 합하니 아주 작은 망상도 허공을 가리는 구름과 같으리라.(故有超毘盧之說, 令其不著佛求, 越法身之談, 俾夫無染正性, 豈毘盧之可越, 而法身之可超哉! 是以, 虛空之心, 合虛空之理, 纖妄若雲翳.)"

설화

○ 잘못 들먹이지 않는 자를 만나기 어렵다는 뜻이다.

天寧 : 不錯擧者, 也難得.

14 곳곳에서들 잘못 들먹이는구나 : 문답 그대로 받아들여 착각하지 않는 자가 거의 없다는 뜻이다. 이 말 자체로 앞의 두 구절을 관문으로 설정한 것이다. 곧 해탈과 속박의 동일성과 차이성 등으로 분별하는 모든 시도를 막으려는 의도가 나타난다. 해탈과 속박이 제각각 그 자리를 고수하기도 하고, 자리를 서로 맞바꾸기도 하며, 상호 소멸하기도 하고, 서로 떠받치기도 하지만, 그 모두가 그때마다 일시적 용도일 뿐이다. 『眞歇淸了語錄』 권2(卍124, 647b5), "선수행자들이여! '누가 그대를 속박하느냐?'라고 던진 그의 질문을 어떻게 생각하는가? 잠깐 말없이 있다가 '저울 갈고리에 달린 물건이 무엇인지 알아차릴 일이지 저울 눈금에 진실이 있다고 오인하지 마라.'라고 하였다.(禪和子! 作麼生會, 佗道誰縛汝? 良久云, '領取鉤頭意, 莫認定盤星.)"; 『了堂惟一語錄』 권2(卍123, 926b15), "4조 도신道信 대사 : 누가 그대를 속박하기에 해탈을 구하러 찾아왔는가? (이렇게 되물어) 뒤통수에 박힌 대못을 뽑아 죽음 속에서 살려 내었다. 내가 당장에 무심하면, 그 어떤 부처인들 있기나 하랴? 남극성을 돌려 북극성 자리로 옮겨 놓는다.(四祖信大師 : 是誰縛汝, 來求解脫? 腦後抽釘, 死中得活. 我今無心, 諸佛豈有? 搬轉南辰, 移來北斗.)"

109칙 오조하성 五祖何姓

본칙 5조 홍인弘忍 대사가 동자였을 때 4조 도신이 물었다. "네 성姓이 무엇이냐?" "성이 있기는 한데, 흔한 성은 아닙니다." "그러니 그 성이 무엇이란 말이냐?" "불성佛性입니다." "너는 성姓이 없다는 말이냐?" "성性은 공이기 때문입니다." 4조는 그가 법을 깨달을 그릇임을 마음속 깊이 알아보고[1] 출가시켜 훗날 법을 전수하였다.

五祖忍大師作童子時, 四祖問, "子何姓耶?" 答, "姓即有, 不是常姓." 曰, "是何姓耶?" 答, "是佛性." 曰, "汝無姓乎?" 答, "性空故." 祖默識其法器, 即俾出家, 後乃付法.

설화
- 네 성姓이 무엇이냐 : 성이 없는 동자였기 때문에 이렇게 물었다.
- 성이 있기는 한데~성性은 공이기 때문입니다 : 만약 불성이 있다고 말한다면 불성이 아니다.[2] 본성이 공空이기 때문에 불성인 것이다. 그러한 앎을 타고난 자가 아니라면 이와 같이 말할 수 없기 때문에 그가 법을 깨달을 그릇임을 마음속 깊이 알아보고 출가시켜 훗날 법을 전수하였다.

---

1 마음속 깊이 알아보고(默識) : 『論語』「述而」, "마음속으로 깊이 이해하여 기억하고, 배움에는 족함이 없으며, 가르침을 게을리하지 않는 것, 내게 어느 것이 있단 말인가.(默而識之, 學而不厭, 誨人不倦, 何有於我哉.)"
2 『天聖廣燈錄』 권9 「百丈懷海章」(卍135, 670b1), "만일 불성이 있다고 한다면 집착의 비방이라 하고, 불성이 없다고 말한다면 허망의 비방이라 한다.(若言有佛性, 名執著謗 ; 若言無佛性, 名虛妄謗.)" 이러한 견해는 『大般涅槃經』 권36(大12, 580b14)의 다음 말과 통한다. "만일 모든 중생에게 결정적으로 불성이 있다거나 결정적으로 불성이 없다고 말한다면 이렇게 말하는 사람도 불·법·승을 비방하는 것이라 한다.(若有說言, 一切衆生, 定有佛性, 定無佛性, 是人亦名謗佛法僧.)" 이 구절에 대하여 승량僧亮은 "만일 불성이 있다고 결정하여 생각하면 오염된 집착이라 하고, 불성이 없다고 결정하여 생각하면 망령된 말이라 한다.(若定有佛性, 是名染著 ; 若定無佛性, 是名妄語也.)"라고 해설하였다.

[何姓] 子何姓者, 無姓童子故, 伊麼問. 姓卽有不是常姓云云者, 若言有
佛性, 則非佛性也. 性空故, 卽是佛性也. 非生而知之者, 不能如是道得故,
默識其法器, 卽俾出家, 後乃付法.

● 『임간록』[3]에 다음과 같이 전한다. "4조 대사大士가 파두산[4]에 주석할 때 산속에 이름 없는 한 노승이 있었는데, 오로지 소나무만 심었기 때문에 사람들이 '소나무를 심는 도인(栽松道者)'이라 하였다. 그가 언젠가 4조에게 배움을 청하며 말한 적이 있다. '법과 도에 대해서 들려줄 수 있겠습니까?' '당신은 이미 연로하였으니, 설령 법을 듣는다 해도 어떻게 널리 교화를 펼칠 수 있겠습니까? 다시 태어난다면 그때는 당신에게 법을 설해 주겠습니다.' 그 노승은 물러나 냇가를 걷다가 어떤 여인이 옷을 빨고 있는 모습을 보았다. 그 여인에게 인사하고 물었다. '묵었다 갈 수 있겠습니까?'[5] '제게 아버지와 오빠가 있으니 가서 허락을 받는 것이 좋겠습니다.'[6] '허락한다면, 제가 가 보겠습니다.' 여인은 그러라고 하였고 노승은 거처로 되돌아와 세상을 떠났다. 여인은 주周씨 집안의 막내딸이었는데, 집으로 돌아와서 뜻밖에 임신한 사실을 알게 되었다. 부모가 이를 몹시 부끄럽게 여겨 그녀를 내쫓아 버렸다. 여인은 갈 곳이 없어 낮에는 동네에 날품을 팔고 밤에는 중사衆舍[7] 아래에서 지냈다. 아이를 낳은 뒤에 불길하게 여겨 물에 버렸는데, 다음 날 보니 물

---

3 『林間錄』 권상(卍148, 590b13).
4 파두산破頭山 : 중국 호북성 황매현黃梅縣 서북쪽에 위치한 산. 파액산破額山이라고도 한다. 황매현을 중심으로 서쪽에 있어서 서산西山, 4조가 주석했다 하여 사조산四祖山 등이라고도 한다. 또 4조가 주석할 때는 개명하여 쌍봉산雙峰山이라고도 하였다.
5 그 몸을 빌려서 태어날 수 있겠느냐는 뜻.
6 단지 하루 묵었다 갈 나그네 정도로 받아들인 것.
7 중사衆舍 : 『林間錄』 등에는 '중관衆館'이라고 하였으며, 훗날 불모사佛母寺라는 절이 되었다고 한다. 여러 집들이 붙어 늘어져 있는 곳으로 추정한다.

을 헤치고 물가로 올라와 있었다. 체온과 숨이 뚜렷하므로 마침내 놀란 마음에 거두어 키웠다. 어린아이가 되어서는 어미를 따라 걸식하며 다녔는데, 마을 사람들이 성이 없는 아이(無姓童子)라고 불렀다. 4조가 황매黃梅[8]의 길에서 이 아이를 보고서 장난삼아 '네 성이 무엇이냐?'라고 한 그 문답을 나누었던 것이다."

林間錄云, "四祖大士,[1] 居破頭山, 山[2]中有一無名老僧, 唯植松子, 人呼爲栽松道者. 嘗請益[3]於四祖曰, '法道可得聞乎?' 祖曰, '汝已老矣, 脫有聞其法, 豈能廣化耶? 倘能再來, 當爲汝說.[4]' 其僧乃去, 行於水邊, 見女浣衣. 揖曰, '寄宿得不?[5]' 女曰, '我有父兄, 可往求之.' 曰, '諾, 我卽敢行.' 女之肯, 僧回策而去. 女周氏季女也. 歸輒孕, 父母大惡逐之.[6] 女無所歸, 日傭坊[7]里中, 夕宿於衆舍之下. 已而生子, 以爲不祥, 棄於水中, 明日見之, 泝流而上. 體氣鮮明, 遂驚擧之. 成童隨母乞食, 邑人謂之無姓童子.[8] 四祖見於黃梅途中, 喜[9]問曰, '汝何姓耶云云.'"

1) ㉮ '士'가 병본에는 '師'로 되어 있다. 2) ㉮ '山'이 병본에는 없다. 3) ㉯ 『林間錄』에는 '益'이라는 글자가 없다. 4) ㉯ '當爲汝說'이 『林間錄』에는 '吾尙可遲汝'로 되어 있다. 5) ㉮ '不'가 병본에는 '之'로 되어 있다. 6) ㉮ '之'가 병본에는 '不'로 되어 있다. 7) ㉯ '傭坊'이 『林間錄』에는 '庸紡'으로 되어 있다. '傭坊' 또는 '傭紡'으로 씀이 맞다. 8) ㉯ '童子'가 『林間錄』에는 '兒'로 되어 있다. 9) ㉯ '喜'가 『林間錄』에는 '戲'로 되어 있다.

조계명의 송 曹溪明頌

성姓을 물었는데 불성을 가지고 대꾸하니	問姓能將佛性酬
가사 전하기에는 어리지만 풍류 아는구나	傳衣年少也風流

---

8 황매黃梅: 황매현. 호북성 동남단에 위치한 도시로 서쪽으로는 4조가 주석한 파두산, 동쪽으로는 5조가 주석한 빙무산憑茂山이 있다. 빙무산은 동산東山 또는 오조산이라고도 한다.

어린 시절 길러 준 어머니를 아는 이 있는가   當初養母人知否
원수가 아니었다면 만나지도 않았으리라[9]   不是寃家不聚頭

설화

○ 불성의 뜻을 가리키니, 원통한 일에는 복수할 우두머리가 있고 빚에는 빌려준 주인이 있다는 뜻이다.[10]

    曹溪 : 是佛性義, 是寃有頭, 債有主也.

선문염송집 권제3

禪門拈頌集 卷第三[1)]

1) ㉮ 갑본에는 이하에 다음과 같은 글이 있다. '慧伯明眼書 甲辰乙巳甲類 幸招 惠玲 惠門 三悅 湛正 印玄 惠諸 敬信 道輝 善裕 海淨 印淡 覺澄 惠英 大仅 圓忍 智能 敬淳 敬岑'

선문염송설화 권제3

禪門拈頌說話卷第三[1)]

1) ㉮ [을본]에는 이하에 다음과 같은 글이 있다. '대시주 상종 비구, 대시주 색난비구, 시주 덕현 비구, 서사 전주 김만창(大施主尙宗比丘, 大施主色難比丘, 施主德玄

---

9 원수가 아니었다면 만나지도 않았으리라 : 전생에 원수 사이가 아니었다면 금생에 만나지도 않았을 것이라는 뜻. 전생의 노승이 금생에 동자가 되었다는 말이다. 어머니로서는 그 아이를 갖고 집에서 쫓겨나 거지 신세로 전락했기 때문에 원수가 된다. 원수란 서로의 견해를 나누며 속뜻을 알아주는 상대를 비유하는 말로 쓰이지만, 여기서는 불성이라고 대답한 원인이 되는 관계를 나타낸다.『大慧語錄』권3(大47, 822a10).
10 원통한 일에는~있다는 뜻이다(寃有頭債有主) : 어떤 일이든 핵심적인 원인이 있다는 말. 본서 32칙 '운문 종고의 시중', 156칙 '운문 종고의 시중 2', 321칙 '보녕수의 염', 423칙 '죽암 사규의 상당', 539칙 '원통 법수의 염' 참조.

比丘, 書寫全州金萬昌)' [병본]에는 이하에 다음과 같은 글이 있다. '시주질 빈궁저하 임신생 민씨 보체태평 보록장춘, 청신녀 임인생 서씨 보덕화, 청신녀 계유생 김씨 대지명, 청신녀 임인생 이씨 무애행, 상궁 무술생 매씨 대덕혜, 상궁 무자생 정씨 만행원, 상궁 신해생 백씨 백련행, 상궁 신해생 이씨 보행화, 신녀 병술생 최씨 순진행, 신녀 신묘생 이씨 실상화.【이하 126명 명단이 있다.】 광서 15년(1889) 경기도 양주 천마산 봉인사 부도암 개간(施主秩, 嬪宮邸下壬申生閔氏, 保體泰平, 寶錄長春. 淸信女壬寅生徐氏寶德華, 淸信女癸酉生金氏大智明, 淸信女壬寅生李氏無礙行, 尙宮戊戌生梅氏大德慧, 尙宮戊子生鄭氏萬行圓, 尙宮辛亥生白氏白蓮行, 尙宮辛亥生李氏普行華, 信女丙戌生崔氏順眞行, 信女辛卯生李氏實相華.【以下百二十六名名單有.】光緖十五年, 京畿道, 楊州, 天磨山, 奉印寺, 浮圖庵, 開刊)'

각공 전라도 충률

刻工 全羅道 冲律

대시주 숙천 박경숙, 평양 송용학, 평양 박의충, 평양 국업실, 향산 승 상관, 용강 김난일 영가, 삼화녀 은춘, 강동 승 종택, 평양녀 몽옥, 평양녀 애옥, 용강 최극명, 용강녀 금옥, 숙천 황효득, 영변 이오명, 향산 승 영언, 평양 임찬영, 가선 법기, 오도산 송률.
불장 서무겸, 강서 한지호, 경중 윤우성, 안주 권명선, 이흥방, 김치성, 신무건, 김귀립, 극령, 응휴, 의민, 이성립녀 대승, 정각, 내왕 지준, 사묵, 양열, 삼명.
취반 현소, 법총, 수찬거사 김운, 찬원.
부목 유백□달, 이가, 김가.
지전 해운.
인권 목원만거사 한후건, 지정거사 유덕봉, 염근거사 김득란, 선행거사 장승방, 청정심거사 천예립, 신행거사 박덕창, 자눌 대사, 영담 대사, 청택 대사, 성원 대사, 차막복, 겸도감 숭신, 영남도인 대종, 원조 대사.
대별좌 치련.

大施主, 肅川朴慶淑, 平壤宋龍鶴, 平壤朴義忠, 平壤鞠業實, 香山僧尙觀, 龍岡金暖日靈駕, 三和女銀春, 江東僧從澤, 平壤女夢玉, 平壤女愛玉, 龍岡崔克明, 龍岡女今玉, 肅川黃孝得, 寧邊李午明, 香山僧靈彦, 平壤林續英, 嘉善法機, 悟道山松律.
佛藏, 徐武兼, 江西韓志虎, 京中尹佑聖, 安州權明善, 李興芳, 金致聲, 申武建, 金貴立, 克玲, 應休, 義敏, 李成立女大承, 正覺, 來往智俊, 思默, 良悅, 三明.

炊飯, 玄素, 法聰, 守贊居士金云, 贊元.

負木, 柳白□達, 李哥金哥.

知殿, 海雲.

引勸, 目圓滿居士韓厚虔, 智淨居士柳德奉, 念根居士金得蘭, 善行居士張勝芳, 清淨心居士千禮立, 信行居士朴德昌, 自訥大師, 靈湛大師, 清澤大師, 性圓大師, 車莫福, 兼都監崇信, 嶺南道人大宗, 圓照大師.

大別座, 致連.

선문염송 염송설화 회본 권4
| 禪門拈頌拈頌說話會本 卷四 |

선문염송 혜심 집
禪門拈頌 慧諶 集

염송설화 각운 찬
拈頌說話 覺雲 撰

선문염송집 권제4
禪門拈頌集 卷第四

달마 제5세 홍인 대사 사법

達磨第五世弘忍大師嗣法

육조 혜능 대사六祖慧能大師

숭악 혜안 국사崇嶽慧安國師[1]

몽산 도명 선사蒙山道明禪師

---
1) ㉮ '崇嶽慧安國師'가 갑본에는 없다.

달마 제6세 혜능 대사 사법

達磨第六世慧能大師嗣法

남악 회양 선사南嶽懷讓禪師

온주 영가 현각 대사溫州永嘉玄覺大師

서경 광택사 혜충 국사西京光宅寺慧忠國師

선문염송설화 권제4
禪門拈頌說話 卷第四

110칙 육조풍번六祖風幡

본칙 육조 혜능 대사가 인종 법사印宗法師 회하會下에 있을 때[1]의 일이다. 두 학인이 바람과 깃발을 놓고 다투는 장면을 보게 되었는데, 한 학인은 '바람이 움직인다.'고 하고, 다른 한 학인은 '깃발이 움직인다.'고 하였다. 이를 지켜보던 육조가 말했다. "바람이 움직이는 것도 아니고, 깃발이 움직이는 것도 아닙니다. 당신들의 마음이 움직이는 것입니다." 두 학인은 놀라 모골이 송연하였다.

六祖慧能大師, 在印宗法師會下. 見二僧爭風幡, 一僧曰, '風動.' 一僧曰, '幡動.' 祖曰, "不是風動, 不是幡動. 仁者心動." 二僧悚然.

설화

- 한 학인은 '바람이 움직인다.'고 하고, 다른 한 학인은 '깃발이 움직인다.'고 하였다 : 외도들이 말하는, 인연에 의해 움직인다거나 자연적으로 움직인다는 그 뜻인가?[2]
- 바람이 움직인다 : 물은 습하고 땅은 단단하며 불은 뜨겁고 바람은 움직이므로 움직임이 곧 바람의 속성이라는 말이니, 이는 사물의 속성에 집착한 학인의 견해이다.
- 깃발이 움직인다 : 바람의 성질이 비록 움직이는 것이라고는 하지만

---

[1] 宗寶本『壇經』(大48, 349c9)에 따르면, 육조는 5조로부터 의발衣鉢을 전수받고 16년 동안 숨어 지내다가 법성사法性寺에서『涅槃經』을 강의하던 인종印宗(627~713)과의 만남을 계기로 삭발하고 정식으로 출가한 뒤 인근의 보림사寶林寺에 주석하였다고 한다.
[2]『楞嚴經』권3(大19, 117b15·154c6) 등에 잘못된 인연의 논리 그리고 자연 발생이라는 두 가지 견해를 모두 배척하는 까닭이 나온다. 세간의 근거 없는 주장(戱論)에 따라 인연을 아무렇게나 헤아리거나(妄想), 아무 인과관계 없이 자연히 발생한다고 생각하는 두 가지 견해를 중생의 망심妄心에 의한 분별이라 비판했다.

반드시 깃발로 인하여서만이 그 움직임을 알 수 있다는 말이니, 이는 사물의 현상에 집착한 학인의 견해이다.
- 바람이 움직이는 것도 아니고, 깃발이 움직이는 것도 아닙니다 : 가령 다른 곳에서 "만법은 본래 한가한데 사람이 스스로 시끄러울 뿐이다."[3] 라고 한 말과 같은 뜻에서 '당신들의 마음이 움직이는 것입니다.'라고 한 것일까? 그렇지 않다. 옛사람이 "바람이 움직이니 마음이 나무를 흔들고, 구름이 이니 본성이 먼지를 일으킨다."[4]라고 한 말과 같으니, 바람이 움직이거나 깃발이 움직이거나 그것은 바로 하나의 마음이 움직이는 현상일 뿐이라는 뜻이다.

[風幡] 一云風動, 一云幡動者, 外道因緣動, 自然動耶? 風動者, 水濕地堅火熱風動, 動是風性, 則執性僧也. 幡動者, 風性雖動, 必因幡而動, 則執相僧也. 不是風動不是幡動云云者, 如他處云, "萬法本閑, 唯人自鬧." 則仁者心妄動耶? 非也. 古人云, "風動心搖樹, 雲生性起塵." 則風動幡動, 只是一心動也.

---

3 만법은 본래 어떤 관념에도 속하지 않고 어떤 인위적 조작에도 영향을 받지 않는다. 이처럼 모든 존재는 본래 자신의 확정된 성품이 없이 바람이나 깃발처럼 무심하게 그런 모습을 보일 뿐임에도 사람이 공연히 움직인다느니 정지했다느니 하는 따위의 헛된 생각을 부여한다는 뜻이다. 『黃龍慧南語錄』(大47, 637c29), 『楊岐方會語錄』(大47, 648c13) 등 참조.

4 본서 91칙 본칙 설화 주석 참조. 『眞心直說』에서는 용제 소수龍濟紹修의 이 게송을 묘한 본체에서 일으키는 작용(妙體起用)으로 평가하였다. 『眞心直說』「眞心妙用」(大48, 1000b13), "누군가 '묘한 본체는 알았는데 무엇을 묘한 작용이라 하는가?'라고 한 물음에 답한다. '옛사람은「바람이 움직이니 마음이 나무를 흔들고, 구름이 이니 본성이 먼지를 일으킨다. 그때마다의 사태에만 밝다면 본래인에 어두워지리라.」라고 하였으니, 묘한 본체에서 일으키는 작용을 말한다. 진심의 묘한 본체는 본래 움직이지 않으니, 참되고 변함없는 자리에 편안히 머문다. 진실한 본체에 묘한 작용이 나타나면, 변화의 흐름에 따를 때마다 묘한 도리에 들어맞지 않을 수 없다.'(或曰, '妙體已知. 何名妙用耶?' 曰, '古人云,「風動心搖樹, 雲生性起塵. 若明今日事, 昧却本來人.」乃妙體起用也. 眞心妙體, 本來不動, 安靜眞常. 眞體上妙用現前, 不妨隨流得妙.')"

● 옛사람들은 이 일화를 평하여 "육조의 뜻은 비단 한 마음이 움직였다는 데 그치는 것이 아니니, 바람이 움직이는 것도 아니고 깃발이 움직이는 것도 아니며 마음 또한 움직인 것이 아니다."[5]라고 하는가 하면, 또한 반대로 "바람도 움직이고 깃발도 움직이며 마음도 움직인다."라고도 한다. 마치 소라 껍데기처럼 나선형으로 틀어 올린 머리털은 송골매처럼 날카로운 눈으로도 그 실마리를 찾지 못하고 헤매는 것[6]과 같다. 이런 말들은 그런대로 괜찮아서 자세히 분석한 풀이인 듯이 보이지만 조사의 뜻을 제대로 알지 못하였으니, 어찌 단지 '한 마음이 움직인다.'라고 말하는 것만 하겠는가! 그러므로 각범覺範[7]은 "바람과 깃발이 움

---

5 이 같은 평을 한 선사로는 대혜 종고大慧宗杲·무문 혜개無門慧開 등이 있다.『無門關』29則「評唱」(大48, 296c21), "바람이 움직이는 것도 아니요, 깃발이 움직이는 것도 아니요, 마음이 움직인 것도 아니니, 어디서 조사의 뜻을 알아차릴 수 있을까? 만일 이 안에서 딱 들어맞게 근본을 알아차린다면 비로소 그 두 학인이 쇠를 사려다 금을 얻었다는 것을 알 것이다. 조사는 자신의 깊은 뜻을 참을 수가 없어서 말로 표현하였으니 한바탕 잘못을 저지르고 말았구나.(不是風動, 不是幡動, 不是心動, 甚處見祖師? 若向者裏見得親切, 方知二僧, 買鐵得金. 祖師忍俊不禁一場漏逗.)"『大慧語錄』권14(大47, 871b28) 참조. 그러나 육조가 '마음이 움직인다(心動)'라고 한 말이 '바람이 움직인다(風動)'느니 '깃발이 움직인다(幡動)'느니 하며 한쪽으로 치우친 판단에 대해 단지 마음을 들어 그 두 가지 판단 모두 그릇되었음을 경각시키기 위한 하나의 수단이었던 것처럼, 무문 혜개가 "不是風動, 不是幡動, 不是心動."이라 한 말 역시 육조가 '仁者心動'이라 한 말을 후세 사람들이 확고부동한 결론으로 이해하는 폐단을 물리치기 위하여 설정한 선禪의 장치로 이해해야 한다.
6 미종迷蹤은 길의 자취를 잃는 것 또는 자취를 찾지 못하도록 하는 것을 말한다. 분별의 틀과 언어문자라는 수단을 전혀 허용하지 않은 상태에서 깨달음을 얻게 하는 지도 방법이다. 유무有無·선악善惡·시비是非 등의 지적知的 분별로 화두에 접근하는 길을 차단하는 수단이다.『聯燈會要』권18「淨慈師一章」(卍136, 729b17), "사자는 새끼를 길들일 때 길을 잃게 만드는 비결을 쓰니 새끼가 앞으로 뛰어오르려는 순간 벌써 몸을 뒤집어 버린다. 실마리를 찾을 수 없을 정도로(羅紋結角) 예리한 기봉이 오가는 경계에서는 송골매처럼 날카로운 눈으로도 그 상황에 임하여 자취를 잃고 만다. 조사의 문호는 활짝 열려 있으니 몸을 던져 곧바로 들어오기 바란다.(師子教兒迷子訣, 擬前跳擲早翻身. 羅紋結角交鋒處, 鶻眼臨時失却蹤. 祖師門戶, 八字打開, 便請橫身直入.)" 본서 11칙 본칙 설화 주석 참조.
7 각범覺範 : 각범 혜홍覺範慧洪(1071~1128). 청량 덕홍淸涼德洪이라고도 한다. 송나라 때 황룡파黃龍派 스님이며,『林間錄』,『禪林僧寶傳』 등을 남겼다.

직인다고 하니 스스로 눈을 가린 격이요, 바람과 깃발이 움직이지 않는 다고 하니 마음이 곧바로 나타난다. 이것이 조계(육조)의 분명한 종지이다."[8]라고 말한 것이다. 지금 이와 같이 한 말은 자세히 분석해 설명하였다는 비판을 피하지 못할까 걱정스러워 한 말일 뿐이지, 이러한 이치가 씻은 듯이 전혀 없다고 주장하는 것은 아니다. 자세히 분석해 설명하는 방법이 허용되지 않는다면 또한 이러한 이치가 전혀 없지도 않다는 도리를 어떻게 이해할 것인가? 각범이 육조를 찬탄하여 "바람과 깃발이 움직인다고 하니 스스로 눈을 가린 격이요~조계의 분명한 종지이다."라고 한 말에 대해 숭각공崇覺空[9]은 이렇게 게송으로 읊었다. "깃발이 움직이는 것도 아니요 바람이 움직이는 것도 아니라 하니, 찰간[10] 끝이 허공을 찌르는구나. 강남의 이삼월 버드나무 물오르는 시절, 아무리 누대를 보려 해도 피어오르는 아지랑이에 가려 있네."[11]

古人論此云, "六祖意非止一心動也, 不是風動, 不是幡動, 亦不是心動." 又, "是風動, 是幡動, 是心動." 如螺紋犛角, 鶻眼迷蹤. 善則善矣也, 似分疎不識祖師意, 爭如只道得箇一心動! 故覺範云, "是風幡動, 眼自遮覆, 非風幡動, 心卽現露, 此是曹溪顯決要旨." 如今伊麽道, 但恐未免分疎故云

---

8 『新編林間後錄』「六世祖師贊幷序」(卍148, 649b2)에 실려 있다.
9 숭각공崇覺空 : 법명은 법공法空. 임안부臨安府 고숙姑孰 출신. 황룡 사심黃龍死心의 법제자이다.
10 찰간刹竿 : 깃발이 달려 있는 장대. 절 앞에 세워 놓고 설법이나 의식이 거행되고 있음을 표시하는 목적으로 사용한다. 또는 탑 위나 불당佛堂 등에 상시적으로 세워 놓는 장대를 가리킨다. 여기서는 육조의 말을 찰간에 빗대어 표현하였다.
11 이와 동일한 숭각공의 시는 보이지 않으며 다만 『宗鑑法林』권6(卍116, 100a13), 『頌古聯珠通集』권7(卍115, 78a14) 등에 "바람도 깃발도 아니고 마음이 움직인다 하니, 마치 아리따운 마고麻姑가 가려운 데를 내키는 대로 긁는 것과 같구나. 하늘 멀리 나는 외로운 난새의 골수는 누가 얻었으며, 끊어진 거문고 줄을 아교로 이어 붙일 줄 아는 이 누구인가?(不是風旛是心動, 似倩麻姑癢處搔. 天外孤鸞誰得髓, 何人解合續絃膠?)"라는 시가 전한다.

爾, 亦未嘗泯然無此義也. 旣不許分疎, 又如何會得, 未嘗無此義地道理?
覺範六祖讚云, 是風幡動, 眼自遮覆云云, 崇覺空頌云, "不是幡兮不是風,
刹竿頭點太虛空. 江南楊柳二三月, 極目樓臺烟靄中."

설두 중현雪竇重顯의 송 1[12] 雪竇顯頌

깃발도 아니고 바람도 아니라 하니	不是幡兮不是風
납승들 이 말을 진실이라 퍼뜨리네	衲僧於此作流通
강을 건넘에 뗏목을 씀은 보통의 일이니[13]	渡河用筏尋常事
남산에서 숯을 굽자 북산이 붉게 물드네[14]	南山燒炭北山紅

[설화]

○ 남산에서 숯을 굽자 북산이 붉게 물드네 : 바람도 움직이고 깃발도 움직인다는 뜻이다.

雪竇 : 南山燒云云者, 亦是風動幡動也.

---

12 제1구와 제2구는 바람도 깃발도 움직이지 않는다는 육조의 말을 진실이라 여기는 잘못에 대하여 읊었고, 제3구와 제4구에서는 앞의 구절을 뒤집어 '움직인다'는 말 자체를 긍정적으로 수용하여 하나의 화두로 전환시켰다.
13 강을 건넘에~보통의 일이니 : 뗏목이 강을 건너는 수단이듯이 '움직인다'는 말도 본분의 화두로 수용할 수 있다. 바람도 깃발도 움직이지 않는다는 말에 뿌리박는 근거를 박탈하여 하나의 허언虛言으로 만들고 있다.
14 남산에서 숯을~붉게 물드네 : 숯을 굽는 행위와 울긋불긋한 꽃으로 덮인 모습은 서로 다르지만, 하나의 풍경으로 전체적 조화를 이루고 있다. 이와 같이 바람과 깃발의 움직임을 모두 허용한다는 비유이다. 설화의 취지도 동일하다. 『雪竇石奇語錄』권3(嘉 26, 491a13), "따스한 날씨에 비가 내리려는 듯하자 초목총림이 기쁜 표정을 짓고, 남산에서 숯을 굽자 북산의 정상이 붉게 물든다.(和暖天, 似欲雨, 草木叢林發歡喜. 南山燒炭, 北山紅頂.)"

설두 중현의 송 2[15] 又頌

바람도 깃발도 아니라면 어디에 귀착될까[16]	不是風幡何處着
신개의 작자[17]는 이렇게 핵심을 집어냈다네	新開作者曾拈却
요즘의 멍청하고 어리석은 선수행자[18]들이여	如今懵懂癡禪和
깊은 마음이 저 홀로 우뚝하다 말하지 마라	謾道玄玄爲獨脚

[설화]

○ 마음이 움직인다는 말 또한 남겨 두지 말라는 뜻이다.

又頌:心動,亦不存.

대홍 보은大洪報恩의 송 1[19] 大洪恩頌

바람도 아니요 깃발도 아니라 하니	不是風兮不是幡
길 가는 이들 두 겹의 관문에서 막혀 있었다네	行人曾滯兩重關

---

15 앞의 게송에 이어 이번에는 '마음이 움직인다.'라는 구절을 진실로 받아들여 귀착할 곳으로 여기는 분별에 대해 비판한 게송이다.
16 바람도 깃발도~어디에 귀착될까 : 이하 '파릉 호감의 염'에 나오는 말. 바람과 깃발 두 가지가 모두 움직이지 않고, 마음이 움직이는 것도 아니라는 뜻을 의문의 형식으로 나타내고 있다. 무문 혜개가 "바람이 움직이는 것도 아니요, 깃발이 움직이는 것도 아니요, 마음이 움직인 것도 아니다.(不是風動, 不是幡動, 不是心動.)"라고 한 취지와 통한다.
17 신개의 작자 : 파릉 호감巴陵顥鑑을 가리킨다. 호감이 호남 파릉巴陵의 '신개원新開院'에 주석했기 때문에 이렇게 부른다. 작자作者는 작가作家와 같은 말이다.
18 선화禪和는 선화자禪和子라고도 한다. 선승에게 친밀감을 나타내는 호칭이며 선사가 학인을 부를 때에도 사용한다.
19 투자 의청投子義靑의 다음 송과 내용이 비슷하다. 『空谷集』98則「頌」(卍117, 637a14), "(모든 중생에게 본래 불성이) 있다느니 없다느니 예로부터 내려온 두 겹의 관문이여![관에서 발행한 증명서가 분명하다. 감변하느라 헛수고하지 마라.] 바른 안목을 갖춘 선수행자도 통과하기 어려우니라.[너무 가벼이 본 것이 아닌가?] 활처럼 쭉 뻗어 있는 길을 지나 장안에 이르고자 하면서,[당장에 맞는 일을 하면 될 뿐.] 곤륜이 갔다가 왔다는 말 진실이라 믿지 마라.[앞일은 묻지 마라.](有無今古兩重關![公驗明白, 不勞勘辨.] 正眼禪人過者難.[莫便等閒看?] 欲通大道長安路,[但行好事.] 莫聽崑崙敘往還.[莫問前程.])"

| 장안이 응당 다다를 수 있는 곳에 있다 하여 | 長安道在應須到 |
| 곤륜[20]이 갔다가 왔다는 말 진실로 믿지 마라[21] | 莫聽崑崙叙往還 |

대홍 보은의 송 2 又頌

깃발도 아니고 바람도 아니라 하는데	不是幡兮不是風
석성산[22] 꼭대기 바라봐도 끝이 없네	石城山頂望何窮
하늘의 별들은 모두 북극성을 중심으로 돌고	天上有星皆拱北
인간 세상의 물줄기 동해로 흘러드는 법이니라[23]	人閒無水不朝東

대홍 보은의 송 3 又頌

바람도 깃발도 아니라면 어디에 귀착될까	不是風幡何處着
바람이니 깃발이니 하는 견해도 버려야 하리	是風幡兮亦拈却
그 말에 끌려다니면 어쩔 도리 없을 것이요	隨他去也大無端
한 구절로 기틀에 부합하여도 큰 착각일세	一句當機還大錯
착각이로다, 착각이야	錯錯
콧대가 하늘을 찌르더라도[24] 코 꿰어지리라	鼻孔撩天也穿却

---

20 곤륜崑崙 : 곤륜노崑崙奴·곤륜자崑崙子라고도 하는데, 곤륜국崑崙國(남해의 여러 나라)의 흑인 혹은 인도나 서역에서 온 사람을 중국인이 낮추어 부르는 말이다.
21 장안이 응당~믿지 마라 : 장안의 길이 넓다 해도 반드시 관문을 통과해야 그곳에 이를 수 있기 때문이다. '바람도 깃발도 아니고, 마음이 흔들린다.'라는 말은 아무 걸림 없이 들어가도록 열려 있는 문이나 한 치의 의심도 없이 받아들여 따를 수 있는 친절한 안내문이 아니고, 단단히 빗장이 걸려 있는 관문이다.
22 101칙 '법운 법수의 송' 주석 참조.
23 하늘의 별들은~흘러드는 법이니라 : '깃발도 아니고 바람도 아니다.'라고 한 말에 본분의 소식이 다 드러나 있다는 취지. 『圜悟語錄』권1(大47, 715b20), "원오가 불자를 들자 학인이 나아와 '하늘의 별들은 모두 북극성을 중심으로 돌고 인간 세상의 물줄기는 동해로 흘러들지 않는 것이 없습니다.'라고 하였다. 이에 원오가 말했다. '드디어 화두를 알아차렸군.'(師擧拂子, 進云, '天上有星皆拱北, 人間無水不朝東.' 師云, '且得領話.')" 불자 자체를 본분의 화두로 제시했다.
24 콧대가 하늘을 찌르더라도(鼻孔撩天) : '撩'는 '遼'로도 쓴다. '요천撩天'은 조천朝天이

낭야 혜각琅琊慧覺의 송 琅琊覺頌

바람도 아니요 깃발도 아니라고 하니	不是風兮不是幡
말 많은 아사리들 설명할 수 없으리라	多口闍梨不可詮
교묘한 말로 깊은 이해 구하려 한다면	若將巧語求玄會
새삼스레 천산 만산이 가로막으리라	特地千山隔萬山

천의 의회天衣義懷의 송 1 天衣懷頌

바람도 아니요 깃발도 아니라 하니	不是風兮不是幡
이 말은 틀이 되어 세상에 퍼졌다네	斯言形已播人間
노로[25]의 분명한 뜻 알고자 하는가	要會老盧端的處
천태와 남악 사이 만 겹의 산 있네[26]	天台南岳萬重山

천의 의회의 송 2 又頌

바람도 아니고 깃발도 아니라 하는데	不是風兮不是幡
호인이 주문 시끄럽게 외우는 듯하다[27]	胡人持呪口喃喃
초봄인 음력 정월의 소식 알려 주노니	報道孟春正月節
수많은 봉우리 온통 쪽빛처럼 푸르다[28]	千峯隱隱色如藍

라고도 하는데 하늘을 향해 있다는 뜻이다. 코가 하늘에까지 뻗었다는 말로 대단히 오만하고 자부심이 넘친다는 뜻이다.

25 노로老盧 : 육조 혜능慧能을 가리킨다. '노로'는 혜능의 속성이고, '노老'는 존칭.
26 천태와 남악~산 있네 : 만 겹의 무수한 산으로 가로막혀 있는 천태산과 남악산 사이처럼 '바람도 깃발도 움직이지 않는다.'라고 하며 '마음이 움직인다.'고 한 표면적인 말과 육조의 본의 사이에는 깊은 거리가 있다는 뜻이다.
27 호인이 주문~외우는 듯하다 : 시끄럽기만 하고 무슨 뜻인지 알 수 없는 주문呪文과 같다는 말. 소리만 있고 뜻으로 포착되지 않는 이것이 화두의 본질과 다르지 않다.
28 초봄인 음력~쪽빛처럼 푸르다 : 의미로 분별할 수 없는 그 소리 그대로 초록의 봄과 같이 그 이상이 없는 완벽하게 현전現前한 소식이다.

안탕천의 송 1 鴈蕩泉頌

바람도 아니고 깃발도 아니라 하니	不是風兮不是幡
벼 베는 낫의 양 끝이 둥글게 굽었네[29]	刈禾鎌子兩頭彎
조사의 분명한 뜻 아는 사람 누구인가	祖師的旨何人會
남악과 천태 사이 첩첩의 산 있느니라	南岳天台千萬山

안탕천의 송 2 又頌

깃발도 아니고 바람도 아니라 하니	不是幡兮不是風
조주의 남쪽이요 석교의 동쪽이라네[30]	趙州南畔石橋東
찰간 끝에 간 눈길 돌려 보지 않는다면[31]	刹竿頭上不迴首
황매에서 방아 찧던 늙은이[32]를 등지리라	辜負黃梅踏碓翁

서록 본선瑞鹿本先**의 송** 瑞鹿先頌

바람도 깃발도 아니요 그대 마음이 움직인다 한 말	非風幡動仁心動
예로부터 전해져 오늘에까지 이르렀다네	自古相傳直至今
지금 이후로 운수납자들 알아야 할지니	今後水雲人欲曉

---

29 벼 베는~둥글게 굽었네 : 양 끝의 하나는 바람, 다른 하나는 깃발이다. 그 양 끝이 하나의 낫을 이루듯이 바람과 깃발의 움직임을 모두 부정하는 양단이 이 공안의 분명히 드러난 관문이다.

30 조주의 남쪽이요 석교의 동쪽이라네 : 서로 엇갈리는 견해를 나타내기 위해 조주의 게송을 활용한 구절. 『趙州錄』古尊宿語錄 14(卍118, 334a5), "제방의 견해가 서로 다른 길을 가는 듯한 현상을 보고 게송 한 수를 지었다. '조주의 남쪽이요 석교의 북쪽이며, 관음원 안에는 미륵이 있다네. 달마가 신발 한 짝만 남기고 떠났는데, 오늘날에 이르기까지 다른 한 짝 찾지 못했노라.'(因見諸方見解異途, 乃有頌, '趙州南, 石橋北, 觀音院裏有彌勒. 祖師遺下一隻履, 直至如今覓不得.')"

31 찰간 끝에~보지 않는다면 : 바람도 깃발도 아니라는 말에 얽매여서는 육조의 본의를 알 수 없다.

32 황매에서 방아 찧던 늙은이 : 5조 홍인弘忍 문하에서 행자 신분으로 방아를 찧었던 혜능을 가리킨다.

| 조사야말로 참으로 마음 아는 벗이라네 | 祖師眞是好知音 |

승천 전종承天傳宗의 송 承天宗頌
바람과 깃발 흔들어 밝은 햇볕에 털어 냈으니	風幡搖動拂晴暉
갖은 생각을 다해 봐도 끝내 알지 못하리라	展事商量卒未知
수많은 조사 문하의 선객들이여	多少祖師門下客
드문 일이니 기린아라야만 알리라[33]	頭角須是麒麟兒

자수 원첩資壽院捷의 송[34] 資壽[1)]捷頌
바람 불어 깃발 흔들리다 잠잠하면 깃발 처지고	風動幡搖靜則垂
검은 나귀가 흰 노새를 낳았네	黑驢生得白騾兒
중양절 가까워 오니 가을바람도 세차지고	重陽日近西風緊
매미는 뜰 홰나무에 가득하고 국화는 울타리 넘어섰네	蟬滿庭槐菊滿籬

1) ㉤ '捷'이 갑본에는 '捷'으로 되어 있다. ㉣ '捷'이 맞다.

원통 법수圓通法秀의 송 圓通秀頌
| 바람도 아니고 깃발도 아니라 하니 | 不是風兮不是幡 |

---

[33] 드문 일이니 기린아라야만 알리라 : 『景德傳燈錄』 권5 「青原行思傳」(大51, 240b10), "뿔 달린 존재가 많기야 하지만 기린 한 마리로 충분하다.(衆角雖多, 一麟足矣.)"; 『碧巖錄』 41則 「垂示」(大48, 178c13), "그 자리에서 기린의 뿔처럼 두드러지고, 불 속에서 피는 연꽃처럼 빼어나다.(直下如麒麟頭角, 似火裏蓮花.)"

[34] 바람과 깃발의 불가분한 관계를 읊었다. 바람에 따라 깃발이 흔들리기도 하고 멈춰 처지기도 한다. 노새는 수탕나귀와 암말 사이에 태어난 동물이며 생식 능력이 없다. 게다가 검은 나귀가 흰 노새를 낳을 리 만무하다. 이처럼 풍동風動과 번동幡動을 대립하여 맞세웠지만 바람이 불고 깃발이 흔들리는 그 현상을 두고 나누어 볼 무엇도, 분별로 들추어 낼 별난 소식도 없다. 마치 중양절 가까운 즈음에 가을바람이 불어오고 홰나무에서 매미가 울며 국화가 만발한 모습은 바람과 깃발의 관계처럼 자연스럽다.

이에서 밝히더라도 마음 깨닫기는 어렵다네 　　於斯明得悟心難
아무렇게나 막 지껄이는 말에서 찾으려 말고 　　胡言漢語休尋覓
찰간 끝을 무심히 살펴보기만 하라[35] 　　利竿頭上等閑看
【착각해서는 안 된다.】[36] 　　【且莫錯認.】

설봉 도원雪峯道圓**의 송** 雪峯圓頌
바람도 아니고 깃발도 아니라 하지만 　　不是風兮不是幡
백운은 예전 그대로 청산을 떠다닐 뿐 　　白雲依舊覆靑山
세월 흐르고 늙어 도무지 힘없어도 　　年來老大渾無力
바쁜 가운데 작은 휴식을 취했도다 　　偸得忙中些子閑

해인 초신海印超信**의 송**[37] 海印信頌
바람도 깃발도 움직이지 않고 마음만 움직인다 하니 　　風幡不動唯心動
같은 말을 어째서 두 가지로 이야기한 것일까 　　一語如何話兩般
참을 수 없구나, 아무도 없는 듯이 오만한[38] 노로[39]여 　　叵耐老盧大傍若

---

35 찰간 끝을~살펴보기만 하라 : 앞의 '안탕천의 송 2'에서 '찰간 끝에 간 눈길 돌려 보라.'고 한 말과 상반된다. 육조의 '바람도 깃발도 움직이는 것이 아니요 마음이 움직이는 것'이라는 말이 바로 '찰간 끝'이다. 이에서 눈을 떼지 못해도 눈을 돌려도 모두 어긋나고 만다. 아래에서 "착각해서는 안 된다."라고 착어를 붙인 이유도 여기에 있다.
36 편집자가 첨가한 말이다. 무심히 살펴보기만 할 뿐, 바람이 움직인다거나 깃발이 움직인다거나 하는 말에 상응하는 현상이 진실로 있는 것으로 착각하지 말라는 뜻이다.
37 풍동風動과 번동幡動을 질책하며 제시한 육조의 심동心動도 동일한 잘못이지만 그것이 마치 옳은 것처럼 두 편으로 갈라놓아 관문을 설정했다는 관점이 보이는 게송이다.
38 아무도 없는 듯이 오만한(大傍若) : 방약傍若은 방약무인傍若無人의 줄임말. 자기 이외에 아무도 없는 듯이 제멋대로 군다는 뜻.
39 노로老盧 : 주 25 참조.

아사리와 좌주⁴⁰ 모두 그에게 속고 말았구나⁴¹　　闍梨座主被欺謾

법창 의우法昌倚遇**의 송** 法昌遇頌
바람도 아니고 깃발도 아니라 하니　　　　不是風兮不是幡
검은 무늬 고양이 얼굴에 반점이 얼룩얼룩　黑花猫子面門斑
밤길 가는 사람 밝은 달빛만 좇아가다　　　夜行人只貪明月
저도 모르게 옷 입은 채 찬 강물 건너네　　不覺和衣渡水寒

설화

○ 검은 무늬 고양이 얼굴에 반점이 얼룩얼룩 : 어둠 가운데 밝음이 있다는 말이니, 한 마음이 움직일 때 바람이 움직이고 깃발이 움직인다는 뜻이다.
○ 밤길 가는 사람~강물 건너네 : 단지 한 마음이 움직이는 것이라고 오인하고 있는 것이 바로 밝은 달빛을 좇아가느라 도리어 옷 입은 채 차가운 강물을 건너는 꼴이라는 뜻이다.

法昌 : 黑花狖¹⁾云云者, 暗中有明, 謂一心動處, 有風動幡動也. 夜行人云云者, 只認一心動, 是貪明月, 反是和衣渡水寒.

1) ㉮ '狖'가 위의 송에는 '猫'로 되어 있다. ㉯ '猫'로 번역하였다.

---

40 아사리와 좌주 : 아사리阿闍梨(S ācārya)는 모범적 법도가 되는 스승이라는 뜻에서 궤범사軌範師라 한역한다. 스승이 되어 제자를 가르칠 만한 덕을 갖춘 자를 말한다. 좌주座主는 가르치는 사람을 통칭하는 말이다. 여기서는 두 학인을 가리킨다.
41 아사리와 좌주~속고 말았구나 : '마음이 움직인다'라고 한 육조의 말도 진실이 아니었는데 두 학인은 그것을 몰랐기 때문에 '속았다'고 한 것이다. 육조의 말에 숨어 있는 관문(속임수)을 간파한 해인의 견해가 드러나 있다.

보녕 인용保寧仁勇의 송 保寧勇頌

막힘없이 쭉 뻗은 관의 역참 길	蕩蕩一條官驛路
새벽에도 밤에도 통행 금한 일 없노라	晨昏曾不禁人行
모두들 나다니려 하지 않는 것 아닌데	渾家不是不進步
문 앞에 가시나무 무성하니 어찌하랴	無奈當門荊棘生

법진 수일法眞守一의 송 法眞一頌

파릉의 늙은이[42] 예전에 핵심 집어내어 말하기를	巴陵老作昔拈來
바람도 깃발도 아니라면 어디에 귀착될까[43] 하였네	不是風幡安在哉
시끄러운 저자에서 왕씨네 셋째 아들 피리[44] 부니	鬧裏王三吹觱篥
페르시아의 연회에서 삼대[45]에 맞춰 춤추네	波斯筵上舞三臺

장로 종색長蘆宗賾의 송 長蘆賾頌

바람도 아니고 깃발도 아니라 하면서	不是風兮不是幡
찰간 꼭대기를 무심하게 보라 하네[46]	刹竿頭上等閑看
원통의 불법에는 복잡한 것이 없으니[47]	圓通佛法無多子

---

42 파릉의 늙은이 : 파릉 호감巴陵顥鑑을 가리킨다. 운문 문언의 법제자로서 악주岳州 파릉 신개원新開院에 주석하였다. 주 17 참조.
43 바람도 깃발도~어디에 귀착될까 : 반드시 마음에 귀착하지만은 않는다는 의미. 본칙에도 '파릉 호감의 염'이 실려 있고,『雪竇語錄』(大47, 688a15),『聯燈會要』권2「六祖惠能大師傳」(卍136, 462a9) 등에도 전한다.
44 필률觱篥은 당唐피리를 말한다. 대나무로 만든 황관악기簧管樂器에 속한다. 서역에서 전래된 중국 악기이며 우리나라에는 1114년(고려 예종 9)에 들어왔다. 원래는 9공孔이었으나 조선 성종 때 8공으로 개량되어 오늘날에 이르고 있다. 비율悲篥·가관笳管·두관頭管이라고도 부른다.
45 삼대三臺 : 본서 2칙 '열재거사의 송' 주석 참조.
46 바람도 아니고~보라 하네 : 앞의 '원통 법수의 송' 중 제1구와 제4구를 인용한 것.
47 원통의 불법에는~것이 없으니 : 임제 의현臨濟義玄이 "황벽의 불법에는 복잡한 것이 없다.(黃蘗佛法無多子.)"라고 한 말을 활용한 것이다. 선사들의 불법은 복잡한 이치로 설명할 것이 없고 눈앞에 드러나 있는 단순하고 명백한 진실이라는 뜻이다.『臨濟錄』

코는 언제나처럼 눈앞에 드러나 있네[48]   鼻孔依前在目前
【원통 법수圓通法秀의 송을 아울러 제기했다.】   【兼擧圓通秀頌.】

승천회의 송 承天懷頌

바람 불고 깃발 흔들림 딱 들어맞는 뜻이거늘   風動幡搖旨最親
노로는 어찌하여 마음이 움직인다 한 것일까   老盧心動若爲陳
당시에 진실로 눈 밝은 이[49]가 있었다면   當時果有迦羅眼
의발을 반드시 전하지 않았으리라고는 못 하리[50]   未必衣盂不付人

(大47, 504c19) 참조.

48 원통의 불법에는~드러나 있네 : 원통이 말하는 불법은 얼굴의 중심에 두드러지게 보이는 코처럼 분명한데, '찰간 꼭대기를 무심하게 보라.'고 한 말의 의미가 그와 같다. 소식에 통하기 이후나 그 이전이나 차별이 없고 특별한 변화도 없으며, 불조佛祖가 전해도 이전과 다르지 않았다는 취지이다. 『白雲守端和尙語』續古尊宿語要 3(卍118, 953a13), "시종일관 마음 찾았으나 얻을 수 없었던 뒤로, 적막하여 소림인(달마)도 보이지 않누나. 뜰 가득 묵은 눈에 거듭 찬 기운 느끼고, 코는 이전 그대로 입술 위에 붙어 있네.(終始覓心無可得, 寥寥不見少林人. 滿庭舊雪重知冷, 鼻孔依前搭上脣.)"; 『大慧語錄』권2(大47, 818b10), "몸을 훌쩍 날려 허공 밖으로 한 번에 내던지더라도 코는 이전 그대로 입술 위에 붙어 있으리라.(騰身一擲太虛外, 鼻孔依前搭上脣.)" '달마는 동토에 오지 않았다.'라는 말도 이 뜻이다. 본서 931칙 '단하 자순의 송' 설화 주석 참조. 『無幻語錄』권상(嘉25, 55b18), "대중에게 말했다. '달마는 중국에 오지 않았다고 하니, 사람마다 만 길 절벽처럼 우뚝 솟아 있다는 말이고, 2조는 인도에 가지 않았다고 하니, 사람마다 항상 눈앞에 광명을 번득이고 있다는 뜻이다. 면벽 9년을 시행하여 신광(혜가)이 다 드러내도록 이끌었다. 돌! 가문의 추한 꼴을 밖으로 드러내서는 안 되었네.'(示衆, '達摩不來東土, 人人壁立萬仞 ; 二祖不往西乾, 箇箇常光現前. 自從面壁九年, 致使神光露布. 咄! 家醜不可外揚.')"

49 가라안迦羅眼은 삭가라안爍迦羅眼을 줄여 이르는 말로 견고안堅固眼·금강안金剛眼이라고도 한다. 금강처럼 견고한 눈이라는 뜻으로 사정邪正·시비是非·득실得失 등을 판별하는 지혜와 견식을 갖춘 깨달은 사람을 가리킨다.

50 당시에 진실로~못 하리 : 5조 홍인은 혜능을 6조로 인가하여 대대로 전해 온 가사와 발우를 부촉하면서 더 이상 싸움의 실마리가 되는 이 가사를 전하지 말라고 당부했지만, 눈 밝은 후인을 만나면 전하였으리라는 뜻이다. 5조의 당부는 다음과 같은 인연에 따른다. 宗寶本『壇經』(大48, 349a28), "옛날에 달마 대사가 중국에 처음 왔을 때 사람들이 그 법을 믿지 못했으므로 이 가사를 전하여 믿음의 근거로 삼기 위해 대대로 전했던 것이다. 그 법은 마음으로써 마음에 전하는 것으로 모두가 스스로 깨닫고 스스로

불인 지청佛印智淸**의 송** 佛印淸頌

바람과 깃발이 마음이거늘 다시 무슨 말 하리오	風幡是心更何言
여섯 문 고요히 쉬라⁵¹는 말 예부터 전한다네	六門休歇古今傳
터럭만큼이라도 들어서면 예전처럼 멀어지리니	若立絲毫仍舊隔
대천사계⁵²는 모두 한 털끝에 있을 뿐이라네	大千沙界一毛端

취암 사종翠嵓嗣宗**의 송** 翠嵓宗頌

바람도 깃발도 아니요 마음도 아니니	不是風幡不是心
조사의 바른 안목 지금 이것일 뿐일세	祖師正眼只如今
지금의 소식을 모르면 산하에 막히고	如今不識山河礙
지금의 소식 알더라도 바다와 산에 침몰되리	識得如今海嶽沈

불감 혜근佛鑑慧勤**의 송** 佛鑑勤頌

바람도 깃발도 아니요 마음도 아니라 하니 　　不是風幡不是心

이해하도록 했다. 옛날부터 부처님들은 오직 본체만을 전했고, 조사들은 본심만을 친밀하게 전수했다. 가사를 전하는 것은 싸움의 발단이 되므로 그대에게서 그치고 더 이상 전하지 말도록 하라. 만일 이 가사를 전하면 목숨이 허공에 실로 매달린 것처럼 위태로울 것이다. 그대는 속히 떠나라! 다른 사람들이 그대를 해칠까 걱정된다.(昔達磨大師, 初來此土, 人未之信, 故傳此衣, 以爲信體, 代代相承, 法則以心傳心, 皆令自悟自解. 自古佛佛, 惟傳本體, 師師密付本心. 衣爲爭端, 止汝勿傳. 若傳此衣, 命如懸絲. 汝須速去! 恐人害汝.)"

51 여섯 문 고요히 쉬라 : 여섯 문(六門)이란 안眼·이耳·비鼻·설舌·신身·의意 등의 인식기관인 육근六根을 가리킨다. 『景德傳燈錄』 권29(大51, 452c28)에 실려 있는 용아 거둔龍牙居遁의 게송에 동일한 취지가 보인다. "한번 무심하게만 된다면 그것이 바로 탈속한 경지이니, 여섯 문이 고요히 쉬어 아무 수고로움 없게 된다네. 인연 있는 것은 나의 벗 아니요, 쓸모없는 양 눈썹이 도리어 나의 형제니라.(一得無心便道情, 六門休歇不勞形. 有緣不是余朋友, 無用雙眉却弟兄.)"

52 대천사계大千沙界 : 삼천대천세계三千大千世界와 항하사세계恒河沙世界를 합하여 이르는 말. 삼천대천의 갠지스강의 모래알만큼 헤아릴 수 없이 많은 세계, 곧 우주 안에 있는 모든 세계를 가리킨다.

칼 빠뜨린 곳 뱃전에 표하고 찾은 이들 몇인가	幾人遺劍刻舟尋
여러 선객들에게 분명히 말해 주노니	分明寄語諸禪客
예로부터 놋쇠는 금과 바꾸지 않는 법이라네[53]	自古眞鍮不博金

불안 청원佛眼淸遠의 송 佛眼遠頌

바람도 깃발도 아니요 오직 마음이 움직인다 하니	非風幡動唯心動
바다의 물결 언제나 거세게 치솟는구나	大海波瀾常汹湧
물고기들 출몰하며 멋대로 나타났다 사라질 뿐	魚龍出沒任升沈
삶과 죽음, 성인과 범부 온전히 한가지로다	生死聖凡無別共
온전히 한가지인 그것은 어떤 모습인가	無別共底怎模樣
조불은 옆에서 지켜보며 공연히 합장하고 있네	祖佛傍觀空合掌

숭승공의 송 崇勝珙頌

| 바람이 움직인다 깃발이 움직인다 동서로 분주하지만 | 風幡動兮自西自東 |

---

53 놋쇠는 금과~않는 법이라네 : 놋쇠(眞鍮)는 가공하지 않은 자연산 놋쇠이며 귀하기 때문에 금에 필적하는 가치가 있다고 한다. 따라서 서로 맞바꿀 필요가 없는 대등한 가치를 나타내는 말이다. '마음이 움직인다'고 하거나 '마음도 움직이지 않는다'고 하거나 놋쇠와 금의 관계와 같다는 뜻이다. 『演繁露』 권7, "속담에 '놋쇠는 황금과 바꾸지 않는다.'라고 한 것은 놋쇠가 귀한 물건이라는 점을 강조한 말이다. 천연 그대로 자생한 것을 진유라 하는 이상 노감석盧甘石으로 제련한 것은 그것과 구분하여 가유假鍮라 한다.(諺言, '眞鍮不博金.' 甚言其可貴也. 夫天然自生者, 旣名眞鍮, 則盧甘石所責者, 決爲假鍮矣.)"; 『一切經音義』 권60(大54, 710a24), "유석鍮石.【앞의 글자 음은 투이다. 『비창埤倉』에 '유석은 금과 비슷하지만 금은 아니다.'라고 하였다. 서쪽 오랑캐 티베트에서는 동을 단련하여 약을 만든다. 여기에는 좋은 것과 나쁜 것의 두 종류 유석이 있어 같지 않다. 나쁜 것은 비교적 흰색으로 회절灰折이라 하고, 좋은 것은 비교적 황금색으로 금절金折이라 한다. 그래서 금절이라고도 하고 진유라고도 하는 것이다. 속담에 '금과도 바꾸지 않는다.'라는 말은 이를 가리킨다.】(鍮石.【上音偸, 埤倉云, '鍮石似金, 似而非金.' 西戎蕃國, 藥鍊銅所成. 有二種鍮石, 善惡不等. 惡者, 挍白名爲灰折; 善者, 挍黃名爲金折. 亦名爲金折, 亦名眞鍮. 俗云, '不博金.' 是也.】)"

그대들의 마음은 다르지도 않고 같지도 않다네　　仁者心兮非異非同
어리석은 자[54]가 기틀 드러내기는 했으나 깨치지는[55] 못하더니　　獃漢呈機兮未曾發蒙
조사가 지시해 주자 병은 점점 깊이 침입했다네　　祖師指示兮轉見病攻
능엄의 밝음과 어둠 그리고 막히고 통하는 이치[56] 안다 해도　　縱了首楞兮明暗塞通
현사가 제기한 벙어리 소경 귀머거리의 병통[57] 어찌 면하리오　　爭免玄沙兮瘖瘂盲聾

장령 수탁長靈守卓**의 송** 長靈卓頌
꿈속에 화정[58]에 올라 노닐다가 단구[59]를 지나　　夢遊華頂過丹丘
청량한 구름 다 밟고 돌 누각에 기대어 있었네　　躡盡寒雲倚石樓
벼랑에서 떨어져 내리는 폭포에 시선을 빼앗겨　　貪看瀑泉瀉崖壁

54　어리석은 자(獃漢): 흔히 치애한癡獃漢이라고 쓴다.
55　발몽發蒙은 격발몽체激發蒙滯와 통하는 말로, 어리석음을 깨닫도록 자극한다는 뜻이다.
56　능엄의 밝음과~통하는 이치: 『楞嚴經』권4(大19, 123b21), "그러므로 이제 그대가 어둠도 떠나고 밝음도 떠난다면 헛되게 보는 근거가 없어지고, 움직임도 떠나고 고요함도 떠나면 원래 망령되게 듣는 바탕이 없게 되며, 통함도 없고 막힘도 없으면 냄새라는 성질도 생겨나지 않고, ……인연 경계를 보는 것이 밝음 때문이라 하여 어두울 때는 보이지 않는다고 하지만, 밝지 않아도 스스로 밝게 아는 작용이 생긴다면 온갖 어두운 상相도 영원히 어둡지 않으리라. 인식 기관과 대상 경계가 사라진다면 어찌 원만하고 미묘한 깨달음을 이루지 못하겠는가!(是以, 汝今離暗離明, 無有見體, 離動離靜, 元無聽質, 無通無塞, 嗅性不生, ……緣見因明, 暗成無見, 不明自發, 則諸暗相, 永不能昏, 根塵旣銷, 云何覺明不成圓妙!)"
57　현사가 제기한~귀머거리의 병통: 현사 사비玄沙師備(835~908)가 당시 선자禪者라고 하는 이들이 지니고 있던 병통을 환맹患盲(스승이 지도해 주어도 그 뜻을 알지 못함)·환롱患聾(스승의 말을 흉내만 냄)·환아患啞(불법을 설할 줄 모름) 등 세 가지로 나타내 보인 공안. 현사삼병玄沙三病·현사삼종병인玄沙三種病人·현사접물이생玄沙接物利生·삼종병인三種病人 등이라고 한다. 본서 985칙 본칙 참조.
58　화정華頂: 천태산天台山의 주봉主峰.
59　단구丹丘(坵): 신선이 산다는 전설상의 곳. 밤도 낮처럼 늘 밝다고 한다.

이 몸 푸른 강가에 이른 줄은 알지도 못하였네 豈知身在碧江頭

심문 담분心聞曇賁의 송[60] 心聞賁頌
강가에는 연기 피어오르고 수양버들 간들간들 　　水邊煙[1]膩垂楊裊
대밭에는 구름 짙어 낡은 집 더욱 나지막하네 　　竹裏雲深古屋低
녹음이 산천을 온통 덮으니 봄의 정취는 가고 　　綠遍山川春事過
오동나무 꽃 모두 지고 나자 소쩍새 울음소리 　　桐花滿地子規啼

1) ㉤ '煙'이 갑본에는 '烟'으로 되어 있다. ㉥ 통용자이므로 이하에서는 교감주를 붙이지 않는다.

자항 요박慈航了朴의 송 慈航朴頌
바람도 깃발도 아니요 마음도 아니라니 　　不是風幡不是心
무심하게 움켜쥔 흙 그대로 황금이로다 　　等閑握土是黃金
조계로 가는 한 길[61]은 숫돌처럼 평탄하거늘 　　曹溪一路平如砥
아무 일 없던 무수한 사람들 땅속에 묻혔네[62] 　　無限平人被陸沈

송원 숭악松源崇嶽의 송 松源頌
바람도 아니요 깃발도 아니라 하니 　　不是風兮不是幡
만 겹 관문 분명히 찢어 갈가리 조각내었네 　　分明裂破萬重關
누가 알리오, 팔심 있는 대로 다 써 버린 뒤 　　誰知用盡腕頭力
덧없는 명성 일으켜 세간에 떨어지고 말았네 　　惹得閑名落世間

---

60 바람, 깃발, 마음, 움직임, 움직이지 않음 등등의 상相에 의탁하지 않는 눈앞의 소식 또는 그 제각각의 차별된 상이 하나의 풍경으로 어울리는 조화를 묘사하였다.
61 조계로 가는 한 길 : 육조 혜능으로부터 발단한 선禪을 가리키는 말. 여기서는 제기된 공안의 핵심을 가리킨다.
62 땅속에 묻혔네(陸沈) : 본서 100칙 '조계명의 송 2' 주석 참조.

묘지 종곽妙智從廓의 송 妙智廓頌

바람도 아니요 깃발도 아니라 하니	不是風兮不是幡
신령한 칼날 오롯이 드러나 시퍼런 빛 번뜩이네	靈鋒獨露寶光寒
망망한 우주에 알아주는 이 없으니	茫茫宇宙無知己
높은 누각에 부질없이 기대어 찰간만 바라볼 뿐	空倚危樓望刹竿

개암붕의 송[63] 介庵朋頌

바람도 깃발도 다 옳지 않고	風幡俱不是
그대들의 마음 또한 아니라네	仁者心亦非
옛길에 쓰러진 조각난 비석[64]	斷碑擴[1)]古道
그 아래 돌 거북 깔렸도다	下有石鳥[2)]龜

1) 원 '擴'이 갑본에는 '橫'으로 되어 있다. 역 '橫'으로 번역하였다. 2) 원 '鳥'가 갑본에는 '烏'로 되어 있다. 역 '烏'로 번역하였다.

설봉 의존雪峯義存의 염

설봉이 "대단하신 조사여! 용의 머리에 뱀 꼬리를 단(龍頭蛇尾) 형국이로구나.[65] 20방을 맞아야 할 잘못이다."라고 이 화두의 핵심을 집어내자, 부상좌[66]가 시봉하고 있다가 (뿌드득) 이를 갈았다. 설봉이 (그 소리를 듣고) 말했다. "내가 이렇게 한 말도 20방을 맞아야 할 잘못이다."【운문 종고

---

63 제1구와 제3구, 제2구와 제4구가 각각 호응한다. 조각난 비석은 바람이 움직인다, 깃발이 움직인다 하며 두 가지로 조각난 견해를 상징하고, 돌 거북은 마음이 움직인다고 한 말을 나타낸다. 조각난 비석과 비석을 받치고 있다가 깔려 버린 돌 거북이 모두 제 모양을 잃은 꼴을 비유한다.

64 옛길에 쓰러진 조각난 비석 : 『法演語錄』 권상(大47, 655c8), "학인이 물었다. '위앙 문하의 본분사는 어떤 것입니까?' '조각난 비석이 옛길에 쓰러져 있다.'(學云, '如何是溈仰下事?' 師云, '斷碑橫古路.')"

65 움직이면 모두 움직이고 움직이지 않으면 모두 움직이지 않는다고 해야 수미일관한 말인데, 처음과 끝이 다르게 갈라졌다는 뜻.

66 부 상좌孚上座 : 설봉 의존의 법을 이은 선사로서 보통 태원 부 상좌太原孚上座라 불린다.

雲門宗杲가 말했다. "부 상좌의 진실을 알고 싶은가? 무소가 달빛을 즐기다가 뿔에 무늬가 생긴 격이다. 설봉의 의중을 알고 싶은가? 코끼리가 천둥소리에 놀라 상아에 꽃무늬(번개 그림자)가 새겨진 격이다."[67]]

雪峯存拈, "大小祖師! 龍頭蛇尾. 好與二十棒." 孚上座侍立次, 咬齒. 峯云, "我伊麽道, 也好與二十棒."【雲門杲曰, "要識孚上座麽? 犀因翫月紋生角; 要識雪峯麽? 象被雷驚花入牙."】

(설화)

○ 대단하신 조사여~형국이로구나 : 마음이 움직인다는 말도 성립되지 않는다는 뜻이다.
○ 이를 갈았다 : 부 상좌가 설봉을 긍정하지 않는다는 표현이다.
○ 내가 이렇게 한 말도 20방을 맞아야 할 잘못이다 : 도둑질하는 사람의 마음이 불안한 것과 같다.[68] '용두사미가 되었구나.'라는 말에서 '바람이 움직이는 것도 아니고, 깃발이 움직이는 것도 아니다.'라는 구절이 용의 머리에 해당하고, '그대들의 마음이 움직이는 것이다.'라는 구절이 뱀의 꼬리에 해당한다. 바로 이 부분이 20방을 맞아야 합당한 잘못이다.

---

67 무소뿔에 생긴 무늬나 상아에 새겨진 꽃 모양의 번개 그림자는 눈에 보이는 그대로의 무늬나 꽃이 아니며 곧 사라질 것들이다. '20방의 잘못'이라는 말과 이를 가는 동작을 비롯하여 바람과 깃발과 마음 그리고 그것이 움직인다거나 움직이지 않는다는 말들은 모두 잠시 주었다가 빼앗고 빼앗았다가 다시 주는 선어禪語의 도구일 뿐 결정된 의미는 없다. 설화에서 '밝기는 했지만 어둠을 떠난 적이 없고, 어둡기는 했지만 밝음을 떠난 적이 없다.'라고 해설한 취지도 같은 맥락이다. 『仰山語錄』(大47, 586c28), 『宏智廣錄』권4(大48, 38b16) 등 선어록과 공안집에 널리 인용되는 어구이다. 본서 101칙 '천동 정각의 상당' 주석 참조.
68 부 상좌가 이를 가는 소리를 낸 것은 별 뜻이 없었는데, 설봉은 도둑이 제 발이 저린 것처럼 자신의 잘못을 질책하는 소리로 들었다는 뜻이다. '마음이 움직인다'는 말도 20방의 잘못이듯이 '마음도 움직이지 않는다'는 숨은 뜻도 마찬가지 잘못이라는 점을 설봉은 알고 있었기 때문이다.

○ 운문 종고가 '무소가 달빛을 즐기다가 뿔에 무늬가 생긴 격이다', '코끼리가 천둥소리에 놀라 상아에 꽃무늬가 새겨진 격이다'라고 한 말 : 부상좌는 밝기는 했지만 어둠을 떠난 적이 없고, 설봉은 어둡기는 했지만 밝음을 떠난 적이 없다는 뜻이다.

雪峯：大小祖師云云者, 心動亦不立. 咬齒者, 不肯雪峯也. 我伊麽道云云者, 作賊人心虛. 然龍頭蛇尾者, '不是風動, 不是幡動', 是龍頭, '仁者心動', 是蛇尾. 此合喫二十棒處. 雲門, 犀因翫月云云者, 孚上座雖明, 未嘗離暗；雪峯雖暗, 未嘗離明.

보복 종전保福從展의 염

"도둑질하는 사람의 마음은 불안한 법이지만, 그래도 소하[69]와 맞먹는 전략이 있어야 법률을 제정할 수 있다.[70]"

保福拈, "作賊人心虛, 也是蕭何置律."

설화

○ 도둑질하는 사람의 마음은 불안하다 : 육조가 '한 마음이 움직인다.'라고 한 말에 원래 실實한 뜻이 없음을 나타낸다.

---

[69] 소하蕭何(?~B.C. 193) : 장량張良·한신韓信과 함께 한나라의 삼걸三傑 중 한 사람. 고조 유방劉邦을 도와 천하를 제패하고, 진秦나라의 법을 취사하여 『九章律』을 편찬하였다.
[70] 소하와 맞먹는~수 있다 : 뛰어난 지략과 책략으로써 한나라 창건에 큰 힘을 보태고 법규를 제정한 소하는 흉노의 군주인 선우單于를 토벌할 때는 은성銀城을 주겠다는 속임수로 적을 유도하여 모조리 포획하기도 하였다. '마음이 움직인다'는 말은 허虛한 말로서 소하의 속임수와 같지만 상대를 유도하는 전략에 능하지 않으면 아무나 할 수 없는 수단이라는 뜻이다. 곧 종사들이 제정하는 법률은 '마음이 움직인다'는 말을 주었다가 도둑질하듯이 다시 빼앗아 '움직이지 않는다'는 말로 바꾸어 주고, 그것을 다시 훔치는 방식의 여탈자재與奪自在한 법률이다.

○ 소하와 맞먹는 전략이 있어야 법률을 제정할 수 있다 : '한 마음이 움직인다.'라고 한 말을 실한 뜻이라고 긍정한 말이다.[71]

保福：作賊人心虛者, 祖師一心動, 元非實意也. 是蕭何置律者, 一心動, 亦是實意.

파릉 호감巴陵顥鑑의 염

"조사가 '바람이 움직이는 것도 아니요 깃발이 움직이는 것도 아니다.'라 하였으니, 바람도 깃발도 (움직이는 것이) 아니라면 어디에 귀착된다는 말일까? 조사의 주인이 되어 볼 사람[72]이 있다면, 나와서 나와 맞부딪쳐 보자."

巴陵鑒拈, "祖師道, '不是風動, 不是幡動.' 既不是風幡, 向什麼處着? 有人與祖師作主, 出來與巴陵相見."

설화

○ 조사가 '바람이 움직이는 것도 아니요'~어디에 귀착된다는 말일까 : 바람과 깃발이 무엇에 귀착되느냐고 던진 질문일까? 바람과 깃발을 떠나서 어디에 의지하겠느냐고 물은 말이다. 바람과 깃발을 떠나서 별도로 무슨 의지할 대상이 있겠느냐고 반문한 것이다.
○ 조사의 주인이 되어 볼 사람 : '한 마음이 움직인다'고 한 육조의 말을 마음대로 주재할 수 있는 자를 가리킨다.

---

71 각운覺雲은 '마음이 움직인다'라는 말이 실實이 아니면서 실이기도 하다고 하여 실과 비실非實을 대칭시켜 해설하고 있다. 이것은 이 화두를 소재로 삼아 또 하나의 관문을 설정하는 이중공안二重公案의 방식에 따르는 해설이다.
72 조사의 주인이~볼 사람 : 육조의 말을 마음대로 바꿀 수 있을 정도로 육조와는 다른 자신만의 확고한 견해를 가진 사람을 말한다.

○ 나와서 나와 맞부딪쳐 보자 : '바람과 깃발이 움직인다'고 한 말에 무슨 잘못이 있겠느냐는 뜻이다.

巴陵: 祖師道不是風動云云, 至麽處著者, 風幡向什麽處著耶? 離風幡外 向什麽處寄著也. 意謂離風幡外, 別有什麽寄着處. 有人與祖師作主云云 者, 於一心動, 作主宰者. 出來與巴陵相見者, 風幡動有什麽過.

청량 문익淸凉文益의 상당[73]

"여러 상좌들이여! 무심히 넘길 문제로 여기지 마라. 권고하건대, 옛 성인이 자비심으로 펼쳐 보인 문에 의지해야 한다. 옛 성인들이 보았던 갖가지 경계는 오직 자신의 마음을 본 것일 뿐이다.[74] 육조는 '바람이 움직이는 것도 아니고, 깃발이 움직이는 것도 아니며, 그대들의 마음이 움직이는 것이다.'라고 했으니, 다만 이 말 그대로 이해해야 할 것이다. 친밀[75]하게 전한 이 말씀보다 특별히 더 친밀한 것은 없기 때문이다."

淸凉益上堂云, "諸上座! 且莫將爲等閑. 奉勸, 且依古聖慈悲門好. 他古聖 所見諸境, 唯見自心. 祖師道, '不是風動, 不是幡動, 仁者心動.' 但且伊麽 會好. 別無親於親處也."

---

73 육조가 한 말에 어떤 첨삭도 없이 그대로 수용하여 궁구하도록 권하는 법문이다. 그것이 바로 온전히 실현된 공안(現成公案)이라 보는 안목이다.
74 『金剛三昧經』(大9, 369c1), "부처님께서 말씀하셨다. '그러하다, 보살이여. 마음이 경계를 일으키지 않으면, 경계도 마음을 일으키지 않는다. 무슨 까닭인가? 보이는 갖가지 경계는 오직 보이는 대상으로서의 마음일 뿐이니, 마음에서 헛것을 만들어 내지 않는다면 보이는 대상도 없기 때문이다.'(佛言, '如是, 菩薩. 心不生境, 境不生心. 何以故? 所見諸境, 唯所見心, 心不幻化則無所見.')"
75 '친친親'은 조금도 어긋나지 않고 핵심에 딱 들어맞는다는 뜻이다.

오조 사계五祖師戒의 염

"무엇에 근거하여 한 말일까?"

五祖戒拈, "着甚來由?"

> 설화

○ 조사가 '한 마음이 움직인다.'고 한 말에 문제가 있다고 의심한 것이다.

五祖云云者, 嫌他祖師一心動也.

천태 덕소 국사天台德韶國師의 시중

"옛 성인의 방편은 갠지스강의 모래알처럼 많다. 육조가 '바람과 깃발이 움직이는 것이 아니고, 그대들의 마음이 움직이는 것'이라고 했으니, 이는 최상의 심인心印이며, 가장 근본적인 법문法門이다. 조사 문하의 학인이라 일컬어지는 우리들은 이 말을 어떻게 이해해야 할까? 어떤 자는 '바람과 깃발이 움직이는 것이 아니라 그대 마음이 망령되게 움직이는 것이다.'라 말하고, 어떤 자는 '바람과 깃발에 대한 말을 치워 없애지 말고, 바람과 깃발이 움직인다고 한 바로 그 말에서 꿰뚫어야 한다.'라고 말하며, 어떤 자는 '바람과 깃발이 움직인다고 한 바로 이 말은 무슨 뜻인가?'라고 물음을 던진다. 또 어떤 자는 '갖가지 존재에 의지해 마음을 밝히더라도 갖가지 존재 그대로가 진실이라 오인해서는 안 된다.'라 말하고, 어떤 자는 '색 그대로 공(色卽是空)'이라 말하며, 어떤 자는 '바람도 깃발도 움직이는 것이 아니라 하니 이 말은 반드시 미묘하게 이해해야 한다.'라고도 말한다. 이러한 말들은 육조의 의중과 전혀 관계가 없다. 이 같은 갖가지 이해들이 모두 옳지 않다면, 어떻게 알아야 할 것인가? 만약 진실로 알아낸다면, 어떤 법문인들 밝히지 못하겠는가? 비록 무수한 부처님의 방편이라도 한꺼번에 막힘없이 깨칠 것이다."

天台韶國師示衆曰, "古聖方便, 猶如河沙. 六祖曰, '非風幡動, 仁者心動.' 是爲無上心印, 至妙法門. 我輩稱祖師門下士, 何以解之? 若言, '風幡不動, 汝心妄動.'; 若言, '不撥風幡, 就風幡處通取.'; 若言, '風幡動處, 是什麽?'; 若言, '附物明心, 不須認物.'; 若言, '色卽是空.'; 若言, '非風幡動, 應須妙會.' 與祖師意旨, 了沒交涉. 旣非種種解會, 合如何知悉? 若眞見去, 何法門不明? 雖百千諸佛方便, 一時洞了."

[설화]

○ 아버지가 아니면 자식을 낳지 못한다.[76]

天台 : 非父, 不生其子也.

설두 중현雪竇重顯의 거

파릉 호감의 염을 제기하고 말하였다. "'바람도 움직이고 깃발도 움직인다.'고 하니, 이미 바람과 깃발이 움직인다면 어디에 귀착된다는 말일까? 파릉의 주인이 되어 볼 사람 있다면 나와서 나와 맞부딪쳐 보자."

雪竇顯, 擧巴陵拈, 師云, "風動幡動, 旣是風幡, 向甚處着? 有人與巴陵作主, 亦出來與雪竇相見."

---

[76] 아버지의 뛰어난 가르침이 아니면 자식을 바르게 길러 낼 수 없다는 뜻. 천태 덕소의 시중에 제자를 지도하는 스승으로서의 높은 안목이 있음을 칭송하는 말이다.

> [설화]

○ 바람도 움직이고 깃발도 움직인다 : 파릉은 바람이 움직이고 깃발도 움직인다는 견해를 근본으로 삼았다는 뜻이다.
○ 이미 바람과 깃발이 움직인다면 어디에 귀착된다는 말일까 : '한 마음이 움직인다.'는 것에서 벗어나 어디에 의지하겠느냐는 뜻이다.
○ 파릉의 주인이 되어 볼 사람 있다면 : 바람이 움직이고 깃발이 움직인다는 입장을 마음대로 주재할 수 있는 자를 가리킨다.
○ 나와서 나와 맞부딪쳐 보자 : 육조가 '한 마음이 움직인다.'고 한 말에 무슨 잘못이 있겠느냐는 말이다.
○ 설봉과 부 상좌는 '바람이 움직이지도 않고 깃발이 움직이지도 않으며 마음이 움직이지도 않는다'라는 주장과 '바람도 움직이고 깃발도 움직이며 마음도 움직인다'라는 주장을 대칭시켰고, 파릉과 설두는 '바람도 움직이고 깃발도 움직인다'라는 주장과 '한 마음이 움직인다'라는 주장을 대칭시켰다.

雪竇:風動幡動者, 巴陵則以風動幡動爲宗. 旣是風幡, 向什麽處着者, 離一心動外, 向什麽處寄着也. 有人與巴陵作主者, 於風動幡動, 作主宰者也. 出來與雪竇相見者, 一心動有什麽過也. 雪峯孚上座, 不是風動不是幡動不是心動, 是風動是幡動是心動爲對 ; 巴陵雪竇, 以風動幡動, 一心動爲對.

해인 초신海印超信**의 염**
"대단하신 조사여, 같은 말을 두 갈래로 달리 하였으니 30방을 맞아야 할 잘못이다. 한 방의 잘못이 더 남아 있으니 꼼짝 말고 있어라."

海印信拈, "大小祖師, 話成兩截, 好與三十棒. 更有一个, 切忌動着."

> 설화

○ 같은 말을 두 갈래로 달리 하였다 : '바람과 깃발이 움직인다'는 말과 '마음이 움직인다'는 말을 두 토막으로 나누어 일치하지 않는다는 뜻이다.[77] 이는 30방을 맞아 마땅한 잘못인데, 그것에 덧붙여 또 남아 있는 한 방의 잘못[78]이 어찌 향상하는 하나의 통로가 되겠는가라는 뜻이다.

海印 : 話成兩截者, 風幡動心動, 是兩截也. 是合喫三十棒處, 更有一棒, 豈向上一竅耶?

장산 법천蔣山法泉**의 소참**

이 공안과 더불어 파릉 호감과 설두 중현의 염을 제기하고 말하였다. "이 두 분 존숙의 궁극적 뜻을 알고자 하는가? 내가 여러분에게 하나의 비유를 들어 말해 주리라. 마치 어떤 집안이 조상 대로부터 가산이 지극히 넉넉하였는데, 두 형제가 서로 재산을 두고 다투는 것과 같다. 형은 500전錢을 가지고 동생은 한 관貫(1천 전)을 가지고서 오랜 세월이 흐르도록 싸움을 그치지 않다가 끝내는 조부의 가산을 일시에 탕진하여 그들 자손에게까지 누가 미치게 되자 몸과 마음을 의탁할 곳이 없는 지경이 되었다. 어느 날 친구가 그의 자손들이 의지할 데 없이 외롭게 사는 것을 보고 마침내 그들의 조상들이 가졌던 집을 빌려주어 살게 하였다. 그때 자손들은 '예전 우리 조상들이 이룬 가업이 어찌하여 다른 사람의 소유가 되었단 말인가? 무슨 방법을 써서라도 당시의 재산 증서를 찾아내야 비로소 결실을 맺으리라. 눈앞의 일을 좇으며 세월을 보내더라도 안 될 것이야 없지만 남의 집에 사는 신세를 면치는 못할 것이다.'라고 생각했다. 대

---

77 이 두 가지가 다르지 않은 말임에도 다른 듯이 갈라놓았다는 것을 나타낸다.
78 남아 있는~방의 잘못 : '마음이 움직인다'고 한 육조의 말.

중들이여, 내가 그대들에게 비유를 들어 이야기해 주었다. 그렇다면 묻겠다. 그들이 어떤 방법을 써야 당시의 재산 증서를 찾을 수 있겠는가?"

蔣山泉小參, 擧此話, 連擧巴陵雪竇拈, 師云, "要知二尊宿落處麼? 蔣山爲你說箇譬喩. 一似箇人家祖上, 從來極有涯業, 有二兄弟, 各各鬪使. 大者使五百, 小者使一貫, 日往月來, 鬪使不已, 遂將祖父涯業, 一時蕩盡, 累他子孫, 無安身立命處. 忽有一親友, 見其子孫孤露, 遂將伊家祖上宅舍, 借伊居止. 其間子孫須念, '舊時祖業, 如何却屬他人? 須作方便, 討得當時契書, 方爲究竟. 若趂目前過日, 得則得, 未免住在他人屋下.' 大衆, 蔣山爲你說譬喩了也. 且問, 諸人, 作何方便, 討得當時契書?"

설화

○ 어떤 집안이 조상 대로부터 가산이 지극히 넉넉하였다 : 육조를 가리킨다.
○ 두 형제 : 파릉 호감과 설두 중현을 말한다.
○ 형은 500전錢을 가지고 동생은 한 관貫을 가지고서 : '바람과 깃발이 움직인다'는 말을 꺼내어 육조의 말과 달리 한 파릉은 한 관의 반을 가졌다고 하고, 육조와 같이 ('마음이 움직인다'고) 말한 설두는 한 관 전체를 가졌다고 한 것이다.
○ 오랜 세월이 흐르도록~몸과 마음을 의탁할 곳이 없는 지경이 되었다 : 두 존숙 모두 육조의 뜻을 알지 못하였기에 가업을 탕진한 것이다. 훗날 사람들이 그 말을 따라 친·소와 득·실을 따지는 일이 있게 되었으니, 이것이 자손들에게 누를 끼쳐 몸과 마음을 의탁할 곳이 없는 지경이 되었다는 뜻이다.
○ 어느 날 친구가~집을 빌려주어 살게 하였다 : 여기서 친구라는 것이 어찌 자기 자신을 가리킨 말이겠는가?

○ 그때 자손들은~비로소 결실을 맺으리라 : 당시의 재산 증서라는 것은 육조의 종지를 뜻한다.

蔣山: 一似箇人家, 至極有涯業者, 言祖師也. 二兄弟, 謂巴陵雪竇. 大者五百, 小者一貫者, 巴陵出風幡動, 與祖師言異故, 一貫之半也, 雪竇與祖師言同故, 一貫之全也. 日往月來至立命處者, 二尊宿, 皆不會祖師意, 蕩盡家業也. 後人隨言有親疎得失商量, 是累他子孫, 無安身立命處也. 忽有親友至居止者, 一友豈自謂耶? 子孫須念至究竟者, 當時契書則祖師宗旨也.

고목 법성枯木法成의 상당

이 공안을 제기하고 말했다. "여러분, 조사는 어떤 방편이거나 시기에 적절하게 세움으로써 종지를 전하는 수단으로 삼았다. 여러분은 조사가 학인들에게 분명하게 가르쳐 보인 뜻을 알고자 하는가?" 잠시 침묵하다가 말하였다. "바람이니 깃발이니 마음이니 하거나, 움직인다거니 움직이지 않는다거니 하거나 모두가 미혹의 실마리일 뿐이다. 조사가 설정한 관문의 빗장[79]을 알고자 하는가? 벼랑 앞에서 때마침 두견의 울음소리가 들리는구나.[80]"

枯木成上堂, 擧此話云, "諸仁者, 祖師權時施設, 用作指歸. 諸人要會祖師端的爲人處麽?" 良久云, "風兮幡兮心兮, 動與不動, 還迷. 要會祖師關捩

---

[79] 관려자關捩子는 관려자關捩板子라고도 쓴다. 관문의 열쇠, 관문의 빗장을 말한다. 하나의 공안에 들어 있는 핵심 또는 그 공안을 해결하는 관건을 비유하는 말이다.

[80] 벼랑 앞에서~울음소리가 들리는구나 : 바로 그 현장에서 지금 두견이 들려주는 소식은 마음으로도 바람으로도 깃발로도 또는 움직인다거나 움직이지 않는다거나 하는 그 어떤 결정된 상相에도 속하지 않는 활구活句로서의 빗장이다. 어떤 상에도 예속되지 않는다는 그 측면이 동시에 사방팔방 그 어느 곳으로도 다 열리는 조건이기도 하다.

子? 嵓前時聽子規啼."

> [설화]

○ 바람이니 깃발이니 마음이니~미혹의 실마리일 뿐이다 : 남의 말만 따라 정신없이 내달리기 때문에 미혹되는 것이다.
○ 조사가 설정한 관문의 빗장~두견의 울음소리가 들리는구나 : 바람과 깃발의 움직임이 곧 한 마음의 움직임이라는 뜻이다.

枯木 : 風兮至還迷者, 隨言走殺故迷. 要會祖師至子規啼者, 風幡動卽一心動.

정자본淨慈本의 소참

"육조가 행자살이할 때 인종 법사의 회하에 이르러 두 학인이 바람과 깃발의 움직임을 보고 서로 다투는 광경을 우연히 목격하였다. 한 사람은 '바람이 움직인다.' 하고 다른 한 사람은 '깃발이 움직인다.'라 하며 옥신각신 의견이 분분하였으나 모두 이치에 맞지 않았다. 육조가 당시 길에서 공평치 못한 그 장면을 보고서 '바람이 움직이는 것도 아니요 깃발이 움직이는 것도 아니오. 다만 당신들의 마음이 움직이는 것일 뿐입니다.'라고 하였다. 비록 이와 같이 노로老盧(육조)에게는 일시적으로 깨달음으로 이끄는 방편이 없지 않았으나 또한 후세 사람들의 입을 틀어막지는 못하였다. 산승이 그 상황에 처했더라면 이렇게 말하지 않았을 것이다. 당시에 그 학인들을 보았다면 그들에게 '이 졸음뱅이들[81]아! 그대들은 무엇을 바람이라 하고 무엇을 깃발이라 하는가?'라고 말했을 것이다. 말해 보라!

---

[81] 갑수한瞌睡漢은 갑한瞌漢이라고도 한다. 앉아서 조는 답답한 사람을 가리킨다. 활안活眼을 갖추지 못한 수행자를 나무라는 말로 쓰인다.

조사가 한 말과 같은가, 다른가? 눈 밝은 자는 판단해 보라."

淨慈本小參云, "六祖作行者時, 到印宗法師會下, 忽見二僧因覩風幡, 共相論議. 一云, '風動.' 一云, '幡動.' 往復紛紜, 皆未中理. 他家當時, 路見不平, 便道, '不是風動, 不是幡動. 仁者心動.' 然雖如此, 老盧一期接引則不無, 又且未能塞斷後人口. 山僧者裏卽不伊麽. 當時若見者僧, 只向伊道, '瞌睡漢! 你喚什麽作風幡?' 且道! 與祖師道底, 是同是別? 明眼底鑒看."

[설화]
○ 바람과 깃발이 움직이므로 마음이 움직이고, 바람과 깃발이 움직이지 않으면 마음 또한 움직일 일이 없다는 뜻이다.

淨慈 : 有風幡動故, 心動, 無風幡動則, 亦無心動.

법진 수일法眞守一의 거

이 공안과 더불어 파릉 호감과 설두 중현의 염을 제기하고 말하였다. "말해 보라! 이 두 노숙의 말은 같은가, 다른가? 만일 판정했다면 나와서 산승과 의견을 겨루어 보자."

法眞一擧此話, 連擧巴陵雪竇拈, 師云, "且道! 二老宿語, 是同是別? 若定當得, 出來, 與山僧相見."

[설화]
○ 같거나 다르거나 상관하지 않겠다는 뜻이다.

法眞 : 兩頭不干.

황룡 사심黃龍死心과 법창 의우法昌倚遇의 문답

황룡이 법창에게 물었다. "'바람도 아니고~저도 모르게 옷 입은 채 찬 강물 건너네.'라는 게송은 화상께서 짓지 않으셨습니까?" "그렇다. 내가 지은 이러한 게송이 있다." "대단히 뛰어난 게송입니다." "말해 보라, 조사(육조)는 앞의 단락에서 학인을 가르쳤는가? 아니면 뒤의 단락에서 학인을 가르쳤는가?" "조사는 결코 거짓말을 하지 않습니다." "무슨 뜻인가?" "바람이 움직이는 것도 아니요 깃발이 움직이는 것도 아니라는 말을 모르십니까?" "여우가 물을 건너는 것[82]과 같으니 어떻게 생기 넘치고 활발할 수 있겠는가?" "스님의 생각은 어떠하십니까?" 법창이 불자를 흔들자 황룡이 말했다. "그것 또한 뱀을 그리면서 발을 덧붙여 그리는 격이군요." "아무 일 없는 것을 왜 어지럽히는가?" "화상의 경지라야 되겠군요."

黃龍心, 問法昌遇曰, "'不是風兮, 至渡水寒.' 豈不是和尙偈耶?" 遇曰, "然. 有是語." 心曰, "也大奇特." 遇曰, "汝道, 祖師, 前叚[1]爲人, 後叚爲人?" 對曰, "祖師, 終不妄語." 遇曰, "意作麽生?" 對曰, "豈不見道, 不是風動, 不是幡動?" 遇曰, "如狐渡水, 有甚快活?" 心曰, "師意如何?" 遇以拂子搖之, 心曰, "也是爲蚖畫足." 遇曰, "亂統作麽?" 心曰, "須是和尙始得."

1) ㉔ '叚'는 '段'의 오자이다. 이하 동일.

---

82 여우가 물을 건너는 것 : 의심이 많은 여우에 빗대어 의심이 많음 또는 그러한 사람을 호의狐疑라 한다. 『漢書』「文帝紀」 안사고顏師古 주注에 "여우라는 짐승은 그 본성이 의심이 매우 많아서 매양 얼음이 언 강을 건널 때마다 물이 흐르는지 귀 기울여 듣고 확인하고서야 건넌다. 그래서 의심이 많은 사람을 '호의'라고 부르는 것이다.(狐之爲獸, 其性多疑, 每渡冰河, 且聽且渡. 故言疑者, 而稱狐疑.)"라고 하였다. 『碧巖錄』 21則 「頌評唱」(大48, 162b23), "마치 여우가 의심이 많아 빙판 위를 지날 때에 물소리가 나는지 들어 보고 나서 소리가 나지 않아야 비로소 강의 얼음을 건너는 것과 같다. 공부하는 사람이 여우가 의심하고 또 의심하듯이 한다면 언제 평온해질 수 있겠는가?(如野狐多疑, 氷凌上行, 以聽水聲, 若不鳴方可過河. 參學人, 若一狐疑了一狐疑, 幾時得平穩去?)"

> 설화

○ 황룡의 뜻은 바람과 깃발과 마음 모두가 움직인다는 주장이므로 "조사는 결코 거짓말을 하지 않습니다."라고 한 것이다.[83]
○ 앞의 단락에서~가르쳤는가 : '바람이 움직인다', '깃발이 움직인다'는 구절을 묶은 것이 앞의 단락이고,[84] '한 마음이 움직인다'고 한 것은 뒤의 단락이다.
○ 여우가 물을 건너는 것과 같으니 어떻게 생기 넘치고 활발할 수 있겠는가 : 단지 한쪽에 치우쳐 보고 있기 때문이라는 말이다.
○ 불자를 흔든 것 : 바람이 움직이고 깃발이 움직이는 모습을 나타낸다. 불자는 한 자루의 불자일 뿐이다.
○ 그다음 구절들은 황룡에게 장점이 없지 않으나 법창이 작가종사이니 그인들 어찌하겠는가라는 뜻이다.

黃龍意, 一切動處主張, 故云, 祖師終不妄語也. 前段云云者, 風動幡動是前段, 一心動是後段也. 如狐渡云云者, 只見一邊故也. 以拂子搖云云, 風動幡動之樣子. 拂子則一條拂子也. 下節云云, 黃龍不無長處, 爭奈法昌是作家宗師.

조계명曹溪明의 상당

"깃발도 아니요 바람도 아니라 하면 그만인 것을 어찌하여 공양이 끝난 후에 번거롭게 다시금 종을 치는가![85] 영양이 가지에 뿔을 걸고 자는 모습

---

83 육조가 황룡 자신과 달리 바람도 깃발도 움직이지 않는다고 했지만 그 말이 거짓이 아니며, 자신이 그 반대로 모두 움직인다고 했지만 이 또한 거짓이 아닌 육조의 뜻을 심화하기 위한 말이라는 맥락이다.
84 움직인다는 그 말에 육조가 움직이지 않는다고 한 말이 함께 섞여 있다고 본다.
85 공연히 '마음이 움직인다'라는 말을 덧붙여 추적할 단서를 남김으로써 사람들의 망상을 촉발했다는 뜻.

은 아무도 보지 못했으면서, 다른 사람들에게 애써 그 자취만 가리켜 주는구나.[86]" 이어서 '육조 대사가 어느 날 두 학인이 바람이 움직인다느니 깃발이 움직인다느니 하고 다투는 것을 보고~두 학인이 깨달았다.'라고 한 이야기를 제기하고 말하였다. "대중들이여, 이 이야기에 따라 그 두 명의 도인이 이와 같이 깨달았다고 한다면 쏜살같이 지옥에 떨어지고 말리라. 살갗 속에 혈기가 돌고 있는 사람이라면 '바람이 움직이는 것도 아니요 깃발이 움직이는 것도 아니다. 단지 그대들의 마음이 움직이는 것일 뿐이다.'라는 말을 들었을 때 '돌! 이 무슨 말인가?'라고 했을 것이다. 바로 그때 이렇게 한 번 큰 소리(돌)를 내질렀더라면 비로소 얽매인 몸을 반전시킬 하나의 활로活路[87]를 찾았을 것이다. 옛사람이 '마음도 아니요 부처도 아니요 중생도 아니다.'[88]라고 한 말을 들어 보지 못하였는가! 그렇다면 결국은 그것을 무엇이라 해야 할까?" 마침내 불자를 던지면서 말했다. "이 늙은이가 오늘 그대들에게 감파당하고 말았구나."[89]

---

86 영양이 가지에~가리켜 주는구나 : 가지에 뿔을 건 영양은 종적이 모두 끊어진 경지를 나타내는 비유이다. '깃발도 바람도 움직이지 않는다.'는 말이 이미 어떤 단서도 없는 완결된 화두인데, 굳이 '마음이 움직인다.'는 말을 하여 좇을 자취가 있는 듯이 현혹했다는 뜻이다.

87 얽매인 몸을~하나의 활로活路(轉身一路) : 속박된 몸을 뒤집어 벗어나는 하나의 활로를 말한다. 전신轉身은 몸을 뒤집는다는 번신翻身과도 통하는 말로서 미혹한 상태에서 깨달음으로 전환하는 반전反轉을 비유한다. 또는 어떤 상황에서나 자재하게 운신한다는 뜻을 나타낸다. 속박된 몸을 뒤집어 자유자재한 본분의 생명을 얻는 것을 번신활명翻身活命이라고 한다. 『圜悟語錄』권11(大47, 761c4), "한 터럭에 보왕의 국토가 있어 안도 없고 밖도 없으며 저것도 끊어지고 이것도 끊어지게 되니, 예부터 지금껏 이어지며 온통 밝기도 하고 온통 어둡기도 하다. 이 경계에 이르러도 반드시 얽매인 몸을 반전시킬 하나의 활로가 있어야 완벽하게 자유자재한 경지를 얻을 수 있다.(一毫頭上寶王刹, 直得無內無外, 絕彼絕此, 亘古亘今, 全明全暗. 到這裏, 亦須有轉身一路, 始能得大自在.)"

88 마조 도일馬祖道一과 그의 제자 남전 보원南泉普願이 제기한 화두이다. 본서 159칙, 226칙 참조.

89 자신의 속내를 모두 드러내어 감파될 정도로 자세히 말해 주었다는 뜻.

曹溪明上堂云, "不是幡兮不是風, 何煩齋後却聲鐘! 羚羊掛角無人見, 剛被渠儂强指蹤." 乃擧六祖大師, 一日, 見二僧爭風幡, 〈至〉二僧因而省悟, 師云, "大衆, 據此, 二員道人, 伊麼悟去, 入地獄如箭射. 若是皮下有血漢, 見他道, '不是風動, 不是幡動, 是汝心動.' '咄! 是何言歟?' 當時, 若下得者一咄, 方有轉身一路. 君不見, 古德有言兮, '不是心, 不是佛, 不是物.' 畢竟喚作箇什麼?" 遂擲下拂子云, "老僧今日, 被諸人勘破."

> 설화

○ '그대들의 마음이 움직이는 것일 뿐이다.'라는 말은 공양이 끝난 후에 종을 치는 격이라는 뜻이다. 또한 이후의 견해를 마주해 보면 '바람이 움직인다', '깃발이 움직인다'는 구절도 공양이 끝난 후에 치는 종소리처럼 쓸모없고, 맨 처음의 말을 마주해 보아도 ('바람도 깃발도 움직이지 않는다'는 구절은) 뿔을 나뭇가지에 걸고 자는 영양을 보지 못하고 애써 자취만을 가리키는 격이다.
○ 쏜살같이 지옥에 떨어지고 말리라 : '마음이 움직인다.'는 말 역시 아직 업식을 끊지 못한 데서 나온 주장이라 보았기 때문에 한 말이다.
○ 살갗 속에 혈기가 돌고 있는 사람이라면~들어 보지 못하였는가 : 앞에서 말한 것처럼 뿔을 나뭇가지에 걸고 자는 영양처럼 종적이 없다는 뜻이다.
○ 불자를 던졌다 : '요점[90]이 무엇인가?'라고 물은 뜻이다.

曹溪 : 仁者心動, 是齋後聲鍾也. 又下而對, 則風動幡動, 是齋後聲鍾, 上而對, 則掛角羚羊强指蹤也. 入地獄云云者, 一心動, 猶是業識未斷故也.

---

[90] 공규孔竅는 일반적으로는 인체의 눈·코·귀·입·대변도·소변도 등 아홉 가지 구멍을 가리킨다. 뜻이 변하여 급소急所·요소要所, 또는 요긴한 것을 뜻한다.

皮下有血云云, 至是物者, 前所言掛角羚羊也. 擲下拂子, 是什麽孔竅?

상방 일익上方日益의 거

이 공안과 더불어 파릉 호감과 설두 중현의 염을 제기하고 말하였다. "한 마리 개가 그림자를 보고 짖자 모든 개들이 그 소리를 듣고 따라 짖는 꼴이다.[91] 그때 만약 금색두타(가섭)[92]라면 문 앞의 찰간을 넘어뜨려[93] 남북의 선수행자들이 바람과 깃발에 쫓겨 다니는 어리석음을 면하게 했을 것이다. 비록 그러하기는 하지만 금색두타를 부리는 주인이 될 수는 있어도나, 법운과 맞서 싸우기에는 아직 멀었다."

上方益擧此話, 連擧巴陵雪竇拈, 師云, "一犬吠形, 百犬吠聲. 當時, 若是金色頭陀, 倒却門前刹竿, 也免得南北禪和被風鑑[1]走殺. 然雖如是, 爲金色頭陀作主, 則可, 要與法雲相見, 未在."

---

1) ㉠ '鑑'이 갑본에는 '幡'으로 되어 있다. ㉡ '幡'으로 번역하였다.

---

[91] '형형'은 그림자를 뜻하는 '영영'에 가깝기 때문에 '영'으로도 쓴다. 실정을 알아보지도 않고 남이 하는 소리를 따라 하는 어리석음을 비유하는 속담이다. 王符『潛夫論』「賢難」, "'한 마리 개가 그림자를 보고 짖자 모든 개들이 그 소리를 듣고 따라 짖는다.'라는 속담이 있다. 세상 사람들이 이 병을 앓은 지는 참으로 오래되었도다! 나는 세상 사람들이 진실인지 거짓인지 살피지 않는 세태가 슬픈 것이다.(諺曰, '一犬吠形, 百犬吠聲.' 世之疾此固久矣哉! 吾傷世之不察眞僞之情也.)";『景德傳燈錄』권13「風穴延沼傳」(大51, 303a28), "'인도의 조사(달마)가 중국에 전한 것을 스님께서 분명히 말씀해 주시기 바랍니다.' '개 한 마리가 허공에 대고 짖자 다른 모든 삽살개가 진짜 먹이가 있는 듯이 으르렁거리며 싸운다.'(問, '西祖傳來請師端的.' 師曰, '一犬吠虛, 千獹嗥實.')" "한 사람이 허虛로 전한 것을 모든 사람이 오인하여 실實이라 전한다.(一人傳虛, 萬人傳實.)"라는 선종의 상용구와 통한다.
[92] 금색두타(가섭) : 본서 33칙 '원오 극근의 송' 주석 참조.
[93] 본서 81칙의 본칙이기도 하다.『傳心法要』(大48, 384a3), "아난이 가섭에게 물었다. '세존께서 금란金襴가사를 전한 것 외에 별도로 어떤 법을 전하셨습니까?' 가섭이 '아난아!' 하고 부르자 아난이 '예!' 하고 응답하였다. 가섭이 말했다. '문 앞의 찰간을 쓰러뜨려라!'(阿難問迦葉云, '世尊傳金襴外, 別傳何法?' 迦葉召阿難, 阿難應諾, 迦葉云, '倒却門前刹竿著!')"

> 설화

○ 한 마리 개가 그림자를 보고 짖자~따라 짖는 꼴이다 : 육조가 파릉 호감과 설두 중현에게 그러하였다는 뜻이다.[94]
○ 그때 만약 금색두타라면~어리석음을 면하게 했을 것이다 : 찰간을 쓰러뜨리는 일처럼 뛰어난 기량은 그렇게 빈번하게 일어나지 않는다는 뜻이다.
○ 금색두타를 부리는 주인이~아직 멀었다 : 바람이나 깃발이 움직인다는 말과 한 마음이 움직인다는 말에 무슨 잘못이 있느냐고 반문한 뜻이다.

上方: 一犬吠形云云者, 祖師與巴陵雪竇如此. 當時若是至走殺者, 倒却剎竿處, 無如此許多也. 爲金色至未在者, 風幡動一心動, 有什麽過.

백운 지병白雲知昺**의 거**

이 공안과 더불어 파릉 호감과 설두 중현의 염을 제기하고 말하였다. "파릉은 '바람도 깃발도 (움직이는 것이) 아니라면 어디에 귀착된다는 말일까?'라고 하였으며, 설두는 '이미 바람과 깃발이 움직인다면 다시 어디에 귀착된다는 말일까?'라고 하였다. 그렇다면 물로는 물을 씻지 못하고 금으로 금을 바꿀 필요가 없다[95]는 말이 된다. 행여라도 목숨을 아끼지 않는 이가 이 두 노인네의 발꿈치[96]를 끊어 버리기만 했다면 속된 말이

---

[94] 육조(한 마리 개)는 허虛로 전했으나 두 선사(모든 개)가 그것을 따라 실實이라 잘못 전했다는 취지. 또는 두 선사도 그것을 허로 감파하고 있으면서 실인 듯이 전하여 무수한 사람들이 오인할 길을 열었다는 해설.
[95] 물과 물이나 금과 금이 동일한 성질과 가치를 가지듯이 파릉의 견해와 설두의 견해는 근본적으로 다르지 않다는 뜻이다. 움직인다거나 움직이지 않는다거나 하여 긍정과 부정으로 갈라져서 다른 주장을 한 것처럼 보이지만 그 모두가 뚫을 수 없는 화두로 귀착되고 있기 때문이다. 본서 81칙 '개암붕의 송', '황룡 혜남의 상당' 설화 참조.

세상에 퍼지는 것을 막을 수 있었을 것이다."

白雲昺擧此話, 連擧巴陵雪竇拈, 師云, "巴陵云, '旣不是風幡, 向什麼處着?' 雪竇云, '旣是風幡, 向什麼處着?' 然則水不洗水, 金不博金. 忽有箇不惜性命底漢, 截斷二老脚跟, 也免得世諦流布."

[설화]

○ 만일 두 노인네의 발꿈치를 끊어 버리되 세밀하지 못하다면 속된 말만 세상에 퍼질 것이고, 발꿈치를 완전히 끊어 버리면 금으로 금을 바꿀 필요가 없고 물로 물을 씻지 못하는 경계에 도달할 것이라는 뜻이다.

白雲 : 若截斷二老脚跟, 不得宛, 是世諦流布, 若截斷脚跟, 金不博金, 水不洗水.

불안 청원佛眼淸遠의 상당

"예전에 육조가 거사 신세가 되었을 때[97] 광주 법성사 인종 법사 회하에 숨어 살았다. 어느 날 밤 행랑 사이를 지나다 두 학인이 바람이니 깃발이니 하고 다투는 장면을 마주쳤는데 근본 이치를 남김없이 담아내지 못했다. 조사가 조용히 다가가 말하였다. '나 같은 속인도 고상한 논의에 끼

---

96 발꿈치(脚跟) : 발꿈치가 땅에 붙어 있어야 안정되고 어떠한 불안과 동요도 없듯이 확고한 입각점을 비유한다. 여기서는 두 선사들의 견해가 견고하게 뿌리내리고 있는 근거처럼 보이는 '표면적인 말'을 가리킨다. 『佛祖歷代通載』 권19(大49, 675a10), "'부처란 무엇입니까?' '발꿈치를 잘라 버려라.' 다시 물었다. '부처란 무엇입니까?' '발꿈치를 잘라 버려라.'(問, '如何是佛?' '截斷脚跟.' 又問, '如何是佛?' 師曰, '截斷脚跟.')" 부처라는 관념의 소굴을 없애라는 뜻.

97 혜능이 행자 신분으로 5조 홍인으로부터 6조로 인가받은 다음 신변의 위협을 느껴 남쪽으로 피신해 속인으로 살던 시절을 말한다.

워 줄 수 있소?' 그러고는 바람이나 깃발이 움직이는 것이 아니라 그들 마음이 움직이는 것이라고 일러 주었다. 대중들이여, 바로 지난밤부터 바람이 불고 있다. 말해 보라! 바람이 움직이는가, 움직이지 않는가? 바람이 움직이지 않는다고 한다면, 이처럼 발(簾)을 찰랑이고 문을 흔들며 흙먼지를 일으키는데 어찌하여 바람이 움직이지 않는다고 하는가? 판단해 낼 수 있겠는가? 산승은 '바람이 움직이는 것도 아니고 깃발이 움직이는 것도 아니며 마음이 움직이는 것도 아니다.'라고 말하겠다. 내 뜻을 아는 사람 있는가? 청산은 그지없이 좋기만 하건만, 오히려 집으로 돌아감만 못하다 하는구나.[98]"

佛眼遠上堂云, "昔日, 六祖大師, 作居士時, 隱於廣州法性寺印宗法師席下. 遇夜廊廡間, 有二僧風幡競辯, 未盡厥理. 祖師躡步而謂曰, '可容俗士得預高論不?' 直以非風幡動仁者心動告之. 大衆, 秖如夜來風起. 且道! 是風動, 不是風動? 若道不是風動, 如此觸簾動戶, 簸土揚塵, 作麼生不是風動? 還斷得出麼? 山僧道, '也不是風動, 也不是幡動, 也不是心動.' 有人識得麼? 靑山無限好, 猶道不如歸."

> 설화

○ '바람이 움직이는 것인가, 깃발이 움직이는 것인가?'라는 문제에 닥쳐서 '바람이 움직이는 것도 아니요 깃발이 움직이는 것도 아니며 마음이 움직이는 것도 아니다.'라고 하였다. 곧 바람이 움직이든 깃발이 움

---

[98] 청산은 그지없이~못하다 하는구나 : 북송 때의 정치가이자 학자로 알려진 범중엄范仲淹(989~1052)의 시 〈越上聞子規〉에 나오는 구절. "밤이 되면 푸른 연기 속으로 날아들어가 울고, 낮에는 향기로운 나무 찾아 날아다니네. 봄 산은 그지없이 좋기만 하건만, 오히려 집으로 돌아감만 못하다 하는구나.(夜入翠烟啼, 晝尋芳樹飛. 春山無限好, 猶道不如歸.)" '불여귀不如歸'는 글자 그대로 '돌아감만 못하다'라는 뜻이기도 하고 두견의 울음소리를 이르기도 한다. 본서 123칙 '황룡청의 상당' 주석 참조.

직이든 청산은 그지없이 좋기만 한데 또 어디로 돌아가겠느냐는 뜻이다.[99]

佛眼:當風動幡動, 也不是風動, 也不是幡動, 也不是心動也. 則風動幡動, 青山無限好, 更敢何歸.

육왕 개심育王介諶의 거

이 공안과 더불어 파릉 호감과 설두 중현의 염을 제기하고 말하였다. "이 세 존숙 가운데 한 사람은 마치 무너지는 벼랑에서 돌이 조각조각 굴러 떨어지는 것과 같은 방행放行의 입장이었고, 한 사람은 마치 큰 바다가 조수를 모두 삼킨 것과 같은 파정把定의 입장이었으며, 한 사람은 수미산처럼 꼿꼿이 앉아 조금도 움직이지 않는 입장이었다. 그러나 나, 현녕의 이 말은 법의 조례條例와 규장規章을 전혀 살피지 않은 격이다."

育王諶舉此話, 連舉巴陵雪竇拈, 師云, "此三尊宿, 一人放行, 如頹崖裂石 ; 一人把定, 如大海吞潮 ; 一人端坐不動, 如須彌山. 顯寧伊麼說, 大殺不顧條章.

[설화]

○ 꼿꼿이 앉아 조금도 움직이지 않는 입장 : 육조를 말한다.
○ 파정把定의 입장 : 파릉을 말한다.

---

[99] 바람이건 깃발이건 다 잊고 지금 그 자리에 진실이 있다는 말. 마치 돌아갈 곳이 참으로 있기라도 한 듯이 목 놓아 '귀착되는 곳'을 외치지만 이것은 본질적으로 화두상의 효와譁訛이다. 『白雲守端廣錄』 권3(卍120, 431a14), "자규 : 소리마다 '집으로 돌아감만 못하다'라고 말할 줄 알건만, 한결같이 알아듣는 사람은 드물도다. 봄 산과 봄물의 푸름 눈 가득한데, 다시 어디서 시름 잊을 곳 찾으란 말일까?(子規 : 聲聲解道不如歸, 往往人心會者稀. 滿目春山春水綠, 更求何地可忘機?)"

○ 방행放行의 입장 : 설두를 말한다.
○ 처음부터 끝까지 순서 없이 말한 육왕의 뜻은 무엇인가? 한 구절에 세 구절을 다 갖추었으니, 법안이 말한 것처럼 예전 그대로(仍舊)[100]라는 뜻이다.

育王 : 端坐不動云云, 謂祖師也. 一人把定云云, 謂巴陵也. 一人放行云云, 謂雪竇也. 今顚末無次序, 育王意如何? 一句中具三句, 法眼所謂仍舊也.

운문 종고雲門宗杲의 보설

이 공안을 제기하고 말했다. "산승은 언젠가 한 장로에게 이 공안에 대한 더 향상된 가르침을 청하며, '육조의 본의는 무엇입니까?'라고 물었다. 장로는 장삼 소매 자락을 흔들어 바람을 일으키는 모양새를 취하면서, '이것은 무엇인가?'라고 되물었다. 안타깝고, 안타깝도다! 대단히 당황스럽게 만들고, 몹시도 바보 취급을 하는구나. 어떤 자는 '바람이 움직이는 것도 아니고 깃발이 움직이는 것도 아니며 결정코 마음이 움직이는 것'이라고 말한다. 산승은 평상시 학인들에게 '바람이 움직이는 것도 아니고 깃발이 움직이는 것도 아니며 마음이 움직이는 것도 아니다. 어떻게 생각

---

[100] 예전 그대로(仍舊) : 법안 문익法眼文益이 조주 종심趙州從諗의 '쓸데없이 힘들이지 마라.(莫費力)'라는 말을 예로 들며 다음과 같이 한 말. 선인先人들의 행리行履를 그대로 밟아 간다면 애써 힘들일 일이 없다는 의미에서 '잉구仍舊'라 하였다. 여기서는 육조와 파릉과 설두가 한 말에 입각하여 궁구할 뿐이지 사려분별을 붙여 모색할 제2의 별다른 길은 없다는 뜻에서 법안의 말을 인용한 것이다. 『法眼語錄』(大47, 590c27), "지금 이 순간이 바로 진겁의 기나긴 세월이니, 옷 입고 밥 먹으며 거닐거나 머물며 앉거나 누우며 아침저녁으로 수행에 정진하며 모든 일상의 행위를 변함없이 예전 그대로 행하는 그가 곧 할 일을 마친 사람이다.(今日只是塵劫, 但著衣喫飯, 行住坐臥, 晨參暮請, 一切仍舊, 便爲無事人也.)" 그때마다 순간순간(今日)에 일어나는 낱낱의 일에 길이길이 지속되는 그 무엇이 들어 있다는 생각이 배경이 된다. 같은 책(大47, 590a26), "학인이 물었다. '진겁 이래로 전해진 본분사는 어떤 것이지요?' '남김없이 지금 이 순간에 들어 있다.'(僧問, '如何是塵劫來事?' 師云, '盡在于今.')"

하는가?'라고 물었다. 이 물음에 대하여 어찌 눈을 깜박이며 분별할 여지가 있겠는가!"

雲門呆普說, 擧此話云, "山僧曾請益一箇長老, '意旨如何?' 長老將衫袖搖, 作風動勢云, '是什麼?' 苦哉! 苦哉! 慚惶殺人, 鈍置殺人. 有者道, '不是風動, 不是幡動, 定是心動.' 山僧尋常問學者, '不是風動, 不是幡動, 不是心動, 作麼生?' 者裏豈容眨眼!"

설화

○ 장삼 소매 자락을 흔들어~'이것은 무엇인가?'라고 되물었다 : 바람이 움직이고 깃발이 움직인다는 뜻을 나타낸다.
○ 결정코 마음이 움직인다 : 마음이 움직인다는 뜻이다.
○ 어찌 눈을 깜박이며 분별할 여지가 있겠는가 : 최상의 관문에 걸린 빗장을 집어내어 제기했다는 뜻이다.[101]

雲門 : 衫袖搖云云者, 是風動幡動義也. 定是心動者, 是心動義也. 豈眨眼者, 拈起上頭關捩子.

---

[101] 이미 실현된 화두만을 집어내었기에 더 이상 분별할 여지가 없다는 뜻. '관문의 빗장'에 대해서는 주 79 참조.

111칙 육조일물 六祖一物

본칙 육조가 어느 날 대중에게 말했다. "하나의 그 무엇(一物)이 위로는 하늘을 떠받치고 아래로는 땅을 지탱하면서 옻칠마냥 시커멓다. 그것은 항상 움직임 속에 있는데 움직이는 그 순간에는 잡아들이지 못한다. 그대들은 그것을 무엇이라 부르겠느냐?"[1] 신회라는 사미가 대중 속에서 나와 말했다. "모든 부처님의 본원이고, 신회의 불성입니다." 육조가 몇 차례 방을 휘둘러 때리고서 말했다. "내가 하나의 그 무엇이라고 불러도 맞지 않는다고 했건만, 어찌 본원이니 불성이니 하고 부르느냐! 그대가 이후에 설령 일가를 이루어 대중을 이끄는 위치에 서는 일이 있더라도 지적인 분별을 근본으로 삼는 무리가 될 뿐이리라."

六祖, 一日謂衆曰, "有一物, 上柱天下柱地, 黑似柒. 常在動用中, 動用中收不得. 汝等諸人, 喚作什麽?" 沙彌神會, 出衆曰, "諸佛之本源, 神會之佛性." 祖遂打數棒曰, "我喚作一物尙自不中, 那堪喚作本源佛性! 汝已後, 設有把茅蓋頭, 只作得個知解宗徒."

설화
- 하나의 그 무엇(一物) : 부를 이름이 없는 것에 대하여 억지로 이름을 붙여 '하나의 그 무엇'이라 하지만 어쩔 수 없어 그러는 것일 뿐이다.
- 위로는 하늘을 떠받치고 아래로는 땅을 지탱하다 : 만일 하나의 그 무엇이라면, 하늘과 땅도 그 안에 있고 해와 달도 그 속에 자리 잡을 터인데, '위로는 하늘을 떠받치고'라고 운운한 말은 보통 사람의 생각에

---

1 宗寶本『壇經』(大48, 359b29)에는 약간 다르게 제시되어 있다. "나에게 하나의 그 무엇이 있다. 머리도 없고 꼬리도 없으며, 명칭도 없고 이름자도 없으며, 뒤도 없고 앞도 없다. 여러분은 알겠는가?(吾有一物. 無頭無尾, 無名無字, 無背無面, 諸人還識否?)"

맞추어 다만 헤아릴 수 없는 경지에 들어간 대인(沒量大人)²에 대하여 언급한 것일까? 틀렸다고 말할 수는 없지만 그렇지 않다. 이렇게 '위로는 하늘을 떠받치고 아래로는 땅을 지탱한다.'라고 한 뜻은 하늘과 땅을 지탱하며 위로도 통하고 아래로도 꿰뚫지 못하는 일이 없다는 말이다.

- 옻칠마냥 시커멓다 : 위인지 아래인지 가려낼 수 없다는 뜻이다.
- 항상 움직임 속에 있는데 움직이는 그 순간에는 잡아들이지 못한다 : 경계에서 움직이며 무수한 존재와 하나로 어울리는데, 안팎과 중간 그 어디에서도 찾을 수 없다.³
- 그대들은 그것을 무엇이라 부르겠느냐 : 그들에게 무엇이냐고 묻는 말일 뿐만 아니라 있는 힘을 다해서 말해 준 것이다.
- 모든 부처님의 본원이고, 신회의 불성입니다 : 틀렸다고 말하지는 못하지만 금한 것을 범하여 말했으니 지적인 분별을 잊지 못했기 때문이다.
- 몇 차례 방을 휘둘러 때리다 : 있는 힘을 다해 그에게 가르침을 주었으니, 그렇게도 노파심이 간절했던 것이다.
- 하나의 그 무엇이라고 불러도~불성이니 하고 부르느냐 : 자비심 때문에 인정을 간절히 따르지 않을 수 없었다.
- 그대가 이후에~될 뿐이리라 : 영산의 수기⁴는 반드시 이와 같은 것은

---

2 몰량대인沒量大人 : 과량인過量人이라고도 한다. 본서 8칙 '밀암 함걸의 거', 33칙 '원오 극근의 소참', 47칙 '죽암 사규의 송' 설화 참조.
3 『景德傳燈錄』 권29 「寶誌和尙十二時頌」(大51, 450b28)에 나오는 구절이며 여기에서는 앞뒤의 구절이 도치되어 있다. "닭이 우는 축시丑時에 대한 송 : 한 알의 둥근 구슬(태양) 이미 오래전부터 밝았는데, 안팎으로 접하며 찾지만 그 어디에도 없다네. 경계에서 움직이며 무수한 존재와 하나로 어울리지만, 머리도 보이지 않고 손도 볼 수 없구나. 세계가 무너지더라도 그것은 사라져 없어지지 않으리니, 아직 모르겠는 사람은 한마디 들어 보라. 바로 이렇게 지금과 같거늘 누가 입을 놀리는가?(鷄鳴丑 : 一顆圓珠明已久, 內外接尋覓總無. 境上施爲渾大有, 不見頭又無手. 世界壞時渠不朽, 末了之人聽一言. 只遮如今誰動口?)"
4 영산의 수기授記 : 영산회상靈山會上에서 부처님이 가섭에게 꽃 한 송이를 들어 전한 마음. 육조가 신회에게 '지적 분별을 근본으로 삼는 무리가 될 것'이라고 그의 미래를 폄

아니다.

[一物] 有一物者, 無名字處, 强立名字, 曰一物, 乃不得已也. 上拄天云云, 若是一物, 乾坤在其內, 日月處其中, 而言上拄云云者, 就其人情, 但言其沒量大人耶? 不道不是. 此上拄云云地之意, 不無撑天撑地通上徹下也. 黑似柒者, 是上是下, 分辨不得也. 常在至不得者, 境上施爲渾大有, 內外中間覓摠無也. 汝等云云者, 非唯問他如何, 乃盡力道得也. 諸佛之本至佛性者, 不道不是, 觸犯道得, 知解未忘故. 打數棒者, 盡力爲他, 得伊麽老婆心切. 喚作一物至佛性者, 慈悲之故, 未免曲順人情也. 汝已後云云者, 靈山授記, 未必如此.

해인 초신海印超信의 송 海印信頌

하나의 그 무엇이라 불러도 벌써 맞지 않으니	呼爲一物早不中
어찌 본원이라거니 부처라거니 부르겠는가	那堪喚作本源佛
종횡으로 응하여 나타나도 전혀 줄지 않고	應現縱橫摠不虧
움직이며 작용할 때는 잡아들이지 못한다네	動用施爲收不得
파닥이며 생기 있지만 숨어서 보이지 않으니	活鱍鱍黑浚浚
지금 사람들에게 아는지 모르는지 묻겠노라	且問時人知不知
모른다면 미륵을 만날 때까지 기다려야 하리	不知直待見彌勒

[설화]

○ 하나의 그 무엇이라 불러도~잡아들이지 못한다네 : 본칙 공안의 내용과 같다.
○ 파닥이며 생기 있는 것 : 항상 움직임 속에 있는데 움직이는 그 순간에

하하여 일러 준 것(수기)을 대칭시킨다.

는 잡아들이지 못한다.
○ 숨어서 보이지 않는다 : 칠흑처럼 어둡다는 말이다.

海印 : 呼爲一物至收不得者, 如話文. 活潑潑者, 常在動用中, 動用中收不得也. 黑浚浚者, 黑似柒也.

법안 문익法眼文益의 염

"옛사람이 남에게 주는 수기에는 결코 잘못이 없으니, 지금 지적 분별을 종지로 세운 하택이 바로 이 경우이다."

法眼拈, "古人授記人終不錯, 如今立知解爲宗, 卽荷澤, 是也."

[설화]

○ 지적 분별을 세우는 이외에 별도로 무슨 종지가 있겠느냐는 뜻이다. '시是' 자는 마땅히 '즉卽' 자 다음에 붙여야 옳다.[5]

法眼 : 立知解外, 別有什麼宗也. 是字, 當卽字下可.

안탕천鴈蕩泉의 거

"본원이나 불성이라 불러서는 안 된다고 한다면, 무엇이라 불러야 조사의 뜻과 일치하는지 말해 보라." 이윽고 주장자를 집어 들고 말했다. "보았는가? 가지도 없고 잎도 없으나 머리도 있고 꼬리도 있다. 얼굴을 쥐어틀어 뭉개니 맑은 바람이 사방에서 일어난다. 비록 반 푼의 가치조차

---

[5] 『五燈會元』 권2(卍138, 68b9), 『五燈嚴統』 권2(卍139, 147b9) 등에는 "卽荷澤也"로 되어 있고, 『宗門統要正續集』 권1(永154, 517b1)에는 위와 같이 "卽荷澤是也"로 되어 있다.

없지만 천하의 칠보로도 이것과는 비교할 수 없다."

鴈蕩泉擧此話云, "旣不得喚作本源佛性, 且道, 喚作什麼, 卽契祖師意."
乃拈拄杖云, "還見麼? 無枝無葉, 有頭有尾. 拶破面門, 淸風四起. 雖然不
直半分錢, 天下七珍難可比."

[설화]

○ 가지도 없고 잎도 없으나 머리도 있고 꼬리도 있다 : 칠흑처럼 어둡다는 말이다.
○ 얼굴을 쥐어틀어 뭉개니 맑은 바람이 사방에서 일어난다 : 남김 없는 작용이 눈앞에 실현되어 어떤 법도에도 얽매이지 않는다.[6]
○ 반 푼의 가치조차 없다 : 불법의 도리가 없기 때문이라는 말이다.
○ 천하의 칠보로도 이것과는 비교할 수 없다 : 지극히 천하기 때문에 지극히 귀하다.[7]

鴈蕩 : 無枝云云者, 言黑似柒也. 拶破面門至四起者, 大用現前, 不存軌則.
不直半分錢者, 無佛法道理故. 天下七珍云云者, 極賤故極貴也.

---

[6] 얼굴을 쥐어틀어 뭉갠다는 말이 정해진 법도를 무너뜨리는 방식(不存軌則)을 상징한다. 설화에서 활용 빈도가 높은 말이다. 주로 방할棒喝이나 온몸으로 현재의 틀을 무너뜨리는 상징적 행위에 많이 붙인다. 본서 1칙 '원오 극근의 송' 설화, 5칙 '남명 법천의 송' 설화, 255칙 본칙 설화, 356칙 본칙 설화, 383칙 본칙 설화, 489칙 본칙 설화, 514칙 본칙 설화, 708칙 본칙, 736칙 '건명 혜각의 송' 설화, 1070칙 '설두 중현의 송' 설화, 1173칙 '운문 종고의 상당' 설화 등 참조.

[7] 주장자로 '그 무엇'을 대치한 장면이다. 지극히 천하거나 지극히 귀하거나 양자 모두 값을 매길 수 없다는 측면에서 통한다. 『大博乾語錄』권2(嘉40, 7c28), "대박건大博乾 선사가 주장자를 잡고 한 번 내리치고 말했다. '지극히 높고 지극히 귀하기도 하며, 지극히 낮고 지극히 천하기도 하구나. 비록 한 푼의 가치도 나가지 않지만 나라 전체를 기울여 주더라도 바꾸지 않는다.'(師拈拄杖, 卓一下云, '至尊至貴, 至低至賤. 雖不值錢, 傾國不換.')"

장로 종색長蘆宗賾의 거

"산승이라면 그렇게 말하지 않았을 것이다. 거울처럼 밝고 물처럼 맑은 하나의 그 무엇이 위로는 하늘을 비추고 아래로는 땅을 비추지만, 오로지 움직이는 속에만 있다. 말해 보라! 이것은 무엇일까?"

長蘆賾擧此話云, "山僧卽不然. 有一物, 明如鏡淸如水, 上照天下照地, 只在動用中. 且道! 是什麽?"

[설화]

○ 지위가 낮아질수록 법은 더욱 높아진다.[8]

長蘆云云, 位彌下而法彌高.

---

[8] 낮은 세계에까지 고루 미치는 방편과 작용이라야 법으로서 지위가 높다는 뜻. 『止觀輔行傳弘決』권6(大46, 353b6)에 보이는 구절을 활용하였다. 『天台四敎儀』(韓4, 526b3), "우리 천태가의 진실한 인(眞因)을 다른 종파에서는 궁극의 과(極果)로 삼는다. 다름 아닌 교교가 권權에 치우칠수록 지위는 더욱 높아지고, 교교가 실實에 치우칠수록 지위는 더욱 낮아지기 때문이다. 비유컨대 변방이 안정되기 이전에 잠정적으로 부여하는 직위는 높지만, 작위를 확정하고 공훈을 따지면 그 지위가 실제로 낮은 예와 같다. 그러므로 권교에서 비록 묘각이라 하지만 실교 안에서는 제2행에 불과하다.(以我家之眞因, 爲汝家之極果. 只緣敎彌權, 位彌高 ; 敎彌實, 位彌下. 譬如邊方未靜, 借職則高, 定爵論勳, 其位實下. 故權敎雖稱妙覺, 但是實敎中第二行也.)"

112칙 육조황매 六祖黃梅

[본칙] 육조에게 어떤 학인이 물었다. "황매의 속뜻은 어떤 사람이 얻었습니까?" "불법을 아는 사람이 얻었겠지." "화상께서는 얻었습니까?" "나는 얻지 못했다." "화상께서는 어째서 얻지 못했습니까?" "나는 불법을 모른다."【분주 선소分州善昭가 그 학인을 대신해서 말했다. "비로소 비밀스러운 뜻이라서 전하기 어렵다는 사실을 알았습니다."】

六祖, 因僧問, "黃梅意旨, 什麽人得?" 祖曰, "會佛法人得." 僧云, "和尙還得不?" 祖曰, "我不得." 僧云, "和尙爲什麽不得?" 祖云, "我不會佛法."【分州昭, 代云, "方知密旨難傳."】

[설화]
- 황매의 속뜻은 어떤 사람이 얻었습니까 : 육조가 5조(황매)의 법을 이었다는 사실에 대하여 의심과 믿음이 반씩 섞여 있었기 때문에 물었을까? 육조가 가사와 발우를 얻은 것은 세상 사람들이 모두 아는 일이요, 그 학인도 몰랐을 리가 없는데도 이렇게 물은 이유는 교외별전敎外別傳의 바른 법맥을 드러내고자 했기 때문이다.
- 속뜻(意旨) : 마음(意)이 귀착되는 근본을 '뜻(旨)'이라 한다.
- '나는 얻지 못했다.'라고 하고, 또 '불법을 모른다.'라고 한 말 : 설두 중현이 말했다. "불법을 아는 사람이 얻으면 한 손으로 전해 주지만, 불법을 모르는 사람이 얻지 못하면 두 손으로 받쳐 공손히 전해 준다."[1]

---

[1] 설두 중현의 말 자체는 아니며 그의 말을 응용하여 육조의 말과 연결한 듯하다. 『雪竇語錄』 권3(大47, 686c25), "기량이 있는 자가 얻으면 한 손으로 전해 주고, 기량이 있는 자가 얻지 못하면 두 손으로 받쳐 공손히 전해 준다.(有伎倆者得, 一手分付 ; 有伎倆者不得, 兩手分付.)" 『佛果擊節錄』 22則 「本則」(卍117, 468b13), "설두가 핵심을 집어내어

옛사람[2]이 '물렁한 진흙에 가시가 숨어 있는 법이다.[3] 석가와 미륵 그리고 문수와 보현이 걸림이 없는 말솜씨를 갖추고 육조를 아무리 찬탄하더라도 충분치 않다.'라고 한 다음 게송으로 읊었다.

황매의 산마루에서 전한 진실한 소식이여
노 행자가 원래 못 얻었다면 누가 믿으랴
푸른 물에 한 송이의 붉은 연꽃 피어나니
천 가지 꽃 만 가지 풀이 빛깔을 잃는구나[4]

[黃梅] 黃梅意旨什麽人得者, 六祖法嗣五祖, 疑信相半故, 問耶? 六祖得衣鉢, 天下人共知, 這僧亦非不知, 伊麽問者, 只要弄現別傳正脉也. 意旨者, 意之落處曰旨. 我不得, 又云不會佛法者, 雪竇云, "會佛法人得, 一手分付; 不會佛法人不得, 兩手分付." 古人云, '爛泥裏有刺. 釋迦彌勒, 文殊普賢, 具無礙辯才, 讚歎不及.' 頌云, "黃梅嶺上眞消息, 誰信老盧元不得? 綠水紅蓮一朵開, 千花萬草無顔色."

(拈) 대신 말했다. '그 학인은 당시에 곧바로 할을 내질렀어야 했다.'【도적이 달아난 다음에 활을 당기는군.】 다시 말했다. '기량이 있는 자가 얻으면 한 손으로 전해 주고,【스승의 덕을 반으로 깎아먹는다.】 기량이 있는 자가 얻지 못하면 두 손으로 받쳐 공손히 전한다.【그래야 전수할 만한 자격이 있다.】'(雪竇拈代云, '這僧當時便喝.'【賊過後張弓.】 復云, '有伎倆者得, 一手分付【減師半德.】; 有伎倆者不得, 兩手分付.【方堪傳受.】') 본서 97칙 '지해본일의 상당' 주석 참조.
2 누구인지 알 수 없다.
3 안다·모른다로 간단하고 분명하게 나온 말처럼 보이지만 그대로 받아들여서는 안 된다는 뜻이다. 혜능이 불법을 모른다는 것은 무분별을 체득한 경지이고, 나머지 학인들이 안다고 하는 것은 헛된 분별이라는 방식으로 또 하나의 이해를 첨가해서는 육조의 화두를 타파하지 못한다.
4 제3구와 제4구는 백거이白居易의 시로 알려져 있다. 원진元稹(자는 微之)이 통주通州에 이르러 객사의 벽에서 시를 보게 되었는데 누가 지은 시인지 알지 못했다. 그것을 적어 백거이에게 보이자 백거이는 그가 급제하기 전에 장안長安의 기녀 아연阿軟에게 지어 준 시라고 하였다는 이야기가 전한다.

● '불법을 모른다.'라는 구절 아래 옛사람[5]은 "머리도 반듯하고 꼬리도 반듯하다는 뜻이니, 또한 어떻게 이해해야 원만하게 통할까?"라고 착어를 달았고, '불법을 아는 사람이 얻었겠지.'라는 구절을 제기하고는 "풍족하면 천 명의 식구도 적다고 불만스러워 한다."라고 착어를 달았으며, '나는 얻지 못했다.'라는 구절을 제기하고는 "빈곤하면 한 몸도 많다고 한탄한다."라고 착어를 달았고, '불법을 모른다.'라는 구절을 제기하고는 "머리도 반듯하고 꼬리도 반듯하다."라고 착어를 달았다.

不會佛法下, 古人着語云, "頭正尾正意, 又作麽生會圓通?" 擧會佛法人得, 着語云, "富嫌千口少." 擧我不得, 着語云, "貧恨一身多." 擧不會佛法, 着語云, "頭正尾正."

● 무의자의 송[6]

비 지나간 봄 산 눈썹먹 뿌린 듯 짙푸르고
아침 해 높이 떠오르니 금덩이 녹이는 듯하다
성긴 주렴 걷어 올리고 맑은 풍경 즐기노라니
기이한 새는 날아와 아름다운 소리 보낸다

無衣子頌云, "雨過春山如潑黛, 霞登曉日似燒金. 踈簾捲起酬淸賞, 怪羽飛來送好音."

● 지주池州의 최 사군使君[7]이 오조 법연五祖法演에게 물었다. "문하의 대중

---

5 누구인지 알 수 없다.
6 『眞覺國師語錄』「補遺」(韓6, 49a18).
7 사군使君 : 주군州郡의 장관長官.

이 500명이었는데 어떻게 혜능 대사만 홀로 가사와 법을 받았습니까?"
"499인은 모두 불법을 알았지만 오로지 혜능 대사만은 헤아림을 벗어난 사람이었기 때문에 가사를 전수받았습니다." "진실로 도는 어리석음이나 지혜로움과는 상관이 없음을 알겠습니다."[8]

- 분주 선소의 대어代語 : 만약 위의 문답과 같다면 비밀스러운 뜻이 아니기 때문에 전하기 어렵다는 뜻이다.

池州崔使君, 問五祖, "徒衆五百, 何以能大士, 獨受衣法?" 祖曰, "四百九十九人, 盡會佛法, 唯有能大士, 是過量人, 所以傳衣." 崔公云, "故知道非愚智." 汾州, 若伊麼, 不是密旨, 故難傳.

대홍 보은大洪報恩의 송 大洪恩頌

손 가는 대로 집어냈으나 견해는 제각각	信手拈來見自殊
이 안의 소식 알아볼 틈이 전혀 없구나	箇中消息沒功夫
황매는 이 뜻 전할 수 있으리라 기대치 못하다	黃梅未許傳斯旨
한밤에 이를 노 행자에게 전해 주었도다	半夜曾將付老盧

【설화】
○ 손 가는 대로~틈이 전혀 없구나 : 이 말은 5조 황매에 속한다.
○ 이 뜻 전할 수 있으리라~전해 주었도다 : 황매는 700명의 고승들에게 이 뜻을 전하지 않았고, 오로지 노로老盧에게만 전해 줄 만했다는 말이다.

大洪 : 信手至工夫者, 此言屬五祖黃梅. 未[1]許云云者, 黃梅七百高僧處,

---

[8] 마지막 구절은 『南泉普願禪師語要』古尊宿語錄 12(卍118, 296b9)에 실려 있다. 남전 보원南泉普願이 "道不屬知不知."라고 했던 취지와 통한다. 본서 407칙 본칙 참조.

不傳斯旨, 只堪付老盧.

1) ㉠ '末'이 위의 송에는 '末'로 되어 있다. ㉡ '末'로 번역하였다.

불인 요원佛印了元의 송 佛印元頌

그날 황매는 속뜻을 전하려 하였으나	當日黃梅傳意旨
불법 안다는 이들만 댓조각 갈대처럼 널렸네[9]	會佛法人如竹葦
기린과 용처럼 출중한 자들은 전연 없고	麟龍頭角盡成空
무능했던 노 행자가 그나마 조금 나았다네	盧老無能較些子

원오 극근圜悟克勤의 송 圓悟勤頌

못을 자르고 무쇠를 끊어 버리니[10]	斬釘截鐵
뛰어난 기교는 졸렬한 듯하구나[11]	大巧若拙
오직 한 구절[12]만 제기하였으니	一句單提
불법을 모른다고 한 그것이었네[13]	不會佛法
잎 지건 꽃 피건 그대로 둘 일이니	儘他葉落花開
봄 추운지 가을 더운지 묻지 마라[14]	不問春寒秋熱

---

9 댓조각 갈대처럼 널렸네 : 그 수가 대단히 많음을 볍씨, 삼씨, 댓조각, 갈대 등을 들어 도마죽위稻麻竹葦라고 한다. 여마사속如麻似粟·여마여속如麻如粟 등이라고도 한다. 여기서는 쓸데없이 아무 데나 널려 있다는 다소 부정적 의미로 쓰였다.
10 못을 자르고~끊어 버리니 : 안다거나 모른다거나 하는 이분二分의 단단하게 굳은 분별이 마치 못과 무쇠와 같기 때문에 이렇게 비유한다.
11 뛰어난 기교는 졸렬한 듯하구나 :『老子』45장의 구절.
12 한 구절 : 모든 구절을 수렴하여 만사를 대적하는 한 구절.『空叟宗印禪師語』續古尊宿語要 5(卍119, 121a1), "한 구절만 오로지 제기하여 온갖 마구니의 소굴을 쓸어 없앤다. 가시나무 숲에서 금을 단련하고 옥을 쪼며, 황금의 전당에 흙과 모래를 뿌린다.(一句單提, 埽蕩衆魔窟穴. 荊棘林中, 烹金琢玉 ; 黃金殿上, 撒土抛沙.)"
13 불법을 모른다고 한 그것이었네 : '불법을 모른다.'는 한 구절이 못과 무쇠를 자르듯이 모든 분별을 절단하는 궁극적인 화두라는 말.
14 잎 지건~묻지 마라 : '불법을 모른다.'는 한 구절로 근본을 모두 드러내었으니 다른 일은 물을 필요도 없다는 뜻이다.

별나구나, 별나구나	別別
만고의 푸른 못에 하늘의 달 잠겼네[15]	萬古碧潭空界月

열재거사의 송 悅齋居士頌

불법을 안다 해도 모른다 해도	佛法會不會
망치질 한 번에 가루로 부수리[16]	一槌百雜碎
작은 터럭 하나라도 날린다면	毫末更飛揚
허공을 모조리 가려 버리리라	虛空都覆蓋

[설화]

○ 불법을 안다 해도 모른다 해도~가루로 부수리 : 불법을 안다는 말뿐만 아니라 불법을 모른다는 말도 때려 부수어야만 한다. 어째서인가? 터럭 하나라도 날린다면 허공을 가려 버리기 때문이다.

悅齋 : 佛法會不會云云者, 非但會佛法, 不會佛法, 亦須打破. 何也? 若有毫末飛揚, 蓋覆虛空也.

---

[15] 만고의 푸른~달 잠겼네 : 보통 "두세 번 거듭 건져 보고서야 그림자임을 알았노라.(再三撈摝始應知.)"라는 구절이 뒤따른다. 본서 2칙 '대혜 종고의 평' 주석, 751칙 '원오 극근의 염' 참조. '불법을 모른다.'라고 한 육조의 말이 못에 잠긴 달처럼 실實이 아닌 허虛라는 취지이다. 『白雲守端廣錄』 권2(卍120, 423b2), "법좌에 올라앉아 말했다. '손가락 퉁기거나 기침을 하거나 눈썹 치켜뜨거나 눈을 깜박이거나 이것 아님이 없다. 옛사람은 어째서「만고의 푸른 못에 잠긴 하늘의 달, 두세 번 거듭 건져 보고서야 그림자임을 알았노라.」라고 말했을까? 알겠는가? 9 곱하기 9는 81이다.'(上堂云, '彈指謦欬, 揚眉瞬目, 無不是這箇. 古人爲什麽却道,「萬古碧潭空界月, 再三撈摝始應知.」要會麽? 九九八十一.')"

[16] 불법을 안다~가루로 부수리 : 이 구절에 따르면, '모른다'고 한 혜능의 그 말도 부수어야 할 대상이다. 곧 혜능의 '모른다'는 말도 타파해야 할 화두일 뿐이다.

취암 수지翠嵓守芝**의 염**

"안다면 근본에서 한 단계 멀어진 것이요, 모른다면 그보다 한층 더 멀어지고 만다.[17] 어떻게 해야 이 곤경에 처한 몸이 벗어날 길이 있을까?"[18]

翠嵓芝拈, "會得卽二頭, 不會得卽三首. 作麼生, 便有出身之路?"

[설화]

○ 안다면 근본에서 한 단계 멀어진 것이요 : 미혹도 있고 깨달음도 있는 바로 이것이 근본에서 한 단계 멀어진 것이다.
○ 모른다면 그보다 한층 더 멀어지고 만다 : 아는 것에 다시 모르는 것을 덧붙이면 그보다 한층 더 멀어지고 만다.
○ 어떻게 해야~벗어날 길이 있을까 : '모른다'는 말도 때려 부수라는 뜻일까? 때려 부순 다음에는 또한 어떻게 되는가?

翠嚴 : 會得卽二頭者, 有迷有悟, 是二頭也. 不會卽三首者, 會處又加不會

---

17 이두삼수二頭三首 : 제이두第二頭·제삼수第三首라고도 한다. 두 번째 머리 또는 세 번째 머리. 본래의 그것과 상관없는 헛것이거나 그것에서 점점 멀어진다는 뜻. 또는 우회적으로 세세히 밝히는 방편의 길을 나타내기도 한다. 『楊岐後錄』(大47, 646a28), "대중이여, 지금 모두들 흩어지더라도 이미 한 단계 멀어지고 또 한층 더 멀어질 것이며, 흩어지지 않는다면 오늘 내가 여러분을 몹시도 속이는 결과가 되리라.(大衆, 大家散去, 早落二頭三首 ; 如不散去, 今日熱瞞諸人去也.)"; 『圜悟語錄』 권10(大47, 757a17), "조사가 설정한 단계는 근본에서 한 단계 멀어진 수단이고, 부처를 넘어서고 조사를 뛰어넘더라도 그보다 한층 더 멀어진 기량에 불과하다.(祖師階梯, 是第二頭 ; 超佛越祖, 是第三首.)"; 『怨中無慍語錄』 권2(卍123, 821b2), "모든 부처님께서 세상에 출현하시어 근본에서 한 단계 멀어졌고, 달마가 서쪽에서 불법을 전하고자 찾아와 그보다 한층 더 멀어지고 말았다.……곤경에 처한 몸이 벗어나는 한 길은 무엇일까?(諸佛出世, 是第二頭 ; 祖師西來, 是第三首.……作麼生是出身一路?)"
18 그 길을 보여 주지 않고 분명한 의문으로 남겨 두었다. 곤경에 밀어 넣음으로써 하나의 화두가 실현되어 있기 때문이다. 또 다른 의문으로 처리한 설화의 해설도 취암 수지의 취지를 고스란히 전하는 방식이다.

則三首也. 作麼生, 便有云云者, 不會處亦打破耶? 打破, 又向什麼處去?

승천 전종承天傳宗의 염

"조계 대사는 불조佛祖의 지위를 이었는데 어째서 '불법을 모른다.'고 하였을까? 여전히 귀를 막고 방울을 훔치는 놈에 불과하다.[19] 회양懷讓 선사의 콧구멍이 육조에게 꿰었다는 사실을 전혀 모르는구나.[20]"

承天宗拈, "曹溪大士, 紹佛祖位, 爲什麼, 不會佛法? 也是掩耳偸鈴漢. 殊不知, 讓師鼻孔, 被六祖穿却了也."

설화

○ 조계 대사는~방울을 훔치는 놈에 불과하다 : '불법을 모른다.'고 한 그 말은 숨기고자 할수록 더욱 드러난 격이었으니 어떻게 불조의 지위를 이을 수 있었겠는가?
○ 회양懷讓 선사의 콧구멍이 육조에게 꿰었다는 사실을 전혀 모르는구나 : 비록 그렇다고는 하지만 이것을 벗어나서 별도로 불조를 잇는 일은 없다는 뜻이다. 만약 '귀를 막고 방울을 훔쳤다.'고 생각한다면 회양 선사의 콧구멍이 그에게 꿰인다는 말인가? 아마도 '육조의 콧구멍이 회양

---

[19] 여전히 귀를~놈에 불과하다 : 육조가 비록 '불법을 모른다.'고 말했지만 그 말도 스스로 속인 격이라는 뜻이다. 안다는 것과 모른다는 것이 모두 궁극적인 종지와 상관이 없는데, 육조는 마치 그 맥락을 남들은 모르리라고 생각하고 던졌다는 것이다. 그러나 그 속뜻을 간파하는 안목으로 보면 스스로 속은 것과 다르지 않다.
[20] 회양懷讓 선사의~전혀 모르는구나 : 무엇을 가리키는 말인지 불확실하다. 육조가 "어떤 것이 이렇게 왔느냐?"라고 물었을 때 회양이 "하나의 그 무엇이라고 말해도 딱 들어맞지 않습니다."라고 대답하여 육조의 인가를 받은 사실을 가리키는 것으로 추정된다. 육조가 말한 '하나의 그 무엇'이라는 말에 대하여 회양이 그것조차 부정하였지만, 긍정하거나 부정하거나 모두 육조가 설정한 관문을 벗어나지는 못하기 때문이다. 설화에서는 회양과 육조를 잘못 바꾸어 표현한 것으로 해설했다.

선사에게 꿰였다.'라는 말을 잘못한 것으로 보인다. 그렇다면 회양 선사가 "수행하여 깨닫는 일이 없지는 않다."[21]라고 한 이 말은 회양의 터득한 경지를 드러낸 말인가, 아니면 육조의 콧구멍을 꿴 말인가?

承天 : 曹溪大士至偸鈴者, 不會佛法, 是欲隱彌露, 豈能紹佛祖位乎? 殊不知, 讓師鼻孔云云者, 雖然如是, 除此外, 別無紹佛祖地事. 若曰掩耳偸鈴, 讓師鼻孔, 被他穿却耶? 恐是誤出, 六祖鼻孔, 被讓師穿却了也. 然則, 讓師道, "修證則不無." 是讓師所得, 是穿却六祖鼻孔?

영명 연수永明延壽의 평

"만약 그 도를 깨닫는다면 지위를 이을 만하고 가사를 전수받을 만도 하다. 가령 어떤 학인이 남전[22] 화상에게 '황매 문하에 500명의 학인이 있었는데 어째서 노 행자만 유독 가사와 발우를 전수받았습니까?'라고 묻자 '다름 아닌 499인은 모두 불법을 이해했지만 노 행자 한 사람은 불법을 이해하지 못했고 다만 그 도를 알았을 뿐이기 때문이다. 그런 까닭에 가사와 발우를 전수받은 것이다.'라고 대답했다. 그러므로 선덕의 게송[23]에 '유·무와 거·래를 분별하는 마음 영원히 그치고, 내외와 중간 그 어느 것도 전혀 없다네. 여래께서 진실로 머무는 경지를 알고자 한다면, 다만 돌 양(石羊)이 망아지 낳는 모습을 살펴보라.'라고 한 것이다. 이와 같이 미묘

---

21 다음 문답의 한 구절을 가리킨다. 宗寶本『壇經』(大48, 357b21), "'어떤 것이 이렇게 왔는가?' '하나의 그 무엇이라고 말해도 딱 들어맞지 않습니다.' '수행에 의지하여 깨닫는가?' '수행하여 깨닫는 일이 없지는 않지만, 오염되어서는 안 됩니다.'(師曰, '什麼物恁麼來?' 曰, '說似一物卽不中.' 師曰, '還可修證否?' 曰, '修證卽不無, 汚染卽不得.')" 본서 119칙 참조.
22 남전이 아니라 오조 법연을 잘못 쓴 듯하다. 본칙 설화 참조.
23 부대사傅大士의 게송이다.『善慧大士錄』(卍120, 33b14). 마지막 구절은 "다만 돌 소가 코끼리를 낳는 모습을 보라.(但看石牛生象兒.)"라고 되어 있다.

하게 통달한 다음에도 도는 여전히 남겨 두지 않거늘, 어찌 다시 지적 분별로 따지며 알았다느니 몰랐다느니 망상을 피우겠는가?"

永明壽云, "若悟其道, 則可以承紹, 可以傳衣. 如有人, 問南泉和尙云, '黃梅門下, 有五百人, 爲甚盧行者, 獨得衣鉢?' 師云, '只爲四百九十九人, 皆解佛法, 只有盧行者一人, 不解佛法, 只會其道, 所以得衣鉢.' 故先德偈云, '有無去來心永息, 內外中閒都摠無. 欲見如來眞住處, 但看石羊生得駒.' 如此妙達之後, 道尙不存, 豈可更論知解, 會不會之妄想乎?"

[설화]
○ 만약 그 도를 깨닫는다면~가사와 발우를 전수받았습니까 : 도란 불법을 이해하지 못하는 바로 그것이라는 뜻이다.
○ 유·무와 거·래를 분별하는 마음~그 어느 것도 전혀 없다네 : 불법을 이해하지 못하는 경지를 드러내었다.
○ 다만 돌 양(石羊)이 망아지 낳는 모습을 살펴보라 : 그 안에 작용이 있다는 뜻이다.
○ 도는 여전히 남겨 두지 않는다 : 도조차도 남겨 두지 않아야 옳다는 말이다. 그렇다면 돌 양이 망아지를 낳는다는 말도 남겨 두어서는 안 된다. 그러므로 "어찌 다시 지적 분별로 따지며 알았다느니 몰랐다느니 망상을 피우겠는가."라고 한 것이다.

永明 : 若悟其道, 至得衣鉢者, 道則不會佛法處也. 有無去來心, 至都總無者, 不會佛法處弄現也. 但看石羊生得駒者, 其中有用也. 道尙不存者, 道亦不存, 方可. 然則石羊生得駒, 亦不存. 故云, '豈可更論云云.'

황룡 혜남黃龍慧南**의 상당**

법좌에 올라앉아 "대각(부처님)께서 연등불의 처소에서 하나의 법도 얻은 것이 없었는데,[24] 육조가 한밤에 황매에서 또한 무엇을 전수받았단 말인가?"라 하고 게송 한 수를 읊었다. "얻었건 얻지 못했건 전수받았건 전수받지 못했건, 근본으로 돌아가 종지를 얻었거늘 다시 무슨 말을 하랴? 되돌아보면 수산 성념首山省念이 일찍이 누설했던 것과 같으니, 신부가 나귀를 타고 시어머니가 끌어 준다.[25]"

黃龍南上堂云, "大覺, 於燃燈佛所, 無一法可得 ; 六祖, 夜半於黃梅, 又傳箇什麽?" 乃有偈曰, "得不得傳不傳, 歸根得旨復何言? 憶昔首山曾漏洩, 新婦騎驢阿家牽."

설화

○ 대각께서 연등불의 처소에서 하나의 법도 얻은 것이 없었는데 : 얻을

---

24 대각(부처님)께서 연등불의~것이 없었는데 : 과거세에 석가모니불이 청련화青蓮花 다섯 송이를 공양한 공덕으로 연등불([S] Dīpaṅkara-tathāgata)로부터 미래에 부처가 되리라는 수기授記를 받았지만 얻은 법은 아무것도 없었다는 이야기를 가리킨다. 『金剛經』(大8, 751a23), "진실로 어떤 법도 없는 그 자체로 아뇩다라삼먁삼보리를 얻는다. 그러므로 연등불께서 나에게 수기를 주면서 이렇게 말씀하셨다. '그대는 내세에 성불할 것이니 그 칭호는 석가모니이리라.'(以實無有法, 得阿耨多羅三藐三菩提. 是故, 燃燈佛與我受記, 作是言, '汝於來世, 當得作佛, 號釋迦牟尼.')" 연등불은 정광불錠光佛이라고도 한다.
25 신부가 나귀를~끌어 준다 : 수산에게 '부처란 무엇입니까?'라고 묻자 수산이 '신부가 나귀를 타고 시어머니가 끌어 준다.'라고 한 문답. 본서 1320칙 본칙. 모든 유형의 갈등과 대립이 사라진 평등·태평의 소식을 전한다.『禪林僧寶傳』권14「神鼎洪諲傳」(卍137, 498b15), "신부가 나귀를 타고 시어머니가 끌어 주니 누가 아랫사람이고 누가 윗사람인가? 평범한 사람들이 손을 잡고 태평성대를 칭송하며 옛날부터 모든 성인들이 다 그러했다고 한다. 일어나서 앉으나 두 가지 종류의 대립된 차별이 없는 경계에서 그친다.(新婦騎驢阿家牽, 誰後復誰先? 張三與李四, 拱手賀堯年, 從上諸聖總皆然. 起坐終諸沒兩般.)" ; 『續傳燈錄』권7「大寧道寬傳」(大51, 508c29). 본서 25칙 '운거 효순의 염' 설화 주석 참조.

만한 법이 없다는 뜻이다.
○ 육조가 한밤에 황매에서 또한 무엇을 전수받았단 말인가 : 또한 전수받은 일이 있다.
○ 얻었건 얻지 못했건 전수받았건 전수받지 못했건 : 대각께서 얻었는가, 얻지 못했는가? 육조는 전수받았는가, 전수받지 못했는가?
○ 근본으로 돌아가 종지를 얻었거늘 다시 무슨 말을 하랴 : 육조가 이미 전수받았다면 근본으로 돌아가 종지를 얻은 것이지만, 그래도 쓸모가 없다는 뜻이다.
○ 되돌아보면 수산 성념首山省念이~시어머니가 끌어 준다 : 전수받거나 전수받지 못했다는 뜻을 드러내었다.

黃龍 : 大覺於然燈佛云云者, 無法可得也. 六祖夜半云云者, 又有傳受地事也. 得不得傳不傳者, 大覺得耶不得耶? 六祖傳耶不傳耶? 歸根得旨云云者, 六祖既是傳, 則歸根得旨, 也無用處也. 憶昔首山曾漏洩云云者, 弄現傳不傳義.

향산 온량香山蘊良의 상당 1

이 공안을 제기하고 말했다. "말이란 마음의 싹이다.[26] 그가 만약 불법을 알았다면 남의 집 방앗간에 가서 쌀을 찧지는 않았을 것이고, 그가 만약 불법을 알았다면 남의 가사와 발우를 훔쳐 한밤 삼경에 몰래 강을 건너지 않았을 것이며, 그가 만약 불법을 알았다면 대유령 꼭대기에서 가사를 들어 올리지 못하게 하여 선한 사람들을 속이지는 않았을 것이다. 뒤에 죽은 다음에 토굴에 묻혀 있다가 신라 사람에게 목을 잘렸던 것[27]은 모

---

[26] 드러난 말을 보면 그 마음을 알 수 있다는 뜻. 혜능이 '불법을 모른다.'라고 한 말에 그 속을 알 수 있는 결정적인 단서가 있다는 뜻이다.
[27] 신라 사람에게~잘렸던 것 : 732년에 성립된 신회神會의 『菩提達摩南宗定是非論』에

두 이러한 악업의 과보였던 것이다. '천망天網은 그물코가 넓어서 사이가
많이 벌어져 있지만 하나도 새어 나가지 않는다.'[28]라는 말을 모르는가?
말해 보라! 잘못이 어디에 있는가?" 잠깐 침묵하다가 말했다. "고통을 구
하소서, 관세음보살이시여!"

香山良上堂, 擧此話云, "夫語是心苗. 他若會佛法, 應不去人家碓房裏擣
米 ; 他若會佛法, 應不去竊他衣鉢, 夜半三更潛地渡江 ; 他若會佛法, 應
不向大庾嶺頭, 使人拈掇不起, 誑譁閭閻. 後來死了, 埋在土窟裏, 被新羅
人斫却頭去, 盡是惡業果報. 不見道, '天網恢恢, 踈而不漏?[1]' 你道! 過在
什麽處?" 良久云, "救苦, 觀世音菩薩!"

1) ㉓『老子』에는 '漏'가 '失'로 되어 있다.

(설화)

○ 말이란 마음의 싹이다 : '말을 듣고 인품을 알아차린다.'[29]라는 말과 같다.

서 시작하여, 781년의『曹溪大師別傳』을 거쳐 801년에 성립된『寶林傳』에 확정되어
실린 내용이다. 혜능은 입적하면서 자신이 죽은 뒤에 자신의 머리를 잘라 갈 사람이
나타날 것이라고 예언하였다. 제자들은 이를 염려하여 혜능이 입적한 뒤에 목 부분을
쇠줄로 감싸 놓았다. 그 뒤 개원開元 연간(713~741) 밤중에 혜능의 탑에서 쇳소리가
나서 나가 보았더니 한 사람이 탑에서 뛰어나갔는데 혜능의 목에 상처가 남아 있었다.
현령인 양류楊流와 자사인 유무첨柳無添이 석각촌石角村에서 범인을 잡아 심문하였
더니 그는 여주汝州 양현梁縣의 장행만張行滿이라는 사람인데, 홍주洪州 개원사開元
寺에서 신라 출신의 김대비金大悲로부터 금 2만 냥을 받고 육조의 머리를 잘라 신라로
돌아가서 공양하려 하였다고 자백했다. 이러한『寶林傳』의 이야기는 이후『祖堂集』과
『景德傳燈錄』등에 전승되면서 연대까지 확정되는 것으로 변했다.『景德傳燈錄』권
5(大51, 236c2)에는 이 사건을 예언하는 혜능의 참게讖偈가 첨가되었고, 722년 8월 3일
에 일어났다고 분명하게 기록하여 이 설화를 사실로 굳히려는 의도를 드러내었다.

28 『老子』73장.
29 『雲門廣錄』권하(大47, 572c7), "운문이 학인에게 물었다. '싹을 보고 토질을 판단하고,
말을 듣고 인품을 알아차린다면 어떻겠느냐?' '잘못되지 않습니다.' '그렇다.'(師問僧,
'從苗辨地, 因語識人, 作麽生?' 僧云, '不錯.' 師云, '不敢.')"

○ 그가 만약 불법을 알았다면~목을 잘렸던 것 : '모른다'라고 한 말을 근거로 삼아 육조가 불법을 몰랐다는 견해를 무너뜨렸다.
○ 고통을 구하소서, 관세음보살이시여 : 대비천수大悲千手(관세음보살)가 아니었다면 이 고통에서 벗어나지 못할 것이다.

香山 : 語是心苗者, 如云因語識人也. 他若會佛法, 至頭去者, 因不會之語, 破他不會佛法見解也. 救苦, 至菩薩者, 非大悲千手, 難免此苦.

향산 온량의 상당 2

☺ "보리달마 이래로 조계 6대 조사에 이르기까지 이 도리를 얻었던가?"라 하고 이 상相을 그려 놓고 대답했다. "어떤 학인이 혜능 화상에게 '황매의 속뜻은 누가 얻었습니까?'라 묻고~'나는 불법을 모른다.'라고 답한 문답을 모르는가?『인왕경』에서 '나는 지금 말한 것이 없고, 그대도 들은 것이 없는 바로 이것이 하나의 이치이면서 두 가지 이치이다.'[30]라고

---

30 『仁王經』권상(大8, 839a6), "我今無說, 汝今無聽, 無說無聽, 是卽名爲一義二義." 이 불설佛說은 바사닉왕波斯匿王이 "세존이시여! 승의제勝義諦에 세속제世俗諦가 들어 있는지요? 만약 없다고 한다면 지혜는 틀림없이 둘이 아니니 타당하지 않고, 만약 있다고 한다면 지혜는 틀림없이 하나도 아니니 이 또한 타당하지 않습니다. 하나와 둘 사이의 이치를 그 실정으로 보면 어떤지요?(世尊! 勝義諦中, 有世俗諦不? 若言無者, 智不應二 ; 若言有者, 智不應一. 一二之義, 其事云何?)"라고 던진 질문에 대한 답변이다. 승의제와 세속제의 관계를 따지면서 하나인지 둘인지 확정하지 않은 바사닉왕의 의문 속에 선어禪語의 색깔이 짙게 묻어 있어 여러 선사들의 눈길을 끌었던 문답이다. 본서 8칙 참조. 정원淨源 찬, 『注仁王護國般若經』권3(卍41, 350a18), "말함과 들음이 모두 사라졌으니 진제眞諦(승의제)로서 오직 하나요, 말한 스승과 들은 제자가 아울러 있으니 속제俗諦(세속제)로서 둘을 갖추었다.(說聽俱泯, 眞諦唯一 ; 師資並存, 俗諦具二.)";『介石智朋語錄』(卍121, 390b12), "바사닉왕은 납승을 점검하는 안목을 갖추고 있었다. 옥석을 분명하게 구분하고 싶은가? 석가노자는 염주 알을 집어내어 상대의 눈알을 바꾸어 주려 했지만 진실을 꿰뚫어 보는 하나의 눈을 스스로 잃고 말았다는 사실은 알지 못했다. 대답해 보라! 교란하는 장치(譎訛)는 어디에 있는가?(波斯匿王, 具勘驗衲僧眼目. 要見玉石分明? 釋迦老子, 拈出木槵子, 要移換人, 不知自失一隻眼. 且道! 譎訛在什麼處?)";『了菴淸欲語錄』권2(卍123, 619a18), "문이란 문은 다 활짝 열렸

한 말을 모르는가? 또한 '향상하는 하나의 길은 어떤 성인도 전하지 못하거늘 배우는 자들이 전하려 애쓰는 모습이 원숭이가 물속에 비친 달그림자를 잡으려는 것과 같다.'[31]라고 하였고, 또 '삼세의 부처님은 그것을 모른다.'[32]라고 하였다. 만일 어떤 사람이 '달마 대사가 서쪽에서 온 뜻이 무엇인가?'라고 묻는다면, 이 상을 그리고 나서 주장자로 문질러 지우리라."

又. ○ "自菩提達磨, 泊曹溪六代祖師, 還得者箇道理也無?" 乃作此相對之, "不見, '僧問能和尙云, 黃梅意旨,〈至〉我不會佛法.' 不見, 仁王經云, '我今無說, 汝今無聽, 是一義二義.' 又云, '向上一路, 千聖不傳, 學者勞形, 如猱捉影.' 又云, '三世諸佛不知有.' 忽有問, '如何是祖師西來意?' 作此相了, 以拄杖抹却."

설화

○ 보리달마 이래로~이 상相을 그려 놓고 대답했다 : 중간의 큰 원상圓相(○)은 선대로부터 대대로 전수되어 온 하나의 원상이다. 곧 그 이하는 '불법을 모른다.'라고 한 육조의 말을 세 가지로 나눈 것이다. 『인왕경』

고, 아득히 넓은 하늘에 구름 한 점도 걸려 있지 않다.……달마의 구멍 없는 피리를 집어 들고 모두들 영원한 기쁨의 소식을 분다.(豁開戶牖, 萬里不掛片雲.……拈起少林無孔笛, 大家吹出萬年懽.)"

31 반산 보적盤山寶積의 말. 『景德傳燈錄』 권7 「盤山寶積傳」(大51, 253b13), 본서 249칙 참조.

32 『碧巖錄』 61則(大48, 193b26)에 따르면 이 말은 '불법을 모른다.'라고 한 혜능의 말에 대하여 언급하면서 남전 보원이 대중에게 준 법어이다. 『景德傳燈錄』 권10 「長沙景岑傳」(大51, 275a14), "어떤 학인이 물었다. '남전은 「고양이와 흰 소가 도리어 그것을 알고, 삼세의 모든 부처님은 그것을 모른다.」고 하셨는데, 어째서 삼세의 부처님은 모릅니까?' '녹야원에 들어가 깨닫기 이전에는 그래도 조금 나왔다.' '고양이와 흰 소가 어째서 도리어 압니까?' '그대는 어째서 그들이 안다는 사실을 이상타 여기는가?'(僧問, '南泉云, 「貍奴白牯却知有, 三世諸佛不知有.」 爲什麽三世諸佛不知有?' 師曰, '未入鹿苑時, 猶較些子.' 僧曰, '貍奴白牯, 爲什麽却知有?' 師曰, '汝爭怪得伊?')"

에서 '말한 것도 없고 들은 것도 없다.'라고 한 불설과 '향상하는 하나의 길은 어떤 성인도 전하지 못한다.'라고 한 말 그리고 '삼세의 부처님은 그것을 모른다.'라고 한 말은 모두 결정적인 한 수를 가리킨다.[33] 이 한 수 이외에는 위와 아래에 그려진 여섯 개의 작은 원상은 달마 대사로부터 조계 6대 조사까지 모두 이 한 수를 전했음을 나타낸다.

○ 이 상을 그리고 나서 주장자로 문질러 지우리라 : 이 또한 문질러 없애야 한다는 뜻이다.

又上堂, 自菩提達摩, 至此相對之者, 中間大圓相, 從上來相傳相授地一圓相也. 則下所分, 六祖不會佛法. 仁王經云, '無說無聞.' '向上一路, 千聖不傳.' '三世諸佛不知有'地一着也. 此一着外, 上下六小圓相, 自達摩至曹溪六代祖師, 共傳此一着也. 作此相了以住杖抹却者, 亦須抹却始得.

오조 법연五祖法演의 거

이 공안과 더불어 어떤 학인이 설봉에게 '화상께서는 덕산을 만나 보신 뒤에 무슨 도리를 깨우쳤기에 망상이 그쳤습니까?'라고 묻자 설봉이 '나는 당시에 빈손으로 갔다가 빈손으로 돌아왔다.'라고 한 대답을 제기하고 말했다. "대중이여! 이 두 존숙 중 한 분은 조사祖師이고, 다른 한 분은 선

---

[33] 모두 결정적인~수를 가리킨다 : 육조의 말과 그것을 세 가지로 나눈 것이 모두 일원상으로서의 '한 수'라는 뜻이다. '한 수'는 본래 바둑에서 승부를 가르는 결정적인 한 수를 나타내는데, 선가에서는 본분을 드러내는 한마디 말을 가리킨다. 한 수를 나타내는 일착一着은 보통 일착一著으로 쓴다. '이 한 수'는 승부를 가르는 결정적 한 수가 아니라 승부를 가르기 이전에 요청되는 한 수이다. 『無異元來廣錄』 권7(卍125, 174b4), "나, 박산이 오늘 그대들에게 검은 돌과 흰 돌이 나뉘기 이전의 이 한 수를 묻고자 한다. 결국은 어떻게 두어야 할까? 오래전부터 바둑판 19로路가 얼마나 많은 사람들을 미혹케 하거나 깨닫게 했던가. 말해 보라! 도대체 무엇에 미혹되었는가? 또 무엇을 깨달았던가?(祇是博山今日, 要問伊黑白未分以前, 者一著子. 畢竟如何下手? 從來十九路, 迷悟幾多人. 且道! 迷箇甚麼? 悟箇甚麼?)"

사禪師이신데, 질문을 받자 '나는 불법을 모른다.'라고 대답하였고, 또 '나는 빈손으로 갔다가 빈손으로 돌아왔다.'라고 대답했다. 여러분은 이와 같은 이야기를 이해하겠는가? 만약 그들의 이와 같은 이야기를 이해하고자 한다면 반드시 조사의 관문(祖師關)[34]을 뚫어야 한다. 만약 조사의 관문을 뚫지 못한다면 바른 안목으로 그것을 간파하지 못할 것이다."

五祖演擧此話, 又擧僧問雪峯, '和尙見德山後, 得箇什麽道理, 便休去?' 峯云, '我當時, 空手去空手迴.' 師云, "大衆! 此二尊宿, 一人是祖師, 一人是禪師, 及乎問着, 便道, '我不會佛法.' 又道, '我空手去空手迴.' 你諸人, 還會伊麽說話也無? 若要會他恁麽說話, 須是透祖師關始得. 若不透祖師關, 輒不得正眼覷着."

[설화]

○ 반드시 조사의 관문(祖師關)을 뚫어야 한다 : 만일 조사의 관문을 뚫지 못한다면, 육조가 '나는 불법을 모른다.'라고 한 말과 설봉이 '빈손으로 갔다가 빈손으로 돌아왔다.'라고 한 말을 알 수 없다.

五祖云云, 須是透祖師關者, 若不透祖師關, 不知六祖道 '不會佛法.' 雪峯 '空手去空手回.'

---

[34] 조사의 관문(祖師關) : 오조 법연은 다른 곳에서도 조사관을 거듭 강조한다. 무자無字 화두의 기초를 잡은 법연이 간화선의 핵심 개념인 조사관을 중시함은 자연스럽다. 본서 417칙 '백운 법연의 송' 및 '상당' 참조. 『五祖法演語錄』 권상(大47, 654c27), "다행히 한 건의 번거로운 일도 없으니 행각하며 참선하고자 하지만 도리어 선禪이라는 상에 시달리면 조사관을 뚫지 못한다. 무엇이 조사관인가? 횃불을 들고 외양간에 들어간다.(幸然無一事, 行脚要參禪, 却被禪相惱, 不透祖師關, 如何是祖師關? 把火入牛欄.)"; 같은 책, 권하(大47, 665b25), "조사관을 뚫기 이전에는 높디높은 설산에 오르는 일은 따지지도 마라. 한 걸음이 만 리와 같고 천 가지 만 가지 장애가 놓이리라.(未透祖師關, 莫問大雪山, 一步一萬里, 千難與萬難.)"

상방 일익上方日益의 염

"그 학인 하나를 속였으면 되었다."

上方益拈, "謾者僧一人則得."

설화

○ 그 학인을 속였다 : 마지막 말을 맺자면 마땅히 "성인들의 눈이야 어떻게 속이겠는가!"라고 해야 한다. '불법을 모른다.'는 바로 그 말로 적지 않게 사람들을 속였다는 뜻이다.

上方 : 謾者僧者, 歇後語當云, "爭乃諸聖眼何!" 則不會佛法, 是謾人不少也.

조계명曹溪明의 상당

이 공안을 제기하고 말했다. "여러분, 만일 '불법을 모른다.'고 한 조사의 말을 바르게 공부한다면 일생 동안 마음껏 써먹어도 다하지 않을 것이다. 이러한 경지에 이르러야 비로소 본래 해야 할 일을 마칠 수 있다. 그런 다음에 우뚝 솟은 봉우리에 초암을 짓고서 하늘을 쳐다보며[35] 머문다면, 설령 조사와 부처가 나타나더라도 통렬하게 30방을 때려 줄 것이다.

---

[35] 목시운한目視雲漢은 목시운소目視雲霄라고도 한다. '하늘을 쳐다본다'는 말은 방편의 교화를 펼치지 않고 오로지 본분의 고원한 경계만을 지키며 부처도 조사도 허용하지 않는 입장을 나타낸다. 『景德傳燈錄』 권27 「諸方雜擧徵拈代別語」(大51, 435a14), "어떤 노스님이 사람을 시켜 사대 선사思大禪師에게 말하기를 '어찌 산에서 내려와 중생을 교화하지 않고, 하늘만 쳐다보고 있으면 무엇 합니까?'라 하자 사대가 말했다. '삼세의 모든 부처님도 나의 한입에 모두 삼켰거늘 무슨 교화할 중생이 남아 있겠습니까?' 【현각玄覺이 이 문답을 징徵했다. '말해 보라! 사대의 말은 산꼭대기에서 하는 말인가, 산 아래에서 하는 말인가?'】(有老宿, 令人傳語思大禪師, '何不下山敎化衆生, 目視雲漢, 作麼?' 思大曰, '三世諸佛, 被我一口吞盡, 更有甚衆生可敎化?'【玄覺徵云, '且道! 是山頭語, 山下語?'】)"

어째서 이와 같다고 하는가? 이렇게 깊은 마음으로 무수한 불국토를 받든다면 이를 부처님의 은혜에 보답한다[36]고 하기 때문이다."

曹溪明上堂, 擧此話云, "諸人, 若學得祖師不會佛法, 一生受用不盡. 到伊麼田地, 方可能事畢矣. 然後, 向孤峯頂上, 盤結草庵, 目視雲漢, 直饒祖佛出頭來, 便痛與三十棒. 何謂如此? 將此深心奉塵刹, 是卽各[1]爲報佛恩."

1) ㉤ '各'이 갑본에는 '名'으로 되어 있다. ㉠ '名'으로 바로잡아 번역하였다.

설화

○ '불법을 모른다.'는 말을 철저하게 실행하는 뜻을 나타낸다.

曹溪 : 不會佛法到底之義.

조계명의 송[37] 又題黃梅簸糠亭曰

칠백 명의 고승들이	七百高僧
용이나 호랑이 같아	如龍若虎
각자 맘 밝힌 미묘한 게송 적어 내어	各出明心妙偈
부처가 되고 조사가 되고자 하였다네	欲求成佛作祖
노 공은 방앗간 아래에 몸을 숨기고서	盧公碓下潛身
도리어 옆 사람의 허술함 비웃었다네	翻笑傍人莽鹵
그 무엇도 티끌도 없는 도리 모르고	不知無物無塵

---

36 이렇게 깊은~은혜에 보답한다 : 『首楞嚴經』 권3(大19, 119b15).
37 본래의 제목은 '황매의 파강정簸糠亭을 소재로 읊은 송'이다. '파강簸糠'은 키질하다, 겨를 까부르다라는 말이다. 5조 홍인이 조사의 지위를 물려주기 위해 게송을 제출하라고 한 뒤 노 행자가 비교할 상대가 없이 탁월한 안목으로 인가받은 이야기를 소재로 한 게송이다.

부질없이 능과 소를 헛되게 나누다니	徒爾妄分能所
그때 방아질 마치고 한가로이 쉬는데	于時舂罷休閑
밝은 달이 대낮과 같은 빛 쏟았다네	皓月流輝似午
의발 은밀히 받고 남으로 떠날 참에	衣盂密付便南行
배에 올라 닻줄 풀고 춤추듯 노 젓네	登舟解把蘭橈[1]舞

1) ㉯ '橈'가 갑본에는 '撓'로 되어 있다.

설화

○ 도리어 옆 사람의 허술함 비웃었다네 : 옆 사람은 신수神秀를 가리킨다.
○ 그 무엇도 티끌도 없는 도리 모르고 : '본래 하나의 그 무엇도 없거늘, 어디에 티끌과 먼지를 털어 낼 여지가 있는가?'[38]라는 구절을 가리킨다.
○ 부질없이 능과 소를 헛되게 나누다니 : '몸은 깨달음의 나무요, 마음은 밝은 거울 받침대.'[39]라는 구절을 가리킨다. 이는 능能(주관)과 소所(객관)를 헛되게 나눈 것이다.
○ 그때 방아질 마치고~빛 쏟았다네 : 당시의 사정뿐만 아니라 그 무엇도 없고 티끌도 없는 경계까지 형용했다.[40]
○ 의발 은밀히 받고~춤추듯 노 젓네 : 5조가 (아무도 보지 못하도록) 금란가사로 혜능의 몸을 덮어 주고 『금강경』을 독송해 줄 때, 혜능은 모든 법이 본심을 벗어나지 않는다는 도리를 깨쳤고, 구강역九江驛에 이

---

38 혜능의 게송 제3구~제4구. 宗寶本『壇經』(大48, 349a7), "菩提本無樹, 明鏡亦非臺. 本來無一物, 何處惹塵埃.";『景德傳燈錄』권3「弘忍傳」(大51, 223a7), "菩提本非樹, 心鏡亦非臺. 本來無一物, 何假拂塵埃."
39 신수의 게송 제1구~제2구. 宗寶本『壇經』(大48, 348b24), "身是菩提樹, 心如明鏡臺. 時時勤拂拭, 勿使惹塵埃.";『景德傳燈錄』권3「弘忍傳」(大51, 222c21), "身是菩提樹, 心如明鏡臺. 時時勤拂拭, 莫遣有塵埃."
40 한가하게 쉬는 모습은 본래 그 무엇도 없는 무일물無一物의 경계이다. 티끌과 먼지 한 점 없어 털어 낼 일도 사라진 무사無事의 경계에 밝은 빛이 고스란히 쏟아진다고 묘사한 것이다.

르러 배에 올라타고 이별할 때는 "깨닫기 이전에는 스승이 저를 건너게 해 주었지만, 깨닫고 난 지금은 저 스스로 (노를 저어) 건넙니다."라고 말했다.[41]

又題, 翻哄傍人鹵莽者, 傍人謂神秀也. 不知無物無塵者, '本來無一物, 何假[1]云云'也. 徒爾妄分能所者, '身是菩提樹云云', 是妄分能所也. 于時春罷至似午者, 非但當時事, 形容無物無塵處. 衣盂密付至橈舞者, 金襴圍之, 誦金剛經時, 悟得一切萬法不離本心, 及到九江驛, 登舟相別時云, "迷時師度我, 悟則我自度"也.

1) ㉥ '假'는 『壇經』에 '處'로 되어 있다.

운문 종고雲門宗杲의 상당

이 공안을 제기하고 대중에게 말했다. "조사를 보았는가? 만일 보지 못했다면 나, 경산이 그대들에게 가리켜 주리라. 초파蕉芭[42]여, 초파여! 잎은 있으나 갈라진 가지가 없구나. 문득 한 줄기 거센 바람이 일어나면 동경 대상국사大相國寺 안에 있는 36원院 동쪽 회랑 북쪽 모퉁이에 걸려 있는 왕화상王和尙[43]의 낡은 가사와 흡사하게 된다.[44] 결국 무슨 뜻일까? 방

---

41 이상은 宗寶本 『壇經』(大48, 349a16~b9)에 수록된 내용의 요지이다.
42 초파蕉芭 : 파초芭蕉를 거꾸로 쓴 말이다. 그 잎이 떨어지지 않고 바싹 마르기(焦) 때문에 '蕉'라 한다. '芭'도 '焦'와 같은 뜻이다. 한 번 과실을 맺으면 바로 죽고 더 이상 살지 못한다. 『四分律名義標釋』 권30(卍70, 862b3) 참조.
43 왕화상王和尙 : 남전 보원. 대대로 전수되어 왔던 가사를 남전은 '파가사破袈裟'라고 불렀다. 주 44 참조.
44 문득 한~흡사하게 된다 : 낡은 가사 또는 찢어진 가사는 쓸모없이 변한 것을 나타낸다. 육조가 '나는 불법을 모른다.'라고 한 말과 '황매(5조)의 법을 이은 사람'이 하나의 연결 고리가 된다. 대대로 전수되어 오던 가사가 투쟁의 단서가 된다고 하여 더 이상 전하지 말라고 했던 5조의 당부에 따라 육조는 후대에 전하지 않았는데 이 때문에 주인을 잃은 가사는 낡아 버려 이전의 가치를 잃었다. 곧 육조가 말한 위의 두 마디는 가사를 전하지 않았던 일과 맞닿아 있다. 또는 오랜 세월 전수되어 온 탓에 낡아 버렸기

으로 돌아가 차나 마셔라."

雲門杲上堂, 擧此話, 召大衆云, "還見祖師麽? 若也不見, 徑山爲你指出. 蕉芭, 蕉芭! 有葉無丫. 忽然一陣狂風起, 恰似東京大相國寺裏, 三十六院 東廊下, 北角頭, 王和尙破袈裟. 畢竟如何? 歸堂喫茶."

> [설화]

○ 초파蕉芭여, 초파여 : 운을 붙이기 위하여 (파초를 초파로) 거꾸로 붙였을까? 거꾸로 붙인 뜻이 있지 않을까?
○ 잎은 있으나 갈라진 가지가 없구나 : 다만 잎의 뜻만 취한 것이다. '문득 한 줄기 거센 바람이 일어나면'이라 운운한 말은 다만 허다하게 많다는 뜻을 취한 것이다. 다른 곳에서는 "사오백 가지 꽃과 버들이 핀 마을"[45]이라 운운했다. 곧바로 여기서 왕화상의 뜻을 알아차려야 한다. 만약 왕화상의 말(파가사)을 이해한다면 '방으로 돌아가 차나 마셔라.'라고 한 뜻도 이해할 수 있을 것이다.

雲門 : 蕉芭蕉芭者, 着韻故, 反着耶? 反着意不無耶? 有葉無丫者, 但取葉義. 忽然一陳狂風云云, 但取許多義也. 他處云, "四五百條云云"也. 直向

때문에 조사의 징표가 되는 그 가사를 '파가사'라 한 것으로 볼 수 있다.『普門顯語錄』권하(嘉40, 285b5), "대유령 꼭대기에서 (혜명慧明이) 들어 올리지 못한 그 가사를 남전은 파가사라 불렀다. 인도의 28대와 중국의 6대에 걸쳐 전수되었지만 황매의 방장 안에는 몰려가 얻지 못했는데, 노 행자에게 남겨 주자 투쟁의 실마리로서의 가사와 발우가 되었다. 이로 말미암아 더 이상 전하지 않았다.(大庾嶺頭提不起, 南泉喚作破袈裟. 四七二三相授受, 黃梅室裡難迫湊, 遺來盧行, 作爭端衣鉢. 由斯不復傳.)";『雪巖祖欽語錄』(卍122, 491a10), "동경의 대상국사 안에 있는 초파나무는 바람에 날리고 비를 맞으면 낡은 가사와 흡사하게 된다.(東京大相國寺裏, 有樹蕉芭, 風吹雨打, 一似破袈裟.)"

45 대혜가 건봉乾峰의 화두에 대하여 평가한 말. 본서 918칙 '운문 종고의 송' 참조.『大慧語錄』권10(大47, 854a14), "이삼천 곳곳은 피리와 거문고 소리 울리는 누각이요, 사오백 가지 꽃과 버들이 핀 마을이로다.(二三千處管絃樓, 四五百條華柳巷.)"

這裡, 須識取王和尙始得. 若會王和尙, 便會得歸堂喫茶也.

육왕 개심育王介諶**의 염**

"등 뒤로 손을 뻗어 등불을 돋우고 진흙 속에서 흙을 씻듯이 하면서 아무렇게나 꾸며 대는 납승은 '나는 그것을 안다.'라고 말한다. 그렇다면 밤에 오래된 길을 가는 한 구절[46]은 어떻게 말해야 할까? 만일 제대로 말한다면 그 사람은 조사를 친견했다고 인정해 주리라."

育王諶拈, "背手挑燈, 泥中洗土, 杜撰衲僧道, '我知有.' 只如夜行古路一句, 作麽生道? 若也道得, 許你親見祖師."

[설화]

○ 등 뒤로 손을 뻗어~흙을 씻듯이 하면서 : 한결같이 분명하게 밝힐 여지가 없다는 뜻이다.
○ 아무렇게나 꾸며 대는 납승은 '나는 그것을 안다.'라고 말한다 : 오로지 이 안에서만 살 방도를 꾀한다.
○ 밤에 오래된 길을 가는 한 구절 : 분명하게 밝힐 여지가 없는 경계를 말한다.

育王 : 背手至洗土者, 一向無辨白也. 杜撰衲僧道我知有者, 只向這裡作活計也. 夜行古路一句者, 無辨白處.

---

[46] 밤에 오래된~한 구절 : 야간 통행금지라는 법도를 어기고 밤길을 가는 경지를 나타내는 구절. 곧 주어진 법도를 넘어서는 격외格外의 도를 가리킨다. 선명하게 드러난 법도와 관련이 없는 세계와 통한다.

육왕 개심의 상당

어느 날 법좌에 올라앉아 말했다. "달마 조사는 다만 모르겠다(不識)고 했고, 조계 조사는 다만 모른다(不會)고 했다.[47] 지금 선禪을 이야기하고 성性을 말하는 자들이 천지 사방 어디에나 두루 있고, 부처가 되고 조사가 된 자들은 삼씨나 좁쌀처럼 무수하다. 그들은 조사의 은혜에 보답했을까? 아니면 조사의 뜻을 매몰시켰을까? 조사의 기틀에 딱 들어맞는 사람이라면 반드시 시방의 장애를 넘어서는 안목을 갖추고서 이 안에서 고금의 진실을 한번 판정해 보라."

又一日, 上堂云, "達磨祖師, 只言不識 ; 曹溪祖師, 只道不會. 而今談禪說性者, 匝地普天 ; 成佛作祖者, 如麻似粟. 爲復是報効祖師? 爲復是埋沒祖師? 當機要具超方眼, 試向其中定古今."

설화

○ 선禪을 이야기하고 성性을 말하고, 부처가 되고 조사가 되는 것도 무방하다.
○ 조사의 기틀에 딱 들어맞는 사람이라면~판정해 보라 : 반드시 고금의 진실을 판정하고 흑백을 가려내어야 시방의 장애를 넘어선 사람이라 할 수 있다.

又上堂, 談禪說性, 成佛作祖, 亦不妨也. 當機要具超方眼云云, 須是定古定今, 分辨緇素, 可謂是超方漢.

---

[47] 보통 '불식不識'과 '불회不會', 이 두 가지가 하나의 쌍으로 제기된다. 본서 47칙 '한암 혜승의 송' 가운데 네 번째 송의 주석 참조.

113칙 육조날소六祖捏塑

본칙 촉蜀 출신의 스님 방변方辯이 친견하러 찾아오자 육조가 물었다. "어떤 업을 익혔는가?" "소상塑像을 잘 빚습니다." 육조가 정색을 하고 "소상을 한번 만들어 보라."라고 말했다. 방변이 그 뜻을 알지 못하고 육조의 자태를 소상으로 빚었는데, 7촌 크기에 미세한 부분까지 자세히 다 묘사하여 육조에게 바쳤다. 육조가 말했다. "그대는 소성塑性[1]은 잘 알지만, 불성佛性은 잘 모르는구나."[2]

六祖, 因蜀僧方辯造謁, 問, "所習何業?" 辯曰, "善捏塑." 祖遂正色曰, "試塑看." 辯不領旨, 乃塑六祖儀相, 高七寸, 曲盡其妙, 呈祖. 祖曰, "汝善塑性, 不善佛性."

설화
- 날捏은 조합한다는 뜻이다. 소塑는 흙을 반죽하여 물상을 만드는 것이다.
- 정색을 하고 "소상을 한번 만들어 보라."라고 한 말 : 이 경계에서는 말이 있다거나 말이 없다거나 어느 편이라고도 생각하지 말고, 이 경계에서는 반드시 정면으로 가야 한다는 뜻이다.
- 방변이 그 뜻을 알지 못하고~불성佛性은 잘 모르는구나 : 표면상 빚은 소상의 모양을 알 뿐 불성은 잘 모른다는 뜻이다.

[捏塑] 捏, 合也. 塑, 硏土作物也. 正色曰試塑看者, 這裡不說有語無語, 這裡直須正面而去也. 辯不領旨云云, 向外塑相而已, 不善佛性也.

---

1 소성塑性 : 소상을 빚는 기교나 그 본질. 불성과 대칭시킨 말이다.
2 소성과 불성을 대칭시켜 점검의 방도로 설정했다. 불성이 소성보다 우월하다고 생각한다면 그 함정에 떨어진다.

지해 본일智海本逸**의 송** 智海逸頌

우쭐대며 7촌 소상 한껏 뽐내 펼쳐 보였으나　　　區區七寸謾勞陳
손길 뛰어난들 빈틈없는 눈의 뛰어남만 하리오　　手巧爭如眼巧親
소상 빚었어도 어디로 갔는지 모르는데[3]　　　　塑着不知何處去
조계[4]에는 천고토록 이는 물보라 새로워라　　　曹溪千古浪花新

[설화]

○ 우쭐대며 7촌 소상~뛰어남만 하리오 : 방변은 단지 소성塑性만 잘 알았기 때문이다.

○ 소상 빚었어도~천고토록 이는 물보라 새로워라 : 육조의 뜻을 어디서 더듬으며 찾을 수 있을까?[5] 조계에는 공연히 이는 물보라 새롭게 남아 있다.

智海 : 區區七寸, 至眼巧親者, 方辨只善塑性故. 塑着云云者, 六祖意向什麼處摸搽? 曹溪空有浪花新.

---

[3] 소상 빚었어도~갔는지 모르는데 : 육조의 종적을 찾을 수 없다는 말.
[4] 조계曹溪 : 이중적 뜻이다. 육조 혜능을 가리키면서 쌍봉산雙峰山 아래로 흐르는 냇물이기도 하다.
[5] 방변이 어떻게 빚었어도 육조를 만족시키지 못했을지 모르나 다음과 같은 염拈 하나에서 그 속을 추정할 여지는 있다. 『南海寶象林慧弓詞語錄』 권2(嘉35, 675c2), "방공은 한번에 빚어서 조사의 7척 신채神彩를 빚어내었다. 말해 보라! 조사의 법신이 그 안에 있을까? 만약 있다면 법신이 일개 소상에서 수없이 나온다는 말인데 타당치 않고, 만약 있지 않다면 틀림없이 눈으로 마주친 그것은 무엇이란 말인가? 만약 당시에 '부모에게서 태어나기 이전의 면목을 한번 빚어와 보라.'라고 했다면 방공이 무위진인을 밀어 넘어뜨리도록 하였을 뿐만 아니라 후대인들도 본에 의지하여 조롱박을 그리는 흉내를 내지 못하도록 하였을 것이다.(方公一捏捏成, 祖師七尺神彩. 且道! 祖師法身, 還在裏許麼? 若在則法身多出一箇, 若不在爭奈目擊無疑? 倘當時道, '父母未生前面目, 試塑將來.' 不唯令方公, 推倒無位眞人, 亦使後來人, 要依樣胡盧不得.)"

114칙 육조심지 六祖心地

본칙 육조의 게송이다.

六祖偈云,

마음밭에는 갖가지 종자 품고 있으니	心地含諸種
골고루 비만 내리면 모두 싹 틔우리라	普雨悉皆萌[1]
단번에 깨달아 꽃의 정감 다 사라지면	頓悟花情已
보리의 열매는 저절로 이루어진다네	菩提果自成

1) ㉱ 『景德傳燈錄』 권5(大51, 236b14)에는 '萌'이 '生'으로 되어 있다.

설화

● 『전등록』 본편에 이렇게 전한다.[1] "내가 지금 설하는 법은 적절한 때 내리는 비가 대지를 두루 윤택하게 적시는 것과 같고, 그대들의 불성은 갖가지 종자가 이를 맞아 흠뻑 젖어 모두 자라나는 것과 같다. 나의 말에 의지하여 수행하는 사람은 반드시 근본의 결과를 깨달을 것이다. 나의 게송을 들어 보라. '마음밭에는 갖가지 종자 품고 있으니'라고 운운했다." "내가 법요를 설함은 비유하면 하늘의 은혜와 같고, 그대들이 배운 마음밭에 관한 법문(心地法門)은 종자를 심은 것과 같다."[2]

---

1 『景德傳燈錄』 권5 「慧能傳」(大51, 236b8).
2 위의 책, 권5 「南嶽懷讓傳」(大51, 240c28). 회양과 마조의 문답에서 나온 말이다. "마조가 물었다. '어떻게 마음을 써야 무상삼매에 합치합니까?' '그대가 심지법문을 배움은 마치 종자를 뿌린 것과 같고, 내가 법요를 설함은 비유하면 하늘의 은혜와 같다. 그대의 인연이 화합하였으니 이제 그 도를 알게 되리라.'('如何用心, 卽合無相三昧?' 師曰, '汝學心地法門, 如下種子, 我說法要, 譬彼天澤. 汝緣合故, 當見其道.')"

[心地] 傳燈本篇云, "我今說法, 猶如時雨, 溥潤大地；汝等佛性, 比諸種子, 遇玆沾洽, 悉得發生.[1] 依吾行者, 定證妙果. 聽吾偈曰, '心地云云.' 我說法要, 比彼天澤；汝學心地法門, 如下種子."

1) ㉠『景德傳燈錄』에는 '悉得發生' 다음에 '承吾旨者, 決獲菩提.'라는 구절이 더 실려 있다.

● 마음밭에는 갖가지 종자 품고 있으니~싹 틔우리라 :『종경록』에 이렇게 전한다.[3] "낱낱의 중생은 팔식八識이라는 창고 안에 십법계十法界의 종자를 본래 온전히 갖추고 있으며 새롭게 발생한 것에 따르지 않는다. 비록 항상 안에서 훈습하지만 반드시 밖의 인연을 빌려야 한다. 만약 오계五戒와 십선十善을 듣는다면 인천人天의 종자를 훈습하여 일으키고, 사제四諦와 십이인연十二因緣을 들으면 이승二乘의 종자를 훈습하여 일으키며, 육바라밀六波羅蜜을 들으면 보살의 종자를 훈습하여 일으키고, 일승一乘의 진실한 법을 들으면 온갖 부처의 종자를 훈습하여 일으킨다."

● 단번에 깨달아 꽃의 정감 다 사라지면 : 맹자[4]의 말씀에 "명성이 실정(情)보다 지나치면 군자는 부끄럽게 여긴다."라고 하였으며, 주석에 "정情은 실實이다."라고 했다. 꽃의 정감은 원인과 결과인가? 아니다. 옛사람은 "꽃에는 열매를 맺는 능력이 있고, 원인에는 결과를 불러들이는 덕이 있다."[5]라고 하였다. 꽃의 정감은 욕망이다. 곧 먼저 단번에 깨

---

3 『宗鏡錄』 권76(大48, 839a3).
4 『孟子』「離婁」下.
5 『法華經科拾』 권6(卍93, 359a13), "보살의 호가 수왕화宿王華라는 말은 무슨 뜻인가? 수宿는 별빛이 머무는 집이고, 수 가운데 왕은 달이다. 비추어 모든 별의 빛을 빼앗기 때문에 왕이라 불린다. 꽃에는 열매를 맺는 능력이 있는데, 이 보살이 수왕처럼 중생이 머무는 오랜 밤의 어둠을 깨뜨리고 청량한 묘행을 주어 원인으로 삼음으로써 과의 법을 불러들이는 특성을 나타냄과 부합한다.(菩薩號宿王華者, 宿乃星光所止之舍, 宿中王, 卽月輪也. 以能映奪衆星之光, 故以王稱. 華有結果之能, 合顯此菩薩, 能如宿王, 破衆生長

달아 꽃의 정감인 욕망이 다하면 보리의 열매는 자연히 성취된다. 그러므로 "보리의 열매는 저절로 이루어진다."라고 한 것이다.

心地含至皆萌者, 宗境云, "一一衆生, 八識藏中, 十法界種子, 本自具足, 非從新生. 雖常內熏, 須借外緣.[1] 若聞戒善, 熏發人天種子 ; 若聞諦緣, 熏發二乘種子 ; 若聞六度, 熏發菩薩種子 ; 若聞一乘, 熏發諸佛種子." 頓悟花情已者, 語云, "聲聞過情, 君子恥之." 注云, "情, 實也." 則花情因果耶? 非也. 古人云, "花有結實之能, 因有感果之德." 則花之情, 欲也. 則先頓悟, 而花之情欲已也. 則菩提之果, 自然成就. 故云, "菩提果自成."

1) ㉠『宗鏡錄』에는 '須借外緣' 다음에 '熏發. 若聞十惡, 熏發三塗種子.'라는 구절이 더 실려 있다.

장산 찬원蔣山贊元의 거

"지금 모든 꽃이 남김없이 피었는데 어떤 것이 열매를 맺을 수 있을까?" 잠깐 침묵하다가 말했다. "하늘과 땅이 있는 힘을 다하니, 바람과 비 그 어디에도 단서가 없는 것은 없다."[6]

蔣山元擧此話云, "如今百花盡放, 那箇堪結果?" 良久云, "乾坤曾[1]着力, 風雨莫無端."

1) ㉠ 호숙胡宿의 〈惜花〉에 '曾'은 '增'으로 되어 있다.

설화

○ 지금 모든 꽃이~열매를 맺을 수 있을까 : 비록 본래 가지고 있더라도

夜黑暗, 更賜淸凉之妙行爲因, 而感果法也.)"
6 송나라 때 호숙胡宿의 오언율시 〈惜花〉의 함련에 해당한다. 청초본淸抄本에는 제하에 그의 나이 8세 때라는 주가 달려 있다.

반드시 새로운 훈습(新熏)에 의지해야 한다.

蔣山 : 如今百花云云者, 雖本有, 必借新熏.

115칙 육조신주六祖新州

본칙 육조가 어느 날 제자들에게 말했다. "나는 신주新州[1]로 돌아가고자 하니, 너희들은 속히 배를 손질하도록 하여라." "스님께서 지금 떠나시면 언제 돌아오십니까?" "잎이 떨어져 뿌리로 돌아가는 격이니 언제 돌아올지는 말할 수 없다."

> 六祖, 一日, 謂門人曰, "吾欲歸新州, 汝等速理舟楫." 門人曰, "師從此去, 早晩却迴?" 祖曰, "葉落歸根, 來時無口."

설화[2]

● 『전등록』 본편에는 이렇게 전한다.[3] "속성은 노盧씨요, 선조부터 범양范陽[4]에서 살았는데, 아버지 행도行瑫가 무덕 연중武德年中(618~626)에 남해南海로 좌천되면서 신주로 가서 정착[5]하게 되었다."

> [新州] 傳燈本篇云, "俗姓盧氏, 其先范陽人也. 父行瑫, 武德年中, 左官于南海, 之新州遂占籍焉也."

● 나는 신주로 돌아가고자 한다 : 본원으로 되돌아간다[6]는 말이다.

---

1 신주新州 : 지금의 광동성 신흥현新興縣.
2 이 공안을 푸는 일관된 해설의 틀은 깨달음(證)과 교화(化)의 대칭이다.
3 『景德傳燈錄』 권5 「慧能傳」(大51, 235b10).
4 범양范陽 : 하북성 탁현涿縣.
5 점적占籍은 관청에 호구를 보고하고 호적에 등록한 다음 거처를 정하는 것을 말한다. 비록 대대로 살아온 곳은 아니지만 혜능으로서는 이곳에서 태어나 자랐기 때문에 고향이 된다.
6 반본환원返本還源은 본래의 고향으로 돌아간다는 말로서, 잎이 뿌리로 돌아가듯이 탄

- 너희들은 속히 배를 손질하도록 하여라 : 정혜定慧라는 배인가? 정혜의 배를 손질하여 오늘 떠나면 사람들의 곁으로 갈 수 있다는 뜻이다. 이는 사람들에게 고통의 바다를 건너게 해 주는 배이다. 교화의 문으로 나오면 차별되게 갈라진 사람들이 적지 않게 뒤섞여 있기 때문에 손질하여 다스린다고 한다.
- 스님께서 지금 떠나시면 언제 돌아오십니까 : 애타게 그리워하는 마음이 끝이 없다.
- 잎이 떨어져 뿌리로 돌아가다 : 『장자』[7]에 "만물이 복잡하게 전개되지만 각자 자신의 뿌리로 돌아간다. 뿌리로 돌아가는 것을 고요하다(靜)고 하며, 고요한 것을 생명으로 돌아간다(復命)고 한다."라고 한다.[8] 교화의 작용을 거두어 깨달음의 경지로 돌아간다는 상징이다.
- 언제 돌아올지는 말할 수 없다 : 돌아온다는 것은 교화를 나타내기 때문에 마땅히 할 말이 있다(有口)고 해야 함에도 할 말이 없다(無口)고 했으니, 교화가 곧 깨달음이라는 뜻이다. 그러므로 법운 법수法雲法秀는 "언제 돌아올지 말할 입이 없을 뿐만 아니라 떠날 때는 콧구멍조차도 없다."[9]라고 하였다. 곧 "잎이 떨어져 뿌리로 돌아가는 격이니 언제 돌

생의 근원으로 돌아간다는 뜻이다. 그렇다면 '탄생의 근원은 도대체 무엇일까?'라는 의문이 자연스럽게 화두가 된다. 『楚石梵琦語錄』 권19 「和梁山十牛頌」(卍124, 277a8), "반본환원 : 낱낱의 감각기관엔 본래 활발한 기능 있어, 소리 듣고 형색 보니 맹인 귀머거리 아니로다. 아침부터 저녁까지 모두 평소에 하는 일, 잠에서 깼더니 하늘 높이 바다의 해가 벌겋게 떴다네.(返本還源 : 一一根門自有功, 聞聲見色不盲聾. 晨昏總是尋常事, 睡起三竿海日紅.)"

7 앞부분은 『莊子』「在宥」에도 나오지만, 온전하게 일치하는 것은 『老子』16장이다. "夫物芸芸, 各復歸其根. 歸根曰靜, 靜曰復命. 復命曰常."
8 『眞歇淸了語錄』 권2(卍124, 649b7), "우뚝 밝은 해가 홀로 비추며 무수한 겁의 세월 동안 고르고 드넓게 펼쳐 놓으니, 이것이 본원으로 되돌아가고 뿌리와 생명의 근원으로 돌아가는 일이다. 이 경계에 이르러야 비로소 본래 그대로 천진한 도와 합일하리라.(孤明獨照, 歷劫坦然, 返本還源, 歸根復命. 到這裏, 方合自然天眞之道.)"
9 이하 '법운 법수의 염' 참조. 『聯燈會要』 권2(卍136, 463b14), 『頌古聯珠通集』 권7(卍115, 80b12).

아올지는 말할 수 없다."라고 한 구절은 깨달음과 교화 어느 편에도 떨어지지 않는다는 뜻인가? 불안 청원佛眼淸遠은 "떠났다가 다시 돌아온들 무엇 하겠는가?"[10]라고 하였다. 곧 앞의 구절은 깨달음이고 뒤의 구절은 교화이니, 많은 부분에는 조금 덧붙이고 적은 부분에서는 조금 덜어 내라는 뜻이다.[11]

吾欲歸新州者, 返本還源也. 汝等至楫者, 定慧舟楫耶? 理定慧舟楫, 今日就則向人邊事也. 此則濟人舟楫也. 出來化門, 離披不少故, 理之也. 師從此去云云者, 哀慕不已也. 葉落歸根者, 莊子云, "萬物紛紛紜紜, 各復歸其根. 歸根曰靜, 靜曰復命." 則收化歸證也. 來時無口者, 來則化, 宜云有口, 而云無口, 則化卽證也. 故法雲云, "非但來時無口, 去時亦無鼻孔." 則葉落至無口者, 證化不落耶? 佛眼云, "去了却更來, 作甚麼?" 則前句是證, 後句是化, 多處添些子, 少處減些子也.

- 본편에는 이렇게 전한다.[12] "혜능은 선천 2년(713) 7월 1일 제자들에게 '나는 신주로 돌아가고자 하니~배를 손질하도록 하라.'라고 말했다. 대중들은 애타게 그리워하며 머물러 달라고 간청했으나, 스님은 이렇게 말했다. '모든 부처님들께서 세상에 나타나신 순간 열반을 보인 것과

---

10 이하 '불안 청원의 퇴원상당' 참조. 『佛眼語錄』 古尊宿語錄 29(卍118, 539b2).
11 많은 부분에는~내라는 뜻이다 : 떠남은 떠남 그대로, 돌아옴은 돌아옴 그대로, 많음은 많음 그대로, 적음은 적음 그대로 철저해야 한다는 뜻이다. 백운 수단白雲守端, 대혜 종고大慧宗杲 등의 어록에 발견된다. 『白雲守端和尙語』 續古尊宿語要 3(卍118, 948b14), "모두들 흑과 백을 분명하게 밝혀야 한다. 적은 부분은 조금 덜어 내고 많은 부분은 조금 덧붙여야 한다. 어째서 적은 부분을 또 덜어 내고 많은 부분을 다시 덧붙이는가? 신선의 비결은 아버지와 아들 사이에도 전하지 않는 법이다.(大都緇素要分明. 少處減些子, 多處添些子. 爲什麼, 少處更減, 多處更添? 神仙祕訣, 父子不傳.)"; 『大慧語錄』 권4(大47, 828b18).
12 『景德傳燈錄』 권5 「慧能傳」(大51, 236b24).

같다. 오는 일이 있으면 반드시 떠나게 되어 있는 것은 이치상 그럴 수밖에 없다. 나의 이 육신도 반드시 돌아갈 곳이 있는 법이다.' 이에 대중들이 '지금 떠나시면 언제 돌아오십니까?'라고 운운했다."

本篇云, "師, 先天二年, 七月一日, 謂門人曰, '我欲歸云云舟楫.' 大衆哀慕, 乞師且住, 師曰, '諸佛出現, 猶爾[1]涅槃. 有來必去, 理亦常然. 吾此形骸, 歸必有所.' 衆曰, '師從此去云云.'"

---

1) ㉮ '爾'가 『景德傳燈錄』(大51, 236b26)과 『壇經』(大48, 361b16)에는 '示'로 되어 있다.

해인 초신 海印超信의 송 海印信頌

잎 떨어져 뿌리로 돌아가듯	葉落歸根
돌아올 때를 말할 수 없다네	來時無口
물이 불면 배도 높이 뜨고	水漲舡高
까마귀 날고 토끼는 달린다	烏飛兎走
만약 숲속에 사는 사자라면	若是林間師子兒
세 살에도 크게 포효하리라	三歲便能大哮吼

【설화】

○ 물이 불면 배도 높이 뜨고~토끼는 달린다 : '물이 불어나면 배도 높이 뜬다.'는 말은 신주에서의 교화를 나타낸다.[13] '까마귀 날고 토끼는 달린다.'는 말은 깨달음을 나타낸다.[14]

---

13 물에 높낮이의 차이가 있듯이 대상에 따라 교화의 내용이 달라지는 방편을 가리킨다.
14 해(까마귀)와 달(토끼)이 가는 것, 곧 세월의 흐름을 나타낸다. 대상에 따라 차별을 두는 교화와 달리 세월은 누구에게도 늦추어 주거나 더 빨리 흘러가게 하지 않는다. 이렇게 흐르는 세월처럼 깨달음의 측면에서는 어떤 방편도 허용하지 않고 엄격한 법도 그대로 시행한다는 뜻이다.

○ 만약 숲속에 사는 사자라면~포효하리라 : 깨달음과 교화에 모두 철저하다. 아래 향산의 송 또한 이러한 뜻이다. 해인은 사자로써 비유했고, 향산은 강서의 망아지로써 비유했다.

海印：水漲舡高云云者, 水漲舡高, 新州化也. 烏飛兎走, 則證也. 若是林間師子兒云云者, 證化徹底也. 下香山頌, 亦此意. 海印, 以師子兒比之; 香山, 以江西馬比之.

향산 온량香山蘊良의 송 香山良頌

잎 떨어져 뿌리로 돌아가도 세월 헤아리지 않고	葉落歸根不計春
언제 돌아올지 말할 수 없지만 친소는 확정한다	來時無口定疎親
방편에 따라 강서의 망아지를 낳았더니	因便産得江西馬
세상의 수많은 사람을 밟아 죽였다네[15]	踏殺寰中多少人

법진 수일法眞守一의 송 法眞一頌

오온이라는 산은 허망한 한 무더기일 뿐	五蘊山頭一叚[1]空
올 날 말 못 하더니 떠난 자리 흔적도 없네	來時無口去無蹤
잎 떨어져 뿌리로 돌아가는 뜻 밝히려면	要明葉落歸根旨
마지막이라야 이 종지에 도달하리라	末後方能達此宗

1) ㉮ '叚'는 '段'의 오기이다.

송원 숭악松源崇嶽의 송 松源頌

구름 걷히니 하늘 절로 드넓어지고	雲開空自闊

---

[15] 방편에 따라~밟아 죽였다네 : 망아지는 마조 도일馬祖道一을 가리킨다. 마조의 출현에 관해 육조가 반야다라般若多羅의 예언을 전한 말에 따른다. 宗寶本『壇經』(大48, 357b24), 본서 161칙 본칙 설화 주석, 165칙 '설두 중현의 염' 설화 주석 참조.

잎 떨어지면 곧 뿌리로 돌아간다네	葉落卽歸根
고개 돌려 안개 깔린 강 바라보니	迴首煙波裏
먼 마을에서 어부 노래 들리는구나	漁歌過遠村

천의 의회天衣義懷의 상당

"하늘의 색과 땅의 색[16]이 뚜렷하지 않은데, 흑과 백의 차별에 무슨 허물이 있으리오? 육조 대사는 '잎이 떨어지면 뿌리로 돌아가는 격이니 언제 돌아올지는 말할 수 없다.'고 말했다. 만일 이 이야기를 이해한다면 유마거사의 방장으로 곧바로 들어가 금색 광명에 머물며 시방세계의 사성四聖과 육범六凡[17]을 마치 손안의 암마륵과菴摩勒菓를 보듯이 분명하게 보게 될 것[18]이다. 또한 생사의 오랜 밤에 누워서 혼미한 잠에 떨어져 있는 한 부류의 중생들을 보는 것과 같으리, 저도 모르는 사이에 새벽을 알리는 외마디 금계金雞[19]의 울음소리를 내어 그들로 하여금 깨치도록 한다면 어찌 기쁘지 않겠는가! 만약 이와 같이 하여 비로소 이 깊은 마음을 가지고 티끌처럼 무수히 많은 국토를 받들 수 있다면 이를 가리켜 부처님의

---

16 하늘의 색과 땅의 색 : 현玄과 황黃은 각각 하늘과 땅의 색이다. 『周易』 「坤卦」, "현황이란 하늘과 땅이 뒤섞인 빛깔이니, 하늘은 현이고 땅은 황이다.(夫玄黃者, 天地之雜也, 天玄而地黃.)"
17 사성四聖과 육범六凡 : 불佛·보살菩薩·성문聲聞·연각緣覺 등 네 부류의 성자를 '사성'이라 하고, 천상天上·인간人間·지옥地獄·아귀餓鬼·축생畜生·아수라阿修羅 등 여섯 부류의 범부를 '육범'이라 한다.
18 손안의 암마륵과菴摩勒菓를~될 것 : 36권본 『大般涅槃經』 권15(大12, 708b29), "무엇을 가리켜 뚜렷하게 본다고 하는가? 눈이 색을 보는 것과 같다. 선남자야, 누구라도 눈의 감관이 청정하여 망가지지 않았다면 자기 손안의 아마륵과를 볼 수 있는 것과 같다. 보살마하살이 도·보리·열반을 뚜렷하게 볼 수 있는 것도 이와 같다.(云何了了見? 如眼見色. 善男子, 如人眼根清淨不壞, 自觀掌中阿摩勒菓. 菩薩摩訶薩, 了了見道菩提涅槃, 亦復如是.)"
19 금계金雞 : 새벽을 알리는 금계는 무명의 어둠이 사라지고 깨달음의 광명이 시작되었음을 알리는 것에 대한 비유이다. 본서 1173칙 본칙 설화 참조.

은혜에 보답한다고 한다.[20] 비록 그렇다고는 하지만 옛사람[21]은 '나를 비웃는 자들은 많고, 나를 반기며 웃는 자들은 적구나.'라고 말했다."

天衣懷上堂云, "玄黃不眞, 黑白何咎? 六祖大師道, '葉落歸根, 來時無口.' 若會此箇說話, 直入維摩丈室, 住金色光中, 見十方世界四聖六凡, 如觀掌中菴摩勒菓. 又見一類衆生, 寢生死長夜, 昏昏睡眠, 不覺不知, 作金雞報曉一聲, 令伊省悟, 豈不快哉! 若能如是, 方可將此深心奉塵刹, 是則名爲報佛恩. 雖然如是, 古人道, '笑我者多, 哂我者少.'"

> [설화]

○ 하늘의 색과 땅의 색이 뚜렷하지 않은데 : 하늘의 색과 땅의 색 그리고 흑과 백의 차별이 본래의 진실은 아니라는 말이다.
○ 흑과 백의 차별에 무슨 허물이 있으리오 : 하늘의 색과 땅의 색 그리고 흑과 백의 차별에 또한 무슨 허물이 있겠느냐는 뜻이다. 이하에서는 이 두 가지 뜻을 밝힌다.
○ 유마거사의 방장으로 곧바로 들어가~분명하게 보게 될 것이다 : 깨달음의 문을 밝혔다. 위에서 '하늘의 색과 땅의 색이 뚜렷하지 않다.'라고 한 말이 이 뜻이다.
○ 또한 생사의 오랜 밤에 누워서~어찌 기쁘지 않겠는가 : 교화의 문을 밝혔다. 위에서 '하늘의 색과 땅의 색 그리고 흑과 백의 차별에 무슨 허물이 있겠는가.'라고 한 말이 이 뜻이다.

---

20 『首楞嚴經』 권3(大19, 119b15).
21 운문 문언雲門文偃, 『雲門廣錄』 권상(大47, 553c11), "위로는 하늘을 볼 수 없고 아래로는 땅을 볼 수 없다. 목구멍을 틀어막는다면 어디로 숨을 쉴 것인가? 나를 비웃는 자들은 많고, 나를 반기며 웃는 자들은 적구나.(上不見天, 下不見地, 塞却咽喉, 何處出氣? 笑我者多, 哂我者少.)"

○ 만약 이와 같이 하여~부처님의 은혜에 보답한다고 한다 : 다만 교화의 문만 밝힌 것인가? 깨달음과 교화라는 두 문에 대하여 모두 말한 것이다.
○ 비록 그렇다고는 하지만~웃는 자들은 적구나 : 비웃는다(笑)는 말은 인정하지 않는 것이고, 웃는다(哂)는 말은 인정하고 믿는다는 것이다. 곧 산승의 깨달음과 교화에 대한 속뜻을 아는 사람을 만나기 어렵다는 말이다.

天衣 : 玄黃不眞者, 玄黃黑白, 不是本眞. 黑白何答者, 玄黃黑白, 亦何有答? 下明此二義. 直入至勒果者, 明證門. 上玄黃不眞, 則此意也. 又見至快哉者, 明化門. 上玄黃白黑何答, 卽此意也. 若能至報佛恩者, 但明化門耶? 證化二門, 俱道得也. 雖然知至少者, 笑則不肯也, 哂者, 肯信也. 則知山僧證化意者, 難得也.

법운 법수法雲法秀**의 염**
"언제 돌아올지 말할 입이 없을 뿐만 아니라 떠날 때는 콧구멍조차도 없다."

法雲秀拈, "非但來時無口, 去時亦無鼻孔."

설화
○ 언제 돌아올지~콧구멍조차도 없다 : 깨달음과 교화 모두 굳이 세우지 않는 것이 곧 깨달음과 교화 각각에 철저한 것이다.

法雲 : 非但來云云者, 證化都不立也, 則證化到底也.

오조 법연五祖法演의 염
"조사가 이렇게 한 말은 여전히 깨달음이 부족하다."

五祖演拈, "祖師伊麼道, 猶欠悟在."

설봉료雪峯了의 거
이 공안에 대하여 '조사가 마침내 신주의 국은사로 돌아가 입적했다.'[22] 라는 구절까지 제기하고 말했다. "바삐 내달리는 이 노인이여! '잎이 떨어져 뿌리로 돌아가는 격이니 언제 돌아올지는 말할 수 없다.'는 말은 신주로 가는 길을 말씀하신 거로군." 껄껄대고 크게 웃으며 말했다. "조사와 손잡고 함께 나왔다가 함께 사라질 사람 있는가?"

雪峯了擧此話, 〈至〉祖遂歸新州國恩寺脫化. 師云, "走殺者老兒! '葉落歸根, 來時無口.' 是新州路子." 呵呵大笑云, "還有共祖師, 同出同沒底麼?"

설화

○ 바삐 내달리는 이 노인이여 : 그를 인정하지 않는 듯하다.[23]
○ 잎이 떨어져~신주로 가는 길을 말씀하신 거로군 : 그를 인정하는 말이다.
○ 껄껄대고 크게 웃었다 : 잎이 떨어져 뿌리로 돌아가는 격이니 언제 돌아올지는 알 수 없다는 그 소식을 드러내었다.
○ 조사와 손잡고~사람 있는가 : 반드시 함께 나왔다가 함께 사라져야 한

---

22 『景德傳燈錄』(大51, 236c5)에 나오는 "말을 마치고 신주의 국은사로 가서 목욕을 하고 나서 가부좌한 채로 입적했다.(言訖, 往新州國恩寺, 沐浴訖, 跏趺而化.)"라는 부분을 가리킨다.
23 말투는 그렇지만 사실은 그렇지 않다는 뜻이다.

다는 말이다.

雪峯：走殺云云者, 似不肯他也. 葉落至路子者, 却肯他也. 呵呵大笑者, 葉落歸根, 來時無口地消息弄現也. 還有共云云者, 須是同出同沒始得.

불안 청원佛眼淸遠의 퇴원[24] 상당

주지에서 물러나며 법좌에 올라앉아 이 공안을 제기하고 말했다. "이는 무슨 이야기인가? 떠났다가 다시 돌아온들 무엇 하겠는가? 동산東山[25] 선사先師께서 '대단하신 조사께서 여전히 깨달음이 부족하구나.'[26]라고 한 말씀을 모르는가?" 껄껄대고 크게 웃고는 말했다. "여러분, 알겠는가? 게송 한 수를 들어 보라. '근본으로 돌아가 뜻을 얻었거늘 다시 무슨 말을 하리오? 동구洞口의 진인秦人[27]은 문을 반만 닫았다네.[28] 복숭아꽃 떨어져 벌써 강물 따라 흘러갔는데, 공연히 짙게 내려앉은 구름 들녘에 머무네.'"

佛眼遠退院上堂, 擧此話云, "是什麼說話? 去了却更來, 作什麼? 不見東山先師道, '大小大祖師, 猶欠悟在.'" 師呵呵大笑云, "諸人, 還會得麼? 聽取一頌. '歸根得旨復何論? 洞口秦人半掩門. 花落已隨流水去, 空留羃羃野雲屯.'"

---

24 퇴원退院: 나이가 연로하거나 병이 생기는 등의 사유로 주지가 그 직위에서 물러나는 것. 퇴원에 즈음하여 대중과 인사를 하기 위하여 상당법문을 하는 것이 보통이다. 『百丈淸規』권3「退院條」(大48, 1127a18) 참조.
25 동산東山: 오조 법연을 가리킨다. 만년에 황매현黃梅縣 동산에 주석했기 때문에 이렇게 불린다.
26 앞의 '오조 법연의 염' 참조.
27 동구洞口의 진인秦人: 무릉도원武陵桃源의 동굴(桃源洞)에 사는 사람. 곧 신선神仙을 가리킨다. 이 신선이 사는 동굴을 진동秦洞이라 한다.
28 문을 반만 닫았다네: 보일 듯 말 듯, 이것인지 저것인지, 오는지 가는지, 어느 편으로 확정할 수 없는 실상에 대한 상징이다.

설화

○ 이는 무슨 이야기인가~돌아온들 무엇 하겠는가 : '언제 돌아올지는 말할 수 없다.'는 이 말을 인정하지 않는다는 뜻이다.
○ 동산東山 선사先師께서~한 말씀을 모르는가 : 다시 돌아온다는 그 말은 깨달음이 부족하다는 뜻이다.
○ 껄껄대고 크게 웃었다 : 인정한 것인가, 인정하지 않은 것인가?
○ 근본으로 돌아가 뜻을 얻었거늘 다시 무슨 말을 하리오 : 근본으로 돌아가 뜻을 얻었다는 이 구절 또한 '언제 돌아올지는 말할 수 없다.'라는 말에 대한 것이다.
○ 동구洞口의 진인秦人은 문을 반만 닫았다네 : 본래 가거나 오는 차별이 없다.
○ 복숭아꽃 떨어져~구름 들녘에 머무네 : 깨달음과 교화가 없지는 않다. 동구의 진인도 전혀 돌아보고 간섭하지 않는다.

佛眼 : 是什麼說話云云者, 是來時無口, 是不肯也. 不見東山至猶欠悟在者, 却更來, 是欠悟也. 呵呵大笑者, 是肯不肯? 歸根得旨云云者, 歸根得旨, 亦是對來時無口言也. 洞口云云者, 本無去來也. 花落至雲屯者, 不無證化也. 洞口秦人, 都不顧涉也.

송원 숭악松源崇岳의 상당

"'잎이 떨어져 뿌리로 돌아가는 격이니 언제 돌아올지는 말할 수 없다.'고 하니, 신선의 미묘한 비결은 아버지와 아들 사이라도 전하지 못하는 법이다. 그렇다면 서로 손을 맞잡은 구절(接手句)[29]은 어떻게 말해야 할까?

---

[29] 서로 손을 맞잡은 구절(接手句) : 전하는 사람과 그것을 받는 사람이 일치하는 구절. 진실을 남김없이 전하는 말을 가리킨다. 『續傳燈錄』 권2 「雪竇重顯傳」(大51, 475c29), "시방 전체에 벽과 울타리가 없고 사방 어디에도 출입하는 문이 없거늘 옛사람은 어

많은 부분은 조금 덧붙이고 적은 부분은 조금 덜어 내라.³⁰"

松源上堂云, "'葉落歸根, 來時無口.' 神仙妙訣, 父子不傳. 且如何道得接手句? 多處添些子, 少處減些子."

설화

○ 잎이 떨어져~전하지 못하는 법이다 : 깨달은 사람이라야 알 수 있다.
○ 많은 부분은 조금 덧붙이고 적은 부분은 조금 덜어 내라 : 함께 나왔다가 함께 사라진다는 뜻이다.

松源 : 葉落至不傳者, 證者方知也. 多處添些子云云者, 同出同沒也.

디에서 나그네를 보았던 것일까? 접수구를 말한다면 누가 되었건 하늘 위와 하늘 아래 가장 존귀한 자라고 인정하리라.(十方無壁落, 四面亦無門, 古人向甚麼處見客? 或若道得接手句, 許爾天上天下.)"; 『密菴語錄』(大47, 963c22), "잎 하나가 떨어지니 세상 전체에 가을이 깃들어 바람은 세차고 구름은 엷으며 강물은 푸르고 하늘은 탁 트였네. 달마는 접수구를 이해하지 못하여 소림사에 고요히 앉아 번뇌의 불길을 싸늘히 식히고 있을 뿐이었다.(一葉落天下秋, 風高雲淡, 水碧空浮. 達磨不會接手句, 少林空坐冷啾啾.)"; 『圜悟語錄』권6(大47, 739a10).
30 많은 부분은~덜어 내라 : 주 11 참조.

116칙 숭악조욕崇嶽澡浴[1]

[본칙] 숭악 혜안 국사가 북종 신수神秀와 함께 측천무후則天武后의 초청을 받고 궁중에 들어가 공양을 받았다. 목욕을 할 때 궁녀들이 시중을 들었는데, 국사만이 거리낌 없이 기뻐하며 한결같았다. 무후가 말했다.
"물에 들어가서야 비로소 걸출한 인물을 알아보겠군요."

崇嶽慧安國師, 與北宗神秀, 被武后召, 入禁中供養. 因澡浴以宮姬給侍, 獨師怡然無他. 后歎曰, "入水始知有長人."

[설화]

● 국사만이 거리낌 없이 기뻐하며 한결같았다 : 다만 만물에 무심하기만 하다면 만물에 항상 둘러싸여 있은들 무슨 방해가 되리오?[2]

---

1 같은 인연을 구체적 정황으로 묘사한 문헌도 있다. 『楞加經宗通』 권4(卍26, 519b11), "옛날에 숭악 혜안慧安(老安·道安·大安) 선사가 남양 혜충 국사와 함께 측천무후의 초청으로 공양을 받으러 궁중에 들어갔다. 측천무후는 여러 궁녀들에게 두 선사의 목욕을 시중들라고 명령했다. 혜충 국사는 사양하고 가지 않았고, 혜안 선사는 여러 궁녀들이 씻겨 주는 대로 받아들이면서 평탄한 마음으로 느긋하게 있었다. 측천무후가 혜충 국사에게 '어째서 가시지 않았습니까?'라고 묻자 혜안이 대답했다. '물에 들어가 봐야 누가 더 뛰어난지 알 수 있습니다.' 이 두 존숙은 모두 여색과 붙어 있으면서(卽) 동시에 여색과 떨어져 있었으니(離) 수다원과須多洹果(初果)를 얻은 사람이 넘볼 수 있는 경지가 아니다.(昔, 嵩嶽安禪師, 同南陽忠國師, 爲武則天, 迎入大內供養. 則天命諸宮女, 爲二師沐浴. 忠國師, 辭不赴 ; 安禪師, 聽諸宮女浴, 坦然自若. 則天問忠國師, '何以不赴?' 安對曰, '入水見長人.' 此二尊宿, 卽女色, 離女色, 豈須陀洹人所及?)"; 『雲門廣錄』 권하 古尊宿語錄 18(卍118, 392b16), "운문이 장경 혜릉長慶慧稜과 함께 석공 혜장石鞏慧藏이 삼평 의충三平義忠을 가르친 화두를 제기하고 말했다. '어떻게 말해야 석공이 삼평에게 반만 생기다 만 성인(半箇聖人)이라고 부른 질책을 모면할 수 있을까?' 장경이 '만약 값을 치르지 않았다면 어떻게 참인지 거짓인지 가려내겠는가?'라고 하자 운문이 말했다. '실제적인 상황에 닥쳐 봐야 그 사람의 진면목을 알 수 있다.'(師與長慶, 擧石鞏接三平話, 師云, '作麼生道, 免得石鞏喚作半箇聖人?' 慶云, '若不還價, 爭辨眞僞?' 師云, '入水見長人.')"

● 경계를 마주하고도 마음이 일어나지 않아야 힘이 센 대장부라 하기 때문에 "물에 들어가서야 비로소~"라고 운운한 것이다.[3]

[澡浴] 師獨[1)]恰然無他者, 但自無心於萬物, 何妨萬物常圍繞? 所謂對境不起, 有力丈夫故, 歎曰, "入水始知"云云也.

1) ㉤ '師獨'이 본칙에는 '獨師'로 되어 있다.

무진거사의 송 無盡居士頌

진원[4]의 고운 여인이 백옥 같은 얼굴로	秦苑仙娃白玉腮
장미강의 물을 식은 재에 뿌리는구나[5]	薔薇行水灑寒灰
허름한 사립문엔 빗장도 안 걸었거늘	柴門草戶無扃鑰
우렁차게 쇠망치로 쳐도 열리지 않네[6]	磊落金槌擊不開

설화

○ 거리낌 없이 기뻐하며 한결같은 경지를 말한다. 장미는 강물 이름으로 서성西城에 있다. 이 물을 옷에 뿌리면 10년이 지나도 향기가 없어지지

---

2 방거사龐居士의 말. 『龐居士語錄』(卍120, 78b6). 이어지는 구절은 "무쇠 소는 사자의 포효를 두려워하지 않으니, 장승이 꽃과 새를 본 것과 흡사하다.(鐵牛不怕師子吼, 恰似木人見花鳥.)"이다.

3 『佛祖歷代通載』 권17(大49, 648a23), "너는 말로 해탈하지 마라! 노안老安과 신수神秀 두 선사가 측천무후에게 점검당하고 '물에 들어가 봐야 비로소 걸출한 인물을 알아볼 수 있다.'라는 말을 들었던 사실을 어찌 모르느냐! 이 경계에 이르러서는 철불일지라도 땀을 흘리지 않을 수 없다. 적자(仰山慧寂)야, 너는 완벽하게 수행해야 하니 종일토록 착 달라붙는 말만 해서는 안 된다.(女莫口解脫! 女豈不聞安秀二師, 被則天試, 入水始知有長人! 到這裏, 鐵佛也須汗出. 寂子, 女大須修行, 莫終日口密.)"

4 진원秦苑 : 진秦나라 궁 안에 있던 동산(宮苑).

5 장미강의 물을~재에 뿌리는구나 : 식은 재(寒灰)는 번뇌의 불길이 꺼진 선사를 상징한다. 장미강의 향기로운 물은 선사를 시험하는 하나의 경계를 나타낸다.

6 우렁차게 쇠망치로~열리지 않네 : 외부의 경계에 물들지 않는 빈틈없는 심경을 말한다.

않는다. 행수行水란 행금行金·행목行木·행토行土라고 하는 말과 같다.⁷

無盡：怡然無他處. 薔薇, 水名, 在西城. 以此水洒衣, 則過十年, 而香熏未絶. 行水, 猶言行金行木行土云云.

---

7 '수水'는 수화목금토水火木金土의 오행五行 중 하나이기 때문에 '행行'을 붙여 '행수'라고 했다는 해설이다.

117칙 도명의발 道明衣鉢[1]

[본칙] 몽산 도명蒙山道明 선사가 노盧 행자를 뒤쫓다가 대유령에 이르렀다. 행자가 도명이 다가온 것을 보고 가사와 발우를 바위에 던져 놓고 말했다. "이 가사는 조사로 인정받은 징표인데 어찌 힘으로 빼앗을 수 있겠습니까? 당신이 가지고 가려면 그렇게 하십시오." 도명이 마침내 가사를 들려고 했으나 산과 같이 무거워 조금도 움직이지 않았다.

蒙山道明禪師, 因趁盧行者, 至大庾嶺. 行者見師至, 卽擲衣鉢於石上云, "此衣表信, 可力爭耶? 任君將去." 師遂擧之, 如山不動.

[설화]

● 『경덕전등록』에는 다음과 같이 전한다.[2] "선사(도명)는 출가하여 5조의 법회로 가서 가르침을 받고 지극한 뜻을 궁구하며 찾았으나 전혀 깨침이 없었다. 5조가 가사와 법을 노 행자에게 은밀히 전하게 되자 도명은 뜻을 함께하는 수십 사람을 이끌고 노 행자의 자취를 밟아 뒤쫓다가 대유령에 이르러 가장 먼저 발견하였고 나머지 무리들은 아직 거기까지 이르지 못했다. 노 행자는 도명이 달려오는 것을 보고 가사와 발우를 바위에 던졌다. 【중략】 도명이 말했다. '나는 법을 구하러 온 것이지 가사와 발우를 가지러 온 것이 아닙니다. 행자께서 가르침을 펼쳐 보여 주시기 바랍니다.' 노 행자가 '선이라고도 생각하지 말고 악이라고도 생각하지 마십시오. 바로 이럴 때 명상좌의 본래면목은 어떤 것입

---

1 혜능慧能이 행자의 신분으로 5조 홍인弘忍으로부터 6조로 인가받음과 동시에 가사와 발우를 받고 남쪽으로 피신해 갈 때 몽산 도명이 그것을 빼앗으려고 뒤쫓아 간 이야기. 이야기는 다음 공안으로 이어진다.
2 『景德傳燈錄』 권4 「蒙山道明傳」(大51, 232a3).

니까?'³라고 말했다."

● 이 가사와 발우는 가볍다면 새털보다 더 가볍고, 무겁다면 태산보다 더 무겁다. 그러므로 육왕이 송으로 "혜능은 가볍게 내려놓았건만, 도명은 들어 올리지 못했다네."라고 읊은 것이다.

[衣鉢] 傳燈云, "禪師出家, 往依五祖法會, 極意硏尋, 初無解悟. 及五祖密付衣法盧行者, 師卽率同意數十人, 躡迹追逐, 至大庾嶺. 師最先見, 餘輩未及. 行者見師奔走, 卽擲衣鉢於石上云云, 師乃曰, '我來求法, 非爲衣鉢, 願行者開示.' 行者曰, '不思善云云, 本來面目.'" 此衣鉢, 輕則輕於鴻毛, 重則重於太山. 故育王頌云, "能放得下, 明提不起."云云.

육왕 개심育王介諶**의 송** 育王諶頌

혜능은 가볍게 내려놓았건만	能放得下
도명은 들어 올리지 못했다네	明椳¹⁾不起
구름은 산마루에 한가롭게 떠돌고	雲閑嶺頭
물은 계곡 바닥으로 바쁘게 흐른다	水忙澗底
물과 달 어울려 하나 되는데	水月和同
옳다 그르다 어떻게 그칠까	是非何已
구름 흩어지고 물 흘러가니	雲散水流
그대도 옳고 나도 옳도다	你是我是

1) ㉡ '椳'가 갑본에는 '提'로 되어 있다. ㉢ '提'로 바로잡아 번역하였다.

[설화]

○ 혜능은 가볍게 내려놓았건만 도명은 들어 올리지 못했다네 : 득과 실

---

3 생략되어 있는 원문을 채워 번역하였다. 원문은 다음과 같다. "不思善不思惡. 正恁麼時, 阿那箇是明上坐本來面目?" 본서 118칙 참조.

을 나타낸다.
○ 구름은 산마루에 한가롭게 떠돌고 물은 계곡 바닥으로 바쁘게 흐른다 : 그 득과 실을 분명하게 구별했다.
○ 물과 달 어울려 하나 되는데 옳다 그르다 어떻게 그칠까 : 만일 득실의 관점에서 헤아린다면 옳음과 그름의 구별이 뚜렷해진다는 뜻이다.
○ 구름 흩어지고 물 흘러가니 그대도 옳고 나도 옳도다 : 득실의 분별이 모조리 쓸려 없어지면, 득이라도 괜찮고 실이라도 괜찮다.

育王 : 能放至提不起者, 得失也. 雲閑嶺頭云云者, 明其得失也. 水月云云者, 若得失商量, 則是非完然也. 雲散云云者, 得失蕩盡, 則得也得, 失也得也.

118칙 도명본래 道明本來[1]

본칙 도명 선사는 육조가 대유령 꼭대기에서 "선이라고도 생각하지 말고, 악이라고도 생각하지 마라! 바로 이럴 때 어떤 것이 명상좌 그대의 본래면목인가?"라고 한 말을 듣고 크게 깨달았다.

道明禪師, 因六祖在大庾嶺頭云, "不思善, 不思惡! 正當伊麼時, 阿那箇是明上座本來面目?" 師卽大悟.

설화[2]

● '자취를 밟으며 쫓아와 대유령에 이르렀을 때'를 가리켜 악한 생각을 품고 있었다고 한다. '나는 법을 구하러 왔다.'라 운운한 말은 선한 생각을 품고 있는 것에 해당된다. '선이라고도 생각하지 말고, 악이라고도 생각하지 마라.'라고 한 말은 선이나 악 그 어느 편이라고도 생각하

---

[1] 앞의 공안에서 이어지는 이야기이다. 혜능이 행자의 신분으로 5조 홍인으로부터 6조로 인가를 받아 달마達磨 이래로 조사의 징표인 가사와 발우를 지니고 대유령大庾嶺을 넘어가다가 그것을 빼앗으려고 추적하던 도명과 마주친 인연에서 만들어진 공안이다. 宗寶本『壇經』(大48, 349b14)에 따르면, 그 당시 도명은 혜능이 바위에 던져 놓은 가사를 집어 들려 하였으나 꼼짝도 하지 않자 겁을 먹고 '의발이 욕심이 나서 쫓아온 것이 아니라 5조로부터 받은 법을 알고 싶었던 것'이라고 말했다. 혜능이 그 전후의 사정을 모두 간파하고 그에 적절한 문제를 던진 것이 바로 이 공안이다. 곧 의발을 강탈하려 했던 애초의 악한 마음과 그 뒤에 법을 구하겠다고 한 선한 마음을 소재로 삼아 그 현장에 가장 적절한 공안으로 도명을 이끈 것이다. 도명의 의중에 근거해서 '의발을 빼앗으려 했던 의도를 악이라고도 생각하지 말고, 그 뒤에 법을 물으러 왔다고 바꾼 마음을 선이라고도 생각하지 마라.'라고 한 혜능의 말은 추상적인 개념의 선과 악을 제기한 것이 아니라 그 당사자의 구체적인 상황을 고려한 것이다. 따라서 '선도 생각하지 말고, 악도 생각하지 마라.'라고 하면 뜻에 맞지 않는다. 이 말이 일반화되면서 후대의 문헌 가운데 그렇게 해석해도 무방한 맥락이 있을 뿐이다.

[2] 宗寶本『壇經』(大48, 360a13),『景德傳燈錄』권5「慧能傳」(大51, 236a21) 등에 나오는 구절을 들어 풀고 있다.

지 않으면 자연히 청정한 마음의 본체에 들어설 수 있으니, 이것이 바로 모든 사람의 본래면목이라는 뜻이다.

[本來] 躡迹追逐至嶺時, 是思惡也 ; 我來求法云云, 是思善也. 不思云云, 善惡都莫思量, 自然得入淸淨心體, 是諸人本來面目也.

관음원 종현從顯의 염

"나는 지금 그렇게 말하지 않겠다. 나에게 명상좌의 본래면목을 돌려다오."

觀音院, 從顯拈, "今日不伊麽道. 還我明上座來."

> 설화

○ 본래면목이라 하면 인식 주체(能)와 대상(所)이 있는 듯하지만 없으므로 '나에게 명상좌의 본래면목을 돌려다오.'라고 말하는 것만 못하다는 뜻이다. 곧 본래 인식 주체와 대상의 차별이 없음을 말한다.[3]

從顯 : 本來面目, 則似有能所, 不如道, '還我明上座來.' 本無能所也.

단하 자순丹霞子淳의 상당

이 공안을 제기하고 말했다. "저 앞서간 조사들이 사람을 가르치는 방

---

[3] 본래 인식~없음을 말한다(本無能所) :『起信論疏筆削記』권11(大44, 358c12), "『능가경』에 '보는 주체와 보이는 대상, 그 일체를 얻을 수 없다네.'라고 하였다. 이 구절의 대의는 한 마음에 본래 주체와 대상의 차별이 없음을 드러내려는 것이다. 주체와 대상이 함께 고요해야 비로소 진심이며, 또한 소멸하여 고요해지도록 하지 않고 본래 고요한 경계를 말한다.(楞伽云, '能見及所見, 一切不可得.' 此中大意, 欲顯一心本無能所. 能所俱寂, 方是眞心, 亦非泯之令寂, 本自寂也.)" 인용 경문은『入楞伽經』권1(大16, 516b22)이다.

법을 살펴보니, 결코 이편으로 오려 하지 않는구나.[4] 여러분은 그 뜻을 알겠는가? 별이 뜨기 전에 떠난 사람이 천 길 봉우리의 보금자리에 누워 있으니,[5] 불조佛祖일지라도 그를 알아볼 근거가 없다."[6]

丹霞淳上堂, 擧此話云, "看他先祖爲人, 終不肯過這邊來. 諸人還會麽? 星前人臥千峯室, 佛祖無因識得渠."

[설화]

○ 별이 뜨기 전에~알아볼 근거가 없다 : 육조가 말한 내용을 자세히 밝힌 것이다. 아래 나오는 불안 청원의 취지도 이상과 같다.

丹霞 : 星前人臥云云者, 深明六祖道得處也. 佛眼意, 上同.

불안 청원佛眼淸遠의 상당

이 공안을 제기하고 말했다. "대중들이여! 이 공안을 알겠는가? 바로 이럴 때[7] 무수한 겁이 지나도록 미혹된 적이 없었던 것과 같으니, 걸음

---

4 저 앞서간~하지 않는구나 : 육조의 공안이 말로 표현하기 이전의 경계에 있다는 뜻이다. '이편'이란 언어와 분별로 통하는 경계를 나타내는데, 육조는 '저편'에 있다는 말이 된다. 이어서 나오는 '별이 뜨기 전에 떠난 사람'과 '천 길 봉우리의 보금자리' 등과 호응한다.
5 별이 뜨기~누워 있으니 : 아무런 조짐도 나타나기 전의 시간과 누구도 찾아낼 수 없는 고원한 장소를 가지고 육조의 공안이 은산철벽銀山鐵壁과 같다는 뜻을 보여 준다.
6 별이 뜨기~근거가 없다 : 투자 의청投子義靑의 송에서 제3구와 제4구를 인용하였다. 투자의 이 송은 본서 557칙에 나온다. 『空谷集』 11則(卍117, 545a3), "별이 뜨기 전에 떠난 사람이 천 길 봉우리의 보금자리에 누워 있으니,【농부는 무슨 일로 여전히 깊은 잠에 떨어져 있을까?】 불조佛祖일지라도 그를 알아볼 근거가 없다.【귀한 사람은 만나 보기 어려운 법인데 찬탄하며 속일 필요 무엇이냐!】(星前人臥千峰室,【農夫何事睡猶濃?】 佛祖無因識得渠.【貴人難見面, 何必謾呑哎!】"; 『頌古聯珠通集』 권27(卍115, 339a11).
7 바로 이럴 때 : 선이라고도 악이라고도 생각하지 않을 때.

마다 삼계의 속박을 넘어서 본래의 집에 돌아오면 단번에 모든 의심이 끊어지리라."[8]

佛眼遠上堂, 擧此話云, "大衆! 還會者話麽? 正當伊麽時, 歷劫不曾迷, 步步超三界, 歸家頓絶疑."

---

[8] 무문 혜개無門慧開는 친절하게 고스란히 먹여 준 것과 같다고 비유한다.『無門關』23則「評唱」(大48, 296a6), "육조는 참으로 '곤궁한 집의 사정처럼 말로 드러낼 수 없는 이 본분사를 노파가 손주에게 이르듯이 친절하게 전했다.'고 할 만하다. 비유하자면 새로 딴 여지를 껍질도 벗기고 씨도 제거한 다음 그대 입안에 집어넣어 주고서 다만 그대가 한 번에 꿀꺽 삼키기만 바랄 뿐인 것과 같다.(六祖可謂, '是事出急家, 老婆心切.' 譬如新荔支, 剝了殼去了核, 送在爾口裏, 只要爾嚥一嚥.)"

119칙 회양설사懷讓說似[1]

[본칙] 남악 회양南嶽懷讓 선사가 처음 육조에게 법을 묻고자 찾았을 때 육조가 물었다. "어디서 왔는가?" "숭산에서 왔습니다." "어떤 것이 이렇게 왔는가?" "하나의 그 무엇이라고 말해도 딱 들어맞지 않습니다."[2] "수행에 의지하여 깨닫는가?" "수행하여 깨닫는 일이 없지는 않지만, 오염되어서는 안 됩니다." "이렇게 오염되지 않는 경계야말로 모든 부처님이 소중히 지키신 바이다. 그대가 이미 이렇고 나 또한 그렇다."

南嶽懷讓禪師, 初參六祖, 祖問, "甚處來?" 曰, "嵩山來." 祖曰, "是什麽物伊麽來?" 曰, "說似一物卽不中." 祖曰, "還假修證不?" 曰, "修證卽不無, 汚染卽不得." 祖曰, "祇此不汚染, 是諸佛之所護念. 汝旣如是, 吾亦如是."

[설화]
● 『경덕전등록』에 이렇게 전한다.[3] "선사(회양)의 성은 두杜씨이고 금주金州 출신이다. 나이 열다섯에 형주荊州 옥천사玉泉寺로 가서 홍경 율사弘景律師에 의지하여 출가했다. 어느 날 탄연坦然과 함께 숭산의 혜안慧安[4] 국

---

1 육조의 일물一物 또는 무일물無一物에 관한 세 가지 인연 중 하나를 소재로 한 공안이다. 하나는 육조가 5조에게 올린 게송의 한 구절인 '본래무일물本來無一物', 다른 하나는 신회神會와의 문답(본서 111칙)이다.
2 『祖堂集』 권3 「懷讓章」(高45, 256c9)에는 이 문답이 육조와 만나면서 이루어진 것이 아니라 12년 뒤 육조를 떠나면서 나누었다고 하며, 『天聖廣燈錄』(卍135, 650a6)에는 육조의 물음에 처음에는 대답하지 못했다가 8년이 경과한 뒤에 "하나의 그 무엇이라 말해도 딱 들어맞지 않는다."라고 대답을 했다고 한다. 『景德傳燈錄』 권5(大51, 240c11), 宗寶本『壇經』(大48, 357b21)에는 이 공안에서와 같이 처음 만나면서 바로 나눈 문답으로 되어 있다.
3 『景德傳燈錄』 권5 「南嶽懷讓傳」(大51, 240c7), 권4 「嵩嶽慧安傳」(大51, 231c10)의 내용을 결합했다.
4 혜안慧安(582~709) : 5조 홍인의 10대 제자 중 한 사람. 노안老安·도안道安·대안大安이

사 처소를 찾아가 물었다. '달마 대사가 인도에서 온 근본적인 뜻은 어떤 것입니까?' '어째서 자기 자신의 뜻을 묻지 않는가?' '자기 자신의 뜻이란 무엇입니까?' '마땅히 자신의 은밀한 작용[5]을 관찰해야 한다.' '자신의 은밀한 작용이란 무엇입니까?' 혜안은 눈을 떴다 감았다 함으로써 그 뜻을 보여 주었다. 탄연은 그 귀착점을 알아차리고 더 이상 다른 곳으로 가지 않았으나, 회양은 인연이 맞지 않아 조계 혜능曹溪慧能에게로 가서 물었다."

[說似] 傳燈云, "禪師姓杜氏, 金州人也. 年十五, 往荊州玉泉寺, 依弘乳[1] 律師出家. 一日, 與坦然, 同至嵩山慧晏[2]國師處, 問, '如何是祖西來意?' 晏云, '何不問自己意?' 問, '如何是自己意?' 晏云, '當觀密作用.' 問, '如何是密作用?' 晏開眼示之, 合眼示之. 坦然知歸, 更不他適;讓師未契, 乃往曹溪問."也.

1) ㉠ '乳'는 『景德傳燈錄』 등에 따라 '景'으로 바로잡는다. 2) ㉠ 『景德傳燈錄』 등에는 '嵩山慧晏'이 '嵩山安'으로 되어 있다. 법명은 '慧安'이 맞다.

● 어떤 것이 이렇게 왔는가 : 숭산에서 왔기 때문에 문양이 없는 도장을 회양 선사의 얼굴에 한 번 찍어 분명하게 그 자국을 남겼다.[6] 오위가五

라고도 한다. 호북성 형주 지강支江 사람이며 속성은 衛衛. 정관貞觀 연간(627~649)에 황매산에서 홍인의 심요를 얻었다. 고종이 불렀으나 사양하고 숭산嵩山에 머물렀다. 『景德傳燈錄』 권4 「嵩嶽慧安傳」(大51, 231c1), 『祖庭事苑』 권7(卍113, 201a11) 참조.

5 은밀한 작용 : '밀密'은 세밀하고 빈틈없다는 뜻이다. 그것이 은밀하고 미세하여 분별하기 어렵고 언어로 표현할 수 없지만 항상 드러나 작용하고 있다. 마치 혜안이 눈을 깜박이며 보여 주었던 그 작용과 같다. 그것에서 알아차려야 한다는 뜻이며 비밀스럽게 감추어져 있다는 말은 아니다. 『續傳燈錄』 권4 「天童新章」(大51, 492a18), "'은밀한 작용이란 어떤 것입니까?' '어찌 은밀하게 드러나지 않은 때가 있더냐!' '마음이 지름길로 통하지 않을 경우에는 어떻게 합니까?' '어떤 것이 그대를 방해하는가?'(問, '如何是密作用?' 師曰, '何曾密!' 問, '心徑未通時, 如何?' 師曰, '甚麼物礙汝?')"

6 도장이란 마음 도장 곧 심인心印을 말한다. 문자로 전할 수 없는 조사의 마음은 마치

位家[7]는, 동산이 '바로 지금 왕래하는 존재를 무엇이라 불러야 할까?'라고 물었는데 아무 대답이 없자 스스로 대신 대답하기를 '안 된다. 안 된다.'[8]라고 한 말을 인용하고, 다음과 같이 푼다. "손님이라 불러도 안 되고, 주인이라 불러도 안 되며, 주인 중의 주인이라 불러도 안 된다." 이러한 말과 아울러 '편위偏位에서 (정위正位로) 돌아오는 것이며, 말이 있는 중에 말이 없다.'[9]라고 한다. 말한 예들이 이와 같은데도 그저 이들 가문(조동종)의 어조라고만 여기고 이 공안의 종지를 끝까지 궁구하지 않으면서 배운다는 자들이 이를 의심한다면 근본을 밝혀내지 못할지니, 슬프도다!

● 하나의 그 무엇이라고 말해도 딱 들어맞지 않습니다 : 『사가록四家錄』에는 이렇게 전한다.[10] "육조가 '어디서 왔는가?'라고 묻고~'어떤 것이 이렇게 왔는가?'라고 묻자 회양이 아무 대꾸도 하지 못하다가 마침내 8년

문양이 새겨지지 않은 도장과 같기에 어떤 문자도 남기지 않는 도장을 찍듯이 마음에서 마음으로 전한다. 이 도장을 불조심인佛祖心印이라 한다. 『大慧語錄』 권15(大47, 876c2), "달마 대사가 인도로부터 문양이 없는 도장을 얻어서 2조 혜가의 얼굴에 한 번 찍어 분명하게 그 자국을 남겼으며, 2조는 이 도장을 얻어 조금도 바꾸지 않은 채 3조의 얼굴에 찍었다. 이로부터 한 사람이 껍데기인 허虛를 전했으나 만인이 그것을 알맹이인 실實이라 잘못 전하며 대대로 도장을 찍어 전하다가 강서의 마조에 이르자 마조는 남악 회양 화상으로부터 이 도장을 얻고 '마음 가는 대로 수행한 이래 30년 동안 소금과 간장이 부족한 적이 없었다.'고 말한 것이다. 한 소리 크게 내지르고 말했다. '도장의 문양이 찍혔다.'(達磨從西天, 將得箇無文印子來, 把二祖面門, 一印印破, 二祖得此印, 不移易一絲頭, 把三祖面門印破. 自後一人傳虛, 萬人傳實, 遞相印授, 直至江西馬祖, 馬祖得此印於南嶽和尙, 便道, '自從胡亂後三十年, 不曾少鹽醬.' 師喝一喝云, '印文生也.')"
7 오위가五位家 : 편정오위설偏正五位說을 기반으로 삼는 조동종曹洞宗의 선사들을 가리킨다.
8 이상이 『洞山語錄』(大47, 517b16)의 내용이다.
9 『曹洞五位顯訣』 권상(卍111, 235a12). 이 두 구절은 동산의 문답 전후에 배치된 것이다. '편위에서 정위로 돌아오는 것'은 모든 것을 긍정하여 차별을 차별 그대로 허용하는 편위에서 어떤 차별도 '안 된다'고 부정하고 정위로 돌아온다는 말이다. 유어有語는 편위에, 무어無語는 정위에 대응한다.
10 『사가록四家錄』의 인용이라 했지만 그 내용을 찾을 수 없다. 이하의 내용과 관련해서는 주 2 참조.

이 지나서 문득 깨치고 말했다. '저에게 깨달은 구석이 있습니다.' '어떤 것이더냐?' '하나의 그 무엇이라고 말해도 딱 들어맞지 않습니다.'" 하나의 그 무엇(一物)이라 이해해도 틀린 점은 없지만 평범한 무리라면 사소한 것을 얻고도 충분하다고 여긴다. 하지만 깨달으려면 반드시 철저하게 깨달아야 하는 법이니, 바로 이런 까닭에 (회양은) 8년이 지나서야 깨달음을 얻었다고 말할 수 있었던 것이다.

什麼物伊麼來者, 因嵩山來, 將無文印子, 把讓師面門, 一印印破也. 五位家, 引洞山云, '卽今往來的, 喚作什麼?' 自代云, '不得云云.'[1] 釋云, "喚作賓不得, 喚作主不得, 喚作主中主亦不得." 并此語爲, '偏位中來, 有語中無語.' 語例此,[2] 但看門庭語勢, 非窮探此話宗旨, 而學者以此疑之, 亦無有辨之者, 悲夫! 說似一物卽不中者, 四家錄云, "祖問, '什處來, 至伊麼來.' 讓無語, 遂經于八載, 忽然有省曰, '某甲有箇悟處.' 祖曰, '作麼生?' 讓云, '說似一物卽不中.'" 一物解亦無非, 若尋常之流, 得小爲足. 悟須徹悟, 此所以經八載而後有省也.

1) ㉠『洞山語錄』(大47, 517b16)의 내용이기는 하나 글자에 출입이 보인다. 본래 "'卽今往來底, 喚作什麼卽得?' 無對. 師自代曰, '不得, 不得.'"이라고 한 문답에 따라 번역하였다. 2 ㉠ '此' 앞에 '如'가 빠진 듯하다.

● 수행에 의지하여 깨닫는가 : 반드시 물어보아야 할 질문이다.
● 수행과 깨달음 : 깨닫기 이전의 수행은 오염이라 하고, 깨달은 이후의 수행은 오염이 아니라고 한다면, 깨달은 이후에는 오염되지 않으니 수행해도 무방하다는 뜻일까?
● 수행하여 깨닫는 일이 없지는 않지만 : 수행에 의지한 깨달음을 없애지 않는다는 뜻이다. 이것은 회양 화상이 궁극적으로 힘을 얻은 경지[11]

11 힘을 얻은 경지(得力處) : 저절로 수행이 이루어지는 경계를 말한다. 이것은 주로 화두

를 나타낸다.
- 오염되어서는 안 됩니다 : 그를 오염시키려 해도 되지 않는다.
- 이렇게 오염되지 않는 경계야말로~나 또한 그렇다 : 옛사람[12]이 이에 대하여 '회양 화상은 실천과 이해가 일치하는 조사였고, 청원 행사淸源行思는 번뇌의 속박을 벗어나고 헤아림을 넘어선 조사였다.'라는 평을 남겼다. 청원에 대하여 '번뇌의 속박을 벗어나고 헤아림을 넘어선 조사'라고 한 말은 그의 경지를 인정한 것이고, 회양 화상에 대하여 '실천과 이해가 일치하는 조사'라고 한 말은 아마도 뒤 닦는 대나무 주걱[13]이나 씻으면서 나무아미타불을 외는 늙은 할미 수행자[14]가 할 이야기이지 선수행자가 할 이야기는 아닌 듯하다. 그렇다면 어떻게 청원의 인

공부를 할 때 억지로 화두를 들려고 하지 않아도 자연스럽게 들리는 상태를 나타내는 말로 쓰인다. 애쓰지 않아도 화두에 대한 의심이 저절로 일어나는 경지를 가리킨다. 따라서 힘을 얻었다(得力)는 말은 힘이 덜 든다(省力)는 말과 통한다. 설화가 간화선의 관점을 가지고 있다는 사실이 이러한 용어에서도 드러난다. 『書狀』「答曾侍郎狀」第六書(大47, 919c1), "매일같이 공부하는 곳에서 화두를 붙잡고 있지만 점차로 힘이 덜 든다고 느껴지는 바로 그때가 힘을 얻은 경지입니다.(日用做工夫處, 捉著杷柄, 漸覺省力時, 便是得力處也.)"; 『禪要』「示衆」제2(卍122, 706b2), "보고 듣고 느끼고 아는 것에 이르기까지 모두가 의심덩어리(疑團)일 뿐이다. 꾸준히 반복하여 화두를 의심하다 보면 의심하는 데 힘이 덜 드는 경지에 이르게 될 것이니 여기가 바로 힘을 얻는 경지이므로 의심하려 하지 않아도 저절로 의심이 일어나고 화두를 억지로 들려 하지 않아도 저절로 들리게 될 것이다.(以至見聞覺知, 總只是箇疑團. 疑來疑去, 疑至省力處, 便是得力處, 不疑自發, 不擧自擧.)"

12 누구인지 그 말의 전거를 찾지 못하였다.
13 뒤 닦는 대나무 주걱 : 측주廁籌. 측간자廁簡子라고도 한다. 대변을 보고 나서 닦는 용도로 쓰던 도구이며 인도의 풍습이 중국에 들어와 행해진 것으로 본다. 주籌는 삼각형의 주걱과 같은 형태로 길이 8촌寸 정도에 엄지 두께만 하며 옻칠을 한 것도 있다. 이미 사용하여 똥이 묻어 더러워진 것을 촉주觸籌, 아직 사용하지 않은 깨끗한 것을 정주淨籌라고 한다. 『禪林象器箋』권20(禪藏, 1587), "淨籌 : 忠曰, '已使廁籌爲觸籌, 未使廁籌爲淨籌.'"
14 뒤 닦는~할미 수행자 : 『人天寶鑑』(卍148, 108a9), "(그들이) 어찌 늙은 할미 수행자가 나무아미타불을 외우면서 뒤 닦는 대나무 주걱이나 씻는 것과 같으랴!(抑豈與夫老嫗頭陀, 念南無洗廁籌等邪!)"

연을 제기해 논평하도록 청해야 할까? 두 대사의 행적 중에서 청원이 힘써야 할 대상에 대하여 물은 이야기[15] 중에 자세히 나타난다.

還假修證不者, 要須問看也. 修證云云者, 修在悟前, 名爲汚染 ; 修在悟後, 名爲不汚染也, 則悟後不汚染, 修則不妨耶? 修證卽不無者, 不廢修證也. 此讓和尙究竟得力處. 汚染卽不得得, 汚染他不得也. 只此不汚染云云者, 古人有商量, '讓和尙, 行解相應祖 ; 淸源, 出纏過量祖.' 謂淸源曰, 出纏過量祖者, 則許他 ; 謂讓和尙曰, 行解相應[1])者, 恐是洗厠籌念南無, 老嫗頭陀之談, 非禪者之談也. 然則如何請擧淸源因緣評論? 二大士行李下, 淸源所務話中詳現.

1) ㉘ '應' 다음에 '祖' 자가 탈락된 듯하다.

대홍 보은 大洪報恩의 송 1[16] 大洪恩頌

그 무엇이 이렇게 왔느냐 물었지만	是什麽物伊麽來
여기서 어찌 먼지 털 필요 있을까[17]	此中何假拂塵埃
눈 부릅뜨고 보아도 보이지 않는데	瞠目看時還不見
헛되이 밝은 거울 높은 받침대에 걸어 놓았네[18]	謾將明鏡掛高臺

---

15 두 대사의~물은 이야기 : 청원 행사가 육조에게 "어떤 일에 힘써야 점차적 단계에 떨어지지 않습니까?(當何所務, 卽不落階級?)"라고 물었던 문답. 본서 147칙에 나온다. 두 선사가 모두 육조와 문답을 나누었는데 그 형식이 유사하기 때문에 설화에서 대비해 본 것이다.
16 혜능이 신수神秀의 게송에 대하여 대구로 지은 오도송을 활용한 것이다.
17 먼지 털 필요 있을까 : 신수의 "언제나 부지런히 털어 내기에 힘써, 티끌 먼지 붙지 않게 하라.(時時勤拂拭, 勿使惹塵埃.)"라는 구절에 대해 혜능이 "어디서 티끌 먼지가 일어날 것인가?(何處惹塵埃?)"라고 읊은 구절을 활용했다.
18 밝은 거울~걸어 놓았네 : "마음은 밝은 거울 받침대와 같다.(心如明鏡臺.)"라고 한 신수의 게송을 부정하여 "밝은 거울에는 받침대가 없다.(明鏡亦非臺.)"라고 한 혜능의 게송 제2구의 취지와 일치한다.

> 설화

○ 그 무엇이~먼지 털 필요 있을까 : 숭산에서 이룬 경계가 바로 이것이기 때문이다.[19]
○ 눈 부릅뜨고 보아도 보이지 않는데 : '하나의 그 무엇이라 말해도 딱 들어맞지 않는다.'는 말이니, 일정한 법도에 얽매이지 않는다는 뜻이다.
○ 밝은 거울, 높은 받침대에 걸어 놓다, 먼지 털다 등은 육조와 신수의 게송에 나오는 말이다.

大洪云云, 拂塵埃者, 崇山成地卽是故也. 瞪目云云者, 說似云云, 則不存軌則也. 明鏡掛高臺拂塵埃, 六祖神秀之語也.

대홍 보은의 송 2 又頌

하나의 그 무엇이라 해도 들어맞지 않는다 하니	說似一物卽不中
바람이 호랑이 따르고 구름은 용 따르는 듯하네[20]	風從虎兮雲從龍
이 일의 유래 경솔하게 알 수 있는 경계 아니니	此事由來非草草
법이 없다는 도리가 진실한 종지라고 하지 말라[21]	休言無法是眞宗

---

19 육조에게 찾아오기 이전 숭산에서도 털어 낼 번뇌의 먼지가 없었다는 말. '본래 하나의 그 무엇도 없다.(本來無一物.)' 또는 '오염되지 않는다.'는 뜻을 나타낸다.
20 바람이 호랑이~따르는 듯하네 : 본분을 추구하는 종사의 위풍에 가장 어울리는 한마디라는 뜻에서 "雲從龍, 風從虎."라는 말을 빌려 표현하였다.
21 법이 없다는~하지 말라 : 회양이 '하나의 그 무엇이라 말해도 딱 들어맞지 않는다.'라고 한 말에도 종지가 담겨 있다고 단정하지 말라는 뜻이다. 법안法眼과 덕소德韶의 다음 문답은 이 구절의 취지를 파악하는 데 시사점을 준다. 『法眼語錄』(大47, 591b6), "덕소 국사가 뒤에 게송 한 수를 읊었다. '고봉정상의 경계 깨치고 나니, 인간 세상이 아니로다. 마음 밖에 어떤 법도 없다고 하나, 청산이 눈 가득 들어찼도다.' 법안이 듣고서 말했다. '이 한 수의 게송으로 우리 종지를 일으킬 만하다.'(國師後有偈云, '通玄峯頂, 不是人間. 心外無法, 滿目靑山.' 師聞云, '卽此一偈, 可起吾宗.')" 법안이 덕소의 게송에 종지가 담겨 있다고 말은 했지만 인정한 것으로 보면 착각이다. 그 평가 자체는 선악善惡 어느 쪽으로도 치우치지 않고 냉정하게 제시한 화두이며 평범한 칭찬이 아니기 때문이다. 대혜 종고大慧宗杲가 이 문답에 대하여 "법안의 종지가 사라진 까닭은 바로

> 설화

○ 하나의 그 무엇이라 해도~용 따르는 듯하네 : 수행과 깨달음이 없는 것은 아니라는 뜻이다.
○ 이 일의 유래~종지라고 하지 말라 : 법이 없다는 표현 자체가 경솔한 말이며 참된 종지가 아니라는 뜻이다.
○ 아래 나오는 해인 초신·보녕 인용·흡주영의 송에 담긴 뜻과 마찬가지이다.

又頌, 說似至從龍者, 不無修證意也. 此事由來云云者, 無法卽是草草, 非是眞宗也. 下海印保寧歙州頌意一般也.

운거 요원雲居了元의 송 雲居元頌

옥은 진흙 속에 있고 연꽃은 흙탕물에서 피나	玉在泥中蓮出水
오염시킬 수 없으니 비교할 상대 전혀 없구나	汚染不能絶方比
모두들 이와 같이 모조리 알아차린다면	大家如是若承當
동정호에선 하룻밤 새 가을바람이 일어나리라	洞庭一夜秋風起

해인 초신海印超信의 송 海印信頌

철마 거꾸로 타고 그물 같은 속박 벗어나	倒騎鐵馬出煩籠
하늘 관문 비틀어 돌리며 고풍 떨치노라	撥轉天關振古風
보배 궁전과 옥 누각은 돌아본 적도 없고	寶殿瓊樓曾不顧
저자에 들어가 무지한 아동 가르치노라	入鄽應爲誘童蒙

이 한 수의 게송 때문이었다.(徑山杲云, '滅卻法眼宗, 祇緣者一頌.')"라고 한 평가는 그 측면을 드러내고자 했던 것이다. 『宗門拈古彙集』 권40(卍115, 982b16).

보녕 인용保寧仁勇**의 송** 保寧勇頌

머리에 뿔 달고 털옷 입고 그렇게 와	戴角披毛伊麽來
철위산악[22] 치받아 모조리 무너뜨리네	鐵圍山岳盡衝開
염부제에서 무수한 사람 밟아 죽인 다음	閻浮踏殺人無數
깊이 코 꿰어 끌고 가더니 돌아오지 않네	驀鼻深穿拽不迴

불국 유백佛國惟白**의 송** 佛國白頌

숭산에서 왔을 때 무엇이 이렇게 왔느냐고 물어보자	崇頂來時伊麽來
하나의 그 무엇도 맞지 않는단 대답이 벌써 티끌이라	不中一物早塵埃
남악에서 벽돌 조각을 갈아서[23]	便於南嶽磨甎片
바람처럼 날쌘 말을 비추어 돌아오게 했다네[24]	照得追風馬子迴

법진 수일法眞守一**의 송** 法眞一頌

그 무엇이 당당하게 이렇게 와서는	什麽堂堂伊麽來
기틀 마주하고 정면으로 다가설 뿐 멀리 돌지 않네	當機覿面不迢迴
경행하거나 앉거나 누워도 다른 것이 아니건만	經行坐臥非他物
요즘 사람들의 눈이 뜨이지 않은 탓일 뿐이로다	自是時人眼不開

---

22 철위산악鐵圍山岳 : Ⓢ Cakra-vāḍa, Ⓟ Cakka-vāḷa, Ⓣ ḥKhor-yug. 수미산 주위를 둘러싸고 있는 아홉 개의 산과 여덟 개의 바다(九山八海) 중 가장 밖에 철로 이루어진 산.
23 남악에서 벽돌 조각을 갈아서 : 마조 도일馬祖道一(709~788)이 좌선에 치우친 수행을 하자 그것을 일깨워 활발한 선법으로 이끌기 위한 수단으로 남악 회양南嶽懷讓(677~744)이 벽돌을 갈았던 이야기. 본서 121칙 참조.
24 바람처럼 날쌘~돌아오게 했다네 : 말은 마조 도일을 가리킨다. 좌선 일변도로 내달리던 마조의 잠재된 선기禪機를 날쌘 말에 비유했고, 회양이 벽돌을 갈아 보임으로써 그의 수행 방향을 되돌렸다는 뜻이다.

흡주영歙州英의 송 1 歙州英頌

무쇠 소는 우리 주변 풀 먹지 않는다고	鐵¹⁾牛不喫欄邊草
두 갈래 머리 딴 목동이 알려 주었네	丱角牧童相告報
높은 언덕에 풀어놓고 구름에 누워	放去高坡臥白雲
그놈이 이리저리 뒹구는 대로 두리라²⁵	任渠七顚與八倒
하, 하, 하! 알겠는가	阿呵呵會也麼²⁾
빚에는 시초 있고 원수에는 주인 있으니²⁶	債有頭冤有主
습득이 한산을 때리려고 하는구나²⁷	拾得要打寒山老

1) ㉠ '鐵'이 갑본에는 '鉄'로 되어 있다. ㉡ '鐵'로 번역하였다. 2) ㉡『建中靖國續燈錄』권18(卍136, 267b1)에는 '會也麼'가 없다.

흡주영의 송 2 又頌曰

우리 조사의 가풍 어찌 과정을 거치던가	吾祖家風豈涉途
종지 잃고 관조하면 작용마다 거칠다네²⁸	失宗隨照用心麤
한마디로 속뜻을 아는 이들에게 알리니	一言爲報知音者
요즘 남능의 성을 노씨라 하지 않노라네²⁹	近日南能姓不盧

---

25 그놈이 이리저리~대로 두리라 : 하는 대로 풀어놓아도 오염되지 않는다는 취지.
26 빚에는 시초~주인 있으니 : 보통은 "빚에는 그것을 받을 주인이 있고, 원한에는 원수를 진 우두머리가 있다.(債有主, 冤有頭.)"라고 하는데, 주인(主)과 우두머리(頭)의 위치를 바꾸었다.
27 습득이 한산을 때리려고 하는구나 : 습득과 한산은 서로에게 주인이자 손님이고 우두머리이자 종인 관계로서 한 몸이라 한편이 때리고 다른 편이 맞을지라도 조작이나 오염과 무관하다.
28 우리 조사의~작용마다 거칠다네 : '닦아서 증득한다'는 말을 점수漸修로 놓고 돈오頓悟를 종지와 짝지었다. 이 공안에서 돈오라는 종지의 근거는 '하나의 그 무엇'이고 그것은 오염되지 않기 때문에 점수의 절차와 과정이 필연적이지 않다. 이 종지를 잃으면 작용도 모두 어긋난다는 취지이다.
29 남능의 성을~하지 않노라네 : 남능南能은 남종의 혜능을 줄인 말. 혜능의 성은 노盧이지만, 북종의 선법과 구별하기 위하여 '남능'이라 부른다는 것이다. 북종의 신수神秀를 가리키는 '북수北秀'와 대칭하며, 각각 돈오와 점수의 차별이 그 특징으로 따른다.

> [설화]

○ 이 송은 오염되어서는 안 된다는 뜻을 읊었다.

又頌, 汚染卽不得也.

천동 정각天童正覺의 소참

이 공안을 제기하고 '어떤 것이 이렇게 왔느냐?'라는 질문을 받고 회양이 8년 지나서 비로소 말하기를 '하나의 그 무엇이라고 말해도 딱 들어맞지 않습니다.'~'오염되어서는 안 됩니다.'라고 한 부분에 이르러 말했다. "본래부터 닭지 않았거늘 어디서 다시 오염될 수 있겠는가? 그러므로 다가서면 물들고 어긋나면 등지게 되는 것이다.[30] 말해 보라! 바로 이럴 때

敦煌本『壇經』(大48, 342a28)에 이렇게 전한다. "세상 사람들이 모두 남종은 혜능이요 북종은 신수라 전하지만 그 근본 까닭은 모른다. 신수 선사는 남형부 당양현 옥천사에 주석하면서 수행하였고, 혜능 대사는 소주의 성 동쪽 35리 지점에 있는 조계산에 주석하고 있었다. 그들의 법은 같은 종지였으나 사람이 남과 북에 달리 있었으므로 이로 인하여 남과 북이라는 이름을 붙인 것이다. 무엇으로써 점과 돈을 나누는가? 법은 한 가지이지만 깨달음에는 느리고 빠른 차이가 있으니, 깨달음이 느리면 점漸이고 깨달음이 빠르면 돈頓이다. 법에는 점·돈의 차별이 없으나 사람에게는 근기가 영리하거나 둔한 차이가 있으므로 점·돈이라 이름 붙인 것이다.(世人盡傳, 南宗能北秀, 未知根本事由. 且秀禪師, 於南荊府, 當陽縣, 玉泉寺住持時修行; 慧能大師, 於韶州城東三十五里, 曹溪山住. 法卽一宗, 人有南北, 因此便立南北. 何以漸頓? 法卽一種, 見有遲疾, 見遲卽漸, 見疾卽頓. 法無漸頓, 人有利鈍, 故名漸頓.)"

30 본래부터 닭지~되는 것이다 : 수修와 증證, 수증修證과 오염의 관계를 짚은 말. 수修와 증證이 엄연히 다르므로 서로 오염될 일이 없는 반면, 다르기는 하지만 각기 별개의 것으로 접근하는 순간에는 오염되고 만다. 천동은 이를 배背와 촉觸이 맞서는 진퇴양난의 상태로 풀었다.『金剛經法眼懸判疏鈔』권1(卍92, 612b17), "초 : '수행하여 깨닫는 일이 없지는 않지만, 여기에 오염되어서도 안 된다.' 그런 까닭에 일대사를 밝히지 못했을 때는 부모상을 당한 것과 같이 하며, 일대사를 이미 밝혔더라도 부모상을 당한 것처럼 해야 하는 것이다. 견성하고 난 이후에는 반드시 수행에 의지해 증득해야 한다. 수행을 하지 않는다면 광겁의 무명을 어떻게 끊겠는가.(鈔 : 夫修證卽不無, 染污卽不得. 故大事未明, 如喪考妣, 大事已明, 還要如喪考妣. 是知見性已後, 必假修而證之. 若不修行, 曠劫無明, 云何能斷.)"

어떤가? 알겠는가? 머리 길이가 석 자[31]나 되는 이 사람은 누구인가? 마주하고 말없이 외발로 서 있네."[32]

天童覺小參, 擧此話,〈至〉'什麼物伊麼來?' 讓經八年, 方下語云, '說似一物卽不中.'〈至〉'汚染卽不得.' 師云, "從來不相似, 何處更着得汚染來? 然而擬向卽觸, 蹉跎卽背. 且道! 正伊麼時作麼生? 還會麼? 頭長三尺知是誰? 相對無言獨足立."

[설화]

○ '오염되어서는 안 된다.'는 이 말이 바로 철철 넘치는 번뇌이다.

---

31 머리 길이가 석 자 : 동산 양개洞山良价가 이류중행異類中行을 두고 한 말이다.『曹山本寂語錄』권2(大47, 543c10), "이래야 비로소 사문행이라 이름하며, 또한 사문이 얽매인 몸을 돌려서 바꾸는 것(轉身)이라 하고, 털가죽을 입고 머리에 뿔을 달았다고 하며, 또한 물소라고도 부른다. 바로 이러할 때 비로소 이류異類로 들어가는 것이므로 색류色類의 일이라고도 한다. 그런 까닭에 옛사람이 '머리 길이는 석 자이고, 목은 두 치이다.'라고 한 말은 단지 이러한 도리를 가리키는 것이니 이와 다르게 이해해서는 안 된다.(始得名爲沙門行, 亦云沙門轉身, 亦云披毛戴角, 亦喚作水牯牛. 恁麼時節, 始得入異類, 亦云色類邊事. 所以, 古人道, '頭長三尺, 頸短二寸.' 祇是這箇道理, 不得別會.)"
32 머리 길이가~서 있네 : 설두 중현의 송에 나오는 구절.『碧巖錄』59則「頌」(大48, 192a18) 참조. '외발로 서 있네.'라는 말은 이러지도 저러지도 못하여 어떤 언어로도 드러낼 수 없지만 가장 생기 있는 선禪의 궁극을 상징한다. 여기서는 수행과 증득 어느 한쪽으로 치우쳐 있지 않고 수증이 일체가 된 모습을 이와 같이 표현한 것이다.『莊子』「庚桑楚」, "형벌로 한 다리를 잘린 사람이 법도에 구애받지 않는 까닭은 남들이 중시하는 명예에서 벗어났기 때문이다. ……그러므로 남들이 공경해도 기뻐하지 않고 업신여겨도 화내지 않는 사람은 오직 천지의 조화와 하나로 어울린 이만이 그럴 수 있다.(介者拸畫, 外非譽也,……故敬之而不喜, 侮之而不怒者, 唯同乎天和者, 爲然.)";『圜悟克勤禪師語』續古尊宿語要 3(卍118, 980b7), "모든 속박을 깨끗하게 벗어난 한 구절을 어떻게 말해야 할까? 만 길의 봉우리에 외발로 서니 우뚝하고 멀며 가파르고 높지만 처음부터 끝까지 파닥파닥 생기가 있다. 선이니 도니 조사니 부처니 부르자니 눈 속에 금가루가 붙은 격이요, 선이니 도니 조사니 부처니 부르지 않으려니 땅을 파며 하늘을 찾는 격이다.(脫洒一句, 作麼生道? 萬仞峰頭獨足立, 孤逈峭巍巍, 始終活鱍鱍. 喚作禪道祖佛, 眼中著屑 ; 不喚作禪道祖佛, 掘地覓天.)"

天童 : 汚染卽不得, 是流注[1]也.

1) ㉘ 갑본수교부록甲本讎敎附錄에서는 '유주가 다른 곳에는 주소로 되어 있다.(流注一作注疏.)'라고 하였다. ㉙ '流注'가 바르다.

영원 유청靈源惟淸의 평

"바른 법 전체를 뚫어 보는 눈(正法眼藏)과 열반을 성취한 미묘한 마음(涅槃妙心)은 오로지 증득한 자라야 알 수 있고 다른 사람은 누구도 헤아릴 수 없다. 그런 까닭에 '육조가 회양 화상에게 물었다.~나 또한 이와 같다.'라고 한 것이다. 여기서 오로지 청정한 법신만 나타내어 교외별전敎外別傳의 종지를 세우고서 그 진실을 가려내어 '보신과 화신은 진불眞佛이 아니요, 법을 설하는 부처님도 아니다.'[33]라고 했던 것이다. 그러므로 보신과 화신의 큰 공로와 큰 작용이 없는 것은 아니지만, 만일 보신과 화신에 통할 줄 알면서 법신을 동시에 보지 못한다면 오염된 인연에 막혀 법신이 지켜 주는 뜻에 어긋날 것이니, 이치상 반드시 이것을 알아차리고 있어야 한다."

靈源淸云, "正法眼藏, 涅槃妙心, 唯證乃知, 餘莫能測. 所以, 六祖問讓和尙,〈至〉'吾亦如是.' 茲蓋獨標[1]淸淨法身, 以建敎外別傳之宗, 而揀云, '報化非眞佛, 亦非說法者.' 然非無報化大功大用, 謂若解通報化, 而不頓見法身, 則滯汚染緣, 乖護念旨, 理必警省耳."

1) ㉘ '標'가 갑본에는 '標'로 되어 있다. ㉙ '標'로 번역하였다.

33 천친天親의 『金剛般若波羅蜜經論』 권상(大25, 784b19), "응신과 화신은 진불이 아니요, 법을 설하는 부처님도 아니라네, 법을 설해도 법과 비법 취하지 않고, 말의 상을 떠난 법을 설함도 없네.(應化非眞佛, 亦非說法者, 說法不二取, 無說離言相.)" 『傳心法要』(大48, 382a24).

설화

○ '바로 이렇게 오염되지 않는 그것이 청정한 법신이요, 바른 법 전체를 뚫어 보는 눈이며 열반을 성취한 미묘한 마음이니, 또한 보신과 화신의 큰 공로와 큰 작용이 없는 것은 아니다.'라고 운운한 것이다.

靈源云, 只此不汚染, 是淸淨法身, 是正法眼藏, 涅槃妙心, 亦非無報化大功大用云云也.

120칙 회양여경懷讓如鏡

[본칙] 회양 화상에게 어떤 학인이 물었다. "가령 구리 거울을 녹여 다른 형상을 만들 경우, 형상이 이루어진 다음에 거울의 밝게 비추는 속성은 어디로 갑니까?" 회양이 되물었다. "가령 대덕이 동자였을 때의 모습은 지금 어디에 있는가?"【법안 문익이 달리 물었다. "어떤 것이 대덕이 녹여서 만든 형상인가?"】 "형상이 이루어진 바로 그다음에는 무엇 때문에 비추지 않습니까?" "비록 비추지는 않지만 조금도 속이지 못한다."

讓和尙, 因僧問, "如鏡鑄像, 像成後, 鏡明向什麼處去?" 師云, "如大德爲童子時, 相貌何在?"【法眼別云, "阿那箇是大德鑄底[1]像?"】僧云, "只如像成後, 爲什麼不鑑照?" 師云, "雖然不鑑照, 謾他[2]一點不得."

1) ㉠『法眼文益語錄』(大47, 592c10)에는 '底' 앞에 '成'이 있다. 2) ㉠ '謾他'는 '謾池'와 같은 말로서 '속인다'는 뜻이다. '池'는 '誕'과 같은 말이다.

[설화]
- 『사가록』에는 이렇게 전한다.[1] "회양 선사가 남악의 반야사에 거처하던 어느 날 문도들에게 가르침을 내렸다. '모든 법은 마음에서 발생하니, 마음에 머무르는 것이 없다면 법도 발생할 근거가 없다. 만약 마음의 바탕에 통달한다면 하는 일마다 걸림이 없으리라.'"
- 학인이 "가령 구리 거울을 녹여~비추는 속성은 어디로 갑니까?"라고 던진 질문 : 모든 법은 마음에서 발생하니, '대덕이 동자였을 때의 모습은 지금 어디에 있는가?'라는 질문과 같다.
- 가령 대덕이 동자였을 때의 모습은 지금 어디에 있는가 : 동자가 늙어

---
1 『南嶽懷讓語錄』古尊宿語錄 1(卍118, 158b13).

서 대덕이 되었듯이, 거울 전체가 형상이라는 뜻이다.
- 형상이 이루어진 바로 그다음에는 무엇 때문에 비추지 않습니까 : 다른 형상으로 바뀐 다음에는 비추지 못할 것이라고 의심하여 던진 질문이다.
- 비록 비추지는 않지만 조금도 속이지 못한다 : 형상 전체가 거울이니, 법 하나하나마다 조금도 속이지 못한다는 뜻이다.
- 법안의 말은 무엇을 가리켜 형상이라 하고, 무엇을 가리켜 거울이라 하겠느냐는 뜻이다.

[如鏡] 四家錄云, "師居南嶽般若寺, 一日示徒云, '一切法皆從心生, 心無所住, 法無所生.[1] 若達心地, 所作無礙.'" 僧問, '如鏡鑄像云云'者, 一切法從心而生, 如大德爲童子時, 相貌何在? 如大德云云者, 童子老來成大德, 則鏡全是像也. 只如像成後云云者, 疑其像成後, 不鑑照也. 雖然不鑑照云云者, 像全是鏡, 則法法謾他一點不得也. 法眼, 喚什麼作像? 喚什麼作鏡?

---
1) ㉻ '心無所住, 法無所生.' 이 『南嶽懷讓語錄』과 『景德傳燈錄』 권5 「懷讓傳(大51, 241a14) 등에는 "마음에서 발생하는 것이 없다면 법도 머무를 근거가 없다.(心無所生, 法無能住.)"로 되어 있다.

자수 회심慈受懷深**의 송** 慈受頌

해골 속엔 눈동자가 여전히 살아 있고	髑髏裏眼見猶在
고목에서 울리는 용울음 더욱 시끄럽네[2]	枯木中龍聲更狂

---
2 해골 속엔~더욱 시끄럽네 : 해골에 눈동자가 있을 까닭이 없다. 분별이 완전히 죽어 고요의 극치에 이른 경계를 해골로 상징하고, 바로 그곳이라야 진실을 간파하는 안목이 살아 움직일 수 있다는 말이다. 고목에서 울리는 용울음이란 바람이 고목나무 구멍에 불어서 울리는 소리가 용울음과 같다는 데서 끌어들인 비유이다. 고목은 말라 죽은 나무를 나타낸다. 망상이 모두 말라 죽은 무심無心의 경계에서 용과 같은 남다른 견해가

허공 때려 부수어 빛과 경계 다 사라지니 　　打破虛空光境盡
여기가 헤아리기 적절한 별천지로구나³ 　　箇中別有好商量

> 【설화】

○ 해골 속의 눈동자나 고목에서 울리는 용울음 소리도 때려 부수어야 한다.

慈受 : 髑體裏眼睛, 枯木裏龍吟, 也須打破.

천동 정각天童正覺의 상당 1

이 공안을 제기하고 말했다. "신령한 기틀(靈機)이 움직이기도 전에 도환道環⁴으로 먼저 들어간다. 이치를 다 궁구하니 궁지와 형통을 모두 묘하게 얻고, 현상을 따르니 뚜렷이 분별하며 작용도 빌리고 본체도 빌린다.⁵

　살아난다는 상징이다.『景德傳燈錄』권11「香嚴智閑傳」(大51, 284b18), "'도란 무엇입니까?' '고목에서 울리는 용울음이다.' '저는 모르겠습니다.' '해골 속의 눈동자이니라.'(問, '如何是道?' 師曰, '枯木龍吟.' 僧曰, '學人不會.' 師曰, '髑髏裏眼睛.')"
3 허공 때려~적절한 별천지로구나 : 만물의 존재 조건인 허공이 부수어지면서 거울과 형상이라는 틀이 모조리 사라진 경계를 묘사한다.
4 도환道環 : 도를 환에 비유한 말. '환'이란 수레바퀴와 같이 둥근 원환圓環을 가리킨다. 유·무, 시·비 등 대립되는 짝 그 어느 편도 아니면서 그 모든 대립과 변화가 무궁하게 발생하는 근거가 도환이다.『莊子』「齊物論」에 나오는 환중環中이라는 말에 따른다. "저것과 이것이 그 상대되는 짝이 없는 상태를 도의 지도리(樞)라 한다. 문의 지도리와 같아야 비로소 환중을 얻어 무궁한 변화에 응한다.(彼是莫得其偶, 謂之道樞. 樞始得其環中, 而應無窮.)" 문을 열고 닫는 중심축이 되는 문의 지도리에 도를 빗대어 표현한 말이다. 지도리의 중심(움품 파인 홈)은 비어서 아무것도 없지만 그곳에서 문을 열고 닫는 끝없는 반복 작용이 나오는 것처럼 시·비 등 어느 한편으로도 치우침이 없는 무위無爲의 도에서 한량없는 작용이 나온다는 뜻이다.
5 작용도 빌리고 본체도 빌린다(借借) : 굉지 정각宏智正覺이 수행의 길로 제시한 네 가지 차(四借) 중 세 번째. '차차불차차借借不借借'를 말한다. 작용(功)도 빌리고(借) 본체(位)도 빌려서 쓰지만 동시에 두 가지를 모두 버리는 방식을 말한다.『宏智廣錄』권8(大48, 99c3), "차차불차차 : 달콤하고 매운 온갖 풀에 대하여 다 알고 나니, 코에 고삐가 사라져

형상도 없고 치우침도 없거늘 어찌 구태여 이렇게 하고 반드시 저렇게 할 것인가? 아리땁게 물에 찍힌 달빛이요, 무성하게 꽃에 깃든 봄기운이로구나. 우뚝하고 뚜렷한 것이 휘황찬란하게 빛나고, 삼천대천세계 전체를 두루 다니지만 어디에도 의지하지 않는다."

天童覺上堂, 擧此話云, "靈機未動, 道環先入. 極理也妙得窮通, 順事也聊分借借. 無像無私, 何固何必? 娟娟印水之月魂, 苒苒在花之春律. 巍巍堂堂兮, 煒煒煌煌; 三千大千兮, 周行獨立."

설화

○ 신령한 기틀(靈機)과 도환道環 : 거울과 형상의 중간이다. 신령한 기틀은 두 가지를 모두 차단하고(雙遮), 도환은 두 가지를 모두 비춘다(雙照).
○ 이치를 다 궁구하니 궁지와 형통을 모두 묘하게 얻고 : 거울을 묘사한다.
○ 현상을 따르니 뚜렷이 분별하며 작용도 빌리고 본체도 빌린다 : 형상을 묘사한다.
○ 형상도 없고 치우침도 없거늘~무성하게 꽃에 깃든 봄기운이로구나 : 뚜렷이 분별하며 작용도 빌리고 본체도 빌린다는 뜻이다.
○ 우뚝하고 뚜렷한 것 : 본체를 말한다.
○ 휘황찬란하게 빛나다 : 작용을 말한다.
○ 두루 다니지만 어디에도 의지하지 않는다 : 이 또한 그렇다. 이는 일구가 곧 삼구라는 뜻이다.[6]

여유롭게 노닌다. 본분사를 모르다가 도리어 알게 되니, 비로소 남전이 '죽은 뒤 소가 되겠다.'고 한 말의 뜻을 알게 되었네.(借借不借借 : 識盡甘辛百草頭, 鼻無繩索得優游. 不知有去成知有, 始信南泉喚作牛.)"
[6] 일구는 모든 차별을 수렴하는 중심으로서 어떤 방편도 허용하지 않는 방식, 삼구는 다

天童 : 靈機道環者, 約鏡像中間. 靈機則雙遮, 道環則雙照也. 極理云云者, 是鏡也. 順事云云者, 是像也. 無像云云至春律者, 聊分借借之義也. 嵬嵬堂堂者, 言其體也. 煒煒煌煌者, 言其用也. 周行獨立者, 亦然. 此一句卽三句也.

천동 정각의 상당 2

이 공안을 제기하고 말했다. "바로 이것이 그것일 뿐 형상도 아니고 거울도 아니거늘 누가 주인이고 누가 손님이며, 어떤 것이 차별의 현상(偏位)이고 어떤 것이 무차별의 이치(正位)인가? 약간이라도 빈틈이 있는 견해로는 나를 속일 수 없으니 구멍이 전혀 없는 쇠망치(無孔之鎚)와 같기 때문이요, 치수로는 나의 크기를 잴 수 없으니 눈금이 없는 저울과 같기 때문이다." 문득 주장자를 잡고 휘젓는 시늉을 하며 말했다. "내키는 대로 주장자로 바다를 휘저어 그곳에 사는 저들 물고기로 하여금 물이 생명의 근원임을 알도록 하리라."

又上堂, 擧此話云, "只者便是, 非像非鏡, 誰主誰賓, 何偏何正? 縫鏴莫我欺, 無孔之鎚 ; 錙銖莫我定, 無星之秤." 驀拈起拄杖, 作攪勢云, "聊將拄杖攪滄溟, 令彼魚龍, 知水爲命."

[설화]

○ 삼구로부터 일구에 이르는 방식이다. '모든 법은 마음에서 발생하니, 마음에 머무르는 것이 없다면 법도 발생할 근거가 없다.'는 뜻을 의도양한 방편을 그때마다 용인하는 방식을 말한다. 이어지는 상당에 따르면, 일구는 정위正位에, 삼구는 편위偏位에 각각 상응한다. 『從容錄』 76則 「示衆」(大47, 275a9), "일구로 삼구를 밝히고, 삼구로 일구를 밝히지만, 삼구와 일구가 서로 간섭하지 않는 경계가 분명하게 향상하는 길이다. 말해 보라! 어떤 한 구절이 앞에 있을까?(一句明三句, 三句明一句. 三一不相涉, 分明向上路. 且道! 是那一句在先?)"

적으로 드러낸 것이다.
○ 내키는 대로 주장자로 바다를 휘저어~알도록 하리라 : 모든 사람의 본분상에서 일어나는 일이기 때문이다.[7]

又上堂, 從三至一. '一切法, 從心而生, 心無所住, 法無所生'之意, 弄現也. 聊將柱杖云云者, 諸人分上事故也.

불안 청원佛眼淸遠의 문답

불안이 어떤 학인에게 "가령 구리 거울을 녹여 다른 형상을 만들 경우, 형상이 이루어진 다음에 거울의 밝게 비추는 속성은 어디로 갈까?"라고 묻고는 스스로 대신 대답했다. "노승이 출가한 지 30년이 되었구나."

佛眼遠問僧, "如鏡鑄像, 像成後, 鏡光向什麼處去?" 自代云, "老僧出家三十年也."

[설화]

○ 노승이 출가한 지 30년이 되었구나 : 30년 동안 출가 생활을 했지만 그 모두가 노승일 뿐이라는 말이니, 거울과 형상 전체가 노승과 같다는

---

[7] 본분사本分事는 과거와 미래 등 시간을 넘어서 항상 그 자리에 드러나 있는 그것이다. 마치 우리가 의식하지 않아도 언제나 함께하는 공기와 같고, 물고기가 언제 어디서나 잠시도 떨어지지 않는 물이라는 생존 조건과 같다. 『密菴語錄』(大47, 975a20), "모든 사람의 본분상의 일로 말하자면, 부모의 포태에 들어가기 이전에는 깨끗한 알몸 그대로이고, 문득 부모의 포태에 들어가더라도 깨끗한 알몸 그대로이며, 어느 날 뛰쳐나오더라도 깨끗한 알몸 그대로이다. 무수한 성인들이 아무리 보려 해도 이를 수 없고, 숱한 신령들이 우러러보려 해도 문이 없으니, 세월이 흐르더라도 느끼지도 못하고 알지도 못하리라. 한 찰나라도 마음이 움직이기라도 하면 오염과 청정이라는 두 인연에 떨어져 천당과 지옥을 보게 될 것이다.(若論諸人分上事, 未入父母包胎已前, 淨裸裸地 ; 及乎撞入父母包胎裏, 也淨裸裸地 ; 一旦跳出頭來, 也淨裸裸地. 千聖著眼不到, 萬靈瞻仰無門, 日往月來, 不覺不知. 一念心纔動, 墮落染淨二緣, 便見有天堂地獄.)"

뜻이다.

佛眼：老僧云云者, 三十年出家, 只是老僧, 則鏡與像, 全是老僧也.

121칙 회양마전懷讓磨塼[1]

[본칙] 마조가 오랫동안 좌선을 익히는 모습을 보고 회양 선사가 어느 날 벽돌을 가지고 암자 앞에서 갈았다. 마조가 물었다. "벽돌을 갈아서 무엇을 만들려 하십니까?" "갈아서 거울을 만들려고 한다." "벽돌을 갈아서 어떻게 거울을 만들 수 있습니까?" "벽돌을 갈아서 거울을 만들 수 없다면, 좌선을 해서는 어떻게 부처가 될 수 있겠느냐?" "어떻게 해야 됩니까?" "소가 끄는 수레를 비유로 들어 보자. 수레가 가지 않을 경우 소를 때려야 옳은가, 수레를 때려야 옳은가?"

讓禪師, 因馬祖多習坐禪, 一日, 將塼於庵前磨. 祖問, "磨塼作什麼?" 師曰, "磨作鏡." 祖曰, "磨塼豈得作鏡?" 師曰, "磨塼旣不成鏡, 坐禪豈得成佛?" 祖曰, "如何卽是?" 師曰, "比牛駕車, 車若不行, 打牛卽是, 打車卽是?"

[설화]
- 벽돌을 가지고 암자 앞에서 갈았다 : 다만 저 마조가 좌선에 집착하며 선禪을 구하려는 잘못을 무너뜨리고자 '벽돌을 갈아서 거울을 만들 수 없다면, 좌선을 해서는 어떻게 부처가 될 수 있겠느냐?'라고 말했던 것이다.
- 『전등록』의 본편에서는 (본칙의 내용 뒤에) 다음과 같이 이어진다.[2] "그

---

1 좌선에 집착하던 마조 도일馬祖道一(709~788)의 치우친 수행을 바로잡기 위하여 남악 회양南嶽懷讓(677~744)이 일부러 벽돌을 갈았던 이야기이다. 일상의 모든 생활 양태가 선禪의 경계를 발휘하는 장으로 변화하던 시기의 산물이다. 이는 육조 혜능慧能의 좌선 비판을 통하여 이루어진 성과이며 선종사에서 마조를 조사선의 비조로 평가하는 계기가 된다. '법진 수일의 송'에 그 뜻이 보인다.
2 『景德傳燈錄』 권5 「馬祖道一傳」(大51, 240c25).

대는 앉는 선(坐禪)을 배우고 있는가, 아니면 앉는 부처(坐佛)를 배우고
있는가?[3] 만약 앉는 선을 배운다고 생각해도 선은 앉거나 눕는 형식에
제한되지 않으며, 앉는 부처를 배운다고 생각해도 부처는 일정한 형상
에 한정되지 않는다. 어디에도 머무름이 없는 법에서 취하거나 버려서
는 안 된다. 그대가 만약 부처를 앉힌다면 이것은 부처를 죽이는 짓이
며, 선을 앉힌다면 선의 이치에 통달하지 못할 것이다. 마조가 가르침
을 한 번 듣고는 제호를 마신 것과 같았다."

[磨塼] 將塼於庵前磨者, 只要破他馬祖執坐求禪故, 下言, '磨塼旣不成
鏡, 坐禪豈得成佛?' 傳燈本篇云, "汝學坐禪, 爲學坐佛耶? 若學坐禪, 禪
非坐臥 ; 若學坐佛, 佛非定相. 於無住法, 不應取舍. 汝若坐佛, 卽是殺佛 ;
汝若坐禪, 非達其理. 一聞示誨, 如飮醍醐."

● 소가 끄는 수레를 비유로 들어 보자. 수레가 가지 않을 경우 소를 때려
야 옳은가, 수레를 때려야 옳은가 :『종경록』에 다음과 같이 전한다.[4]
"인도의 니건자尼乾子[5]가 다섯 가지 불로 몸을 태우는 고행[6]에 따라 크
게 잘못된 견해를 일으키자 불제자佛弟子가 그에게 말했다. '선남자야,
가령 세속인이 소가 끄는 수레를 몰면서 길에서 목적지에 빨리 도달하

---

3 좌선坐禪을 배운다는 말은 앉아서 선의 경지를 실현하려는 시도이고, 마찬가지로 좌불
坐佛을 배운다는 말은 앉아서 부처의 경지를 실현하려는 시도이다. 하지만 선이나 부처
나 모두 앉는다는 하나의 형식에 제한되지 않고 다른 모든 행위 양상으로 개방되어 자
유롭게 오갈 수 있어야 구현되므로 근본적으로 앉음 하나를 배움으로 고집해서는 안 된
다는 취지이다.
4 『宗鏡錄』권27(大48, 567b27).
5 니건자尼乾子 : ⓢ Nirgrantha-putra, ⓟ Nigaṇṭha-putta. 자이나교의 교조. 본서 16칙 본
칙 설화 주석 참조.
6 다섯 가지~태우는 고행(五熱炙身) : ⓢ pañcatapa, pañcātapāyasthita. 자이나교의 수행법
중 하나이다. 수행자의 자리 사방에 피운 불과 태양열을 합한 다섯 개의 불로 몸을 태우
는 고행이다.

고자 할 경우, 소를 때리는 것이 옳은가, 수레를 때리는 것이 옳은가?' 니건자가 그 말을 듣고 갑자기 얼굴빛을 붉히자 불제자가 말했다. '소는 마음을 비유하고, 수레는 몸을 비유한다. 어째서 몸만 괴롭히고 마음을 닦지 않는가? 몸을 태울 필요 없이 마땅히 마음을 태워야 할 것이다.'" 소를 때리기만 하면 수레는 저절로 움직이고, 마음을 쓰기만 하면 법은 저절로 밝혀진다는 뜻일까?[7] (아니다.) 수레와 소를 모두 때리거나 수레와 소를 모두 때리지 않는다는 뜻이 함께 갖추어져 있다.[8] 그러나 마음을 벗어나서 함께 갖추어지는 것이 아니라 마음 그대로 함께 갖추어져 있다. 그러므로 마조는 "마음 가는 대로 수행한 이래 30년 동안 소금과 간장이 부족한 적은 없었다."[9]라고 했고, 이 말에 대하여 대혜 종고는 "조사 문하에서 남의 콧구멍을 꿰는 비법[10]은 이 한 구절에서 왔다. 그대가 말해 보라! 이 한 구절은 어디서 왔을까? 소도 때리고 수레도 때리는 것으로부터 왔다."[11]라고 하였다. 본편에서는 "당나라 선천 2년(713)에 비로소 남악으로 가서 반야사에 거처하였다."[12]라고 전한다.

比牛駕車云云者, 宗鏡云, "西天尼乾子, 五熱煑身, 生大邪見, 佛弟子謂曰, '善男子, 比如世人駕牛車, 於路欲速有所至, 打牛卽是, 打車卽是?' 尼乾子聞之, 勃然作色, 佛弟子曰, '牛喩心, 車喩身. 何得苦身, 而不修心? 不用

---

7 소를 때리기만~밝혀진다는 뜻일까 : 이하 '대혜 종고의 보설'의 논지와 같다.
8 수레와 소를~갖추어져 있다 : 이하 '열재거사의 송' 설화 참조.
9 본서 156칙 참조.
10 남의 콧구멍을 꿰는 비법(穿人鼻孔) : 상대의 핵심을 포착하는 것을 말한다. 또는 상대를 좌지우지 마음대로 부리는 것을 뜻하기도 한다.
11 『大慧語錄』 권14(大47, 871a23).
12 『景德傳燈錄』 권5「南嶽懷讓傳」(大51, 240c17). 회양이 반야사에 거처한 이 기사 이후에 마조와의 인연이 이어진다.

賷身, 應當賷心.'"則但只打牛, 車自行矣 ; 但只用心, 法自明矣耶? 車牛俱打, 車牛俱不打之意, 俱備也. 然非離心而俱備, 卽心而俱備也. 故馬祖, "自從胡亂後三十年, 不曾小鹽醬." 大慧云, 祖師門下, 穿人¹⁾鼻孔地, 從這一句子來. 你道! 這一句子, 從什麽處來? 從打牛打車處來." 本篇云, "唐先天二年, 始往南嶽, 居般若寺."

1) ㉑ '人'은 '入'의 오기인 듯하다. ㉒ '人'이 맞다.

보녕 인용保寧仁勇의 송 保寧勇頌

죽은 말 살리려는 의사¹³는 와도 소용없으니	死馬醫來無用處
수레 끄는 소 뒷머리에 다시 채찍 가하리	車牛腦後更加鞭
가죽도 뚫리고 살점도 터졌는데 아는가	皮穿肉綻還知不
짐 무거우니 네 다리 힘 온전해야 하리라	任重應須角力全

설화

○ 제1구와 제2구 : 앉는 형식에 집착하여 선을 구하는 그 방식을 비판한 것이다. 죽은 말을 살리려는 의사가 아니기에 수레 끄는 소 뒷머리에 채찍을 가한 것이다.
○ 제3구와 제4구 : 반드시 온몸을 써야 할 수 있으니 짐이 대단히 무겁다는 뜻이다.

保寧 : 上二句, 破他執坐求禪. 非是死馬醫, 向車牛腦後加鞭也. 下二句, 直須全身, 能負孔甚也.

---

13 죽은 말 살리려는 의사(死馬醫) : 본서 81칙 '천동 정각의 송 1' 주석 참조.

법진 수일法眞守一**의 송** 法眞一頌

좌선으로 부처 구하려 들면 더욱 멀어지게 되니	坐禪求佛轉成賒
수레 가지 않는다고 수레 때리지는 말라	車若不行休打車
말과 침묵과 행위 모두 늘 삼매에 들어 있으니	語默施爲常在定
어리석게 앉은 그대로 둔다면 편협하게 되리라	但令癡坐卽偏邪

[설화]

○ 만일 좌선한다면 수레를 때리고 소는 때리지 않는 격이다. 만일 소를 때린다면 말과 침묵과 행위 중 삼매에 들어 있지 않는 것이 없게 된다는 뜻이다.

法眞 : 若坐禪, 如打車而不打牛. 若也打牛, 語默施爲 無非在定也.

송원 숭악松源崇岳**의 송** 松源頌

평소에 품은 속뜻 남에게 다 기울여 주었으니	平生心膽向人傾
그 과오 하늘까지 이르러 이미 가볍지 않도다	過犯彌天已不輕
마조도 연루시켜 마음 가는 대로 수행한 후	帶累馬師胡亂後
지금껏 저울 첫 눈금을 기준으로 착각하누나[14]	至今錯認定盤星

[설화]

○ 남악 회양이 그렇게 한 말 또한 그 과오가 하늘까지 이르렀고 마조도 그 잘못에 연루시켰다.

---

14 마조도 연루시켜~기준으로 착각하누나 : 소를 때리라는 남악의 말을 마조가 여전히 확고한 기준으로 집착하고 있다는 뜻.

松源 : 讓師伊麽道, 亦是過犯彌天, 帶累馬師.

열재거사의 송 悅齋居士頌

수레와 소 중 어느 편 때림이 옳은가	打車打牛何者是
귀 더듬거리다가 코를 잃어버렸구나	摸着耳埵失却鼻
또 한 길 열어 그대에게 보여 주리니	更通一線與君看
문수보살의 이름은 경희[15]라 한다네[16]	文殊菩薩名慶喜

설화

○ 수레와 소~코를 잃어버렸구나 : 소를 때리거나 수레를 때리거나 모두 옳지 않다.
○ 또 한 길 열어~경희라 한다네 : 소를 때리거나 수레를 때리거나 모두 옳다.

悅齋 : 打車至却鼻者, 打牛打車, 俱不是也. 更通一線云云者, 打牛打車, 俱是也.

지비자의 송 知非子頌

하루 다하도록 좌선만 하며	終日坐禪
수미산처럼 움직이지 않다가	須彌不動
상경[17] 소리에 끌려 돌아오니	霜磬引廻
한바탕 흐리멍덩한 꼴이로다	一場懵懂

---

15 경희慶喜 : 부처님 십대제자 중 한 사람. 아난(S・P Ānanda)의 한역어. 본서 81칙 '승천회의 송' 주석 참조.
16 문수보살의 이름은 경희라 한다네 : 문수와 아난의 구별이 사라진 경계를 나타내고 있다.
17 상경霜磬 : 절에 있는 발형鉢形의 동악기.

밝은 눈을 가진 사람이 보면	明眼人見
다름 아닌 하나의 칠통이라네	好箇漆桶
소 때리고 수레 때려 쌍륜수레 몰더니	打牛打車馱雙輪
그 망아지 세상 사람들 짓밟아 죽였네[18]	馬駒踏殺天下人

> **설화**
>
> ○ 제1구~제4구 : 하루가 다하도록 행한 좌선 자체는 좋은 소식이었으나, 상경 소리를 듣고 돌아온 것에는 잘못이 적지 않다는 뜻이다.[19]
> ○ 밝은 눈을 가진 사람이~하나의 칠통이라네 : 한편으로는 인정하고 다른 한편으로는 인정하지 않는 말이다.[20]
> ○ 소 때리고 수레 때려~짓밟아 죽였네 : 딱 들어맞는 좋은 소식을 나타낸다.[21]

知非 : 上四句, 終日坐禪, 好箇消息, 見霜磬一回, 漏逗不少也. 明眼人至柒桶者, 肯不肯. 打牛打車馱雙輪云云者, 好箇消息也.

---

18 그 망아지~짓밟아 죽였네 : 망아지는 마조를 가리킨다. 소를 때린다는 말은 모든 행위를 선으로 구현하는 방식, 수레를 때린다는 말은 좌선을 바르게 구현하는 방식을 각각 상징한다. 행주좌와行住坐臥에 모두 통하는 활발한 선법을 자유자재로 구사한 끝에 세상 전체에 그 선법이 풍미하게 되었다는 말이다. 망아지에 관한 일화는 본서 161칙 본칙 설화 주석 참조.
19 마조가 수미산처럼 동요 없이 시행했던 좌선은 인정하지만, 남악의 한마디를 듣고 흔들렸던 모습은 밖의 경계에 미혹된 증거가 된다. 이미 좌선삼매를 바르게 구현하고 있지 않았다는 뜻이다.
20 '칠통漆桶'은 분별이 모두 사라진 좌선삼매의 경계를 나타내기도 하고, 남의 말에 흔들려 자기 견해가 없는 어리석은 상태를 가리키기도 한다. 이 맥락에 입각한 설화의 풀이이다.
21 좌선에도 능통하고 행선行禪에도 능통한 최선의 소식을 말한다. 마치 두 바퀴가 제대로 굴러가는 쌍륜수레와 같다.

진정 극문眞淨克文의 상당

"달마 대사는 인도로부터 와서 교법을 벗어나 별도의 방식으로 전하였다. 그래서 '가령 소가 끄는 수레와 같으니, 수레가 가지 않을 경우 수레를 때리는 것이 옳은가, 소를 때리는 것이 옳은가?'라고 했던 것이다. 대중이여! 사람마다 수레를 끄는 한 마리 물소를 가지고 있다. 하지만 털색에는 차이가 있고 심보도 같지 않으니 붉은 놈·흰 놈·검푸른 놈·누런 놈·검은 놈 등이 있는 것이다. 이제 매서운 채찍을 맞기까지 머뭇거리지 말고, 각자 수레를 끌고 방으로 돌아가 차나 마셔라."

眞淨文上堂云, "祖師西來, 敎外別傳. 所謂如牛駕車, 車若不行, 打車卽是, 打牛卽是? 大衆! 人各有一頭水牯牛駕箇車子, 卽是毛色有異, 心相不同, 有赤者·白者·靑者·黃者·黑者. 如今莫待下痛鞭, 各自拽箇車子, 歸堂喫茶去."

대혜 종고大慧宗杲의 보설

이 공안을 제기하고 말했다. "요즘 선수행자들은 분별하여 말하기를 '소는 마음을 비유하고, 수레는 법을 비유한다. 마음을 밝히기만 한다면 법은 저절로 밝혀질 것이니, 소를 때리기만 한다면 수레가 저절로 움직이는 이치와 같으리라.'라고 한다. 우습다. 본질과 전혀 상관없는 말이다. 만일 이렇게 이해한다면 마조의 진실은 영원히 깨달을 수 없을 것이다."

大慧杲普說, 擧此話云, "而今, 禪和家, 理會道, '牛喻心, 車喻法. 但只明心, 法自明矣 ; 但只打牛, 車自行矣.' 且喜, 沒交涉. 若伊麼, 馬祖驢年也不能得悟去."

> 설화

○ 다만 병통을 제거했을 뿐 법은 제거하지 않았다.[22]

大慧云云, 但除其病, 不除法也.

---

[22] 잘못된 이해 방식만 제거하고 기본적인 화제는 그대로 유지하여 화두로 제기하고 있다는 뜻이다. 『維摩詰所說經』 권2(大14, 545a16)의 구절이며, "병의 뿌리를 제거하여 교도하기 위한 것이다.(爲斷病本而敎導之.)"라는 구절이 이어진다. 『注維摩詰經』 권5(大38, 377b23), "도생道生이 말하였다. '번뇌라는 존재는 조복하여 제거하고 법이라는 존재는 제거하지 않았다.'(生曰, '調伏除其所惑之有, 不除法有也.')"

122칙 영가진석 永嘉振錫

본칙 영가 현각永嘉玄覺 대사가 조계에 이르러 석장을 휘두르며 물병을 쥐고서[1] 육조의 주변을 세 바퀴 돌았다.[2] 육조가 말했다. "사문이란 삼천 가지 몸가짐과 팔만 가지 세밀한 행위[3]를 갖추어야 하거늘 대덕은 어디서 왔기에 이렇게 큰 아만을 부리고 있는가?" "생사生死를 벗어나는 일이 가장 중요한 문제인데, 무상한 세월은 신속하게 지나갑니다." "어찌 생멸이 없는 이치를 체득하여 신속함조차도 없다는 뜻을 깨우치지 못했는가?" "체득하고 보니 생멸이 없었고, 깨우치고 나니 본래 신속함도 없었습니다." 이에 육조가 "옳다, 그대 말이 옳다!"라고 인정하자 현각이 그제야 정식으로 위의를 갖추고 절을 올리더니 잠깐 사이에 하직 인사를 올렸다. "이렇게도 빨리 돌아가는가?" "본래 움직이지 않거늘 어찌 신속함인들 있겠습니까?" "움직이지 않음은 누가 아는가?" "스님께서 스스로 분

---

1 석장을 휘두르며 물병을 쥐고서 : 석장과 물병은 모두 수행하러 돌아다닐 때 비구가 반드시 지녀야 하는 비구십팔물比丘十八物 중 하나이다.
2 세 바퀴 돌았다 : 절을 올린 다음 우측으로 세 바퀴 도는 예법은 원시불교 이래의 전통이다. 『增壹阿含經』 권40(大2, 767c22), "세존의 발에 이마를 대고 절을 올린 뒤 우측으로 세 바퀴 돌고서 물러나 떠났다.(頭面禮世尊足, 右遶三匝, 便退而去.)" 현각은 절을 올리지도 않고 세 바퀴 돌았기 때문에 일반적인 예법에서 벗어났다.
3 삼천 가지~세밀한 행위(三千威儀八萬細行) : 삼천과 팔만은 모든 행위를 총괄하는 수로 팔만은 팔만사천八萬四千의 줄임말이기도 하다. 『金剛頂瑜伽略述三十七尊心要』(大18, 296c6), "삼천위의와 팔만세행이 모두 이 계를 지킴으로 말미암는다.(三千威儀, 八萬細行, 皆由持此戒也.)"; 『釋氏要覽』 권중(大54, 285c17), "팔만사천법문에 대하여 『현겁경』에 다음과 같이 전한다. '부처님께서 최초에 모든 바라밀다를 수행하시다가 최후에 불체바라밀을 널리 알리셨다. 그 350가지 바라밀 하나하나에 모두 육바라밀을 갖추었으니 이와 같이 헤아리면(350×6) 모두 2,100가지가 되고, 탐·진·치와 등분等分 네 가지를 대치하니 8,400이 되며, 사대종과 육무의六無義【육진이다.】에서 발생한 과실을 제하고, 10배 하면 팔만사천법문이 된다.'(八萬四千法門者, 賢劫王經云, '謂佛最初, 修行諸波羅蜜多, 乃至最後分布, 佛體波羅蜜. 三百五十度, 一一皆具六波羅蜜, 如是總有二千一百. 對治貪瞋癡及等分, 有八萬四百. 除四大種六無義【六塵也.】所生過失, 十轉合, 有八萬四千法門也.')"

별을 일으키신 것일 뿐입니다." "그대는 생멸이 없다는 뜻을 깊이 터득했구나." "생멸이 없는데 어찌 뜻인들 있겠습니까?" "뜻이 없다면 무엇을 분별한단 말인가?" "분별 또한 뜻이 아닙니다." 육조가 "훌륭하다, 훌륭해!"라고 찬탄하였다.【다른 판본도 내용은 크게 다르지 않다.】

永嘉玄覺大師, 到曹溪, 振錫攜缾,¹⁾ 遶祖三匝. 祖云, "夫沙門者, 具三千威儀八萬細行, 大德自何方而來, 生大我慢?" 師曰, "生死事大, 無常迅速." 祖曰, "何不體取無生了無速乎?" 師曰, "體則無生, 了本無速." 祖曰, "如是, 如是!" 師方具威儀參禮, 須臾告辭. 祖曰, "返大速乎?" 師曰, "本自非動, 豈有速耶?" 祖曰, "誰知非動?" 曰, "仁者自生分別." 祖曰, "汝甚得無生之意." 曰, "無生豈有意耶?" 祖曰, "無意誰當分別?" 曰, "分別亦非意." 祖歎曰, "善哉, 善哉!"【有本大同小²⁾異.】

1) ㉠ '缾'이 갑본에는 '鉼'으로 되어 있다. 2) ㉠ '小'가 갑본에는 '少'로 되어 있다.

설화

● 『전등록』에는 이렇게 전한다.⁴ "선사는 온주溫州 영가永嘉 출신으로 속성은 대戴씨이다. 유년기에 출가한 뒤 3년 동안 두루 탐구하여 천태 지관天台止觀의 원묘圓妙한 법문에 정통하였고, 사위의四威儀 안에서 항상 선관禪觀과 하나가 되었다. 나중에 좌계 현랑左溪玄朗⁵ 선사가 '비록 불도의 이치를 밝혔더라도 반드시 조사의 인가에 의지해 증명해야 한다.'라고 격려해 주었다. 영가 선사는 그때 동양 현책東陽玄策 선사와 함께 조계로 가서 비로소 그 일을 마쳤다."

● 어떤 본⁶에는 "좌계 현랑이 '(위음왕불 이전에는 가능하지만) 위음왕불

---
4 『景德傳燈錄』 권5 「永嘉玄覺傳」(大51, 241a27).
5 좌계 현랑左溪玄朗(673~754) : 천태종 제8조.
6 宗寶本 『壇經』(大48, 357c5). 이 책에는 좌계 현랑의 말이 아니라 현책이 영가에게 해 준

이후에 스승 없이 스스로 깨닫는 사람은 모두 타고난 외도에 속한다.'
고 했다."라고 되어 있다.

[振錫] 傳燈云, "師, 溫州永嘉人也, 姓戴氏. 卯歲出家, 遍探三歲, 精天台
止觀圓妙法門. 於四威儀內, 常冥禪觀. 後因左溪朗禪師激勵云, '雖明佛
理, 必借師印.' 師於是, 與東陽策禪師, 同詣曹溪方了." 有本云, "左溪朗
云, '威音王已後, 無師自悟, 盡屬天然外道也.'"

- 석장을 휘두르며 물병을 쥐고서 육조의 주변을 세 바퀴 돌았다 : 도에 통달한 자가 올리는 최상의 예법이다. 곧 위음왕불 이전[7]에 스승 없이 스스로 깨달은 높고 뛰어난 견해를 나타낸다.
- 사문이란~큰 아만을 부리고 있는가 : 그의 높고 뛰어난 견해를 무너뜨리는 말이다.
- 생사生死를 벗어나는 일이 가장 중요한 문제인데, 무상한 세월은 신속하게 지나갑니다 : 눈앞에서 벌어지는 생사를 가리킨다.
- 어찌 생멸이 없는 이치를~깨우치지 못했는가 : 생멸이 없는 이치를 증득하기 이전이라는 뜻이다.
- 체득하고 보니 생멸이 없었고, 깨우치고 나니 본래 신속함도 없었습니다 : 생멸이 없는 이치를 깊이 깨달았음을 나타낸다.
- 현각이 그제야 정식으로 위의를 갖추고 절을 올렸다 : 이때가 되어서야 삼천 가지 몸가짐과 팔만 가지 세밀한 행위를 모두 갖추었다.
- 잠깐 사이에 하직 인사를 올렸다 : 더 이상 할 일이 남아 있지 않았기 때문이다.[8]

말로 기록되어 있다. 현책은 이렇게 말하면서 함께 육조의 처소로 갈 것을 제안했다.
7 위음왕불 이전 : 최초의 부처님인 위음왕불이 출현하기 이전의 시기로 어떤 조짐도 나타나기 이전의 경계를 상징하고 있다.

● "이렇게도 빨리 돌아가는가?" 이하 : 점차로 하나씩 따지며 물어본 것이다.

振錫携瓶, 遶祖三匝者, 達道者, 無上禮. 則威音王已前, 無師自悟, 高勝見解也. 夫沙門云云者, 破他高勝見解也. 生死事大至速者, 目前生死也. 何不體取至速乎者, 未證無生故. 體則無至無速者, 深證無生也. 師方具威儀參禮者, 到此, 三千威儀八萬細行俱備也. 須臾告辭者, 更無後事故. 返本速乎已下, 轉轉窮推問看也.

법진 수일法眞守一의 송 法眞一頌

영가에서 만 리를 지나 조계에 와서	永嘉萬里到曹溪
왜 삼배는 전연 올리지 않았는가	三拜云何略不施
도리어 선상을 세 바퀴 돌고 난 다음	却遶禪牀三匝後
돌연히 석장을 휘두른 위의였다네	卓然振錫底威儀

[설화]

○ 영가에서 만 리를~올리지 않았는가 : 좌구를 펼치고 삼배의 예를 올리기만 했다면 조사의 뜻을 이해했을 것이다. 말해 보라! 이는 무슨 소식일까?

法眞 : 永嘉至不施者, 但展坐具禮三拜, 則會祖師意. 且道! 是什麽消息?

조계명의 송 曹溪明頌

조계에 오기 이전엔 어떤 의심 남아 있었던가[9]	曹溪未到有何疑

---

8 본래 할 일을 마쳐서 더 이상 할 일이 없는 무사無事의 경지라는 뜻으로 해설했다.

월면불[10]이 뚜렷하니 이는 대체 누구란 말인가	月面堂堂更是誰
하룻밤 묵고[11] 깨달음 이루어 돌아갈 계획 늦어지니	一宿已成歸計晚
육조가 채찍 든 동작 느렸던 것은 상관하지 않노라	不干盧老擧鞭遲

설화

○ 제1구와 제2구 : 조계에 오기 이전에도 바로 뚜렷이 드러난 월면불과 같았다. 이와 마찬가지로 조계에 도달하여 석장을 휘두르며 물병을 쥐고서 육조의 주변을 돌았던 것은 일면불日面佛과 같았다.

○ 제3구와 제4구 : 조계에 이르러 하룻밤 묵으면서 돌아갈 계획이 벌써 늦어졌다. 왜 그랬을까? 조계에 오기 이전에 월면불의 경지였던 것은 의심할 여지가 없었지만, 조계에 이르고 보니 육조가 벌써 채찍을 들고 있었기 때문이다.

曹溪 : 上二句, 未到曹溪時, 好箇堂堂月面佛也. 然則到曹溪振錫携瓶繞祖云云, 是日面佛也. 一宿云云者, 及到曹溪一宿, 歸計已晚. 何也? 未到曹溪時, 月面更無疑；及到曹溪, 早已六祖擧鞭也.

지비자의 송 知非子頌

생사 벗어나는 이 일 가장 중요하니	生死一事大
깨닫고 나면 더 이상 머물지 않노라	證了不復住
하룻밤 조계에 머문 다음	一宿留曹溪

---

9 조계에 오기~남아 있었던가 : 육조에게 점검받으러 오기 이전에 벌써 깨달아 아무 의심도 남아 있지 않았다는 말.
10 월면불月面佛 : 본서 169칙 본칙 설화 참조.
11 하룻밤 묵고 : 본칙에서는 생략되었지만 육조가 마지막에 "훌륭하다, 하룻밤 묵었다(一宿) 가거라."라고 했던 말로 인하여 현각은 일숙각一宿覺이라 불리게 되었다.

| 큰 목소리로 노래하며 문밖으로 떠나네 | 長歌出門去 |

설화

○ 깨닫고 나면 더 이상 머물지 않으니, 큰 목소리로 노래하며 문밖으로 떠난다는 뜻이다.

知非 : 證了不復住, 則長歌出門去也.

설두 중현雪頭重顯의 거

이 공안에서 '이렇게 큰 아만을 부리고 있는가?'라는 부분까지 제기하고, 설두가 일할을 내지르고 말했다. "그 당시 이 하나의 할을 내질렀다면 용의 머리에 뱀 꼬리와 같이 끝을 흐렸다[12]는 질책을 당하지는 않았을 것이다." 다시 '육조가 앉아 있던 선상을 세 바퀴 돌고 석장을 한 번 휘두른 다음 꼿꼿하게 서 있었다.'라는 구절을 제기하고 육조를 대신하여 말했다. "조계에 오기 이전에 벌써 그대에게 30방을 때려 주었다."

雪竇顯擧此話,〈至〉生大我慢, 師便喝云, "當時, 若下得者一喝, 免見龍頭蛇尾." 又再擧, 遶禪牀三匝振錫一下, 卓然而立, 代祖師云, "未到曹溪, 與爾三十棒了也."

설화

○ 일할 : 석장을 휘두르고 물병을 쥐고서 육조의 주변을 세 바퀴 돌더라도 결코 바뀔 것이 없음을 나타낸다.

---

12 용의 머리에~끝을 흐렸다 : 육조가 현각의 언행을 하나씩 점검하며 인정하는 방식과는 달리 초지일관 어떤 것도 허용하지 않고 틀어막는 방식에 따르는 평가이다.

○ 육조가 앉아 있던 선상을 세 바퀴 돌고~30방을 때려 주었다 : 그 행위 또한 그대로 허용하지 않는다는 뜻이다.

雪竇 : 一喝者, 振錫携瓶, 繞祖三匝, 更無轉變也. 又擧, 繞禪床三匝, 至了也者, 亦不放過也.

남명 법천南明法泉의 상당

이 공안을 제기하고 말했다. "여러분, 이 공안에 대하여 모두들 말하기를 '현각과 육조는 임금과 신하의 도가 일치하는 듯했고, 물과 우유가 잘 섞이는 것¹³과 같았다.'라고 하는데, 이 말은 진실인가? 나라면 '자잘한 조사여, 용의 머리에 뱀 꼬리와 같구려!'라고 말하리라. 오늘은 이미 말을 아낄 수 없게 되었으니, 여러분에게 거듭 한 번 들려주겠다. 육조의 주변을 세 바퀴 돌고 석장을 휘두른 뒤 꼿꼿이 서 있었다. 여러분, 조사(현각)의 의중을 알겠는가? 만일 여기서 알아차린다면 정광의 탑 아래에서뿐만 아니라 시방세계의 국토와 대상 하나하나에서 모두 조사의 의중을 알겠지만, 만일 알아차리지 못했다면 산승이 그대들에게 가리켜 주겠다." 주장자를 세우고, "잘 살펴보라, 정면에서 부는 바람이 싸늘하다! 다급해진 강가의 나그네는 낚싯대를 거두는구나."라 하고 법좌를 한 번 쳤다.

南明泉上堂, 擧此話云, "諸仁者, 此箇公案, 盡道'玄覺與六祖, 君臣道合, 水乳相投.' 還端的也未? 南明道, '大小祖師, 龍頭蛇尾!' 今日已是惜口不得, 爲諸人重擧一徧. 遶師三匝, 振錫而立. 諸仁者, 還見祖師麼? 若向者裏見得, 不止淨光塔下, 盡十方世界, 利利塵塵, 皆見祖師 ; 若也未見, 山僧爲你指出." 乃拈起拄杖云, "看看, 劈面風寒! 忙忙江上客, 収取釣魚竿."

---

13 물과 우유가~섞이는 것(水乳相投) : 본서 917칙 '설두 법녕의 상당' 및 주석 참조.

擊法座一下.

> 설화

○ 정광 : 영가의 탑 이름이다.

南明 : 淨光者, 永嘉塔名也.

123칙 영가강월永嘉江月

본칙 『영가증도가』의 구절이다.

永嘉證道歌云,

강물에는 달 비추고 소나무에는 바람 부는데	江月照松風吹
긴 가을밤 맑고 고요하니 할 일이 무엇이던가	永夜淸宵何所爲
불성이라는 계주戒珠¹는 심지心地에 찍힌 도장이요	佛性戒珠心地印
안개와 이슬과 구름과 노을은 몸²에 걸친 옷이로다	霧露雲霞體上衣

설화

● 범천 언기梵天彦琪 화상의 주석은 다음과 같다.³ "(첫 구절과 두 번째 구

---

1 불성이라는 계주戒珠 : 불성 자체의 실현이 계라는 뜻이다. 계주란 계율을 구슬에 비유한 말이다. 청정한 계율이 몸과 마음도 그렇게 만들기 때문에 구슬에 비유하며, 80권본 『華嚴經』 권17(大10, 737b14) 등에 용례가 보인다. 불성계佛性戒는 대승보살의 계율을 가리키며 보살계菩薩戒·방등계方等戒 등이라고도 하는데, 이는 소승이 지키는 성문계聲聞戒와 대비된다. 중생이 본래 지니고 있는 불성을 실현하여 불과佛果를 성취한다는 의미에서 불성계라 한다. 『梵網經』 권하(大24, 1003c24), "도솔천의 왕궁으로부터 염부제의 보리수 아래로 내려와 이 땅 위의 모든 중생·범부·어리석은 사람들에게 나의 본사本師이신 노사나불의 심지 가운데 초발심의 단계에서 항상 외우던 한 가지 계인 광명금강보계光明金剛寶戒를 설해 주었다. 이는 모든 부처님의 본원이고 모든 보살의 본원인 불성의 종자이다. 모든 중생에게는 누구나 불성이 있어 모든 의意·식識·색色·심心 중 정情이 되었건 심心이 되었건 모두 불성계 안으로 들어간다.(從天王宮, 下至閻浮提菩提樹下, 爲此地上一切衆生·凡夫·癡闇之人, 說我本盧舍那佛心地中, 初發心中, 常所誦一戒, 光明金剛寶戒. 是一切佛本源, 一切菩薩本源, 佛性種子. 一切衆生, 皆有佛性, 一切意識色心, 是情是心, 皆入佛性戒中.)"; 『楞伽師資記』「神秀章」(大85, 1290b6), "상을 벗어난 미묘한 이치와 어김없이 하나가 되어 번뇌로 길 잃은 자들을 교화한다. 선정禪定의 물로 안을 맑게 씻고, 계율의 구슬로 밖을 밝게 비춘다.(契無相之妙理, 化有結之迷途. 定水內澄, 戒珠外徹.)"

2 몸이란 악한 것을 막는 계체戒體를 나타낸다.

절에 대한 주석) 밤에 접어들면서 달빛은 창 아래 밝게 비추고, 간혹 솔바람 소리는 베개 밑까지 시원하게 들린다. 바로 이 소식은 설사 무수한 성인이 나타나 걸림 없는 말솜씨를 지니고 있더라도 설명할 수 없을 것이다. 그러나 한 가닥 길을 열어 건화문建化門[4]에서 간략하게 설명에 의지하여 무리하지만 말해 보겠다. 이것은 문수나 보현과 같은 보살만이 알 수 있는 경계이며 모든 중생은 비록 그 안에 있더라도 자신의 힘으로는 알지 못하고, 소승에 속하는 사람들은 이 경계에 들어갈 수 없다. 비록 볼 수 없지만 바로 눈앞에 있으니, 산은 높고 바다는 넓으며, 측백나무 잎은 짧고 소나무 잎은 길며, 버드나무는 푸르고 꽃은 붉으며, 꾀꼬리 노래하고 학이 우는 그 모든 장면이다. '강물에는 달 비추고 소나무에는 바람 부는데, 긴 가을밤 맑고 고요하니 할 일이 무엇이던가?'라고 하였다. 이는 '만일 본분을 깨친 도인이라면 잠에서 깨는 순간 곧바로 날이 밝는 경지에 이르리라.'라고 하는 뜻과 같다. '불성이라는 계주戒珠' 이하의 말을 푼다. 반야는 오로지 하나의 법이지만 부처님은 갖가지 이름으로 그것을 말씀하신다. 때로는 불성이라고도 하고 계주라고도 하며, 때로는 심지心地[5]라고도 하고 심인心印[6]이라

---

3 이하는 범천 언기의 『證道歌註』(卍111, 375a7~b4)의 인용이다.
4 한 가닥~열어 건화문建化門 : 말로 설명할 수 없는 경계를 설명할 한 가닥의 길을 열어 보이는 것이 건화문이다. 어떤 말이나 분별도 통하지 않는 진실에 대하여 방편의 길을 터 준다는 뜻이다. 『五祖法演語錄』권상(大47, 649b5), "나, 쌍천이 이제 근본에서 한 단계 떨어진 입장(第二義門)에서 한 가닥의 길을 열어 여러분과 만나 진흙과 물로 온몸을 한번 더럽혀 보겠다.(雙泉今日, 向第二義門, 放一線道, 與諸人相見, 和泥合水一上.)" 건화문에 대해서는 본서 2칙 '원통 원기의 상당' 주석 참조.
5 심지心地 : 마치 밭에서 온갖 곡물이 자라듯이 마음에서 갖가지 잠복된 생각들이 일어나는 현상을 비유적으로 표현한 말. 『釋氏要覽』권중(大54, 292c5)에 "심지란 무슨 뜻인가? 부처님께서는 삼계에서 마음을 주인으로 삼으셨다. 중생의 마음은 대지와 같아서 오곡과 오과가 대지에서 자라나듯이 마음의 법은 세간과 출세간의 선악과 오취와 삼승을 낳는다. 이러한 인연으로 삼계는 마음일 뿐이기 때문에 심지라 한다.(心地者? 佛言, 三界之中, 以心爲主. 衆生之心, 猶如大地, 五穀五果, 從大地生, 如是心法, 生世出世, 善惡五趣三乘. 以是因緣, 三界唯心, 故名心地.)"

고도 하는 등 그 주된 효용에 따라 각각 다른 이름을 붙인다. 알고 깨닫는 작용으로 보면 불성이라 하고, 티 없이 밝고 맑으므로 계주라 하며, 갖가지 법을 일으키기 때문에 심지라 하고, 온갖 부류를 호령하므로 심인이라 한다. 비록 여러 가지 이름이 있지만 다른 법은 없으니, 물질세계와 산하대지가 모두 한 몸이며 안개와 이슬과 구름과 노을 또한 그와 다른 것이 아니다. 그러므로 '몸에 걸친 옷'이라 한다."

[江月] 琪和尙注云, "入夜月花窓底白, 有時松韻枕根淸. 此箇消息, 設使千聖出興, 具無碍辯才, 也卒話會不及. 放一線道, 且向建化門中, 略憑話會, 强而言之. 此是文殊普賢大人境界, 一切衆生, 雖在其中, 而不自知, 諸小乘人, 不能就向此之境界. 雖難可見, 只在目前, 山高海闊, 栢短松長, 柳綠花紅, 鶯吟鶴唳也. 江月照松風吹, 永夜云云, 所謂若是本分道人, 一覺直到天曉也. 佛性戒珠者, 般若是一法, 佛說種種名, 或謂之佛性, 或謂之戒珠, 或謂之心地, 或謂之心印, 隨其功用, 各得異名. 能知能覺, 故名佛性; 瑩淨無垢, 故名戒珠; 能生諸法, 故名心地; 號令羣品, 故名心印. 雖有多名, 而無異法, 器界山河, 皆是一體, 霧露雲霞, 亦非他物, 故云體上衣."

● 강물에는 달 비추고~할 일이 무엇이던가 : 애써 하지도 않고 억지로 할 일도 없는 납승의 경계이다.[7] 곧 깨달음(證)과 그것을 펼치는 교화(化) 사이에 차별이 없는 경지를 말한다.
● 불성이라는 계주戒珠 : 계에는 차계遮戒와 성계性戒의 구별이 있다.[8] 차

---

6 심인心印 : 도장을 나타내는 인印에는 관인官印·인증印證 등의 뜻이 있으며, 이것은 공적으로 부여된 권위나 명령과 통한다.
7 『永嘉證道歌』 첫머리에 나오는 '배움도 끊고 할 일도 없는 한가한 도인(絶學無爲閑道人)'의 경계와 통한다. 납승으로서 해야 할 일대사一大事를 깨달아 더 이상 할 일이 남아 있지 않은 경지를 나타낸다.
8 성계性戒는 살생·도둑질·음행·거짓말 등과 같이 본질적으로 악하기 때문에 금하는 계

계는 잘못을 막고 악을 그치도록 하며, 성계는 마음의 바탕(心地)에 잘못이 없는 상태를 가리킨다. 경에서 "이와 같이 청정한 수행을 불성계를 지킨다고 하니, 이것으로써 부처님의 법신을 얻기 때문이다."[9]라고 한 말과 같다.

- 계주戒珠 : 다른 문헌에서 "계는 해나 달과 같이 밝고, 또한 영락 구슬과 같다."[10]라고 하였으니, 불성계는 구슬과 같다는 뜻이다.
- 심지心地에 찍힌 도장 : 불성이라는 계주가 심지에 찍혀서 나타난다는 말이다. 따라서 '불성이라는 계주戒珠는 심지心地에 찍힌 도장이요'라고 한 말은 깨달음(證)에 해당하고, '안개와 이슬과 구름과 노을'은 자慈·비悲·희喜·사捨 등의 사무량심四無量心에 해당한다.[11] 이것은 옷을 바꾸어 입는 것(衣變)과 같기 때문에 '몸에 걸친 옷'이라 했으니, 교화(化)를 말한다. 강물에 비추는 달과 소나무에 부는 바람 또한 이 뜻이다.

율이고, 차계遮戒는 음주와 같이 본질적으로 악하지는 않지만 다른 악행을 저지르는 계기가 되기 때문에 금하는 계율이다. 『大方便佛報恩經』 권6(大3, 158a2), "우바새가 지켜야 할 오계 중 어느 것이 실죄實罪이고 어느 것이 차죄遮罪인가? 네 가지가 실죄이고 음주를 금하는 조목 하나는 차죄이다. 음주가 나머지 네 가지 죄와 함께 같은 종류로 묶여 오계가 되는 이유는 무엇인가? 음주는 방일의 근본으로서 나머지 사계를 범하는 계기가 될 수 있기 때문이다.(問曰, '優婆塞五戒, 幾是實罪, 幾是遮罪?' 答曰, '四是實罪, 飮酒一戒, 是遮罪. 飮酒所以得與四罪同類, 結爲五戒者, 以飮酒是放逸之本, 能犯四戒.')"

9 『新華嚴經論』 권1(大36, 721c29)의 인용이다. 이 구절을 『華嚴經』 「梵行品」의 설이라고 하였지만 일치하는 구절은 없다.
10 『梵網經』 권하(大24, 1004a10).
11 안개와 이슬과~사무량심四無量心에 해당한다 : 이러한 해설은 '霧露雲霞'를 한 글자씩 풀어서 '안개·이슬·구름·노을'로 보고, 그것을 사무량심의 비유로 본 것이다. 사무량심이란 자신의 깨달음을 중생에게 펼치는 네 종류의 마음이다. 자신의 증득이 자리행自利行이라면, 사무량심은 이타행利他行에 속한다. 첫째 자慈무량심은 중생에게 즐거움을 주는 법을 사유하며 자등지慈等至로 들어가는 것, 둘째 비悲무량심은 중생이 괴로움을 벗어나도록 하는 법을 사유하며 비등지悲等至로 들어가는 것, 셋째 희喜무량심은 중생이 괴로움을 벗어나 즐거움을 얻고 내심 깊이 희열을 느낀다고 사유하며 희등지喜等至로 들어가는 것, 넷째 사捨무량심은 중생이 모두 평등하여 멀거나 가까움 등의 차별이 없다고 사유하며 사등지捨等至로 들어가는 것이다.

江月至所爲者, 無爲無事, 衲僧境界也. 則證化不二處也. 佛性戒珠者, 有
遮戒性戒. 遮戒, 防非止惡也；性戒, 心地無非也. 如經云, "如是淸淨[1])者,
名持佛性戒, 得佛法身故." 戒珠者, 他處云, "戒如明日月, 亦如瓔珞珠." 則
佛性戒如珠也. 心地印者, 佛性戒珠, 印現於心地也. 然則佛性至地印者,
證也；霧露雲霞者, 慈悲喜捨四無量心. 此是衣變, 故曰, '體上衣.' 則化
也. 江月松風, 亦此義.

1) ㉠ '淨' 다음에 '行'이 탈락되어 있다.

법진 수일法眞守一의 송 法眞一頌

숲속에서 아무 일 없이 누더기 걸치고	林間無事衲蒙頭
긴 가을밤 맑고 고요하니 모든 일 쉬네	永夜淸宵萬務休
강물과 달은 맑고 밝아 서로 비추고	江月明明自相照
소나무에 찬 바람은 쏴아 쏴 부는구나	松風不斷冷颼颼
【이 스님은 다만 앞의 두 구절만 제기하여 다루었다.】	【此師錄, 但擧上二句.】

개선 선섬開先善暹의 상당

첫 두 구절을 제기하고 말했다. "은혜를 아는(知恩)[12] 납승 있는가? 만일 아직 모른다면 내가 거듭 해설해 주겠다. 지금 가을 달은 밝고 계곡의 바람은 서늘한데 이는 어떤 일을 성취한 풍광인가? 그런 까닭에 '불성이라는 계주戒珠는~몸에 걸친 옷이로다.'라고 한 것이다." 이윽고 주장자를 잡고 "구름과 안개 모두 걷히고 밝은 해가 처마에 걸려 삼라만상이 뚜렷이 드러난 이 풍경은 무엇인가? 바로 여러분 눈앞에 보이는 한 구절[13]이

---

12 은혜를 아는(知恩) : 일러 준 은혜를 안다는 말로 그 본래의 취지를 바르게 파악하고 있다는 뜻이다.
13 눈앞에 보이는 한 구절(覿面一句) : 말로서의 한 구절이 아니라 눈앞에 드러난 만물의 진실 그 자체를 나타낸다. 말후구末後句와 같은 말이다. 바로 다음에 '好事不如無'

다."라고 한 뒤 잠깐 침묵하다가 말했다. "좋은 일도 없느니만 못하다."

開先暹上堂, 擧上二句云, "還有知恩底衲僧麼? 若未會, 開先重爲注脚. 如今秋月皎皎, 澗風蕭蕭, 還成得箇什麼邊事? 所以道, '佛性戒珠, 〈至〉體上衣.'" 乃拈起拄杖云, "雲收霧卷, 杲日當軒, 萬像赫然, 作麼生? 是你諸人覿面一句." 良久云, "好事不如無."

> 설화

○ 은혜를 아는(知恩) 납승 있는가 : 반드시 영가 선사의 궁극적인 목적을 알아야 한다.
○ 지금 가을 달은 밝고~라고 한 것이다 : 불성이라는 계주나 안개와 이슬과 구름과 노을은 바로 이것[14]을 벗어나지 못한다. 만일 이것을 안다면 은혜를 안다고 할 만하다는 뜻이다.
○ 주장자를 잡고~눈앞에 보이는 한 구절이다 : 더욱 높이 한 수[15]를 제시하는 듯이 던진 말이다.[16]
○ 좋은 일도 없느니만 못하다 : 더욱 높이 한 수를 제시하는 듯이 던진

라고 한 데에서 알 수 있듯이 '눈앞에 보이는 한 구절'이라 한 말에 긍정적 해답을 담은 것이 아니다. 본칙 설화에서 건화문에 의지해 '비록 볼 수 없지만 바로 눈앞에 있으니, 산은 높고 바다는 넓으며, 측백나무 잎은 짧고 소나무 잎은 길며, 버드나무는 푸르고 꽃은 붉으며, 꾀꼬리 노래하고 학이 우는 그 모든 장면이다.'라고 무리하게라도 말한 것과 같은 맥락이다. 이러한 뜻일 뿐이라고 알고 만다면 이것이 바로 좋은 일도 아무 일 없느니만 못한 결과와 같다.

14 이것(這箇) : 눈앞에 드러난 본분을 나타내는 결정적인 징표들을 가리킨다.
15 고일착高一着은 앞서 한 말을 완전히 뒤집어 반전시키는 한마디의 말 또는 견해를 나타낸다. 본칙에 인용한 『證道歌』의 틀 전체를 부질없는 일로 엎어 버리고 무사無事의 경계로 개방시키는 논리이지만 이 또한 종국적으로 안주할 '좋은 일'로 간주하면 안 된다.
16 마지막에 "좋은 일도 없느니만 못하다."라는 말을 하기 위하여 마치 앞서 한 말보다 더 고상한 의미를 담고 있는 듯이 가장했다는 풀이이다.

앞의 말('눈앞에 보이는 한 구절'이라 한 말)이 도리어 좋은 일처럼 보일 뿐 아무 일 없느니만 못하다는 뜻이다.

開先:還有至僧麼者, 須知永嘉落處始得. 如今秋月云云者, 佛性戒珠, 霧露雲霞, 也不離這箇. 若知此, 可謂知恩也. 拈起柱杖至霧卷云云者, 似更高一着也. 好事不如無者, 更高一着, 反是好事也.

지해 본일智海本逸의 상당[17]

이 공안을 제기하고 말했다. "여러 선수행자들이여, 알겠는가?[18] '강물에는 달이 비춘다.'고 하니, 한산은 박수 치고 습득은 웃는다. '소나무에는 바람이 분다.'고 하니, 33인[19]과 함께 손을 맞잡고 돌아온다.[20] '긴 가을밤 맑고 고요하니 할 일이 무엇이던가?'라고 하니, 그대에게 창피를 주고 세상의 뛰어난 스승도 꾸짖거늘, 높기는 무엇이 그리 높단 말인가?[21] '불성이라는 계주戒珠는 심지心地에 찍힌 도장'[22]이라 하는구나." 주장자를 잡고 말했다. "산하와 대지는 심지에 찍힌 도장이 아니요, 주장자도 심지에 찍힌 도장이 아니다. '안개와 이슬과 구름과 노을은 몸에 걸친 옷'이

---

17 높고 낮음이나 본체와 작용 등의 차별이 남김없이 사라지고 드러난 평등한 경계에 입각한 법문이다.
18 이하에서는 본칙 각 구절에 대한 착어著語 형식의 해설을 달고 있다.
19 선종의 전등설에서 각 세대를 대표하는 조사를 모두 거론한 말. 가섭迦葉을 제1조로 하여 제27조 반야다라般若多羅에 이르기까지 서천 조사 27인과, 보리달마를 초조로 하여 육조 혜능까지의 동토 조사 6인을 더하여 33인이 된다.
20 소나무와 바람이 조화를 이루듯이 중생이 조사와 평등한 위치가 되어 손을 맞잡고 어울린다는 말.
21 설두 중현雪竇重顯에게 동일한 대의를 가진 구절이 보인다.『雪竇語錄』권5(大47, 702b12), "스스로 깨우쳐 주다 : 기린과 용은 상서롭지 못하고, 초목이 도리어 찬란한 빛을 일으킨다. 어린아이와 부처님 한 분이, 함께 손을 잡고 돌아오네. 그대에게 창피를 주고 세상의 뛰어난 스승도 꾸짖거늘, 높기는 무엇이 그리 높단 말인가?(自誨 : 麟龍不爲瑞, 草木生光輝. 三尺一丈六, 且同携手歸. 慚爾懲世師, 巍巍何巍巍?)"
22 이에 대한 착어는 주장자를 잡은 뒤에 이어진다.

라 하나, 옷이 몸이요 몸이 옷이다. 안개와 이슬과 구름과 노을도 옷이라면, 몸은 어디에 있는가? 안개와 이슬과 구름과 노을이 몸이라면 옷은 어디에 있는가? 어디서 한 조각[23]을 찾아올 것인가? 그런 까닭에 '해가 떠도 동굴은 여전히 어둡고, 구름이 일어나건 말건 계곡 깊은 곳은 침침하다.[24] 그 안에 사는 거부 장자의 자식들, 누구나 할 것 없이 고쟁이 한 벌도 없구나.'[25]라고 한 것이다."

智海逸上堂, 擧此話云, "諸禪德, 還會麽? 江月照, 寒山撫掌拾得笑. 松風吹, 三十三人攜手歸. 永夜淸宵何所爲? 慙爾懲世師, 巍巍何巍巍? 佛性戒珠心地印." 乃拈起拄杖云, "山河大地, 不是心地印, 拄杖子, 不是心地印. 霧露雲霞體上衣, 衣是體, 體是衣, 霧露雲霞是衣, 體在甚處? 霧露雲霞是體, 衣在甚處? 何處得一片來? 所以道, '日出嵓猶暗, 雲生谷裏昏. 其中長者子, 箇箇盡無褌.'"

[설화]

○ 강물에는 달이~습득은 웃는다 : 습득의 웃음이 바로 강물에 달이 비추는 것을 나타낸다.
○ 33인과 함께 손을 맞잡고 돌아온다 : 33인은 역대의 조사들로서 그들

---

23 한 조각 : 작지만 핵심이 되는 것.
24 해가 떠도~곳은 침침하다 : 어두운 곳이 밝음을 기다리지 않고 초지일관 어두움으로 남아 있는 소식을 말한다. 어둠 그대로 평등함을 보여 준다. 바로 아래 구절도 동일한 맥락으로 이어진다. 『法華經』에 나오는 장자의 아들을 소재로 삼았지만 선가의 가풍에 따라 변용한 것이다. 집을 나가 가난하게 된 아들이 부자 아버지를 찾아 점차로 변신하는 경전의 이야기를 따르지 않고 철저하게 가난한 그대로 남아 빈곤과 풍요의 경계가 무너졌다.
25 한산寒山의 시에 나오는 구절 일부이다. 다만 제2구의 인용은 변형되어 있다. 『寒山子詩集』(嘉20, 663c4), "해가 떠올라도 동굴은 여전히 어둡고, 안개가 사라져도 계곡은 침침하다.(日上巖猶暗, 煙消谷尙昏.)"

은 교화의 문으로 나와 중생을 가르치고 이익을 준다. 손을 맞잡고 돌아온다는 말은 교화를 거두고 깨달음으로 돌아오는 것이니, 소나무에 바람이 부는 풍경을 나타낸다.

○ 그대에게 창피를 주고 세상의 뛰어난 스승도 꾸짖거늘, 높기는 무엇이 그리 높단 말인가 : 우뚝하게 높고 분명하게 세상에 나타나 교화하는 잘못으로 받은 징계이니 부끄러움이 적지 않다. 그러므로 '긴 가을밤 맑고 고요하니 할 일이 무엇이던가?'라는 구절과 같다.

○ 주장자를 잡고 한 말 : 모든 법은 심지가 아닌 것이 없다.

○ 옷이 몸이요 몸이 옷이다 : 본체가 작용이요 작용이 본체이다.

○ 안개와 이슬과~옷은 어디에 있는가 : 본체 그대로 작용이다.

○ 어디서 한 조각을 찾아올 것인가 : 어디서 안개와 이슬과 구름과 노을을 찾아오겠느냐는 뜻이다.

○ 해가 떠도 동굴은 여전히 어둡고~고쟁이 한 벌도 없구나 : 전거는 확실하지 않다.[26] 모든 중생이 본래 성취하고 있다는 이치를 나타낸다.

智海 : 江月照寒山云云者, 拾得笑, 是江月照也. 三十三人云云者, 三十三 卽祖師, 出來化門, 接物利生也. 携手歸, 則收化歸證, 是松風吹也. 慙爾懲世師云云者, 嵬嵬堂堂出世懲戒, 慙愧不少. 然則永夜清宵何所爲也. 拈起柱杖云云者, 一切法, 無非心地也. 衣是體體是衣者, 體卽用, 用卽體也. 霧露至衣在甚處者, 卽體卽用也. 何處得一片來者, 甚處得霧露雲霞來也. 日出巖猶暗云云者, 未詳. 一切衆生本成本就之義也.

---

26 설화에서 전거는 밝히지 못했지만, 고쟁이 한 벌도 없는 누구나 타고난 벌거숭이의 면목은 가난과 풍요를 넘어서 본래 성취하고 있는 그대로라는 한산의 취지에 대한 해설은 타당하다.

승천 전종承天傳宗의 거

'강물에는 달 비추고'라는 구절부터 '할 일이 무엇이던가?'라는 구절까지 제기하고, 또 약산이 '한가롭게 앉아 있더라도 무엇인가를 하는 것'이라 했던 (석두와의) 문답 인연[27]을 제기하고 말했다. "'한가롭게 앉아 있더라도 무엇인가를 하는 것'이라 하니, 여기서 깨달은 구석이 있다면 그 사람은 하늘과 땅 전체를 확고하게 틀어잡았다고 인정해 주리라. 불성이라는 계주戒珠는 심지心地에 찍힌 도장이라는 말은 무슨 뜻일까?" 주장자를 잡고 "이것은 심지에 찍힌 도장이 아니다. 안개와 이슬과 구름과 노을은 몸에 걸친 옷이라는 말은 무슨 뜻일까?"라 하고 나서, "하늘과 땅이 맑게 확 트였거늘 안개와 이슬이 어디에서 일어나겠는가? 여러분, 어떤 안목을 가지고서 나, 석불과 만나겠는가? 만일 아직 모르겠다면 주장자를 곧바로 두 손으로 전해 주리라.[28]"라고 하고는 주장자를 던졌다.

承天宗, 擧'江月照, 〈至〉何所爲?' 復擧藥山, '閑坐則爲'因緣. 師云, "閑坐則爲, 這裏有箇入處, 許你把定乾坤. 佛性戒珠心地印?" 師拈起拄杖云, "不是心地印. 霧露雲霞體上衣?" 師云, "乾坤廓淨, 霧露什麼處得來? 你諸人, 作麼生着箇眼睛, 與石佛相見? 其或未知, 拄杖子, 便乃兩手分付." 擲下拄杖.

설화

○ 여기서 깨달은 구석이 있다면 그 사람은 하늘과 땅 전체를 확고하게 틀어잡았다고 인정해 주리라 : 결코 이것 이외 다른 것은 없다는 뜻이다.
○ 이것은 심지에 찍힌 도장이 아니다 : 주장자와 심지일 뿐, 그 이외에 다른 것은 없다는 뜻이다.

---

27 본서 325칙 참조.
28 두 손으로 전해 주리라 : 본서 97칙 '지해 본일의 상당' 주석, 112칙 본칙 설화 주석 참조.

○ 하늘과 땅이 맑게 확 트였거늘 안개와 이슬이 어디에서 일어나겠는가 : 본체를 벗어나서 작용은 없다.
○ 주장자를 던졌다 : 어디에서 더듬으며 찾겠는가? 본체 또한 구할 수 없다는 뜻이다.

承天擧:這裏有箇入處, 至乾坤者, 更無第二也. 不是心地印者, 柱杖與心地, 更無第二也. 乾坤廓淸,[1] 至得來者, 體外無用也. 擲下柱杖者, 向什麼處摸搽? 體亦不可得也.

1) ㉘ '淸'이 위의 거擧에는 '淨'으로 되어 있다. ㉠ '淨'으로 번역하였다.

해인 초신海印超信의 상당

이 공안을 제기하고 "산승이라면 그렇게 하지 않았을 것이다."라고 한 뒤 다시 앞의 두 구절을 제기하고 말했다. "고기잡이 늙은이가 낚싯대를 끌고 깊은 물가로 돌아오니, 놀란 모래밭의 갈매기 떼가 사방으로 흩어져 날아간다."

海印信上堂, 擧此話云, "山僧卽不然." 再擧上二句, 師云, "漁翁引釣歸深浦, 驚起沙鷗四散飛."

[설화]

○ 고기잡이 늙은이가 낚싯대를 끌고~사방으로 흩어져 날아간다 : 앞에서는(승천 전종의 거) 안개와 이슬과 구름과 노을은 본체를 떠나지 않는 작용이라는 점에서 다만 그 본체를 밝혔지만, 여기서는 다만 그 작용을 밝혔다.

海印:漁翁引釣云云者, 前霧露雲霞, 不離體之用, 但明其體, 此則但明其用也.

황룡 사심黃龍死心의 상당

이 공안을 제기하고 "가령 구름과 노을이 흩어진 다음에는 몸은 어디에 있는가?"라고 한 뒤 잠깐 침묵하다가 말했다. "눈 내리고 추우니 방으로 돌아가 불이나 쪼이자."

黃龍心上堂, 擧此話云, "只如雲霞消散後, 體在什麽處?" 良久云, "雪寒歸堂向火."

설화

○ 구름과 노을이 흩어지면 몸이 드러나 있을 듯하지만, 몸이 어디에 있겠느냐는 반문이다. 몸 또한 찾을 수 없다는 뜻이다.
○ 눈 내리고 추우니 방으로 돌아가 불이나 쪼이자 : 방으로 돌아가 불을 쪼이는 것만 못하니, 무슨 본체와 작용을 구분하며 찾느냐는 말이다. 그렇다면 방으로 돌아가 불이나 쪼이자는 말에 어찌 본체와 작용의 뜻이 있겠는가?

黃龍 : 雲霞消散, 則似有體, 體在什麽處. 則體亦着不得也. 雪寒云云者, 不如歸堂向火, 討甚體用也. 然則歸堂向火, 亦體用意耶?

보봉 홍영寶峰洪英의 시중

이 공안을 제기하고 말했다. "옛 성현은 지나치게 짜고 지나치게 시었다[29]고 할 만했으니, 산승이라면 그렇게 하지 않았을 것이다." 다시 앞의

---

29 지나치게 짜고 지나치게 시었다 : 맛없는 말(無味之談)의 경계를 보여 주지 못했다는 말.

두 구절을 제기하고 그에 이어서 말했다. "목동이 고갯마루에서 피리 한 곡조 부니, 놀란 갈까마귀 떼가 나무 주위를 돌며 날아간다."[30]

寶峯英示衆, 擧此話云, "先聖可謂傷鹽傷醋, 山僧卽不然." 復擧上二句, 係云, "牧童嶺上一聲笛, 驚起群鴉遶樹飛."

[설화]

○ 지나치게 짜고 지나치게 시었다 : '긴 가을밤 맑고 고요하니 할 일이 무엇이던가?'라고 한 말이 도리어 지나치게 짜고 지나치게 신 격이었다는 뜻이다.
○ 목동이 고갯마루에서~나무 주위를 돌며 날아간다 : 이렇게 많은 현상 이외에 또 무엇을 말한단 말인가?

寶峯:傷鹽傷醋者, 永夜淸宵何所爲, 反是傷鹽傷醋也. 牧童嶺上云云者, 有許多外, 更道什麽?

황룡청黃龍淸의 상당

"강물에는 달 비추고 소나무에는 바람 부는데, 긴 가을밤 맑고 고요하니 이는 누구의 경계인가? 안개와 이슬과 구름과 노을도 막을 수 없거늘, 여기서 여전히 '돌아가느니만 못하다.'[31]고 말하는구나. 어디로 돌아간단

---

30 『別峯珍禪師語』續古尊宿語要 4(卍119, 14a16), "사람들은 십이시의 부림을 받지만, 노승은 십이시를 부린다네. 목동이 고갯마루에서 피리 한 곡조 부니, 놀란 갈까마귀 떼가 나무 주위를 돌며 날아간다.(諸人被十二時使, 老僧使得十二時. 牧童嶺上一聲笛, 驚起群鴉繞樹飛.)"
31 불여귀不如歸는 불여귀거不如歸去와 같다. 두견새 울음소리가 '돌아가느니만 못하다.'라고 말하는 소리와 흡사하다고 여긴 옛사람들이 그에 따라 '집으로 돌아가라.'고 재촉하는 말로 쓰게 되었다. 『蜀王本紀』, "촉나라 망제望帝가 그 신하인 별령鱉靈의 처와

말인가? 연꽃잎은 둥글둥글 거울처럼 둥글고, 마름 잎은 뾰족뾰족 송곳처럼 뾰족하다.³²"

黃龍淸上堂云, "江月照松風吹, 永夜淸宵更是誰? 霧露雲霞遮不得, 个中猶道不如歸. 復何歸? 荷葉團團團似鏡, 菱角尖尖尖似錐."

[설화]

○ 긴 가을밤 맑고 고요하니 이는 누구의 경계인가 : 할 일을 모두 마친 경계는 철저하게 밖이 없다.³³ 그러므로 안개와 이슬과 구름과 노을도 막을 수 없다.

○ 여기서 여전히 '돌아가느니만 못하다.'고 말하는구나 : 별도로 작용의 문을 취했다.

○ 어디로 돌아간단 말인가? 연꽃잎은 둥글둥글~송곳처럼 뾰족하다 : 만일 철저하게 밖이 없다면 이와 같다는 말이다. 곧 이것이 어찌 '안개와 이슬과 구름과 노을도 막을 수 없는' 경지가 아니겠느냐는 뜻이다.

간통하여 왕위를 물려주고 달아났는데, 때마침 이 새가 그를 따라가며 울었다. 이 때문에 촉나라 사람들은 두견의 울음이 망제의 신세를 슬퍼하는 것이라 여겼고, 그 울음소리는 '돌아가느니만 못하다.'고 말하는 것으로 생각하였다.(蜀望帝, 淫其臣鼈靈之妻, 乃禪位而逃, 時此鳥適鳴. 故蜀人以杜鵑鳴爲悲望帝, 其鳴爲不如歸去云.)")

32 연꽃잎은 둥글둥글~송곳처럼 뾰족하다 : 특별히 돌아갈 곳이 없고 둥근 것은 둥근 그대로 뾰족한 것은 뾰족한 그대로 자신의 본래 자리라는 말이다. 『大慧語錄』 권10(大47, 855a25), "『원각경』에 이렇게 전한다. '머물러 있는 그 어떤 순간에도 망념을 일으키지 말고, 망념을 일으키는 갖가지 마음을 구태여 그치도록 하지도 마라. 망상의 경계에 머물러도 분별을 덧붙이지 말고, 분별이 없는 상태를 진실이라고 헤아리지도 마라.' 이 경문에 대하여 송으로 읊는다. '연꽃잎은 둥글둥글 거울처럼 둥글고, 마름 잎은 뾰족뾰족 송곳처럼 뾰족하다. 버들개지에 바람 부니 털 꽃가루 날리고, 배꽃에 비 내리니 나비 날아간다.'(圓覺經云, '居一切時, 不起妄念 ; 於諸妄心, 亦不息滅. 住妄想境, 不加了知 ; 於無了知, 不辨眞實.' 頌云, '荷葉團團團似鏡, 菱角尖尖尖似錐. 風吹柳絮毛毬走, 雨打梨花蛺蝶飛.')" 본서 47칙 '운문 종고의 송' 참조.

33 안과 밖의 구별이 없이 온전한 전체라는 뜻.

黃龍：永夜淸宵更是誰者, 無事處徹底無外也. 然則霧露雲霞遮不得也. 箇中猶道不如歸者, 別取用門也. 復何歸, 荷葉云云者, 若徹底無外, 卽如是也. 則豈不是霧露云云.

대혜 종고大慧宗杲의 상당

이 공안을 제기하고 말했다. "이 스님은 30방을 맞아도 싸다. 말해 보라! 어디에 잘못이 있는가? 상주물常住物[34]을 훔쳐서 자기 의발하衣鉢下[35]에 넣어 두어서는 안 되기 때문이다."

大慧杲上堂, 擧此話云, "者箇阿師, 好與三十棒. 且道! 過在什麼處? 不合偸常住物, 納[1]衣鉢下."

1) ㉠『大慧語錄』 권1(大47, 814c9)에는 '納'이 '入'으로 되어 있다.

설화

○ 할 일을 모두 마친 경계(無事)에 거꾸로 처박혀 몰두한다면 그것은 마치 상주물을 훔친 행위와 흡사하다.

大慧：無事著倒, 似乎偸常住物也.

---

34 상주물常住物 : 사찰 전체의 공유물. 공용이기 때문에 사사로운 목적에서 함부로 쓰면 안 된다. 여기서는 강물이나 노을 따위가 그것인데 영가는 그것을 굳이 불성이니 심지니 하면서 마치 사유화하듯이 특정한 교설의 범주로 끌어들여 편협하게 만들었다는 평석이다. 대혜의 이 견해를 충분히 알면서도 이를 억누르고 영가를 추켜올려 균형을 맞춘 평석도 볼 수 있다.『文穆念語錄』 권2(嘉36, 785c14), "영가의 죄를 거듭 부과하면 안 된다. 점검해 보면 오히려 대혜가 30방을 맞아도 싸다. 왜 그런가? '굳이 다가와 시비를 구분하는 자가 바로 시비에 얽혀 있는 사람이다.'라는 말을 모르는가?(永嘉罪不重科. 檢點將來, 大慧合喫三十棒. 何故? 不見道, '來說是非者, 便是是非人.')"
35 의발하衣鉢下 : 승당僧堂 안에 각자 개인이 앉아서 좌선하거나 잠자는 자리. 단위單位와 같은 말이다.

124칙 영가영공 永嘉靈空

본칙 영가 현각이 말했다. "비방할 수도 없고 칭찬할 수도 없네. 본체는 허공처럼 한계가 없으면서도 지금의 이 자리를 떠나지 않으며 항상 고요하지만 찾아보아도 그대 볼 수 없으리라."

永嘉云, "不可毀, 不可讚. 體若虛空勿涯岸, 不離當處常湛然, 覓則知[1]君不可見."

1) ㋡ '則知'는 '則'과 같다. '知'는 특별한 뜻이 없다.

설화

● 범천 언기의 주석은 다음과 같다.[1] "'비방에도 칭찬에도 흔들리지 않는다.'는 말은 오직 견성한 사람이라야 비로소 이 양단에서 벗어날 수 있다는 뜻이다. 온전히 깨닫지 못한 사람은 남김없이 자신의 마음대로 잘 되어 가는 경계에서 칭찬하는 말을 들으면 기쁨을 일으키지만, 남김없이 자신의 마음을 거스르는 경계에서 비방하는 말을 들으면 분노를 일으키니, 이는 모두 언어의 본질이 공空이라는 이치를 온전히 깨닫지 못했기 때문이다. 법에 대해 통달한 사람은 비방과 칭찬이 모두 얻을 수 있는 실체가 없고 법의 본체와 상응하는 양상이 마치 허공과 같아 한계가 없다는 이치를 온전히 깨닫는다. 그러므로 '본체는 허공처럼 한계가 없다.'라고 한 것이다. '지금의 이 자리를 떠나지 않으며'라고 한 말은 불신佛身이 법계에 충만하여 모든 중생 앞에 빠짐없이 드러나 있다는 뜻이다. 곧 '지금의 이 자리를 떠나지 않으며 항상 고요한 것'이니, 이를 가리켜 영각靈覺의 본성이라 한다. 하루 어느 때이든 간에 보

---

1 『證道歌註』(卍111, 381b14). 이 책에 실린 것과는 글자상에 약간의 출입은 있다.

고 듣고 느끼고 아는 그 자리를 떠나지 않으니, 만약 보고 듣고 느끼고 아는 그 자리에서 벗어나 다른 곳에서 별도로 깨달음의 본성을 구한다면 결코 옳지 않다. 조사는 '마음을 가지고 마음을 찾으니 어찌 크나큰 잘못이 아니겠는가!'²라고 하였다."

[靈空] 琪注云, "毁譽不動者, 唯見性之人, 方能脫¹⁾也. 未了之人, 於一切順境, 聞讚譽之言, 卽心生歡喜 ; 於一切逆境, 聞毁辱之言, 卽心生憤怒, 皆未了語言性空故. 達法之人, 了毁譽之言, 皆不可得, 與法體相應, 猶如虛空, 勿有涯岸也. 故言體若空勿涯岸. 不離當處云云者, 佛身充滿云云, 至²⁾衆³⁾生前. 則不離當處常湛然也, 此謂靈覺之性. 不離十二時中, 見聞覺知, 若離見聞覺知之外, 別求覺性, 無有是處. 祖師云, '將心覓心, 豈非大錯!'"

1) ㉮『證道歌註』에는 '脫' 앞에 '解'가 있다. 2) ㉮『證道歌註』에 따르면 '云云, 至'로 생략된 부분은 '於法界, 普現一切'이다. 3) ㉮ '衆'이『證道歌註』에는 '群'으로 되어 있다.

● 비방할 수도 없고 칭찬할 수도 없네 : 비방이나 칭찬이나 모두 영향을 끼치지 못한다.
● 본체는 허공처럼 한계가 없다 : '마치 막힘없이 드넓게 탁 트인 허공과 같으리니, 어찌 억지로 시비를 따지겠는가!'³라는 말과 같다.
● 지금의 이 자리를 떠나지 않으며 항상 고요하지만 : '경계에서 움직이

---

2 4조 도신道信의 말. 『信心銘』(大48, 376c18), "將心用心, 豈非大錯!"
3 남전 보원南泉普願이 조주에게 평상심의 도에 대하여 해 준 말이다. 『景德傳燈錄』권10 「趙州從諗傳」(大51, 276c17), "도는 아는 것에도 모르는 것에도 속하지 않으니, 아는 것은 헛된 지각이요 모르는 것은 의식에 아무 기록도 없는 상태이다. 만일 진실로 의심이 남아 있지 않은 도에 통달한다면 마치 막힘없이 드넓게 탁 트인 허공과 같으리니, 어찌 억지로 시비를 따지겠는가!(道不屬知不知, 知是妄覺, 不知是無記. 若是眞達不疑之道, 猶如太虛, 廓然虛豁, 豈可強是非耶!)"

며 무수한 존재와 하나로 어울린다.'[4]는 뜻이다.
● 찾아보아도 그대 볼 수 없으리라 : '안팎과 중간에서 찾지만 그 어디에도 없다.'는 뜻이다.

不可毁不可讚者, 毁讚皆不及也. 體若虛空勿涯岸者, 猶如大虛, 廓然虛豁, 豈可强是非也. 不離當處云云者, 境上施爲渾大有也. 覓卽知君云云者, 內外中間覓摠無也.

보녕 인용保寧仁勇의 거

"아는가? 사리에 밝은 사람이 적을 경우에는 번뇌도 적지만, 박식한 사람이 많은 경우에는 시비도 많다.[5]"

保寧勇擧此話云, "還見麽? 知事少時, 煩惱少 ; 識人多處, 是非多."

설화

○ '본체는 허공처럼 한계가 없다.'라는 구절이 '번뇌가 적다.'고 한 말에 해당하고 '지금의 이 자리를 떠나지 않으며'라고 운운한 구절은 '시비가 많다.'는 말에 해당하는가? 아니다. '본체는 허공처럼 한계가 없다.'라는 구절은 시비가 어떤 양상이 되었건 번뇌가 적다는 말이다.

保寧 : 體若至涯岸者, 是煩惱少 ; 不離當處云云, 是是非多耶? 非也. 體若

---

4 「寶誌和尙十二時頌」 중 축시丑時에 대한 송의 구절. 본서 111칙 본칙 설화 주석 참조. 바로 아래 설화의 '內外中間覓摠無也.'라는 구절과 대구가 된다.
5 박식한 사람이~시비도 많다 : 밝은 분별이나 박식한 이해로는 알 수 없다는 말. '찾으려 하면 볼 수 없다.'는 구절에 대한 평가이다. 설화의 해설은 이와 다르다. 동산 제이東山齊已와 만송 행수萬松行秀 등도 이 구절을 활용한다. 『續傳燈錄』 권31(大51, 683a11), 『從容錄』 53則 「著語」(大48, 261a15).

至涯岸, 是是非如之何, 則煩惱少.

보림본寶林本의 거

"찾아보아도 볼 수 없으리라고 한 말은 접어 두고, 찾으려 하지 않는 바로 그때는 보는가, 보지 못하는가?" 주장자를 집어 들고 말했다. "눈동자에 힘이 없으니 평생토록 가난하리라."[6]

寶林本擧此話云, "覓時不見, 且置, 秪如不覓時, 是見不見?" 乃拈起拄杖云, "眼裏無筋一世貧."

설화

○ 찾으려 해도 찾지 못하니 어떻게도 모색할 수 없다.

寶林 : 覓不覓, 摸搎不着.

---

[6] 힘 또는 힘줄이 없다(無筋)는 말은 물같이 유연한 것(如水無筋骨)을 비유하기도 하지만, 안광이 흐릿하고 기개가 없는 것을 뜻하기도 한다. 여기에서는 그런 무기력한 이미지를 빌려 아무리 찾아도 찾을 실체가 없음을 알고 더 이상 찾으려 들지 않는 전환의 단계를 어찌해 볼 도리가 없음 또는 차별을 구분하는 분별심이 없음을 표현하고 있다. 그래서 '평생토록 가난하리라.'라고 한 것이다. 본서 810칙 '상방 일익의 상당' 설화 참조. '眼裏有筋'과 상반된다. 『從容錄』93則「頌 著語」(大48, 287c7), "시비를 구별하고 득실을 밝히네.【눈에 힘줄이 섰군.】(別是非明得喪.【眼裏有筋.】)"

125칙 영가묵시 永嘉默時

본칙 영가 현각이 말했다. "침묵하고 있는 순간이 바로 설법하고 있는 때요, 설법하고 있는 순간이 실상은 침묵하고 있는 때이니라!¹ 크나큰 법시法施의 문을 활짝 열었으니 가로막힘 없도다. 누군가 나에게 무슨 종지를 깨쳤느냐고 묻는다면, 마하반야의 힘²이라고 일러 주리라."

永嘉云, "默時說說時默! 大施門開無擁¹⁾塞. 有人問我解何宗, 報道摩訶般若力."

1) ㉠『證道歌』에는 '擁'이 '壅'으로 되어 있다. 통용자이다.

설화

● 범천 언기의 주석은 다음과 같다.³ "침묵하고 있는 순간이 바로 설법하고 있는 때(默時說)라는 말은 침묵하고 있을 때도 항상 설법하고 있다는 뜻이다. 어떤 학인이 투자에게 물었다. '무엇이 십신조어十身調御⁴입니까?' 투자는 선상에서 내려와 섰다.⁵ 말해 보라! 무엇을 설한 것인가?

---

1 침묵하고 있는~있는 때이니라 : 묘공 지눌妙空知訥 찬, 덕최德最 편 『靈巖妙空和尚註證道歌』(卍114, 898a2), "침묵할 때 그 소리는 우레와 같고, 설법할 때는 입도 혀도 없다.(默時其聲如雷, 說時無口無舌.)"
2 마하반야의 힘 : 위의 책(卍114, 898a7), "힘이라 말한 까닭은 일체의 번뇌를 깨뜨릴 수 있기 때문이다.(言力者, 以其能破一切塵勞也.)"
3 이 본칙 설화에 제시된 인용 구절은 『證道歌註』(卍111, 382b5~383b8)에서 핵심이 되는 구절을 발췌한 것이다. 문장의 출입이 많으며 글자도 약간씩 다르다. 이하의 교감주에서는 유의미한 출입 사항에 한해 교감하였다.
4 십신조어十身調御 : 본서 132칙 본칙 설화 참조.
5 어떤 학인이~내려와 섰다 : 『聯燈會要』권21「投子大同章」(卍136, 776a3), "학인이 물었다. '무엇이 십신조어입니까?' 투자가 승상에서 내려와 섰다. 또 물었다. '범부와 성인과의 거리가 얼마나 됩니까?' 투자가 이번에도 승상에서 내려와 섰다.(僧問, '如何是十身調御?' 師下繩床立. 又問, '凡聖相去多少?' 師亦下繩床立.)"

이로써 침묵하고 있을 때도 항상 설법하고 있다는 말의 뜻을 알겠다.[6] 세존께서 설한 일체 경전의 첫머리에 모두 신묘한 종지가 갖추어져 있으나 그것을 아는 사람은 드물다. 『금강경』의 첫머리에 '그때 세존께서 식사할 때가 되자 가사를 입고~자리를 펴고 앉으셨다.~수보리가 ~자리에서~「희유하십니다! 세존이시여!」'[7]라고 하였다. 그러므로 '침묵하고 있는 순간이 바로 설법하고 있는 때'라 한 것이다. '설법하고 있는 순간이 실상은 침묵하고 있는 때(說時默)'라는 말은 무슨 뜻인가? 대장경의 모든 가르침이 부처님 입으로 설해진 것이기는 하지만 또한 부처님께서는 어떠한 글자도 설하신 적이 없다(未曾說一字)는 말이다. 그러므로 경전[8]에서 '처음 성도한 새벽부터 마지막 열반에 드신 발제하拔提河에 이르기까지 그 사이에 어떠한 글자도 설하신 적이 없다.'라고 하였다. 생각해 보라! 결국 설한 가르침이 있는 것인가, 없는 것인가?[9]

---

6 투자가 선상에서 내려와 말하기 전까지의 행동을 통해 '침묵하고 있는 순간이 바로 설법하고 있는 때'라는 도리를 알겠다는 말이다.
7 『金剛經』(大8, 748c21), "그때 세존께서 식사할 때가 되자 가사를 입고 발우를 가지고 사위성에 걸식하러 들어가셨다. 사위성에서 차례대로 걸식하고 본래 있던 장소로 돌아왔다. 식사를 마치고 가사와 발우를 거두고 발을 씻고서 자리를 펴고 앉으셨다. 그때 장로 수보리가 대중 속에 있다가 자리에서 일어나 오른쪽 어깨를 드러내고 오른쪽 무릎을 땅에 대며 합장하고 공경스럽게 부처님께 아뢰었다. '희유하십니다! 세존이시여!'(爾時, 世尊食時, 著衣持鉢, 入舍衛大城乞食. 於其城中, 次第乞已, 還至本處. 飯食訖, 收衣鉢, 洗足已, 敷座而坐. 時長老須菩提在大衆中卽從座起, 偏袒右肩, 右膝著地, 合掌恭敬而白佛言, '希有! 世尊!')"
8 『楞伽經』을 가리킨다. 『大乘入楞伽經』 권4 「無常品」(大16, 608b15), "그때 대혜보살마하살이 다시 부처님께 아뢰었다. '세존이시여! 세존께서 말씀하시기를 「나는 어느 새벽에 최고의 정각을 이루었고 또 어느 밤에 열반에 들기까지 그 사이에 어떠한 글자도 설하지 않으며, 또한 이미 설하지 않았고, 또한 설하지 않을 것이니 설하지 않아야 바로 불설佛說이니라.」라고 하셨습니다. 세존께서는 어떤 비밀한 뜻에 근거하여 이와 같이 말씀하신 것입니까?'(爾時, 大慧菩薩摩訶薩, 復白佛言, '世尊! 如世尊說, 「我於某夜成最正覺, 乃至某夜當入涅槃, 於其中間, 不說一字, 亦不已說, 亦不當說, 不說, 是佛說.」 世尊依何密意, 作如是語?')" 『楞伽阿跋多羅寶經』 권3 「一切佛語心品」(大16, 498c17), 『入楞伽經』 권5 「佛心品」(大16, 541c2) 등 참조.
9 이 말에 이어 『證道歌註』(卍111, 383a4)에는 다음과 같은 글이 더 실려 있다. "그런 까닭

'크나큰 법시法施의 문을 활짝 열었으니 가로막힘 없도다.'라고 한 말은 다음과 같은 뜻이다. 서천의 여러 조사 각자의 설법이 유정중생을 이롭고 즐겁게 한 것과 중국의 여러 조사와 천하의 노련한 화상들의 교묘한 방편과 갖가지 법문, 예를 들어 운문의 삼구三句[10] 동산의 오위五位[11] 등이 '크나큰 법시의 문을 열었다.'라는 말에 해당한다. 고덕[12]께서

에 천의天衣는 '법을 설했다고 한다면 여래를 비방하는 것이요, 설하지 않았다고 한다면 삿된 견해일 뿐이다.'라고 하였다. 이 양단의 궁지에서 간파해 낼 수 있다면 종풍을 높이 찬탄하고 조사의 법령을 제기했다고 할 만하다.(所以天衣云, '若言有說謗如來, 若謂不談邪見在.' 若向這裡戲得破, 方可稱唱宗風提綱祖令也.)"

10 운문의 삼구(雲門三句) : 본서 1034칙 본칙 설화 주석 참조.
11 동산의 오위(洞山五位) : 동산 양개洞山良价(807~869)가 학인을 가르치기 위해 제창한 설. 조산 본적曹山本寂(840~901)이 동산의 이 오위설을 이어받아 새로운 비유로 다시 밝힘으로써 조동종의 표준이 되었다. 오위에는 정편오위正偏五位와 공훈오위功勳五位가 있는데, 정편오위는 정중편正中偏·편중정偏中正·정중래正中來·편중지偏中至·겸중도兼中到 등의 다섯 가지이다. 정正은 음陰으로서 진여의 본체 또는 무차별·평등·정靜·공空·이理 등을 가리키며, 편偏은 양陽으로서 차별·동動·용用·색色·사事·생멸의 현상 등을 나타낸다. 이 두 가지가 서로 의지하며 지위를 바꾸어 다섯 가지의 조합을 만들어 낸다. 공훈오위란 향向·봉奉·공功·공공共功·공공功功 등이다. 중생에게 본래부터 불성이 갖추어져 있음을 알고서 그 불성을 사무쳐 통달하고자 하고(向), 그 불성을 실현하기 위해서는 수행을 해야 하며(奉), 불성을 깨닫고(功), 불성이라는 무차별의 평등과 함께 차별의 세계를 인정하며(共功), 다시 그것까지 넘어서 차별된 색 그대로 모든 것에 자재한 평등의 경지(功功)를 말한다. 『정선 휴정』 「선가귀감」 주 415 참조.
12 설봉 의존雪峰義存을 말한다. 다음의 인용은 설봉의 상당법문에 나온다. 『五燈會元』 권7 「雪峰義存章」(卍138, 238b8), "법좌에 올라앉아 말했다. '대지 전체가 하나의 해탈문이거늘 손을 잡고 끌어도 들어오려 하지 않는구나.' 이때 한 학인이 나와 말하였다. '화상께서는 제가 그러지 못하리라고 의심하시는군요!' 또 다른 학인이 말하였다. '들어간들 무엇 하겠습니까!' 설봉이 바로 때렸다. 현사가 말하였다. '제가 지금 대용을 남김없이 다 발휘해 버린다면 화상께서는 어떻게 말씀하시겠습니까?' 이에 설봉은 세 개의 나무 공을 한꺼번에 던졌고, 현사는 점수 막대기를 만드는 시늉을 해 보였다. 설봉이 말하였다. '그대는 영산회상에 직접 있었기 때문에 비로소 이와 같은 경지를 얻을 수 있었을 것이다.' '그렇다 해도 자기 자신의 일일 뿐입니다.'(上堂, '盡大地, 是箇解脫門, 把手拽伊, 不肯入.' 時一僧出曰, '和尙怪某甲不得.' 又一僧曰, '用入作甚麼!' 師便打. 玄沙謂師曰, '某甲如今大用去, 和尙作麼生?' 師將三箇木毬一時拋出, 沙作斫牌勢. 師曰, '你親在靈山, 方得如此.' 沙曰, '也是自家事.')" 이 글에서 현사 이전까지는 본서 782칙, 이후는 793칙 참조.

'시방세계 전체가 해탈문이거늘 손을 잡아끌어도 기꺼이 들어오려 하지 않는구나.'라고 하였으니, 무슨 가로막힘이 있는가? 그런 까닭에 '가로막힘이 없다.'라고 한 것이다. '누군가 나에게 무슨 종지를 깨쳤느냐고 묻는다면, 마하반야의 힘이라고 일러 주리라.'라고 한 말에서 반야는 선과 악의 길을 가려 이끌어 주는 길잡이이며, 어두운 방을 밝히는 밝은 횃불이며, 생사의 바다를 건네주는 지혜로운 노이며, 번뇌라는 병을 치유하는 좋은 약이며, 아我라는 거대한 산을 무너뜨리는 태풍이다. 반야를 밝히지 못한다면 온갖 수행의 방편도 헛된 시설일 뿐이다. 그러므로 '마하반야의 힘이라고 일러 주리라.'라고 말한 것이다."

[默時] 琪注云, "默時說者, 卽是默時常說也. 僧問投子, '如何是十身調御?' 投子下禪床立云,[1] 且道! 說箇什麽? 是知默時常說.[2] 世尊說一切經首, 皆有妙旨, 人罕知之. 金剛經, '爾時, 世尊食時, 着衣云云, 至而坐, 須菩提, 卽從云云, 至希有世尊云云.'[3] 故云默時說也.[4] 說時默者, 一大藏敎, 金口所說,[5] 未曾說一字. 故經云, '始從成道夜[6] 終至拔提河, 於是二中間, 未曾說一字.' 且道! 畢竟是有所說? 無所說也? 大施門開無擁塞者, 西天諸祖, 各各說法, 利樂有情, 唐土諸祖, 天下老和尙, 巧說方便[7]種種法門, 所謂[8]雲門三句, 洞山五位等,[9] 大施門開也. 古德云, '盡十方世界, 是解脫門, 把手曳伊, 不肯入.[10]' 何擁塞之有? 故云無擁塞也. 有人問我云云,[11] 般若是善惡逕之導師, 幽[12]暗室之明炬, 生死海之智楫, 煩惱病之良藥, 破我[13]山之大風.[14] 般若不明, 萬行虛設. 故云報道摩訶般若力也."

---

1) ㉠『證道歌』에는 '云'이 없다. 2) ㉠『證道歌』에는 이하에 '說時常默也'라는 구절이 더 있다. 3) ㉠『證道歌』에는 이하에 『圓覺經』(大17, 913a27~b1), 『楞嚴經』 권1(大19, 106b21~23) 등이 더 인용되어 있다. 4) ㉠『證道歌』에는 '故云默時說也'가 '故知默時常說也'로 되어 있다. 5) ㉠『證道歌』에는 '說'이 '宣'으로 되어 있다. 6) ㉠ 대개의 선 문헌에는 '成道夜'가 '鹿野苑'으로 되어 있다. 『大慧語錄』 권15(大47, 873a16), 『碧巖錄』 92則 「本則 評唱」(大48, 216b21) 등 참조. 7) ㉠『證道歌』에는 '巧說方便'이 '巧便施設'로 되어 있다. 8) ㉠『證道歌』에는 '所謂'가 '所以'로 되어 있고, 이어서

'雪峯輥毬, 石鞏架箭, 天皇餬餅, 國師水椀'이라는 구절이 더 있다. 9) ㉭ 설화에서 '等'으로 생략된 부분이 『證道歌』에는 '靈雲見桃花, 法眼透聲色, 首山新婦, 道吾樂神, 溈山水牯, 汾陽師子, 百丈捲席, 俱胝一指'이다. 10) ㉭ 『證道歌』에는 '曳伊, 不肯入'이 '拽不入'으로 되어 있다. 11) ㉭ 『證道歌』에는 '有人問我云云'이 '若或有人問我解何宗旨, 報道摩訶般若力也. 梵語摩訶, 此云大, 多, 勝. 卽多含不翻也. 梵語般若, 此云智慧. 卽生善不翻也. 言摩訶般若者, 信解則位齊諸祖, 受持則福蓋人天. 故傳云, 故知'로 되어 있다. 12) ㉭ 『證道歌』에는 '幽'가 '迷'로 되어 있다. 13) ㉭ 『證道歌』에는 '我'가 '邪'로 되어 있다. 14) ㉭ 『證道歌』에는 '風' 이하에 '敵魔軍之猛將, 照幽途之赫日, 警昏識之迅雷, 抉愚盲之金箆, 沃渴愛之甘露, 截疑網之慧劍, 給孤乏之寶珠'와 같은 비유 어구가 더 나열되어 있다.

● 침묵하고 있는 순간이 바로 설법하고 있는 때요, 설법하고 있는 순간이 실상은 침묵하고 있는 때이니라 : 설법과 침묵을 서로 번갈아 가며 한다는 말일까? 설법과 침묵이 다르지 않다는 말일까? 침묵할 때는 속속들이 침묵일 뿐이기 때문에 설법인 것이며, 설법할 때는 속속들이 설법일 뿐이기 때문에 침묵인 것이다. 그러므로 침묵하고 있는 순간이 바로 설법하고 있는 때라 한 것이다.

默時說說時默者, 說默回互耶? 說默不二耶? 默時默到底, 故說也 ; 說時說到底, 故默也. 然則默時說也.

● 크나큰 법시法施의 문을 활짝 열었으니 가로막힘 없도다 : 설법하고 있는 순간이 실상은 침묵하고 있는 때라는 말이다. '크나큰 법시法施의 문을 활짝 열었다.'고 말한 이유는 마하반야의 힘을 깊이 터득했기 때문이다. 대홍 보은이 "침묵할 때의 설법과 설법할 때의 침묵이여, 지장의 머리는 희고 회해의 머리는 검도다."라고 했으니, 침묵할 때의 설법이란 고요하면서도 항상 비추는 작용이 있음을 말하고 설법할 때의 침묵이란 비추는 작용이 있으면서도 항상 고요함을 말한다. 또 대홍 보은이 "크나큰 법시의 문 활짝 열려 가로막힘 없다네."라고 말한 것은 경

계가 주인이고 지혜가 그 짝이 되며, 비춤과 작용이 동시인 경계이다.

大施門開云云者, 說時默也. 又大施門開者, 乃深得摩訶般若之力故. 大洪恩云, "默時說說時默, 藏頭白海頭黑." 默時說, 寂而常照 ; 說時默, 照而常寂. 大施門開云云, 境主智伴, 照用同時.

대홍 보은大洪報恩의 송 大洪恩頌

침묵할 때의 설법과 설법할 때의 침묵이여	默時說說時默
지장의 머리는 희고 회해의 머리는 검도다[13]	藏頭白海頭黑
문수와 유마가 함께 속뜻을 알아차렸으니[14]	文殊摩喆[1)]共相知
크나큰 법시의 문 활짝 열려 가로막힘 없다네	大施門開無擁塞

1) ㉠ '喆'은 '詰'의 오기인 듯하다. ㉡ '詰'이 맞다.

설화

○ 본칙 설화에서 이미 풀었다. 모두 죽은 뱀을 마음 먹은 대로 살려 내는 격이다.[15]

大洪 : 話中已釋. 共是活弄死虵也.

---

13 지장의 머리는~머리는 검도다 : 마조가 제자인 서당 지장西堂智藏과 백장 회해百丈懷海의 말에 대하여 평가한 말이다. 본서 164칙 참조.
14 문수와 유마가~속뜻을 알아차렸으니 : 문수보살이 유마거사에게 불이법문不二法門에 대해서 물었는데, 유마가 침묵으로 일관하자(杜口) 문수는 찬탄하며 다음과 같이 말했다. 『維摩經』(大14, 551c23), "훌륭하구나, 훌륭해! 이처럼 문자와 언어가 없는 경지에 이르러야 참으로 불이의 법문을 깨달은 것이다.(文殊師利歎曰, '善哉, 善哉! 乃至無有文字語言, 是眞入不二法門.')" 곧 대홍 보은은 문수보살과 유마거사를 각각 '설시묵'과 '묵시설'을 철저하게 실현한 것으로 보고 있다.
15 별달리 새롭지 않은 뻔한 말(死句 : 죽은 뱀)을 가지고도 얼마든지 활구活句로 활용할 수 있다는 말이다.

원통 법수圓通法秀의 상당

탕천湯泉 장로가 절로 돌아온 일을 계기로 행한 상당법문이다. 이 공안을 제기하고 불현듯 주장자를 잡고 말했다. "영가永嘉의 콧구멍[16]을 산승이 꿰었다. 모래를 파헤쳐 금을 찾듯이 석가께서는 애는 썼지만 어떤 공도 남아 있지 않았으며, 그루터기를 지키며 토끼가 걸려들기를 기다리듯이 유마거사(淨名)는 헛되이 나귀해를 보냈다.[17] 이 정도 되면 설령 거침없는 달변이라도 결국은 말로는 미치지 못할 것이다. 탕천 장로가 이미 확탕鑊湯과 노탄爐炭[18] 속에 들어갔다가 몸을 뒤집고 돌아왔으니[19] 반드시 특별히 뛰어난 점을 갖고 있을 것이다. 지사知事[20] 소임의 대중은 그에게 법좌에 올라 대중들에게 (가르침을) 거양해 줄 것을 청하라."

圓通秀, 因湯泉長老迴, 上堂, 擧此話, 驀拈拄杖云, "永嘉鼻孔, 被山僧穿却了也. 披沙揀金, 釋迦勞而無功 ; 守株待兎, 淨名空度驢年. 到這裏, 縱有懸河之辯也, 卒話會不及. 湯泉長老, 旣向鑊湯爐炭裏, 飜身轉來, 必然

---

16 콧구멍(鼻孔) : 핵심·본분 등을 뜻한다.
17 모래를 파헤쳐~나귀해를 보냈다 : '헛되이 나귀해를 보냈다(空度驢年)'는 말에서 공도空度([S] atināmayati, [P] atināmeti)는 헛되이 시간을 낭비한다는 뜻이고 나귀해는 존재하지 않는 해를 뜻한다. 이로써 있지도 않은 것을 있다고 여기며 공연히 시간만 죽이는 꼴을 의미한다. 『雪竇語錄』 권2(大47, 684a28), "대중에게 말했다. '마가다국에서 부처님께서 성도하신 후 삼칠일 동안 침묵하며 보여 주신 바른 법령은 모래를 파헤치며 금을 찾으려는 것과 같이 어리석었고, 비야리성에서 유마거사가 입을 닫고 말하지 않은 것은 자못 그루터기를 지키며 토끼가 걸려들기를 바라는 것과 같이 아둔했다.'(示衆云, '摩竭正令, 譬若披沙揀金 ; 毘耶杜辭, 頗類守株待兎.')"
18 확탕鑊湯과 노탄爐炭 : 확탕은 물을 끓이는 가마솥이고, 노탄은 숯불이 달아오른 화로이다. 또한 이들은 각각 지옥의 이름이기도 하다. 확탕지옥은 가마솥에 물을 끓여 죄인을 그 안에 넣고 괴롭히는 지옥이고, 노탄지옥은 숯불이 벌겋게 달아오른 화로에 넣고 괴롭히는 지옥이다. 모두 번뇌로 들끓는 속진俗塵의 세계를 아우르는 말로 쓰고 있다.
19 탕천 장로가~뒤집고 돌아왔으니 : 이하 설화에도 나오듯이 이 구절을 포함한 이 상당법문의 대체는 바로 '탕천湯泉'이라는 장로의 이름을 소재로 펼친 것이다.
20 지사知事 : 선원에서 각종 업무를 주도하며 관장하는 소임으로 육지사(도사都寺·감사監寺·부사副寺·유나維那·전좌典座·직세直歲)가 있다.

別有長處. 知事大衆, 請他陞座爲衆擧揚."

설화

○ '모래를 파헤쳐 금을 찾듯이'라고 한 말은 석가의 설법을 뜻하고, '그루터기를 지키며 토끼가 걸려들기를 기다리듯이'라고 한 말은 유마거사의 침묵을 뜻한다.
○ 석가께서는 애는 썼지만 어떤 공도 남아 있지 않았으며~유마거사(淨名)는 헛되이 나귀해를 보냈다 : 언어와 침묵 그 어느 것도 남겨 두지 않는다는 뜻이다.
○ 영가永嘉의 콧구멍을~결국은 말로는 미치지 못할 것이다 : 영가가 말한 '침묵할 때의 설법'과 '설법할 때의 침묵'을 말하니 (말로는) 미치지 못하는 경계라는 뜻이다.
○ 이미 확탕鑊湯과 노탄爐炭 속에 들어갔다가 몸을 뒤집고 돌아왔으니 반드시 특별히 뛰어난 점을 갖고 있을 것이다 : 탕천이라는 글자는 곧 확탕과 노탄을 뜻하니, 몸을 뒤집고 돌아왔다면 반드시 확탕과 노탄에는 빠지지 않을 것이라는 말이다.

圓通：披沙揀金者, 釋迦說也；守株待兔者, 淨名默也. 勞而無功云云者, 語默不存也. 自永嘉鼻孔云云, 至話會不及者, 永嘉默時說說時默, 所不及處. 旣向鑊湯云云者, 湯泉, 是鑊湯爐炭也, 飜身轉來, 則必然不落鑊湯爐炭云云也.

126칙 영가심법 永嘉心法

본칙 영가 현각이 말했다. "마음은 근根[1]이요 법은 진塵[2]이니, 이 두 가지는 맑은 거울에 낀 얼룩과 같다네. 얼룩 때 사라지는 순간 본래의 빛이 비로소 나타나니, 마음과 법 둘 모두 잊으면 성품 그대로 진실이라네."

永嘉云, "心是根法是塵, 兩種猶如鏡上痕. 痕垢盡時光始現, 心法雙亡[1)]性卽眞."

1) ㉠ '亡'이『證道歌』에는 '忘'으로 되어 있다. '亡'은 '忘'과 통한다.

설화

● 범천 언기의 주석은 다음과 같다.[3] "'마음은 근根'이라고 한 이유는 생生하는 주체(能生)로써 그 뜻을 삼아서이니, 언제나 이 마음으로 말미암아 일체의 선법과 악법이 생겨나기 때문에 근이라고 한 것이다. '법은 진塵'이라고 한 이유는 법이 비록 만물을 궤지軌持[4]하는 주체이나 마

---

1 근根 : ⑤·ⓟ indriya. 원어가 갖는 의미는 '지배적인 힘' 혹은 '생장시키는 힘'이므로 뿌리를 뜻하는 근根으로 한역한다. 또한 식識을 발생시키는 작용을 하기 때문에 근이다. 교학 일반에서는 인식 기관 또는 인식 주관을 뜻한다. 안眼·이耳·비鼻·설舌·신身·의意 등 육근六根이 있다. 여기에서는 '인식 기관'이라는 뜻을 염두에 두고 읽는 것이 맞다. 왜냐하면 이 게송이 인식의 주체와 그 대상에 관한 문제를 다루고 있기 때문이다. 반면 아래 설화에 인용된 범천 언기의『證道歌註』에서는 생장을 주관하는 '뿌리'라는 의미를 살려야 뜻이 명확하게 파악된다.
2 진塵 : ⑤ artha. 육근이 인식 대상으로 하는 색色·성聲·향香·미味·촉觸·법法 등의 여섯 가지 대상 곧 육경六境을 말한다. 교학 일반에서는 인식 대상 또는 인식 객관을 뜻한다. 실체가 없는 번뇌를 일으키는 외적 원인이기 때문에 '티끌'을 뜻하는 '진塵'이라고 한다.
3 이 본칙 설화에 제시된 인용 구절은『證道歌註』(卍111, 386b14~387a2)에 보이며 글자에 약간의 출입이 있을 뿐이다.
4 궤지軌持 : 궤범주지軌範住持의 줄임말. 궤범은 본보기, 주지는 자성自性을 유지하는 것을 뜻한다. 모두 법法의 속성이다. 법의 원어인 다르마(⑤ dharma)는 '유지하다'라는

치 묘약처럼 병이 나으면 그 약 또한 필요 없게 되는 것과 같으므로 '법은 진'이라고 한 것이다. 이 두 가지 법은 모두 질애窒礙가 있어 사람이 갖고 있는 마음의 빛을 내뿜지 못하게 하니, 거울에 낀 얼룩과도 같다. 그래서 '얼룩 때가 사라지는 순간 빛이 비로소 나타난다.'라고 한 것이다. 얼룩 때가 사라지듯이 마음과 법 둘 모두를 잊으면 본래부터 갖고 있는 마음의 빛이 뚫고 나와 불성을 분명하게 깨닫는 것[5]이다."

[心法] 琪注云, "心是根者, 以能生爲意,[1] 良由此心, 能生一切善惡諸法, 故名根也. 法是塵者, 法雖能軌[2]持萬物, 猶如妙藥, 病若愈時, 藥亦無用, 故云法是塵也. 此之二法, 皆有窒礙, 使人心光, 不能透漏, 如鏡上痕也. 所以, 言痕垢盡除, 光始現也. 痕垢若盡, 心法雙亡, 自然心光透脫, 明見佛性矣."

----
1) ㉠『證道歌註』에는 '意'가 '義'로 되어 있다. 2) ㉠ '軋'는『證道歌註』에 따라 '軌'로 번역한다.

- 마음은 근根이요 : 마음은 내부의 마음(內心)이고, 근은 육근이다.
- 법은 진塵이니 : 법은 외부의 법이고, 진은 육진이다.
- 이 두 가지는~성품 그대로 진실이라네 : 마음과 법 두 가지는 마치 거울에 낀 얼룩과도 같기 때문에 한 말이다. 얼룩 때가 사라지면 거울의

의미를 갖고 있는데, 곧 어떤 법이 그 본질을 유지하기 때문에 또 다른 법과 섞이거나 혼동되지 않는다.『成唯識論述記』권1(大43, 239c4), "법은 궤지이다. 궤는 궤범으로 사물에 대한 이해를 낳는 것을 말하고, 지는 머물러 지속하면서 자신의 차별적 특징(相)을 버리지 않는 것이다.(法謂軌持. 軌謂軌範, 可生物解 ; 持謂住持, 不捨自相.)"

5 불성을 분명하게 깨닫는 것(明見佛性) :『大般涅槃經』권30(大12, 547a15), "모든 불세존은 정과 혜가 평등하기 때문에 분명하게 불성을 보고 뚜렷하여 장애가 없다.(諸佛世尊, 定慧等故, 明見佛性, 了了無礙.)" ;『楞伽師資記』「道信章」(大85, 1288a20), "하나를 지키고 그것으로부터 떠나지 않으면 행동거지마다에 그것이 항상 머물게 되니, 수행자들이 분명하게 불성을 보아 조속히 선정의 문에 들어가도록 할 수 있다.(守一不移, 動靜常住, 能令學者, 明見佛性, 早入定門.)"

빛이 비로소 드러나듯이, 마음과 법을 잊으면 성품이라는 거울이 밝아질 것이다.

又心是根者, 心卽內心, 根卽六根也. 法是塵者, 法卽外法, 塵則六塵也. 兩種云云者, 心法兩種, 猶如鏡上痕故. 痕垢若盡, 鏡光始現 ; 心法若亡, 性鏡卽明.

지해 지청智海智淸의 거

"영가 노인이 비록 길 잃은 어린애[6]를 데리고 급히 집으로 돌아가고자 했지만, 달을 좇으며 밤길을 돌아다닐 줄만 알았지 온몸이 이슬에 젖는 줄은 알아채지 못했다.[7] 나라면 그렇게 하지 않았을 것이다." 바로 불자를 꼿꼿이 세우고 말했다. "불자 속의 눈과 눈 속의 불자여! 뛰어난 이[8]들이 서로 만났으니, 이것은 무엇인가? 석가모니불은 구시성俱尸城[9]에서 입멸한 적이 없으며 미륵보살도 언제 도솔천[10]에 있었던 적이 있는가! 팔만사천의 묘한 법문과 그 문 하나하나에 놓인 바른 길은 여기로부터 나왔다. 알리노라! 궁자窮子[11]여! 빨리 돌아오라! 보주寶珠[12]를 품고 비틀거리며 스

---

6 길 잃은 어린애(弱喪) : 『莊子』 「齊物論」에 나오는 말. '약弱'은 유소幼少의 의미이며, '상喪'은 실失의 의미이다. 어려서 버려지거나 길을 잃은 미아를 말한다.
7 달을 좇으며~알아채지 못했다 : 법창 의우法昌倚遇(1005~1081)의 말을 응용한 말. 본서 110칙 '법창 의우의 송' 참조. 지해 지청은 운거 원우雲居元祐(1030~1095)의 제자이므로 법창 의우가 두 세대 정도 앞선 인물임을 알 수 있다.
8 상사上士는 보살의 한역어 대사大士와 같은 말이기도 하다.
9 구시성俱尸城 : Ⓢ Kuśingara, Ⓟ Kusinārā. 구시성拘尸城이라고도 쓰며, 음사어는 구시나갈라拘那竭羅 · 구시나게라拘尸那揭羅 · 구시나가라拘尸那伽羅 등이다. 고대 중인도의 도시 중 한 곳으로 부처님의 입멸처이다. 불교 4대 성지 중 하나이며 지금의 카시아(Kasia)이다.
10 도솔천兜率天 : 본서 2칙 '지해 본일의 상당' 주석 참조.
11 궁자窮子 : 법화칠유法華七喩 중 하나인 궁자유窮子喩의 주인공. 다음 구절에 나오는 '보주'와 함께, 경전의 소재를 활용하여 선적인 맥락에서 적절하게 풀어 쓴 것이다. 『法華經』 권2 「信解品」(大9, 16b25) 참조. 자신이 거부인 장자의 아들인 줄 모르고 타향을

스로 굽실거리지 말라! 돌! 매몰되지 말라! 고개 들어 사방을 둘러보니 해가 중천이요, 묘고봉[13]은 푸르고 높디높구나."

智海淸擧此話云, "永嘉老人, 雖提弱喪, 要急還家, 秪知貪月夜行, 不覺渾身露水. 若是智海, 卽不然." 乃堅起拂子云, "拂中眼, 眼中拂! 上土相逢, 是何物? 釋迦曾未滅俱尸; 彌勒幾時在兜率! 八萬四千妙法門, 門門正路, 從茲出. 報言! 窮子! 早歸來! 懷寶玲瓏, 休自屈! 咄! 非埋沒! 擡頭四顧日華中, 妙高峰色靑嶒崒."

설화

○ 비록 길 잃은 어린애를 데리고~온몸이 이슬에 젖는 줄은 알아채지 못했다 : 근과 진 두 가지를 잊어 성품이라는 거울이 눈앞에 본모습을 드러낸 때에 마치 길 잃은 어린애를 데리고 급히 집으로 돌아가고자 하는 것과 같았으니, 이것이 바로 '달을 좇으며 밤길을 돌아다닐 줄만 알았지 온몸이 이슬에 젖는 줄은 알아채지 못했다.'는 말이다.

○ 바로 불자를 꼿꼿이 세우고~이것은 무엇인가 : 불자는 근과 진, 곧 마음과 법이며 눈은 성품인 거울이니, '이것은 무엇인가?'라고 한 것은 성품이라는 거울도 남겨 두지 않는다는 말이다.

유랑하다가 집으로 돌아와 장자의 재산을 물려받았다는 이야기이다. 궁자는 중생, 물려받은 재산은 불성을 비유한다.

12 보주寶珠 : 법화칠유 가운데 의주유衣珠喩 또는 계주유繫珠喩라는 비유에 나오는 소재. 『法華經』권4 「五百弟子授記品」(大9, 29a6) 참조. 가난한 사람이 친구의 집에 가서 환대를 받고 술에 취하여 잠이 들었다. 그때 친구는 일이 생겨서, 자고 있는 친구의 옷을 기워 그 안에 보주를 넣고 외출하였고, 잠에서 깬 그 사람은 친구의 집을 나와 여러 곳을 방랑하며 곤궁하게 살았다. 다시 그 친구를 만났을 때 친구로부터 자신이 보주를 가지고 있었다는 사실과 그것을 모르고 고생하며 살았음을 알게 되었다. 보주는 불성 또는 일불승을 비유한다.

13 묘고봉妙高峰 : 수미산須彌山.

○ 석가모니불은 구시성俱尸城에서 입멸한 적이 없으며 : 석가모니불이 입멸한 적이 없다는 말이다.
○ 미륵보살도 언제 도솔천에 있었던 적이 있는가 : 미륵보살이 염부(인간 세상)[14]로 내려와 있다는 말이다.
○ 팔만사천의 묘한 법문과 그 문 하나하나에 놓인 바른 길은 여기로부터 나왔다 : 온갖 삼매를 일컬을 것이다.
○ 알리노라! 궁자窮子여!~매몰되지 말라 : 그러므로 모든 중생이 착수해야 할 입각처가 바로 이곳이라는 말이다.
○ 고개 들어 사방을 둘러보니 해가 중천이요, 묘고봉은 푸르고 높디높구나 : 모든 사람마다의 본분에 천 길 높이의 절벽이 솟아 있다[15]는 말이다.

智海 : 雖提弱喪至露水者, 根塵兩亡性鏡現前處, 如提弱喪, 要急還家, 是貪月夜行云云也. 竪起拂子至何物者, 拂子是根塵心法也, 眼是性鏡也, 是何物者, 性鏡不存也. 釋迦云云者, 釋迦未曾滅度. 彌勒云云者, 彌勒下降閻浮也. 八萬四千云云者, 百千三昧云云也. 報言窮子云云者, 然則一切衆生立處, 卽是也. 擡頭四顧云云者, 諸人分上, 壁立千仞也.

불안 청원佛眼淸遠의 거

"근과 진을 없애면 거울 빛이 눈앞에 드러나기는 한다. 그런데 '마음과 법 둘 모두를 잊는다.'라 하니 어떻게 이럴 수 있는가! 벌거벗은 듯 다 드러나 있는 이 알몸[16]에 망상 따위는 없으니 눈으로 듣고 귀로 보아[17] 인연

---

14 염부閻浮 : 본서 1칙 본칙 설화 주석 참조.
15 천 길~솟아 있다(壁立千仞) : 본서 1칙 본칙 설화 주석, 68칙 '운문 문언의 염' 설화 주석 참조.
16 벌거벗은 듯~이 알몸 : 적골赤骨의 의미이다. 텅 비어 아무것도 없는 것. 적나라한 몸을 이처럼 일컫는다. 적골력赤骨力·적골립赤骨立·적골륵赤骨肋·적골률赤骨律 등이 다 의미가 통하는 말이다. 본래의 모습을 은폐하지 않고 그대로 다 드러내는 것을 적

을 여읜다."

佛眼遠擧此話云, "根塵旣謝, 鏡光現前. 心法雙亡, 如何則是! 赤骭䯒身無妄想, 眼聞耳見離攀緣."

[설화]

○ 근과 진이 사라지고 거울 빛이 눈앞에 드러난 때가 힘 붙이기[18]에 좋은 때이다.

佛眼 : 根塵旣謝, 鏡光現前處, 好箇着力.

골력지赤骨歷地라고 한다. 원문의 '骭'은 『康熙字典』에 "『자휘보』12에 '骭'로 되어 있다.【구口와 적的을 반절한 음으로서 음은 글이고 뜻은 비었다이다.】(『字彙補』十二, 骭【口的切, 音訖, 義闕.】)"라 되어 있다. '억骭(乙力切, 音億, 臀骨也)', '각骼'과 동의자이다. 䯒은 『康熙字典』에 "『집운』에 랑狼과 적敵을 반절한 음으로서 음은 력歷이다.(『集韻』, 狼敵切, 音歷.)"라 되어 있고 골병骨病을 뜻하는 말로 올라 있다. 『景德傳燈錄』 권10(大51, 276a6), "'제가 어떻게 이해하도록 해 주시겠습니까?' '여름에는 옷을 벗고 겨울에는 옷을 입어야 한다.'(云, '敎學人向什麽處會?' 師曰, '夏天赤骭䯒, 冬寒須得被.')"
17 눈으로 듣고 귀로 보아(眼聞耳見) : 낱낱의 존재들이 서로를 장애하지 않아 걸림 없이 활발하게 작용하는 본분의 경계를 나타낸다. 『了菴淸欲語錄』 권5 「觀音大士」(卍123, 697a14), "귀로 보고 눈으로 들으니 모든 법에 걸림이 없다. 완벽하게 비추어 작용하는 가운데 어떠한 것도 허용치 않는 금강삼매에 든다.(耳見眼聞, 諸法無碍. 大圓照中, 金剛三昧.)"
18 착력着力은 화두 참구 등 공부의 긴요처에서 힘을 들여 매진하는 것을 말한다. 간화선 맥락에서 주로 쓰이는 말. 본서 119칙 본칙 설화 주석 참조.

찾아보기

가관假觀 / 312
가나제바迦那提婆 / 257~259
가라안迦羅眼 / 487
가사와 발우(衣鉢) / 196, 202, 349, 487,
　522, 530, 531, 533, 543, 567, 568, 570
가사와 의발 / 339
가섭迦葉 / 97, 183~186, 196~200,
　205~207, 209~214, 216, 218~220, 517
가야사다迦耶舍多 / 261, 264, 265
가유假鍮 / 489
각범 혜홍覺範慧洪 / 157, 257, 476
각운覺雲 / 495
각주구검刻舟求劍 / 18, 353
간경看經 / 309
간화선看話禪 / 140, 389, 538, 578, 644
간화십종병看話十種病 / 389
갑수한瞌睡漢 / 503
강서의 망아지 / 556
개선 선섬開先善暹 / 616
개암붕介庵朋 / 58, 215, 292, 359, 392,
　492
개원 자기開元子琦 / 84
개자씨 / 157
건봉乾峰 / 543
건화문建化門 / 613, 617
검소 / 148, 150
격외格外 / 11, 97, 544
견고안堅固眼 / 487

견고왕堅固王 / 306
견뢰지신堅牢地神 / 189, 190
견의堅意보살 / 93
결정적인 한 수 / 537
경산 종고徑山宗杲 / 27, 106, 107, 111,
　146, 191, 542
경청鏡淸 / 111
경희慶喜 / 211, 394, 398, 400, 418, 600
계봉雞峰 / 204
계빈국罽賓國 / 171, 287, 297, 301
계숭契嵩 / 350
계족산鷄足山 / 197, 198, 204
계주戒珠 / 612~614, 616~618, 621
고감이顧鑑咦 / 167
고목 법성枯木法成 / 502
고일착高一着 / 452, 617
곡은 온총谷隱蘊聰 / 355
곤륜崑崙 / 480
곤륜노崑崙奴 / 480
곤산 찬원崑山贊元 / 210
골수(髓) / 371, 394, 401, 402, 404,
　406~408, 410, 412, 416, 418~422
공空 / 16, 65, 287, 288, 290, 291, 293~295,
　297~299, 398, 401, 463, 627
공견空見 / 65
공관空觀 / 312
공규孔竅 / 280, 508
공덕 / 328, 370
공문空門 / 234, 236
공생空生 / 103, 104, 354

공수 종인空叟宗印 / 88
공승功勝 / 252
공안公案 / 32, 48, 51, 74, 97, 122, 134, 210, 491, 502
공영달孔穎達 / 138
공자孔子 / 59
공훈오위功勳五位 / 399~401, 633
관려자關捩子 / 97, 121, 502
관문關門 / 24, 51, 99, 121, 140, 143, 145, 180, 372, 375, 386, 391, 407, 420, 436, 454, 456, 458, 462, 480, 484, 485, 491, 495, 515, 529
관문의 빗장(關棙子) / 97, 98, 502, 503, 515
관음觀音보살 / 307
광령조廣靈祖 / 104, 384, 388
광통 율사光統律師 / 370
괴납壞衲 / 205
굉지 정각宏智正覺 / 590
교시憍尸 / 96
교시가憍尸迦 / 96
교외敎外 / 97
교외별전敎外別傳 / 254, 522, 586
교진여憍陳如 / 455
교화 / 50, 61, 318, 359, 360, 374, 552~556, 558, 559, 562, 614, 615, 620
구강역九江驛 / 541
구마라다鳩摩羅多 / 264, 265
구마라집鳩摩羅什 / 14, 143, 302
구멍 없는 쇠망치 / 54
구멍 없는 피리 / 441
구양수歐陽脩 / 346
구원실성久遠實成 / 383
구환단九還丹 / 83, 84

국은사國恩寺 / 560
국청삼은國淸三隱 / 406
군신오위설君臣五位說 / 369
굴원屈原 / 407
궁자窮子 / 641~643
궁지窮地 / 138, 207, 210, 212
귀신의 굴 / 304, 305, 389, 391
규봉 종밀圭峯宗密 / 15, 16, 92, 399, 421, 422
균여均如 / 47
그림자 없는 나무 / 218
근根 / 639, 640, 642~644
글자 없는 비석(沒字碑) / 214
금강권金剛圈 / 134, 140
금강안金剛眼 / 487
금강제金剛齊 / 142, 144~146
금계金雞 / 557
금구金口 / 78
금란金襴 / 196, 198, 199, 203, 205, 206, 209~213, 216, 221
금란가사金襴袈裟 / 196, 201, 205, 209, 211, 218, 509, 541
금색두타金色頭陀 / 509, 510
금시今時 / 218, 317, 318
금시법金屎法 / 139
금일사今日事 / 262
금털 사자 / 51~54
기관機關 / 105
기린아麒麟兒 / 483
기바耆婆 / 75, 86
기야다祇夜多 / 171
길상吉祥 / 76
깨달음 / 277, 318, 374, 391, 552~556, 558, 559, 562, 577, 581, 614, 615, 620

꿈 이야기 / 168

나귀해 / 637, 638
나은羅隱 / 77
낙삼낙사落三落四 / 110
난니리유자爛泥裏有刺 / 113
난생難生 / 249, 302
난형난제難兄難弟 / 211
남능南能 / 583
남명 법천南明法泉 / 403, 610
남산별비사南山鱉鼻蛇 / 189
남악 회양南嶽懷讓 / 197, 459, 529, 530, 548, 574~577, 580, 582, 584, 586, 588, 595, 597, 599, 601
남양 혜충南陽慧忠 / 461, 564
남위南威 / 323
남전 보원南泉普願 / 299, 453, 507, 525, 530, 536, 542, 628
낭야 혜각瑯琊慧覺 / 63, 81, 178, 258, 297, 442, 481
냉좌冷坐 / 338
노로老盧 / 481, 484, 487, 503, 525
노서입우각老鼠入牛角 / 132
노안老安 / 565, 574
노주露柱 / 192~194
노포露布 / 204
노盧 행자 / 344, 523, 525, 526, 530, 540, 543, 567
녹문 자각鹿門自覺 / 314
녹원심鹿苑尋 / 187
놋쇠(眞鍮) / 489

누약법사婁約法師 / 330, 331, 370
니건자尼乾子 / 596
니총지尼摠持 / 394, 399, 400, 404, 418, 421

다라니陀羅尼 / 172
단견斷見 / 253, 301
단멸공斷滅空 / 65
단비斷臂 / 403
단오절端午節 / 85
단특산檀特山 / 189, 190
단하 자순丹霞子淳 / 411, 571
달관 담영達觀曇穎 / 355
달마達磨 / 197, 202, 323, 327~329, 331~334, 337, 338, 340~349, 355~357, 359~366, 370, 373, 376~380, 383, 384, 387, 390, 392, 394~396, 402, 403, 407, 409, 411, 413~421, 424, 425, 429, 431~433, 439, 487, 528, 536, 537, 545, 563, 570, 575, 576
달살아갈怛薩阿竭 / 203
담당 문준湛堂文準 / 134, 139, 140
담주 녹원潭州鹿苑 / 187
대각 회련大覺懷璉 / 76, 78, 96, 203, 225
대기대용大機大用 / 34
대신력大神力 / 277
대안大安 / 574
대양 경현大陽警玄 / 355
대유령大庾嶺 / 533, 543, 567, 570
대장부 / 212, 411, 565
대전 보통大顚寶通 / 81, 82, 264

대주 혜해大珠慧海 / 46, 67, 72
대천사계大千沙界 / 488
대혜 종고大慧宗杲 / 51, 70, 106, 133, 134, 137, 362, 403, 554, 580, 597, 602, 626
대홍 보은大洪報恩 / 54, 77, 203, 336, 479, 480, 525, 579, 580, 635, 636
덕산德山 / 33, 34, 367, 408, 409, 537
덕소德韶 / 580
덕승왕德勝王 / 201
도둑 / 55, 493
도마죽위稻麻竹葦 / 526
도명道明 / 568, 570
도부道副 / 394, 399, 400
도솔천兜率天 / 159, 191, 193, 199, 207, 641, 643
도신道信 / 458, 459, 462, 463
도안道安 / 574
도연명陶淵明 / 11
도육道育 / 394, 399, 404, 418, 421
도장 / 362, 390, 391, 575
도적 / 523
독 바른 북(塗毒鼓) / 76, 77
독룡毒龍 / 177, 179~181
돈교頓教 / 47
돈기頓機 / 364, 367, 368
돌咄 / 145, 146, 383, 384, 507, 642
동림 상총東林常總 / 78, 209, 382
동산東山 / 561, 562
동산 양개洞山良价 / 173, 185, 366, 367, 369, 391, 399~401, 576, 585, 633
동산의 오위五位 / 633
동안 상찰同安常察 / 372, 375
동양 현책東陽玄策 / 605, 606
동체삼보同體三寶 / 440

동해이어東海鯉魚 / 189
두 겹의 관문(兩重關) / 479
두보杜甫 / 119, 333
득과 실 / 568
득승왕得勝王 / 197
득실得失 / 259
득통 기화得通己和 / 14
등롱燈籠 / 192, 194
등왕불燈王佛 / 44

마가다국 / 49
마구니 / 143, 302, 456
마나라摩拏羅 / 266, 273, 274, 277
마명馬鳴 / 249, 252, 253, 255
마조 도일馬祖道一 / 34, 55, 197, 458, 507, 548, 556, 576, 582, 595~597, 599, 601, 602, 636
마하반야摩訶般若 / 631, 634, 635
마하반야바라밀摩訶般若波羅蜜 / 278, 279
만송 행수萬松行秀 / 15, 17, 61, 306~308, 310, 314~316, 318, 332, 333
만수실리曼殊室利 / 78
말후구末後句 / 207, 281, 391, 616
맛없는 말(無味之談) / 623
망상罔象 / 405, 406
망심妄心 / 363
망아지 / 601
맹민孟敏 / 338
맹자孟子 / 549
맹팔랑한孟八郎漢 / 299, 300
멱라수汨羅水 / 407

면벽面壁 / 336, 338, 341, 357~359, 379, 387, 413~415, 425, 487
명상좌明上座 / 567, 570, 571
명안 경연明安警延 / 303, 410
목시운소目視雲霄 / 539
목시운한目視雲漢 / 539
목암 법충牧庵法忠 / 408
목탁 / 59
몰량대인沒量大人 / 517
몽각일여夢覺一如 / 108
몽산 도명蒙山道明 / 567
묘지 종곽妙智從廓 / 181, 492
묘희妙喜 / 145, 146, 250, 251, 304
무공용無功用 / 88, 149
무공철추無孔鐵鎚 / 54
무구칭無垢稱 / 43, 353
무념無念 / 16, 316
무뇌無惱 / 132, 135, 402
무늬 없는 도장(無文印子) / 403, 404
무명주지번뇌無明住地煩惱 / 90
무문 혜개無門慧開 / 220, 573
무분별 / 523
무사無事 / 107, 255, 456, 541, 607, 617
무사갑리無事甲裏 / 389
무상無常 / 223~225, 289
무생無生 / 22, 38, 96, 97
무생법인無生法忍 / 140, 159
무생의 곡조 / 11, 12
무소 / 316, 317, 414, 493, 494
무소득無所得 / 238
무소뿔 / 412
무쇠소 / 58, 59, 583
무심無心 / 259, 301, 316, 372, 375, 405, 589

무아존無我尊 / 301
무우왕無憂王 / 163, 164
무위無爲 / 360, 456, 590
무위자無爲子 / 160
무위진인無位眞人 / 547
무의자無衣子 / 173, 224, 459, 524
무일물無一物 / 541, 574
무자無字 화두 / 133, 538
무제武帝 / 328~331, 333, 342, 346~348, 370
무진거사無盡居士 / 23, 66, 94, 216, 377, 433, 565
무차별 / 10, 32, 190, 192, 218, 317, 420, 592
무착無着 / 14, 159
무현금無絃琴 / 11
문수文殊 / 29~31, 43, 44, 46, 48, 51, 53~59, 61, 63, 64, 75, 76, 79, 81, 83, 84, 86~88, 90, 92, 353, 600
문수보살文殊菩薩 / 44, 74, 85, 354
문수사리文殊舍利 / 29, 36, 78
문양이 없는 도장 / 575
문원文遠 / 17
물소 / 284
미륵彌勒 / 108~110, 113, 114, 159, 160, 518
미륵보살彌勒菩薩 / 160, 196, 197, 212, 641, 643
미륵불彌勒佛 / 199, 205
미명동자美名童子 / 265
미묘정법微妙正法 / 199
미종迷蹤 / 476
미종개부迷蹤蓋覆 / 164
미차가彌遮迦 / 238

밀운불우密雲不雨 / 138
밑창 빠진 신발 / 218

바라제 존자 / 435
바람과 깃발 / 211, 262, 438, 461, 474, 476, 478, 479, 483, 495, 497, 500, 503, 504, 509
바사닉왕波斯匿王 / 135, 535
바사사다婆舍斯多 / 301, 304
바수밀婆須密 / 238, 242, 244~246
바수반두婆藪槃豆 / 159, 266
반본환원返本還源 / 552
반산 보적盤山寶積 / 536
반야般若 / 9, 100, 101, 106, 314, 315, 325, 613
반야다라般若多羅 / 306, 308, 315, 321, 323~325
반야바라밀般若波羅蜜 / 15, 281, 313, 325
발개미모撥開眉毛 / 163
발꿈치(脚跟) / 510, 511
발제하拔提河 / 632
방거사龐居士 / 41, 42, 275, 565
방관자신傍觀者哂 / 54
방변方辯 / 546, 547
방약무인傍若無人 / 484
방참傍參 / 414
방편 / 61
방행放行 / 241, 513, 514
배촉背觸 / 24, 584
배촉관背觸關 / 386
백거이白居易 / 173, 523

백아伯牙 / 258
백운 법연白雲法演 / 220, 344, 387, 388, 418
백운 수단白雲守端 / 309, 554
백운 지병白雲知昺 / 87, 213, 271, 510
백장 회해百丈懷海 / 10, 34, 55, 95, 321, 635, 636
백추白槌 / 164
번뇌 / 15, 92, 277, 421, 422
범양范陽 / 552
범중엄范仲淹 / 512
범천 언기梵天彦琪 / 612, 627, 631, 639
법계연기法界緣起 / 155
법등法燈 / 9
법령 / 357
법상法相 / 25, 27, 28
법성사法性寺 / 474, 511
법안 문익法眼文益 / 143, 145, 174, 184, 514, 519, 580, 588, 589
법운 법수法雲法秀 / 404, 509, 553, 559
법융法融 / 47
법인法印 / 361, 364, 371~373, 380, 417
법인法印 문답 / 365
법장法藏 / 160
법진 수일法眞守一 / 79, 165, 255, 315, 319, 337, 406, 448, 486, 504, 556, 582, 599, 607, 616
법창 의우法昌倚遇 / 505, 641
법초法超 / 323
법화칠유法華七喩 / 641, 642
법희法喜 / 66, 67, 72
벽관바라문壁觀婆羅門 / 357, 379, 395
벽돌 / 582, 595
벽립천인壁立千仞 / 99, 643

변행遍行 / 266
변화卞和 / 56
별천지別天地 / 272
병사왕甁沙王 / 183
보각 조심寶覺祖心 / 173
보녕수保寧秀 / 81
보녕 인용保寧仁勇 / 39~41, 70, 78, 166, 184, 210, 284, 339, 406, 486, 581, 582, 598, 629
보리菩提 / 15, 92, 421, 422
보리다라菩提多羅 / 395
보리달마菩提達磨 / 379, 535
보리류지菩提流支 / 370
보림본寶林本 / 630
보림사寶林寺 / 474
보복 종전保福從展 / 50, 60, 494
보봉 홍영寶峰洪英 / 623
보시 / 9
보주寶珠 / 642
보지寶志 / 327
보통년普通年 / 41, 42
보현普賢 / 29, 47
복전福田 / 68, 72
복창 지신福昌知信 / 428
복타밀다伏馱密多 / 249
본래공本來空 / 19
본래면목本來面目 / 163, 193, 284, 567, 570, 571
본래법本來法 / 188, 190~193, 231
본래심本來心 / 231
본래인本來人 / 262, 475
본분本分 / 218, 317
본분사本分事 / 11, 97, 148, 168, 216, 343, 365, 366, 372, 379, 381, 389, 391, 593

본체 / 391, 591, 620, 622, 623
봄바람 / 77, 168, 247, 416, 431
부나야사富那夜奢 / 249, 250
부대사傅大士 / 14, 15, 331, 370, 530
부동지不動地 / 90
부사의不思議 / 154, 156, 157
부산구대浮山九帶 / 421
부산 법원浮山法遠 / 331, 421
부 상좌孚上座 / 492~494, 499
북선北禪 / 81
북수北秀 / 583
북원통北院通 / 173
분별 / 259, 390, 391, 523, 526, 589
분소의糞掃衣 / 205
분양 선소汾陽善昭 / 217
분주 선소汾州善昭 / 264, 294, 320, 327, 522, 525
불가사의不可思議 / 153
불가설불가설不可說不可說 / 148, 153
불감 혜근佛鑑慧勤 / 340, 346, 422, 488
불국 유백佛國惟白 / 582
불성佛性 / 435~438, 459, 463, 465, 466
불식不識 / 339, 340, 345
불심인佛心印 / 327
불심천자佛心天子 / 330
불안 청원佛眼淸遠 / 153, 156, 161, 220, 243, 270, 288, 292, 376, 489, 511, 561, 572, 593, 643
불여귀不如歸 / 512, 624
불여밀다不如蜜多 / 197, 202, 306
불이법不二法 / 354
불이법문不二法門 / 43, 54, 60, 456, 636
불인 요원佛印了元 / 102, 526
불인 지청佛印智淸 / 322, 488

불자拂子 / 27, 28, 85~87, 106, 164, 180, 189, 298, 323, 429, 505~508, 641, 642
불지佛地 / 157
불타난제佛陀難提 / 242
불회不會 / 345
비공鼻孔 / 284
비공요천鼻孔撩天 / 480
비구십팔물比丘十八物 / 604
비목선인毗目仙人 / 148, 150, 151, 155, 156, 158
비비상천非非想天 / 191~193
비사량非思量 / 111
비사리국毘舍利國 / 252
비야리성毗耶離城 / 44, 49, 52~54, 62, 83, 84, 115, 310
비원령飛猿嶺 / 173
비춤과 작용 / 636
빈두로賓頭盧 / 163, 164, 166, 167, 170
빙무산憑茂山 / 465

사구死句 / 32
사대四大 / 98, 271, 287, 394, 398, 401
사대 선사思大禪師 / 539
사도봉불捨道奉佛 / 330
사류四類 / 368
사리불舍利弗 / 44, 108, 110, 113, 115~123
사마의死馬醫 / 207, 598
사무량심四無量心 / 615
사문과沙門果 / 401
사바하沙婆訶 / 27
사생四生 / 153, 157

사선思善 / 277
사성四聖 / 557
사위의四威儀 / 169
사자 / 210, 297, 315, 476, 555, 556
사자각師子覺 / 159
사자존자師子尊者 / 197, 202, 287, 290, 291, 293, 296, 301
사자좌師子座 / 44, 45, 152, 153
사자후師子吼 / 163
사조용四照用 / 38, 194
사치 / 148, 150
삭가라안爍迦羅眼 / 487
살殺 / 82
살무사 / 189, 190
살활殺活 / 79, 80, 82
삼구三句 / 190, 591, 592
삼대三臺 / 486
삼대춤 / 37, 38
삼도三途 / 153, 154, 157
삼독三毒 / 177
삼등구상三登九上 / 367
삼배三拜 / 373, 394, 398, 401~404, 406~408, 413, 416, 418, 421
삼산 등래三山燈來 / 194
삼삼루三滲漏 / 401
삼생육십겁三生六十劫 / 250, 251
삼십삼천三十三天 / 279, 280
삼악도三惡途 / 68, 69, 72, 154
삼조연하三條椽下 / 30, 389
삼종타三種墮 / 65, 368
삼처전심三處傳心 / 200
삼천대천세계三千大千世界 / 488, 591
삼천위의三千威儀 / 604
삼천위의팔만세행三千威儀八萬細行 / 604

삼타三墮 / 65, 368
삼평 의충三平義忠 / 81, 82, 564
삼해탈문三解脫門 / 169
삼현三玄 / 323
삽계 일익霅溪日益 / 211, 339, 406
상방 일익上方日益 / 455, 509, 539
상방 제악上方齊岳 / 279, 379
상아象牙 / 412~414, 493, 494
상암주祥菴主 / 244
상주물常住物 / 626
새우 / 315
생사生死 / 15, 91
서광 종본瑞光宗本 / 268, 269
서당 지장西堂智藏 / 55, 635, 636
서록 본선瑞鹿本先 / 482
서산음西山音 / 184
서시西施 / 324
서암瑞嵒 / 431
서천 28조설 / 197
서현捿賢 / 81, 82
석가노자釋迦老子 / 98, 151
석공 혜장石鞏慧藏 / 81, 82, 564
석두 희천石頭希遷 / 264, 621
석불石佛 / 621
석상 경저石霜慶諸 / 369
석성산石城山 / 405, 480
선열禪悅 / 66, 67, 72
선禪의 도리 / 10
선의善意천자 / 93
선재善財 / 74, 79, 80, 83, 85~89, 148, 151, 155~158, 212
설두 중현雪竇重顯 / 19, 30, 50, 52, 61, 101, 110, 268, 288, 295, 299, 334, 416, 478, 479, 498~501, 504, 509, 510, 513, 514, 522, 585, 609, 618
설령雪嶺 / 189
설봉고불雪峯古佛 / 366
설봉 도원雪峯道圓 / 484
설봉료雪峯了 / 560
설봉 의존雪峰義存 / 189, 367, 492~494, 499, 537, 538, 633
설산동자雪山童子 / 396
설상가상雪上加霜 / 122
섭현 귀성葉縣歸省 / 331
성현영成玄英 / 324
세속제世俗諦 / 535
세우世友 / 242
세지勢至보살 / 307
세친世親 / 14, 159
세한歲寒 / 213
세한심歲寒心 / 246
소동파蘇東坡 / 51, 309, 425
소림사少林寺 / 338, 341, 357, 377, 379, 381, 382, 395, 425, 563, 415
소명태자昭明太子 / 14, 224, 330, 331, 370
소부사의小不思議 / 45
소실산少室山 / 358, 359, 408
소양昭陽 / 166
소연蕭衍 / 14, 331
소하蕭何 / 494
속박 / 458, 460~462
속제俗諦 / 42, 281, 323, 331, 535
손님 / 342, 576, 583, 592
송운宋雲 / 394, 426, 432
송원 숭악松源崇嶽 / 72, 491, 556, 562, 599
수능엄삼매首楞嚴三昧 / 93, 94
수미등왕불須彌燈王佛 / 44, 152

찾아보기 • 653

수미산須彌山 / 157, 190
수보리須菩提 / 65, 68, 95, 100, 102, 103, 105, 106, 108, 110, 113, 114, 285, 354
수산 성념首山省念 / 81, 532, 533
수산주修山主 / 262
수어垂語 / 30
수유상투水乳相投 / 610
수음獸音 / 238
수자상壽者相 / 15
수증修證 / 584, 585
수행修行 / 91, 391, 577, 581, 585
숭각공崇覺空 / 477
숭녕기崇寧琪 / 325
숭산嵩山 / 382, 395, 574, 575, 580, 582
숭수 계조崇壽契稠 / 23
숭승공崇勝珙 / 79, 166, 212, 489
숭악 혜안崇嶽慧安 / 382, 564, 574, 575
습득拾得 / 37, 38, 62, 63, 191, 193, 261, 307, 317, 406, 583, 618, 619
승가난제僧伽難提 / 261
승가리의僧伽梨衣 / 197
승량僧亮 / 463
승부勝負 / 122
승의제勝義諦 / 535
승조僧肇 / 46, 68, 69, 287, 330
승찬僧璨 / 439, 445, 458
승천기承天琦 / 168
승천 전종承天傳宗 / 483, 529, 621
승천회承天懷 / 57, 85, 211, 340, 375, 487
승패勝敗 / 51
시도불상匙挑不上 / 170
신개원新開院 / 479, 486
신개新開의 작자 / 479
신광神光 / 375, 379, 380, 396, 402, 404, 406, 422, 423, 487
신농씨神農氏 / 86
신령한 거북 / 48, 215, 219, 345
신맹팔랑新孟八郎 / 300
신선의 비결 / 554, 562
신수神秀 / 541, 564, 565, 579, 580, 583, 584
신주新州 / 552, 554, 555, 560
신회神會 / 371, 516, 517, 533
신훈新熏 / 431
실實 / 76, 188, 228, 229, 344, 345, 403, 404, 430, 494, 495, 509, 510, 527, 576
실상무상實相無相 / 199
심문 담분心聞曇賁 / 91, 119, 213, 260, 292, 491
심인心印 / 218, 327, 346, 347, 361, 362, 364, 372, 497, 575, 613, 614
심지心地 / 612~615, 618, 620, 621
심지법문心地法門 / 548
십신조어十身調御 / 631
십지十地 / 157
십호十號 / 274
쌍봉산雙峰山 / 547
쌍천雙泉 / 613

아교阿膠 / 71, 81, 415
아난阿難 / 186, 196, 198~200, 207, 210, 211, 214, 216, 218~220, 223, 225, 227, 229, 363, 398, 600
아누달지용왕阿耨達池龍王 / 163
아사리阿闍梨 / 485

아상我相 / 15
아승가阿僧伽 / 159
아육왕阿育王 / 163, 164, 166
아촉阿閦 / 402
안거安居 / 156, 157
안심법문安心法門 / 439
안심安心 문답 / 380
안탕천鴈蕩泉 / 482, 519
안횡비직眼橫鼻直 / 165
암두巖頭 / 367
암마륵과菴摩勒菓 / 557
앙굴마라怏崛摩羅 / 131, 132, 134, 139
앙산 행위仰山行偉 / 450
앙산 혜적仰山慧寂 / 187, 321, 368
야보 도천冶父道川 / 11, 22
약산藥山 / 317, 621
양구良久 / 49, 60
양단兩端 / 210, 386, 482, 627
양 무제梁武帝 / 14, 327, 329, 330, 337, 338, 340, 341, 353, 355, 362, 379, 395, 420
양변兩邊 / 20, 181, 251, 319
양주楊州 / 39, 270, 271, 289, 334, 367
양탕지비揚湯止沸 / 105
어부漁父 / 54, 303
어부지리漁父之利 / 54
엄이투령掩耳偸鈴 / 60
업식業識 / 119
여구閭丘 / 307
여래선如來禪 / 366, 368
여우 / 210, 315, 505, 506
여주驪珠 / 405
여탈자재與奪自在 / 494
연등불燃燈佛 / 532

연야다演若多 / 21
연야달다演若達多 / 21
연화장세계蓮華藏世界 / 154
열등劣等 / 116, 122, 180, 181
열반涅槃 / 15, 36, 39, 40, 42, 91
열반묘심涅槃妙心 / 199, 586
열재거사悅齋居士 / 12, 13, 97, 138, 144, 167, 216, 262, 319, 527, 600
염부閻浮 / 643
염부제閻浮提 / 190, 582
염화미소拈華微笑 / 456
영가 현각永嘉玄覺 / 19, 49, 604, 605, 611, 617, 627, 631, 639, 641
영략影略 / 208
영명 연수永明延壽 / 158, 530
영산회상靈山會上 / 517
영원 유청靈源惟淸 / 586
오대산 노파 / 80
오도송悟道頌 / 367
오도자吳道子 / 38
오도현吳道玄 / 37
오미선五味禪 / 377
오역죄五逆罪 / 69
오염汚染 / 273, 313
오온五蘊 / 98, 177, 191, 271, 287~291, 293~295, 297~299, 312, 556
오운 지봉五雲志逢 / 31
오위가五位家 / 65, 575, 576
오위편정설五位偏正說 / 369
오음五陰 / 188, 394
오조 법연五祖法演 / 419, 420, 429, 524, 530, 537, 538, 560, 561
오조 사계五祖師戒 / 80, 167, 185, 217
옥천사玉泉寺 / 574

옴마니 달리실리 소로唵嚤呢噠哩嘌哩囌嚧 / 166
와륜臥輪 / 277
왕안석王安石 / 181, 182, 291
왕유王維 / 451
왕자오위王子五位 / 369
왕지환王之渙 / 288
왕필王弼 / 121
왕화상王和尙 / 542, 543
외도 / 143, 252, 253, 255, 301~305
외도육사外道六師 / 65
용두사미龍頭蛇尾 / 492, 493
용맹龍猛 / 257
용문 불안龍門佛眼 / 152, 156
용수龍樹보살 / 257, 258, 260
용아 거둔龍牙居遁 / 209, 488
용제 소수龍濟紹修 / 262, 475
우두牛頭 / 143
우바국다優婆鞠多 / 230, 231, 233, 234
우열 / 51, 58, 116, 121, 122, 179~181, 212, 291, 436, 438
우월 / 180, 181, 546
운거 도응雲居道膺 / 23
운거 요원雲居了元 / 205, 265, 336, 337, 373, 440, 459, 460, 581
운거 원우雲居元祐 / 55, 641
운문 문언雲門文偃 / 98, 166, 187, 189, 191~194, 278, 282, 283, 298, 390, 397, 400, 447, 486, 558, 564
운문삼구雲門三句 / 278, 633
운문삼자雲門三字 / 166
운문 종고雲門宗杲 / 27, 40, 138, 145, 180, 289, 299, 304, 357, 376, 388, 436, 437, 492, 494, 514, 542

운봉 문열雲峯文悅 / 110, 268
운하범云何梵 / 442, 443
웅이산熊耳山 / 394, 422, 423, 426, 432, 433
원상圓相 / 536, 537
원수 / 56, 133, 292, 466, 583
원오 극근圜悟克勤 / 11, 50, 64, 111, 113, 118, 123, 143, 526
원통 법수圓通法秀 / 483, 487, 637
월면불月面佛 / 608
월상녀月上女 / 115, 117~124
월지국月氏國 / 171, 264
위산 모철潙山慕喆 / 83, 88, 119, 321, 452
위음왕불威音王佛 / 106, 107, 605
위음왕불威音王佛 이전 / 606
유교사자猶較些子 / 11
유루有漏 / 328
유마維摩 / 43~51, 53~65, 68, 72, 83, 84, 116, 152, 252, 254, 310, 353, 354, 557, 558, 637, 638
유마 좌주維摩座主 / 67, 72
유마힐維摩詰 / 43, 45, 51, 54, 353
유방劉邦 / 494
육경六境 / 639
육근六根 / 488, 639, 640
육도六道 / 153, 157
육바라밀六波羅蜜 / 9, 108
육범六凡 / 557
육사외도六師外道 / 255
육왕 개심育王介諶 / 246, 290, 431, 437, 513, 514, 544, 545, 568
육조六祖 / 9, 15, 25, 341, 344, 349, 426, 474, 476, 478, 481, 482, 484, 485, 487, 491, 494~497, 499~503, 506, 507, 510,

511, 513, 514, 516, 517, 522, 523, 527, 529, 530, 532, 533, 535~538, 542, 546~548, 552, 556, 557, 567, 570, 572~574, 576, 579, 580, 586, 595, 604~606, 608~610

육진六塵 / 312, 640
육침陸沈 / 375
은산철벽銀山鐵壁 / 572
음계陰界 / 310, 311, 319~321, 323, 325
음광飮光 / 202
응공應供 / 274
응신應身 / 307
의발衣鉢 / 474, 487, 541, 570
의발하衣鉢下 / 626
의보依報 / 157, 188
의상義湘 / 47
의심덩어리(疑團) / 578
의천장검倚天長劍 / 304
이것(這箇) / 161, 189, 190
이견二見 / 109, 317
이견왕異見王 / 435
이두삼수二頭三首 / 528
이루离婁 / 405, 406
이류異類 / 299, 368, 401
이류중행異類中行 / 65, 284, 368, 585
이백李白 / 319
이변二邊 / 312
이분二分 / 526
이수광李睟光 / 182
이심인심以心印心 / 327
이심전심以心傳心 / 313, 327
이정 대덕利貞大德 / 334
이중공안二重公案 / 495
이통현李通玄 / 149, 158

인다라망因陀羅網 / 155
인상人相 / 15
인악 선사仁岳禪師 / 427
인종 법사印宗法師 / 474, 503, 511
일구一句 / 591, 592
일대사一大事 / 614
일도진언一道眞言 / 166
일면불日面佛 / 608
일물一物 / 459, 574
일미선一味禪 / 377
일생보처一生補處 / 199
일숙각一宿覺 / 608
일원상一圓相 / 537
일착一著 / 372, 537
일체종지一切種智 / 25, 157
일할一喝/ 609
임제 의현臨濟義玄 / 33, 34, 38, 98, 323, 408, 409, 486
잉구仍舊 / 514

자금광紫金光 / 204
자복 여보資福如寶 / 187
자수 원첩資壽院捷 / 483
자수 회심慈受懷深 / 86, 211, 589
자항 요박慈航了朴 / 170, 291, 491
자호 이종子湖利蹤 / 80
자호紫胡의 개 / 79
작가종사作家宗師 / 506
작용 / 391, 531, 591, 620, 622, 623, 625
잠꼬대 / 145, 146
장경 혜릉長慶慧稜 / 564

찾아보기 • 657

장량張良 / 494
장령 수탁長靈守卓 / 58, 245, 247, 490
장로분長蘆賁 / 349
장로 종색長蘆宗賾 / 219, 321, 415, 449, 486, 521
장부 / 121, 122, 336, 337, 392, 415
장산 극근蔣山克勤 / 174, 175
장산 법천蔣山法泉 / 117, 165, 342, 378, 500
장산 찬원蔣山贊元 / 550
장조 범지長爪梵志 / 303
장종莊宗 / 314
장착취착將錯就錯 / 113
장폐마왕障蔽魔王 / 142, 144~146
장행만張行滿 / 534
저개這箇 / 159
저울 눈금 / 462
적육단赤肉團 / 98
전기대용全機大用 / 34, 409
전단닐탁栴檀昵托 / 171
전도顚倒 / 15, 276
전등사傳燈史 / 186, 257, 261, 264, 266
전법게傳法偈 / 186, 197, 202, 249, 273, 355
전신일로轉身一路 / 507
점검 / 107
점기漸機 / 365
점액點額 / 403
접수구接手句 / 562, 563
정곡鄭谷 / 288
정광淨光 / 610, 611
정명淨名 / 43, 44, 46, 47, 49, 353, 354
정법안장正法眼藏 / 198, 205, 586
정보正報 / 157, 188

정엄 수수淨嚴守遂 / 26
정영위丁令威 / 339
정위正位 / 10, 12, 317, 576, 592
정자본淨慈本 / 503
정중래正中來 / 10
정편오위正偏五位 / 633
정혜 초신定慧超信 / 206
정혼精魂 / 435~438
제3의 눈 / 340
제다가提多迦 / 230, 233, 234
제바提婆 / 258, 260
제일바라밀第一波羅蜜 / 9
제일의第一義 / 456
제일의제第一義諦 / 110, 330, 331, 352
조격삼천모팔백朝擊三千暮八百 / 34
조계曹溪 / 477, 491, 529, 545, 547, 575, 604, 608
조계명曹溪明 / 105, 374, 375, 407, 441, 465, 506, 539, 540, 608
조계 부촉설(曹溪囑說) / 196, 198
조동종曹洞宗 / 65, 576, 633
조병문趙秉文 / 234
조사선祖師禪 / 179, 208, 223, 344, 366, 368, 595
조사의 관문(祖師關) / 538
조산 본적曹山本寂 / 10, 368, 633
조용동시照用同時 / 194
조주 종심趙州從諗 / 17, 81, 448, 449, 453, 514, 628
종규鍾馗 / 37~39
종문宗門의 향상向上 / 193, 280
종보 도독宗寶道獨 / 438
종승宗乘 / 367
종자기鍾子期 / 258

종현從顯 / 571
좌계 현랑左溪玄朗 / 605
좌선坐禪 / 100~102, 104, 105, 582, 595, 596, 599~601
죄의 본성 / 439~441
주세영朱世英 / 157
주인 / 342, 576, 583, 592
주장자拄杖子 / 33, 34, 77, 82, 83, 88, 89, 102, 120, 191~193, 244, 245, 268~270, 279~283, 397, 398, 400, 450, 519, 520, 536, 537, 592, 593, 610, 616~618, 620~622, 630, 637
주희朱熹 / 372
죽암 사규竹庵士珪 / 40, 71, 137, 289, 358, 377
준마 / 316, 317
줄 없는 거문고 / 11, 12
중관中觀 / 312
중니仲尼 / 258
중도中道 / 293, 315
중명칭衆名稱 / 265
중생상衆生相 / 15
중희衆喜 / 261
즉卽과 리離 / 454, 458
증득 / 91, 585
지공誌公 / 327, 334, 346, 348, 362
지비자知非子 / 60, 277, 454, 600, 608
지옥地獄 / 36, 39~42
지욱智旭 / 325
지음知音 / 12, 57
지해 본일智海本逸 / 33, 282, 320, 323, 324, 374, 403, 547, 618
지해 지청智海智淸 / 121, 189, 456, 641
직득무한直得無限 / 291

진塵 / 639, 640, 642~644
진각 혜심眞覺慧諶 / 133, 150, 154, 173, 459
진고응陳鼓應 / 324
진관秦觀 / 119
진수眞秀 / 47
진심眞心 / 363, 385
진점겁塵點劫 / 383, 424
진정 극문眞淨克文 / 179, 180, 285, 602
진제眞諦 / 42, 281, 323, 331, 350~352, 535
진퇴양난進退兩難 / 98, 134

차별 / 10, 108, 139, 165, 190, 192, 212, 218, 249, 259, 267, 310, 311, 317, 450, 562, 571, 576, 591, 592
차별상 / 25, 190
착력着力 / 644
착어著語 / 11, 101, 113, 187, 245, 247, 618
찬귀타와鑽龜打瓦 / 63
찰간刹竿 / 196, 200, 201, 203~206, 208~213, 215, 218, 219, 221, 477, 482, 484, 486, 509, 510
참선參禪 / 139
채찍 / 60, 302
천녕 허조天寧虛照 / 408, 446, 461
천동 정각天童正覺 / 21, 56, 207, 208, 316, 338, 412, 414, 443, 584, 590, 592
천복 본일薦福本逸 / 54, 78, 206, 337
천복회薦福懷 / 160, 408

천연외도天然外道 / 216
천우天友 / 242
천의 의회天衣義懷 / 49, 402, 481, 557
천이객穿耳客 / 383
천책天頙 / 201
천친天親 / 159, 161, 586
천태 덕소天台德韶 / 253, 426, 497, 498
천태 지관天台止觀 / 605
철안동정鐵眼銅睛 / 86
철위산鐵圍山 / 29, 31, 32
철위산악鐵圍山岳 / 582
청량 덕홍淸凉德洪 / 312, 476
청량 문익淸凉文益 / 18, 496
청량 징관淸凉澄觀 / 45, 46, 154
청량화淸凉和 / 120
청원 행사淸源行思 / 578, 579
청정 / 273, 276, 313
청정법안淸淨法眼 / 199
초석 범기楚石梵琦 / 146
총령蔥嶺 / 337, 394, 408, 432, 433
총지문摠持門 / 172
추자鶖子 / 116
출가出家 / 233~235
취모검吹毛劍 / 49, 50, 78
취모세구吹毛洗垢 / 323
취봉翠峰 / 30, 31, 168
취암 가진翠嵒可眞 / 168, 245
취암 사종翠嵒嗣宗 / 298, 407, 420, 488
취암 수지翠嵒守芝 / 217, 250, 295, 410, 528
측주廁籌 / 578
측천무후則天武后 / 70, 564, 565
치애한癡獃漢 / 490
칙천則川 / 41

칠종입제七種立題 / 325
칠처구회七處九會 / 47
칠통漆桶 / 601
침묵 / 47~56, 58~64, 84, 254, 354

코끼리 / 210, 315, 493, 494
콧구멍(鼻孔) / 163, 321, 322, 332, 342, 349, 350, 529, 530, 553, 559, 597, 637, 638

타실포대打失布袋 / 140
타와찬귀打瓦鑽龜 / 63
탁력찬䟦櫟鑽 / 289
탄생왕자誕生王子 / 369
탄연坦然 / 574, 575
태평가太平歌 / 255, 310, 315, 316
태평성대太平聖代 / 315
태화산太華山 / 137
털로 만든 박자판 / 441
통진량通眞量 / 234
퇴원退院 / 561
투자 대동投子大同 / 366, 367, 631, 632
투자 의청投子義靑 / 479, 572

파가사破袈裟 / 542, 543
파강정簸糠亭 / 540

파격破格 / 215
파두산破頭山 / 464, 465
파릉 호감巴陵顥鑑 / 479, 486, 495, 498~501, 504, 509, 510, 513, 514
파사다다波舍斯多 / 197, 201
파정把定 / 513
파조타破竈墮 / 21, 22
파주把住 / 240, 385
파초芭蕉 / 262
파초 계철芭蕉繼徹 / 236, 296
파초 혜청芭蕉慧淸 / 302, 377
팔난八難 / 153, 154, 157
팔만세행八萬細行 / 604
팔요현기八要玄機 / 413, 414
페르시아 / 296, 297
편위偏位 / 10, 12, 317, 576, 592
편정오위설偏正五位說 / 576
평등平等 / 32, 36, 37, 39, 51, 94, 122, 139, 180, 213, 221, 247, 274, 275, 291, 317, 437, 532, 618, 619
평상심 / 628
표복청허성杓卜聽虛聲 / 63
풍간豐干 / 307, 406
풍간요설豐干饒舌 / 307
풍류風流 / 192, 194, 283~285, 438
풍행초언風行草偃 / 175
풍혈 연소風穴延沼 / 111, 213

하나의 그 무엇(一物) / 516, 518, 521, 529, 530, 541, 574, 577, 580~584
하나의 할喝 / 34, 106, 609

하안거夏安居 / 156
하택荷澤 / 519
학륵나鶴勒那 / 273, 274, 277
한산寒山 / 37, 38, 62, 63, 191, 193, 307, 317, 318, 406, 583, 618~620
한신韓信 / 494
한암 혜승寒嵓慧升 / 41, 214, 292
한유韓愈 / 81
한한거사閑閑居士 / 234, 236
할喝 / 106, 110, 111
항아姮娥 / 138
항우項羽 / 61
항하사세계恒河沙世界 / 488
해인 초신海印超信 / 37, 405, 484, 499, 518, 555, 581, 622
해탈解脫 / 458, 460~462
해탈문解脫門 / 633, 634
해파리 / 315
해회 법연海會法演 / 441
행각 / 282, 283
행도行滔 / 552
향산 온량香山蘊良 / 533, 535, 556
향상하는 하나의 길 / 536, 537
향상하는 하나의 통로 / 500
향엄香嚴 / 367
향적세계香積世界 / 45
향중香衆 / 233
허虛 / 62, 76, 188, 228, 229, 344, 345, 403, 404, 428, 430, 494, 509, 510, 527, 576
허모虛耗 / 38
허언虛言 / 478
현각玄覺 / 293, 294, 606, 609, 610
현녕顯寧 / 513

현사 사비玄沙師備 / 90, 293, 490, 633
현사삼종병인玄沙三種病人 / 490
현성現成 / 26
현성공안現成公案 / 496
현전現前 / 481
현중현玄中玄 / 323
협산 선회夾山善會 / 278
협존자脇尊者 / 249
혜가慧可 / 92, 355, 357, 361, 362, 364, 365, 371, 373, 376, 378~380, 383, 394, 396, 399, 403, 408, 417, 421, 439
혜능慧能 / 196, 197, 202, 211, 277, 344, 459, 474, 481, 482, 487, 491, 511, 523, 525, 527, 533~536, 541, 552, 554, 567, 568, 570, 579, 583, 584
혜명慧明 / 543
호숙胡宿 / 550
호의狐疑 / 505
혼성자混成子 / 341
홍경 율사弘景律師 / 574
홍영 소무洪英邵武 / 154
홍인弘忍 / 463, 482, 487, 511
홍일점 / 181
화두話頭 / 74, 76~78, 97, 98, 105, 106, 122, 132, 140, 141, 145, 146, 159, 163, 166, 180, 188, 210, 218, 221, 279, 339, 342, 344, 349, 376, 385, 389, 476, 478, 481, 495, 510, 523, 527, 528, 553, 577, 580, 603, 644
화수華首 / 438
화엄 휴정華嚴休靜 / 314~316
화음산華陰山 / 137
화장세계 / 154, 155
화장해華藏海 / 154, 157

확연무성廓然無聖 / 337, 339
활活 / 82
활구活句 / 32, 81, 502, 636
활로活路 / 507
황룡 사심黃龍死心 / 156, 231, 477, 505, 506, 623
황룡 오신黃龍悟新 / 299, 300
황룡 조심黃龍祖心 / 244, 245, 343
황룡청黃龍淸 / 451, 452, 624
황룡 혜남黃龍慧南 / 215, 218, 228, 532
황매黃梅 / 344, 349, 465, 482, 523, 525, 526, 530, 532, 533, 535, 540, 542, 543
황매산黃梅山 / 575
황매黃梅의 속뜻 / 522
황매현黃梅縣 / 464
황번작黃幡綽 / 442
황벽 희운黃蘗希運 / 29, 43, 321
회당 조심晦堂祖心 / 240
회호回互 / 413, 414
효와誵訛 / 181, 513
후천厚天 / 258
훈습 / 549
흡주영歙州英 / 581, 583
희수 소담希叟紹曇 / 111
힘을 얻은 경지(得力處) / 577

2조 / 355, 357, 362, 363, 365, 369, 371, 372, 377, 381, 384, 387, 388, 390, 392, 407, 409~416, 418, 439~444, 487, 576
3조 / 388, 390, 403, 439, 441~445, 452, 458, 576
4조 / 458, 463~465, 628
5조 / 202, 344, 463, 465, 474, 482, 487, 511, 522, 525, 540~542, 567, 570, 574

9년 / 336~338, 341, 357~359, 379, 381, 387, 409, 413, 414, 433, 487
20방 / 103, 104, 387, 492, 493
30년 / 283, 593, 597
30년 뒤 / 290, 291
30방 / 32, 285, 418~420, 499, 500, 539, 609, 610, 626
33인 / 618, 619
49년 / 62

한글본 **한국불교전서**

고·려·출·간·본

고려1 일승법계도원통기
균여 | 최연식 옮김 | 신국판 | 216쪽 | 12,000원

고려2 원감국사집
충지 | 이상현 옮김 | 신국판 | 480쪽 | 25,000원

고려3 자비도량참법집해
조구 | 성재헌 옮김 | 신국판 | 696쪽 | 30,000원

고려4 천태사교의
제관 | 최기표 옮김 | 4X6판 | 168쪽 | 10,000원

고려5 대각국사집
의천 | 이상현 옮김 | 신국판 | 752쪽 | 32,000원

고려6 법계도기총수록
저자 미상 | 해주 옮김 | 신국판 | 628쪽 | 30,000원

고려7 보제존자삼종가
고봉 법장 | 허혜정 옮김 | 4X6판 | 216쪽 | 12,000원

고려8 석가여래행적송·천태말학운묵화상경책
운묵 무기 | 김성옥·박인석 옮김 | 신국판 | 424쪽 | 24,000원

고려9 법화영험전
요원 | 오지연 옮김 | 신국판 | 264쪽 | 17,000원

고려10 남명천화상송증도가사실
□련 | 성재헌 옮김 | 신국판 | 418쪽 | 23,000원

고려11 백운화상어록
백운 경한 | 조영미 옮김 | 신국판 | 348쪽 | 21,000원

고려12 선문염송 염송설화 회본 1
혜심·각운 | 김영욱 옮김 | 신국판 | 724쪽 | 33,000원

신·라·출·간·본

신라1 인왕경소
원측 | 백진순 옮김 | 신국판 | 800쪽 | 35,000원

신라2 범망경술기
승장 | 한명숙 옮김 | 신국판 | 620쪽 | 28,000원

신라3 대승기신론내의약탐기
태현 | 박인석 옮김 | 신국판 | 248쪽 | 15,000원

신라4 해심밀경소 제1 서품
원측 | 백진순 옮김 | 신국판 | 448쪽 | 24,000원

신라5 해심밀경소 제2 승의제상품
원측 | 백진순 옮김 | 신국판 | 508쪽 | 26,000원

신라6 해심밀경소 제3 심의식상품 / 제4 일체법상품
원측 | 백진순 옮김 | 신국판 | 332쪽 | 20,000원

신라7 해심밀경소 제5 무자성상품
원측 | 백진순 옮김 | 신국판 | 536쪽 | 27,000원

신라12 무량수경연의술문찬
경흥 | 한명숙 옮김 | 신국판 | 800쪽 | 35,000원

신라13 범망경보살계본사기 상권
원효 | 한명숙 옮김 | 신국판 | 272쪽 | 17,000원

신라14 화엄일승성불묘의
견등 | 김천학 옮김 | 신국판 | 264쪽 | 15,000원

신라15 범망경고적기
태현 | 한명숙 옮김 | 신국판 | 612쪽 | 28,000원

신라16 금강삼매경론
원효 | 김호귀 옮김 | 신국판 | 666쪽 | 32,000원

신라17 대승기신론소기회본
원효 | 은정희 옮김 | 신국판 | 536쪽 | 27,000원

신라18 미륵상생경종요 외
원효 | 성재헌 외 옮김 | 신국판 | 420쪽 | 22,000원

신라19 대혜도경종요 외
원효 | 성재헌 외 옮김 | 신국판 | 256쪽 | 15,000원

신라20 열반종요
원효 | 이명래 옮김 | 신국판 | 272쪽 | 16,000원

신라21 이장의
원효 | 안성두 옮김 | 신국판 | 256쪽 | 15,000원

신라22 본업경소 하권 외
원효 | 최원섭·이정희 옮김 | 신국판 | 368쪽 | 22,000원

신라23 중변분별론소 제3권 외
원효 | 박인성 외 옮김 | 신국판 | 288쪽 | 17,000원

신라24 지범요기조람집
원효·진원 | 한명숙 옮김 | 신국판 | 310쪽 | 19,000원

신라25 집일 금광명경소
원효 | 한명숙 옮김 | 신국판 | 636쪽 | 31,000원

신라26 복원본 무량수경술의기
의적 | 한명숙 옮김 | 신국판 | 500쪽 | 25,000원

조·선·출·간·본

조선1 작법귀감
백파 긍선 | 김두재 옮김 | 신국판 | 336쪽 | 18,000원

조선2 정토보서
백암 성총 | 김종진 옮김 | 4X6판 | 224쪽 | 12,000원

조선3 백암정토찬
백암 성총 | 김종진 옮김 | 4X6판 | 156쪽 | 9,000원

조선4 일본표해록
풍계 현정 | 김상현 옮김 | 4X6판 | 180쪽 | 10,000원

조선5 기암집
기암 법견 | 이상현 옮김 | 신국판 | 320쪽 | 18,000원

조선6 운봉선사심성론
운봉 대지 | 이종수 옮김 | 4X6판 | 200쪽 | 12,000원

조선7 추파집·추파수간
추파 홍유 | 하혜정 옮김 | 신국판 | 340쪽 | 20,000원

조선8 침굉집
침굉 현변 | 이상현 옮김 | 신국판 | 300쪽 | 17,000원

조선9 염불보권문
명연 | 정우영·김종진 옮김 | 신국판 | 224쪽 | 13,000원

조선10 천지명양수륙재의범음산보집
해동사문 지환 | 김두재 옮김 | 신국판 | 636쪽 | 28,000원

조선11 삼봉집
화악 지탁 | 김재희 옮김 | 신국판 | 260쪽 | 15,000원

조선12 선문수경
백파 긍선 | 신규탁 옮김 | 신국판 | 180쪽 | 12,000원

조선13 선문사변만어
초의 의순 | 김영욱 옮김 | 4X6판 | 192쪽 | 11,000원

조선14 부휴당대사집
부휴 선수 | 이상현 옮김 | 신국판 | 376쪽 | 22,000원

조선15 무경집
무경 자수 | 김재희 옮김 | 신국판 | 516쪽 | 26,000원

조선16 무경실중어록
무경 자수 | 성재헌 옮김 | 신국판 | 340쪽 | 20,000원

조선17 불조진심선격초
무경 자수 | 성재헌 옮김 | 신국판 | 168쪽 | 11,000원

조선18 선학입문
김대현 | 성재헌 옮김 | 신국판 | 240쪽 | 14,000원

조선19 사명당대사집
사명 유정 | 이상현 옮김 | 신국판 | 508쪽 | 26,000원

조선20 송운대사분충서난록
신유한 엮음 | 이상현 옮김 | 신국판 | 324쪽 | 20,000원

조선21 의룡집
의룡 체훈 | 김석군 옮김 | 신국판 | 296쪽 | 17,000원

조선22 응운공여대사유망록
응운 공여 | 이대형 옮김 | 신국판 | 350쪽 | 20,000원

| 조선23 | 사경지험기
백암 성총 | 성재헌 옮김 | 신국판 | 248쪽 | 15,000원

| 조선24 | 무용당유고
무용 수연 | 이상현 옮김 | 신국판 | 292쪽 | 17,000원

| 조선25 | 설담집
설담 자우 | 윤찬호 옮김 | 신국판 | 200쪽 | 13,000원

| 조선26 | 동사열전
범해 각안 | 김두재 옮김 | 신국판 | 652쪽 | 30,000원

| 조선27 | 청허당집
청허 휴정 | 이상현 옮김 | 신국판 | 964쪽 | 47,000원

| 조선28 | 대각등계집
백곡 처능 | 임재완 옮김 | 신국판 | 408쪽 | 23,000원

| 조선29 | 반야바라밀다심경략소연주기회편
석실 명안 엮음 | 강찬국 옮김 | 신국판 | 296쪽 | 17,000원

| 조선30 | 허정집
허정 법종 | 성재헌 옮김 | 신국판 | 488쪽 | 25,000원

| 조선31 | 호은집
호은 유기 | 김종진 옮김 | 신국판 | 264쪽 | 16,000원

| 조선32 | 월성집
월성 비은 | 이대형 옮김 | 4X6판 | 172쪽 | 11,000원

| 조선33 | 아암유집
아암 혜장 | 김두재 옮김 | 신국판 | 208쪽 | 13,000원

| 조선34 | 경허집
경허 성우 | 이상하 옮김 | 신국판 | 572쪽 | 28,000원

| 조선35 | 송계대선사문집 · 상월대사시집
송계 나식 · 상월 새봉 | 김종진 · 박재금 옮김 | 신국판 | 440쪽 | 24,000원

| 조선36 | 선문오종강요 · 환성시집
환성 지안 | 성재헌 옮김 | 신국판 | 296쪽 | 17,000원

| 조선37 | 역산집
영허 선영 | 공근식 옮김 | 신국판 | 368쪽 | 22,000원

| 조선38 | 함허당득통화상어록
득통 기화 | 박해당 옮김 | 신국판 | 300쪽 | 18,000원

| 조선39 | 가산고
월하 계오 | 성재헌 옮김 | 신국판 | 446쪽 | 24,000원

| 조선40 | 선원제전집도서과평
설암 추붕 | 이정희 옮김 | 신국판 | 338쪽 | 20,000원

| 조선41 | 함홍당집
함홍 치능 | 성재헌 옮김 | 신국판 | 348쪽 | 21,000원

| 조선42 | 백암집
백암 성총 | 유호선 옮김 | 신국판 | 544쪽 | 27,000원

| 조선43 | 동계집
동계 경일 | 김승호 옮김 | 신국판 | 380쪽 | 22,000원

| 조선44 | 용암당유고 · 괄허집
용암 체조 · 괄허 취여 | 김종진 옮김 | 신국판 | 404쪽 | 23,000원

| 조선45 | 운곡집 · 허백집
운곡 충휘 · 허백 명조 | 김재희 · 김두재 옮김 | 신국판 | 514쪽 | 26,000원

| 조선46 | 용담집 · 극암집
용담 조관 · 극암 사성 | 성재헌 · 이대형 옮김 | 신국판 | 520쪽 | 26,000원

| 조선47 | 경암집
경암 응윤 | 김재희 옮김 | 신국판 | 300쪽 | 18,000원

| 조선48 | 석문상의초 외
벽암 각성 외 | 김두재 옮김 | 신국판 | 338쪽 | 20,000원

| 조선49 | 월파집 · 해붕집
월파 태율 · 해붕 전령 | 이상현 · 김두재 옮김 | 신국판 | 562쪽 | 28,000원

| 조선50 | 몽암대사문집
몽암 기영 | 이상현 옮김 | 신국판 | 348쪽 | 21,000원

| 조선51 | 징월대사시집
징월 정훈 | 김재희 옮김 | 신국판 | 272쪽 | 16,000원

| 조선52 | 통록촬요
엮은이 미상 | 성재헌 옮김 | 신국판 | 508쪽 | 26,000원

| 조선53 | 충허대사유집
충허 지책 | 성재헌 옮김 | 신국판 | 296쪽 | 18,000원

| 조선54 | 백열록
금명 보정 | 김종진 옮김 | 신국판 | 364쪽 | 22,000원

조선55 조계고승전
금명 보정 | 김용태·김호귀 옮김 | 신국판 | 384쪽 | 22,000원

조선56 범해선사시집
범해 각안 | 김재희 옮김 | 신국판 | 402쪽 | 23,000원

조선57 범해선사문집
범해 각안 | 김재희 옮김 | 신국판 | 208쪽 | 13,000원

조선58 연담대사임하록
연담 유일 | 하혜정 옮김 | 신국판 | 772쪽 | 34,000원

조선59 풍계집
풍계 명찰 | 김두재 옮김 | 신국판 | 438쪽 | 24,000원

조선60 혼원집·초엄유고
혼원 세환·초엄 복초 | 윤찬호 옮김 | 신국판 | 332쪽 | 20,000원

조선61 청주집
환공 치조 | 성재헌 옮김 | 신국판 | 416쪽 | 23,000원

조선62 대동영선
금명 보정 | 이상하 옮김 | 신국판 | 556쪽 | 28,000원

조선63 현정론·유석질의론
득통 기화·지은이 미상 | 박해당 옮김 | 신국판 | 288쪽 | 17,000원

조선64 월봉집
월봉 책헌 | 이종수 옮김 | 신국판 | 232쪽 | 14,000원

조선65 정토감주
허주 덕진 | 김석군 옮김 | 신국판 | 382쪽 | 22,000원

조선66 다송문고
금명 보정 | 이대형 옮김 | 신국판 | 874쪽 | 41,000원

조선67 소요당집·취미대사시집
소요 태능·취미 수초 | 이상현 옮김 | 신국판 | 500쪽 | 25,000원

조선68 선원소류·선문재정록
설두 유형·진하 축원 | 조영미 옮김 | 신국판 | 284쪽 | 17,000원

조선69 치문경훈주 상권
백암 성총 | 선암 옮김 | 신국판 | 348쪽 | 21,000원

조선70 치문경훈주 중권
백암 성총 | 선암 옮김 | 신국판 | 304쪽 | 19,000원

조선71 치문경훈주 하권
백암 성총 | 선암 옮김 | 신국판 | 322쪽 | 20,000원

※ 한글본 한국불교전서는 계속 출간됩니다.

진각 혜심眞覺慧諶
(1178~1234)

속성은 최崔, 이름은 식寔, 자는 영을永乙, 자호는 무의자無衣子. 25세 무렵 보조 지눌普照知訥을 찾아가 출가한 것으로 알려져 있다. 지눌 입적 후에 수선사修禪社 2세 자리에 올랐다. 고종高宗의 명으로 단속사斷俗寺 주지를 지냈으나, 수선사를 본사本社로 하며 단속사를 비롯한 여러 사찰에서 법문을 행하였다. 본사에 있던 1233년에 병이 났고 이듬해 봄에 월등사月燈寺로 옮겨 가 있다가 세수 57세, 법랍 32세로 입적하였다. 고종이 진각국사眞覺國師라는 시호를 내렸다. 1235년 여름에 광원사廣原寺 북쪽에서 장사 지내고 부도浮圖를 세웠는데 원소지탑圓炤之塔이라 사액賜額하였다. 최우崔瑀의 청을 받고 왕명에 의해 이규보李奎報가 비명碑銘을 지었다. 본서 이외에『종경촬요宗鏡撮要』중간重刊에 붙인 발문跋文,『원돈성불론圓頓成佛論』과『간화결의론看話決疑論』을 합간한 책에 쓴 발문,『조계진각국사어록曹溪眞覺國師語錄』,『무의자시집無衣子詩集』,「금강반야바라밀경찬 병서 주金剛般若波羅蜜經贊幷序注」,「구자무불성화간병론狗子無佛性話揀病論」 등의 저술이 현존한다.

각운覺雲

생몰연대 미상. 진각 혜심의 제자로서『염송설화』의 주저자라는 이외에 알려진 행적이 없다.

옮긴이 김영욱金榮郁

고려대학교 철학과를 졸업하고 동 대학원 석·박사과정을 졸업하였다. 논저論著로는「壇經 선사상의 연구」(박사학위 논문),「壇經의 북종비판」,「直指人心의 禪法」,「조사선의 언어형식」,「간화선의 화두 공부와 그 특징」,「간화선 참구의 실제」,「太古와 懶翁—한국 간화선의 개화」,「태고선의 특성과 현대적 의의」,『비판불교의 파라독스』(공저),『화두를 만나다』,『왕초보 육조단경 박사되다』, 역주서譯註書로는『진각국사어록 역해』1,『정선 선어록』,『정선 휴정』,『정선 공안집』1, 2,『선문사변만어』등이 있다.

증의
조영미(동국대학교 불교학술원 전임연구원)